- 四川省省级一流课程“寿险精算”配套教材
- 二十一世纪“双一流”建设系列精品教材



# 寿险精算理论与实验

SHOUXIAN JINGSUAN LILUN YU SHIYAN

张运刚　编著

（第三版）

西南财经大学出版社
中国·成都

**图书在版编目(CIP)数据**

寿险精算理论与实验/张运刚编著．—3 版.—成都：西南财经大学出版社，2022. 1

ISBN 978-7-5504-5165-0

Ⅰ.①寿… Ⅱ.①张… Ⅲ.①人寿保险—保险精算 Ⅳ.①F840.622

中国版本图书馆 CIP 数据核字(2021)第 237685 号

**寿险精算理论与实验(第三版)**

张运刚　编著

责任编辑：金欣蕾　杜显钰
责任校对：王青杰
封面设计：墨创文化
责任印制：朱曼丽

| | |
|---|---|
| 出版发行 | 西南财经大学出版社(四川省成都市光华村街 55 号) |
| 网　　址 | http://cbs.swufe.edu.cn |
| 电子邮件 | bookcj@swufe.edu.cn |
| 邮政编码 | 610074 |
| 电　　话 | 028-87353785 |
| 照　　排 | 四川胜翔数码印务设计有限公司 |
| 印　　刷 | 郫县犀浦印刷厂 |
| 成品尺寸 | 185mm×260mm |
| 印　　张 | 27.25 |
| 字　　数 | 630 千字 |
| 版　　次 | 2022 年 1 月第 3 版 |
| 印　　次 | 2022 年 1 月第 1 次印刷 |
| 印　　数 | 1— 2000 册 |
| 书　　号 | ISBN 978-7-5504-5165-0 |
| 定　　价 | 49.80 元 |

# 第三版前言

自第二版出版以来,《寿险精算理论与实验》引起了学界与业界的积极反响,并得到了不少宝贵建议。本人在长期的寿险精算教学过程有了新的体会,也发现了教材中的一些欠妥甚至错误的地方,需要进一步修正。教材不仅有传授知识与培养能力的功能,而且还有育人的功能,寿险精算教材也不例外。当前,课程思政在全国高校中正如火如荼地推进,本人于2020年主持了西南财经大学中央高校教育教学改革专项“寿险精算课程思政”建设项目,对专业教学与课程思政内容如何结合有了较为深入的思考,因此借本次教材修订之机,增加了课程思政内容,以进一步突出寿险精算教材的育人功能,强化精算人才的职业素养与道德规范,培养中国特色社会主义事业的建设者与接班人。

本次修订与增加的主要内容有:

(1)进一步修订了语句、符号、解法等方面的错误与不妥当的内容,使内容更严谨、可读性更强。

(2)增加了少量例题与解法。

(3)增加了第三套生命表及其替换函数表相关内容,鉴于使用CL1(2010—2013)2.5%的计算结果与使用CL1(2000—2003)2.5%的计算结果接近,为了减少变动,仍维持原有结果。读者可以根据需要使用CL1(2010—2013)2.5%来计算,还可联系出版社获取本教材有关课件。

(4)增加了北美精算师协会、英国精算师协会2018年、2019年的精算师资格考试改革内容,以便读者调整自己的精算职业生涯规划。

(5)为了强化精算教育的育人功能与精算人才的实践实务能力,围绕专业内容深入挖掘了寿险精算课程的思政要点。为了减少对前面章节的影响,兼顾原有知识体系,紧随其后在第三版正文后面新增了三章内容,即第十三章寿险产品定价与开发、第十四章寿险准备金评估、第十五章寿险精算课程思政及其要点。第十三章、第十四章内容主要围绕中国银行保险监督管理委员会或原中国保险监督管理委员会所制定的精算规则与偿付能力监管规则展开。

本书是国家精品资源课共享课“寿险精算”的辅助教材，四川省精品在线开放课程配套教材、四川省省级一流课程“寿险精算”配套教材。本书可以作为精算学专业或精算方向本科生、研究生相应课程的教材，也可作为精算师资格考试的参考资料，还可作为其他专业相关课程的参考教材。

在本书的编写过程中，西南财经大学保险学精算方向研究生苏昱、唐海春为课程思政要点收集整理了一些原始素材。在本人教学过程中，本人的本科生与研究生对教材内容的修订提出了一些宝贵意见，特此致谢。

在西南财经大学精算教育活动中，承蒙慕尼黑北京分公司张路群总经理、和谐健康保险公司赵建新副总裁、富德生命人寿产品市场部赖颖副总经理、国华人寿资产管理中心资产负债管理部陈静瑶总经理、招商仁和人寿产品市场部蒙珊副总经理等多年来与各自同事来校讲授寿险精算实务课程。富德生命人寿副总经理田鸿榛、中再寿险总经理田美攀、泰康人寿助理总裁刘渠、太平人寿副总经理严智康、中意人寿管培等总精算师多次来校讲课交流。本书的寿险产品定价与开发、寿险准备金评估等实务部分借鉴和参考了部分讲座资料，特此致谢。

本书受西南财经大学2021年中央高校教育教学改革专项资助出版，特此致谢。

本次修订得到了西南财经大学出版社的大力支持，特别是编辑金欣蕾、杜显钰同志严谨认真、精益求精的工作作风，使本次修订工作圆满完成，特此致谢。

鉴于时间匆忙与能力制约，疏漏在所难免，特别是寿险精算课程思政建设属于开创性工作，因此其要点部分难免存在表述不够规范严谨之处，恳请广大读者批评指正。

张运刚

2021年8月

# 第一版前言

保险精算学在国外已有300多年的发展历史,而国内仅仅走过20余年的历程,但我国精算教育、资格考试、实际应用等方面都取得了显著的进展。寿险精算学作为保险精算学的重要组成部分,由于其体系相对成熟,因而成为保险学相关专业的重要课程,也是精算师资格考试的必考内容。

寿险精算方面的教材大量涌现,其中不乏优秀之作,但有关寿险精算方面的实验教材可以说仍十分缺乏。这主要受制于昂贵的专业软件,不太可能大规模地运用于教学环境之中,目前国内外主要在探索运用一些统计软件、数学软件或编程来解决计算问题。

本人从事寿险精算方面的教学与科研已有10余年历史,涉及本科与研究生两个层次,有一些教学体会,也撰写了一些计算机技术在寿险精算中运用的论文,并从2003年起在寿险精算、利息理论等课程中增加了实验课教学内容。2007年西南财经大学启动了实验教学项目,本人所主持的"寿险精算实验"被学校列为首批重点建设的实验项目。在建设过程中,本人感觉很有必要将教学过程中的心得体会编写成书,供大家分享。

本书共分为十一章。第一章为寿险精算概论,简要介绍寿险精算的内涵、研究内容、发展历程、精算教育及资格考试。第二章至第十章为寿险精算的基本理论部分,主要介绍单生命、多生命、多减因条件下有关保险费及责任准备金的计算。第十一章为寿险精算实验,主要是配合前面第一至十章的基本理论,以实例为主进行操作演练。每章都有小结对全章进行概括,使读者理清研究思路,同时配有大量习题,主要包括计算题与证明题。

本书特色之一是条理清楚,强调知识点之间的逻辑联系。全书共分概论部分、基本理论部分与实验部分,其中基本理论部分又可分为单生命精算理论与多生命精算理论、单减因模型与多减因模型。在具体内容上,本书尽量体现各节之间的平行关系,由此加强知识之间的联系性。

本书特色之二在于重视理论推导的同时,加强对其实际意义的通俗解释。理论的推导既有助于读者对基本理论的掌握,也有助于读者精算思维的培养和实际应用的开发。通俗解释则有利于将复杂问题简单化,增加读者学习精算的兴趣。

本书特色之三是强调理论与实验的结合。精算中替换函数的出现是为了简化计算,但随着计算机的发展而走向衰亡,不少教材已开始弱化其作用。本书则注重精算结果的替换函数表达式,因为运用 Excel 将会非常方便地进行计算,本课程实验非常适合已掌握了基本理论的读者,也就是说,实验内容能促进基本理论的掌握,对基本理论的熟练掌握也有助于实验活动的开展。

本书特色之四是突出理论与现实的结合。全书举例以中国人寿保险业经验生命表(2000—2003)为背景,得出的结论对现实有较强的解释性。本书的方法也可运用于社会保险精算中,为社会保险改革提供技术支持。

本书特色之五是操作性强。本书实验的运行环境是 Excel,而这种程序比较易学、简明直观,容易获得,操作起来也很方便。本书很多的实验内容具有半自动性,需要读者根据需要进行适当调整。读者可以此为向导,继续丰富实验内容。

本书是以卓志教授为课程建设负责人、笔者为课程建设重要成员的 2009 年度国家精品课程“寿险精算”的课程建设的重要成果之一。

本书适用于保险学专业、精算方向等相关专业的读者,也可作为精算师资格考试的参考用书。

由于笔者知识水平的限制,加之时间仓促,疏漏在所难免,恳请广大读者批评指正。关于实验部分,读者可按操作说明进行操作,如有疑问,可联系 zhangygswufe@gmail. com。

特别感谢西南财经大学出版社各位人士的辛勤工作,使本书能高质量地出版。

我的研究生郭蓉、刘顺国、马俞敏、王素洁、王小明参与了部分资料的打印,石志成参与了部分校对工作,特此致谢!

本书由西南财经大学“寿险精算实验”项目以及西南财经大学“十一五”“211 工程”资助出版,特此致谢。

张运刚

2009 年 8 月

# 目 录

# 第一章
# 寿险精算概论

本章首先分析了寿险精算的内涵、研究内容及研究意义；其次探讨了寿险精算的发展历程与现状；最后介绍了精算教育与精算师资格考试。

## 第一节　寿险精算的内涵、研究内容及研究意义

本节主要讨论寿险精算的有关概念、研究内容以及学习寿险精算对寿险公司经营管理所具有的重要意义。

### 一、寿险精算的内涵

（一）精算（学）

“actuarial science”传统上译为“保险统计”，现在译为“保险精算学”或“精算学”。有关精算学这个名词，世界各国都无从考证它的来源，也没有统一权威的定义，但一直为人们所沿用下来。虽然对其内涵与本质难以准确地描述，但比较流行的定义是：精算学就是运用数学、统计学、金融学、保险学、人口学等学科的知识原理，去定量解决金融保险等领域与风险有关的实际问题，为决策提供科学依据的一门应用型学科。精算与保险相结合形成保险精算学，与投资活动相结合形成投资精算学，与人口问题相结合形成人口精算学，等等。总之，精算学正在将数学、统计学、金融学、保险学、经济学原理运用于与风险有关需要计算或定量分析的项目中去。

（二）保险精算学

保险精算学是精算学的重要组成部分。其一般定义为：将数学、统计学、金融学、保险学、人口学等学科的知识原理运用于商业保险、社会保障业务中涉及风险需要定量分析的项目中去，如生命表的构造、费率的厘定、准备金的计提、盈余的分配、资产负债匹配、偿付能力管理等，以保证保险经营稳定性和安全性的一门应用型学科。简而言之，保险精算就是将数学方法运用于保险领域以解决与风险有关的实际问题所形成的一套理论体系。保险精算也可理解为在一系列假设条件下遵循收支平衡原则所进行的“精确计算”。这些条件包括：预定死亡率（预定事故发生率）、预定利息率、预定费用率和预定解约率。由于实际死亡率、实际利息率、实际费用率、实际解约率与相应的预定率之间存在差异，因而就产生了死差损益、利差损益、费差损益和解约差损益等

诸多问题,从而形成保险公司盈余和亏损的主要来源。

(三)保险精算的分类

保险精算可以分为寿险精算与非寿险精算,也可以分为寿险精算、非寿险精算、健康保险精算和社会保险精算。后者的非寿险精算是指其狭义的含义,主要涉及财产损失与责任保险。

寿险精算主要研究以被保险人的生存和死亡为条件而引起的一系列计算问题,既包括以单个被保险人生存死亡为条件的情形,即单生命年金、寿险问题,又包括多个相互关联的被保险人生死组配下的年金、寿险问题。在单生命条件下,其主要研究(生存)年金保险、死亡保险、生死合险的保费的计算、准备金的计提等问题。在多生命条件下,其主要研究年金保险与人寿保险保费、准备金等问题的计算。除了研究死亡这一单风险情形外,其还研究残废(疾)、离职、适龄退休等多减因条件下年金保险、人寿保险的有关精算问题。

非寿险精算或意外险精算与寿险精算在具体的研究对象上各有侧重,区别显著。非寿险精算研究自然灾害、意外事故的发生频率和损失幅度的分布以及由此而产生的一系列计算问题,如保费的计算和责任准备金的提取。换言之,非寿险精算是建立在风险理论基础上的一门现代技术,是以现代数学和数理统计为手段,对非寿险经营活动的各个环节进行数量分析的一门学科,是认识、解释和改造非寿险经营活动的重要武器。因此,非寿险精算的计算基础是预定事故率(建立在损失幅度之上)、预定费用率、预定解约率等。



## 二、寿险精算的研究内容

(一)寿险精算的计算基础(或精算假设)研究

这些研究包括:一是利率及其有关计算问题的研究,二是生命表与生命表函数的研究,三是费用率、解约率等问题的研究。

(二)单减因条件下的寿险精算研究

1. 单生命寿险精算问题研究

单生命寿险精算问题研究以单个被保险人为研究对象,主要研究(生存)年金保险、死亡保险与生死合险的保险费与责任准备金等问题的计算,并对利润来源进行分析,等等。

2. 多生命寿险精算问题研究

多生命寿险精算问题研究以多个相互关联的被保险人为研究对象,主要研究多生命状态下生存年金或人寿保险的保险费、责任准备金等计算问题。

(三)多减因条件下的寿险精算研究

多减因条件下的寿险精算研究主要研究多元风险模型、养老金精算、资产份额等问题。

(四)寿险精算实务

寿险精算实务主要研究定价假设、评估假设、定价模型、评估模型、产品开发、准备金评估、赔付能力管理等问题。

## 三、寿险精算的研究意义

寿险精算在寿险经营中占据着十分重要的地位，是保险经营的科学基石。寿险经营的科学运行离不开寿险精算。之所以说寿险精算对寿险经营具有如此重要的意义，主要还是由于寿险经营具有特殊性。

### （一）寿险经营风险控制离不开寿险精算

我们可以通过寿险经营对象的风险性来说明寿险经营活动的风险性。寿险经营的对象涉及被保险人的生存和死亡。被保险人在不同年龄阶段的生存概率与死亡概率对保险公司的经营有显著影响。换言之，被保险人在不同年龄阶段的生存或死亡，影响着保险金支付的多寡与早晚，从而影响了保险金支付现值的大小。虽然人的生死具有客观必然性，但就个体来讲，生死呈现出不确定性，大量个体的生死则呈现出统计规律性。人寿保险要实现稳健经营，必须把握这种规律，即生死概率。寿险经营是以过去人群的生死可能性去估计未来人群的生死概率，并以此作为计算保险费、责任准备金的基础之一。这种预期的生与死的概率难以与实际的生与死频率完全吻合。不吻合是绝对的、一般的和普遍的，但我们可以尽可能地让预定的死亡率与实际死亡率接近，即尽可能满足大数法则的条件：承保人数大量且独立同分布。

具体地讲，在选择被保险人时，要求：①承保人数应尽可能多，以便充分发挥大数法则的作用（风险大量性原则）；②同一年龄组的被保险人生死概率尽可能接近（同质性原则）；③各被保险人之间的生死应当尽量地相互独立（独立性原则）。然而这些理想条件在实际生活中往往难以被满足。这主要表现在：参加保险的人毕竟有限，从而决定着相对风险并不为零，也就是说风险是客观存在的。同时，同一年龄组的人也不太可能做到完全同质：一方面受技术的限制；另一方面即便办到，也会抑制寿险功能，否定保险的基本内涵，动摇大数法则的科学性。此外，寿险经营中的风险可能罕见，但也不排除几年、几十年甚至上百年遭受突发性大灾，如战争、洪水、地震等，造成大面积的被保险人死亡的可能。医疗条件的改进、人类平均预期寿命的普遍提高都对寿险经营产生着重大影响。因此，寿险经营者必须考虑这些风险的存在，除采取积极措施防范道德风险及逆选择外，还可用定量方法进行风险加成或安全附加，以应付实际与预期的偏差。为了应付巨灾风险，寿险经营者还应逐步积累总准备金，提高自身的偿付能力。凡此种种，都离不开精算的方法或技术的支持。

### （二）寿险经营成本的未来性离不开寿险精算

寿险经营的成本与一般工商企业的产品成本存在着差异，表现在一般产品成本发生在过去，产品销售出去，成本一般就得到弥补。而寿险经营的成本却发生在未来，即保险公司的成本只有在未来风险发生或者保险期满时才能核算。由于寿险经营对象的风险性，寿险经营者为应付未来成本而筹措的保险费与未来实际发生的现实成本难以完全匹配。发生差额是普遍的、常见的，因为寿险经营过程所用的预定的计算基础与实际的计算基础往往不一致。为了使这种差额尽可能地缩小，寿险经营者可以通过建立准备金制度来实现。换言之，需要合理确定保险费成本或保险费率。同时，寿险经营过程中也存在闲置资金，如何投资运用好闲置资金，不仅关系到保险公司增强经济实力，弥补承保利润的下滑，而且还关系到保险公司减少或消除利差损、死差损、费差损和解约损等缺口。然而，投资额度的确定、投资风险的分析、投资项目的选择、投资收益率的计算、投资综合效益的评估等，都需要精算技术的支撑。寿险经营成本的未来性，意味着经营成本的不确定性需要通过保险精算技术来降低或消除。

（三）寿险经营责任的长期性和连续性离不开寿险精算

投保对象千差万别，致使投保人在投保时间、投保金额等方面表现各异。就一个会计年度来考察，该年度内随时随地有投保的可能，而保险期限一般较长且又各不相同，寿险责任表现出长期性和连续性，也导致保险年度与会计年度不完全一致，这就使保险费收入并非全部表现为盈余，而是包含着各种各样的责任准备金。所谓责任准备金，就是保险人为了履行未来的赔付责任而从所收取的保险费中提取的资金准备。具体可用以下方法来计算：某个保险年度末的责任准备金等于该年度末未来保险金给付的（精算）现值减去未来纯保险费收入的（精算）现值（未来法），或者等于该年度末过去已收取保险费的（精算）积累值减去已付保险金的（精算）积累值（过去法）。然后，再将保险年度末责任准备金转换成会计年度末责任准备金，以便进行会计核算。由此可见，责任准备金是保险人对被保险人的负债，而不是保险人的资产。责任准备金的提存关系到保险人责任的履行能力，也关系到保险人的盈余，这些都需要精算技术来合理地处理。

除上述所分析的项目需要精算技术支撑外，寿险经营的复杂性决定了寿险中涉及精算的项目还相当多。如寿险经营中的利润分配和评估、解约价值的确定以及由此产生的保单选择权带来的有关计算、最低偿付能力的测定；经济波动、利率调整、新生命表的采纳、通货膨胀与紧缩、监管政策变动对寿险的经营同样产生影响。由此引起相应的调整，并带来有关的计算问题，所有这些都需要运用精算原理来解决。

总之，寿险要科学经营，客观上需要精算。寿险精算在寿险经营中的重要地位毋庸置疑。

## 第二节　寿险精算的发展历程与现状

本节主要研究寿险精算的发展历程与现状。更详细的研究，读者可浏览各主要精算师协会的网站。

### 一、寿险精算的起源

从历史演进的角度来看，寿险精算与寿险经营密切相关，是从寿险经营的窘境中应运而生的一门新兴学科。换言之，寿险精算是由于客观需要而产生的。

从人寿保险产生和发展的历程可以看出寿险精算的起源和发展。近代保险出现最早的是海上保险，最初承保的对象主要是船舶和货物，后来扩展到作为货物运输的奴隶的人身保险，再后来逐步扩展到对船长、船员、旅客进行人身保险。在这一时期，还出现了赌博性的人身保险，为与自己毫无关系的人投保，以他人生死进行赌博引发了道德危险,后来规定了保险利益原则后,这一赌博性的人身保险才告终结。

据记载,世界上最早的寿险保单,是在16世纪末由一群海上保险承保人对威廉·吉本斯(William Gibbon)签发的一年期的定期保单。1706年在伦敦成立了英国早期的寿险组织——协和保险社。1721年,经特许成立的皇家交易保险公司和伦敦保险公司开始经营寿险业务,另外还有一些组织机构也开始经营寿险业务。

这一时期的寿险经营具有如下几个特点:①寿险不是作为一个独立险种,仅为火险、海险的副产品,尚未大规模独立经营。②寿险业务所承保的对象限制较多,以特殊人群作为承保对象,主要局限于商人、企业合伙人,将病人、老人一概拒之门外。③寿险的保险费采用赋课式事后分摊,未将年龄大小、死亡率高低等因素考虑进去。④寿险经营具有冒险性,表现在寿险经营缺乏严密的科学基础,早期的数据未经充分统计。由此导致寿险业的经营不景气,保险技术停滞不前。

由于早期的保险社团、共济会经营寿险业务时要求参加这些组织的成员死亡后给付的金额由生存的成员进行分摊,而不考虑年龄等因素,于是参加保险的老年人越来越多,而年轻人则纷纷离开这些组织。为了改变这种不利状况,有些保险社团规定参保成员年龄不得超过45岁。1756年,一位名叫詹姆斯·道森(James Dodson)的数学家因年龄已达到46岁,要求参加协和保险社遭到拒绝,其结果成为寿险精算兴起的导火线。道森对遭到拒绝极为不满,认为协和保险社不接受年龄超过45岁的人参保,是保费计算不科学、成员费用分摊不合理所致。如果年龄大的人按照较高死亡概率缴纳较多的保费,就没有理由拒绝他们参加保险了。他依据哈雷编制的生命表,提出了自然保费和均衡保费的计算思想。但是,限于道森当时所处的社会与经济环境,他的建议在其有生之年并未得到协和保险社以及特许保险公司等的重视和赞同。直到1762年伦敦公平人寿保险公司(简称"老公平")成立后两年,道森的方案才被采纳。"老公平"第一次依据生命表,采纳均衡保费的办法来收取保险费,从此开创了寿险经营的新局面,使之走上了科学经营之路。就这样,现代寿险精算科学正式从"老公平"的寿险经营中诞生了。

下面我们来考察寿险精算发展过程中的一些重大事件。

第一,格兰特对寿险精算的贡献。历史上第一张生命表出现在1662年由英国学者约翰·格兰特(John Graunt)编写的《关于死亡表的自然和政治的观察》一书中(当时称为死亡表),如表1.1所示。

**表1.1　伦敦居民死亡表(每100人)**

| 年龄/周岁 | 死亡数/人 | 年龄/周岁 | 生存数/人 |
|---|---|---|---|
| 0~6 | 36 | 6 | 64 |
| 6~16 | 24 | 16 | 40 |
| 16~26 | 15 | 26 | 25 |
| 26~36 | 9 | 36 | 16 |
| 36~46 | 6 | 46 | 10 |

表1.1(续)

| 年龄/周岁 | 死亡数/人 | 年龄/周岁 | 生存数/人 |
|---|---|---|---|
| 46~56 | 4 | 56 | 6 |
| 56~66 | 3 | 66 | 3 |
| 66~76 | 2 | 76 | 1 |
| 76~86 | 1 | 86 | 0 |

注:年龄段0~6周岁包括右端年龄6岁,不包括左端年龄0岁;其余同此。

生命表是指研究同时出生的一批人整个生命过程的一张统计表。生命表是假定一批人的生命过程的统计表。由于生命表是根据年龄和死亡率编制的,因而它又从另一个侧面反映了同时出生的一批人随年龄的增长而陆续死亡的过程,所以又可将其称为死亡表。现在生命表的编制技术已日趋完善,所包含的基本项目也更多一些,分类也更细化一些。

格兰特编制第一张生命表时,伦敦已经发展成拥有几十万人的城市,人口非常集中,公共卫生条件非常恶劣,随时都有暴发瘟疫的可能。据记载,1348年伦敦发生了鼠疫,接着,在1563年、1592年、1603年、1625年、1665年发生了鼠疫流行病,每次都有大量居民死亡。1592年教会开始了对洗礼、埋藏的记录。在1603年的鼠疫之后,伦敦每周公布出生、死亡人数表,并成为定例,这样就积累了丰富的人口统计资料。格兰特根据这些年来的人口统计资料进行了多年研究,于1662年写成了《关于死亡表的自然的和政治的观察》一书。他发现了人口变动中一些带有规律性的东西:①男婴出生多于女婴(14∶13);②男性死亡率高于女性;③总人口中男性多于女性;④出生初期的死亡率较高;⑤大城市的死亡率高于其他地方;等等。

第二,道森的有关保费计算的思想直接受其老师法国数学家亚伯拉罕·棣模佛(Abraham De Moivre)的影响。1724年,棣模佛提出了一个死亡法则,并成功地简化了当时大家颇感棘手的年金问题的计算。该死亡法则为:$l_x = \frac{86 - x}{86} l_0$,其中$0 \leqslant x \leqslant 86$。尽管现在看来其十分粗糙,也未能较好地反映生存死亡规律,但在当时是有进步意义的。

第三,哈雷等人对寿险精算做出了贡献。1693年,英国数学家、天文学家埃德蒙·哈雷(Edmund Halley)编制出了世界上第一张完全生命表,该表基于德国布雷斯劳(Breslau)市总计34 000人,根据1687—1691年出生和死亡数据编制而成,它精确地表示了每个年龄的死亡概率,为寿险的计算提供了依据。该生命表奠定了精算学的基础,甚至有些人将哈雷编制的生命表的出现视为精算科学的开始。

18世纪四五十年代,辛普森根据哈雷生命表,编制了随死亡率增加而递增的费率表。之后,道森依照年龄差异计算保费,并提出了均衡保费思想。但直到1764年,该思想才运用于“老公平”的经营实践之中。

第四,概率论的产生和发展为精算学的发展奠定了数理基础。因为概率是研究随机现象规律性的一门学科,而寿险所给付的保险金依据被保险人的生死来进行支付,其生死实际上也是一个随机事件。

第五,计算机对寿险精算产生了重大影响。功能日益强大、日益大众化的计算机改变了寿险精算的研究范式与风貌,将寿险精算从烦琐的计算事务中解放出来,将研究的重点从如何计算转向为什么要这样计算上来。

## 二、寿险精算的发展与作用

### (一)寿险精算的发展

根据上述研究,世界上首家任命了精算师的近代寿险公司是1762年成立的“老公平”,然后又有数家保险公司相继成立,但其中有些保险公司成立不久便夭折了。当时在养老金和寿险数学方面已达到了相当高的水平,但是:①其死亡率未建立在充分统计的基础上;②对资产负债是否平衡没有足够的验证;③对保险和养老金的长期性认识不足。而这几点恰恰是精算学难点之所在,因此,导致一些公司夭折。即便是现在,保险公司陷入同样困境的情况也时有发生。

1848年,英国精算师协会成立,标志着精算学的原型已基本确定下来。1848年,英格兰精算师协会(The Institute of Actuaries)在伦敦成立;1856年,苏格兰也在爱丁堡成立了精算师公会(The Faculty of Actuaries);1994年,两个组织建立起统一的英国精算师资格考试制度,从此这两个组织事实上已统一起来,被称为英国精算师协会(The Faculty and Institute of Actuaries)。协会成立的目的:一是改进运用于寿险实践中的数学理论;二是传播知识,确立一些有关利息与概率方面的原则。从1850年版的英国《保险杂志》(*Assurance Magazine*)中刊载的《精算学会会员规则》可以看出,会员分为研究会员、准会员和正式会员三个级别。级别越高,需考试的内容越多,难度也越大。这些考试要求考生具备必备的数学知识、保险学知识,能构造有关统计表,能计算保险费和盈余分配等。

之后,精算制度、精算技术逐渐传到欧洲各国以及美国、加拿大、日本等国。

在1900年之前,已有10个精算职业组织。1856年苏格兰精算学会成立,1888年荷兰寿险公司数学顾问协会成立,1889年美国精算师协会成立,1890年法国精算师协会成立,1895年比利时皇家精算师协会成立,1897年意大利精算科学促进协会及澳大利亚新南威尔士精算师协会成立,1899年日本精算学会成立,1900年俄罗斯保险科学协会成立。此后,丹麦、德国、奥地利、匈牙利、瑞典、挪威、瑞士、加拿大、美国(非寿险精算师协会)、捷克、波兰等10多个国家的精算师职业组织陆续成立。

此后,陆续有精算师职业组织成立,比如20世纪90年代以来,匈牙利于1991年、塞浦路斯于1993年、斯洛伐克于1995年、加纳于1996年、津巴布韦于1997年、埃及于1999年建立了精算师职业组织。当然,也有一些精算职业组织在停止活动一段时间后再次运转,如波兰于1991年、捷克于1992年、俄罗斯于1994年恢复了精算活动。2007年11月,中国精算师协会成立。

值得特别指出的事件是:国际精算师协会(the International Actuarial Association, IAA)的成立对保险精算的发展起到了重要的推动作用。1895年,国际精算师协会在比利时首都布鲁塞尔成立,并召开了会员大会。它是全球精算职业组织和个人精算师的组织。该组织于 1998 年重组,它致力于全球精算职业组织的发展,其技术领先,专业可靠,确保服务于公众利益。它属于非营利、非政治与非政府组织,加入联合国的经济和社会委员会的名录,并被国际劳工组织登记在册。其主要作用体现在:一是扩大精算职业的影响,提高精算师的声誉;二是制定服务于大众的更高的精算职业标准;三是促进精算学科知识体系的构建;四是促进个人精算师的职业发展;五是促进精算师之间的相互了解与相互尊重;六是为精算师和精算组织提供研讨的场所;七是努力成为超国家团体的精算职业组织。

国际精算师协会的常设机构是理事会,下设执行委员会、法规委员会等委员会,由正会员、准会员、机构会员以及七个司(金融风险精算方法司、非寿险精算研究司、国际咨询精算师司、健康保险司、年金员工福利社会保障司、无国界精算师司、寿险司)构成。

国际精算师协会肯定了欧洲精算师组织为相互认可所做的工件,目前正在着手成员组织间的精算师资格的相互认可和推动成员组织之间的相互合作,在学历认可制度与资格考试制度之间寻找平衡点,使精算师能发挥更大的作用。国际精算师协会主席阿尔夫·吉尔贝格(Alf Guldberg)于 2005 年 11 月在巴西里约热内卢会议上的讲话中认为,精算师的基本训练加上随后的实践工作就能应对新的挑战,因此,他认为风险控制经理的任务就是招募在精算方面训练有素的合适人选。他还认为,创建像美国正精算师(Fellow of the IAA,FIAA)这样的世界性品牌对精算师未来发挥更大的作用有重要的影响。



由于世界各地精算教育与考试制度的基本框架仍遵从一般规律,例如寿险精算的基础模型生命表,人类的生命本质也客观地遵从某一规律,国际精算师协会于 2005 年制定出认可合格精算师的国际标准。该标准包括 10 门课程:金融数学、概率统计、经济学、会计学、随机模型、应用统计方法、精算数学(寿险与非寿险)、投资与资产管理、精算管理原理、精算职业原理。

(二)寿险精算的作用

寿险精算的作用主要通过精算师的工作体现出来,具体表现在如下方面:

(1)保险产品的创新和定价。精算师要根据政治、经济、社会、监管环境的变化和市场需求的波动,研究和开发新的不同品质的产品,配合做出定价策略,并根据公司实际和绩效目标确定产品价格。

(2)保险产品的适销性分析和利润分析。精算师要根据经营目标(如资本增值率等)和公司经营特点(如再保险的安排、现金价值的确定、投资业绩的认定等)、市场特点(如客户群的构成、目标市场的影响力等)对产品销售进行可行性分析,为产品定价打下基础,并以此为依据进行整体的成本和利润分析。

(3)保险产品的价值演示。精算师要在产品说明书或保单上展示适当的保单现金价值,做出红利示例,以及为保额变更所做的处理等。

(4)对各类影响利润的因素做经验分析。精算师要在数据共享和统计积累的基础上,对本公司参保客户的死亡率、解约情况、费用分布、预算状况及保户、保额分布等特点进行归纳总结,为市场销售决策和定价决策提供依据。

(5)精算师要计算为各类目的所需要的责任准备金,并做出精算报告。精算师要比较和分析各种准备金计算报告,比较和分析各种准备金计算方法,针对各类产品,选择最适合该类产品特性和公司目标或有关政策规定的方法,在合法的前提下,分析评估假设变化对公司现状和未来的影响,选择最有利于公司经营目标的评估假设,并对各类准备金计算及其结果提供相应精算报告。

(6)精算师要分析现金流动性和参与资产负债管理。精算师要对不同条件下现金流动的个案分析其对公司财务的影响,并就资产构成及其与负债的匹配进行分析,最好能找到一个较佳的产品和策略组合以应付较大风险的发生。

(7)精算师要参与投资结构及其策略的研讨和制定。

(8)精算师要参与财务报表主要部分的准备工作。如为不同目标提供报表,建立不同的准备金,包括长期寿险准备金、未决赔款准备金、已发生未赔付准备金、已发生未报告准备金及各类风险准备金等。

(9)精算师要定期准备各类报告和报表,向决策层提供翔实可靠的数据和最新信息。

(10)精算师要准备和计算保单红利。

(11)参与涉及公司内部信息化的推动及其他金融风险的管理。

### 三、寿险精算面临的挑战

当前,精算职业正面临经济全球化、全球经济波动加剧、市场更加开放透明、保险与其他金融业日益融合,在会计、偿付能力、监管等方面国际化发展趋势等一系列挑战。



国家相关部门对风险管理方面的要求越来越高,要求实施以风险为基础的监管,如对风险资本的监管、进行全面风险管理;社会保障、年金和健康系统形成的人口和经济方面的巨大压力,也使精算工作面临极大的挑战性;精算师正面临着会计师、风险管理师、统计分析师、大数据分析师等其他职业的竞争压力,这些压力正在从传统领域向非传统领域扩展;从公众视角看,更加强调精算师的职业水准、教育背景和职业继续教育。

由于客观环境瞬息万变,精算假设的做出往往难以适应动态化的现实,更可能会出现实际结果与预定假设存在较大差异的情况,因而造成保险公司经营的巨大波动性。在竞争日趋激烈的条件下,试图通过提高投资利润去弥补承保利润的下降,又面临着金融市场日益动荡的风险。精算师必须具备良好的经济学知识背景、扎实的数理功底、密切关注客观环境的变化,不断学习,才能增强应对这些挑战的本领。

## 第三节　精算教育与精算师资格考试

本节主要介绍精算师及其职业组织、我国精算教育与资格考试的发展演变。

### 一、什么是精算师

精算师是利用精算技能,分析和解决商业保险与社会保障领域中有关精算实际问题的专业人员,是评估经济活动未来财务风险的专家。精算师有自己的职业组织(精算学会或精算师协会)。我们通常说某人是精算师,实际上是指这个人是某精算职业组织的会员。精算师协会的会员一般有正会员、准会员之分。这里的精算技能指的就是应用各种定量模型从财务角度来处理保险业中的风险管理问题。因其专业性与技术性极强,需受过专业训练并从中选拔出专业人士即精算师来从事精算工作。在成熟的金融市场中,精算不仅被应用于保险领域,还被应用于投资融资、金融监管、社会保障以及其他与风险管理相关的领域。而精算师作为掌握了精算技术的专业人士,随着世界各国保险业、社会保障事业以及金融服务业的蓬勃发展,受到越来越多的人的追捧。然而,也正是由于精算师在金融领域地位的巩固与提高,各国对精算师资格的教育和认证都有一套科学的、系统的教育模式和考试体系。

从社会保障标准的确定、财政收支计划的测算以及投资活动的分析到对与我们每个人息息相关的生老病死、伤残失业等随机事件的把握,都离不开精算师缜密而科学的分析和运算。因此,精算师被国际社会形象地比喻为平衡社会经济活动的"第一提琴手"。

精算师的英文单词为 actuary,来源于拉丁语单词"actuarius",意为古罗马参议院的商务经理。精算师不仅要掌握扎实的数理知识,能熟练地运用现代数学方法处理经验数据,对未来变化趋势做出分析判断;还要有坚实的经济理论修养,对法律、税务、财务会计、投资有较好的理解,特别是对风险要有敏锐的洞察力和处理各种风险的能力。

按照 1968 年国际职业分类标准的定义,精算师是指"运用他或她的数学、统计学、金融学等方面的知识于年金方案、寿险、健康险、社会保险和财产保险等领域中的保单设计与保险运作"的专业人才。但该定义并未提及精算师除了在年金、寿险、健康险、伤残险等传统保险之外的金融及其他许多领域中的重要作用。

随着经济、科技的全球化发展,世界市场的建设日益复杂,国际经济金融形势的不确定性空前增强,作为对未来不确定性的金融事务进行识别与量化控制的专业技术,精算技术与精算师的职业定位早已超出这一内涵,因此,对于精算技术与职业定位的最好描述体现在 IAA 的定义中:"精算职业就是对不确定的金融后果进行管理的专业领域。"因而关于精算师的一个最好的初步定义是:精算师就是"处理不确定性事件的财务后果的专业人士"。

北美精算师协会在 1998 年发表的《未来精算师特别工作组》的研究报告中,将精算师定义为:"精算师是私人和公共财务设计师和潜在的企业管理人员,这是建立在精算职业的智能核心基础上的,其智能核心为经验分析和分析、衡量、估算、转移以及反映未来意外事件的现行财务状况。"

精算师还可以分为执业精算师和非执业精算师。前者是指通过向执业组织和主管部门申请,经过认可并授予执业证书的精算师。执业证书不是永久性的,需要办理年检,对职业进修和执业表现的记录都有一定的要求。执业证书具体又分为寿险精算执业证书、养老金精算执业证书和劳合社精算执业证书。非执业精算师由于不在实务部门工作，如在大学教学，因而就不需要对实际精算报告签字负责。

精算师的从业资格必须经过金融保险监管部门认可。为了给保险公司培养更多的精算人才，世界各国相继成立了精算师协会，定期举办精算师资格考试，对从事精算工作或准备从事精算工作的人员进行基本的素质考核。

世界上大体有两种精算师资格认可制度。一是考试认可制度，以美国、英国、日本的精算师考试最为典型。它分为准精算师和正精算师两个部分：准精算师部分由于涉及从事精算职业所必需的数理基础，因而各国相互认可；但高级部分涉及国别国情差异，因而需要经过相应的考试。二是学历认可制度，如德国、法国、意大利、瑞士、澳大利亚。在这些国家，精算资格的获得分本科、研究生两个阶段。学生完成有关学业可获得准精算师、正精算师称号。精算师的工作领域主要在保险公司、银行、咨询公司、会计师事务所、证券部门、政府机构、高等学校。精算师已成为金融领域中最有吸引力的职业之一。

## 二、精算师协会简介

### （一）北美精算师协会

北美精算师协会（Society of Actuaries，SOA）于 1949 年由美国纽约精算师协会（设立于 1889 年）与美国芝加哥精算师协会（设立于 1909 年）合并而成。它在人寿保险、健康保险和年金业务领域从事研究、教育（考试和接受会员）与专业培训，是对金融风险与意外事件进行建模与管理的国际组织，并承担从准会员到正会员的一系列的考试；以前采用纸考形式，近几年采用机考与纸考相结合的形式。由于受 2020 年年初暴发的新冠肺炎疫情影响，2021 年已转为在线考试。北美精算师协会致力于为公众利益和会员服务，并把精算师培养成在模型设计、金融风险与意外事件管理方面的一流专业人才。该协会提供精算科学基本原理、高级教育和职业发展等方面的基本教育，并为从业精算师提供继续教育；引导能对未来进行预测的历史经验和方法的研究，从精算视角分析公共政策问题，为职业的进一步发展提供了基础；并促进采纳精算职业的职业能力和行为的高标准。截至 2020 年年底，该协会有准会员 12 363 人，正会员 18 872人，合计 31 235 人，他们大多在保险公司、精算咨询机构工作。

北美精算师协会在国际上最具代表性和权威性，享有极高的声誉。北美精算师的考试分准精算师（ASA）与正精算师（FSA）两个等级。学员在满足一定条件后可以成为 ASA，之后可继续考 FSA 课程。

因为美国经济发达，保险业发展历史悠久，美国的精算教育与考试体系对其他各国的精算教育与考试都有着深远的影响。2000 年 1 月，北美精算师协会开始了新的教育考试模式。新模式主要包括如下变革：分为基础精算教育部分、高等精算教育部分、职业培养部分、职业道德标准部分。其中，基础精算教育部分又包括六个部分，第一部分和第二部分涵盖精算从业所需的基础知识，第三部分到第六部分包括了精算实务的基本原理。高等精算教育部分包括第七部分（一个应用精算实例的强化集训课程）和第八部分（七个专门方向的实用高级精算理论）。

北美精算师协会之所以进行资格考试制度的改革，有如下一些原因：过去的教育考试制度的主要缺陷是获得正会员称号所需时间较长，抑制了更多人选择精算师职业。传统的教育考试制度在引导考生应考方面一直很成功，但在引导他们独立思考、融汇所学知识以解决具体专业问题方面则显得有些不足。新制度应该说相对简捷也易于维持，它强调融会贯通，并以精算原理来组合课题。在这些原理实践的基础之上，高级精算师能够适应日新月异的商业环境的变化并创造价值。新的教育系统依然保持对风险及财务理论极为严格的要求，并拓展了商业应用的范围。在新制度条件下，通过所有考试的时间可能不会有多大改变，尽管当局期望通过正会员考试的时间缩短。

2018 年 7 月 1 日起，SOA 新课程体系已正式生效。新体系的特点可以归纳为 4 点。①聚焦一套关键的分析方法：回归分析（包括广义线性模型）、时间序列分析、主成分分析、聚类分析、决策树。②变化比较小的议题包括精算实务原理模块、准精算师职业课程、决策与交流模块、正精算师准入课程。③继续强调精算实务课程。④VEE（validation by educational experience）课程的变动。变动前，该课程包括经济学（economics），公司财务（corporate finance），应用统计学（applied statistics）；变动后，该课程包括经济学（economics），会计与财务（accounting and finance），数理统计学（mathematical statistics）。

1. 获得 ASA 称号的条件

（1）完成 VEE 课程。VEE 课程不是基础考试的正式先修课程，可以和考试过程分开完成。但是，学生必须通过 SOA、CAS、CIA 精算考试中的两门课程之后，才可以申请添加 VEE 学分到个人记录中去。

（2）参加如下课程的考试。

①概率论（probability）。概率论的考试（exam P）含 30 道选择题，考试时长为 3 小时，形式为上机考试（CBT）。参加这门考试的考生应具备一定的微积分基础，并了解基本的保险与风险管理的概念。

②金融数学（financial mathematics）。金融数学的考试（exam FM）含 35 道选择题，考试时长为 3 小时，形式为上机考试。参加这门考试的考生应具备一定的微积分及基本的概率论的知识储备。

③投资与金融市场（investment and financial markets）。投资与金融市场的考试（exam IFM）含 30 道选择题，考试时长为 3 小时，形式为上机考试。参加这门考试的考生应具备微积分、概率论、基础公司金融学的知识储备。

④风险建模统计（statistics for risk modelling）。风险建模统计考试（exam SRM）含 35 道选择题，考试时长为 3 小时，形式为上机考试。参加这门考试的考生应具备微积分、概率论、数理统计的知识储备。

⑤短期精算数学（short - term actuarial mathematics）。短期精算数学考试（exam STAM）含 35 道选择题，考试时长为 3.5 小时，形式为上机考试。参加这门考试的考生应具备微积分、概率论、数理统计的知识储备。

⑥长期精算数学（long - term actuarial mathematics）。长期精算数学的考试（exam

LTAM)含选择题和主观题,考试时长为 4 小时,形式为笔答考试。参加这门考试的考生应具备微积分、概率论、数理统计和利息理论的知识储备。

⑦预测分析(predictive analytics,PA)。在参加 PA 上机考试前,考生必须通过风险建模统计考试(exam SRM)。此科目分为两个部分:在线学习模块和上机考试模块。

(3)完成线上学习课程(e-learning),精算实务基础(fundamentals of actuarial practice,FAP)是一个自学课程,考生需要完成 8 个线上学习板块以及 2 个综合书面评估(期中评估及期末评估)。FAP 旨在帮助考生通过循环控制理论以加强自身的商业知识并能将其运用于各方面精算工作的实践中。

(4)参加职业道德培训(associateship professionalism course,APC)。参加 APC 是成为 ASA 和拿到特许风险管理精算师(CERA)证书的必要条件。职业道德培训为期一天,该培训涵盖职业道德和法律责任,并采用案例研究的方法开展课程。

从 2020 年起,由于受新冠肺炎疫情影响,所有考试都采用在线考试。

2. 获得 FSA 称号的条件

获得 FSA 称号的条件包括完成课程考试、网络课程与模块、有监考的项目评估、VEE 认证、精算职业讲座、正会员入会课程。换言之,在获得 ASA 称号后,需要选择一个专业方向,并满足其所有条件。所有考生都必须完成决策和交流(decision making and communication,DMAC)模块和正会员认证课程(fellowship admissions course,FAC)模块。这些专业方向包括:公司金融和企业风险管理方向、数量金融和投资方向、个人寿险和年金方向、退休福利方向、团体和健康保险方向、非寿险方向。



(二)英国精算师协会

英国的精算教育与考试对世界精算事业的发展产生了巨大的影响,许多国家的精算教育和考试制度都借鉴了英国的精算教育思想。英国精算师资格证书是具有国际通行力的,得到业界普遍认可,享有很高的声誉。

英国精算师资格考试已有 160 多年的历史。2000 年以前,英国精算师资格考试分为 A、B、C、D、E 五个系列。2000 年以后,英国精算师资格考试体系改革为四个系列:100 系列(包括“金融数学”“精算数学”“经济学”等九门课程考试)、200 系列(“交流技能”一门课程考试)、300 系列(“投资和资产组合”“寿险精算”“财产险精算”“养老金”四门课程考试)和 400 系列(从“人寿保险”“财产保险”等四门资格考试中选考一门)。考生通过前三个系列考试的所有考试科目,即可获得准精算师资格证书,再通过 400 系列的任意一门考试科目后,即可获得正精算师资格证书。英国精算师资格考试一年举办两次,分别安排在 4 月和 9 月。

从 2010 年起,英国精算师资格考试体系分为核心技术阶段、核心应用阶段、专项技能阶段以及专项应用阶段。核心技术阶段涵盖了 CT 课程:金融数学(CT1)、金融与财务报告(CT2)、概率与数理统计(CT3)、模型系列(CT4,如随机过程、马尔可夫链与马尔可夫过程、生存模型)、寿险精算(CT5)、统计方法(CT6)、商务经济(CT7)、金融经济(CT8)、商务意识模块(CT9)。核心应用阶段涵盖 CA 课程:精算风险管理、模型文件、分析与报告、交流。专项技能阶段涵盖 ST 课程:健康及护理、人寿保险(包括定价、准备金、资本模型)、非寿险、年金及其给付、金融与投资、企业风险管理。专项应用阶段涵盖 SA 课程:健康及护理、人寿保险、普通保险、年金及其他给付、金融、投资。一旦你完成了 CT 与 CA 课程的考试,并有一年的工作经历,你将能够参加一天的职业训练课,并获得准精算师称号。

如果你希望继续下去获得正精算师,你还需要参加 ST 和 SA 课程的考试,需要有三年工作经历,并参加两天的职业训练课。

英国精算师协会(IFoA)对其当地与海外精算教育力量雄厚、历史悠久的大学的精算课程实行科目不等的免考资格认证。

2019 年起,英国精算师协会实行新的教育考试制度。

1. 成为英国准精算师(IFoA associate)的条件

(1)完成核心原理(core principle)课程,即精算统计(CS1)、风险模型与生存分析(CS2)、精算数学(CM1)、金融工程与损失准备金(CM2)、商务金融(CB1)、商务经济(CB2)、商务管理(CB3),并通过考试或者免考获得。

(2)完成核心实务(core practice)课程,即精算实务(CP1)、模型实务(CP2)、沟通实务(CP3),并通过考试或者免考获得。

(3)对个人和职业发展(personal and professional development,PPD)的要求:

如果你在 2019 年 1 月 2 日后加入 IFoA 并有两年从业经历的记录,那么必须先成为准精算师然后再成为正精算师。如果存在 2019 年 1 月 2 日前加入协会,并有 1 年从业经历的记录,那么不必先成为准精算师。一旦达到准精算师条件,你将有机会进一步学习成为正精算师,并可按任何顺序参加考试。然而,2019 年 1 月 2 日后加入的学生会员,必须先获得准精算师,然后再向正精算师前进。



2. 成为英国正精算师(IFoA fellowship)的条件

英国正精算师具有国际认可资格,意味着具有最高水平的精算专业知识与专业技能,受到雇主与同行的高度认可。在高级阶段,分成六个方向:健康与护理、人寿保险、年金与其他支付、投资与金融、非寿险、企业风险管理。

(1)完成核心原理(core principle)课程,即精算统计(CS1)、风险模型与生存分析(CS2)、精算数学(CM1)、金融工程与损失准备金(CM2)、商务金融(CB1)、商务经济(CB2)、商务管理(CB3),并通过考试或者免考获得。



(2)完成核心实务(core practice)课程,即精算实务(CP1)、模型实务(CP2)、沟通实务(CP3),并通过考试或者免考获得。

(3)完成 2 门专项技能(specialist principle)课程,即 SP0、SP1、SP2、SP4、SP5、SP6、SP7、SP8 与 SP9,并通过考试或者免考获得。

(4)完成 1 门专项应用(specialist advanced)课程,即 SA0、SA1、SA2、SA3、SA4 与 SA7,并通过考试或提交论文获得。

(5)对个人和职业发展的要求:

有 3 年(36 个月)的从业经历记录,或者如果在 2019 年 1 月 2 日后获得准精算师资格后再有 12 个月的从业经历。

(6)完成职业技巧课程。如果你还没有参加该课程的学习,那么必须在获得正精算师资格前 12 个月内完成。当然在你成为正精算师后,还可以继续提升业务技能,并获得相应的证书。

(三)日本精算师协会

日本精算师协会创建于 1899 年,是由专职精算师及赞助会员公司组成的社团法人组织。其设立目的在于进行精算学的综合调查研究,实施精算师教育与考试,维持并提高精算师的专业素质和能力,健全和发展精算事业。

该协会的主要工作是:①进行精算学的调查研究;②实施精算师的资格考试;③主办精算师专业知识和实践技能的教育研修;④与国内外有关协会、团体交流协作;⑤举办年会、例会;⑥发行学会会报、杂志等;⑦答复政府主管部门的咨询或向政府提出建议;等等。

1899 年,该协会有 9 名会员;1936 年,该协会举行正会员资格考试,有 193 名会员。目前,该协会大约有 5 200 名会员,包括正会员、准会员、研究会员。

考试课程分为前期课程与后期课程。前者涉及数学、产险数理、寿险数理、年金数理、会计经济投资理论;后者涉及生育保险、损害保险、年金三个方向(每个方向有两门课程)。

前期课程的目的是判断考生是否具备参加后期考试所需要的基础知识。只有通过全部前期课程考试的人才能参加后期考试。后期课程的目的是判断考生是否具备一名精算师在实际工作中所需要的专业知识及解决实际问题的能力。在日本国内,每年举办长短期培训班,讲授精算的基本原理、实务、保险监管等内容,实行考教分离。日本每年 12 月举行资格考试。



## 三、中国精算教育与资格考试

(一)中国精算教育的发展历史

1987 年 11 月,南开大学率先实施保险精算的教育考试制度。它与北美精算师协会签订了保险精算教育合作协议,并在 1988 年秋招收了国内首届三年制精算研究生,设立了我国第一个北美精算师协会的考试中心,于 1992 年秋季首次举行了 SOA 考试,在 1992 年、1993 年分别招收第 2 届、第 3 届三年制精算研究生,从 1995 年起开始逐年招生。

1991 年 9 月,湖南财经学院首次在本科层次上引进精算教育,首届毕业生 29 名,这在中国百年的高等教育史与中国保险发展的历程中都是一个重要的里程碑。

随着精算教育的引入,各发达国家的精算师考试中心在一些著名保险公司或精算师协会的赞助下陆续进入中国,设立了北美精算师资格考试中心、英国精算师资格考试中心、日本精算师资格考试中心(该中心已于 2005 年关闭)。这些中心的设立对中国精算教育的快速发展起到了积极的推动作用。

到目前为止,国内已有 60 多所大学以各种形式开办精算教育。有以研究生、本科生为主的教育形式,也有以业余培训为主的教育形式;有的开设在数学学院(系)、统计学院(系),也有的在保险学院(系)或金融学院(系)开展精算教学,真可谓百花齐放、百家争鸣。在国内,南开大学、中央财经大学、上海财经大学、中国人民大学、西南财经大学、对外经济贸易大学、湖南大学、中山大学、复旦大学等院校的精算教育历史悠久,规模可观,影响深远。

2016 年 3 月,对外经济贸易大学申请的精算学本科专业获得教育部审批通过,标志着国内精算学本科专业的正式创立。随后,南开大学、山东财经大学、广东金融学院、西交利物浦大学、西南财经大学、云南财经大学、中央财经大学、河北金融学院、上海立信会计金融学院、江西财经大学、湖南大学、河北外国语学院、北京工商大学等院校也设置了精算专业。

慕尼黑再保险集团于 1880 年在德国成立,是世界上最大的再保险集团,在全球拥有 60 多个分支机构,2015 年实现保费收入 504 亿欧元,盈利 31 亿欧元。该公司大中华区寿险北京分公司热心于精算教育事业,积极培养精算人才。从 2011 年起,每年 5 月开展"慕尼黑再保险杯"大学生精算数学竞赛。目前,已在北京、天津、上海、南京、长沙、成都、广州、新加坡、香港、台北等地举行竞赛。该竞赛对较大范围内的优胜者给予较为优厚的物质奖励与实习计划支持。慕尼黑再保险精算教育已成为国内外很有影响力的一支重要力量。

(二)保险法律法规的推动作用

1995 年 10 月 1 日生效的《中华人民共和国保险法》第一百一十九条规定:"经营人身保险业务的保险公司必须聘用经金融监管部门认可的精算专业人员,建立精算报告制度。"

经过修正并于 2003 年 1 月 1 日生效的《中华人民共和国保险法》第一百二十一条规定:"保险公司必须聘用经保险监督管理机构认可的精算专业人员,建立精算报告制度。"



经过再次修正并于 2009 年 10 月 1 日施行的《中华人民共和国保险法》第八十五条规定,"保险公司应当聘用经国务院保险监督管理机构认可的精算专业人员,建立精算报告制度"。第八十六条对精算报告提出了要求。

2014 年 8 月 31 日,《中华人民共和国保险法》第八十五条修改为:"保险公司应当聘用专业人员,建立精算报告制度和合规报告制度。"

2015 年 4 月 20 日,第十二届全国人大常委会第十四次会议修订了《中华人民共和国保险法》,第八十五条规定的内容仍维持不变。

保险法律法规规定了保险精算在保险经营中的地位和作用,极大地推动了中国精算教育及考试制度的建立和发展。

(三)中国精算师资格考试发展历程

中国精算师资格考试分为准精算师和正精算师两个阶段。准精算师部分考试共九门必考课程。考生通过全部九门课程考试后,将获得准精算师资格。正精算师部分考试共十门课程,其中包括必修课和选修课。获得准精算师资格的考生,通过五门精算师课程的考试并满足有关精算职业培训要求,答辩合格后,才能取得精算师资格考试合格证书。

准精算师部分的考试分为寿险方向和非寿险方向。共同科目有数学基础Ⅰ、数学基础Ⅱ、复利数学、寿险精算数学和综合经济基础。寿险方向还包括风险理论、生命表基础、寿险精算实务、非寿险精算数学与实务。非寿险方向还包括非寿险精算数学、非寿险原理与实务、非寿险定价、非寿险准备金评估。

正精算师部分要求完成三门必考课程、两门选考课程及精算职业后续教育，并具有三年以上的精算工作经验，方可获得资格证书。必考科目包括保险公司财务管理、保险监管与法律法规、个人寿险与年金精算实务。选修科目包括社会保障、资产负债管理、高级非寿险精算实务、团体保险、意外伤害和健康保险、高级投资学、养老金计划精算实务。必修科目包括精算职业后续教育。

从 2011 年春季起，实行新的资格考试体系，但仍分为准精算师部分和正精算师部分。

准精算师部分由八门专业课程及一门职业道德教育课程组成。每门课程均安排 3 小时笔试，具体包括：数学、金融数学、精算模型、经济学、寿险精算、非寿险精算、会计与财务、精算管理、职业道德教育。

正精算师部分分为寿险和非寿险两个方向，所有课程均为 4 小时笔试。寿险方向的考试由七门专业课程及一门职业道德教育课程组成。专业课程名称如下：保险法及相关法规、保险公司财务管理、健康保险、投资学、个人寿险与年金精算实务、资产负债管理、员工福利计划。非寿险方向的考试由七门专业课程及一门职业道德教育课程组成。专业课程名称如下：保险法及相关法规、保险公司财务管理、健康保险、投资学、非寿险精算实务、非寿险定价、非寿险责任准备金评估。

1999 年 10 月，我国认可了 43 名中国精算师。2000 年 12 月，在中央财经大学、南开大学、复旦大学、武汉大学举办了面向普通大众的首次中国精算师资格考试；2001 年 10 月，增加了广州中山大学考点。2001 年，中国精算工作委员会成立。2002 年 9 月，增加了香港大学、中国科技大学、西南财经大学考点。2003 年 9 月，增加了西安交通大学、重庆大学、南京大学考点。2004 年 9 月，增加了山东大学考点，年底时已产生了中国自己培养的精算师。从 2005 年起，每年在 4 月与 9 月各举行两次考试。2005 年，增加了湖南大学和大连理工大学两个考点。2006 年，增加了厦门大学考试中心。2010 年，增加了黑龙江大学考点。2011 年，在加拿大滑铁卢大学设立了中国精算师考试中心。2015 年秋季起，中国精算师资格考试改为中国精算师协会会员水平测试。从 2016 年春季起，数学、金融数学、精算模型、经济学、会计与财务 5 门课程改为计算机测试科目。2018 年，精算师会员水平测试暂停。

2021 年 1 月，“精算师”列入《国家职业资格目录（专业技术人员职业资格）》中的“水平评价类”。目前，精算师水平考试的恢复工作正在进行中。

2007 年 11 月 10 日，中国精算师协会第一次会员大会在北京召开，标志着中国精算师协会成立。其宗旨是为金融保险业提供专业服务、监督精算专业人员维持其执业品质和遵守职业道德，加强精算专业人员的自律管理，维护精算专业人员的合法权益。2010 年 12 月，中国精算师协会成为国际精算师协会的会员单位。2015 年 9 月出版了中国精算师协会的精算刊物《中国精算师》第 1 期（创刊号）出版。

（四）精算教育面临的挑战与前景展望

我国设有保险系或保险专业的高等学校都将保险精算课程设定为核心课程。开办精算教育和资格考试的机构一般是高等学校的保险学院（系），或统计学院（系），或数学学院（系）。各高校以精算专业、精算方向、精算会计等名义招生，教育层次有本科、硕士研究生、博士研究生。精算专业或方向的学生往往需要参加设在本校的考试中心所举办的北美精算师、英国精算师或中国精算师的资格考试。这样既可以促进保险精算教育,为考试中心提供高质量稳定性强的考生生源;又可以检验学生精算知识掌握情况与应用能力;更重要的是使学生获得了未来的精算从业资格。我国的精算教育与资格考试中心的设立、教育培训、组织考生参加资格考试密切地结合起来,课程的设置往往带有精算师资格考试的内容。

目前,精算教育主要存在如下一些问题,需要理论界与实务界共同努力加以解决。一是对保险精算理论的学习如何与加强精算实践、培养学生解决实际问题的能力较好地结合起来;二是保险精算理论学习与保险精算上机实验如何较好地结合起来,将学生从繁杂的计算工作中解放出来,以增强学生学习精算的兴趣;三是本科精算教育如何与硕士研究生、博士研究生教育更好地结合起来;四是精算师资格考试如何更好地与专业系统训练结合起来,克服浮躁情绪;五是国内精算教育与精算师资格考试如何与国际接轨,并体现自己的特色;六是如何提高我国精算师资格考试的国际知名度与认可度;七是如何拓展精算的应用领域;八是面临新科技的挑战,如大数据技术、人工智能、机器学习、互联网技术等给精算工作与职业带来了巨大冲击。

尽管精算教育面临着巨大的挑战,但是我国的精算教育与精算职业前景十分广阔。中国问题的解决必须考虑中国国情。中国人口众多、人口老龄化日益凸显,我国多层次社会保障体系尚未真正建立起来,国家承担的基本保障部分责任巨大,未来需要大力发展第二、三层次的养老、医疗保障体系。同时,我国已全面建成小康社会、实现了第一个百年奋斗目标,正乘势而上开启全面建设社会主义现代化国家新征程,向第二个百年奋斗目标进军。这意味着我国保险业,特别是养老保险、健康保险将有巨大发展空间,当然,考虑到目前我国保险业无论是保险密度还是保险深度都处于较低水平,保险有巨大的发展前景,也意味着精算事业的发展有光明的未来。

国务院及有关部门发布了促进保险业发展的政策法规:2006 年 6 月国务院发布《关于保险业改革发展的若干意见》;2014 年 8 月,国务院印发《关于加快发展现代保险服务业的若干意见》;2017 年 7 月,国务院办公厅发布《关于加快发展商业养老保险的若干意见》;2017 年 4 月,财政部、税务总局、保监会发布《关于将商业健康保险个人所得税试点政策推广到全国范围实施的通知》。

2016 年起,"第二代偿付能力监管体系"实施。保险公司的偿付能力监管是现代保险监管治理的核心问题,中国保险监督管理委员会(简称"中国保监会")在 2003 年启动了偿付能力监管制度体系建设工作,在 2007 年年底基本搭建起具有中国特色的第一代偿付能力监管制度体系,其实质是控制保险发展规模。在国际金融保险监管改革不断深化和我国保险市场快速发展的背景下,为了进一步加强偿付能力监管,更加有效地提高行业防范风险的能力,原中国保监会决定启动具有中国特色的中国第二代偿付能力监管制度体系建设工作。第二代偿付能力监管制度体系简称"偿二代"。中国既不能照搬欧盟模式,也不能照抄美国模式,而是要以我国国情为基础,建立符合我国保险业发展实际的第二代偿付能力监管制度体系:科学全面地计量保险公司的风险,使资本要求与风险更相关;确定合理的资本要求,提高行业竞争力;建立有效的激励机制，促进保险公司提高风险管理水平；积极探索适合新兴市场的偿付能力监管模式，为国际偿付能力监管提供中国经验。“偿二代”以风险为导向，并兼顾价值，以第一支柱定量资本要求、第二支柱定性监管要求与第三支柱市场约束机制为特征。“偿二代”的精算技术含量显著提高，需要大量精算从业人员。

近年来，保险费率市场化改革、“保险姓保”（保险回归保障）、精算规则的细化与更新，都为精算从业者提供了很好的机会，也进一步提高了精算师的地位。

精算师以其自身的专业优势能够迅速适应互联网、大数据、人工智能、机器学习等新技术的挑战，也能从传统精算岗位向资产负债管理、核保核赔、经验分析、财务管理等岗位拓展。

## 本章小结

本章主要探讨了寿险精算的内涵、研究内容及研究意义、寿险精算的发展历程与现状、精算教育与精算师资格考试。

寿险精算是保险精算的重要组成部分，因为其发展历史悠久、体系比较成熟，因而成为精算学中重要的研究内容。换言之，保险精算是从寿险精算中发展起来的，其应用范围也在日益扩大。概率论和数理统计的产生与发展为寿险精算的产生与发展奠定了科学的基础，功能强大的计算机改变了寿险精算的研究面貌，研究方向从“如何计算”转变为“为什么要这样计算”。

寿险精算的发展是由于客观需要。随着经济的发展，最先从英国发展起来，然后逐步扩大到全世界范围。英国精算师协会是最早的精算职业组织，我国精算师协会虽成立较晚，但发展较快。不过，要树立自己的品牌还任重道远。

精算师就是从事精算职业的专业人员，需经过一系列的专门训练，并通过一系列的职业资格考试，经过金融保险监管部门的认可。精算师分为准精算师、正精算师，世界上大致有考试认可和学历认可两种体系。精算师在如何应对日益变化的客观环境、增强解决实际问题的能力等方面面临着巨大的挑战。

我国正规的精算教育开始于1987年的南开大学。国外精算师协会等先后在我国设立了北美精算师资格考试中心、英国精算师资格考试中心和日本精算师资格考试中心，为我国培养了大量的精算人才。我国的精算师资格认可与考试开始于1999年。原中国保监会、中国精算师协会（前身为中国精算工作委员会）、高等学校、保险公司极大地推动了我国保险精算教育与资格考试的发展。

## 习题 1

1－1　什么是保险精算？如何分类？

1－2　概述寿险精算的发展历史。

1-3　列出对寿险精算发展产生巨大影响的重大事件。

1-4　保险精算有哪些作用?

1-5　什么是精算师?如何才能成为精算师?

1-6　概括北美精算师资格考试体系。

1-7　概括英国精算师资格考试体系。

1-8　概括日本精算师资格考试体系。

1-9　当前,寿险精算面临哪些挑战?

1-10　概述我国精算教育与资格或水平考试的发展历程和面临的主要挑战。

# 第二章
# 生命函数与生命表

生命函数、生命表在人口学、精算学、生存模型的研究中占有极其重要的地位。生命函数指的是随着年龄或时间变化而变化,反映生存或死亡规律的函数关系。生命表是反映同时参加同一事件的一批人受一个或多个减损因素或“死亡”因素而陆续减损或“死亡”的这一过程的一张统计表。按涉及减因或风险的多少划分,生命函数可分为单减因生命函数与多减因生命函数,生命表也可相应分为单减因生命表与多减因生命表。按涉及生命个数的多少划分,生命函数可分为单生命函数与多生命函数(又称多元生命函数),生命表也可相应分为单生命表与多生命表。本章所研究的生命函数指的是单生命在遭遇单风险(死亡风险)条件下随着年龄或时间变化而变化,反映生存与死亡规律的函数关系。本章所研究的生命表指的是反映同时出生的一批人在死亡风险作用下随着时间推移而陆续死亡的这一过程的一张统计表。多元生命函数与生命表的内容留在第八章研究,暴露于多元风险条件下的生命函数与生命表的研究留在第九章。

本章主要研究两个方面的内容:一是生命函数,二是生命表。具体而言,主要讨论与 $x$ 岁的人未来的生存、死亡相关的各种生命函数。具体内容有:三个基本随机变量、生命函数、正分数年龄生命函数的估计、参数生存模型、生命表。



## 第一节　三个基本随机变量

本节将研究生命函数中涉及的三个基本随机变量,即个体寿命、个体余命、取整余命。

### 一、个体寿命

$X$ 表示一个人从出生到死亡的这段时间,即个体寿命。显然,由于一个人何时死亡事先无法确定,因此 $X$ 是一个随机变量,且是连续型的。它的分布函数设为 $F_X(x)=P(X\leqslant x)\ (x\geqslant 0)$,表示未能活过 $x$ 岁的概率。如 $P(X>60)$ 表示一个新生婴儿活过60岁的概率,$P(x<X\leqslant x+1\mid X>x)$ 表示 $x$ 岁的人在未来一年内死亡的概率。

$S(x)=P(X>x)=1-F_X(x)$ 表示一个新生婴儿能活过 $x$ 岁的概率,也表示在 $x$ 岁时仍生存的概率,称 $S(x)$ 为 $x$ 的生存函数。在统计学中,常用分布函数 $F(x)$,而在精算学中,更多地使用 $S(x)$。显然,$P(x_1 < X \leqslant x_2) = F_X(x_2) - F_X(x_1) = S(x_1) - S(x_2)$ 表示死于 $x_1$ 岁与 $x_2$ 岁间的概率。容易得到 $F_x(x) = 1 - S(x)$。

假设 $F_X(x)$ 可导,$f_X(x)$ 为随机变量 $X$ 的概率密度函数,那么

$$f_X(x) = F'_X(x) = -S'(x) \tag{2.1.1}$$

或

$$F_X(x) = \int_0^x f_X(t)\mathrm{d}t \tag{2.1.2}$$

有些著作将 $S(x)$ 记为 $S_0(x)$ 或 $S_X(x)$, 将 $F(x)$ 记为 $F_0(x)$,将 $f(x)$ 记为 $f_0(x)$。

生存函数 $S(x)$ 具有如下基本性质:

(1)$S(0) = 1, S(\infty) = 0$;

(2)$S(x)$ 是 $x$ 的递减函数;

(3)$S(x)$ 一般是 $x$ 的连续函数。

$X$ 的数学期望与方差为

$$\begin{aligned} E(X) &= \int_0^{+\infty} x f_X(x)\mathrm{d}x = \int_0^{+\infty} S(x)\mathrm{d}x \\ &= \int_0^{+\infty} S_0(x)\mathrm{d}x \end{aligned} \tag{2.1.3}$$

$$\begin{aligned} \mathrm{var}(X) &= \int_0^{+\infty} (x - E(x))^2 f_X(x)\mathrm{d}x \\ &= E(X^2) - (E(X))^2 \\ &= \int_0^{+\infty} 2xS_0(x)\mathrm{d}x\left(\int_0^{+\infty} S_0(x)\mathrm{d}x\right) \end{aligned} \tag{2.1.4}$$

### 二、个体余命

$T$ 或 $T(x)$ 表示 $x$ 岁的人未来能够生存的时间。显然,$T = T(x) = X - x$。由于要购买保险的人往往已经活到 $x$ 岁,与其说寿险公司关心一个人的寿命分布,不如说更关心年龄为 $x$ 岁的人剩余寿命 $X - x$ 或 $T(x)$ 的分布。今后用符号$(x)$ 表示短语"$x$ 岁的人"。显然,$T(0) = X$,且 $T$ 是连续型随机变量。于是,$T$ 的分布函数 $F_T(t)$ 为

$$\begin{aligned} F_T(t) &= P(T \leqslant t) = P(X - x \leqslant t \mid X > x) \\ &= \frac{P(x < X \leqslant x + t)}{P(X > x)} = \frac{S(x) - S(x+t)}{S(x)} = 1 - S_x(t) \end{aligned} \tag{2.1.5}$$

显然,分布函数 $F_T(t)$ 表示$(x)$ 在未来 $t$ 年内死亡的概率。

假设 $F_T(t)$ 可导,则 $T$ 的概率密度函数为

$$f_T(t) = F'_T(t) = -S'_x(t) \tag{2.1.6}$$

有些著作将 $T(x)$ 记为 $T_x$,将 $F_T(t)$ 记为 $F_x(t)$,将 $f_T(t)$ 记为 $f_x(t)$。$S_x(t)$ 或 $S_T(t)$ 表示$(x)$ 能存活 $t$ 年的概率。

$T$ 的期望与方差为

$$E(T) = \int_0^{+\infty} t f_T(t)\mathrm{d}t = \int_0^{+\infty} t \cdot \mathrm{d}(-S_x(t))$$

$$= t(-(S_x(t))\Big|_0^{+\infty}) + \int_0^{+\infty} S_x(t)\,\mathrm{d}t = \int_0^{+\infty} S_x(t)\,\mathrm{d}t \tag{2.1.7}$$

$$\mathrm{var}(T) = E(T^2) - (E(T))^2 = 2\int_0^{+\infty} tS_x(t)\,\mathrm{d}t - (\int_0^{+\infty} S_x(t)\,\mathrm{d}t)^2 \tag{2.1.8}$$

### 三、取整余命

定义$K = K(x) = [T(x)]$，$K$表示$(x)$还能生存的最大整年数，也称$(x)$的取整余命，它是一离散型随机变量，取值为1，2，…。

显然，$K$的分布律为

$$\begin{aligned} P(K = k) &= P(k \leqslant T < k+1) = F_T(k+1) - F_T(k) \\ &= \frac{S(x+k) - S(x+k+1)}{S(x)} \end{aligned} \tag{2.1.9}$$

$P(K = k)$表示$(x)$先存活$k$年，并在接下来的一年内死亡的概率，即$(x)$在未来第$k+1$年内死亡的概率。

$K$的期望与方差为

$$E(K) = \sum_{k=0}^{+\infty} kP(K = k) \tag{2.1.10}$$

$$\mathrm{var}(K) = E(K^2) - (E(K))^2 \tag{2.1.11}$$

**例2.1.1**　已知$(x)$的尚存概率函数$S(x) = \dfrac{1}{(1+x)^2}\ (x \geqslant 0)$，试计算：

(1) 年龄为20岁的人在40岁前死亡的概率；

(2) 年龄为20岁的人在30岁与40岁间死亡的概率；

(3) 年龄为20岁的人在39岁与40岁间死亡的概率；

(4) $E(T(20))$、$E(K(20))$。

**解**：(1) 年龄为20岁的人在40岁前死亡的概率为

$$P(T(20) \leqslant 20) = \frac{S(20) - S(40)}{S(20)} = \frac{1\,240}{1\,681} \approx 0.737\,656$$

(2) 年龄为20岁的人在30岁与40岁间死亡的概率为

$$P(10 < T(20) \leqslant 20) = \frac{S(30) - S(40)}{S(20)} = \frac{317\,520}{1\,615\,441} \approx 0.196\,553$$

(3) 年龄为20岁的人在39岁与40岁间死亡的概率为

$$P(19 < T(20) \leqslant 20) = \frac{S(39) - S(40)}{S(20)} = \frac{35\,721}{2\,689\,600} \approx 0.013\,281$$

(4) 由于

$$S_{20}(t) = \frac{S(20+t)}{S(20)} = \left(\frac{21}{21+t}\right)^2$$

因此

$$E(T(20)) = \int_0^{+\infty} S_{20}(t)\,\mathrm{d}t = \int_0^{+\infty} \left(\frac{21}{21+t}\right)^2 \mathrm{d}t = 21$$

由于

$$P(K(20)=k)=\frac{S(20+k)-S(21+k)}{S(20)}=441\left[\frac{1}{(21+k)^2}-\frac{1}{(22+k)^2}\right]$$

因此

$$\begin{aligned}E(K(20))&=\sum_{k=0}^{+\infty}k\cdot P(K(20)=k)=\sum_{k=0}^{+\infty}k\cdot 441\left[\frac{1}{(21+k)^2}-\frac{1}{(22+k)^2}\right]\\&=441\sum_{k=0}^{+\infty}\left(\frac{1}{21+k}-\frac{1}{22+k}\right)-441\times 21\sum_{k=0}^{+\infty}\frac{1}{(21+k)^2}\\&\quad+441\times 22\sum_{k=0}^{+\infty}\frac{1}{(22+k)^2}\\&=21-(9\,261)\left(\frac{\pi^2}{6}-\sum_{k=1}^{20}\frac{1}{k^2}\right)+(9\,702)\left(\frac{\pi^2}{6}-\sum_{k=1}^{21}\frac{1}{k^2}\right)\\&=73.5\pi^2-441\sum_{k=1}^{20}\frac{1}{k^2}-1\approx 20.51\end{aligned}$$

思考:(1)(2)(3)问中的随机变量是如何用 $X$ 或 $K$ 表示?

**例 2.1.2** 已知某生存模型为 $S(x)=ax^2+b(0<x\leqslant k)$,且个体寿命 $X$ 的数学期望值为 60,求 $X$ 的中位数。

**解:** $\because$ 生存模型为 $S(x)=ax^2+b(0<x\leqslant k)$

$\therefore 1=S(0)=a\times 0^2+b$ 且 $0=S(k)=ak^2+b$



解得

$$\begin{cases}a=-\dfrac{1}{k^2}\\ b=1\end{cases}$$

又因为

$$60=E(X)=\int_0^k S(x)\mathrm{d}x=\frac{1}{3}ak^3+bk$$

解得

$$k=90$$

设 $X$ 的中位数为 $m$,即 $P(X>m)=\dfrac{1}{2}$ 或 $P(X\leqslant m)=\dfrac{1}{2}$,那么

$$\left(-\frac{1}{90^2}\right)m^2+1=\frac{1}{2}$$

解得

$$m=45\sqrt{2}\approx 63.64$$

## 第二节 生命函数

生命函数指的是随着年龄变化而变化,反映生存或死亡规律的函数关系。它可以

分为基本生命函数与一般生命函数。基本生命函数就是由生命表揭示的那些栏目所反映的随着年龄变化而变化的函数关系，一般包括 $l_x$、$d_x$、$p_x$、$q_x$、$L_x$、$T_x$、$e_x$、$\mathring{e}_x$，这里的年龄 $x$ 为整数。一般生命函数出现在生命表之外，主要有 ${}_tp_x$、${}_tq_x$、${}_td_x$、${}_{f|}q_x$、${}_{f|r}q_x$、$\mu_x$，这里 $x$、$t$、$f$、$r$ 不必为整数，甚至 $l_x$、$S(x)$ 中的年龄也可以是小数，实际例子不胜枚举。这里我们将 $l_x$、$d_x$、$p_x$、$q_x$（$x$ 为整数）归类为简单生命函数，而将其他生命函数，包括 ${}_tp_x$、${}_tq_x$、${}_td_x$、${}_{f|}q_x$、${}_{f|r}q_x$、$\mu_x$ 等（$x$ 不为整数）归类为复杂生命函数。复杂生命函数可用简单生命函数表示。

## 一、简单生命函数

### （一）$l_x$

$l_x$ 表示同时出生的一批 $l_0$（通常取 $l_0 = 100\,000$）人平均活过 $x$ 岁的人数。一个新生婴儿能否活过 $x$ 岁是一个随机事件，现引入随机变量 $L_j(x)$ 与 $L(x)$：

$$L_j(x) = \begin{cases} 1, & \text{当第 } j \text{ 个新生婴儿能活过 } x \text{ 岁时，这里 } j = 1,2,\cdots,l_0 \\ 0, & \text{否则} \end{cases}$$

$$L(x) = \sum_{j=1}^{l_0} L_j(x)$$

由于 $P(L_j(x) = 1) = S(x)$，$P(L_j(x) = 0) = 1 - S(x)$，因此

$$l_x = E(L(x)) = l_0 S(x) \tag{2.2.1}$$

说明：类似研究方法也适合于后面 $d_x$、${}_td_x$ 的研究。

### （二）$d_x$

$d_x$ 表示同时出生的一批 $l_0$ 人平均在 $x$ 与 $x+1$ 岁间死亡的人数。

$$\begin{aligned} d_x &= l_0 P(x < X \leqslant x+1) \\ &= l_0[S(x) - S(x+1)] = l_x - l_{x+1} \end{aligned} \tag{2.2.2}$$

### （三）$p_x$

$p_x$ 表示 $(x)$ 在未来一年间仍然生存的概率，也表示 $x$ 岁的人能活过 $x+1$ 岁的概率。

$$\begin{aligned} p_x &= P(T > 1) = 1 - P(T \leqslant 1) \\ &= \frac{S(x+1)}{S(x)} = \frac{l_{x+1}}{l_x} \end{aligned} \tag{2.2.3}$$

### （四）$q_x$

$q_x$ 表示 $(x)$ 在未来一年内死亡的概率。

$$\begin{aligned} q_x &= P(T \leqslant 1) = \frac{S(x) - S(x+1)}{S(x)} \\ &= \frac{l_x - l_{x+1}}{l_x} = \frac{d_x}{l_x} = 1 - p_x \end{aligned} \tag{2.2.4}$$

基本生命函数之间的关系：

$$l_x = d_x + l_{x+1} \tag{2.2.5}$$

或

$$l_{x+1} = l_x - d_x \tag{2.2.6}$$

对于任何年龄 $x$ 均有

$$p_x + q_x = 1 \tag{2.2.7}$$

公式(2.2.7)的通俗解释:$(x)$ 在未来一年内要么生存,要么死亡。

反复运用公式(2.2.5)不难证明下式成立:

$$l_x = d_x + d_{x+1} + d_{x+2} + \cdots + d_{\omega-1} \tag{2.2.8}$$

在公式(2.2.8)的推导过程中会运用 $l_\omega = 0$。把满足 $l_\omega = 0$ 或 $S(\omega) = 0$ 的 $\omega$ 称为终极年龄或极限年龄,而生命表中的最后一行对应的年龄,则称为生命表的最高年龄。

**例 2.2.1** 已知 $l_{85} = 29\ 300$,$l_{88} = 18\ 800$,$q_{85} = 0.125$,$p_{87} = 0.848$,求 $q_{86}$。

**解:** $\because p_{85} = \dfrac{l_{86}}{l_{85}}, p_{87} = \dfrac{l_{88}}{l_{87}}$

$$\therefore l_{86} = l_{85}p_{85}, l_{87} = \frac{l_{88}}{p_{87}}$$

$$\therefore q_{86} = 1 - p_{86} = 1 - \frac{l_{87}}{l_{86}} = 1 - \frac{l_{88}}{l_{85}p_{85}p_{87}}$$

$$= 1 - \frac{18\ 800}{29\ 300 \times (1 - 0.125) \times 0.848} \approx 0.135\ 258$$



说明:本问题可用填充生命表的形式来解决。

## 二、复杂生命函数

(一) ${}_tp_x$

${}_tp_x$ 表示 $(x)$ 未来能存活 $t$ 年的概率。特别地,${}_xp_0 = S(x) = \dfrac{l_x}{l_0}$,即 0 岁的人活过 $x$ 岁的概率,也就是 $S(x)$。当 $t = 1$ 时,可以省略左下标。

$${}_tp_x = P(T > t) = \frac{S(x+t)}{S(x)} = \frac{l_{x+t}}{l_x} \tag{2.2.9}$$



容易证明

$${}_{m+n}p_x = {}_mp_x \cdot {}_np_{x+m} \tag{2.2.10}$$

$${}_np_x = p_x p_{x+1} p_{x+2} \cdots p_{x+n-1} \tag{2.2.11}$$

公式(2.2.10)的通俗解释:$(x)$ 要存活 $m + n$ 年,必须先存活 $m$ 年,再存活 $n$ 年。请读者自行通俗解释公式(2.2.11)的意义。

(二) ${}_td_x$

${}_td_x$ 表示 $(x)$ 在未来 $t$ 年内平均死亡的人数;或者说,它表示同时出生的一批 $l_0$ 人在 $x$ 岁与 $x + t$ 岁之间死亡的平均人数。

$$\begin{aligned}{}_td_x &= l_0 P(x < X \leqslant x + t) \\ &= l_0(S(x) - S(x+t)) = l_x - l_{x+t}\end{aligned} \tag{2.2.12}$$

$$= (l_x - l_{x+1}) + (l_{x+1} - l_{x+2}) + \cdots + (l_{x+t-1} - l_{x+t})$$
$$= d_x + d_{x+1} + \cdots + d_{x+t-1}$$

即

$$_td_x = d_x + d_{x+1} + \cdots + d_{x+t-1} \quad (2.2.13)$$

公式(2.2.13)表示在 $t$ 年内死亡的人数等于各年内死亡人数之和。

(三) $_tq_x$

$_tq_x$ 表示($x$)在未来 $t$ 年内死亡的概率。于是

$$_tq_x = P(T \leqslant t) = 1 - P(T > t) = 1 - {}_tp_x$$
$$= 1 - \frac{l_{x+t}}{l_x} = \frac{l_x - l_{x+t}}{l_x} = \frac{_td_x}{l_x} \quad (2.2.14)$$

显然

$$_tp_x + {}_tq_x = 1 \quad (2.2.15)$$

公式(2.2.15)的通俗解释:($x$)在未来 $t$ 年内要么生存,要么死亡。

(四) $_{f|}q_x$ 与 $_{f|r}q_x$

$_{f|}q_x$ 表示($x$)在未来 $f$ 年间生存,在接下来的一年内死亡的概率。当 $f$ 为非负整数时,$_{f|}q_x$ 表示($x$)在第 $f+1$ 年内死亡的概率。

$$_{f|}q_x = P(f < T \leqslant f+1) = \frac{l_{x+f} - l_{x+f+1}}{l_x} = \frac{d_{x+f}}{l_x}$$
$$= {}_fp_x q_{x+f} \quad (2.2.16)$$
$$= {}_fp_x - {}_{f+1}p_x \quad (2.2.17)$$
$$= {}_{f+1}q_x - {}_fq_x \quad (2.2.18)$$

同理可得

$$_{f|r}q_x = {}_fp_x \cdot {}_rq_{x+f} \quad (2.2.19)$$
$$= {}_fp_x - {}_{f+r}p_x \quad (2.2.20)$$
$$= {}_{f+r}q_x - {}_fq_x \quad (2.2.21)$$

公式(2.2.17)的通俗解释:($x$)要在第 $f+1$ 年内死亡,他(她)必须活满 $f$ 年,但又不能活满 $f+1$ 年。请读者自行通俗解释公式(2.2.18)到公式(2.2.21)的意义。

当 $r=1$ 时,$_{f|r}q_x$ 可省略成 $_{f|}q_x$。容易证明:

$$_nq_x = q_x + {}_{1|}q_x + {}_{2|}q_x + \cdots + {}_{n-1|}q_x \quad (2.2.22)$$

公式(2.2.22)表示 $x$ 岁的人在未来 $n$ 年内死亡的概率等于各年内死亡的概率之和。

(五) $\mu_x$

$\mu_x$ 表示同时出生的一批 $l_0$ 人在 $x$ 岁时的死亡力或死力,反映在 $x$ 岁这一时点的死亡水平的高低或死亡力度的大小。定义 $\mu_x$ 为同时出生的一批 $l_0$ 人在 $x$ 岁时的死力:

$$\mu_x = -\frac{S'(x)}{S(x)} = -\frac{l'_x}{l_x} \quad (2.2.23)$$

依据 $\mu_x$ 的定义可得

$$\mu_x = -\frac{l'_x}{l_x} = \lim_{\Delta x \to 0} \frac{l_x - l_{x+\Delta x}}{l_x \Delta x} \tag{2.2.24}$$

在公式(2.2.24)中,$l_x - l_{x+\Delta x}$ 表示同时出生的一批 $l_0$ 人在微小区间 $\Delta x$ 内死亡的人数。$\frac{l_x - l_{x+\Delta x}}{\Delta x}$ 表示每年死亡的人数,$\frac{l_x - l_{x+\Delta x}}{l_x \Delta x}$ 已消除了 $\Delta x$ 期初的人数 $l_x$(以"千人"为单位)的影响,表示每千人每年的死亡人数,它的极限则表明同时出生的一批 $l_0$ 人在 $x$ 岁时每千人每年的死亡人数。由于它反映了死亡水平的高低或死亡力度的大小,故称其为在 $x$ 岁这一时点的死力。由于 $\mu_x$ 也可表示成 $\lim\limits_{\Delta x \to 0} \frac{{}_{\Delta x}q_x}{\Delta x}$,因此 $\mu_x$ 也量度了在 $x$ 岁这一时点每年的死亡概率。

由公式(2.2.23)容易得到

$$S'(x) = -\mu_x S(x) \tag{2.2.25}$$

$$l'_x = -l_x \mu_x \tag{2.2.26}$$

公式(2.2.25)、公式(2.2.26)在有关生命函数求导数、求积分、证明等方面有重要的运用价值。

由 $\mu_x$ 的定义可得

$$\mu_x = -\frac{\mathrm{d}\ln l_x}{\mathrm{d}x} = -\frac{\mathrm{d}\ln S(x)}{\mathrm{d}x}$$

由此可得

$$l_x = l_0 \exp\left(-\int_0^x \mu_s \mathrm{d}s\right) \tag{2.2.27}$$

或

$$l_{x+t} = l_x \exp\left(-\int_x^{x+t} \mu_s \mathrm{d}s\right) = l_x \exp\left(-\int_0^t \mu_{x+s} \mathrm{d}s\right) \tag{2.2.28}$$

由此可得

$$S(x) = \exp\left(-\int_0^x \mu_s \mathrm{d}s\right) \tag{2.2.29}$$

或

$${}_tp_x = \exp\left(-\int_x^{x+t} \mu_s \mathrm{d}s\right) = \exp\left(-\int_0^t \mu_{x+s} \mathrm{d}s\right) \tag{2.2.30}$$

设 $T$ 的分布函数与概率密度函数分别为 $F_T(t)$ 与 $f_T(t)$,则

$$F_T(t) = P(T \leqslant t) = 1 - \frac{S(x+t)}{S(x)} = {}_tq_x \tag{2.2.31}$$

$$\begin{aligned} f_T(t) &= F'_T(t) = \frac{\mathrm{d}}{\mathrm{d}t}\left(1 - \frac{S(x+t)}{S(x)}\right) \\ &= -\frac{1}{S(x)} \cdot (-S(x+t)\mu_{x+t}) = {}_tp_x \mu_{x+t} \end{aligned} \tag{2.2.32}$$

由 $T$ 的概率密度函数可得

$${}_nq_x = P(T \leqslant n) = \int_0^n {}_tp_x \mu_{x+t} \mathrm{d}t \tag{2.2.33}$$

由于${}_tp_x\mu_{x+t}\mathrm{d}t$表示$(x)$在长度为$\mathrm{d}t$的微小区间上的死亡概率，因而$\int_0^n {}_tp_x\mu_{x+t}\mathrm{d}t$表示$(x)$在未来$n$年间的死亡概率。而$\int_n^{+\infty} {}_tp_x\mu_{x+t}\mathrm{d}t$或$P(T>n)$则表示$(x)$在$n$年以后的死亡概率，即${}_np_x$。显然${}_\infty q_x=1$，${}_\infty p_x=0$。严格地讲，这里的$\infty$指的就是$\omega-x$。进而

$$ {}_{f|r}q_x=\int_f^{f+r} {}_tp_x\mu_{x+t}\mathrm{d}t \tag{2.2.34}$$

不难证明如下关系式成立：

$$\frac{\mathrm{d}}{\mathrm{d}t}\,{}_tp_x=-{}_tp_x\mu_{x+t} \tag{2.2.35}$$

$$\frac{\mathrm{d}}{\mathrm{d}x}\,{}_tp_x={}_tp_x(\mu_x-\mu_{x+t}) \tag{2.2.36}$$

由此可得

$$\mu_{x+t}=-\frac{\mathrm{d}\,{}_tp_x}{\mathrm{d}t}\Big/{}_tp_x$$

由$\mu_x$的定义可得

$$\mathrm{d}l_x=-l_x\mu_x\mathrm{d}x$$

两边积分得

$$\int_x^{x+1}\mathrm{d}l_t=-\int_x^{x+1}l_t\mu_t\mathrm{d}t$$

即

$$l_{x+1}-l_x=-\int_0^1 l_{x+s}\mu_{x+s}\mathrm{d}s$$

或

$$d_x=\int_0^1 l_{x+s}\mu_{x+s}\mathrm{d}s \tag{2.2.37}$$

公式(2.2.37)的通俗解释：$(x)$在未来一年间死亡的人数等于该年度内每时每刻死亡的人数的累加。

**例2.2.2**　已知$\mu_x=0.002x(20\leqslant x\leqslant 25)$，求${}_{3|}q_{20}$。

**解**：鉴于$\mu_x=0.002x(20\leqslant x\leqslant 25)$，故运用公式(2.2.28)可得

$$\begin{aligned} l_{20+t}&=l_{20}\exp\left(-\int_{20}^{20+t}\mu_s\mathrm{d}s\right)\\ &=l_{20}\exp(-0.001t^2-0.04t)(0\leqslant t\leqslant 5)\end{aligned}$$

由此可得

$${}_{3|}q_{20}=\frac{l_{23}-l_{24}}{l_{20}}=\mathrm{e}^{-0.129}-\mathrm{e}^{-0.176}\approx 0.040\ 356$$

我们也可运用公式(2.2.17)及公式(2.2.30)进行求解。

(六)$L_x$

$L_x$表示(活过)$x$岁的$l_x$人在未来一年间生存的人年数总和，也可理解为未来一年内平均生存的人数。这里的“人年”是一个复合单位，1人年就是一个人存活了一年。

$$L_x = \int_0^1 l_{x+t}\mathrm{d}t \tag{2.2.38}$$

$$= \int_0^1 tl_{x+t}\mu_{x+t}\mathrm{d}t + l_{x+1} \tag{2.2.39}$$

公式(2.2.38)是从生存者存活年数角度考虑的,而公式(2.2.39)的第一项则是从死亡者角度考虑的,两者的关系可以通过分部积分法来证明。假设各年龄段死亡人数服从均匀分布,即 $d_x$ 在 $x \sim x+1$ 岁均匀地分布,那么

$$_t d_x = td_x (0 \leqslant t \leqslant 1)$$

$$l_{x+t} = l_x - td_x$$

因此

$$L_x = \int_0^1 l_{x+t}\mathrm{d}t = \int_0^1 (l_x - td_x)\mathrm{d}t$$

$$= \frac{l_x + l_{x+1}}{2} = l_x - \frac{1}{2}d_x = l_{x+\frac{1}{2}} \tag{2.2.40}$$

关于 $l_{x+t}$ 等涉及分数年龄的生命函数的估计将在下一节详细讨论。

(七)$T_x$

$T_x$ 表示 $x$ 岁的人未来生存的人年数总和。于是

$$T_x = L_x + L_{x+1} + L_{x+2} + \cdots \tag{2.2.41}$$

$$= \int_0^{+\infty} l_{x+t}\mathrm{d}t \tag{2.2.42}$$

$$= \int_0^{+\infty} tl_{x+t}\mu_{x+t}\mathrm{d}t。 \tag{2.2.43}$$

当各年龄段死亡人数都服从均匀分布时

$$T_x = \frac{1}{2}l_x + l_{x+1} + l_{x+2} + l_{x+3} + \cdots \tag{2.2.44}$$

令 $\alpha(x)$ 表示$(x)$在 $x$ 与 $x+1$ 岁间的死亡者在这一年间平均生存的年数,则

$$\alpha(x) = \frac{\int_0^1 tl_{x+t}\mu_{x+t}\mathrm{d}t}{\int_0^1 l_{x+t}\mu_{x+t}\mathrm{d}t} = \frac{L_x - l_{x+1}}{l_x - l_{x+1}} \tag{2.2.45}$$

从而

$$L_x = \alpha(x)l_x + (1-\alpha(x))l_{x+1} \tag{2.2.46}$$

或

$$L_x = \alpha(x)d_x + l_{x+1} \tag{2.2.47}$$

人口学家安斯雷·寇尔(Ansley J. Coale)发现了 $\alpha(x)$ 的经验值。各年龄段死亡者在该年度内平均生存年数如表2.1所示。

**表2.1 各年龄段死亡者在该年度内平均生存年数**

| $x$ | 0 | 1 ~ 4 | 5 ~ 9 | 10 ~ 74 | 75 ~ 79 | 80 ~ 84 | 85 ~ 89 | 90 + |
|---|---|---|---|---|---|---|---|---|
| $\alpha(x)$ | 0.3 | 0.375 | 0.45 | 0.52 | 0.5 | 0.48 | 0.44 | 0.42 |

一般地,也可用法勒(Farlle)方法来计算 $L_x$,公式如下:

$$L_0 = \frac{1}{4}l_0 + \frac{3}{4}l_1$$

$$L_x = \frac{1}{2}(l_x + l_{x+1}) + \frac{1}{24}(d_{x+1} - d_{x-1}), x = 1,2,3,4$$

$$L_x = \frac{1}{2}(l_x + l_{x+1}), 5 \leqslant x \leqslant \omega - 2$$

$$L_{\omega-1} = \frac{1}{2}l_{\omega-1}$$

(八) 平均预期余命

平均预期余命就是各个余命的平均值,简称"平均余命"。一个人的余命事先不能确定,因而研究起来意义不大,但对一个新出生群体或达到某一年龄的群体而言,平均余命可以较为准确地估计出来,由此可以用平均余命去估计个体余命。平均余命有两种形式:完全平均余命、简约平均余命。前者是指各个个体的完全余命(包括不足 1 年的小数部分)的平均值,后者则是指各取整余命的平均值。它们分别用符号 $\mathring{e}_x$、$e_x$ 表示:

$$\mathring{e}_x = E(T(x)) = \int_0^{+\infty} t f_T(t)\mathrm{d}t = \int_0^{+\infty} t\,{}_tp_x \mu_{x+t}\mathrm{d}t$$

$$= -t\,{}_tp_x \Big|_0^{+\infty} + \int_0^{+\infty} {}_tp_x\mathrm{d}t = \int_0^{+\infty} {}_tp_x\mathrm{d}t \qquad (2.2.48)$$

$$= \frac{\int_0^{+\infty} l_{x+t}\mathrm{d}t}{l_x} = \frac{T_x}{l_x} \qquad (2.2.49)$$

公式(2.2.49)的分子 $T_x$ 表示活到 $x$ 岁的 $l_x$ 个人在未来累计生存的人年数总和,因而$\frac{T_x}{l_x}$表示平均每人未来生存的年数,即平均余命。当"$+\infty$"作为定积分上限出现时,指的是 $\omega - x$,下同。

下面计算 $T(x)$ 的方差,它可以量度个体余命 $T(x)$ 偏离其平均值 $\mathring{e}_x$ 的程度。

$$\because E(T^2(x)) = \int_0^{+\infty} t^2\,{}_tp_x \mu_{x+t}\mathrm{d}t = \int_0^{+\infty} t^2\mathrm{d}(-{}_tp_x)$$

$$= t^2(-{}_tp_x)\Big|_0^{+\infty} - \int_0^{+\infty} 2t(-{}_tp_x)\mathrm{d}t = 2\int_0^{+\infty} t\,{}_tp_x\mathrm{d}t$$

$$\therefore \mathrm{var}(T(x)) = 2\int_0^{+\infty} t\,{}_tp_x\mathrm{d}t - \mathring{e}_x^2 \qquad (2.2.50)$$

由于 $K(x)$ 为 $(x)$ 未来所能生存的最大整年数或为 $(x)$ 的取整余命,它的分布律为

$$P(K(x) = k) = {}_{k|}q_x = \frac{l_{x+k} - l_{x+k+1}}{l_x} = \frac{d_{x+k}}{l_x} \qquad (2.2.51)$$

因此

$$e_x = E(K(x)) = \sum_{k=0}^{+\infty} kP(K(x) = k)$$

$$= \frac{l_{x+1} + l_{x+2} + l_{x+3} + \cdots}{l_x} \tag{2.2.52}$$

$$= \frac{d_{x+1} + 2d_{x+2} + 3d_{x+3} + \cdots + kd_{x+k} + \cdots}{l_x} \tag{2.2.53}$$

从生存者角度来看，年龄为$x$岁的$l_x$人中，一年后有$l_{x+1}$生存，每人都活满1年，故已生存的整年数为$l_{x+1}$；再经过一年后，有$l_{x+2}$人又活满1年，它们每人再追加1年，即追加的整年数为$l_{x+2}$；第3年后再追加$l_{x+3}$，依此类推。因此，$l_x$人未来所生存的整年数总和为$l_{x+1} + l_{x+2} + l_{x+3} + \cdots$，从而其平均取整余命为$\frac{l_{x+1} + l_{x+2} + l_{x+3} + \cdots}{l_x}$。

从死亡者角度来看，对于活过$x$岁的$l_x$人，在第1年内死亡$d_x$人中，每人已存活的整年数为0，共存活$0 \cdot d_x$年；在第2年内死亡的$d_{x+1}$人中，每人已存活的整年数为1，共存活$1 \cdot d_{x+1}$年；在第3年内死亡$d_{x+2}$人中，每人已存活整年数为2，共计$2 \cdot d_{x+2}$年，以此类推。因此，$d_{x+1} + 2d_{x+2} + 3d_{x+3} + \cdots$表示$l_x$人未来每人生存整年数的总数。从而，$\frac{d_{x+1} + 2d_{x+2} + 3d_{x+3} + \cdots}{l_x}$为各取整余命的平均值。

记$S = T - K$或$T = K + S(0 \leqslant S < 1)$。当$S$服从均匀分布时，死亡人数均匀分布在一年之中，即$S$的概率密度函数为$f(s) = 1(0 \leqslant s < 1)$，于是可得$E(S) = \frac{1}{2}$与$\mathrm{var}(S) = \frac{1}{12}$，且容易证明$K$与$S$相互独立，从而可得到以下公式：

$$\mathring{e}_x = E(T) = E(K) + E(S) = e_x + \frac{1}{2}$$

即

$$\mathring{e}_x = e_x + \frac{1}{2} \tag{2.2.54}$$

以及

$$\mathrm{var}(T) = \mathrm{var}(K) + \frac{1}{12} \tag{2.2.55}$$

由于各年龄段死亡人数服从均匀分布，因此在公式(2.2.44)的两边同除以$l_x$也可得到公式(2.2.54)。

也可以利用阿贝尔变换计算$e_x$。这里的阿贝尔变换类似于定积分中的分部积分法，指的是如下公式：

$$\sum_{k=0}^{n} f(k)\Delta g(k) = f(k)g(k)\Big|_{k=0}^{n+1} - \sum_{k=0}^{n} g(k+1)\Delta f(k) \tag{2.2.56}$$

$$e_x = E(K(x)) = \sum_{k=0}^{+\infty} k\,{}_{k|}q_x = \sum_{k=0}^{+\infty} k\Delta(-{}_kp_x)$$

$$= k(-{}_kp_x)\Big|_0^{+\infty} + \sum_{k=0}^{+\infty} {}_{k+1}p_x = \sum_{k=1}^{+\infty} {}_kp_x。 \tag{2.2.57}$$

运用阿贝尔变换可以简化$K(x)$方差的计算：

$$\because E(K^2(x)) = \sum_{k=0}^{+\infty} k^2\ {}_{k|}q_x = \sum_{k=0}^{+\infty}(2k+1)\ {}_{k+1}p_x$$

$$\therefore \mathrm{var}(K(x)) = \sum_{k=0}^{+\infty}(2k+1)\ {}_{k+1}p_x - e_x^2。$$

也可能 $\mathring{e}_x$ 不存在，比如当 $S(x) = \dfrac{1}{1+x}$ 时，$\mathring{e}_x$ 就不存在。

说明：当"$+\infty$"作为求和符号上限而出现时指的是"$\omega - x - 1$"，下同。

**例 2.2.3**　证明：$\dfrac{\mathrm{d}}{\mathrm{d}x}\mathring{e}_x = \mu_x \mathring{e}_x - 1$　　(2.2.58)

**证明：** $\because \mathring{e}_x = \int_0^{\omega - x} {}_tp_x \mathrm{d}t$

$$\therefore \frac{\mathrm{d}}{\mathrm{d}x}\mathring{e}_x = \frac{\mathrm{d}}{\mathrm{d}x}\int_0^{\omega-x} {}_tp_x \mathrm{d}t$$

$$= {}_{\omega-x}p_x \cdot \frac{\mathrm{d}}{\mathrm{d}x}(\omega - x) - {}_0p_x \cdot \frac{\mathrm{d}}{\mathrm{d}x}(0) + \int_0^{\omega-x}\frac{\mathrm{d}}{\mathrm{d}x}({}_tp_x)\mathrm{d}t$$

$$= \int_0^{\omega-x} {}_tp_x(\mu_x - \mu_{x+t})\mathrm{d}t$$

$$= \mu_x \int_0^{\omega-x} {}_tp_x \mathrm{d}t - \int_0^{\omega-x} {}_tp_x \mu_{x+t}\mathrm{d}t = \mu_x \mathring{e}_x - 1。$$

说明：

(1) 这里使用了含参积分的求导公式：

$$\frac{\mathrm{d}}{\mathrm{d}t}\int_{a(t)}^{b(t)} f(x,t)\mathrm{d}x = f(b(t),t)b'(t) - f(a(t),t)a'(t) + \int_{a(t)}^{b(t)} f_t'(x,t)\mathrm{d}x$$

(2) 容易得出 $\mu_x = \dfrac{1}{\mathring{e}_x} + \dfrac{1}{\mathring{e}_x}\cdot\dfrac{\mathrm{d}}{\mathrm{d}x}\mathring{e}_x$，这样利用生命表中的完全平均余命可以近似地计算出 $\mu_x$，由于 $\dfrac{\mathrm{d}}{\mathrm{d}x}\mathring{e}_x \approx \mathring{e}_{x+1} - \mathring{e}_x$，所以 $\mu_x \approx \dfrac{1}{\mathring{e}_x} + \dfrac{\mathring{e}_{x+1} - \mathring{e}_x}{\mathring{e}_x}$。查阅 CL1(2000—2003)(非养老金业务男表) 可得 $\mathring{e}_{20} = 57.26$，$\mathring{e}_{21} = 56.29$，从而 $\mu_{20} \approx \dfrac{1}{57.26} + \dfrac{1}{57.26}(56.29 - 57.26) \approx 0.000\ 524$。

**例 2.2.4**　完成下面生命表(如表 2.2 所示)的填空。

**表 2.2　生命表**

| $x$ | $l_x$ | $d_x$ | $p_x$ | $q_x$ | $e_x$ | $\mathring{e}_x$ |
|---|---|---|---|---|---|---|
| 90 | 1 000 | 400 | | | | |
| 91 | | | | | | |
| 92 | 330 | | | 0.56 | | |
| 93 | | | 0.42 | | | |
| 94 | | 39 | | | 0.36 | |

**解**：利用 $q_x=\frac{d_x}{l_x}$、$p_x=\frac{l_{x+1}}{l_x}$、$d_x=l_x-l_{x+1}$ 及 $e_x=p_x(1+e_{x+1})$ 来计算，结果如表 2.3 所示。

**表 2.3　生命表**

| $x$ | $l_x$ | $d_x$ | $p_x$ | $q_x$ | $e_x$ | $\mathring{e}_x$ |
|---|---|---|---|---|---|---|
| 90 | 1 000 | 400 | 0.60 | 0.40 | 1.16 | 1.66 |
| 91 | 600 | 270 | 0.55 | 0.45 | 0.93 | 1.43 |
| 92 | 330 | 185 | 0.44 | 0.56 | 0.69 | 1.19 |
| 93 | 145 | 84 | 0.42 | 0.58 | 0.57 | 1.07 |
| 94 | 61 | 39 | 0.36 | 0.64 | 0.36 | 0.86 |

**例 2.2.5**　已知 $S(x)=\frac{\sqrt{k^2-x}}{k}(0\leqslant x\leqslant k^2)$，$\mathring{e}_{40}=2\mathring{e}_{80}$，求 $\mathring{e}_{60}$。

**解**：$\because S(x)=\frac{\sqrt{k^2-x}}{k}$

$$\therefore {}_tp_x=\frac{S(x+t)}{S(x)}=\left(1-\frac{t}{k^2-x}\right)^{\frac{1}{2}}$$

$$\mathring{e}_x=\int_0^{k^2-x}{}_tp_x\mathrm{d}t=\int_0^{k^2-x}\left(1-\frac{t}{k^2-x}\right)^{\frac{1}{2}}\mathrm{d}t=\frac{2}{3}(k^2-x)$$

$$\because \mathring{e}_{40}=2\mathring{e}_{80}$$

$$\therefore \frac{2}{3}(k^2-40)=2\times\frac{2}{3}(k^2-80)$$

$$k^2=120$$

$$\mathring{e}_{60}=\frac{2}{3}(120-60)=40$$

（九）定期平均余命

$n$ 年定期平均余命指的是在 $n$ 年内平均还能生存的年数。它可以分为 $n$ 年定期完全平均余命与 $n$ 年定期简约平均余命。

1. $n$ 年定期完全平均余命

$$\mathring{e}_{x:\overline{n}|}={}_n\mathring{e}_x=\frac{{}_nL_x}{l_x}=\frac{T_x-T_{x+n}}{l_x} \tag{2.2.59}$$

$$=\int_0^n{}_tp_x\mathrm{d}t \tag{2.2.60}$$

$$=t\,{}_tp_x\Big|_0^n-\int_0^n t\mathrm{d}({}_tp_x)=\int_0^n t\,{}_tp_x\mu_{x+t}\mathrm{d}t+n\,{}_np_x=E(T^*(x))$$

其中，

$$T^*(x)=\begin{cases}T(x), & \text{当 } 0<T(x)\leqslant n \text{ 时}\\ n, & \text{当 } T(x)>n \text{ 时}\end{cases}$$

2. $n$ 年定期简约平均余命

$$e_{x:\overline{n}|} = {}_ne_x = \frac{l_{x+1} + l_{x+2} + \cdots + l_{x+n}}{l_x} \tag{2.2.61}$$

$$= p_x + {}_2p_x + \cdots + {}_np_x \tag{2.2.62}$$

$$= \sum_{k=0}^{n-1} k\, {}_{k|}q_x + n\, {}_np_x$$

$$= E(K^*(x))$$

其中,

$$K^*(x) = \begin{cases} K(x), & \text{当 } K(x) = 0,1,\cdots,n-1 \text{ 时} \\ n, & \text{当 } K(x) = n,n+1,\cdots \text{ 时} \end{cases}$$

当然还可定义 $n$ 年延期平均余命:

$${}_{n|}\mathring{e}_x = \int_n^{+\infty} {}_tp_x \mathrm{d}t = {}_np_x \mathring{e}_{x+n} = E({}_{n|}T(x)) \tag{2.2.63}$$

$${}_{n|}e_x = \frac{1}{l_x}(l_{x+n+1} + l_{x+n+2} + \cdots) = {}_np_x e_{x+n} = E({}_{n|}K(x)) \tag{2.2.64}$$

其中,

$${}_{n|}T(x) = \begin{cases} 0, & \text{当 } 0 < T(x) \leqslant n \text{ 时} \\ T(x) - n, & \text{当 } T(x) > n \text{ 时} \end{cases}$$

$${}_{n|}K(x) = \begin{cases} 0, & \text{当 } 0 < K(x) \leqslant n-1 \text{ 时} \\ K(x) - n, & \text{当 } K(x) > n \text{ 时} \end{cases}$$

显然,

$$\mathring{e}_x = \mathring{e}_{x:\overline{n}|} + {}_{n|}\mathring{e}_x \tag{2.2.65}$$

$$e_x = e_{x:\overline{n}|} + {}_{n|}e_x \tag{2.2.66}$$

(十) 中心死亡率

定义中心死亡率为

$$m_x = \frac{d_x}{L_x} \tag{2.2.67}$$

这里的 $L_x$ 应理解为 $x$ 岁与 $x+1$ 岁间的平均生存人数。显然公式(2.2.67)可改写为

$$m_x = \frac{\int_0^1 l_{x+t}\mu_{x+t}\mathrm{d}t}{\int_0^1 l_{x+t}\mathrm{d}t} \tag{2.2.68}$$

公式(2.2.68)右边可理解为 $\mu_{x+t}(0 \leqslant t < 1)$ 的加权平均值。

当死亡人数在各年龄段服从均匀分布时,$L_x = l_x - \frac{1}{2}d_x$,由此可得

$$m_x = \frac{2q_x}{2 - q_x} \tag{2.2.69}$$

或

$$q_x = \frac{2m_x}{2 + m_x} \tag{2.2.70}$$

更一般地，可以定义 $n$ 年中心死亡率 ${}_nm_x$，即

$$ {}_nm_x = \frac{{}_nd_x}{{}_nL_x} = \frac{\int_0^n l_{x+t}\mu_{x+t}\mathrm{d}t}{\int_0^n l_{x+t}\mathrm{d}t} \tag{2.2.71} $$

这里

$$ {}_nL_x = \int_0^n t l_{x+t}\mu_{x+t}\mathrm{d}t + n l_{x+n} = \int_0^n l_{x+t}\mathrm{d}t \tag{2.2.72} $$

说明：公式(2.2.71)中的第一个等号右边的分子分母同除以 $n$ 后可用理解 $m_x$ 的方法去理解 ${}_nm_x$。

假设 $l_{x+t}$ 在 $0 \leqslant t \leqslant n$ 上服从均匀分布，那么

$$ l_x - l_{x+t} = \frac{t}{n}(l_x - l_{x+n}) $$

$$ \therefore l_{x+t} = l_x - \frac{t}{n}\,{}_nd_x $$

$$ {}_nL_x = \int_0^n l_{x+t}\mathrm{d}t = l_x n - \frac{1}{2}n\,{}_nd_x = n \cdot \frac{l_x - l_{x+n}}{2} $$

$$ \therefore {}_nm_x = \frac{{}_nd_x}{nl_x - \left(\frac{1}{2}\right)n\,{}_nd_x} = \frac{{}_nq_x}{n\left(1 - \frac{1}{2}{}_nq_x\right)} = \frac{2\,{}_nq_x}{n(2 - {}_nq_x)} \tag{2.2.73} $$



或者

$$ {}_nq_x = \frac{2n\,{}_nm_x}{2 + n\,{}_nm_x} \tag{2.2.74} $$

说明：公式(2.2.74)可用于编制简略生命表。

（十一）人口统计中的死亡率

1. 总死亡率

总死亡率又称粗死亡率(crude death rate,CDR)，是指某一地区某一年度的死亡人数与该年度的平均人口数或年中人口数之比。它反映了该地区人口总体死亡水平的高低。其计算公式为

$$ \mathrm{CDR} = \frac{D}{\bar{P}} \times 1\,000‰ \tag{2.2.75} $$

公式(2.2.75)中，$D$ 为某一年度的死亡人数，$\bar{P}$ 为某一年的平均人数，CDR 为粗死亡率。

2. 年龄别死亡率

年龄别死亡率就是按年龄分组计算的死亡率，它是一年内某一年龄组死亡人数与该年龄组平均人数之比。年龄别死亡率呈 J 形曲线。其公式为

$$ \tilde{m}_x = \frac{\tilde{D}_x}{\tilde{\bar{P}}_x} \times 1\,000‰ \tag{2.2.76} $$

公式(2.2.76)中，$\tilde{m}_x$ 为年龄别死亡率，$\tilde{D}_x$ 为某一年 $x$ 岁年龄组死亡人数，$\tilde{\bar{P}}_x$ 为该年 $x$ 岁年龄组平均人数。

3. 标准化死亡率

一个国家或地区人口死亡水平的高低受人口总体年龄结构的影响，通过分析其年龄别死亡率可以看出，不同年龄组死亡率水平有显著差异：低年龄组和高年龄组人口的死亡率往往较高；这些年龄组人口数占总人口的比例不同，总死亡率水平的高低也有着显著差异。因此，为了便于将不同时期同一人口总体或同一时期不同人口总体之间的死亡水平进行比较，就需要消除年龄结构的影响，这样得到的死亡率被称为标准化死亡率。其公式为

$$\mathrm{SMR} = \sum \tilde{m}_x s_x \tag{2.2.77}$$

公式(2.2.77)中 $\tilde{m}_x$ 为 $x$ 岁年龄别死亡率，$s_x$ 为 $x$ 岁的标准化年龄结构。这里，$s_x = \frac{\tilde{P}_x}{P} \times 100\%$，$P = \sum \tilde{P}_x$，SMR 为标准化死亡率。

4. 婴儿死亡率

婴儿死亡率是指一年内每千名不满周岁的婴儿中死亡的婴儿人数所占的比重。它是一个重要指标，综合地反映了一个国家或地区的医疗卫生条件、综合经济实力、人民生活水平以及科学技术水平等各个方面的国力状况。婴儿死亡率的高低直接影响总人口死亡水平的高低，它是影响人口平均预期寿命高低的重要因素。由定义可得

$$\mathrm{IMR} = \frac{D_0}{B_t} \times 1\,000‰ \tag{2.2.78}$$

公式(2.2.78)中 $D_0$ 为当年死亡婴儿人数，$B_t$ 为当年新生婴儿人数，IMR 为婴儿死亡率。

然而，由于婴儿死亡人数主要以年度为计量时间单位，而不是只以婴儿的年龄范围来进行统计，因此，某一年内婴儿死亡人数中，既有本年出生本年死亡的人数，又有去年出生今年死亡的人数。于是

$$\mathrm{IMR} = \frac{D_{t,0} + D_{t-1,0}}{B_t} \times 1\,000‰ \tag{2.2.79}$$

公式(2.2.79)中 $D_{t,0}$ 为本年出生本年死亡的婴儿数，$D_{t-1,0}$ 为去年出生而在今年死亡的婴儿数。

由于分母与分子的口径不一致，为此，经过调整后，得到

$$\begin{aligned}\mathrm{IMR} &= \frac{D_{t-1,0} + D_{t,0}}{\alpha B_{t-1} + (1-\alpha) B_t} \\ &= \frac{D_0}{\alpha B_{t-1} + (1-\alpha) B_t} \times 1\,000‰\end{aligned} \tag{2.2.80}$$

通常，取 $\alpha = \frac{1}{3}$，它为经验常数。$\alpha$ 的值依据本年出生本年死亡婴儿人数与去年出生今年死亡婴儿人数之间的比例关系来确定。根据大量人口统计资料，人们发现，在今年死亡的不满周岁的婴儿中，去年出生的婴儿占比约为 $\frac{1}{3}$，今年出生的婴儿占比约为 $\frac{2}{3}$。

## 第三节　正分数年龄生命函数的估计

正分数年龄生命函数，亦称为非整数年龄生命函数。生命表中反映整数年龄上的寿命分布规律是很不够的，因为很多时候还需知道所有年龄包括非整数年龄上的寿命分布。如果已知 $q_{24}=0.000\ 738$，$q_{25}=0.000\ 759$，那么24岁的人在未来3个月内死亡的概率 $_{0.25}q_{24}$ 或24.5岁的人在未来0.5年内的死亡概率 $_{0.5}q_{24.5}$ 应为多少?这就需要在一些假设条件下由整数年龄的生命函数值去近似地估计分数年龄的生命函数值。具体而言，就是由 $x$ 岁、$x+1$ 岁的生存人数或生存概率推断出 $x+t$ 岁时生存人数或生存概率，这里 $0<t<1$。常见的假设有三种：死亡均匀分布假设、死力常数假设、鲍德希假设。

### 一、死亡均匀分布假设

死亡均匀分布假设(uniform distribution of deaths，UDD）指的是死亡人数在各年龄段服从均匀分布。该方法又称线性插值法。其公式为

$$S(x+t)=(1-t)S(x)+tS(x+1) \tag{2.3.1}$$

或

$$l_{x+t}=(1-t)l_x+tl_{x+1} \tag{2.3.2}$$

由公式(2.3.2)可得 $l_{x+t}=l_x-td_x$ 或 $_td_x=td_x$，并由此可推导出

$$_tq_x=tq_x \tag{2.3.3}$$

$$_tp_x=1-tq_x \tag{2.3.4}$$

$$_yq_{x+t}=\frac{yq_x}{1-tq_x}\qquad(0\leqslant t+y\leqslant 1,0\leqslant y\leqslant 1) \tag{2.3.5}$$

$$\mu_{x+t}=\frac{q_x}{1-tq_x} \tag{2.3.6}$$

$$f_T(t)={}_tp_x\mu_{x+t}=q_x \tag{2.3.7}$$

上述公式中的 $t$ 满足 $0\leqslant t<1$。运用公式(2.3.3)、公式(2.3.5)可以回答本节开始时所提出的问题。当然，也可在其他假设条件下进行计算。比如，当 $k\leqslant t<k+1$ 时，$f_T(t)={}_{k|}q_x$，其中 $k=0,1,2,\cdots$。

### 二、死力常数假设

死力常数假设(constant force of mortality，CFM）指的是各年龄段死力为常数。该方法又称几何插值法。其公式为

$$S(x+t)=(S(x))^{1-t}(S(x+1))^t \tag{2.3.8}$$

或

$$l_{x+t}=(l_x)^{1-t}(l_{x+1})^t \tag{2.3.9}$$

显然,其对数可用线性插值法去估计。在 CFM 假设下,$l_{x+t} = l_x(p_x)^t$,并容易推导出如下公式:

$$ {}_tp_x = (p_x)^t \tag{2.3.10} $$

$$ {}_tq_x = 1 - (p_x)^t \tag{2.3.11} $$

$$ {}_yq_{x+t} = 1 - (p_x)^y \tag{2.3.12} $$

$$ \mu_{x+t} = -\ln p_x \tag{2.3.13} $$

$$ S(x+t) = S(x)e^{-\mu_x t},\text{其中}\mu_x = -\ln p_x \tag{2.3.14} $$

$$ f_T(t) = {}_tp_x\mu_{x+t} = \mu_x e^{-\mu_x t} \tag{2.3.15} $$

上述公式中的 $t$ 满足 $0 \leqslant t < 1$。

### 三、鲍德希假设

鲍德希(Balducci) 假设,又称调和插值法。其倒数可用线性插值法去估计。其公式为

$$ \frac{1}{S(x+t)} = \frac{1-t}{S(x)} + \frac{t}{S(x+1)} \tag{2.3.16} $$

或

$$ \frac{1}{l_{x+t}} = \frac{1-t}{l_x} + \frac{t}{l_{x+1}} \tag{2.3.17} $$

由公式(2.3.16) 可得$\frac{1}{S(x+t)} = \frac{1}{S(x)} - t\left(\frac{1}{S(x)} - \frac{1}{S(x+1)}\right)$,并可得到如下



公式:

$$ {}_tq_x = \frac{tq_x}{1-(1-t)q_x} \tag{2.3.18} $$

$$ {}_tp_x = \frac{p_x}{1-(1-t)q_x} \tag{2.3.19} $$

$$ {}_yq_{x+t} = \frac{yq_x}{1-(1-t-y)q_x} \quad (0 \leqslant t+y \leqslant 1, 0 \leqslant y \leqslant 1) \tag{2.3.20} $$

$$ \mu_{x+t} = \frac{q_x}{1-(1-t)q_x} \tag{2.3.21} $$

$$ f_T(t) = {}_tp_x\mu_{x+t} = \frac{p_xq_x}{[1-(1-t)q_x]^2} \tag{2.3.22} $$

上述公式中的 $t$ 满足 $0 \leqslant t < 1$。

在上述三种假设中,死亡均匀分布假设最简单、最常用,比较符合客观情况,因为在同一年龄段内死力是递增的。死力常数假设的简单之处体现在假设死力为常数,也有一定的合理性。鲍德希假设虽然不太符合常理,比死力是递减的,但由于${}_{1-t}q_{x+t} = (1-t)q_x$ 比较简单,因而常常用于生存模型中去估计死亡概率。

**例 2.3.1**　已知 $q_{70} = 0.06$,$q_{71} = 0.08$,试分别在 UDD 假设、CFM 假设、Balducci 假设下计算 70 岁的人在 $70\frac{1}{2}$ 岁与 $71\frac{1}{2}$ 岁之间死亡的概率。

**解**:(1) 在 UDD 假设下:

$$
\begin{aligned}
{}_{\frac{1}{2}|}q_{70} &= {}_{\frac{1}{2}|\frac{1}{2}}q_{70} + {}_{1|\frac{1}{2}}q_{70} = {}_{\frac{1}{2}}p_{70}\cdot {}_{\frac{1}{2}}q_{70\frac{1}{2}} + p_{70}\cdot {}_{\frac{1}{2}}q_{71} \\
&= \left(1-\frac{1}{2}q_{70}\right)\frac{\frac{1}{2}q_{70}}{1-\frac{1}{2}q_{70}} + (1-q_{70})\frac{1}{2}q_{71} \\
&= \frac{1}{2}q_{70} + \frac{1}{2}q_{71}(1-q_{70}) \\
&= \frac{1}{2}\times 0.06 + \frac{1}{2}\times 0.08\times(1-0.06) \approx 0.067\,6
\end{aligned}
$$

(2) 在 CFM 假设下:

$$
\begin{aligned}
{}_{\frac{1}{2}|}q_{70} &= {}_{\frac{1}{2}}p_{70}\cdot {}_{\frac{1}{2}}q_{70\frac{1}{2}} + p_{70}\cdot {}_{\frac{1}{2}}q_{71} \\
&= (p_{70})^{\frac{1}{2}}\left[1-(p_{70})^{\frac{1}{2}}\right] + p_{70}\left[1-(p_{71})^{\frac{1}{2}}\right] \\
&= (1-0.06)^{\frac{1}{2}}\left[1-(1-0.06)^{\frac{1}{2}}\right] + (1-0.06)\left[1-(1-0.08)^{\frac{1}{2}}\right] \\
&\approx 0.067\,9
\end{aligned}
$$

(3) 在 Balducci 假设下:

$$
\begin{aligned}
{}_{\frac{1}{2}|}q_{70} &= {}_{\frac{1}{2}}p_{70}\cdot {}_{\frac{1}{2}}q_{70\frac{1}{2}} + p_{70}\cdot {}_{\frac{1}{2}}q_{71} \\
&= \frac{p_{70}}{1-\left(1-\frac{1}{2}\right)q_{70}}\cdot\frac{\frac{1}{2}q_{70}}{1-\left(1-\frac{1}{2}-\frac{1}{2}\right)q_{70}} + (1-q_{70})\cdot\frac{\frac{1}{2}q_{71}}{1-\left(1-\frac{1}{2}\right)q_{71}} \\
&= \frac{\frac{1}{2}p_{70}q_{70}}{1-\frac{1}{2}q_{70}} + \frac{\frac{1}{2}q_{71}(1-q_{70})}{1-\frac{1}{2}q_{71}} \\
&\approx 0.068\,2
\end{aligned}
$$

例 2.3.2　证明:在 Balducci 假设下,$\mu_{x+t}=\dfrac{q_x}{1-(1-t)q_x}$。

**证明**:由 Balducci 假设可得$\dfrac{1}{S(x+t)}=\dfrac{1}{S(x)}-t\left(\dfrac{1}{S(x)}-\dfrac{1}{S(x+1)}\right)$,从而

$$
\begin{aligned}
\mu_{x+t} &= \frac{-S'(x+t)}{S(x+t)} = \frac{\frac{\mathrm{d}}{\mathrm{d}t}\left(\frac{1}{S(x+t)}\right)}{\frac{1}{S(x+t)}} \\
&= \frac{-\left(\frac{1}{S(x)}-\frac{1}{S(x+1)}\right)}{\frac{1}{S(x)}-t\left(\frac{1}{S(x)}-\frac{1}{S(x+1)}\right)} = \frac{q_x}{p_x+tq_x} = \frac{q_x}{1-(1-t)q_x}
\end{aligned}
$$

## 第四节　参数生存模型

死亡法则就是关于死亡秩序或生死规律的解析表达式。对死亡规律的研究在人口统计学中处于很薄弱的环节。人们试图用一个公式来表示死亡规律。曾经出现过一些死亡法则，这些法则中的参数需要估计，又称为参数生存模型。与之相对的就是表格生存模型，即用表格形式来表示生存死亡规律。

### 一、均匀分布

均匀分布是最简单的双参数分布，其概率密度函数为常数。若随机变量 $X$ 在区间 $[a,b]$ 上服从均匀分布，那么其概率密度函数为 $f_X(x)=\frac{1}{b-a}$，这里 $a\leqslant x\leqslant b$；对于 $x$ 的其余取值，$f_X(x)=0$。特别地，考虑个体寿命 $X$ 在 $(0,\omega)$ 上服从均匀分布，那么

$$f_X(x)=\frac{1}{\omega} \tag{2.4.1}$$

早在 1724 年，棣模佛用下面的公式来概括死亡规律：

$$l_x=l_0\frac{\omega-x}{\omega} \tag{2.4.2}$$

公式(2.4.2)中，$\omega$ 为终极年龄(当时考虑的取值为86)，该死亡规律又称棣模佛法则。由于该法则将 $l_x$ 视为一条直线，因而这一法则是相当粗糙的，但这个法则简化了当时年金的计算。由此可以推断出：

$$\mu_x=\frac{1}{\omega-x} \tag{2.4.3}$$

$$_tp_x=\frac{\omega-x-t}{\omega-x} \tag{2.4.4}$$

$$q_x=\frac{1}{\omega-x} \tag{2.4.5}$$

$$_{k|}q_x=\frac{1}{\omega-x} \tag{2.4.6}$$

显然，$q_x$ 随着年龄增大而增大，这不适用于新生婴儿或年龄很小的人。$_{k|}q_x$ 意味着 $x$ 岁的人在未来任何一年的死亡概率均相同，这也与实际情况不相符。

### 二、龚柏兹分布

1805 年，龚柏兹(Gompertz)认为，一个人死亡的原因受两种因素支配：一是与年龄无关的死亡机会；二是随着年龄的增加，死亡抵抗力在减退，以 $\frac{1}{\mu_x}$ 表示一个人对死亡的抵御能力(因为 $\mu_x$ 表示死亡的力度)。龚柏兹认为这种抵御死亡的能力以与自身成比例的速度递减，即

$$\frac{d}{dx}\left(\frac{1}{\mu_x}\right) = -h \cdot \frac{1}{\mu_x} \tag{2.4.7}$$

积分得

$$\ln\frac{1}{\mu_x} = -hx - \ln B \quad (\ln B \text{ 为积分常数})$$

即

$$\mu_x = e^{hx+\ln B} = B(e^h)^x = BC^x \tag{2.4.8}$$

$$l_x = l_0\exp(-\int_0^x \mu_s ds) = l_0\exp(-\int_0^x BC^s ds)$$

$$= l_0\exp\left(-B\frac{C^s}{\ln C}\bigg|_0^x\right) = l_0\exp\left(-B\frac{C^x}{\ln C} + \frac{B}{\ln C}\right) = kg^{C^x} \tag{2.4.9}$$

这里,

$$\ln g = -\frac{B}{\ln C}, C = e^h, k = l_0\exp(\frac{B}{\ln C})$$

$${}_tp_x = \frac{l_{x+t}}{l_x} = \frac{kg^{C^{x+t}}}{kg^{C^x}} = g^{C^x(C^t-1)} \tag{2.4.10}$$

**三、梅克哈姆分布**

1860 年,梅克哈姆(Makeham)对龚柏兹关于死力$\mu_x$的公式进行了修正,他假设:

$$\mu_x = A + BC^x \tag{2.4.11}$$

于是

$$l_x = l_0\exp(-\int_0^x \mu_s ds)$$

$$= \exp(-\int_0^x A ds)\cdot l_0\exp(-\int_0^x BC^s ds) = kr^x g^{C^x} \tag{2.4.12}$$

其中,$e^{-A} = r$ 或 $A = -\ln r$。由此可得

$${}_tp_x = r^t g^{C^x(C^t-1)} \tag{2.4.13}$$

梅克哈姆法则对 50 岁以上 60 岁以下的人的死亡规律的量度相当适用,$r$、$g$、$C$ 称为梅克哈姆常数,有人估计出它们的取值范围为 $0.001 < A < 0.003$, $10^{-6} < B < 10^{-3}$, $1.08 < C < 1.12$,从而 $0.997 < r < 0.999$, $0.85 < g < 0.99999$。

后来又有些人提出用$\mu_x = A + Hx + BC^x$(称之为梅克哈姆第二死亡法则)或者$\mu_x = A + BC^x + Mn^x$ 等来研究死亡规律。

# 第五节　生命表概述

## 一、生命表及其编制

### (一) 生命表的定义

生命表就是研究同时出生的一批人的整个生命过程的统计表。从构成生命表的时

间性质来看,生命表所观察到的是假定的一批人的生命过程的统计表。也就是说,把同时存在着的各个不同年龄组的人的生存状况作为同一代人处于各个不同年龄的生存状况来看,把某一时期或某一年各个年龄组人口的死亡水平作为一代人一生经历各个年龄的死亡水平来看,这样就可以根据一年或几年的统计资料来确定一代人的年龄别死亡率,这实际上就是将横向数据纵向化。

在实际人口统计工作中,我们可以得到三种数字资料:① 某一日期上的分年龄人数;② 通过人口经常登记,取得每年的分年龄死亡人数;③ 通过出生登记,取得每年的出生人数。

(二) 生命表的编制步骤

1. 计算出年龄别死亡率

假设某年 $x$ 岁的死亡人数为 $\tilde{D}_x$,$x$ 岁的平均人数为 $\tilde{\tilde{P}}_x$,则可计算出分年龄死亡率:

$$\tilde{m}_x = \frac{\tilde{D}_x}{\tilde{\tilde{P}}_x}$$

其中,$\tilde{\tilde{P}}_x$ 为年中 $x$ 岁人数,或为年初 $x$ 岁人数与年末 $x$ 岁人数的平均值。

2. 计算生命表中的中心死亡率

在死亡人数各年龄段服从均匀分布的假设下,生命表中的中心死亡率为

$$m_x = \frac{2q_x}{2 - q_x} \text{ 或 } q_x = \frac{2m_x}{2 + m_x}$$

3. 用 $\tilde{m}_x$ 去近似代替 $m_x$

由此可计算出年龄别死亡概率 $q_x = \dfrac{2\tilde{m}_x}{2 + \tilde{m}_x}$。

4. 选择适当人口基数,编制出普通形式的生命表

$l_0$ 一般取100 000,也可取1 000 000或10 000 000,由此可以算出 $d_x$、$l_x$、$p_x$、$q_x$、$L_x$、$T_x$、$\mathring{e}_x$、$e_x$。

其实,生命表中最核心的函数为年龄别死亡概率 $q_x$,因为不少机构公布的生命表就是仅包含年龄别死亡概率 $q_x$ 的一张表。

## 二、生命表的分类

生命表是寿险精算的前提和基础,它对保险公司科学经营、有效控制风险、切实保护保险双方当事人利益具有重要的意义。

生命表就是研究同时出生的一批人整个生命过程的一张统计表。由于它也反映了随着年龄增长而陆续死亡人数的变化情况,所以又被称为死亡表。由于根据此表可以计算出各年龄人口的平均预期余命,故又可称其为寿命表。

依生命表的定义,需要纵向跟踪同时出生的一批人从出生到死亡的全部过程,从而构造出生命表。但是,一方面,在实际工作中,很难取得完整的资料;另一方面,这样取得的资料到手时已经时过境迁,不能反映当前的死亡水平。因而,在实际操作中,不采用这种“实际同批人”的方法去编制生命表,而是采用“假定同批人”的方法来编

制，即把某一年龄人口的死亡水平当成同时出生的一批人在一生中依次经历各个年龄时的死亡水平来看待，并由此编制出生命表。

最早的生命表出现在 1662 年英国人口统计学家约翰·格兰特在其出版的《关于死亡表的自然的和政治的观察》一书中，它实际上是一张简略生命表。历史上第一张完全生命表是由英国数学家、天文学家哈雷在 1693 年编制的，它精确地显示了每个年龄的死亡概率，为寿险精算提供了依据。1764 年，生命表技术被正式运用于 1762 年在伦敦成立的“老公平”的寿险实践之中。

生命表按编制对象的不同，可以分为国民生命表和经验生命表：前者以全社会或某地区的人口为统计对象，根据人口统计资料来编制生命表，即以全体国民为编制对象编制的生命表；而后者是以人寿保险公司的被保险人为对象编制的生命表。

生命表也可以按性别划分为男子生命表、女子生命表（和男女混合生命表）。

生命表按年龄组距大小可以分为完全生命表与简略生命表：前者以一岁为一组，后者以若干岁为一组。

按一批人的减少是受单个因素影响还是受多个因素影响来划分，生命表可分为单减因生命表与多减因生命表：前者是指根据单一因素（如死亡）的影响所编制出的生命表；后者则是指根据两个或两个以上因素的影响所编制出的生命表，如同时同年龄就业的一批人受失业、死亡两个因素影响而在退休之前陆续减少，由此编制出的生命表就是多减因生命表。普通生命表指的是以死亡为唯一减因的单减因生命表。

就经验生命表而言，按业务适用范围来划分，其可分为年金生命表和寿险生命表：前者适用于年金业务或养老金业务，后者适用于寿险业务或非养老金业务。若按已投保时间长短来划分，经验生命表可分为选择－终极表与综合表。选择表中生命函数的确定，不仅要考虑年龄因素，而且还要考虑已参保时间；而终极表则仅取决于年龄因素。综合表则是不考虑投保时间长短而综合起来编制出的生命表。

**例 2.5.1** 利用中国人寿保险业经验生命表（非养老金业务）男表（女表），即 CL1（2000—2003）或 CL2（2000—2003）计算 30 岁男子（女子）在下列条件下的概率：

（1）活过 40 岁；

（2）在 50 岁前死亡；

（3）死于 49 岁与 50 岁间；

（4）死于 40 岁与 50 岁间。

**解：**

（1）$_{10}p_{30} = \dfrac{l_{40}}{l_{30}} \approx 0.988\,188$（男），$0.994\,412$（女）

（2）$_{20}q_{30} = \dfrac{l_{30} - l_{50}}{l_{30}} \approx 0.035\,333$（男），$0.017\,348$（女）

（3）$_{19|}q_{30} = \dfrac{d_{49}}{l_{30}} \approx 0.003\,189$（男），$0.001\,664$（女）

（4）$_{10|10}q_{30} = \dfrac{l_{40} - l_{50}}{l_{30}} \approx 0.023\,522$（男），$0.011\,760$（女）

## 三、选择-终极表

由于投保人投保人寿保险往往存在逆选择，为了减少逆选择的影响，常常需要体检，因而刚投保时死亡率较低，经过一段时间后，验体效力基本上消失，这时恢复到正常情形。在选择期内，即验体效力显著的期间，死亡概率 $q_{[x]+j}(j=0,1,2,\cdots)$ 由两个变量决定：一个是选择年龄或投保年龄 $x$ 岁；二是已经过的年数，即 $j$ 年，反映其在接下来的一年内（在 $x+j$ 岁与 $x+j+1$ 岁间）的死亡概率。由于验体效力的作用，$q_{[x]}<q_{[x-1]+1}<q_{[x-2]+2}<q_{[x-3]+3}<\cdots$，但经过一段时间后，无论曾经在哪一年龄选择投保，活到相同岁数的生存者，其死亡概率将基本上相同。精确地说，对于某个正数 $\varepsilon$，如果存在一个最小的整数 $r$，使得对所有选择年龄 $[x]$ 及所有的 $j>0$ 均有 $|q_{[x]+r}-q_{[x-j]+r+j}|<\varepsilon$，即 $q_{[x-j]+r+j}\approx q_{[x]+r}(j>0)$，这里 $q_{[x]+r}$ 可以写成 $q_{x+r}$（其中 $r$ 为选择期）。这种依据承保期超过选择期的死亡率而编制的生命表被称为终极生命表；而依据选择期内各年度死亡概率（既考虑投保年龄又考虑已经过年数获得的死亡概率）而编制的生命表被称为选择生命表。不考虑投保年龄、经过年数所获得的死亡概率而编制的生命表被称为综合表。

表 2.4 是一个选择期为 3 年的选择-终极表片段示例。

**表 2.4　选择期为 3 年的选择-终极表片段示例**

| $x$ | $q_{[x]}$ | $q_{[x]+1}$ | $q_{[x]+2}$ | $q_{x+3}$ | $l_{[x]}$ | $l_{[x]+1}$ | $l_{[x]+2}$ | $l_{x+3}$ | $x+3$ |
|---|---|---|---|---|---|---|---|---|---|
| 70 | 0.022 6 | 0.028 7 | 0.034 7 | 0.037 3 | 78 015 | 76 252 | 74 063 | 71 493 | 73 |
| 71 | 0.024 5 | 0.031 6 | 0.035 8 | 0.041 4 | 75 563 | 73 711 | 71 382 | 68 827 | 74 |
| 72 | 0.027 4 | 0.033 7 | 0.039 7 | 0.045 9 | 73 104 | 71 101 | 68 705 | 65 977 | 75 |
| 73 | 0.029 1 | 0.037 1 | 0.042 8 | 0.050 8 | 70 344 | 68 297 | 65 764 | 62 949 | 76 |
| 74 | 0.032 2 | 0.040 7 | 0.047 9 | 0.056 3 | 67 596 | 65 420 | 62 757 | 59 751 | 77 |
| 75 | 0.035 9 | 0.044 5 | 0.053 3 | 0.062 3 | 64 657 | 62 336 | 59 562 | 56 387 | 78 |
| 76 | 0.039 4 | 0.047 6 | 0.056 5 | 0.068 9 | 61 255 | 58 841 | 56 041 | 52 874 | 79 |

对于选择-终极表的建立，一般先制作终极表，然后再编制选择表。

终极表由 $l_x=l_0(1-{}_xq_0)$ 来产生一组数 $l_{x+r}=l_{[x]+r}$。其中，$r$ 为选择期长度，对于选择表部分，则依据

$$l_{[x]+r-k-1}=\frac{l_{[x]+r-k}}{p_{[x]+r-k-1}}\quad(k=0,1,2,\cdots,r-1)\tag{2.5.1}$$

在选择期内，生命函数间的关系仍成立，只不过下标中年龄要带上中括号“[ ]”。但选择期到达后，下标中的中括号“[ ]”将消失。

**例 2.5.2**　请在 UDD 假设下，利用表 2.4 相关数据计算如下概率：(1) ${}_2p_{[70]}$、${}_{2|2}q_{[70]+1}$、${}_3q_{[70]+1}$；(2) ${}_{0.9}q_{[70]+0.6}$。

**解：**(1)　$${}_2p_{[70]}=\frac{l_{[70]+2}}{l_{[70]}}=\frac{74\ 063}{78\ 015}\approx 0.949\ 3$$

$$ {}_{2|2}q_{[70]+1} = \frac{l_{[70]+1+2} - l_{[70]+1+2+2}}{l_{[70]+1}} = \frac{l_{73} - l_{75}}{l_{[70]+1}} $$

$$ = \frac{71\ 493 - 65\ 977}{76\ 252} \approx 0.072\ 3 $$

$$ {}_{3}q_{[70]+1} = \frac{l_{[70]+1} - l_{[70]+1+3}}{l_{[70]+1}} = \frac{l_{[70]+1} - l_{74}}{l_{[70]+1}} $$

$$ = \frac{76\ 252 - 68\ 827}{76\ 252} \approx 0.097\ 4 $$

(2) $$ {}_{0.9}q_{[70]+0.6} = {}_{0.4}q_{[70]+0.6} + {}_{0.4|0.5}q_{[70]+0.6} $$

$$ = {}_{0.4}q_{[70]+0.6} + {}_{0.4}p_{[70]+0.6} \cdot {}_{0.5}q_{[70]+0.6+0.4} $$

$$ = \frac{0.4q_{[70]}}{1 - 0.6q_{[70]}} + \left(1 - \frac{0.4q_{[70]}}{1 - 0.6q_{[70]}}\right) \times \frac{1}{2}q_{[70]+1} $$

$$ = \frac{0.4 \times 0.022\ 6}{1 - 0.6 \times 0.022\ 6} + \left(1 - \frac{0.4 \times 0.022\ 6}{1 - 0.6 \times 0.022\ 6}\right) \times \frac{1}{2} \times 0.028\ 7 $$

$$ \approx 0.023\ 4 $$

## 四、我国生命表的发展历史

在1981年恢复人身保险业务以来的10多年时间里，由于处于起步期，缺少寿险业务数据，我国人寿保险业一直借用日本全会社生命表，这与中国实际情况相差很大。到1991年，中国人寿保险长期业务承保人数已超过800万人，为编制出自己的经验生命表提供了可能。

中国人民保险公司于1992年下半年开始着手研究制作经验生命表的可行性，在1993年正式开始筹划制作经验生命表的总体方案与实施步骤。该方案于1993年年末获得批准，于1994年开始正式实施。1995年7月，中国第一套人寿保险业经验生命表制作完成。资料收集范围为1985年1月1日—1993年12月31日所承包的所有长期人寿保险业务，共采用8 000 742张保单；1990年1月1日—1993年12月31日为本次死亡调查的观察期。

1990年6月23日经，当时的保险业监管机关——中国人民银行发布《关于统一使用“中国人寿保险经验生命表(1990—1993)”的通知》，并公布了“中国人寿保险业经验生命表(1990—1993)”(第一套生命表)。该通知要求自该套生命表公布之日起，在我国境内新开发的人寿保险险种必须统一使用该套生命表计算费率、责任准备金及退保金；同时要求各保险公司尽快对其现已开办的寿险险种进行一次全面的清理，做好生命表更换工作。从1997年4月1日起，这些险种的新签保单必须使用第一套新生命表，已签发的保单继续履行原保险合同。该套生命表共包括六张表：非养老金业务男表、非养老金业务女表、非养老金业务混合表、养老金业务男表、养老金业务女表、养老金业务混合表。

1999年12月13日，中国保监会发布了《关于继续使用“中国人寿保险业经验生命表(1990—1993)”的通知》。该通知要求在我国境内开展人寿保险业务的保险公司应当继续统一使用第一套生命表计算人寿保险费率、责任准备金及退保金。

随后，保险业务快速发展，积累了大量的保险业务数据资料，保险公司信息化程度大幅度提高，数据质量也有了较大改善，保险精算技术获得了极大发展，积累了一些死亡率分析经验。2003 年 8 月，在中国保监会的领导和组织下，正式启动了第二套生命表编制项目，编制的数据来源于国内经营时间较长、数据量较大的六家寿险公司：中国人寿、中国平安、太平洋人寿、新华人寿、泰康人寿、友邦保险的 1 亿多条保单记录，占全行业同期保单数量的98% 以上，死亡观察期为2000 年1 月1 日 —2003 年12 月31 日。第二套生命表编制完成后，于 2005 年 11 月 12 日通过了以著名人口学专家、时任全国人大常委会副委员长的蒋正华为主任的专家评审会的评审。该套生命表按性别分业务类型共包括四张表：非养老金业务男表、非养老金业务女表、养老金业务男表、养老金业务女表。

2005 年 12 月 19 日，中国保监会发出《关于颁布〈中国人寿保险业经验生命表(2000—2003)〉的通知》及《关于修订精算规定中生命表使用有关事项的通知》，规定自2006 年1 月1 日起使用《中国人寿保险业经验生命表(2000—2003)》，保险公司在厘定保费时自行决定采用的预定死亡率、保单现金价值计算用生命表可以采用公司定价生命表，但保险公司进行法定准备金评估必须采用该套生命表。

中国人身保险业第三套经验生命表编制项目自 2014 年 3 月启动，由中国人寿、中国平安、太平洋人寿、新华人寿、泰康人寿、友邦保险、中国人保寿险、太平人寿、富德生命人寿 9 家寿险公司和中再寿险 1 家再保险公司组成项目组，死亡观察期为 2010 年 1 月1 日 —2013 年 12 月 31 日，历时两年多完成了第三套生命表的编制工作。

2016 年 7 月 27 日，中国人身保险业第三套经验生命表审定会在北京举行，来自中国保监会、国家统计局、北京大学、中国人民大学、南开大学、中国人寿、太平洋人寿的 7 位专家组成的审定委员会一致通过了第三套生命表的编制结果。

时任原中国保监会副主席的黄洪作为审定委员会主任委员出席会议并发表了重要讲话：生命表是人身保险业的基石和核心基础设施，编制新生命表是服务国家治理体系和治理能力现代化的现实需要，也是贯彻落实新“国十条”的重要举措。2014 年，《国务院关于加快发展现代保险服务业的若干意见》明确提出要加快建立保险业分类风险数据库，修订行业经验生命表、疾病发生率表。目前使用的第二套生命表是 2005 年年底发布的，人口死亡率发生了明显变化，预期寿命提高了近 3 岁，与此同时保险产品类型日益多元，原有的养老和非养老两张表难以满足产品精细化定价的需要，因此，编制和使用第三套生命表十分必要，意义重大。

此次生命表编制具有诸多亮点和创新点。一是样本数据量巨大。此次编制共收集了 3. 4 亿张保单、185 万条赔案数据，覆盖了 1. 8 亿人口，样本数据量位居世界第一，为生命表的编制打下了坚实的基础。二是技术水平较高。此次编制运用数据挖掘等先进技术，利用计算机自动完成了全部理赔数据中 95% 的清洗工作，且准确率高于 97%，大大提升了数据质量和处理效率。三是成果上有多处创新。此次编制首次编制出真正意义上的养老表，针对不同保险人群的特点编制出三张表，夯实了行业发展的技术基础，进一步满足了精细化定价和审慎评估的需要。

2016 年 12 月 21 日，《中国保监会关于使用〈中国人身保险业经验生命表

(2010—2013)〉有关事项的通知》发布,其中规定:保险公司在计提责任准备金时,评估死亡率应采用《中国人身保险业经验生命表(2010—2013)》所提供的数据;当分红保险用精算规定的责任准备金计算红利时,应采用《中国人身保险业经验生命表(2010—2013)》所提供的数据作为计算红利分配的基础。2016年12月28日,中国保监会发布了《中国人身保险业经验生命表(2010—2013)》,此次发布的生命表于2017年1月1日正式启用。

保险公司选择适用的生命表时,应按照审慎性原则整体考虑同一产品或产品组合的全部保单。① 定期寿险、终身寿险、健康保险应采用非养老类业务一表;② 保险期间内(不含满期)没有生存金给付责任的两全保险或含有生存金给付责任但生存责任较低的两全保险、长寿风险较低的年金保险应采用非养老类业务二表;③ 保险期间内(不含满期)含有生存金给付责任且生存责任较高的两全保险、长寿风险较高的年金保险应采用养老类业务表;④ 保险公司应根据产品特征综合分析,按照精算原理和审慎性原则判断生存责任和长寿风险。对其他不属于上述产品形态或产品形态认定存在歧义的产品,保险公司应根据产品特征及保险人群死亡率特点,按照精算原理和审慎性原则选择适用的生命表。

《中国人身保险业经验生命表(2010—2013)》也即第三套生命表的编制对于保险公司的产品定价、责任准备金的评估都有极其重要的影响。总的来说,该套生命表更注重对风险的差别对待,以及对三类表审慎的判断和使用。



中国第三套人身保险业经验生命表命名为《中国人身保险业经验生命表(2010—2013)》,英文名称为"*China Life Insurance Mortality Table*(2010—2013)",简称"CL(2010—2013)"。其中:非养老类业务一表两张,非养老类业务二表两张,养老类业务表两张。它们分别是:

(1)CL1(2010—2013):非养老类业务一表(男)。

(2)CL2(2010—2013):非养老类业务一表(女)。

(3)CL3(2010—2013):非养老类业务二表(男)。

(4)CL4(2010—2013):非养老类业务二表(女)。

(5)CL5(2010—2013):养老类业务表(男)。

(6)CL6(2010—2013):养老类业务表(女)。



## 本章小结

本章主要研究了生命函数及生命表。

个体寿命、个体余命、取整余命是寿险精算中三个基本随机变量,是研究寿险精算的逻辑起点,也是将概率论运用于寿险精算的切入口。这三个基本随机变量及其衍生出的随机变量的分布函数、概率密度函数、数学期望与方差将贯穿于寿险精算的始终。

生命函数指的是随着年龄变化而变化,反映生存或死亡规律的函数关系。它可以分为基本生命函数和一般生命函数:前者出现在生命表之中,其余则归为一般生命函数。生命函数也可分为简单生命函数和复杂生命函数：前者如$l_x$、$d_x$、$p_x$、$q_x$，这里年龄$x$为整数，其余情形则归结为复杂生命函数。其实，生命表中最核心或最基本的函数就是年龄别死亡概率$q_x$，但我们更愿意用生存人数$l_x$来表示，因为这样理解起来更直观一些。

沿着线索$l_x \to L_x \to T_x \to \mathring{e}_x \to e_x$来研究某一人口的平均预期余命，在现实生活中具有重要意义。婴儿的平均预期寿命是反映一个国家医疗卫生事业、科技发展水平、人民生活质量的重要指标。退休年龄时的平均预期余命可以反映未来养老保险的负担情况。

生命表就是研究同时出生的一批人整个生命过程的一张统计表，它是寿险精算的基础和前提。生命表有多种分类方法，不同分类方法满足不同目的。生命表反映了随着（整数）年龄变化而变化的函数关系。而对于分数年龄，生命函数值则需要在一定假设条件下用整数年龄生命函数值去估计；常用的假设有：死亡均匀分布假设、死力常数假设、鲍德希假设。

# 习题 2

2－1　已知$S(x) = \sqrt{1 - \dfrac{x}{100}}$，求$S(50)$、${}_{3|2}q_{30}$、${}_{3}p_{30}$、$\mu_{36}$。

2－2　已知$l_x = 2\,500(64 - 0.8x)^{1/3}$，$0 \leqslant x \leqslant 80$，求：(1)$f(x)$；(2)$E(X)$；(3)$\mathrm{var}(X)$；(4)$E(T(70))$；(5)$\mathrm{var}(T(70))$；(6)${}_{10}m_{70}$。

2－3　已知$\mu_x = kx$，$k > 0$，且${}_{10}p_{35} = 0.81$，求${}_{20}p_{40}$。

2－4　已知$S(x) = a - \left(\dfrac{x}{b}\right)^2$，其中$0 \leqslant x \leqslant b$，$m_2 = \dfrac{15}{24\,281}$，求$b$。

2－5　已知一个50岁的人在50～51岁将面临意外的危险。正常情况下，在50～51岁的死亡概率为0.006，而意外危险可表示附加一个年初值0.03，并均匀递减到年末值为0的死力。试计算该人活过51岁的概率。

2－6　求常数$c(>0)$使当死力由$\mu_{x+t}(0 \leqslant t \leqslant 1)$变成$\mu_{x+t} - c$时，$(x)$在未来一年内死亡的概率将减半，答案用$q_x$表示。

2－7　已知$q_{50} = 0.05$，$\mu_{60+t} = 1.5\mu_{50+t}(0 \leqslant t \leqslant 1)$，求$q_{60}$。

2－8　完成如表2.5所示生命表。

**表2.5　生命表**

| $x$ | $l_x$ | $d_x$ | $p_x$ | $q_x$ | $e_x$ | $\mathring{e}_x$ |
|---|---|---|---|---|---|---|
| 97 | 200 | | | | | |
| 98 | 80 | | | 0.7 | | |
| 99 | | 18 | | | | |
| 100 | | 6 | | | | |

2－9　已知$e_{63}=9.5$，$e_{64}=9.0$，$e_{65}=8.5$，求(63)在65岁前的死亡概率。

2－10　已知$S(x)=1-\frac{x^2}{100^2}$，求$\mathring{e}_{20}$。

2－11　已知$l_x=100-x(0\leqslant x\leqslant 100)$，${}_3q_{40}$、${}_2p_{40}$、${}_{3|2}q_{40}$、$\mathring{e}_{40:\overline{30|}}$。

2－12　已知$\mu(x)=\begin{cases}0.04, & 0<x<40\\ 0.05, & x\geqslant 40\end{cases}$，计算$\mathring{e}_{25:\overline{25|}}$。

2－13　已知$S(x)=1-(0.01x)^2$，$0\leqslant x\leqslant 100$，求该分布年龄中位数的完全平均余命。

2－14　已知$q_x=0.1$，(1)在UDD假设下，计算${}_{0.3}q_{x+0.5}$；(2)在Balducci假设下，计算${}_{0.3}q_x$；(3)在CFM假设下，计算${}_{0.5}q_x$。

2－15　已知$l_x=1\,000\sqrt{100-x}$，$0\leqslant x\leqslant 100$，求$\mu_{36.25}$的精确值，并将其与UDD假设、CFM假设、Balducci假设下获得的值进行比较。

2－16　(1)若$\mu(80.5)=0.020\,2$，$\mu(81.5)=0.040\,8$，$\mu(82.5)=0.061\,9$，死亡人数在各年龄段上服从均匀分布，求(80.5)在两年内死亡的概率。(2)已知$l_{60}=92\,000$，$l_{61}=91\,000$，$l_{62}=90\,000$，$l_{63}=88\,000$，$l_{64}=85\,000$，分别在UDD、CFM、Balducci假设下求${}_3q_{60.5}$。

2－17　在一个选择期为两年的选择－终极表中，$l_{94}=6\,300$，$l_{95}=5\,040$，$l_{96}=3\,024$，且对所有的$x$有$2q_{[x]+1}=3q_{[x+1]}$，$3q_{x+2}=4q_{[x+1]+1}$，计算$l_{[94]}$。

2－18　已知$q_{[50]+1}=0.008\,93$，$q_{52}=0.010\,35$，该选择－终极表的选择期为两年，计算${}_{1|}q_{[50]+1}$。

2－19　已知某一张选择期为3年的选择－终极表，从0岁开始，假设$l_6=90\,000$，$q_{[0]}=\frac{1}{6}$，${}_5p_{[1]}=\frac{4}{5}$，${}_3p_{[0]+1}=\frac{9}{10}\cdot {}_3p_{[1]}$，求$l_{[0]}$。

2－20　对于选择期为一年的选择－终极表，已知$l_{[70]}=10\,000$，$d_{[70]}=1\,000$，$\mathring{e}_{[70]}=10.5$，$l_{[71]}=9\,500$，并假设死亡人数在各年龄段服从均匀分布，求$\mathring{e}_{[71]}$。

2－21　已知$l_x=k(86-x)(0\leqslant x\leqslant 86)$，证明：(1)$d_x=k$；(2)$p_x=\frac{85-x}{86-x}$；(3)$q_x=\frac{1}{86-x}$。

2－22　证明：$e_x=p_x(1+e_{x+1})$。

2－23　证明：$L_{x+1}=L_x\exp\left(-\int_x^{x+1}m_t\mathrm{d}t\right)$。

2－24　在CFM假设下，即$\mu_{x+t}=\mu\quad(0\leqslant t<1)$，证明：$\alpha(x)=\frac{1}{\mu}-\frac{\mathrm{e}^{-\mu}}{1-\mathrm{e}^{-\mu}}\approx\frac{1}{2}-\frac{1}{12}q_x$。

2－25　在Balducci假设下，证明：$\alpha(x)=-\frac{p_x}{q_x^2}(q_x+\ln p_x)\approx\frac{1}{2}-\frac{q_x}{6}$。

# 第三章
# 人寿保险

一个人面临的主要人身风险有两种：一种是活得太久，另一种是死得太早。前者往往导致老年生存艰辛，需通过参加年金保险来克服；后者由于死得太早，令遗属生活困难，需通过死亡保险所提供的保险金来保障生活。换言之，生存保险主要解决长寿风险，死亡保险主要解决早亡风险，而两全保险的作用兼而有之。

人寿保险就是以人的生命为保险标的，以人的生死作为保险金给付条件的人身保险。具体而言，依据保险责任的不同，人寿保险可分为生存保险、死亡保险、两全保险，具体见表 3.1。

**表 3.1　人寿保险的分类**

- 人寿保险
  - 生存保险
    - 纯生存保险
    - 生存年金保险
  - 死亡保险
    - 即期死亡保险
      - 即期定期死亡保险
      - 即期终身死亡保险
    - 延期死亡保险
      - 延期定期死亡保险
      - 延期终身死亡保险
  - 两全保险

一般将死亡保险、两全保险统称为狭义的人寿保险，本章主要讨论这种狭义的人寿保险。

以保险金给付的及时程度来划分，人寿保险可划分为：死亡所在年年末给付保险金的人寿保险、死亡所在 $1/m$ 年年末（$m>1$）给付保险金的人寿保险、死亡所在时刻给付保险金的人寿保险。本章将按此结构展开。这里的年末指的是保险年度末，今后未做特别说明时均这样理解。

依据保险金给付的金额是否随死亡时间的推移而发生变化，人寿保险可分为等额寿险和非等额寿险。前者指的是无论被保险人何时死亡，保险金给付数额不发生变化，后者指的是保险金给付数额随被保险人死亡时间不同而发生变化。

人寿保险也可分为即期寿险与延期寿险，或定期寿险与终身寿险；也可分为单生命寿险与多生命寿险。单生命寿险以某一被保险人死亡作为给付条件，多生命寿险以多个被保险人在满足一定条件的死亡发生之后才给付保险金。本章只研究单生命寿险，而多生命寿险留在第八章进行研究。

本章的主要内容是求人寿保险的趸缴纯保费或精算现值。

## 第一节　死亡所在年年末给付保险金的人寿保险

### 一、等额寿险

（一）终身寿险①

设 $A_x$ 表示 $x$ 岁投保、于死亡所在年年末给付保险金 1 的终身寿险的趸缴纯保费，亦称为人寿保险的精算现值，那么运用团体法（依据生命表，假设活过 $x$ 岁的 $l_x$ 人都参加了这样的保险）可以得到在 $x$ 岁时的保费收入现值为 $l_xA_x$，保险金支出现值为 $vd_x + v^2d_{x+1} + v^3d_{x+2} + \cdots$，依据收支平衡原则，可以得到

$$A_x = \frac{vd_x + v^2d_{x+1} + v^3d_{x+2} + \cdots}{l_x}$$

$$= vq_x + v^2{}_{1|}q_x + v^3{}_{2|}q_x + \cdots \tag{3.1.1}$$

设 $Z_x$ 表示保险人给付的保险金的现值，显然 $Z_x$ 是一随机变量，即

$$Z_x = v^{K+1} \quad (K = 0,1,2,\cdots)$$

于是，

$$P(Z_x = v) = q_x$$

$$P(Z_x = v^2) = {}_{1|}q_x$$

$$P(Z_x = v^3) = {}_{2|}q_x$$

…………

$$P(Z_x = v^{k+1}) = {}_{k|}q_x$$

显然，

$$E(Z_x) = \sum_{k=0}^{+\infty} v^{k+1}{}_{k|}q_x = vq_x + v^2{}_{1|}q_x + v^3{}_{2|}q_x + \cdots + v^{k+1}{}_{k|}q_x + \cdots \tag{3.1.2}$$

这表明趸缴纯保费就是保险人给付保险金现值的数学期望。

为简化计算起见，需引入如下替换函数或转换函数（又称离散型替换函数）：

$$C_x = v^{x+1}d_x \tag{3.1.3}$$

$$M_x = C_x + C_{x+1} + C_{x+2} + \cdots \tag{3.1.4}$$

$$R_x = M_x + M_{x+1} + M_{x+2} + \cdots \tag{3.1.5}$$

$$D_x = v^xl_x \tag{3.1.6}$$

$$N_x = D_x + D_{x+1} + D_{x+2} + \cdots \tag{3.1.7}$$

$$S_x = N_x + N_{x+1} + N_{x+2} + \cdots \tag{3.1.8}$$

思考：赋予 $C_x$、$D_x$、$M_x$、$N_x$、$R_x$、$S_x$ 的经济意义或给予解释。提示：可用团体法思考。

我们可通过将常用的生命表、常用的预定利率替换成函数表来简化计算。第十二章的寿险精算实验可以大大简化计算。公式(3.1.1) 可以变形为

① 本书默认投保人给自己投保，即投保人就是被保险人，$x$ 默认为整数。

$$A_x = \sum_{k=0}^{+\infty} v^{k+1}{}_{k|}q_x = \sum_{k=0}^{+\infty} \frac{v^{k+1}d_{x+k}}{l_x} = \sum_{k=0}^{+\infty} \frac{v^{x+k+1}d_{x+k}}{v^x l_x}$$
$$= \sum_{k=0}^{+\infty} \frac{C_{x+k}}{D_x} = \frac{M_x}{D_x} \tag{3.1.9}$$

下面计算随机变量的方差：

$$E(Z_x{}^2) = v^2 q_x + v^4{}_{1|}q_x + \cdots + v^{2(k+1)}{}_{k|}q_x + \cdots$$
$$= \sum_{k=0}^{+\infty} v^{2(k+1)}{}_{k|}q_x = {}^2A_x \tag{3.1.10}$$

公式(3.1.10)中的 ${}^2A_x$ 表示 $x$ 岁投保、在利息力翻倍条件下于死亡所在年年末给付保险金 1 的终身寿险的趸缴纯保费。关于利息力翻倍问题，详见附录 B。于是，

$$\mathrm{var}(Z_x) = E(Z_x - E(Z_x))^2$$
$$= E(Z_x{}^2) - (E(Z_x))^2 = {}^2A_x - (A_x)^2 \tag{3.1.11}$$

（二）定期寿险

设 $A^1_{x:\overline{n}|}$ 表示 $x$ 岁投保、于死亡所在年年末给付保险金 1 的 $n$ 年定期寿险的趸缴纯保费，设 $Z^1_{x:\overline{n}|}$ 表示保险金给付的现值，则

$$Z^1_{x:\overline{n}|} = \begin{cases} v^{K+1}, & K = 0,1,\cdots,n-1 \\ 0, & K = n,n+1,\cdots \end{cases}$$

且

$$A^1_{x:\overline{n}|} = E(Z^1_{x:\overline{n}|}) = \sum_{k=0}^{n-1} v^{k+1}{}_{k|}q_x = \sum_{k=0}^{n-1} \frac{C_{x+k}}{D_x} = \frac{M_x - M_{x+n}}{D_x} \tag{3.1.12}$$

特别地，称 $c_x = A^1_{x:\overline{1}|} = \dfrac{C_x}{D_x} = vq_x$ 为自然保费。

$${}^2A^1_{x:\overline{n}|} = E((Z^1_{x:\overline{n}|})^2) = \sum_{k=0}^{n-1} v^{2(k+1)}{}_{k|}q_x \tag{3.1.13}$$

$$\mathrm{var}(Z^1_{x:\overline{n}|}) = {}^2A^1_{x:\overline{n}|} - (A^1_{x:\overline{n}|})^2 \tag{3.1.14}$$

（三）两全保险

两全保险指的是被保险人在保险期内死亡，或者期满生存时均给付保险金的人寿保险。实际上，它是由纯生存保险与死亡保险合并而成的，故又称生死合险。设 $A_{x:\overline{n}|}$ 表示 $x$ 岁投保、于死亡所在年年末或期满生存时给付保险金 1 的 $n$ 年期两全保险的趸缴纯保费，且 $Z_{x:\overline{n}|}$ 表示两全保险的保险金给付现值，$Z_{x:\overset{1}{\overline{n}|}}$ 表示保额为 1 的 $n$ 年期纯生存保险的保险金给付现值。于是，

$$Z_{x:\overset{1}{\overline{n}|}} = \begin{cases} 0, & K = 0,1,2,\cdots,n-1 \\ v^n, & K \geqslant n \end{cases}$$

$$Z_{x:\overline{n}|} = \begin{cases} v^{K+1}, & K = 0,1,2,\cdots,n-1 \\ v^n, & K \geqslant n \end{cases}$$

$$Z_{x:\overline{n}|} = Z^1_{x:\overline{n}|} + Z_{x:\overset{1}{\overline{n}|}}$$

$$A_{x:\overset{1}{\overline{n}|}} = E(Z_{x:\overset{1}{\overline{n}|}}) = v^n{}_np_x = \frac{D_{x+n}}{D_x} \tag{3.1.15}$$

$$A_{x:\overline{n}|} = E(Z_{x:\overline{n}|}) = A^1_{x:\overline{n}|} + A_{x:\overset{1}{\overline{n}|}} \tag{3.1.16}$$

$$= \frac{M_x - M_{x+n} + D_{x+n}}{D_x} \tag{3.1.17}$$

$$E(Z^2_{x:\overline{n}|}) = \sum_{k=0}^{n-1} v^{2(k+1)}{}_{k|}q_x + v^{2n}{}_np_x = {}^2A_{x:\overline{n}|} \tag{3.1.18}$$

$$= {}^2A^1_{x:\overline{n}|} + {}^2A_{x:\overset{1}{\overline{n}|}}。 \tag{3.1.19}$$

$$\therefore \operatorname{var}(Z_{x:\overline{n}|}) = {}^2A_{x:\overline{n}|} - (A_{x:\overline{n}|})^2 \tag{3.1.20}$$

下面,从另一个角度证明公式(3.1.20)是成立的:

$$\operatorname{var}(Z_{x:\overline{n}|}) = \operatorname{var}(Z^1_{x:\overline{n}|}) + \operatorname{var}(Z_{x:\overset{1}{\overline{n}|}}) + 2\operatorname{cov}(Z^1_{x:\overline{n}|}, Z_{x:\overset{1}{\overline{n}|}})$$

$$\because Z^1_{x:\overline{n}|} \cdot Z_{x:\overset{1}{\overline{n}|}} = 0 \quad \therefore E(Z^1_{x:\overline{n}|} \cdot Z_{x:\overset{1}{\overline{n}|}}) = 0$$

$$\therefore \operatorname{cov}(Z^1_{x:\overline{n}|}, Z_{x:\overset{1}{\overline{n}|}}) = E(Z^1_{x:\overline{n}|} \cdot Z_{x:\overset{1}{\overline{n}|}}) - E(Z^1_{x:\overline{n}|})E(Z_{x:\overset{1}{\overline{n}|}})$$

$$= -A^1_{x:\overline{n}|} \cdot A_{x:\overset{1}{\overline{n}|}} \tag{3.1.21}$$

$$\operatorname{var}(Z_{x:\overline{n}|}) = [{}^2A^1_{x:\overline{n}|} - (A^1_{x:\overline{n}|})^2] + [{}^2A_{x:\overset{1}{\overline{n}|}} - (A_{x:\overset{1}{\overline{n}|}})^2] - 2A^1_{x:\overline{n}|}A_{x:\overset{1}{\overline{n}|}}$$

$$= {}^2A_{x:\overline{n}|} - (A^1_{x:\overline{n}|} + A_{x:\overset{1}{\overline{n}|}})^2 = {}^2A_{x:\overline{n}|} - (A_{x:\overline{n}|})^2$$

公式(3.1.21)表明 $Z^1_{x:\overline{n}|}$ 与 $Z_{x:\overset{1}{\overline{n}|}}$ 是负相关的。

(四)延期人寿保险

延期人寿保险主要有延期终身人寿保险、延期定期人寿保险和延期两全保险。但是,被保险人死亡发生在保险期内才给付保险金;而在延付期内,即使被保险人死亡,也不给付保险金。

1. 延期终身人寿保险

$${}_{r|}A_x = E({}_{r|}Z_x) = \sum_{k=r}^{+\infty} v^{k+1}{}_{k|}q_x = \frac{M_{x+r}}{D_x} \tag{3.1.22}$$

$$= v^r{}_rp_x \cdot A_{x+r} = A_x - A^1_{x:\overline{r}|} \tag{3.1.23}$$

其中,

$${}_{r|}Z_x = \begin{cases} 0, & 0 \leqslant K \leqslant r-1 \\ v^{K+1}, & K \geqslant r \end{cases}$$

$$\operatorname{var}({}_{r|}Z_x) = {}^2_{r|}A_x - ({}_{r|}A_x)^2 \tag{3.1.24}$$

2. 延期定期人寿保险

$${}_{r|}A^1_{x:\overline{n}|} = E({}_{r|}Z^1_{x:\overline{n}|}) = \sum_{k=r}^{r+n-1} v^{k+1}{}_{k|}q_x = \frac{M_{x+r} - M_{x+r+n}}{D_x} \tag{3.1.25}$$

$$= v^r{}_rp_x \cdot A^1_{x+r:\overline{n}|} = A^1_{x:\overline{r+n}|} - A^1_{x:\overline{r}|} \tag{3.1.26}$$

$$\operatorname{var}({}_{r|}Z^1_{x:\overline{n}|}) = {}^2_{r|}A^1_{x:\overline{n}|} - ({}_{r|}A^1_{x:\overline{n}|})^2 \tag{3.1.27}$$

其中,

$${}_{r|}Z^1_{x:\overline{n}|} = \begin{cases} 0, & 0 \leqslant K \leqslant r-1 \\ v^{K+1}, & r \leqslant K \leqslant r+n-1 \\ 0, & K \geqslant r+n \end{cases}$$

3. 延期两全保险

$$ {}_{r|}A_{x:\overline{n}|} = E({}_{r|}Z_{x:\overline{n}|}) = \frac{M_{x+r} - M_{x+r+n} + D_{x+r+n}}{D_x} \qquad (3.1.28) $$

$$ = A_{x:\overline{r+n}|} - A^{\ 1}_{x:\overline{r}|} = v^r {}_r p_x \cdot A_{x+r:\overline{n}|} \qquad (3.1.29) $$

$$ \mathrm{var}({}_{r|}Z_{x:\overline{n}|}) = {}^2_{r|}A_{x:\overline{n}|} - ({}_{r|}A_{x:\overline{n}|})^2 \qquad (3.1.30) $$

其中,

$$ {}_{r|}Z_{x:\overline{n}|} = \begin{cases} 0, & 0 \leqslant K \leqslant r-1 \\ v^{K+1}, & r \leqslant K \leqslant r+n-1 \\ v^{r+n}, & K \geqslant r+n \end{cases} $$

**例 3.1.1** 已知某30岁的人投保了保额为100 000元的20年期两全保险,保险金于死亡所在年年末或期满生存时支付。求其趸缴纯保费,并分别计算它所包含的定期寿险与纯生存保险的趸缴纯保费(CL1(2000—2003)2.5%为基础)。

**解:**(在主体字母头上加上波浪符号"~",只是意味着保险金额不为1,其他意义不变,其余依此类推。今后未特别说明时,均指此含义。)所求的趸缴纯保费为

$$ \tilde{A}_{30:\overline{20}|} = 100\,000 A_{30:\overline{20}|} = 100\,000 \frac{M_{30} - M_{50} + D_{50}}{D_{30}} \approx 61\,476.93(\text{元}) $$

$$ \tilde{A}^{\ 1}_{30:\overline{20}|} = 100\,000 A^{\ 1}_{30:\overline{20}|} = 100\,000 \frac{M_{30} - M_{50}}{D_{30}} \approx 2\,606.42(\text{元}) $$

$$ \tilde{A}_{30:\overset{\ 1}{\overline{20}|}} = 100\,000 A_{30:\overset{\ 1}{\overline{20}|}} = 100\,000 \frac{D_{50}}{D_{30}} \approx 58\,870.51(\text{元}) $$

**例 3.1.2** 为年龄为35岁的50个人的团体建立一个基金,在每个成员死亡所在年年末均给付1 000元保险金,假设预定利率 $i = 0.06$,使用包含如下信息的生命表(见表3.2):

**表 3.2 生命表**

| $x$ | $A_x$ | $l_x$ |
|---|---|---|
| 35 | 0.088 903 | 98 666 |
| 36 | 0.093 466 | 98 582 |
| 37 | 0.098 246 | 98 492 |
| 38 | 0.103 249 | 98 394 |
| 39 | 0.108 483 | 98 288 |

实际运行结果如表3.3所示。

**表 3.3 实际运行结果**

| 年份 | 死亡人数/个 | 年利率 |
|---|---|---|
| 1 | 0 | 0.06 |
| 2 | 0 | 0.08 |
| 3 | 2 | 0.08 |
| 4 | 1 | 0.1 |

假设初始基金是充足的,求第4年年末基金预期余额与实际余额之差。

**解**:设第 $t$ 年年末实际基金余额为 $F_t(t=0,1,2,3,4)$ 元,则初始基金余额为

$$50\times 1\,000A_{35}=4\,445.15(\text{元})$$

第4年年末应为活着者建立的基金数额为

$$50\times\frac{l_{39}}{l_{35}}\times 1\,000A_{39}\approx 5\,403.37(\text{元})$$

而实际基金运行结果为

$$F_0=4\,445.15(\text{元})$$

$$F_1=4\,445.15\times 1.06\approx 4\,711.86(\text{元})$$

$$F_2=4\,711.86\times 1.08\approx 5\,088.81(\text{元})$$

$$F_3=5\,088.81\times 1.08-2\,000\approx 3\,495.91(\text{元})$$

$$F_4=3\,495.91\times 1.10-1\,000\approx 2\,845.50(\text{元})$$

因此,第4年年末基金预期余额与实际余额的差额为

$$5\,403.37-2\,845.50=2\,557.87(\text{元})$$

思考:解释例3.1.2中出现差额的原因。同时,如果以CL1(2000—2003)2.5%为基础,结果又如何?

**例3.1.3** 证明并解释:$A_x=vq_x+vp_xA_{x+1}$。 (3.1.31)

**证明**:右边 $=\dfrac{C_x}{D_x}+\dfrac{D_{x+1}}{D_x}\cdot\dfrac{M_{x+1}}{D_{x+1}}=\dfrac{M_x}{D_x}=A_x=$ 左边,得证。

公式(3.1.31)可解释为 $x$ 岁的人投保的、于死亡所在年年末给付保险金1的终身寿险所应缴纳的趸缴纯保费 $A_x$ 起两个方面的作用:一是保障第一年死亡时于所在年年末给付保险金1的需要,平均开支为 $A^{1}_{x:\overline{1}|}$ 或 $vq_x$;二是保障活过第一年即死于后续年度并于死亡所在年年末给付保险金1的需要,平均开支为 ${}_{1|}A_x$ 或 $vp_xA_{x+1}$。

## 二、非等额寿险

非等额寿险是指保险金额随死亡时间变化而变化。为了简便起见,本章主要考虑保险金按等差数列变化。等比数列情形可通过修改预定利率方式转化为等额寿险,需要运用后面精算实验中的Excel软件完成计算,也可看成各次可能给付的精算现值之和,而一般情形则更要这样思考。

### (一)递增寿险

#### 1. 递增终身寿险

令 $(IA)_x$ 表示 $x$ 岁的人投保的,在第1年死亡时于死亡所在年年末给付保险金1,在第2年死亡时于死亡所在年年末给付保险金2…… 这样的终身寿险的趸缴纯保费。

$$(IA)_x=E((IZ)_x)=\sum_{k=0}^{+\infty}(k+1)v^{k+1}{}_{k|}q_x \tag{3.1.32}$$

$$=\sum_{k=0}^{+\infty}(k+1)\frac{C_{x+k}}{D_x}=\frac{\sum_{k=0}^{+\infty}(k+1)(M_{x+k}-M_{x+k+1})}{D_x}$$

$$= \frac{M_x + M_{x+1} + \cdots}{D_x} = \frac{R_x}{D_x} \tag{3.1.33}$$

其中，$(IZ)_x = (K+1)v^{K+1}(K = 0,1,2,\cdots)$。

思考：应如何计算方差 $\text{var}((IZ)_x)$？是否有 $\text{var}((IZ)_x) = {}^2(IA)_x - ((IA)_x)^2$？如何用 Excel 软件来计算？

2. 递增定期寿险

$$\begin{aligned}(IA)^{1}_{x:\overline{n}|} &= E((IZ)^{1}_{x:\overline{n}|}) \\ &= \sum_{k=0}^{n-1}(k+1)v^{k+1}{}_{k|}q_x = \frac{R_x - R_{x+n} - nM_{x+n}}{D_x}\end{aligned} \tag{3.1.34}$$

其中，

$$(IZ)^{1}_{x:\overline{n}|} = \begin{cases}(K+1)v^{K+1}, & K = 0,1,\cdots,n-1 \\ 0, & K \geqslant n\end{cases}$$

3. 递增两全保险

$$\begin{aligned}(IA)_{x:\overline{n}|} &= (IA)^{1}_{x:\overline{n}|} + nA_{x:\overline{n}|}^{\ \ 1} = E((IZ)_{x:\overline{n}|}) \\ &= \frac{R_x - R_{x+n} - n(M_{x+n} - D_{x+n})}{D_x}\end{aligned} \tag{3.1.35}$$

其中，

$$(IZ)_{x:\overline{n}|} = \begin{cases}(K+1)v^{K+1}, & K = 0,1,\cdots,n-1 \\ nv^n, & K \geqslant n\end{cases}$$

4. 递增水平终身寿险

$$\begin{aligned}(I_{\overline{n}|}A)_x &= (IA)^{1}_{x:\overline{n}|} + n\,{}_{n|}A_x = \frac{R_x - R_{x+n}}{D_x} \\ &= E((I_{\overline{n}|}Z)_x)\end{aligned} \tag{3.1.36}$$

其中，

$$(I_{\overline{n}|}Z)_x = \begin{cases}(K+1)v^{K+1}, & K = 0,1,\cdots,n-1 \\ nv^{K+1}, & K \geqslant n\end{cases}$$

（二）递减寿险

1. 递减定期寿险

$$\begin{aligned}(DA)^{1}_{x:\overline{n}|} &= E((DZ)^{1}_{x:\overline{n}|}) = \sum_{k=0}^{n-1}(n-k)v^{k+1}{}_{k|}q_x \\ &= \frac{nM_x - (R_{x+1} - R_{x+n+1})}{D_x}\end{aligned} \tag{3.1.37}$$

其中，

$$(DZ)^{1}_{x:\overline{n}|} = \begin{cases}(n-K)v^{K+1}, & K = 0,1,\cdots,n-1 \\ 0, & K \geqslant n\end{cases}$$

2. 递减水平终身寿险

$$(D_{\overline{n}|}A)_x = (DA)^{1}_{x:\overline{n}|} + {}_{n|}A_x = E(D_{\overline{n}|}Z)_x$$

$$= \frac{nM_x - (R_{x+1} - R_{x+n})}{D_x} \tag{3.1.38}$$

其中，

$$(D_{\overline{n}|}Z)_x = \begin{cases} (n-K)v^{K+1}, & K = 0,1,\cdots,n-1 \\ v^{K+1}, & K = n,n+1,\cdots \end{cases}$$

**例 3.1.4** 已知 $l_x = 100 - x, 0 \leqslant x \leqslant 100, i = 0.05$，计算 $A_{40}$、$(IA)_{40}$、$(IA)^{1}_{40:\overline{20}|}$。

**解**：$A_{40} = \sum_{k=0}^{59} v^{k+1}{}_{k|}q_{40} = \sum_{k=0}^{59} v^{k+1} \cdot \frac{1}{60} = \frac{1}{60}a_{\overline{60}|} \approx 0.32$

$$(IA)_{40} = \sum_{k=0}^{59}(k+1)v^{k+1}{}_{k|}q_{40} = \sum_{k=0}^{59}(k+1)v^{k+1} \cdot \frac{1}{60}$$

$$= \frac{1}{60}(Ia)_{\overline{60}|}$$

$$= \frac{1}{60} \cdot \frac{\ddot{a}_{\overline{60}|} - 60v^{60}}{0.05} \approx 5.55$$

其中，

$${}_{k|}q_{40} = \frac{l_{40+k} - l_{40+k+1}}{l_{40}} = \frac{1}{60}$$

$$(IA)^{1}_{40:\overline{20}|} = \frac{1}{60}(Ia)_{\overline{20}|} \approx 1.85$$



**例 3.1.5** 某 50 岁的人投保了一个终身寿险，保单规定：若在第 1 年死亡，给付保险金 1 万元，以后每推迟一年死亡，保额增加 3 万元，直到 16 万元；然后每多活一年，保额递减 4 万元，到 4 万元后就保持不变。以 CL1(2000—2003)2.5% 为例，求趸缴纯保费（假设保险金于死亡所在年年末给付）。

**解**：所求趸缴纯保费为

$$A = \frac{C_{50} + 4C_{51} + 7C_{52} + 10C_{53} + 13C_{54} + 16C_{55} + 12C_{56} + 8C_{57} + 4C_{58} + 4C_{59} + \cdots}{D_{50}}$$

$$= \frac{R_{50} + 2R_{51} - 7R_{56} + 4R_{59}}{D_{50}} \approx 2.17（万元）$$

其中，已多次运用公式 $C_x = M_x - M_{x+1}, M_x = R_x - R_{x+1}$ 来化简。

**例 3.1.6** 证明并解释：$A_x = \sum_{y=x}^{\omega-1}(1 - A_{y+1})v^{y-x+1}q_y$。 (3.1.39)

**证明**：由公式(3.1.31)可得

$$A_x = vA_{x+1} + (1 - A_{x+1})vq_x \tag{3.1.40}$$

这样来使用 $A_x$：一是在年初时为年末留下保费 $A_{x+1}$，需要开支 $vA_{x+1}$（当然无论年内生死都这样操作），对于年末生存情形，已符合要求，因为年末可用已积累到的 $A_{x+1}$ 去购买终身寿险，这显然实现了终身保障；二是对于年内死亡情形，年末要给付保险金 1，缺口为 $1 - A_{x+1}$，因而平均开支为 $(1 - A_{x+1})vq_x$。

在公式(3.1.40)两边同乘以 $v^x$，变形可得

$$v^xA_x - v^{x+1}A_{x+1} = (1 - A_{x+1})v^{x+1}q_x$$

将 $x$ 换成 $x+1,x+2,\cdots,\omega-2$,可得

$$v^{x+1}A_{x+1}-v^{x+2}A_{x+2}=(1-A_{x+2})v^{x+2}q_{x+1}$$

$$v^{x+2}A_{x+2}-v^{x+3}A_{x+3}=(1-A_{x+3})v^{x+3}q_{x+2}$$

…………

$$v^{\omega-2}A_{\omega-2}-v^{\omega-1}A_{\omega-1}=(1-A_{\omega-1})v^{\omega-1}q_{\omega-2}$$

相加可得

$$v^{x}A_{x}-v^{\omega-1}A_{\omega-1}=\sum_{y=x}^{\omega-2}(1-A_{y+1})v^{y+1}q_{y}$$

即

$$v^{x}A_{x}=\sum_{y=x}^{\omega-2}(1-A_{y+1})v^{y+1}q_{y}+v^{\omega-1}A_{\omega-1}$$

$$=\sum_{y=x}^{\omega-1}(1-A_{y+1})v^{y+1}q_{y}$$

注意到 $A_{\omega-1}=vq_{\omega-1}+v^{2}{}_{1|}q_{\omega-1}+\cdots=v,q_{\omega-1}=1$,并规定 $A_{\omega}=0$。两边同除以 $v^{x}$,可得

$$A_{x}=\sum_{y=x}^{\omega-1}(1-A_{y+1})v^{y-x+1}q_{y}$$

$$=(1-A_{x+1})vq_{x}+(1-A_{x+2})v^{2}q_{x+1}+(1-A_{x+3})v^{3}q_{x+2}+\cdots$$

解释:保险人向$(x)$收取的保费 $A_x$ 将这样使用:在每一保险年度的年初先按活到下一年年初时投保终身寿险所需要保费留存下来,然后对于年内死亡情形在年末需追加给付,以达到给付保险金 1 的目的。

对于在第 1 年年内死亡情形,第 1 年年末应追加给付额 $1-A_{x+1}$,平均应追加 $(1-A_{x+1})q_{x}$,其现值为 $(1-A_{x+1})vq_{x}$;

对于在第 2 年年内死亡情形,第 2 年年末应追加给付额 $1-A_{x+2}$,平均应追加 $(1-A_{x+2})q_{x+1}$,其现值为 $(1-A_{x+2})v^{2}q_{x+1}$;

对于在第 3 年年内死亡情形,第 3 年年末应追加给付额 $1-A_{x+3}$,平均应追加 $(1-A_{x+3})q_{x+2}$,其现值为 $(1-A_{x+3})v^{3}q_{x+2}$;

…………

对于在第 $\omega-x$ 年年内死亡情形,该年年末应追加给付额 $1-A_{\omega}$,平均追加 $(1-A_{\omega})q_{\omega-1}$,其现值为 $(1-A_{\omega})v^{\omega-x}q_{\omega-1}$。

因此,$A_{x}=\sum_{y=x}^{\omega-1}(1-A_{y+1})v^{y-x+1}q_{y}$ 成立,即趸缴保费 $A_x$ 将全部用于死亡所在年年末追加的给付。

如果保险金额的给付随着时间的推移不是按等差数列变化,而是按等比数列变化,如何解决其计算问题?我们通过例 3.1.7 来说明。

**例 3.1.7**　某 30 岁的被保险人投保了终身寿险,该保单规定:如果被保险人在第 $n$ 年死亡,则于死亡所在年年末给付保险金 $(1.02)^{n}$。已知预定利率为 2.5%,求趸缴纯

保费。假设保险金给付的是$(1.05)^n$，这里 $n = 1,2,\cdots$，则结果如何？以CL1(2000—2003)2.5%为例,试用 Excel 进行计算。

**解**:设预定利率为$i$,若在第$k$年死亡时,则在年末给付保险金$(1+j)^k$,即保额的年增长率为$j$,于是所求的趸缴纯保费为

$$\sum_{k=0}^{+\infty}(1+j)^{k+1}v^{k+1}{}_{k|}q_x$$

$$=\sum_{k=0}^{+\infty}\tilde{v}^{k+1}{}_{k|}q_x=\tilde{A}_x=\frac{\widetilde{M}_x}{\widetilde{D}_x}$$

其中,$\tilde{v}=\dfrac{1+j}{1+i}=\dfrac{1}{1+\tilde{i}}$,$\tilde{i}=\dfrac{i-j}{1+j}$,$\widetilde{M}_x$ 与 $\widetilde{D}_x$ 是按年利率 $\tilde{i}$ 计算出的替换函数值。

于是,可求得所需的结果分别为 0.791 7 与 3.318 0。

## 第二节　死亡所在 1/*m* 年分年末给付保险金的人寿保险

首先,对任何一个保险年度,对其进行$m(m>1)$等分的划分;其次,在死亡发生所在的$1/m$年分年末给付保险金1。显然,这比死亡所在年年末给付保险金更及时一些。

### 一、等额寿险

#### (一)终身寿险

从投保人的角度看,将$A_x^{(m)}$理解为$x$岁投保、在死亡所在的$1/m$年分年末给付保险金1的终身寿险的趸缴纯保费。那么,运用团体法可得

$$l_xA_x^{(m)}=(l_x-l_{x+\frac{1}{m}})v^{\frac{1}{m}}+(l_{x+\frac{1}{m}}-l_{x+\frac{2}{m}})v^{\frac{2}{m}}+(l_{x+\frac{2}{m}}-l_{x+\frac{3}{m}})v^{\frac{3}{m}}+\cdots \tag{3.2.1}$$

$$A_x^{(m)}=v^{\frac{1}{m}}\cdot\frac{l_x-l_{x+\frac{1}{m}}}{l_x}+v^{\frac{2}{m}}\cdot\frac{l_{x+\frac{1}{m}}-l_{x+\frac{2}{m}}}{l_x}+v^{\frac{3}{m}}\cdot\frac{l_{x+\frac{2}{m}}-l_{x+\frac{3}{m}}}{l_x}+\cdots$$

$$=v^{\frac{1}{m}}{}_{\frac{1}{m}}q_x+v^{\frac{2}{m}}{}_{\frac{1}{m}|\frac{1}{m}}q_x+v^{\frac{3}{m}}{}_{\frac{2}{m}|\frac{1}{m}}q_x+\cdots$$

$$=\sum_{l=0}^{+\infty}v^{\frac{l+1}{m}}{}_{\frac{l}{m}|\frac{1}{m}}q_x=\sum_{k=0}^{+\infty}\sum_{j=0}^{m-1}v^{k+\frac{j+1}{m}}{}_{k+\frac{j}{m}|\frac{1}{m}}q_x \tag{3.2.2}$$

当死亡人数在各年龄段服从均匀分布时,

$${}_{k+\frac{j}{m}|\frac{1}{m}}q_x={}_kp_x\cdot{}_{\frac{j}{m}}p_{x+k}\cdot{}_{\frac{1}{m}}q_{x+k+\frac{j}{m}}$$

$$={}_kp_x\left(1-\frac{j}{m}q_{x+k}\right)\frac{\frac{1}{m}q_{x+k}}{1-\frac{j}{m}q_{x+k}}=\frac{1}{m}{}_{k|}q_x$$

$$A_x^{(m)}=\sum_{k=0}^{+\infty}\sum_{j=0}^{m-1}v^{k+\frac{j+1}{m}}\cdot\frac{1}{m}{}_{k|}q_x=\sum_{k=0}^{+\infty}v^{k+1}{}_{k|}q_xs_{\overline{1|}}^{(m)}$$

$$= \frac{i}{i^{(m)}}\sum_{k=0}^{+\infty} v^{k+1}{}_{k|}q_x = \frac{i}{i^{(m)}}A_x \quad (3.2.3)$$

说明:公式(3.2.3)为跨节公式,属于二类重要公式,它反映了本节与第一节之间的关系,请读者观察其余跨节公式。

从保险人角度看,令 $Z_x^{(m)}$ 表示保险人给付的现值,$(x)$ 在第 $K+1$ 个保险年度中的第 $J+1$ 个分年度(长度为 $\frac{1}{m}$ 年)内死亡时,于所在的分年度末给付保险金 1 的现值为

$$Z_x^{(m)} = v^{K+\frac{J+1}{m}}$$

其中,$K=0,1,2,\cdots;J=0,1,2,\cdots,m-1$,且 $P(K=k,J=j) = {}_{k+\frac{j}{m}|\frac{1}{m}}q_x$。

容易发现 $J$ 与基本随机变量 $T$ 与 $K$ 有如下关系:

$\frac{J}{m} \leqslant T-K < \frac{J+1}{m}$(实际应为 $\frac{J}{m} < T-K \leqslant \frac{J+1}{m}$,两个孤立点并不影响概率值)

$$J \leqslant m(T-K) < J+1$$

$$J = [m(T-K)] \quad (3.2.4)$$

于是,

$$Z_x^{(m)} = v^{K+\frac{[m(T-K)]+1}{m}}$$

容易证明:在 UDD 假设下,$K$ 与 $J$ 为两个相互独立的随机变量。

为了研究 $\operatorname{var}(Z_x^{(m)})$,需先计算出

$$E((Z_x^{(m)})^2) = E(v^{2(K+\frac{J+1}{m})}) = \sum_{k=0}^{+\infty}\sum_{j=0}^{m-1} v^{2(k+\frac{j+1}{m})}{}_{k+\frac{j}{m}|\frac{1}{m}}q_x$$

$$= {}^2A_x^{(m)} \approx \frac{{}^2i}{{}^2i^{(m)}}{}^2A_x \quad (\text{在 UDD 假设下})$$

$$\operatorname{var}(Z_x^{(m)}) = E((Z_x^{(m)})^2) - (E(Z_x^{(m)}))^2 \quad (3.2.5)$$

这里,${}^2i$、${}^2i^{(m)}$ 表示利息力翻倍的条件下计算出的实际利率与名义利率,详见附录 B。

(二)定期寿险

$$A_{\overset{1}{x}:\overline{n|}}^{(m)} = E(Z_{\overset{1}{x}:\overline{n|}}^{(m)}) = \sum_{k=0}^{n-1}\sum_{j=0}^{m-1} v^{k+\frac{j+1}{m}}{}_{k+\frac{j}{m}|\frac{1}{m}}q_x$$

$$= \frac{i}{i^{(m)}}A_{\overset{1}{x}:\overline{n|}} \quad (\text{在 UDD 假设下}) \quad (3.2.6)$$

其中,

$$Z_{\overset{1}{x}:\overline{n|}}^{(m)} = \begin{cases} v^{K+\frac{J+1}{m}}, & \text{当 } K=0,1,2,\cdots,n-1;J=0,1,2,\cdots,m-1 \text{ 时} \\ 0, & \text{当 } K \geqslant n;J=0,1,2,\cdots,m-1 \text{ 时} \end{cases}$$

(三)两全保险

$$A_{x:\overline{n|}}^{(m)} = E(Z_{x:\overline{n|}}^{(m)}) = \sum_{k=0}^{n-1}\sum_{j=0}^{m-1} v^{k+\frac{j+1}{m}}{}_{k+\frac{j}{m}|\frac{1}{m}}q_x + v^n{}_np_x = A_{\overset{1}{x}:\overline{n|}}^{(m)} + A_{x:\overset{1}{\overline{n|}}} \quad (3.2.7)$$

$$= \frac{i}{i^{(m)}}A_{\overset{1}{x}:\overline{n|}} + A_{x:\overset{1}{\overline{n|}}} \quad (\text{在 UDD 假设下}) \quad (3.2.8)$$

$$\neq \frac{i}{i^{(m)}} A_{x:\overline{n}|}$$

其中，

$$Z_{x:\overline{n}|}^{(m)} = \begin{cases} v^{K+\frac{J+1}{m}}, & 当 K = 0,1,2,\cdots,n-1; J = 0,1,2,\cdots,m-1 时 \\ v^{n}, & 当 K \geqslant n; J = 0,1,2,\cdots,m-1 时 \end{cases}$$

（四）延期寿险

$$_{r|}A_x^{(m)} = E(_{r|}Z_x^{(m)}) = \sum_{k=r}^{+\infty}\sum_{j=0}^{m-1} v^{k+\frac{j+1}{m}} {}_{k+\frac{j}{m}|\frac{1}{m}}q_x$$

$$= v^r {}_rp_x \cdot A_{x+r}^{(m)} \tag{3.2.9}$$

$$= \frac{i}{i^{(m)}} {}_{r|}A_x \quad （在 UDD 假设下） \tag{3.2.10}$$

事实上，

$$_{r|}A_x^{(m)} = \sum_{k=r}^{+\infty}\sum_{j=0}^{m-1} v^{k+\frac{j+1}{m}} {}_{k+\frac{j}{m}|\frac{1}{m}}q_x = \sum_{l=0}^{+\infty}\sum_{j=0}^{m-1} v^{l+r+\frac{j+1}{m}} {}_{l+r+\frac{j}{m}|\frac{1}{m}}q_x （其中, l = k-r）$$

$$= v^r {}_rp_x \cdot \sum_{l=0}^{+\infty}\sum_{j=0}^{m-1} v^{l+\frac{j+1}{m}} {}_{l+\frac{j}{m}|\frac{1}{m}}q_{x+r} = v^r {}_rp_x A_{x+r}^{(m)}$$

其中，

$$_{r|}Z_x^{(m)} = \begin{cases} 0, & 当 K = 0,1,2,\cdots,r-1; J = 0,1,2,\cdots,m-1 时 \\ v^{K+\frac{J+1}{m}}, & 当 K = r,r+1,\cdots; J = 0,1,2,\cdots,m-1 时 \end{cases}$$

同理可得

$$_{r|}A_{x:\overline{n}|}^{1\,(m)} = \sum_{k=r}^{r+n-1}\sum_{j=0}^{m-1} v^{k+\frac{j+1}{m}} {}_{k+\frac{j}{m}|\frac{1}{m}}q_x = v^r {}_rp_x A_{x+r:\overline{n}|}^{1\,(m)} \tag{3.2.11}$$

$$= \frac{i}{i^{(m)}} {}_{r|}A_{x:\overline{n}|}^{1} \quad （在 UDD 假设下） \tag{3.2.12}$$

$$_{r|}A_{x:\overline{n}|}^{(m)} = v^r {}_rp_x A_{x+r:\overline{n}|}^{(m)} \tag{3.2.13}$$

**例 3.2.1** 已知 $l_x = 100 - x\ (0 \leqslant x \leqslant 100)$, $i = 10\%$。计算：$A_{40:\overline{10}|}^{1}$、$A_{40:\overline{10}|}^{\ \ 1}$、$A_{40:\overline{10}|}$、$A_{40:\overline{10}|}^{1\,(4)}$、$A_{40:\overline{10}|}^{(4)}$。

**解：** $\because l_x = 100 - x$

$$\therefore {}_{k|}q_{40} = \frac{l_{40+k} - l_{40+k+1}}{l_{40}} = \frac{1}{60}$$

$$_{10}p_{40} = \frac{l_{50}}{l_{40}} = \frac{50}{60} = \frac{5}{6}$$

$$\therefore A_{40:\overline{10}|}^{1} = \sum_{k=0}^{9} v^{k+1} {}_{k|}q_{40} = \frac{1}{60}\sum_{k=0}^{9} v^{k+1} = \frac{1}{60} a_{\overline{10}|0.1} \approx 0.102\,409(45)$$

$$A_{40:\overline{10}|}^{\ \ 1} = v^{10} {}_{10}p_{40} = \frac{1}{1.1^{10}} \times \frac{5}{6} \approx 0.321\,286$$

$$\therefore A_{40:\overline{10}|} = A_{40:\overline{10}|}^{1} + A_{40:\overline{10}|}^{\ \ 1} \approx 0.102\,41 + 0.321\,29 = 0.423\,696$$

$$\because i^{(4)} = 4[(1+i)^{\frac{1}{4}} - 1] \approx 0.096\,455$$

$$\therefore A_{\overset{1}{40:\overline{10|}}}^{(4)} \approx \frac{i}{i^{(4)}} A_{\overset{1}{40:\overline{10|}}} \approx \frac{0.1}{0.096\ 455} \times 0.102\ 41 \approx 0.106\ 174$$

$$A_{40:\overline{10|}}^{(4)} \approx 0.427\ 460$$

思考：为什么 $A_{\overset{1}{40:\overline{10|}}}^{(4)} > A_{\overset{1}{40:\overline{10|}}}$？上述结果是精确值吗？若将精算假设改为 CL1(2000—2003) 2.5%，结果将如何？

**例** 3.2.2　某30岁的男子投保了保额为10万元的20年期定期寿险，于死亡所在月月末给付保险金，以CL1(2000—2003)2.5%为基础，计算其趸缴纯保费（在UDD假设下）。

**解：**

$$\begin{aligned} NSP &= 100\ 000 A_{\overset{1}{30:\overline{20|}}}^{(12)} \approx 100\ 000 \cdot \frac{i}{i^{(12)}} A_{\overset{1}{30:\overline{20|}}} \\ &= 100\ 000 \cdot \frac{2.5\%}{12(1.025^{\frac{1}{12}} - 1)} \cdot \frac{15\ 033.17 - 13\ 809.67}{46\ 941.74} \\ &\approx 2\ 636.15(\text{元}) \end{aligned}$$

参照 $100\ 000 A_{\overset{1}{30:\overline{20|}}} = 2\ 606.42$(元)，两者相差29.73元。

引申：若是死亡所在季季末给付，则

$$\begin{aligned} NSP' &= 100\ 000 A_{\overset{1}{30:\overline{20|}}}^{(4)} \\ &\approx 100\ 000 \cdot \frac{2.5\%}{4(1.025^{\frac{1}{4}} - 1)} \times 0.026\ 064\ 22 \approx 2\ 630.73(\text{元}) \end{aligned}$$

与年末支付保险金情形相差24.31元。

## 二、非等额寿险

### （一）递增寿险

1. 每年递增一次的人寿保险

令 $(IA)_x^{(m)}$ 表示 $x$ 岁的人投保的、在第1年死亡给付保险金1、在第2年死亡给付保险金2…… 在第 $n$ 年死亡给付保险金 $n$，且保险金于死亡所在 $\frac{1}{m}$ 年分年末给付的终身寿险的趸缴纯保费。

$$\begin{aligned} (IA)_x^{(m)} &= E((IZ)_x^{(m)}) = \sum_{k=0}^{+\infty} \sum_{j=0}^{m-1} (k+1) v^{k+\frac{j+1}{m}} {}_{k+\frac{j}{m}|\frac{1}{m}}q_x \\ &\approx \sum_{k=0}^{+\infty} \sum_{j=0}^{m-1} (k+1) v^{k+\frac{j+1}{m}} \frac{1}{m} {}_{k|}q_x \qquad (\text{在 UDD 假设下}) \\ &= \sum_{k=0}^{+\infty} (k+1) v^{k+1} {}_{k|}q_x \cdot \frac{1}{m} \sum_{j=0}^{m-1} (1+i)^{1-\frac{j+1}{m}} = \frac{i}{i^{(m)}} (IA)_x \end{aligned} \tag{3.2.14}$$

其中，保险金给付现值为

$$(IZ)_x^{(m)} = (K+1) v^{K+\frac{J+1}{m}}, \quad \text{当 } K = 0,1,2,\cdots; J = 0,1,2,\cdots,m-1 \text{ 时}$$

同理可得递增定期寿险的趸缴纯保费，即

$$(IA)_{\overset{1}{x:\overline{n|}}}^{(m)} = \sum_{k=0}^{n-1} \sum_{j=0}^{m-1} (k+1) v^{k+\frac{j+1}{m}} {}_{k+\frac{j}{m}|\frac{1}{m}}q_x$$

$$\approx \frac{i}{i^{(m)}}(IA)^{1}_{x:\overline{n}|} \qquad (\text{在 UDD 假设下}) \qquad (3.2.15)$$

2. 每年递增 $m$ 次的人寿保险

令 $(I^{(m)}A)^{(m)}_{x}$ 表示 $(x)$ 第 1 个 $\frac{1}{m}$ 年年内死亡并于所在 $\frac{1}{m}$ 年分年末给付保险金 $\frac{1}{m}$，第 2 个 $\frac{1}{m}$ 年内死亡并于所在 $\frac{1}{m}$ 年分年末给付 $\frac{2}{m}$，第 3 个 $\frac{1}{m}$ 年内死亡并于所在 $\frac{1}{m}$ 年分年末给付 $\frac{3}{m}$…… 这样的终身寿险的趸缴纯保费。

$$(I^{(m)}A)^{(m)}_{x} = E((I^{(m)}Z)^{(m)}_{x}) = \sum_{j=0}^{+\infty} \frac{j+1}{m} v^{\frac{j+1}{m}} {}_{\frac{j}{m}|\frac{1}{m}}q_{x} \qquad (3.2.16)$$

其中，$(I^{(m)}Z)^{(m)}_{x} = (K + \frac{J+1}{m})v^{K+\frac{J+1}{m}}$。

同理可得

$$(I^{(m)}A)^{(m)\,1}_{x:\overline{n}|} = \sum_{j=0}^{mn-1} \frac{j+1}{m} v^{\frac{j+1}{m}} {}_{\frac{j}{m}|\frac{1}{m}}q_{x} \qquad (3.2.17)$$

思考：能否利用 Excel 计算出公式(3.2.16)、公式(3.2.17) 的具体结果？比如，以 CL1(2000—2003)2.5% 为基础，取 $x = 30, m = 4, n = 20$。

提示：$(I^{(4)}A)^{(4)\,1}_{30:\overline{20}|} = \sum_{k=0}^{19}\sum_{j=0}^{3}(k + \frac{j+1}{4})v^{K+\frac{j+1}{4}} {}_{k+\frac{j}{4}|\frac{1}{4}}q_{30}$

$$= \sum_{k=0}^{10}\sum_{j=0}^{3}\left[(k+\frac{j+1}{4}) \cdot \frac{1}{4}(1+i)^{1-\frac{j+1}{4}}\right]\frac{C_{30长}}{D_{30}}$$

利用 Excel 中的 offset 函数，可以计算出结果为 0.304 071。类似地，运用公式(3.2.5) 可以得到结果为 0.313 987。

（二）递减寿险

设 $(DA)^{(m)\,1}_{x:\overline{n}|}$ 表示 $(x)$ 在第 1 年死亡给付保险金 $n$、在第 2 年死亡给付保险金 $n-1$…… 在第 $n$ 年死亡给付保险金 1、并于死亡所在 $\frac{1}{m}$ 年分年末给付保险金的 $n$ 年递减定期寿险的趸缴纯保费。

$$(DA)^{(m)\,1}_{x:\overline{n}|} = E((DZ)^{(m)\,1}_{x:\overline{n}|}) = \sum_{k=0}^{n-1}\sum_{j=0}^{m-1}(n-k)v^{k+\frac{j+1}{m}} {}_{k+\frac{j}{m}|\frac{1}{m}}q_{x}$$

$$\approx \sum_{k=0}^{n-1}\sum_{j=0}^{m-1}(n-k)v^{k+\frac{j+1}{m}} \frac{1}{m} \cdot {}_{k|}q_{x} \qquad (\text{在 UDD 假设下})$$

$$= \sum_{k=0}^{n-1}(n-k)v^{k+1} {}_{k|}q_{x} \cdot \frac{1}{m}\sum_{j=0}^{m-1}(1+i)^{1-\frac{j+1}{m}}$$

$$= \frac{i}{i^{(m)}}(DA)^{1}_{x:\overline{n}|} \qquad (3.2.18)$$

其中，

$$(DZ)^{(m)\,1}_{x:\overline{n}|} = \begin{cases}(n-K)v^{K+\frac{J+1}{m}}, & \text{当 } K = 0,1,2,\cdots n-1; J = 0,1,2,\cdots,m-1 \text{ 时} \\ 0, & \text{其余}\end{cases}$$

思考：$(D^{(m)}A)^{(m)}_{\overset{1}{x:\overline{n}|}}$ 表示每年递减 $m$ 次，每次比上一次递减$\frac{1}{m}$，第1个$\frac{1}{m}$年死亡给付 $n$，第2个$\frac{1}{m}$年死亡给付 $n-\frac{1}{m}$…… 并于死亡所在$\frac{1}{m}$年分年末给付保险金的 $n$ 年递减定期寿险的趸缴纯保费。试写出其计算公式，并探讨用 Excel 计算的方法。

## 第三节 死亡所在时刻给付保险金的人寿保险

死亡所在时刻或死亡时立即给付保险金的人寿保险，又称为连续型人寿保险。死亡所在时刻给付保险金就是在 $x+T$ 岁时或在时刻 $T$ 给付保险金。假设在时刻 $T$ 给付金额为 $b_T$，其折现因子为 $v_T$，于是假设保险金给付在 $x$ 岁时的现值为 $\bar{Z}_T$，那么 $\bar{Z}_T = b_T v_T$，因而趸缴纯保费为 $E(Z_T) = E(b_T v_T)$。

本节所讨论的人寿保险依死亡时保险金额是否随死亡时间发生变化可以分为等额寿险和非等额寿险。

### 一、等额寿险

（一）终身寿险

令 $\bar{A}_x$ 表示 $(x)$ 投保，并于死亡时立即给付保险金 1 的终身寿险的趸缴纯保费，那么运用团体法及收支平衡原则有

$$l_x\bar{A}_x = \int_0^{+\infty} v^t l_{x+t}\mu_{x+t}\mathrm{d}t$$

$$\therefore \bar{A}_x = \int_0^{+\infty} v^t {}_tp_x \mu_{x+t}\mathrm{d}t \tag{3.3.1}$$

$$= E(\bar{Z}_x) \tag{3.3.2}$$

其中，$\bar{Z}_x = v^T$。

$\bar{A}_x$ 亦可定义为

$$\bar{A}_x = \lim_{m\to+\infty} A_x^{(m)} = \lim_{m\to+\infty}\sum_{l=0}^{+\infty} v^{\frac{l+1}{m}}{}_{\frac{l}{m}|\frac{1}{m}}q_x$$

$$= \lim_{m\to+\infty}\frac{1}{m}\sum_{l=0}^{+\infty} v^{\frac{l+1}{m}}{}_{\frac{l+1}{m}}p_x\,\mu_{x+\frac{l+1}{m}} = \int_0^{+\infty} v^t {}_tp_x\,\mu_{x+t}\mathrm{d}t$$

其中，$${}_{\frac{l}{m}|\frac{1}{m}}q_x = \frac{l_{x+\frac{l}{m}} - l_{x+\frac{l+1}{m}}}{l_x} = -\frac{1}{m}\cdot\frac{1}{l_x}\cdot\frac{l_{x+\frac{l+1}{m}+(-\frac{1}{m})} - l_{x+\frac{l+1}{m}}}{-\frac{1}{m}}$$

$$\approx -\frac{1}{m}\cdot\frac{1}{l_x}\cdot\left(-l_{x+\frac{l+1}{m}}\mu_{x+\frac{l+1}{m}}\right) = \frac{1}{m}\cdot{}_{\frac{l+1}{m}}p_x\,\mu_{x+\frac{l+1}{m}}$$

显然，当 $m\to+\infty$ 时，${}_{\frac{l}{m}|\frac{1}{m}}q_x \sim \frac{1}{m}\,{}_{\frac{l+1}{m}}p_x\,\mu_{x+\frac{l+1}{m}}$。换言之，

$$l_{x+\frac{l}{m}} - l_{x+\frac{l+1}{m}} = \frac{l_{x+\frac{l}{m}} - l_{x+\frac{l+1}{m}}}{\frac{1}{m}} \cdot \frac{1}{m} \sim \frac{1}{m} l_x \mu_x$$

$$\sim \frac{1}{m} l_{x+\frac{l+1}{m}} \mu_{x+\frac{l+1}{m}} \sim \frac{1}{m} l_x \mu_x \qquad (\text{当 } m \to +\infty \text{ 时})$$

在 UDD 假设下，

$$A_x^{(m)} = \frac{i}{i^{(m)}} A_x$$

两边对 $m$ 取极限可得

$$\bar{A}_x = \frac{i}{\delta} A_x \tag{3.3.3}$$

从另一个角度看，

$$T = K + S = (K+1) - (1-S)$$

假设 $K$ 与 $S$ 独立，且 $S$ 服从均匀分布，于是

$$\bar{A}_x = E(v^T) = E(v^{K+1}) \cdot E((1+i)^{1-S}) = \frac{i}{\delta} A_x$$

其中，$E((1+i)^{1-S}) = \int_0^1 (1+i)^{1-s} \mathrm{d}s = \bar{s}_{\overline{1|}} = \frac{i}{\delta}$。

为了计算 $\bar{A}_x$ 等函数之值，需引入替换函数 $\bar{C}_x$、$\bar{M}_x$、$\bar{R}_x$：

$$\bar{C}_x = \int_0^1 v^{x+t} l_{x+t} \mu_{x+t} \mathrm{d}t \tag{3.3.4}$$

$$\bar{M}_x = \bar{C}_x + \bar{C}_{x+1} + \bar{C}_{x+2} + \cdots \tag{3.3.5}$$

$$= \int_0^1 v^{x+t} l_{x+t} \mu_{x+t} \mathrm{d}t + \int_0^1 v^{x+1+t} l_{x+1+t} \mu_{x+1+t} \mathrm{d}t + \int_0^1 v^{x+2+t} l_{x+2+t} \mu_{x+2+t} \mathrm{d}t + \cdots$$

$$= \int_0^{+\infty} v^{x+t} l_{x+t} \mu_{x+t} \mathrm{d}t \tag{3.3.6}$$

$$\bar{R}_x = \bar{M}_x + \bar{M}_{x+1} + \bar{M}_{x+2} + \cdots \tag{3.3.7}$$

$$= \bar{C}_x + 2\bar{C}_{x+1} + 3\bar{C}_{x+2} + \cdots = \sum_{k=0}^{+\infty} (k+1) \bar{C}_{x+k}$$

$\bar{C}_x$、$\bar{M}_x$、$\bar{R}_x$ 可称为连续型替换函数。请读者赋予其实际意义。$\bar{C}_x$、$\bar{M}_x$、$\bar{R}_x$ 有如下一些近似计算公式：

$\because$ 在 UDD 假设下，$l_{x+t} = l_x - t d_x$

$$\therefore \mu_{x+t} = -\frac{l'_{x+t}}{l_{x+t}} = \frac{d_x}{l_x - t d_x}$$

$$l_{x+t} \mu_{x+t} = d_x$$

$$\bar{C}_x = \int_0^1 v^{x+t} l_{x+t} \mu_{x+t} \mathrm{d}t = v^{x+1} d_x \cdot \int_0^1 (1+i)^{1-t} \mathrm{d}t$$

$$= C_x \left( -\frac{(1+i)^{1-t}}{\delta} \Bigg|_0^1 \right) = \frac{i}{\delta} C_x \tag{3.3.8}$$

或者

$$\int_0^1 (1+i)^{1-t}\mathrm{d}t \approx (1+i)^{1-\frac{1}{2}} \cdot 1 = (1+i)^{\frac{1}{2}}$$

从而

$$\bar{C}_x = (1+i)^{\frac{1}{2}} C_x \tag{3.3.9}$$

还可以从直观意义上去理解公式(3.3.9)，即前者比后者平均早半年给付。同样可理解：

$$\bar{A}_x = (1+i)^{\frac{1}{2}} A_x \tag{3.3.10}$$

由公式(3.3.5)、公式(3.3.7)容易得到如下近似公式：

$$\bar{M}_x \approx \frac{i}{\delta} M_x \approx (1+i)^{\frac{1}{2}} M_x \tag{3.3.11}$$

$$\bar{R}_x \approx \frac{i}{\delta} R_x \approx (1+i)^{\frac{1}{2}} R_x \tag{3.3.12}$$

运用公式(3.3.1)、公式(3.3.6)可以得到 $\bar{A}_x$ 的替换函数表达式，从而达到简化计算的目的：

$$\bar{A}_x = \frac{\bar{M}_x}{D_x}。 \tag{3.3.13}$$

下面计算 $\bar{Z}_x$ 的方差：

$$\because E((\bar{Z}_x)^2) = {}^2\bar{A}_x = \frac{{}^2 i}{{}^2\delta} \cdot {}^2A_x = \frac{2i+i^2}{2\delta} \cdot {}^2A_x$$

$$\therefore \operatorname{var}(\bar{Z}_x) = E((\bar{Z}_x)^2) - (E(\bar{Z}_x))^2 = {}^2\bar{A}_x - (\bar{A}_x)^2 \tag{3.3.14}$$

（二）定期寿险

$$\bar{A}^1_{x:\overline{n}|} = E(\bar{Z}^1_{x:\overline{n}|}) = \int_0^n v^t {}_tp_x \mu_{x+t}\mathrm{d}t = \frac{\bar{M}_x - \bar{M}_{x+n}}{D_x} \tag{3.3.15}$$

$$\approx \frac{i}{\delta} A^1_{x:\overline{n}|} \tag{3.3.16}$$

其中，

$$\bar{Z}^1_{x:\overline{n}|} = \begin{cases} v^T, & 0 < T \leqslant n \\ 0, & T > n \end{cases}$$

$$\because E(\bar{Z}^1_{x:\overline{n}|})^2 = \int_0^n v^{2t} {}_tp_x \mu_{x+t}\mathrm{d}t = {}^2\bar{A}^1_{x:\overline{n}|}$$

$$\therefore \operatorname{var}(\bar{Z}^1_{x:\overline{n}|}) = {}^2\bar{A}^1_{x:\overline{n}|} - (\bar{A}^1_{x:\overline{n}|})^2 \tag{3.3.17}$$

（三）两全保险

$$\bar{A}_{x:\overline{n}|} = E(\bar{Z}_{x:\overline{n}|}) = \bar{A}^1_{x:\overline{n}|} + A_{x:\overline{n}|}^{\ \ 1}$$

$$= \frac{\bar{M}_x - \bar{M}_{x+n} + D_{x+n}}{D_x} \tag{3.3.18}$$

这里，$\bar{Z}_{x:\overline{n}|} = \begin{cases} v^T, & 0 < T \leqslant n \\ v^n, & T > n \end{cases}$，且 $\bar{A}_{x:\overline{n}|} \neq \frac{i}{\delta} A_{x:\overline{n}|}$。

（四）延期寿险

$$ {}_{r|}\bar{A}_x = \int_r^{+\infty} v^t {}_tp_x \mu_{x+t}\mathrm{d}t = v^r {}_rp_x \bar{A}_{x+r} \tag{3.3.19}$$

$$= \frac{\bar{M}_{x+r}}{D_x} \approx \frac{i}{\delta}\ {}_{r|}A_x \tag{3.3.20}$$

$${}_{r|}\bar{A}^{1}_{x:\overline{n|}} = v^r\,{}_rp_x\bar{A}^{1}_{x+r:\overline{n|}} = \frac{\bar{M}_{x+r} - \bar{M}_{x+n+r}}{D_x} = \frac{i}{\delta}\ {}_{r|}A^{1}_{x:\overline{n|}} \tag{3.3.21}$$

$${}_{r|}\bar{A}_{x:\overline{n|}} = v^r\,{}_rp_x\bar{A}_{x+r:\overline{n|}} = \frac{\bar{M}_{x+r} - \bar{M}_{x+r+n} + D_{x+r+n}}{D_x} \tag{3.3.22}$$

## 二、非等额寿险

(一) 递增终身寿险

1. 每年递增一次

$$(I\bar{A})_x = E(([T]+1)v^T)$$
$$= \sum_{k=0}^{+\infty}\int_k^{k+1}(k+1)v^t\,{}_tp_x\,\mu_{x+t}\mathrm{d}t = \frac{1}{D_x}\sum_{k=0}^{+\infty}(k+1)\int_k^{k+1}v^{x+t}l_{x+t}\,\mu_{x+t}\mathrm{d}t$$
$$= \frac{1}{D_x}\sum_{k=0}^{+\infty}(k+1)\bar{C}_{x+k} = \frac{\bar{R}_x}{D_x} \tag{3.3.23}$$

由公式(3.3.12)可得

$$(I\bar{A})_x \approx \frac{i}{\delta}(IA)_x \tag{3.3.24}$$

2. 每 $1/m$ 年递增一次

设 $(I^{(m)}\bar{A})_x$ 表示 $(x)$ 投保的，在第1个 $\frac{1}{m}$ 年内死亡时立即给付 $\frac{1}{m}$，在第2个 $\frac{1}{m}$ 年内死亡时立即给付 $\frac{2}{m}$…… 在第 $k$ 个 $\frac{1}{m}$ 年内死亡时立即给付 $\frac{k}{m}$…… 这样的终身寿险的趸缴纯保费。

$$(I^{(m)}\bar{A})_x = E\left(\frac{v^T[1+mT]}{m}\right) = \int_0^{+\infty}\frac{[1+mt]}{m}v^t\,{}_tp_x\,\mu_{x+t}\mathrm{d}t$$
$$= \sum_{k=0}^{+\infty}\sum_{j=0}^{m-1}\int_{k+\frac{j}{m}}^{k+\frac{j+1}{m}}\frac{[1+mt]}{m}v^t\,{}_tp_x\,\mu_{x+t}\mathrm{d}t$$
$$= \sum_{k=0}^{+\infty}\sum_{j=0}^{m-1}\left(k+\frac{j+1}{m}\right)\int_{k+\frac{j}{m}}^{k+\frac{j+1}{m}}v^t\,{}_tp_x\,\mu_{x+t}\mathrm{d}t$$
$$\approx \sum_{k=0}^{+\infty}\sum_{j=0}^{m-1}\left(k+\frac{j+1}{m}\right)v^{k+\frac{j+1}{m}}\bar{s}_{\overline{\frac{1}{m}|}}\ {}_{k|}q_x \qquad (\text{在 UDD 假设下})$$
$$= \bar{s}_{\overline{\frac{1}{m}|}}\sum_{k=0}^{+\infty}{}_{k|}q_x\left(\sum_{j=0}^{m-1}\left(k+\frac{j+1}{m}\right)v^{k+\frac{j+1}{m}}\right)$$

注意到

$$\left(k+\frac{j+1}{m}\right)v^{k+\frac{j+1}{m}} = (k+1)v^{k+1}(1+i)^{1-\frac{j+1}{m}} - v^{k+1}(1+i)^{1-\frac{j+1}{m}}$$
$$+ v^{k+1}(1+i)^{1-\frac{j+1}{m}}\frac{j+1}{m}$$

$$\therefore \sum_{j=0}^{m-1}(k+\frac{j+1}{m})v^{k+\frac{j+1}{m}} = (k+1)v^{k+1}ms_{\overline{1}|}^{(m)} - v^{k+1}ms_{\overline{1}|}^{(m)} + v^{k+1}m(I^{(m)}s)_{\overline{1}|}^{(m)}$$

$$(I^{(m)}\bar{A})_x = \bar{s}_{\overline{\frac{1}{m}}|}[ms_{\overline{1}|}^{(m)}(IA)_x - ms_{\overline{1}|}^{(m)}A_x + m(I^{(m)}s)_{\overline{1}|}^{(m)}A_x]$$

或

$$(I^{(m)}\bar{A})_x = \frac{i}{\delta}(IA)_x - \frac{i}{\delta}A_x + \frac{i-d^{(m)}}{\delta d^{(m)}}A_x \tag{3.3.25}$$

3. 连续递增

$$(\bar{I}\bar{A})_x = E(Tv^T) = \int_0^{+\infty} tv^t {}_tp_x \mu_{x+t}\mathrm{d}t = \lim_{m\to+\infty}(I^{(m)}A)_x^{(m)} \tag{3.3.26}$$

$$= \lim_{m\to+\infty}(I^{(m)}\bar{A})_x \tag{3.3.27}$$

当 $m\to+\infty$ 时，根据 ${}_{\frac{l}{m}|\frac{1}{m}}q_x \sim \frac{1}{m}\,{}_{\frac{l+1}{m}}p_x\mu_{x+\frac{l+1}{m}}$ 及定积分定义，公式(3.3.26) 显然成立。

公式(3.3.27) 成立是因为 $\lim\limits_{m\to+\infty}\frac{[1+mt]}{m} = t$。

事实上，设 $t = \frac{j}{m} + s$，其中 $0 \leqslant s < \frac{1}{m}$，显然 $\lim\limits_{m\to+\infty} s = 0$，于是，

$$\lim_{m\to+\infty}\frac{[1+mt]}{m} = \lim_{m\to+\infty}\frac{j+1}{m} = \lim_{m\to+\infty}(t-s+\frac{1}{m}) = t$$

由公式(3.3.25) 及公式(3.3.27) 可以得到$(\bar{I}\bar{A})_x$ 的近似计算公式，即

$$(\bar{I}\bar{A})_x = \frac{i}{\delta}(IA)_x - \frac{i}{\delta}A_x + \frac{i-\delta}{\delta^2}A_x \tag{3.3.28}$$

（二）递增定期寿险

$$(I\bar{A})_{x:\overline{n}|}^{1} = \int_0^n (t+1)v^t {}_tp_x\mu_{x+t}\mathrm{d}t = \frac{\bar{R}_x - \bar{R}_{x+n} - n\bar{M}_{x+n}}{D_x} \tag{3.3.29}$$

$$\approx \frac{i}{\delta}(IA)_{x:\overline{n}|}^{1} \tag{3.3.30}$$

$$(I^{(m)}\bar{A})_{x:\overline{n}|}^{1} \approx \frac{i}{\delta}(IA)_{x:\overline{n}|}^{1} - \frac{i}{\delta}A_{x:\overline{n}|}^{1} + \frac{i-d^{(m)}}{\delta d^{(m)}}A_{x:\overline{n}|}^{1} \tag{3.3.31}$$

$$(\bar{I}\bar{A})_{x:\overline{n}|}^{1} = \int_0^n tv^t {}_tp_x\mu_{x+t}\mathrm{d}t$$

$$= \frac{i}{\delta}(IA)_{x:\overline{n}|}^{1} - \frac{i}{\delta}A_{x:\overline{n}|}^{1} + \frac{i-\delta}{\delta^2}A_{x:\overline{n}|}^{1} \tag{3.3.32}$$

（三）递增水平终身寿险

$$(I_{\overline{n}|}\bar{A})_x = \int_0^n([t]+1)v^t {}_tp_x\mu_{x+t}\mathrm{d}t + \int_n^{+\infty} nv^t {}_tp_x\mu_{x+t}\mathrm{d}t$$

$$= \frac{\bar{R}_x - \bar{R}_{x+n}}{D_x}。 \tag{3.3.33}$$

（四）递减定期寿险

$$(D\bar{A})_{x:\overline{n}|}^{1} = \int_0^n (n-[t])v^t {}_tp_x\mu_{x+t}\mathrm{d}t = \frac{n\bar{M}_x - (\bar{R}_{x+1} - \bar{R}_{x+n+1})}{D_x} \tag{3.3.34}$$

$$= \frac{i}{\delta}(DA)^{1}_{x:\overline{n}|} \tag{3.3.35}$$

$(D^{(m)}\bar{A})^{1}_{x:\overline{n}|}$表示保险金额从$n$开始，每年递减$m$次，每$\frac{1}{m}$年递减$\frac{1}{m}$，于死亡时给付保险金的$n$年定期递减寿险的趸缴纯保费，并且可通过下面的公式来计算：

$$(I^{(m)}\bar{A})^{1}_{x:\overline{n}|} + (D^{(m)}\bar{A})^{1}_{x:\overline{n}|} = (n + \frac{1}{m})\bar{A}^{1}_{x:\overline{n}|} \tag{3.3.36}$$

**例 3.3.1** 已知$\mu_x = \frac{1}{100 - x}(0 \leqslant x < 100)$，$i = 10\%$，计算$\bar{A}^{1}_{40:\overline{10}|}$、$\bar{A}_{40:\overline{10}|}^{\ \ \ 1}$、$\bar{A}_{40:\overline{10}|}$。

**解 1：**$\because \mu_x = \frac{1}{100 - x}$

$$\therefore l_x = l_0 \exp\left(-\int_0^x \mu_s \mathrm{d}s\right) = l_0 \exp\left(-\int_0^x \frac{1}{100 - s}\mathrm{d}s\right) = l_0 \frac{100 - x}{100}$$

为方便起见，不妨假设$l_0 = 100$，那么$l_x = 100 - x$，利用例 3.2.1 的结论，我们可得

$$\bar{A}^{1}_{40:\overline{10}|} = \frac{i}{\delta}A^{1}_{40:\overline{10}|} = \frac{10\%}{\ln(1 + 10\%)} \times 0.102\,409\,45 \approx 0.107\,449$$

$$\bar{A}_{40:\overline{10}|} = \bar{A}^{1}_{40:\overline{10}|} + A_{40:\overline{10}|}^{\ \ \ 1} = \bar{A}^{1}_{40:\overline{10}|} = 0.107\,449 + 0.321\,286 = 0.428\,735$$

**解 2：**$\because \mu_x = \frac{1}{100 - x}$

$$\therefore {}_tp_{40} = \exp\left(-\int_0^t \mu_{40+t}\mathrm{d}t\right) = \exp\left(-\int_0^t \frac{1}{60 - t}\mathrm{d}t\right) = \frac{60 - t}{60}$$

$$\bar{A}^{1}_{40:\overline{10}|} = \int_0^{10} v^t {}_tp_{40}\mu_{40+t}\mathrm{d}t = \int_0^{10} v^t\left(\frac{60 - t}{60}\right)\left(\frac{1}{60 - t}\right)\mathrm{d}t$$

$$= \frac{1}{60}\int_0^{10} v^t \mathrm{d}t = \frac{1}{60}\bar{a}_{10} \approx 0.107\,449$$

$$\bar{A}_{40:\overline{10}|} = \bar{A}^{1}_{40:\overline{10}|} + \bar{A}^{1}_{40:\overline{10}|} = 0.107\,449 + 0.321\,286 = 0.428\,735$$

**例 3.3.2** 某 30 岁的人向一家寿险公司投保了 30 年定期死亡保险，在死亡发生的时刻$t$（从签单时开始计时）立即给付$\mathrm{e}^{0.06t}$，假设被保险人死亡服从$l_x = 100 - x$ $(0 \leqslant x \leqslant 100)$，且利息力$\delta = 0.05$。求 30 岁签单时应缴纳的趸缴纯保费。

**解：**设 30 岁的被保险人在$30 + T$岁死亡时所给付的保险金现值为$Z_T$，则

$$Z_T = \mathrm{e}^{0.06T} \cdot v^T = \mathrm{e}^{0.06T} \cdot \mathrm{e}^{-0.05T} = \mathrm{e}^{0.01T}$$

而$T$的概率密度函数为

$$f_T(t) = {}_tp_{30}\,\mu_{30+t} = -\frac{l'_{30+t}}{l_{30}} = \frac{1}{70}$$

因此，所求趸缴纯保费为

$$E(Z_T) = \int_0^{30} \mathrm{e}^{0.01t} f_T(t)\mathrm{d}t = \int_0^{30} \mathrm{e}^{0.01t}\frac{1}{70}\mathrm{d}t = \frac{1}{70} \cdot \frac{1}{0.01}\mathrm{e}^{0.01t}\Big|_0^{30}$$

$$= \frac{\mathrm{e}^{0.3} - 1}{0.7} \approx 0.499\,798$$

**例 3.3.3**　证明：$\frac{d}{dx}\bar{A}_x = -\mu_x + (\delta + \mu_x)\bar{A}_x$。　(3.3.37)

**证明：**

方法一：$\because\ \forall h > 0, \bar{A}_x = \bar{A}^1_{x:\overline{h}|} + v^h {}_hp_x \bar{A}_{x+h}$

$$\therefore\ \frac{\bar{A}_{x+h} - \bar{A}_x}{h} = -\frac{\bar{A}^1_{x:\overline{h}|}}{h} + \frac{1 - v^h {}_hp_x}{h}\bar{A}_{x+h}$$

$$\because\ \lim_{h\to 0}\frac{\bar{A}^1_{x:\overline{h}|}}{h} = \lim_{h\to 0}\frac{\int_0^h v^t {}_tp_x \mu_{x+t} dt}{h} = \left(\frac{d}{ds}\int_0^s v^t {}_tp_x \mu_{x+t} dt\right)\Big|_{s=0} = \mu_x$$

$$\lim_{h\to 0}\frac{1 - v^h {}_hp_x}{h}\bar{A}_{x+h} = -\lim_{h\to 0}\left(\frac{v^h {}_hp_x - 1}{h}\bar{A}_{x+h}\right)$$

$$= -\frac{d}{dt}(v^t {}_tp_x)\Big|_{t=0}\bar{A}_x = (\delta + \mu_x)\bar{A}_x$$

$$\therefore\ \frac{d}{dx}\bar{A}_x = \lim_{h\to 0}\frac{\bar{A}_{x+h} - \bar{A}_x}{h} = -\mu_x + (\delta + \mu_x)\bar{A}_x。$$

方法二：$\because\ \bar{A}_x = \int_0^{+\infty} v^t {}_tp_x \mu_{x+t} dt = \int_0^{+\infty} v^t d(-{}_tp_x)$

$$= -v^t {}_tp_x \Big|_0^{+\infty} - \delta\int_0^{+\infty} v^t {}_tp_x dt = 1 - \delta Q$$

或

$$\delta Q = 1 - \bar{A}_x$$

其中，$Q = \int_0^{+\infty} v^t {}_tp_x dt$，$+\infty$ 代表 $\omega - x$。两边对 $x$ 求导可得

$$\frac{d}{dx}Q = \frac{d}{dx}\int_0^{\omega - x} v^t {}_tp_x dt = \int_0^{\omega - x} v^t \frac{d}{dx}({}_tp_x) dt$$

$$= \int_0^{\omega - x} v^t {}_tp_x(\mu_x - \mu_{x+t}) dt = \mu_x Q - \bar{A}_x$$

$$\therefore\ \frac{d}{dx}\bar{A}_x = -\delta(\mu_x Q - \bar{A}_x) = -\mu_x + (\delta + \mu_x)\bar{A}_x$$

**例 3.3.4**　已知 $\delta_t = \frac{t}{100}, l_x = 100 - x(0 \leqslant x \leqslant 100)$，计算 $(\bar{I}\bar{A})_{40}$。

**解：**　$a^{-1}(t) = \exp\left(-\int_0^t \delta_s ds\right) = \exp\left(-\int_0^t \frac{s}{100}ds\right) = \exp\left(-\frac{t^2}{200}\right)$

$${}_tp_{40}\mu_{40+t} = \frac{100 - 40 - t}{100 - 40}\left(-\frac{-1}{100 - 40 - t}\right) = \frac{1}{60}$$

$$\therefore\ (\bar{I}\bar{A})_{40} = E(Ta^{-1}(T)) = \int_0^{60} ta^{-1}(t) {}_tp_{40}\mu_{40+t} dt$$

$$= \frac{1}{60}\int_0^{60} t\exp\left(-\frac{t^2}{200}\right) dt = -\frac{100}{60}\exp\left(-\frac{-t^2}{200}\right)\Big|_0^{60}$$

$$= \frac{5}{3}(1 - e^{-18}) \approx \frac{5}{3}$$

**例 3.3.5** 已知$\mu_x$为与$x$无关的常数$\mu$,利息力为常数$\delta$。证明:$\bar{A}_x = \dfrac{\mu}{\mu+\delta}$。

**证明**:$\because$ $${}_tp_x = \exp\left(-\int_0^t \mu_{x+s}\mathrm{d}s\right) = \exp\left(-\int_0^t \mu\mathrm{d}s\right) = \exp(-\mu t)$$

$$v^t = \exp(-\delta t)$$

$$\therefore \bar{A}_x = \int_0^{+\infty} v^t {}_tp_x \mu_{x+t}\mathrm{d}t = \mu\int_0^{+\infty} \exp(-(\mu+\delta)t)\mathrm{d}t = \frac{\mu}{\mu+\delta}$$

思考:请读者计算 $\mathrm{var}(\bar{Z}_x)$。

**例 3.3.6** 某单位有年龄为40岁的职工100人,每人缴纳$\pi$元保费以产生一个基金,若有人死亡将立即从基金中给付保险金1 000元。已知$\mu = 0.06$,$\delta = 0.02$。为了使基金能以95% 的概率保证今后足够给付,采用正态分布近似,则$\pi$至少应为多少元?(已知正态分布95% 分位数是1.645。)

**解**:设对第$j$个人给付的现值为$Z_j(j = 1,2,\cdots,100)$元,总给付现值为$Z$元,显然

$$Z = \sum_{j=1}^{100} Z_j, \qquad Z_j = 1\ 000v^{T_j}$$

其中$T_j$为职工$j$的完全余命,假设$T_j$相互独立$(j = 1,2,\cdots,100)$

$$E(v^{T_j}) = \bar{A}_{40} = \frac{0.06}{0.06+0.02} = 0.75$$

$$E(v^{2T_j}) = {}^2\bar{A}_{40} = \frac{0.06}{0.06+0.02\times 2} = 0.6$$

因此

$$E(Z_j) = 1\ 000\bar{A}_{40} = 1\ 000\times 0.75 = 750(\text{元})$$

$$\mathrm{var}(Z_j) = 1\ 000^2\cdot[{}^2\bar{A}_{40} - (\bar{A}_{40})^2] = 37\ 500(\text{元})$$

从而

$$E(Z) = \sum_{j=1}^{100} E(Z_j) \approx 75\ 000(\text{元})$$

$$\sqrt{\mathrm{var}(Z)} = \sqrt{\sum_{j=1}^{100}\mathrm{var}(Z_j)} = 1\ 936.491\ 67(\text{元})$$

由题意知

$$P(100\pi > Z) = 0.95$$

即

$$P\left(\frac{Z-E(Z)}{\sqrt{\mathrm{var}(Z)}} < \frac{100\pi - E(Z)}{\sqrt{\mathrm{var}(Z)}}\right) = 0.95$$

因此

$$\frac{100\pi - E(Z)}{\sqrt{\mathrm{var}(Z)}} = 1.645$$

$$\pi = \frac{1}{100}[E(Z) + 1.645\sqrt{\mathrm{var}(Z)}] \approx 781.86(\text{元})$$

思考:假设参保人数扩大到10 000人,结果又如何?

## 本章小结

本章主要研究了以死亡作为保险金支付条件的人寿保险的趸缴纯保费或精算现值。

按死亡后给付保险金的及时程度，人寿保险可分为：死亡所在年年末给付保险金的人寿保险、死亡所在$\frac{1}{m}$年分年年末给付保险金的人寿保险、死亡所在时刻给付保险金的人寿保险。本章按这一思路分三节进行探讨，其中第一节属于最基本最核心的内容。每一节又分为等额寿险与非等额寿险两个部分，同时先探讨即期寿险，然后考虑延期寿险，并且沿着终身寿险、定期寿险、两全保险的思路具体展开。对于非等额寿险，主要考虑保额按等差数列变化，至于按等比数列变化的则可运用 Excel 轻松计算。

人寿保险的趸缴纯保费，也可以看成保险金给付现值的数学期望；而方差或标准差则量度了保险人给付现值围绕所收取的保费波动的程度。

## 习题 3

3－1　已知 $l_x = 100 - x\ (0 \leqslant x \leqslant 100)$，$i = 5\%$，求 $A_{30}$、$A^{1}_{30:\overline{10}|}$、$A_{30:\overline{10}|}^{\ \ \ 1}$、$A_{30:\overline{10}|}$。

3－2　已知 $A_{30} = 0.35$，$A_{50} = 0.50$，$A_{30:\overline{20}|} = 0.65$，求 $A^{1}_{30:\overline{20}|}$ 与 $A_{30:\overline{20}|}^{\ \ \ 1}$。

3－3　（1）已知 $vp_{76} = 0.90$，$A_{76} = 0.80$，$i = 0.03$，求 $A_{77}$。

（2）某 60 岁的人投保了两年期定期寿险，保险金在被保险人死亡所在年年末给付，第 1 年、第 2 年的保险金额分别为 $b_1$、$b_2$。已知 $q_{60} = 0.1$，$q_{61} = 0.2$，$b_2 = 20 - b_1$，$i = 0$，令 $Z$ 表示保险金给付现值，求使 $\mathrm{var}(Z)$ 最小的 $b_1$ 的值。

3－4　已知 $A_{51} - A_{50} = 0.004$，$i = 0.02$，${}^2A_{51} - {}^2A_{50} = 0.005$，$p_{50} = 0.98$，计算 $\mathrm{var}(Z_{51})$。

3－5　已知 $i = 0$，$q_x = 0.5$，且 $\mathrm{var}(Z^{1}_{x:\overline{2}|}) = 0.177\,1$，计算 $q_{x+1}$。

3－6　已知$A_{40:\overline{1}|} = 0.943\,4$，$A_{40} = 0.130\,0$，$p_{40} = 0.996\,4$，$(IA)_{40} = 3.71$，计算$(IA)_{41}$。

3－7　已知${}^2A_x = 0.219\,6$，$A_{x:\overline{n}|} = 0.789\,6$，${}^2A_{x+n} = 0.283\,6$，${}^2A_{x:\overline{n}|}^{\ \ \ 1} = 0.564\,9$。记 $Z = 1\,000Z_{x:\overline{n}|}$，计算 $\mathrm{var}(Z)$。

3－8　某 80 岁的人投保了一个保额从 20 递减到 1、于死亡所在年年末给付保险金的 20 年递减定期寿险，已知 $i = 0.06$，对于具有 $q_{80} = 0.2$ 的某一张生命表，趸缴纯保费为 13。对于同一张生命表，只是 $q'_{80} = 0.1$，求其趸缴纯保费。

3－9　某 30 岁的人投保了一个 20 年的定期寿险，保险金于死亡所在年年末给付，在第 1 年死亡时给付 1 万元，以后每推迟 1 年死亡保额增加 1 万元，直到 10 万元，在第 11 年死亡时仍给付 10 万元，以后逐年递减 1 万元。求该保险的趸缴纯保费，以 CL1（2000—2003）2.5% 为基础。

3－10　$\mu_x^A(t)$ 和 $\mu_x^B(t)$ 分别表示A、B两地人群的死力，$A_x^A$ 和 $A_x^B$ 分别表示A、B两地 $x$ 岁的人投保的、于死亡所在年年末给付保险金1的终身寿险的趸缴纯保费。已知：(1) $\mu_x^B(t)=\begin{cases}\mu_x^A(t)+0.06t, & 0\leqslant t\leqslant 1\\ \mu_x^A(t), & t>1\end{cases}$；(2) $A_x^A=0.42$；(3) $d=0.04$。计算 $A_x^B$。

3－11　已知如表3.4所示的选择期为3年的选择－终极表，并且 $i=0.03$。计算 ${}_{2|}A^{1}_{[60]:\overline{2}|}$。

表3.4　选择期为3年的选择－终极表

| $x$ | $q_{[x]}$ | $q_{[x]+1}$ | $q_{[x]+2}$ | $q_{x+3}$ | $x+3$ |
|---|---|---|---|---|---|
| 60 | 0.09 | 0.11 | 0.13 | 0.15 | 63 |
| 61 | 0.10 | 0.12 | 0.14 | 0.16 | 64 |
| 62 | 0.11 | 0.13 | 0.15 | 0.17 | 65 |
| 63 | 0.12 | 0.14 | 0.16 | 0.18 | 66 |
| 64 | 0.13 | 0.15 | 0.17 | 0.19 | 67 |

3－12　某30岁的人投保了一个保额为10万元的10年定期寿险，在下列条件下，计算趸缴纯保费：(1) 保险金于死亡所在年年末给付；(2) 保险金于死亡所在季季末给付；(3) 保险金于死亡所在月月末给付；(4) 保险金于死亡时立即给付。在UDD假设下，以CL1(2000—2003)2.5%为基础计算。



3－13　某30岁的人投保了一个保额递增的10年定期寿险，在第1年死亡时给付11万元，在第2年死亡时给付12万元……在第10年死亡时给付20万元。在下列条件下，计算趸缴纯保费：(1) 保险金于死亡所在年年末给付；(2) 保险金于死亡所在季季末给付；(3) 保险金于死亡所在月月末给付；(4) 保险金于死亡时立即给付。在UDD假设下，以CL1(2000—2003)2.5% 为基础计算。

3－14　某50岁的人投保了保额为10 000元的终身寿险，利息力为0.06，且死力为 $\mu_x=\dfrac{1}{100-x}(0\leqslant x<100)$，求在下列条件下的趸缴纯保费：(1) 保险金于死亡所在年年末给付；(2) 保险金于死亡时立即给付。

3－15　已知 $E(\bar{Z}^{1}_{x:\overline{n}|})=0.23$，$v^n=0.20$，$\mathrm{var}(\bar{Z}^{1}_{x:\overline{n}|})=0.08$，${}_np_x=0.50$，计算 $\mathrm{var}(\bar{Z}_{x:\overline{n}|})$。

3－16　已知 $S(40)=0.500$，$S(41)=0.475$，$i=0.06$，$\bar{A}_{41}=0.54$，在UDD假设下计算 $A_{40}$。

3－17　已知 $l_x=100-x\ (0\leqslant x\leqslant 100)$，$i=5\%$，计算 $A_{30}^{(4)}$、$A^{(4)1}_{30:\overline{10}|}$、$A^{(4)}_{30:\overline{10}|}$、$\bar{A}_{30}$、$\bar{A}^{1}_{30:\overline{10}|}$、$\bar{A}_{30:\overline{10}|}$。

3－18　一个37岁的人投保了一个全连续型10年延期的终身寿险保单，保额为1，$\mu=0.04$，$\delta=0.1$，求保险金给付现值的方差。

3－19　已知死力为常数，$\delta=0.06$，${}^2\bar{A}_x=0.25$，计算 $(\bar{I}\bar{A})_x$。

3－20　已知400个相互独立、年龄均为40岁的人，投保了保额为1 000元的连续型终身寿险，$\mu_{40+t}=0.04(t>0)$，$\delta=0.06$，则在收取保险费后，还应准备多少元的资金才能以95%的概率保证足够给付[已知 $u(0.95)=1.645$]？

3－21　证明并解释：$\frac{1}{D_x}\left(\sum_{k=0}^{n-1}C_{x+k}v^{n-k-1}+D_{x+n}\right)=v^n$。

3－22　证明：(1) $p_x=\frac{1-(1+i)A_x}{1-A_{x+1}}$；(2) $q_x=\frac{(1+i)A_x-A_{x+1}}{1-A_{x+1}}$。

3－23　已知在 $x+t$ 岁时死亡概率“增加”了常数 $c$，即 $q'_{x+t}=q_{x+t}+c$，由此计算出的终身寿险的趸缴纯保费为 $A'_x$，证明：$A'_x=A_x+cv^{t+1}{}_tp_x(1-A_{x+t+1})$。

3－24　证明：$(DA)^{1}_{x:\overline{n}|}=nvq_x+vp_x(DA)^{1}_{x+1:\overline{n-1}|}=A^{1}_{x:\overline{n}|}+(DA)^{1}_{x:\overline{n-1}|}$。

3－25　证明：(1) $\frac{\mathrm{d}}{\mathrm{d}i}\bar{A}_x=-v(\bar{I}\bar{A})_x$；(2) $\frac{\mathrm{d}}{\mathrm{d}\delta}\bar{A}_x=-(\bar{I}\bar{A})_x$。

# 第四章
# 生存年金

生存年金就是以约定的人仍然生存作为给付条件的年金，它与确定年金相对：前者除了考虑利率因素外，还必须考虑生存概率；而后者与生死无关，只考虑利息率的作用，给付的数额与给付的次数事先确定。生存年金在整个人寿保险、社会养老保险中占有极其重要的地位，如投保人分期交纳的保险费形成一种生存年金，劳动者从退休之日起每月或每年领取的养老金也形成一种生存年金。

生存年金有如下一些分类方式：

按给付期限是否有具体的规定，生存年金可分为终身生存年金与定期生存年金：前者只要被保险人生存就可给付；后者还要求被保险人必须在规定的期限内生存才能给付。

按是期初还是期末给付，生存年金可分为期初付生存年金与期末付生存年金：前者在给付期的每期期初给付，后者则是在给付期的每期期末给付。

按各次给付数额是否相等，生存年金可分为等额生存年金与非等额生存年金：前者各次给付数额不随着时间变化，又称为水平生存年金；后者则相反，又称为变额生存年金。

按签约后是否立即开始给付期，生存年金可分为即期生存年金与延期生存年金：前者指的是签约后立即开始给付期；而后者则是指签约后等待一段时间才开始给付期。显然，这里的"开始给付期"并不意味着立即开始给付。

按与约定生死相关的人的数目多少，生存年金可分为单生命生存年金与多生命生存年金：前者以一个约定的人的生存为给付条件，后者以多个约定的人（包括两人）在满足一定生存关系时进行给付。多生命生存年金包括联合生存者年金、最后生存者年金与遗属年金。联合生存者年金以多个约定的人都生存作为给付条件，最后生存者年金以多个约定的人中至少有一人生存作为给付条件，而遗属年金以某些（包括一个）约定的人死亡后另一些（包括一个）约定的人仍生存作为给付条件的生存年金。本章只研究单生命生存年金，多生命生存年金留在第八章研究。

按给付频率来划分，生存年金可分为多年给付一次的生存年金、每年给付一次的生存年金、每年给付多次的生存年金、每年连续给付的生存年金。前三者属于离散型生存年金，最后一种年金又称为连续型生存年金。连续型生存年金完全按生存时间长短进行给付；而离散型生存年金，无论是期初给付还是期末给付都存在一定的局限性，需要进行调整，从而演变为比例期初付生存年金与完全期末付生存年金（在本章最后一节讨论)。本章主要以这种划分作为逻辑体系加以研究。

本章的主要内容就是求生存年金的精算现值与精算终值。

与生存年金相关的概念就是年金保险。年金保险是指以生存年金方式提供保险金的保险。显然,年金保险的实质就是生存年金,因而本章关于生存年金的结论,适合于年金保险。

## 第一节　多年给付一次的生存年金

本节在考虑多年给付一次的生存年金时,为了简化起见,重点考虑 $n$ 年期满生存时给付一次的(特殊的)生存年金,那么多年给付一次的生存年金无非就是多个这样的一次性给付的生存年金的组合,这种组合方法也适用于更一般的生存年金。下面重点考察 $x$ 岁的人参加 $n$ 年期纯生存保险,即 $n$ 年期满生存时将获得 1 的纯生存保险或特殊的生存年金。

### 一、投保人缴纳的趸缴纯保费

设 ${}_nE_x$ 为 $x$ 岁的人投保保额为1的 $n$ 年期纯生存保险所缴纳的趸缴纯保费。我们运用团体法,即假设依据生命表活过 $x$ 岁的 $l_x$ 人都参加了这种纯生存保险,那么依收支平衡原则可得

$$l_x\,{}_nE_x = 1 \cdot l_{x+n} \cdot v^n \tag{4.1.1}$$

或

$$l_x\,{}_nE_x(1+i)^n = 1 \cdot l_{x+n} \tag{4.1.2}$$

解之,得

$${}_nE_x = v^n\,{}_np_x = \frac{D_{x+n}}{D_x} \tag{4.1.3}$$

公式(4.1.3)反映了$(x)$为了获得 $n$ 年期满生存时 1 单位的生存金,现在必须投入 $v^n\,{}_np_x$,称 $v^n\,{}_np_x$ 为 $n$ 年后1单位生存金的精算现值(以生存为条件),它是考虑了生存概率情况下的现值,又称为精算折现因子。上述过程可描述为:$(x)$ 现在缴纳保费 ${}_nE_x$,那么 $n$ 年期满生存时可获得生存金1。按比例地,$(x)$ 现在缴纳保费1,那么 $n$ 年期满生存时可获得 $\frac{1}{{}_nE_x}$,于是称 $\frac{1}{{}_nE_x}$ 或 $\frac{D_x}{D_{x+n}}$ 为在 $x$ 岁时的 1 单位本金或投资在第 $n$ 年年末(以生存为条件)的精算终值或精算积累因子。现在可以定义生存年金的精算现值与精算终值了,即生存年金的精算现值就是各次给付的精算现值之和,生存年金的精算终值就是各次给付的精算终值之和。

假设$(x)$立即存入1单位货币,那么在 $n$ 年期满生存时其可以领取多少?假设可以领取 $S$,则

$$1 = S \cdot v^n\,{}_np_x$$

解之,得

$$S = \frac{1}{v^n {}_np_x} = \frac{1}{{}_nE_x}$$

也可这样考虑:假设活过 $x$ 岁的 $l_x$ 人每人均缴纳保费1,在期满时生存者每人可领生存保险金 $S$,那么

$$l_x(1+i)^n = Sl_{x+n}$$

解之,得

$$S = (1+i)^n \cdot \frac{l_x}{l_{x+n}} = \frac{1}{v^n {}_np_x} = \frac{1}{{}_nE_x} > (1+i)^n$$

即精算终值 $\frac{1}{{}_nE_x}$ 大于普通终值 $(1+i)^n$。

显然,精算现值 $v^n {}_np_x$ 小于普通现值 $v^n$。

## 二、保险人给付保险金现值的期望值

设 $Y_{x:\overline{n}|}^{\ 1}$ 表示保险人对投保保额为1的 $n$ 年期纯生存保险对 $(x)$ 所给付的现值,显然它是一个随机变量,其分布律为

$$P(Y_{x:\overline{n}|}^{\ 1} = v^n) = {}_np_x$$

$$P(Y_{x:\overline{n}|}^{\ 1} = 0) = {}_nq_x$$

由此可得

$$E(Y_{x:\overline{n}|}^{\ 1}) = v^n {}_np_x = {}_nE_x$$



上式表明:保险人平均给付的现值等于保险人收取的保险费,这也体现了保险双方权利与义务的对等与公平性。显然,$Y_{x:\overline{n}|}^{\ 1} = Z_{x:\overline{n}|}^{\ 1}$,从形式统一的角度讲,本章更愿意使用 $Y_{x:\overline{n}|}^{\ 1}$。

由公式(4.1.2)容易证明:

$$ {}_nE_x + {}_nE_x[(1+i)^n - 1] + {}_nE_x(1+i)^n \frac{l_x - l_{x+n}}{l_{x+n}} = 1 \tag{4.1.4}$$

**例4.1.1** 解释公式(4.1.4)。

**解**:公式(4.1.4)表示 $(x)$ 在 $n$ 年期满生存时获得的生存金1来源于三个部分:一是自己所缴纳的保险费,二是自己所缴保费产生的利息,三是均分死亡者所丧失的保险费及其利息。

**例4.1.2** 某年龄为30岁的人投保了保额为10 000元的20年期的纯生存保险。(1)求其趸缴纯保费,以CL1(2000—2003)2.5%为例;(2)验证公式(4.1.2)与公式(4.1.4)。

**解**:(1)所求趸缴纯保费为

$$10\,000\,{}_{20}E_{30} = 10\,000\frac{D_{50}}{D_{30}} \approx 5\,887.05(\text{元})$$

(2)依据所给定的生命表,活过30岁的有98 463人,保费收入为

$$5\,887.05 \times 98\,463 = 579\,656\,604.15(\text{元})$$

经过20年积累后,保费收入所形成的终值为

$$579\ 656\ 604.15 \times (1+2.5\%)^{20} \approx 949\ 834\ 841.28(\text{元})$$

活过50岁的人有94 984人,平均每人可分得生存金9 999.95元,近似地为10 000元,显然误差的原因在于保费收入、生存人数取的是近似值。

公式(4.1.4)的第2项变为:

$$10\ 000\ {}_{20}E_{30}[(1+2.5\%)^{20}-1] \approx 3\ 759.57(\text{元})$$

公式(4.1.4)的第3项变为:

$$10\ 000\ {}_{20}E_{30}(1+2.5\%)^{20} \cdot \frac{l_{30}-l_{50}}{l_{50}} \approx 353.33(\text{元})$$

显然

$$5\ 887.05+3\ 759.57+353.33=9\ 999.95 \approx 10\ 000(\text{元})$$

**例4.1.3** 已知30岁的人投保了某种年金保险,保单规定:每活过整10年龄时,将获得保额为10 000元的生存金,直至满100岁。以CL1(2000—2003)2.5%为基础,求该年金保险的趸缴纯保费。如果不领取待遇,而是活过100岁时再一次性领取,可领取多少?

**解:**所求的趸缴纯保费就是各次给付的精算现值之和,即

$$\begin{aligned}&10\ 000({}_{10}E_{30}+{}_{20}E_{30}+{}_{30}E_{30}+{}_{40}E_{30}+{}_{50}E_{30}+{}_{60}E_{30}+{}_{70}E_{30})\\&=10\ 000 \cdot \frac{D_{40}+D_{50}+D_{60}+D_{70}+D_{80}+D_{90}+D_{100}}{D_{30}}\\&\approx 22\ 582.29(\text{元})\end{aligned}$$

在100岁时可领取

$$10\ 000 \cdot \frac{D_{40}+D_{50}+D_{60}+D_{70}+D_{80}+D_{90}+D_{100}}{D_{100}}=45\ 340\ 111.21(\text{元})$$

## 第二节 每年给付一次的生存年金

### 一、等额生存年金

(一)期初付生存年金

1. 终身生存年金

令$\ddot{a}_x$表示以$x$岁的人生存为条件、每年年初给付1的终身生存年金的精算现值,那么

$$\ddot{a}_x = 1+vp_x+v^2{}_2p_x+\cdots \qquad (4.2.1)$$

$$=\frac{D_x}{D_x}+\frac{D_{x+1}}{D_x}+\frac{D_{x+2}}{D_x}+\cdots=\frac{D_x+D_{x+1}+D_{x+2}+\cdots}{D_x}=\frac{N_x}{D_x} \qquad (4.2.2)$$

设$(x)$投保的、于每年年初生存时给付1的终身生存年金保险的趸缴纯保费为$\ddot{a}$,那么运用团体法可得

$$\ddot{a} \cdot l_x = 1 \cdot l_x + 1 \cdot l_{x+1}v + 1 \cdot l_{x+2}v^2+\cdots$$

$$\ddot{a} = 1 + vp_x + v^2{}_2p_x + \cdots = \ddot{a}_x \tag{4.2.3}$$

公式(4.2.3)表明投保人缴纳的趸缴纯保费就是终身生存年金的精算现值。

以上计算生存年金精算现值的方法,即运用公式(4.2.1),称为现时给付法。下面介绍总额给付法,它是从保险人给付保险金的角度考虑的。

设保险人给付的现值为 $\ddot{Y}_x$,它显然是一个随机变量,且 $\ddot{Y}_x = \ddot{a}_{\overline{K+1|}}$,由于 $K$ 的分布律为 $P(K=k) = {}_{k|}q_x$,因此,保险人平均给付保险金的现值为

$$E(\ddot{Y}_x) = E(\ddot{a}_{\overline{K+1|}}) = \sum_{k=0}^{+\infty} \ddot{a}_{\overline{k+1|}}\,{}_{k|}q_x = \sum_{k=0}^{+\infty}\left(\sum_{j=0}^{k} v^j\right){}_{k|}q_x$$

$$= \sum_{j=0}^{+\infty}\sum_{k=j}^{+\infty} v^j{}_{k|}q_x = \sum_{j=0}^{+\infty} v^j\left(\sum_{k=j}^{+\infty}{}_{k|}q_x\right) = \sum_{j=0}^{+\infty} v^j{}_jp_x = \ddot{a}_x \tag{4.2.4}$$

公式(4.2.4)与公式(4.2.3)表明保险人平均给付现值等于投保人平均缴纳的趸缴纯保费;也可由 ${}_{k|}q_x = {}_kp_x - {}_{k+1}p_x$ 按 ${}_kp_x$ 合并同类项而得,也可使用阿贝尔变换证得。

由公式(4.2.4)可得

$$\ddot{a}_x = E(\ddot{Y}_x) = E\left(\frac{1-v^{K+1}}{d}\right) = \frac{1-A_x}{d}$$

即

$$1 = d\ddot{a}_x + A_x \tag{4.2.5}$$



或

$$A_x = 1 - d\ddot{a}_x \tag{4.2.6}$$

公式(4.2.5)可解释为:$x$ 岁的人立即投资本金 1,那么在每年年初生存时可预收当年利息 $d$,其精算现值为 $d\ddot{a}_x$,并于死亡所在年年末收回本金 1,其精算现值为 $A_x$,因而根据收支平衡原则有 $1 = d\ddot{a}_x + A_x$。

公式(4.2.6)体现了人寿保险的趸缴纯保费与生存年金精算现值的关系,是人寿保险与生存年金联系的桥梁,它在寿险精算中处于十分重要的地位,我们将其称为跨章公式,属于第一类重要公式。今后还将出现一系列这类公式,请读者留心观察。

下面计算 $\ddot{Y}_x$ 的方差:

$$\mathrm{var}(\ddot{Y}_x) = \mathrm{var}(\ddot{a}_{\overline{K+1|}}) = \mathrm{var}\left(\frac{1-v^{K+1}}{d}\right)$$

$$= \frac{1}{d^2}\mathrm{var}(v^{K+1}) = \frac{1}{d^2}[{}^2A_x - (A_x)^2] \tag{4.2.7}$$

2. 定期生存年金

记 $\ddot{a}_{x:\overline{n|}}$、$\ddot{s}_{x:\overline{n|}}$ 分别表示年额为 1 的 $n$ 年定期期初付生存年金的精算现值与精算终值,于是

$$\ddot{a}_{x:\overline{n|}} = 1 + vp_x + v^2{}_2p_x + \cdots + v^{n-1}{}_{n-1}p_x \tag{4.2.8}$$

$$= \frac{D_x + D_{x+1} + D_{x+2} + \cdots + D_{x+n-1}}{D_x} = \frac{N_x - N_{x+n}}{D_x} \tag{4.2.9}$$

与终身生存年金的精算现值类似的考虑,$\ddot{a}_{x:\overline{n|}}$ 既可视为相应年金保险的趸缴纯保

费，又可以看成保险金给付现值 $\ddot{Y}_{x:\overline{n}|}$ 的数学期望，这里

$$\because \ddot{Y}_{x:\overline{n}|}=\begin{cases}\ddot{a}_{\overline{K+1}|} & (K=0,1,2,\cdots,n-1)\\ \ddot{a}_{\overline{n}|} & (K\geqslant n)\end{cases}$$

$$\therefore E(\ddot{Y}_{x:\overline{n}|})=\sum_{k=0}^{n-1}\ddot{a}_{\overline{k+1}|\,k|}q_x+\ddot{a}_{\overline{n}|\,n}p_x=\ddot{a}_{x:\overline{n}|} \tag{4.2.10}$$

容易证明

$$\ddot{Y}_{x:\overline{n}|}=\frac{1-Z_{x:\overline{n}|}}{d}$$

两边取数学期望与方差，并适当变形可得

$$1=d\ddot{a}_{x:\overline{n}|}+A_{x:\overline{n}|} \tag{4.2.11}$$

或

$$A_{x:\overline{n}|}=1-d\ddot{a}_{x:\overline{n}|} \tag{4.2.12}$$

$$\mathrm{var}(\ddot{Y}_{x:\overline{n}|})=\frac{1}{d^2}\mathrm{var}(Z_{x:\overline{n}|})=\frac{1}{d^2}({}^2A_{x:\overline{n}|}-(A_{x:\overline{n}|})^2) \tag{4.2.13}$$

说明：称公式(4.2.12)为跨章公式，它反映了人寿保险这一章与生存年金这一章的关系，这也属于第一类重要公式，请读者观察其余跨章公式。

下面考虑定期生存年金精算终值的计算：

$$\ddot{s}_{x:\overline{n}|}=\frac{1}{{}_nE_x}+\frac{1}{{}_{n-1}E_{x+1}}+\frac{1}{{}_{n-2}E_{x+2}}+\cdots+\frac{1}{{}_1E_{x+n-1}} \tag{4.2.14}$$

$$=\frac{D_x+D_{x+1}+\cdots+D_{x+n-1}}{D_{x+n}}=\frac{N_x-N_{x+n}}{D_{x+n}} \tag{4.2.15}$$

$$=\frac{N_x-N_{x+n}}{D_x}\cdot\frac{D_x}{D_{x+n}}=\ddot{a}_{x:\overline{n}|}\cdot\frac{1}{{}_nE_x} \tag{4.2.16}$$

或

$$\ddot{a}_{x:\overline{n}|}=\ddot{s}_{x:\overline{n}|\,n}E_x \tag{4.2.17}$$

公式(4.2.14)是根据精算终值的定义直接翻译而得的。公式(4.2.16)与公式(4.2.17)反映了精算现值与精算终值的关系，两者具有等价关系，只是观察点不一样；精算现值可以看成精算终值经过 $n$ 年的(精算)折现，而精算终值可以看成是精算现值经过 $n$ 年的(精算)积累而得。

以 CL1(2000—2003)2.5%为基础，可得到 $\ddot{a}_{30:\overline{20}|}\approx 15.7945$，$\ddot{s}_{30:\overline{20}|}\approx 26.8291$。若年金给付额以万元为单位，那么对计算结果可赋予实际意义：某年龄为 30 岁的男子以 15.794 5 万元投保 20 年定期生存年金保险，那么在保险期内，他在每年年初生存时就可获得 1 万元的生存金。某年龄在 30 岁的男子在未来 20 年每年年初生存时向保险公司存入(或缴费)1 万元，那么他在 50 岁生存时可获得 26.829 1 万元。请读者思考：如果他将钱存入银行储蓄账户，年利率仍为 2.5%，那么 20 年后账户余额是多少？为什么会形成差异？

3. 延期终身生存年金

$${}_{r|}\ddot{a}_x=v^r{}_rp_x+v^{r+1}{}_{r+1}p_x+\cdots \tag{4.2.18}$$

$$= \frac{N_{x+r}}{D_x} = v^r {}_r p_x \ddot{a}_{x+r} \tag{4.2.19}$$

$$= \ddot{a}_x - \ddot{a}_{x:\overline{r}|} \tag{4.2.20}$$

$$= E({}_{r|}\ddot{Y}_x)$$

其中，

$${}_{r|}\ddot{Y}_x = \begin{cases} 0, & 0 \leqslant K < r \\ {}_{r|}\ddot{a}_{\overline{K+1-r}|}, & K \geqslant r \end{cases}$$

4. 延期定期的生存年金

$${}_{r|}\ddot{a}_{x:\overline{n}|} = \frac{N_{x+r} - N_{x+r+n}}{D_x} \tag{4.2.21}$$

$$= \ddot{a}_{x:\overline{r+n}|} - \ddot{a}_{x:\overline{r}|} \tag{4.2.22}$$

$$= v^r {}_r p_x \ddot{a}_{x+r:\overline{n}|} \tag{4.2.23}$$

请读者思考其随机变量期望表达式。

5. 有保证期的终身生存年金

$$\ddot{a}_{\overline{x:\overline{n}|}} = E(\ddot{Y}_{\overline{x:\overline{n}|}})$$

其中，

$$\ddot{Y}_{\overline{x:\overline{n}|}} = \begin{cases} \ddot{a}_{\overline{n}|}, & 0 \leqslant K < n \\ \ddot{a}_{\overline{K+1}|}, & K \geqslant n \end{cases}$$

$$\therefore \ddot{a}_{\overline{x:\overline{n}|}} = \ddot{a}_{\overline{n}|} {}_n q_x + \sum_{k=n}^{+\infty} \ddot{a}_{\overline{K+1}|} {}_{k|}q_x = \ddot{a}_{\overline{n}|} + {}_{n|}\ddot{a}_x \tag{4.2.24}$$

其中，

$$\sum_{k=n}^{+\infty} \ddot{a}_{\overline{K+1}|} {}_{k|}q_x = \sum_{k=0}^{+\infty} \ddot{a}_{\overline{K+1}|} {}_{k|}q_x - \sum_{k=0}^{n-1} \ddot{a}_{\overline{K+1}|} {}_{k|}q_x$$

$$= \ddot{a}_x - (\ddot{a}_{x:\overline{n}|} - \ddot{a}_{\overline{n}|} {}_n p_x) = \ddot{a}_{\overline{n}|} {}_n p_x + {}_{n|}\ddot{a}_x$$

容易证明如下重要的递推公式：

$$\ddot{a}_x = 1 + vp_x \ddot{a}_{x+1} \tag{4.2.25}$$

$$\ddot{a}_{x:\overline{n}|} = 1 + vp_x \ddot{a}_{x+1:\overline{n-1}|} \tag{4.2.26}$$

（二）期末付生存年金

由于期末付年金比期初付年金的每次给付依次延后一年，因而替换函数表达式中的分子里的“年龄增加 1”，而分母年龄不变，因为观察点未变。

1. 终身生存年金

$$a_x = vp_x + v^2 {}_2p_x + \cdots = \frac{N_{x+1}}{D_x} \tag{4.2.27}$$

$$= E(Y_x)$$

其中，$Y_x = a_{\overline{K}|} \quad (K \geqslant 0)$，且规定 $a_{\overline{0}|} = 0$。

2. 定期生存年金

$$a_{x:\overline{n}|} = \frac{N_{x+1} - N_{x+n+1}}{D_x} \tag{4.2.28}$$

$$= E(Y_{x:\overline{n}|})$$

其中,

$$Y_{x:\overline{n}|} = \begin{cases} a_{\overline{K}|}, & 0 \leqslant K < n \\ a_{\overline{n}|}, & K \geqslant n \end{cases}$$

$$s_{x:\overline{n}|} = \frac{1}{{}_{n-1}E_{x+1}} + \frac{1}{{}_{n-2}E_{x+2}} + \cdots + \frac{1}{{}_1E_{x+n-1}} + 1$$

$$= \frac{N_{x+1} - N_{x+n+1}}{D_{x+n}} \tag{4.2.29}$$

$$= a_{x:\overline{n}|} \frac{1}{{}_nE_x} \tag{4.2.30}$$

或

$$a_{x:\overline{n}|} = s_{x:\overline{n}|}\,{}_nE_x \tag{4.2.31}$$

3. 延期生存年金

$${}_{r|}a_{x:\overline{n}|} = \frac{N_{x+r+1} - N_{x+r+n+1}}{D_x} \tag{4.2.32}$$

$$= v^r\,{}_rp_x a_{x+r:\overline{n}|} \tag{4.2.33}$$

$$= E({}_{r|}Y_{x:\overline{n}|})$$

其中,

$${}_{r|}Y_{x:\overline{n}|} = \begin{cases} 0, & 0 \leqslant K < r \\ a_{\overline{K}|} - a_{\overline{r}|}, & r \leqslant K < r+n \\ a_{\overline{r+n}|} - a_{\overline{r}|}, & K \geqslant r+n \end{cases}$$

$${}_{r|}a_x = v^r\,{}_rp_x a_{x+r} = \frac{N_{x+r+1}}{D_x} \tag{4.2.34}$$

$$= E({}_{r|}Y_x)$$

其中,

$${}_{r|}Y_x = \begin{cases} 0, & 0 \leqslant K < r \\ a_{\overline{K}|} - a_{\overline{r}|}, & K \geqslant r \end{cases}$$

(三) 期初付生存年金与期末付生存年金的关系

期初付生存年金与期末付生存年金具有如下两组关系:第一组给付期相同,第二组给付期不同。

第一组关系:

$$\ddot{a}_x = a_x + 1 \tag{4.2.35}$$

$$\ddot{a}_{x:\overline{n}|} = a_{x:\overline{n}|} + (1 - {}_nE_x) \tag{4.2.36}$$

$${}_{r|}\ddot{a}_x = {}_{r|}a_x + {}_rE_x \tag{4.2.37}$$

第二组关系:

$$\ddot{a}_{x:\overline{n}|} = a_{x:\overline{n-1}|} + 1 \tag{4.2.38}$$

$$a_{x:\overline{n}|} = \ddot{a}_{x:\overline{n+1}|} - 1 \tag{4.2.39}$$

$$\ddot{s}_{x:\overline{n}|} = s_{x-1:\overline{n+1}|} - 1 \tag{4.2.40}$$

$$s_{x:\overline{n}|} = \ddot{s}_{x+1:\overline{n-1}|} + 1 \tag{4.2.41}$$

**例 4.2.1** 证明:(1) $\ddot{a}_x < \dfrac{1}{d}$;(2)$\ddot{s}_{x:\overline{n}|} > \ddot{s}_{\overline{n}|}$。

**证明**:(1) $\because {}_kp_x < 1(k > 0)$

$$\therefore \ddot{a}_x = 1 + vp_x + v^2{}_2p_x + \cdots < 1 + v + v^2 + \cdots = \ddot{a}_{\overline{\infty}|} = \frac{1}{d} \tag{4.2.42}$$

这实际上反映了终身生存年金精算现值小于永久确定年金的现值。

$$\begin{aligned}(2)\because \ddot{s}_{x:\overline{n}|} &= \frac{D_x + D_{x+1} + D_{x+2} + \cdots + D_{x+n-1}}{D_{x+n}} \\ &= \frac{v^x l_x + v^{x+1}l_{x+1} + v^{x+2}l_{x+2} + \cdots + v^{x+n-1}l_{x+n-1}}{v^{x+n}l_{x+n}} \\ &= (1+i)^n\frac{l_x}{l_{x+n}} + (1+i)^{n-1}\frac{l_{x+1}}{l_{x+n}} + \cdots + (1+i)\frac{l_{x+n-1}}{l_{x+n}} \\ &> (1+i)^n + (1+i)^{n-1} + \cdots + (1+i) \\ &= \ddot{s}_{\overline{n}|}\end{aligned}$$

其中,

$$l_x > l_{x+1} > \cdots > l_{x+n-1} > l_{x+n}$$

$$\therefore \ddot{s}_{x:\overline{n}|} > \ddot{s}_{\overline{n}|} \tag{4.2.43}$$

$\ddot{s}_{x:\overline{n}|}$不仅考虑了利率因素,而且还考虑了残存者获得死亡者所丧失的利益因素,即残存者均分了死亡者所缴保费及其产生的利息。

**例 4.2.2** 某50岁的人以10 000元保费投保了有10年保证期的终身期初付生存年金保险,求每年年初可以领取的金额,以CL1(2000—2203)2.5% 为基础。

**解**:设每年可领取$R$元,则

$$10\,000 = R(\ddot{a}_{\overline{10}|} + {}_{10|}\ddot{a}_{50})$$

解得

$$R = \frac{10\,000}{\ddot{a}_{\overline{10}|} + {}_{10|}\ddot{a}_{50}} \approx 483.55(\text{元})$$

思考:若没有保证期条款,则结果如何?并解释其差异。

**例 4.2.3** 证明:$\sum\limits_{k=1}^{+\infty} l_{x+k}A_{x+k} = l_x a_x$。

**证明**:$\because C_x = v^{x+1}d_x = v^{x+1}(l_x - l_{x+1}) = vD_x - D_{x+1}$ (4.2.44)

$$\therefore C_{x+1} = vD_{x+1} - D_{x+2}$$

…………

上述等式相加可得

$$M_x = vN_x - N_{x+1} \tag{4.2.45}$$

$$\therefore \sum_{k=1}^{+\infty} l_{x+k}A_{x+k} = \sum_{k=1}^{+\infty} l_{x+k}\frac{M_{x+k}}{D_{x+k}} = \sum_{k=1}^{+\infty}(1+i)^{x+k}M_{x+k}$$

$$= \sum_{k=1}^{+\infty} (1+i)^{x+k}(vN_{x+k} - N_{x+k+1})$$

$$= \sum_{k=1}^{+\infty} [(1+i)^{x+k-1}N_{x+k} - (1+i)^{x+k}N_{x+k+1}]$$

$$= (1+i)^{x}N_{x+1} = l_x a_x$$

思考：试证明 $R_x = vS_x - S_{x+1}$。 (4.2.46)

## 二、非等额生存年金

非等额生存年金指的是各次给付不尽相同的生存年金，又称变额生存年金。有两类特殊的生存年金计算起来比较简便：一是给付额按等差数列变化，二是给付额按等比数列变化。这里，只考虑按等差数列变化的生存年金，至于按等比数列变化的情形，则可通过修改预定利率的方式来计算，需要借助后面的精算实验通过 Excel 来完成，借鉴例 3.1.7 的方法。给付额任意变化的生存年金的精算现值与终值完全可按定义去计算，也需要借助 Excel 才能比较容易地完成。

（一）递增生存年金

1. 期初付生存年金

（1）终身生存年金。

$(I\ddot{a})_x$ 表示对 $(x)$ 在第 1 年年初生存时给付 1、在第 2 年年初生存时给付 2、在第 3 年年初生存时给付 3…… 这样的每一年比上一年均增加 1 的终身生存年金的精算现值。

$$(I\ddot{a})_x = 1 + 2vp_x + 3v^2{}_2p_x + \cdots \tag{4.2.47}$$

$$= \frac{D_x + 2D_{x+1} + 3D_{x+2} + \cdots}{D_x} = \frac{S_x}{D_x} \tag{4.2.48}$$

$$= E((I\ddot{Y})_x)$$

其中，$(I\ddot{Y})_x = (I\ddot{a})_{\overline{K+1|}}, K = 0,1,2,\cdots$。由此，请读者证明并解释：

$$\ddot{a}_x = d(I\ddot{a})_x + (IA)_x \tag{4.2.49}$$

（2）定期生存年金。

$$(I\ddot{a})_{x:\overline{n|}} = 1 + 2vp_x + \cdots + nv^{n-1}{}_{n-1}p_x \tag{4.2.50}$$

$$= \frac{S_x - S_{x+n} - nN_{x+n}}{D_x} \tag{4.2.51}$$

$$= E((I\ddot{Y})_{x:\overline{n|}})$$

请读者写出 $(I\ddot{Y})_{x:\overline{n|}}$ 的表达式。

（3）递增水平终身期初付生存年金。

递增水平终身期初付生存年金在第一年年初给付 1，以后每一年比上一年增加 1，直至达到 $n$ 后，就将该水平保持下去。其公式为

$$(I_{\overline{n|}}\ddot{a})_x = \frac{D_x + 2D_{x+1} + \cdots + (n-1)D_{x+n-1} + nD_{x+n-1} + nD_{x+n} + nD_{x+n+1} + \cdots}{D_x}$$

$$= \frac{N_x + N_{x+1} + \cdots + N_{x+n-1}}{D_x} = \frac{S_x - S_{x+n}}{D_x} \tag{4.2.52}$$

思考:如何用前面所讲的年金表述该年金。

2. 期末付生存年金

由于期末付生存年金每次给付较期初付生存年金晚 1 年,因而可运用分子"年龄加 1"法,即

$$(Ia)_x = \frac{S_{x+1}}{D_x} \tag{4.2.53}$$

$$(Ia)_{x:\overline{n}|} = \frac{S_{x+1} - S_{x+n+1} - nN_{x+n+1}}{D_x} \tag{4.2.54}$$

$$(I_{\overline{n}|}a)_x = \frac{S_{x+1} - S_{x+n+1}}{D_x} \tag{4.2.55}$$

(二) 递减年金

1. 期初付生存年金

(1) 定期生存年金。

$(D\ddot{a})_{x:\overline{n}|}$ 表示对$(x)$ 在第 1 年年初生存时给付 $n$,在第 2 年年初生存时给付 $n-1$、在第 3 年年初生存时给付 $n-2$…… 这样的每一年比上一年均减少 1 的 $n$ 年定期生存年金的精算现值。

$$\begin{aligned}(D\ddot{a})_{x:\overline{n}|} &= n + (n-1)vp_x + (n-2)v^2{}_2p_x + \cdots + v^{n-1}{}_{n-1}p_x \\ &= \frac{nD_x + (n-1)D_{x+1} + \cdots + 2D_{x+n-2} + D_{x+n-1}}{D_x} \\ &= \frac{n(N_x - N_{x+1}) + (n-1)(N_{x+1} - N_{x+2}) + \cdots + (N_{x+n-1} - N_{x+n})}{D_x} \\ &= \frac{nN_x - (S_{x+1} - S_{x+n+1})}{D_x} \end{aligned} \tag{4.2.56}$$

(2) 递减水平终身期初付生存年金。

该生存年金在前 $n$ 年给付额依次从 $n$ 递减至 1 后就保持 1 的水平。于是,

$$\begin{aligned}(D_{\overline{n}|}\ddot{a})_x &= \frac{nD_x + (n-1)D_{x+1} + \cdots + 2D_{x+n-2} + D_{x+n-1} + D_{x+n} + \cdots}{D_x} \\ &= (D\ddot{a})_{x:\overline{n}|} + {}_{n|}\ddot{a}_x \\ &= \frac{nN_x - (S_{x+1} - S_{x+n})}{D_x} \end{aligned} \tag{4.2.57}$$

2. 期末付年金

$$(Da)_{x:\overline{n}|} = \frac{nN_{x+1} - (S_{x+2} - S_{x+n+2})}{D_x} \tag{4.2.58}$$

$$(D_{\overline{n}|}a)_x = \frac{nN_{x+1} - (S_{x+2} - S_{x+n+1})}{D_x} \tag{4.2.59}$$

**例 4.2.4** 已知 $q_x < q_{x+t}(t=1,2,3,\cdots)$,证明:(1) $a_x < \dfrac{p_x}{q_x + i}$;(2) $\ddot{a}_x < \dfrac{1+i}{q_x + i}$;

(3) $(I\ddot{a})_x < (\frac{1+i}{q_x+i})^2$。

**证明:**(1) $\because q_x < q_{x+t}, \therefore p_x > p_{x+t} (t=1,2,3,\cdots)$

$\therefore {}_kp_x < (p_x)^k, k>1$

$\therefore a_x = vp_x + v^2{}_2p_x + v^3{}_3p_x + \cdots$

$< vp_x + (vp_x)^2 + (vp_x)^3 + \cdots = \frac{vp_x}{1-vp_x} = \frac{p_x}{q_x+i}$

(2) $\ddot{a}_x = a_x + 1 < \frac{p_x}{q_x+i} + 1 = \frac{1+i}{q_x+i}$

(3) $(I\ddot{a})_x = 1 + 2vp_x + 3v^2{}_2p_x + 4v^3{}_3p_x + \cdots$

$< 1 + 2vp_x + 3(vp_x)^2 + 4(vp_x)^3 + \cdots = (\frac{1+i}{q_x+i})^2$

**例 4.2.5**　当 $i=0.05$ 时，$\ddot{a}_{20:\overline{10}|} = 8.067\,8$，$\ddot{a}_{21:\overline{9}|} = 7.431\,7$，$\ddot{a}_{22:\overline{8}|} = 6.761\,9$，且 $l_{20} = 98\,095$，求 $l_{21}$ 及 $l_{22}$。

**解:** $\because \ddot{a}_{20:\overline{10}|} = 1 + vp_{20}\ddot{a}_{21:\overline{9}|}$

$\therefore p_{20} = \frac{(1+i)(\ddot{a}_{20:\overline{10}|} - 1)}{\ddot{a}_{21:\overline{9}|}} \approx 0.998\,586$

$\therefore l_{21} = l_{20}p_{20} \approx 97\,956$

又由 $\ddot{a}_{21:\overline{9}|} = 1 + vp_{21}\ddot{a}_{22:\overline{8}|}$，可得

$\therefore p_{21} = \frac{(1+i)(\ddot{a}_{21:\overline{9}|} - 1)}{\ddot{a}_{22:\overline{8}|}} \approx 0.998\,726$

$l_{22} = l_{21}p_{21} \approx 97\,831$

## 第三节　每年给付 $m$ 次的生存年金

### 一、等额生存年金

(一) 期初付生存年金

1. 终身生存年金

令 $\ddot{a}_x^{(m)}$ 表示 $(x)$ 投保的、于每 $\frac{1}{m}$ 年初生存时给付 $\frac{1}{m}$ 的终身生存年金的精算现值。我们运用现时给付法或团体法可得到

$$\ddot{a}_x^{(m)} = \frac{1}{m}(1 + v^{\frac{1}{m}}{}_{\frac{1}{m}}p_x + v^{\frac{2}{m}}{}_{\frac{2}{m}}p_x + \cdots) \tag{4.3.1}$$

$$= \frac{1}{m}\sum_{k=0}^{+\infty}\sum_{j=0}^{m-1} v^{k+\frac{j}{m}}{}_{k+\frac{j}{m}}p_x \tag{4.3.2}$$

记 $f(t) = v^{k+t}{}_{k+t}p_x (0 \leqslant t \leqslant 1)$，那么 $f(0) = v^k{}_kp_x$，$f(1) = v^{k+1}{}_{k+1}p_x$，从而

$$f\left(\frac{j}{m}\right)=v^{k+\frac{j}{m}}{}_{k+\frac{j}{m}}p_x\approx f(0)+(f(1)-f(0))\frac{j}{m}$$

$$=v^k{}_kp_x+(v^{k+1}{}_{k+1}p_x-v^k{}_kp_x)\frac{j}{m}$$

$$\therefore \ddot{a}_x^{(m)}\approx\frac{1}{m}\sum_{k=0}^{+\infty}\sum_{j=0}^{m-1}\left[v^k{}_kp_x+(v^{k+1}{}_{k+1}p_x-v^k{}_kp_x)\frac{j}{m}\right]$$

$$=\frac{1}{m}\sum_{k=0}^{+\infty}\left[mv^k{}_kp_x+\frac{m-1}{2}(v^{k+1}{}_{k+1}p_x-v^k{}_kp_x)\right]=\ddot{a}_x-\frac{m-1}{2m}\tag{4.3.3}$$

公式(4.3.3)表明每年给付 $m$ 次生存年金的精算现值可以由每年给付一次生存年金的精算现值近似地表示。下面介绍另外三种近似方法：

记 $f(t)={}_{t|}\ddot{a}_x$，那么 $f(0)={}_{0|}\ddot{a}_x=\ddot{a}_x$，$f(1)={}_{1|}\ddot{a}_x=a_x=\ddot{a}_x-1$，从而

$$f(t)\approx f(0)+[f(1)-f(0)]t=\ddot{a}_x-t$$

$$\therefore {}_{\frac{k}{m}|}\ddot{a}_x\approx\ddot{a}_x-\frac{k}{m}$$

$$\therefore \ddot{a}_x^{(m)}=\frac{1}{m}\sum_{k=0}^{m-1}{}_{\frac{k}{m}|}\ddot{a}_x\approx\frac{1}{m}\sum_{k=0}^{m-1}\left(\ddot{a}_x-\frac{k}{m}\right)=\ddot{a}_x-\frac{m-1}{2m}$$

如果 $f(t)=v^{k+t}{}_{k+t}p_x(0\leqslant t\leqslant 1)$ 近似地表示成关于 $t$ 的3次函数，那么可以证明：

$$\ddot{a}_x^{(m)}\approx\ddot{a}_x-\frac{m-1}{2m}-\frac{m^2-1}{12}(\mu_x+\delta)\tag{4.3.4}$$



下面用随机变量方法或总量法进行考虑，将生存年金视作相应的年金保险，那么保险金给付的现值为随机变量 $\ddot{Y}_x^{(m)}=\ddot{a}^{(m)}_{\overline{K+\frac{J+1}{m}|}}$，显然有

$$\ddot{a}_x^{(m)}=E(\ddot{Y}_x^{(m)})=\sum_{k=0}^{+\infty}\sum_{j=0}^{m-1}\ddot{a}^{(m)}_{\overline{k+\frac{j+1}{m}|}}\,{}_{k+\frac{j}{m}|\frac{1}{m}}q_x=E\left(\frac{1-v^{K+\frac{J+1}{m}}}{d^{(m)}}\right)$$

$$=\frac{1-A_x^{(m)}}{d^{(m)}}\tag{4.3.5}$$

由此可得

$$1=d^{(m)}\ddot{a}_x^{(m)}+A_x^{(m)}\tag{4.3.6}$$

或

$$A_x^{(m)}=1-d^{(m)}\ddot{a}_x^{(m)}\tag{4.3.7}$$

或

$$\ddot{a}_x^{(m)}\approx\frac{1}{d^{(m)}}\left(1-\frac{i}{i^{(m)}}A_x\right)=\frac{1}{d^{(m)}}\left[1-\frac{i}{i^{(m)}}(1-d\ddot{a}_x)\right]$$

$$=\frac{id}{i^{(m)}d^{(m)}}\ddot{a}_x-\frac{i-i^{(m)}}{i^{(m)}d^{(m)}}=\alpha(m)\ddot{a}_x-\beta(m)\tag{4.3.8}$$

其中，

$$\alpha(m)=\frac{id}{i^{(m)}d^{(m)}},\beta(m)=\frac{i-i^{(m)}}{i^{(m)}d^{(m)}}\tag{4.3.9}$$

或

$$\alpha(m)\approx 1,\beta(m)\approx\frac{m-1}{2m} \tag{4.3.10}$$

显然，$\alpha(m)>0,\beta(m)>0$。

下面考虑 $\ddot{Y}_x^{(m)}$ 的方差：

$$\begin{aligned}\mathrm{var}(\ddot{Y}_x^{(m)})&=\mathrm{var}\left(\frac{1-v^{K+\frac{J+1}{m}}}{d^{(m)}}\right)\\&=\frac{{}^2A_x^{(m)}-(A_x^{(m)})^2}{(d^{(m)})^2}\end{aligned} \tag{4.3.11}$$

仿照终身生存年金的推导方法，容易推出定期生存年金、延期生存年金有关精算现值的定义表达式与计算的近似公式。当表示成随机变量期望值时，请读者写出这个随机变量的表达式。

2. 定期生存年金

$$\ddot{a}_{x:\overline{n}|}^{(m)}\approx\alpha(m)\ddot{a}_{x:\overline{n}|}-\beta(m)(1-v^n{}_np_x) \tag{4.3.12}$$

重要公式有

$$1=d^{(m)}\ddot{a}_{x:\overline{n}|}^{(m)}+A_{x:\overline{n}|}^{(m)} \tag{4.3.13}$$

或

$$A_{x:\overline{n}|}^{(m)}=1-d^{(m)}\ddot{a}_{x:\overline{n}|}^{(m)} \tag{4.3.14}$$

保险金给付现值的随机变量为：

$$\ddot{Y}_{x:\overline{n}|}^{(m)}=\begin{cases}\ddot{a}_{\overline{K+\frac{J+1}{m}}|}^{(m)}, & K=0,1,\cdots,n-1;J=0,1,\cdots,m-1\\ \ddot{a}_{\overline{n}|}^{(m)}, & K=n,n+1,\cdots;J=0,1,\cdots,m-1\end{cases}$$

显然

$$E(\ddot{Y}_{x:\overline{n}|}^{(m)})=\ddot{a}_{x:\overline{n}|}^{(m)}$$

3. 延期生存年金

$${}_{r|}\ddot{a}_x^{(m)}=v^r{}_rp_x\ddot{a}_{x+r}^{(m)}\approx\alpha(m){}_{r|}\ddot{a}_x-\beta(m)v^r{}_rp_x \tag{4.3.15}$$

$${}_{r|}\ddot{a}_{x:\overline{n}|}^{(m)}=v^r{}_rp_x\ddot{a}_{x+r:\overline{n}|}^{(m)}\approx\alpha(m){}_{r|}\ddot{a}_{x:\overline{n}|}-\beta(m)(v^r{}_rp_x-v^{r+n}{}_{r+n}p_x) \tag{4.3.16}$$

（二）期末付生存年金

对于期末付生存年金的精算现值情形，我们可以借鉴期初付生存年金精算现值的推导方法，但要注意给付的起点与终点的变化。

1. 终身生存年金

$$\begin{aligned}a_x^{(m)}&=\frac{1}{m}(v^{\frac{1}{m}}{}_{\frac{1}{m}}p_x+v^{\frac{2}{m}}{}_{\frac{2}{m}}p_x+\cdots)=\frac{1}{m}\sum_{k=0}^{+\infty}\sum_{j=1}^{m}v^{k+\frac{j}{m}}{}_{k+\frac{j}{m}}p_x\\&\approx a_x+\frac{m-1}{2m}\end{aligned} \tag{4.3.17}$$

$a_x^{(m)}$ 也可近似地表示为

$$a_x^{(m)}\approx\alpha(m)a_x+\gamma(m) \tag{4.3.18}$$

其中，

$$\alpha(m)=\frac{id}{i^{(m)}d^{(m)}},\gamma(m)=\frac{d^{(m)}-d}{i^{(m)}d^{(m)}} \tag{4.3.19}$$

或

$$\alpha(m) \approx 1, \gamma(m) \approx \frac{m-1}{2m} \tag{4.3.20}$$

显然,$\alpha(m)>0, \gamma(m)>0$。为简单起见,由公式(4.3.10)、公式(4.3.20)得到的关于年金精算现值或终值的计算公式,称为年金简单近似公式,否则称为年金复杂近似公式。为简单起见,在本书未做特别说明时,均采用简单近似公式。

思考:请证明 $\alpha(m)-\beta(m)-\gamma(m)=\frac{1}{m}$。

提示:运用公式 $i-d=id, \frac{i^{(m)}}{m}-\frac{d^{(m)}}{m}=\frac{i^{(m)}}{m}\cdot\frac{d^{(m)}}{m}$。

2. 定期生存年金

$$a_{x:\overline{n}|}^{(m)} \approx \alpha(m)a_{x:\overline{n}|}+\gamma(m)(1-v^{n}{}_{n}p_{x}) \tag{4.3.21}$$

3. 延期生存年金

$$_{r|}a_{x}^{(m)}=v^{r}{}_{r}p_{x}a_{x+r}^{(m)} \approx \alpha(m)\,{}_{r|}a_{x}+\gamma(m)v^{r}{}_{r}p_{x} \tag{4.3.22}$$

$$_{r|}a_{x:\overline{n}|}^{(m)}=v^{r}{}_{r}p_{x}a_{x+r:\overline{n}|}^{(m)} \approx \alpha(m)\,{}_{r|}a_{x:\overline{n}|}+\gamma(m)(v^{r}{}_{r}p_{x}-v^{r+n}{}_{r+n}p_{x}) \tag{4.3.23}$$

对于每年给付 $m$ 次的生存年金,也可引入替换函数来简化计算。这里需要引入 $D_{x+\frac{k}{m}}$、$D_{x}^{(m)}$、$N_{x}^{(m)}$、$S_{x}^{(m)}$。它们的定义如下:

$$D_{x+\frac{k}{m}}=v^{x+\frac{k}{m}}l_{x+\frac{k}{m}} \tag{4.3.24}$$

$$N_{x}^{(m)}=\frac{1}{m}\sum_{k=0}^{+\infty}D_{x+\frac{k}{m}} \tag{4.3.25}$$

$$S_{x}^{(m)}=\sum_{y=x}^{+\infty}N_{y}^{(m)} \tag{4.3.26}$$

$$D_{x}^{(m)}=\frac{1}{m}\sum_{k=0}^{m-1}D_{x+\frac{k}{m}}=N_{x}^{(m)}-N_{x+1}^{(m)} \tag{4.3.27}$$

由公式(4.3.3)、公式(4.3.4)、公式(4.3.8)可以得到关于替换函数的如下近似公式:

$$D_{x+n+\frac{j}{m}} \approx D_{x+n}+(D_{x+n+1}-D_{x+n})\frac{j}{m} \tag{4.3.28}$$

$$N_{x}^{(m)} \approx \alpha(m)N_{x}-\beta(m)D_{x} \approx N_{x}-\frac{m-1}{2m}D_{x} \tag{4.3.29}$$

$$D_{x}^{(m)}=\alpha(m)D_{x}-\beta(m)(D_{x}-D_{x+1}) \tag{4.3.30}$$

$N_{x}^{(m)}$ 表示依据生命表每$\frac{1}{m}$年年初生存时给付生存金$\frac{1}{m}$直至终极年龄,这些给付在0岁时的精算现值。$D_{x}^{(m)}$ 则表示在$[x, x+1)$上这些给付在0岁时的精算现值。

对于期初付生存年金的精算现值,有

$$\ddot{a}_{x}^{(m)}=\frac{N_{x}^{(m)}}{D_{x}} \tag{4.3.31}$$

$$\ddot{a}_{x:\overline{n}|}^{(m)}=\frac{N_{x}^{(m)}-N_{x+n}^{(m)}}{D_{x}} \tag{4.3.32}$$

$$ {}_{r|}\ddot{a}_{x:\overline{n}|}^{(m)} = \frac{N_{x+r}^{(m)} - N_{x+r+n}^{(m)}}{D_x} \tag{4.3.33}$$

对于期末付生存年金的精算现值，则采用“年龄增加$\frac{1}{m}$岁”法，即

$$ a_x^{(m)} = \frac{N_{x+\frac{1}{m}}^{(m)}}{D_x} \tag{4.3.34}$$

$$ a_{x:\overline{n}|}^{(m)} = \frac{N_{x+\frac{1}{m}}^{(m)} - N_{x+n+\frac{1}{m}}^{(m)}}{D_x} \tag{4.3.35}$$

$$ {}_{r|}a_{x:\overline{n}|}^{(m)} = \frac{N_{x+r+\frac{1}{m}}^{(m)} - N_{x+r+n+\frac{1}{m}}^{(m)}}{D_x} \tag{4.3.36}$$

## 二、非等额生存年金

### （一）递增生存年金

这里仅考虑给付额按等差数列变化，并且考虑两种情形：一是每年递增一次，每年中各次给付额相等；二是严格递增，每一次给付均比上一次增加。

1. 每年递增一次

（1）递增终身生存年金。

$(I\ddot{a})_x^{(m)}$表示$(x)$投保的、每一年给付$m$次，在第1年每次给付$\frac{1}{m}$、在第2年每次给付$\frac{2}{m}$、在第3年每次给付$\frac{3}{m}$……这样的终身给付的期初付生存年金的精算现值。

$$\begin{aligned}(I\ddot{a})_x^{(m)} &= \sum_{k=0}^{+\infty}\sum_{j=0}^{m-1}\frac{k+1}{m}v^{k+\frac{j}{m}}{}_{k+\frac{j}{m}}p_x = \sum_{k=0}^{+\infty}{}_{k|}\ddot{a}_x^{(m)} \\ &= \sum_{k=0}^{+\infty}v^k{}_kp_x\ddot{a}_{x+k}^{(m)} = \sum_{k=0}^{+\infty}v^k{}_kp_x[\alpha(m)\ddot{a}_{x+k} - \beta(m)] \\ &= \alpha(m)\sum_{k=0}^{+\infty}v^k{}_kp_x\ddot{a}_{x+k} - \beta(m)\sum_{k=0}^{+\infty}v^k{}_kp_x \\ &= \alpha(m)(I\ddot{a})_x - \beta(m)\ddot{a}_x \end{aligned}\tag{4.3.37}$$

递增终身生存年金精算现值也可用替换函数表示：

$$(I\ddot{a})_x^{(m)} = \frac{S_x^{(m)}}{D_x} \tag{4.3.38}$$

（2）递增定期生存年金。

$$(I\ddot{a})_{x:\overline{n}|}^{(m)} = \alpha(m)(I\ddot{a})_{x:\overline{n}|} - \beta(m)\ddot{a}_{x:\overline{n}|} \tag{4.3.39}$$

$$= \frac{1}{D_x}(S_x^{(m)} - S_{x+n}^{(m)} - nN_{x+n}^{(m)}) \tag{4.3.40}$$

2. 每次比上一次递增的终身生存年金

$$(I^{(m)}\ddot{a})_x^{(m)} = \sum_{l=0}^{+\infty}\frac{l+1}{m^2}v^{\frac{l}{m}}{}_{\frac{l}{m}}p_x \tag{4.3.41}$$

采用“年龄增加$\frac{1}{m}$岁”法可得递增期末生存年金的精算现值$(Ia)_x^{(m)}$、$(Ia)_{x:\overline{n}|}^{(m)}$以及$(I^{(m)}a)_x^{(m)}$。

（二）递减生存年金

$$(D\ddot{a})_{x:\overline{n}|}^{(m)} = \frac{1}{D_x}[nN_x^{(m)} - (S_{x+1}^{(m)} - S_{x+n+1}^{(m)})] \tag{4.3.42}$$

$$(Da)_{x:\overline{n}|}^{(m)} = \frac{1}{D_x}[nN_{x+\frac{1}{m}}^{(m)} - (S_{x+1+\frac{1}{m}}^{(m)} - S_{x+n+1+\frac{1}{m}}^{(m)})] \tag{4.3.43}$$

**例 4.3.1** 计算：(1) $\mathrm{var}(\ddot{a}_{\overline{K+1}|})$；(2) $E(\ddot{a}_{\overline{K+1}|}^{(12)})$；(3) $E(\ddot{a})_{\overline{K+\frac{J+1}{12}}|}^{(12)}$。

**解**：(1) $\mathrm{var}(\ddot{a}_{\overline{K+1}|}) = \mathrm{var}\left(\frac{1-v^{K+1}}{d}\right) = \frac{1}{d^2}({}^2A_x - (A_x)^2)$

$$(2) E(\ddot{a}_{\overline{K+1}|}^{(12)}) = E\left(\frac{1-v^{K+1}}{d^{(12)}}\right) = \frac{1-E(v^{K+1})}{d^{(12)}} = \frac{1-A_x}{d^{(12)}} = \frac{d}{d^{(12)}}\ddot{a}_x$$

$$(3) E(\ddot{a})_{\overline{K+\frac{J+1}{12}}|}^{(12)} = E\left(\frac{1-v^{k+\frac{J+1}{12}}}{d^{(12)}}\right) = \frac{1-A_x^{(12)}}{d^{(12)}} = \ddot{a}_x^{(12)}$$

**例 4.3.2** 证明：$(I^{(m)}\ddot{a})_x^{(m)} = \frac{\ddot{a}_x^{(m)} - (I^{(m)}A)_x^{(m)}}{d^{(m)}}$。

**证明**：引入随机变量$(I^{(m)}\ddot{Y})_x^{(m)} = (I^{(m)}\ddot{a})_{\overline{K+\frac{J+1}{m}}|}^{(m)}$，那么

$$(I^{(m)}\ddot{Y})_x^{(m)} = \frac{\ddot{a}_{\overline{K+\frac{J+1}{m}}|}^{(m)} - \left(K+\frac{J+1}{m}\right)v^{K+\frac{J+1}{m}}}{d^{(m)}}$$

两边取数学期望可得

$$(I^{(m)}\ddot{a})_x^{(m)} = \frac{\ddot{a}_x^{(m)} - (I^{(m)}A)_x^{(m)}}{d^{(m)}}$$

**例 4.3.3** 已知某30岁的人投保了一份年金保险，保单约定从40岁开始第一次给付，但最大给付期为20年，每月给付2 000元，以CL1(2000—2003)2.5%为基础，求该年金保险的趸缴纯保费。

**解**：该保险每年给付24 000元，因此，所求的趸缴纯保费为

$$\begin{aligned}
24\,000\,{}_{10|}\ddot{a}_{30:\overline{20}|}^{(12)} &= 24\,000v^{10}\,{}_{10}p_{30}\,\ddot{a}_{40:\overline{20}|}^{(12)} \\
&\approx 24\,000\frac{D_{40}}{D_{30}}\left[\ddot{a}_{40:\overline{20}|} - \frac{11}{2\times 12}(1 - v^{20}\,{}_{20}p_{40})\right] \\
&= 24\,000\frac{D_{40}}{D_{30}}\left[\frac{N_{40}-N_{60}}{D_{40}} - \frac{11}{24}\frac{D_{40}-D_{60}}{D_{40}}\right] \\
&= \frac{24\,000(N_{40}-N_{60}) - 11\,000(D_{40}-D_{60})}{D_{30}} \\
&\approx 285\,395.02(\text{元})
\end{aligned}$$

**例 4.3.4** 证明：$A_x^{(m)} = 1 - d^{(m)}\ddot{a}_x^{(m)}$。

**证明**：$\because A_x^{(m)} = E(Z_x^{(m)}) = E(v^{\frac{J_x+1}{m}})$

$$= \sum_{j_x=0}^{+\infty} v^{\frac{j_x+1}{m}} {}_{\frac{j_x}{m}|\frac{1}{m}}q_x = \sum_{j_x=0}^{+\infty} v^{\frac{j_x+1}{m}} \left( {}_{\frac{j_x}{m}}p_x - {}_{\frac{j_x+1}{m}}p_x \right)$$

$$= mv^{\frac{1}{m}} \cdot \frac{1}{m}\sum_{j_x=0}^{+\infty} v^{\frac{j_x}{m}} {}_{\frac{j_x}{m}}p_x - m \cdot \frac{1}{m}\sum_{j_x=0}^{+\infty} v^{\frac{j_x+1}{m}} {}_{\frac{j_x+1}{m}}p_x$$

$$= mv^{\frac{1}{m}} \cdot \ddot{a}_x^{(m)} - m \cdot a_x^{(m)}$$

$$\because a_x^{(m)} = \ddot{a}_x^{(m)} - \frac{1}{m}$$

$$\therefore A_x^{(m)} = mv^{\frac{1}{m}} \cdot \ddot{a}_x^{(m)} - m\left(\ddot{a}_x^{(m)} - \frac{1}{m}\right)$$

$$= 1 - m(1 - v^{\frac{1}{m}}) \cdot \ddot{a}_x^{(m)} = 1 - d^{(m)}\ddot{a}_x^{(m)}$$

即

$$A_x^{(m)} = 1 - d^{(m)}\ddot{a}_x^{(m)}$$

说明：为了简便起见，本例引入了单随机变量 $J_x(J_x = 0,1,2,\cdots)$ 来表示 $(x)$ 死于第 $J_x+1$ 个分年度，即 $(x)$ 死于区间 $\left(x+\frac{J_x}{m}, x+\frac{J_x+1}{m}\right]$，主要用于证明人寿保险趸缴纯保费与生存年金精算现值之间的关系，或者在已知生命函数的条件下，可直接对它们进行计算。前面，我们用双随机变量 $(K,J)$ 来刻画 $(x)$ 死于第 $K+1$ 年中的第 $J+1$ 个分年度，即死于区间 $\left(x+K+\frac{J}{m}, x+K+\frac{J+1}{m}\right]$，用双重求和符号来表达人寿保险的趸缴纯保费或生存年金的精算现值，以便运用 UDD 等假设进行近似计算；这里 $K=0,1,2,\cdots$ 及 $J=0,1,2,\cdots,m-1$。显然，$J$ 与 $J_x$ 计算时间的起点不同。有时，使用单随机变量 $J_x$ 时可以略去下标，或者换成 $J'$。



## 第四节　每年连续给付的生存年金

### 一、等额生存年金

#### （一）极限法

极限法又称现时给付法。在每年给付 $m$ 次的生存年金的精算现值或精算终值中，当 $m\to+\infty$ 时，就变成了连续给付的生存年金的精算现值或精算终值，其特点是每年连续给付 1。

1. 精算现值

$$\bar{a}_{x:\overline{n}|} = \lim_{m\to\infty}\ddot{a}_{x:\overline{n}|}^{(m)} = \lim_{m\to\infty}\frac{1}{m}\sum_{k=0}^{mn-1} v^{\frac{k}{m}} {}_{\frac{k}{m}}p_x = \lim_{m\to\infty}\frac{1}{m}\sum_{k=0}^{mn-1}\frac{D_{x+\frac{k}{m}}}{D_x}$$

$$= \int_0^n v^t {}_tp_x \mathrm{d}t = \int_0^n \frac{D_{x+t}}{D_x}\mathrm{d}t = \lim_{m\to\infty} a_{x:\overline{n}|}^{(m)}。\quad (4.4.1)$$

$$\bar{a}_x = \lim_{m\to\infty}\ddot{a}_x^{(m)} = \int_0^{+\infty} v^t {}_tp_x \mathrm{d}t = \int_0^{+\infty}\frac{D_{x+t}}{D_x}\mathrm{d}t = \lim_{m\to\infty} a_x^{(m)} \quad (4.4.2)$$

$$ {}_{r|}\bar{a}_x = \lim_{m\to\infty} {}_{r|}\ddot{a}_x^{(m)} = \lim_{m\to\infty} {}_{r|}a_x^{(m)} = \int_r^{+\infty} v^t {}_tp_x \mathrm{d}t \tag{4.4.3} $$

由此可得到如下近似公式：

$$ \bar{a}_{x:\overline{n|}} \approx \ddot{a}_{x:\overline{n|}} - \frac{1}{2}(1 - v^n {}_np_x) \tag{4.4.4} $$

$$ \approx \alpha(\infty)\ddot{a}_{x:\overline{n|}} - \beta(\infty)(1 - v^n {}_np_x) \tag{4.4.5} $$

$$ \bar{a}_{x:\overline{n|}} \approx a_{x:\overline{n|}} + \frac{1}{2}(1 - v^n {}_np_x) \tag{4.4.6} $$

$$ \approx \alpha(\infty)a_{x:\overline{n|}} + \gamma(\infty)(1 - v^n {}_np_x) \tag{4.4.7} $$

$$ \bar{a}_x \approx \ddot{a}_x - \frac{1}{2} = a_x + \frac{1}{2} \tag{4.4.8} $$

$$ \approx \alpha(\infty)\ddot{a}_x - \beta(\infty) \approx \alpha(\infty)a_x + \gamma(\infty) \tag{4.4.9} $$

其中，$\alpha(\infty) = \dfrac{id}{\delta^2}$，$\beta(\infty) = \dfrac{i-\delta}{\delta^2}$，$\gamma(\infty) = \dfrac{\delta - d}{\delta^2}$。

2. 精算终值

$$ \bar{s}_{x:\overline{n|}} = \bar{a}_{x:\overline{n|}} \cdot \frac{1}{{}_nE_x} = \frac{\int_0^n v^t {}_tp_x \mathrm{d}t}{v^n {}_np_x} \tag{4.4.10} $$

$$ = \int_0^n (1+i)^{n-t} \frac{l_{x+t}}{l_{x+n}} \mathrm{d}t $$



显然

$$ \bar{a}_{x:\overline{n|}} = {}_nE_x \bar{s}_{x:\overline{n|}} \tag{4.4.11} $$

（二）总额给付法

1. 终身生存年金

对于$(x)$投保的、每年连续给付1的终身生存年金保险，设保险金给付的现值为$\bar{Y}_x = \bar{a}_{\overline{T|}}$，于是

$$ E(\bar{Y}_x) = \int_0^{+\infty} \bar{a}_{\overline{t|}} {}_tp_x \mu_{x+t} \mathrm{d}t \tag{4.4.12} $$

$$ = \int_0^{+\infty} \bar{a}_{\overline{t|}} \mathrm{d}(-{}_tp_x) = \bar{a}_{\overline{t|}}(-{}_tp_x) \Big|_0^{+\infty} + \int_0^{+\infty} {}_tp_x \mathrm{d}(\bar{a}_{\overline{t|}}) $$

$$ = \int_0^{+\infty} {}_tp_x \frac{-v^t(-\delta)}{\delta} \mathrm{d}t = \int_0^{+\infty} v^t {}_tp_x \mathrm{d}t = \bar{a}_x \tag{4.4.13} $$

$$ \because \bar{a}_x = E(\bar{a}_{\overline{T|}}) = E\left(\frac{1-v^T}{\delta}\right) = \frac{1-E(v^T)}{\delta} = \frac{1-\bar{A}_x}{\delta} $$

$$ \therefore 1 = \delta\bar{a}_x + \bar{A}_x \tag{4.4.14} $$

或

$$ \bar{A}_x = 1 - \delta\bar{a}_x \tag{4.4.15} $$

$$ \mathrm{var}(\bar{Y}_x) = \mathrm{var}(\bar{a}_{\overline{T|}}) = \mathrm{var}\left(\frac{1-v^T}{\delta}\right) $$

$$ = \frac{1}{\delta^2}\mathrm{var}(v^T) = \frac{1}{\delta^2}({}^2\bar{A}_x - \bar{A}_x^{\ 2}) \tag{4.4.16} $$

2. 定期生存年金

对于定期生存年金，保险金给付现值为 $\bar{Y}_{x:\overline{n}|} = \begin{cases} \bar{a}_{\overline{T}|}, & 0 \leqslant T < n \\ \bar{a}_{\overline{n}|}, & T \geqslant n \end{cases}$，于是可得

$$\bar{a}_{x:\overline{n}|} = E(\bar{Y}_{x:\overline{n}|}) = \int_0^n \bar{a}_{\overline{t}|}\,{}_tp_x\,\mu_{x+t}\mathrm{d}t + \bar{a}_{\overline{n}|}\,{}_np_x = \int_0^n v^t\,{}_tp_x\mathrm{d}t \tag{4.4.17}$$

容易得出

$$1 = \delta\bar{a}_{x:\overline{n}|} + \bar{A}_{x:\overline{n}|} \tag{4.4.18}$$

或

$$\bar{A}_{x:\overline{n}|} = 1 - \delta\bar{a}_{x:\overline{n}|} \tag{4.4.19}$$

$$\mathrm{var}(\bar{Y}_{x:\overline{n}|}) = \frac{1}{\delta^2}({}^2\bar{A}_{x:\overline{n}|} - (\bar{A}_{x:\overline{n}|})^2) \tag{4.4.20}$$

（三）团体法

记 $\bar{a}$ 表示$(x)$投保的、每年连续给付 1 的终身生存年金保险的趸缴纯保费，那么，运用团体法可得

$$l_x\bar{a} = \int_0^{+\infty} v^t l_{x+t}\mathrm{d}t$$

$$\therefore \bar{a} = \int_0^{+\infty} v^t\,{}_tp_x\mathrm{d}t = \bar{a}_x$$

总额给付法是从保险人角度考虑的，而团体法则是从投保人角度考虑的。

为了简化计算，下面引入替换函数 $\bar{N}_x$：$\bar{N}_x = \int_0^{+\infty} D_{x+t}\mathrm{d}t = \int_0^{+\infty} v^{x+t}l_{x+t}\mathrm{d}t$，并对公式(4.3.29)两边取当 $m \to +\infty$ 时的极限，可得

$$\bar{N}_x \approx \alpha(\infty)N_x - \beta(\infty)D_x \tag{4.4.21}$$

其中

$$\begin{cases} \alpha(\infty) = \dfrac{id}{\delta^2} \\ \beta(\infty) = \dfrac{i-\delta}{\delta^2} \end{cases} \tag{4.4.22}$$

或

$$\begin{cases} \alpha(\infty) = 1 \\ \beta(\infty) = \dfrac{1}{2} \end{cases} \tag{4.4.23}$$

由此可得：

$$\begin{aligned} \bar{D}_x &= \int_0^1 v^{x+t}l_{x+t}\mathrm{d}t = \bar{N}_x - \bar{N}_{x+1} \\ &\approx [\alpha(\infty) - \beta(\infty)]D_x + \beta(\infty)D_{x+1} \end{aligned} \tag{4.2.24}$$

$$\bar{S}_x = \sum_{y=x}^{\infty} \bar{N}_y \approx \alpha(\infty)S_x - \beta(\infty)N_x \tag{4.2.25}$$

进而得到连续年金的替换函数表达式：

$$\bar{a}_x = \frac{\bar{N}_x}{D_x} \tag{4.4.26}$$

$$\bar{a}_{x:\overline{n}|} = \frac{\bar{N}_x - \bar{N}_{x+n}}{D_x} \tag{4.4.27}$$

$$_{r|}\bar{a}_x = \frac{\bar{N}_{x+r}}{D_x} \tag{4.4.28}$$

$$_{r|}\bar{a}_{x:\overline{n}|} = \frac{\bar{N}_{x+r} - \bar{N}_{x+r+n}}{D_x} \tag{4.4.29}$$

## 二、非等额生存年金

这里仅考虑递增生存年金，对于递减生存年金可以做类似探讨。

(一) 每年递增一次

$$(I\bar{a})_x = \lim_{m\to+\infty}(I\ddot{a})_x^{(m)} = \lim_{m\to+\infty}\sum_{l=0}^{+\infty}\frac{1}{m}\left(\left[\frac{l}{m}\right]+1\right)v^{\frac{l}{m}}{}_{\frac{l}{m}}p_x$$

$$= \int_0^{+\infty}([t]+1)v^t{}_tp_x\mathrm{d}t \tag{4.4.30}$$

$$= \alpha(\infty)(I\ddot{a})_x - \beta(\infty)\ddot{a}_x \tag{4.4.31}$$

$$= \frac{\bar{S}_x}{D_x} \tag{4.4.32}$$

(二) 每年连续递增

$$(\bar{I}\bar{a})_x = \int_0^{+\infty}tv^t{}_tp_x\mathrm{d}t = \lim_{m\to+\infty}(I^{(m)}\ddot{a})_x^{(m)} = E((\bar{I}\bar{Y})_x)$$

其中

$$(\bar{I}\bar{Y})_x = (\bar{I}\bar{a})_{\overline{T}|} = \frac{\bar{a}_{\overline{T}|} - Tv^T}{\delta} \tag{4.4.33}$$

在公式(4.4.33)两边取数学期望，可得

$$(\bar{I}\bar{a})_x = \frac{\bar{a}_x - (\bar{I}\bar{A})_x}{\delta} \tag{4.4.34}$$

$$\bar{a}_x = \delta(\bar{I}\bar{a})_x + (\bar{I}\bar{A})_x \tag{4.4.35}$$

**例 4.4.1** 已知 $l_x = 100 - x(0 \leqslant x \leqslant 100)$，且 $i = 5\%$，求 $\ddot{a}_{50}$、$\ddot{a}_{50:\overline{10}|}$、$\ddot{a}_{50}^{(12)}$、$\ddot{a}_{50:\overline{10}|}^{(12)}$、$\bar{a}_{50}$、$\bar{a}_{50:\overline{10}|}$。

**解：** $\because l_x = 100 - x$

$$\therefore {}_kp_{50} = \frac{l_{50+k}}{l_{50}} = 1 - \frac{k}{50},\ {}_{\frac{k}{12}}p_{50} = \frac{l_{50+\frac{k}{12}}}{l_{50}} = 1 - \frac{1}{600}k$$

$$\therefore \ddot{a}_{50} = \sum_{k=0}^{49}v^k{}_kp_{50} = \sum_{k=0}^{49}v^k\left(1 - \frac{k}{50}\right)$$

$$= \sum_{k=0}^{49}v^k - \frac{1}{50}\sum_{k=1}^{49}kv^k = \ddot{a}_{\overline{50}|} - \frac{1}{50}(Ia)_{\overline{49}|} \approx 13.332\,511$$

$$\ddot{a}_{50:\overline{10}|} = \sum_{k=0}^{9} v^k {}_kp_{50} = \sum_{k=0}^{9} v^k\left(1 - \frac{k}{50}\right)$$
$$= \sum_{k=0}^{9} v^k - \frac{1}{50}\sum_{k=1}^{9} kv^k = \ddot{a}_{\overline{10}|} - \frac{1}{50}(Ia)_{\overline{9}|} \approx 7.443\ 129$$
$$\ddot{a}_{50}^{(12)} = \sum_{k=0}^{599} \frac{1}{12}v^{\frac{k}{12}} {}_{\frac{k}{12}}p_{50} = \sum_{k=0}^{599} \frac{1}{12}v^{\frac{k}{12}}\left(1 - \frac{1}{600}k\right)$$
$$= \sum_{k=0}^{599} \frac{1}{12}v^{\frac{k}{12}} - \frac{1}{50}\sum_{k=1}^{599} \frac{k}{12^2}v^{\frac{k}{12}}$$
$$= \ddot{a}_{\overline{50}|}^{(12)} - \frac{1}{50}(I^{(12)}a)_{\overline{\frac{599}{12}}|}^{(12)} \approx 12.868\ 630$$
$$\ddot{a}_{50:\overline{10}|}^{(12)} = \sum_{k=0}^{119} \frac{1}{12}v^{\frac{k}{12}} {}_{\frac{k}{12}}p_{50} = \sum_{k=0}^{119} \frac{1}{12}v^{\frac{k}{12}}\left(1 - \frac{1}{600}k\right)$$
$$= \ddot{a}_{\overline{10}|}^{(12)} - \frac{1}{50}(I^{(12)}a)_{\overline{\frac{119}{12}}|}^{(12)} \approx 7.207\ 203$$
$$\bar{a}_{50} = \int_0^{50} v^t {}_tp_{50}\mathrm{d}t = \int_0^{50} v^t\left(1 - \frac{t}{50}\right)\mathrm{d}t$$
$$= \bar{a}_{\overline{50}|} - \frac{1}{50}(\bar{I}\bar{a})_{\overline{50}|} \approx 12.826\ 924$$
$$\bar{a}_{50:\overline{10}|} = \int_0^{10} v^t {}_tp_{50}\mathrm{d}t = \int_0^{10} v^t\left(1 - \frac{t}{50}\right)\mathrm{d}t$$
$$= \bar{a}_{\overline{10}|} - \frac{1}{50}(\bar{I}\bar{a})_{\overline{10}|} \approx 7.185\ 982$$

显然,上述结果是精确的。$\ddot{a}_{50}^{(12)}$、$\ddot{a}_{50:\overline{10}|}^{(12)}$、$\bar{a}_{50}$、$\bar{a}_{50:\overline{10}|}$ 也可用近似公式(4.3.8)、公式(4.3.12)、公式(4.4.4)、公式(4.4.5)、公式(4.4.8)、公式(4.4.9)来计算。请思考:用哪个公式计算出的结果与上面计算的结果是一致的,即精确值?为什么?能否用人寿保险与生存年金的关系去计算?计算过程会简单一些吗?如果将精算假设改为CL1(2000—2003)2.5%,那么上述年金的精算现值为多少?可否计算出期末付年金现值甚至递增年金的现值?

**例 4.4.2**　证明:$\frac{\partial}{\partial x}\bar{a}_{x:\overline{n}|} = (\mu_x + \delta)\bar{a}_{x:\overline{n}|} - (1 - {}_nE_x)$。

**证明:**
$$\frac{\partial}{\partial x}\bar{a}_{x:\overline{n}|} = \frac{\partial}{\partial x}\int_0^n v^t {}_tp_x\mathrm{d}t = \int_0^n v^t {}_tp_x(\mu_x - \mu_{x+t})\mathrm{d}t$$
$$= \mu_x\bar{a}_{x:\overline{n}|} - A_{x:\overline{n}|}^{1} = \mu_x\bar{a}_{x:\overline{n}|} - (A_{x:\overline{n}|} - A_{x:\overline{n}|}^{\ \ \ 1})$$
$$= \mu_x\bar{a}_{x:\overline{n}|} - (1 - \delta\bar{a}_{x:\overline{n}|} - {}_nE_x) = (\mu_x + \delta)\bar{a}_{x:\overline{n}|} - (1 - {}_nE_x)$$

**例 4.4.3**　已知 $\mu_x = \mu, \delta_t = \delta$($\mu$、$\delta$ 均为常数),证明:

(1) $\bar{a}_x = \dfrac{1}{\mu + \delta}$;

(2) $\bar{a}_{x:\overline{n}|} = \dfrac{S^n - 1}{\ln S}$(其中,$S = ve^{-\mu}$)。

**证明:**(1) $\because {}_tp_x = \exp\left(-\int_0^t \mu_{x+s}\mathrm{d}s\right) = \mathrm{e}^{-\mu t}$

$$\therefore \bar{a}_x = \int_0^{+\infty} v^t {}_tp_x \mathrm{d}t = \int_0^{+\infty} v^t \mathrm{e}^{-\mu t} \mathrm{d}t$$

$$= \frac{(v\mathrm{e}^{-\mu})^t}{\ln(v\mathrm{e}^{-\mu})}\Bigg|_{t=0}^{+\infty} = \frac{1}{\mu + \delta}$$

$$(2)\bar{a}_{x:\overline{n}|} = \frac{(v\mathrm{e}^{-\mu})^t}{\ln(v\mathrm{e}^{-\mu})}\Bigg|_0^n = \frac{(v\mathrm{e}^{-\mu})^n - 1}{\ln(v\mathrm{e}^{-\mu})} = \frac{S^n - 1}{\ln S}，\text{其中 } S = v\mathrm{e}^{-\mu}。$$

**例 4.4.4**　设$(x)$的余命$T = T(x)$的概率密度函数为$g(t) = 0.015\mathrm{e}^{-0.015t}$ $(t \geqslant 0)$，且利息力为$\delta = 0.05$，试计算：(1) 精算现值$\bar{a}_x$；(2) 基金$\bar{a}_x$足够用于实际给付的概率。

**解：**$\because g(t) = 0.015\mathrm{e}^{-0.015t}$

$\therefore {}_tp_x = \mathrm{e}^{-0.015t}$

$(1)\bar{a}_x = \int_0^{+\infty} v^t {}_tp_x \mathrm{d}t \approx 15.38$

$(2)P(\bar{a}_x > \bar{a}_{\overline{T}|}) = P(T < 29.31) \approx 35.57\%$

**例 4.4.5**　已知$\mu_{x+t} = 0.04$，$\delta = 0.06$，求$E(\bar{a}_{\overline{T}|})$及$\mathrm{var}(\bar{a}_{\overline{T}|})$。

**解：**$\because T$的概率密度函数为$g(t) = {}_tp_x \mu_{x+t} = \mu \mathrm{e}^{-\mu t} = 0.04\mathrm{e}^{-0.04t}$

$$\therefore E(\bar{a}_{\overline{T}|}) = \bar{a}_x = \int_0^{+\infty} v^t {}_tp_x \mathrm{d}t = 10$$

$$E((\bar{a}_{\overline{T}|})^2) = \int_0^{+\infty} \left(\frac{1 - \mathrm{e}^{-0.06t}}{\delta}\right)^2 \times 0.04 \times \mathrm{e}^{-0.04t} \mathrm{d}t = 125$$

$$\mathrm{var}(\bar{a}_{\overline{T}|}) = 125 - 10^2 = 25$$

关于方差的另解：

$$\bar{A}_x = \int_0^{+\infty} v^t {}_tp_x \mu_{x+t} \mathrm{d}t = \frac{\mu}{\mu + \delta} = \frac{0.04}{0.06 + 0.04} = 0.4$$

$${}^2\bar{A}_x = \frac{\mu}{\mu + 2\delta} = \frac{0.04}{0.04 + 0.06 \times 2} = 0.25$$

$$\mathrm{var}(\bar{a}_{\overline{T}|}) = \frac{{}^2\bar{A}_x - (\bar{A}_x)^2}{\delta^2} = \frac{0.25 - 0.4^2}{0.06^2} = 25$$

**例 4.4.6**　已知$\delta > 0$，证明：(1)$\bar{a}_x < \bar{a}_{\overline{\mathring{e}_x}|}$；(2)$a_x < a_{\overline{e_x}|}$，$x < \omega - 1$。

**证明：**(1) 记$f(t) = \bar{a}_{\overline{t}|}$，则

$$f'(t) = \exp(-\delta t) > 0，f''(t) = -\delta\exp(-\delta t) < 0$$

$$\therefore f(t) < f(t_0) + f'(t_0)(t - t_0)$$

在上面的不等式中，取$t_0 = E(T)$，$t = T$，并两边取数学期望可得

$$E(f(T)) < f(E(T))$$

$$\therefore \bar{a}_x < \bar{a}_{\overline{\mathring{e}_x}|}$$

(2) 方法同(1)，只是取$f(t) = a_{\overline{t}|}$，同样可得$f'(t) > 0$，$f''(t) < 0$。然后，取$t_0 = E(K)$，$t = K$，并两边取数学期望，即可得证。

**例 4.4.7**　已知$l_x = 100 - x(0 \leqslant x \leqslant 100)$，$i = 0$，求$(I\bar{a})_{95}$。

**解：** $\because\ {}_tp_{95}=\dfrac{l_{95+t}}{l_{95}}=\dfrac{5-t}{5}$，且 $i=0$

$$\therefore\ (I\bar{a})_{95}=\int_0^5([t]+1)v^t\,{}_tp_{95}\,\mathrm{d}t=\int_0^5([t]+1)\times\frac{5-t}{5}\mathrm{d}t$$

$$=\sum_{k=0}^{4}\int_k^{k+1}(k+1)\times\frac{5-t}{5}\mathrm{d}t=5.5$$

## 第五节　完全期末付与比例期初付生存年金

连续型年金的优点在于一直连续不断地给付直到被保险人死亡为止，从而不存在调整问题，即不存在多给或少给的问题；而离散型年金，无论是期初给付还是期末给付，均涉及调整问题。期初付年金存在着已经死亡而对应着年金的给付；期末付年金则涉及因为生存而未获得给付的问题，即存在不公平问题。在期初付生存年金的基础上，按比例扣除死亡所在年度或所在分年度未能生存期间所对应的年金，结果就是比例期初付生存年金；而在期末付生存年金的基础上，补上死亡所在年度或所在分年度已经生存而应获得的年金，结果就是完全期末付生存年金。

无论是完全期末付生存年金，还是比例期初付生存年金，都按照年金受领人实际生存时间完全地给付。



### 一、完全期末付生存年金

（一）终身生存年金

令 $\mathring{a}_x^{(m)}$ 表示在 $x$ 岁时开始年金给付期，每期给付 $m$ 次（$m$ 为自然数），每次给付$\dfrac{1}{m}$的期末付终身生存年金的基础上，补上已生存但尚未领取的应领年金的精算现值 $\alpha$ 而得到的精算现值，即

$$\mathring{a}_x^{(m)}=a_x^{(m)}+\alpha \tag{4.5.1}$$

其中

$$\alpha=\sum_{t=0}^{+\infty}\int_0^{\frac{1}{m}}sv^{\frac{t}{m}+s}\,{}_{\frac{t}{m}+s}p_x\,\mu_{x+\frac{t}{m}+s}\mathrm{d}s\approx\frac{1}{2m}\bar{A}_x-\frac{1}{12m^2}\mu_x \tag{4.5.2}$$

可以证明

$$\mathring{a}_x^{(m)}=\frac{\delta}{i^{(m)}}\bar{a}_x \tag{4.5.3}$$

事实上，公式(4.5.3)可通过转化为连续年金的方式来证明。设$\dfrac{1}{m}$年末给付$\dfrac{1}{m}$相当于每年连续给付 $R$、给付$\dfrac{1}{m}$年，于是

$$R\bar{s}_{\overline{\frac{1}{m}}|}=\frac{1}{m} \tag{4.5.4}$$

或

$$R\frac{(1+i)^{\frac{1}{m}}-1}{\delta}=\frac{1}{m}$$

$$\therefore R=\frac{\delta}{i^{(m)}}$$

由此可得

$$\mathring{a}_x^{(m)}=E(R\bar{a}_{\overline{T}|})$$

$$=RE(\bar{a}_{\overline{T}|})=\frac{\delta}{i^{(m)}}\bar{a}_x \qquad (4.5.5)$$

完全期末付生存年金,也可以看成某一随机变量 $\mathring{Y}_x^{(m)}$ 的期望值。先考虑 $m=1$,然后再考虑其他情形。

当 $m=1$ 时,

$$\mathring{Y}_x=a_{\overline{K}|}+v^T\frac{\bar{s}_{\overline{T-K}|}}{\bar{s}_{\overline{1}|}}=\frac{\delta}{i}\bar{a}_{\overline{T}|} \qquad (4.5.6)$$

$$\therefore \mathring{a}_x=E(\mathring{Y}_x)=\frac{\delta}{i}E(\bar{a}_{\overline{T}|})=\frac{\delta}{i}\bar{a}_x$$

一般情形下,

$$\mathring{Y}_x^{(m)}=a_{\overline{K+H_m}|}^{(m)}+v^T\frac{\bar{s}_{\overline{T-K-H_m}|}}{m\bar{s}_{\overline{\frac{1}{m}}|}}=\frac{1-v^T}{i^{(m)}}=\frac{\delta}{i^{(m)}}\bar{a}_{\overline{T}|} \qquad (4.5.7)$$



其中

$$H_m=\frac{J}{m}=\frac{m(T-K)}{m},J=0,1,2,\cdots,m-1$$

$$\therefore \mathring{a}_x^{(m)}=E(\mathring{Y}_x^{(m)})=\frac{\delta}{i^{(m)}}\bar{a}_x$$

(二) 定期生存年金

$\mathring{a}_{x:\overline{n}|}^{(m)}$ 表示在 $n$ 年定期期末付生存年金的基础上,补上已生存但尚未领取的应领年金而得到的精算现值,可以证明①

$$\mathring{a}_{x:\overline{n}|}^{(m)}=\frac{\delta}{i^{(m)}}\bar{a}_{x:\overline{n}|} \qquad (4.5.8)$$

## 二、比例期初付生存年金

(一) 终身生存年金

令 $\ddot{a}_x^{\{m\}}$ 表示在 $x$ 岁时开始年金给付期,每年给付 $m$ 次,每次给付$\frac{1}{m}$ 的期初付终身生存年金的基础上,按比例扣除死亡所在分年度尚未生存但已领取的年金现值 $\beta$ 而得到的精算现值。



① 二见隆.生命保险数学[M].江砚丽,李恒琦,译.成都:西南财经大学出版社,2010.

$$\ddot{a}_x^{\{m\}} = \ddot{a}_x^{(m)} - \beta \tag{4.5.9}$$

其中，

$$\beta = \sum_{t=0}^{+\infty} \int_0^{\frac{1}{m}} (\frac{1}{m} - s) v^{\frac{t}{m}+s} {}_{\frac{t}{m}+s}p_x \mu_{x+\frac{t}{m}+s} \mathrm{d}s = \frac{1}{m}\bar{A}_x - \alpha \tag{4.5.10}$$

$$\approx \frac{1}{2m}\bar{A}_x + \frac{1}{12m^2}\mu_x \tag{4.5.11}$$

可以证明

$$\ddot{a}_x^{\{m\}} = \frac{\delta}{d^{(m)}}\bar{a}_x \tag{4.5.12}$$

事实上，设$\frac{1}{m}$年初给付$\frac{1}{m}$相当于每年连续给付 $S$、给付$\frac{1}{m}$年，于是

$$S\bar{a}_{\overline{\frac{1}{m}}|} = \frac{1}{m}$$

或

$$S\frac{1 - v^{\frac{1}{m}}}{\delta} = \frac{1}{m} \tag{4.5.13}$$

$$\therefore S = \frac{\delta}{d^{(m)}}$$

由此可得

$$\ddot{a}_x^{\{m\}} = E(S\bar{a}_{\overline{T}|})$$

$$= SE(\bar{a}_{\overline{T}|}) = \frac{\delta}{d^{(m)}}\bar{a}_x \tag{4.5.14}$$

比例期初付生存年金，也可以看成某一随机变量 $\ddot{Y}_x^{\{m\}}$ 的数学期望。先考虑 $m = 1$，然后再考虑其他情形。

当 $m = 1$ 时，

$$\ddot{Y}_x^{\{1\}} = \ddot{a}_{\overline{K+1}|} - v^T \frac{\bar{a}_{\overline{K+1-T}|}}{\bar{a}_{\overline{1}|}} = \frac{\delta}{d}\bar{a}_{\overline{T}|} \tag{4.5.15}$$

$$\therefore \ddot{a}_x^{\{1\}} = E(\ddot{Y}_x^{\{1\}}) = \frac{\delta}{d}\bar{a}_x$$

一般情形下，

$$\ddot{Y}_x^{\{m\}} = \ddot{a}_{\overline{K+J_m}|}^{(m)} - v^T \frac{\bar{a}_{\overline{K+J_m-T}|}}{m\bar{a}_{\overline{\frac{1}{m}}|}} = \frac{\delta}{d^{(m)}}\bar{a}_{\overline{T}|} \tag{4.5.16}$$

其中

$$J_m = \frac{J+1}{m} = \frac{m(T-K)+1}{m}, J = 0,1,2,\cdots,m$$

$$\therefore \ddot{a}_x^{\{m\}} = E(\ddot{Y}_x^{\{m\}}) = \frac{\delta}{d^{(m)}}\bar{a}_x$$

（二）定期生存年金

$\ddot{a}_{x:\overline{n}|}^{\{m\}}$ 表示在 $n$ 年定期期末付生存年金的基础上按比例扣除死亡所在分年度并未

生存但已领取的年金而得到的精算现值。容易证明：

$$\ddot{a}_{x:\overline{n}|}^{\{m\}} = \frac{\delta}{d^{(m)}}\bar{a}_{x:\overline{n}|} \tag{4.5.17}$$

**例 4.5.1** 以 CL1(2000—2003)2.5% 为例，计算 $\mathring{a}_{40}^{(12)}$、$\alpha$、$\frac{\alpha}{a_{40}^{(12)}}$；$\ddot{a}_{40}^{\{12\}}$、$\beta$、$\frac{\beta}{\ddot{a}_{40}^{(12)}}$。

**解：** $\mathring{a}_{40}^{(12)} = \frac{\delta}{i^{(12)}}\bar{a}_{40} = \frac{\delta}{i^{(12)}}(\ddot{a}_{40} - \frac{1}{2})$

$$= \frac{\ln(1.025)}{12(1.025^{\frac{1}{12}} - 1)}\left(\frac{N_{40}}{D_{40}} - \frac{1}{2}\right) \approx 24.008\ 540$$

$$a_{40}^{(12)} = a_{40} + \frac{11}{24} = \frac{N_{41}}{D_{40}} + \frac{11}{24} \approx 23.991\ 592$$

$$\alpha = \mathring{a}_{40}^{(12)} - a_{40}^{(12)} \approx 0.016\ 948$$

$$\frac{\alpha}{a_{40}^{(12)}} \approx 0.000\ 706 = 7.06‱$$

$$\ddot{a}_{40}^{\{12\}} = \frac{\delta}{d^{(12)}}\bar{a}_{40} = \frac{\delta}{d^{(12)}}(\ddot{a}_{40} - \frac{1}{2})$$

$$= \frac{\ln(1.025)}{12(1 - 1.025^{-\frac{1}{12}})}\left(\frac{N_{40}}{D_{40}} - \frac{1}{2}\right) \approx 24.057\ 994$$

$$\ddot{a}_{40}^{(12)} = \ddot{a}_{40} - \frac{11}{24} = \frac{N_{41}}{D_{40}} - \frac{11}{24} \approx 24.074\ 925$$

$$\beta = \ddot{a}_{40}^{(12)} - \ddot{a}_{40}^{\{12\}} \approx 0.016\ 931$$

$$\frac{\beta}{\ddot{a}_{40}^{(12)}} \approx 0.000\ 703 = 7.03‱$$

**例 4.5.2** 已知 $\ddot{a}_{x:\overline{n}|}^{\{2\}} = 15.481\ 1$，$\delta = 0.024\ 7$，求 $\mathring{a}_{x:\overline{n}|}^{(2)}$。

**解：** $\mathring{a}_{x:\overline{n}|}^{(2)} = \frac{\delta}{i^{(2)}}\bar{a}_{x:\overline{n}|} = \frac{d^{(2)}}{i^{(2)}} \cdot \frac{\delta\bar{a}_{x:\overline{n}|}}{d^{(2)}} = \frac{d^{(2)}}{i^{(2)}}\ddot{a}_{x:\overline{n}|}^{\{2\}}$

$$= \frac{1 - e^{-\frac{\delta}{2}}}{e^{\frac{\delta}{2}} - 1} \times 15.481\ 1 = \frac{1 - e^{-0.012\ 35}}{e^{0.012\ 35} - 1} \times 15.481\ 1 \approx 15.291\ 1$$

## 本章小结

本章主要研究生存年金的精算现值与精算终值，并以精算现值为重点。生存年金的精算现值就是各次给付的精算现值之和，精算终值就是各次给付的精算终值之和，因此，单独一次给付的精算现值或精算终值成为最关键的内容。生存年金的精算现值可视为购买该生存年金所花的代价，当然这里没有考虑附加费用；精算终值可理解为按生存年金方式缴纳保费或存款，期满生存时所获得的给付。精算现值的计算主要有现时给付法、总量给付法和团体法。

本章结构可概括为：多年给付一次的生存年金、每年给付一次的生存年金、每年给付多次的生存年金、每年连续给付的生存年金，即按给付频率来划分，并进一步按各次给付数额是否相等、是期初还是期末给付来细分。连续型年金将连续地给付至年金受领人死亡或期限届满为止，不涉及调整问题；而离散型年金无论是期初付生存年金还是期末付生存年金都涉及调整问题，因而有比例期初付生存年金和完全期末付生存年金，这样也可达到给付与生存时间长短相适应的目的。

本章最重要的公式反映了人寿保险趸缴纯保费与生存年金精算现值之间的关系，即跨章公式。

## 习题 4

4－1　计算：(1) $\frac{\partial}{\partial n}({}_nE_x)$；(2) $\frac{\partial}{\partial x}({}_nE_x)$。

4－2　假设一个 25 岁的人，每活过整十年龄时，向某保险公司存入 10 000 元，直到 60 岁，最多存入 4 次。以 CL1(2000—2003)2.5% 为基础，计算活过 60 岁时可领取的生存金。

4－3　试用团体法计算 40 岁的男子投保保额为 10 000 元、每年给付一次的 20 年定期期末付年金保险的趸缴纯保费，以 CL1(2000—2003)2.5% 为基础。

4－4　已知条件如表 4.1 所示，计算 $\ddot{a}_{x:\overline{4|}}$。

表 4.1　$\ddot{a}_{x:\overline{4|}}$ 的计算表

| $k$ | $\ddot{a}_{\overline{k|}}$ | ${}_{k-1|}q_x$ |
|---|---|---|
| 1 | 1.00 | 0.33 |
| 2 | 1.93 | 0.24 |
| 3 | 2.80 | 0.16 |
| 4 | 3.60 | 0.11 |

4－5　已知 $\ddot{a}_x = 10$，${}^2A_x = \frac{331}{625}$，$i = \frac{1}{24}$，计算 $\operatorname{var}(\ddot{Y}_x)$。

4－6　已知 $\ddot{a}_{x:\overline{5|}0.05} = 4.130\ 38$，$\ddot{a}_{x:\overline{5|}0.1025} = 3.792\ 09$，试计算 $\operatorname{var}(\ddot{Y}_{x:\overline{5|}})$，其中 $i = 0.05$。

4－7　某 40 岁的人中了 10 000 元的彩票。他可以将其用于购买在每年年初领取 $R$ 元、有 10 年保证期的终身生存年金保险。已知 $A_{40} = 0.30$，$A_{50} = 0.35$，$A^{1}_{40:\overline{10|}} = 0.09$，$i = 0.04$，计算 $R$。

4－8　已知 $q_x = 0.01$，$q_{x+1} = 0.05$，$i = 0.05$，$\ddot{a}_{x+1} = 6.951$。若 $p_{x+1}$ 增加 0.03，则每年给付 1 的期初付终身生存年金的精算现值将增加多少？

4－9　假设死亡服从 $\omega = 90$ 的棣模佛分布，已知 $i = 0.05$，计算 $a_{50:\overline{10|}}$。

4－10　已知年龄为 $x$ 岁的人投保了某一项非等额生存年金，并于第 1 年年末开始给付10 000 元，以后每一年比上一年增加 5 000 元，当给付额达到 50 000 元时，以后每一年比上一年减少 10 000 元，直到给付额为 10 000 元，保持这一给付水平直到年金受领人死亡为止。(1) 写出该年金精算现值的替换函数表达式；(2) 若 $x = 30$、40、50，并以 CL1(2000—2003)2.5% 为基础，求该年金的精算现值。

4－11　某 40 岁的人投保了一份延期 20 年的终身生存年金保险，该保单保证他从 60 岁起每年得到 20 000 元的退休金，直到死亡为止。假设：(1) 每年年初给付一次；(2) 每季季初给付一次；(3) 每月月初给付一次；(4) 每年连续地给付。以 CL1(2000—2003)2.5% 为例，分别用年金简单近似公式、年金复杂近似公式求该年金的精算现值。

4－12　条件同 4－11 题，只是期末给付，求该年金的精算现值。

4－13　条件同 4－11 题，只是年金保险为 20 年定期年金保险，求其精算现值。

4－14　已知 $\mu = 0.06$，$\delta = 0.04$，计算 $\bar{a}_x$。

4－15　已知 $\mu_x(t) = 0.01(0 \leqslant t < 5)$，$\mu_x(t) = 0.02(t \geqslant 5)$，$\delta = 0.06$，计算 $\bar{a}_x$。

4－16　已知 $\bar{Y}_x = \bar{a}_{\overline{T(x)}|}$，其中余命 $T(x)$ 服从参数为 $\lambda = 0.06$ 的指数分布，$\delta = 0.04$，计算 $P(\bar{Y}_x > E(\bar{Y}_x))$。

4－17　已知 $\bar{a}_x = 10$，${}^2\bar{a}_x = 7.375$，$\text{var}(\bar{a}_{\overline{T}|}) = 50$，计算 $\bar{A}_x$。

4－18　(1) 已知 $\text{var}(\bar{a}_{\overline{T}|}) = \dfrac{100}{9}$，$\delta = 4k$，$\mu_{x+t} = k\ (t \geqslant 0)$，求 $k$。

(2) 已知 $\delta = 0.03$，$\mu_{x+t} = 0.025$，$\bar{Y}_x = \bar{a}_{\overline{T}|}$，计算 $P(\bar{Y}_x > 20)$。

4－19　已知 $l_x = 100 - x(0 \leqslant x \leqslant 100)$，且 $i = 5\%$，求 $\ddot{a}_{30:\overline{20}|}$、$\ddot{a}^{(12)}_{30:\overline{20}|}$、$\bar{a}_{30:\overline{20}|}$。

4－20　已知 $\bar{a}_{x:\overline{n}|} = 12$，$\delta = 0.10$，计算 $\ddot{a}^{\{2\}}_{x:\overline{n}|}$、$\mathring{a}^{(2)}_{x:\overline{n}|}$。

4－21　已知在 $x+t$ 岁时死亡概率“增加”了常数 $c$，即 $q'_{x+t} = q_{x+t} + c$，由此计算出的期初付终身生存年金的精算现值为 $\ddot{a}'_x$，证明：

$$\ddot{a}'_x = \ddot{a}_x - cv^{t+1}\ {}_tp_x\ddot{a}_{x+t+1}。$$

4－22　证明：(1) $\ddot{a}_{\overline{n}|} - \ddot{a}_{x:\overline{n}|} = \dfrac{1}{D_x}\displaystyle\sum_{t=1}^{n} C_{x+t-1}\ddot{a}_{\overline{n-t}|}$（规定 $\ddot{a}_{\overline{0}|} = 0$）；

(2) $\dfrac{1}{D_x\ddot{s}_{\overline{n}|}}(C_x\ddot{s}_{\overline{1}|} + C_{x+1}\ddot{s}_{\overline{2}|} + \cdots + C_{x+n-1}\ddot{s}_{\overline{n}|}) = \dfrac{\ddot{a}_{x:\overline{n}|}}{\ddot{s}_{\overline{n}|}} - \dfrac{D_{x+n}}{D_x}$。

4－23　已知 $q_x < q_{x+1} < q_{x+2} < \cdots$，证明：$(I\ddot{a})_{x:\overline{n}|} < (\ddot{a}_{x:\overline{n}|})^2$。

4－24　$\ddot{s}^{(m)}_{x:\overline{n}|}$、$s^{(m)}_{x:\overline{n}|}$ 分别表示每年给付 $m$ 次，每次给付 $\dfrac{1}{m}$ 的 $n$ 年定期期初付、期末付生存年金的精算终值，证明：

$$(1)\ \ddot{s}^{(m)}_{x:\overline{n}|} \approx \alpha(m)\ddot{s}_{x:\overline{n}|} - \beta(m)\left(\frac{1}{{}_nE_x} - 1\right);$$

$$(2)\ s^{(m)}_{x:\overline{n}|} \approx \alpha(m)s_{x:\overline{n}|} + \gamma(m)\left(\frac{1}{{}_nE_x} - 1\right)。$$

4－25　证明：(1) $\dfrac{\mathrm{d}}{\mathrm{d}x}\bar{a}_{x:\overline{n}|} = \mu_x\bar{a}_{x:\overline{n}|} - \bar{A}^{\ 1}_{x:\overline{n}|}$；

(2) $\dfrac{\mathrm{d}}{\mathrm{d}i}\bar{a}_{x:\overline{n}|} = -v(\bar{I}\bar{a})_{x:\overline{n}|}$。

# 第五章
# 均衡纯保费

本章研究的主要内容是均衡纯保费,又称均衡净保费。在前面所学的人寿保险、生存年金的精算现值,可视为投保相应保险所缴纳的趸缴纯保费。趸缴纯保费往往数额巨大,使投保人望而却步;而采用自然保费缴费方式,则会在一定年龄后逐渐加重负担,甚至令投保人不堪重负,因而通常要求投保人在一定期限内分期等额缴纳纯保费,从而形成均衡纯保费。如果缴费期短于保险期,那么将此保险称为限期缴费保险,否则就称为全期缴费保险。今后不特别说明是限期缴费的保险时,均指全期缴费保险。

分期缴纳的纯保费,由于以被保险人生存为条件,因而形成一种从保单签单之日开始的生存年金。这种生存年金的精算现值应等于保险金给付的精算现值(趸缴纯保费),即遵从收支平衡原则。

本章将按保费缴纳频率来划分为三节加以研究,即年缴保费一次的均衡纯保费、年缴保费 m 次的均衡纯保费、每年连续缴费的均衡纯保费。就保险而言,其可以分为人寿保险、年金保险;就人寿保险而言,其可以按保险金给付及时程度、给付数额是否相等、给付险种进一步细分;就年金保险而言,其还可按每年给付频率、是期初还是期末支付、是否定期支付、是否等额支付进一步细分。本章将以年缴一次均衡纯保费为例研究两个重要运用:一是对保费返还保单的分析,二是对两全保险的再认识。

本章重点研究三种模型:一是全离散型,即保险金在死亡所在年年末给付,保费在各年年初生存时缴纳;二是半离散型,即保险金在死亡时立即给付,保费在各年年初生存时缴纳;三是全连续式,即保险金在死亡时刻给付,保费以连续生存年金方式缴纳。

尽管本章是讲均衡纯保费,实际上也存在变额保费方式,其原理也是一样的。本章只简单提及一下,有兴趣的读者可进一步探讨。

## 第一节　年缴保费一次的均衡纯保费

本节将保险分为人寿保险与年金保险。就人寿保险而言,本节将首先按给付保险金及时程度来分类,然后再按期限长短来细分。对于年金保险,本节主要按每年给付生存金次数进行分类,当然也可考虑按给付期限、是期初还是期末给付等来进行细分。

## 一、人寿保险的均衡纯保费

(一)死亡所在年年末给付保险金的人寿保险

1. 终身寿险

(1)终身缴费。

设(x)投保的、于死亡所在年年末给付保险金1、终身缴费、年缴保费一次的终身寿险的年缴均衡纯保费为 $P_x$。设保险人在签单时的损失变量(或称为亏损变量)为 $_0L_x$,则

$$_0L_x = v^{K+1} - P_x \ddot{a}_{\overline{K+1|}} \tag{5.1.1}$$

从纯保费及公平性角度有 $E(_0L_x)=0$,即

$$E(v^{K+1}) - P_x E(\ddot{a}_{\overline{K+1|}}) = 0 \tag{5.1.2}$$

亦即

$$P_x \ddot{a}_x = A_x \tag{5.1.3}$$

公式(5.1.3)体现了收支平衡原则,即保险费收入的精算现值等于保险金给付的精算现值,并由此可求得

$$P_x = \frac{A_x}{\ddot{a}_x} = \frac{M_x}{N_x} \tag{5.1.4}$$

下面考虑 $\mathrm{var}(_0L_x)$,为此,先对 $_0L_x$ 进行变形可得

$$_0L_x = v^{K+1} - P_x \frac{1-v^{K+1}}{d} = \left(1+\frac{P_x}{d}\right)v^{K+1} - \frac{P_x}{d} \tag{5.1.5}$$

$$\therefore \mathrm{var}(_0L_x) = \left(1+\frac{P_x}{d}\right)^2 \mathrm{var}(v^{K+1}) = \left(1+\frac{P_x}{d}\right)^2 ({}^2A_x - A_x^2)$$

$$= \frac{{}^2A_x - A_x^2}{(d\ddot{a}_x)^2} = \frac{{}^2A_x - A_x^2}{(1-A_x)^2} \tag{5.1.6}$$

在 $A_x = 1 - d\ddot{a}_x$ 两边同除以 $\ddot{a}_x$,可得

$$P_x = \frac{1}{\ddot{a}_x} - d \tag{5.1.7}$$

或

$$\frac{1}{\ddot{a}_x} = d + P_x \tag{5.1.8}$$

公式(5.1.7)反映了年缴纯保费与生存年金精算现值间的关系,是联系年缴纯保费与生存年金两大部分的重要公式,在证明、计算等方面有重要用途。今后还将出现这样类似的公式,请读者留心观察。

对公式(5.1.8)的解释:(x)立即投资本金1,那么每年年初生存时可均匀地回收 $\frac{1}{\ddot{a}_x}$。也可以这样回收:在每年年初生存时预收当年利息 d,并于死亡所在年年末回收本金1,这等价于在每年年初生存时回收本金 $P_x$。因此,$\frac{1}{\ddot{a}_x} = d + P_x$ 成立。请读者对照

解释等式$\frac{1}{\ddot{a}_{\overline{n|}}}=d+\frac{1}{\ddot{s}_{\overline{n|}}}$的含义。

在公式(5.1.4)的右边的分子分母同乘以 d,整理可得

$$P_x=\frac{dA_x}{1-A_x} \tag{5.1.9}$$

或

$$P_x=dA_x+P_xA_x \tag{5.1.10}$$

对公式(5.1.9)、公式(5.1.10)的解释:贷款 $A_x$ 购买保额为 1 并于死亡所在年年末给付保险金 1 的终身寿险,那么每年年初生存时需预先偿还当年利息 $dA_x$,并在死亡所在年年末偿还本金 $A_x$,偿还本金 $A_x$ 相当于每年年初生存时偿还 $A_xP_x$,贷款 $A_x$ 等价于每年年初生存时偿还 $P_x$,故公式(5.1.10)成立。上述过程也可简化为:如果每年年初生存时给付 $dA_x$,那么于死亡所在年年末实际获得保险金 $1-A_x$;按比例,如果每年年初生存时给付$\frac{dA_x}{1-A_x}$,那么于死亡所在年年末获得保险金 1,从而公式(5.1.9)成立。

(2)限期缴费。

设保额为 1、限期 h 年缴费的全离散型终身寿险的年缴均衡纯保费为${}_hP_x$,保险人的亏损变量为${}_0^hL_x$,那么

$${}_0^hL_x=\begin{cases}v^{K+1}-{}_hP_x\ddot{a}_{\overline{K+1|}}, & K=0,1,2,\cdots,h-1\\ v^{K+1}-{}_hP_x\ddot{a}_{\overline{h|}}, & K\geqslant h\end{cases} \tag{5.1.11}$$

由 $E({}_0^hL_x)=0$ 可得

$${}_hP_x=\frac{A_x}{\ddot{a}_{x:\overline{h|}}}=\frac{M_x}{N_x-N_{x+h}} \tag{5.1.12}$$

2. 定期寿险

设 $P^1_{x:\overline{n|}}$为保额为 1 的全离散型 n 年定期寿险的年缴纯保费,由收支平衡原则可得

$$P^1_{x:\overline{n|}}\ddot{a}_{x:\overline{n|}}=A^1_{x:\overline{n|}} \tag{5.1.13}$$

$$\therefore P^1_{x:\overline{n|}}=\frac{A^1_{x:\overline{n|}}}{\ddot{a}_{x:\overline{n|}}}=\frac{M_x-M_{x+n}}{N_x-N_{x+n}} \tag{5.1.14}$$

同理可得,限期 h 年缴费的全离散型 n 年定期寿险的年缴纯保费为

$${}_hP^1_{x:\overline{n|}}=\frac{A^1_{x:\overline{n|}}}{\ddot{a}_{x:\overline{h|}}}=\frac{M_x-M_{x+n}}{N_x-N_{x+h}} \tag{5.1.15}$$

3. 两全保险

设 $P_{x:\overline{n|}}$为保额为 1 的全离散型 n 年期两全保险的年缴纯保费,${}_hP_{x:\overline{n|}}$为限期 h 年缴费的保额为 1 的 n 年期两全保险的年缴纯保费,$P_{x:\overline{n|}}^{\ \ 1}$为保额为 1 的 n 年期纯生存保险的年缴纯保费,于是

$$P_{x:\overline{n|}}=\frac{A_{x:\overline{n|}}}{\ddot{a}_{x:\overline{n|}}}=\frac{M_x-M_{x+n}+D_{x+n}}{N_x-N_{x+n}} \tag{5.1.16}$$

$$=\frac{1}{\ddot{a}_{x:\overline{n|}}}-d \tag{5.1.17}$$

$$= P^{1}_{x:\overline{n|}} + P_{x:\overset{1}{\overline{n|}}} \tag{5.1.18}$$

或

$$\frac{1}{\ddot{a}_{x:\overline{n|}}} = d + P_{x:\overline{n|}} \tag{5.1.19}$$

$$_{h}P_{x:\overline{n|}} = \frac{A_{x:\overline{n|}}}{\ddot{a}_{x:\overline{h|}}} = \frac{M_x - M_{x+n} + D_{x+n}}{N_x - N_{x+h}} \tag{5.1.20}$$

**例 5.1.1** 试写出两全保险亏损变量的方差。

**解**:记 $_{0}L_{x:\overline{n|}}$ 表示两全保险亏损变量,则

$$_{0}L_{x:\overline{n|}} = \begin{cases} v^{K+1} - P_{x:\overline{n|}}\ddot{a}_{\overline{K+1|}}, & K = 0,1,2,\cdots,n-1 \\ v^{n} - P_{x:\overline{n|}}\ddot{a}_{\overline{n|}}, & K \geqslant n \end{cases}$$

$$= Z_{x:\overline{n|}} - P_{x:\overline{n|}}\frac{1 - Z_{x:\overline{n|}}}{d} = \left(1 + \frac{P_{x:\overline{n|}}}{d}\right)Z_{x:\overline{n|}} - \frac{P_{x:\overline{n|}}}{d}$$

$$\therefore \operatorname{var}(_{0}L_{x:\overline{n|}}) = \frac{^{2}A_{x:\overline{n|}} - (A_{x:\overline{n|}})^{2}}{(d\ddot{a}_{x:\overline{n|}})^{2}} = \frac{^{2}A_{x:\overline{n|}} - (A_{x:\overline{n|}})^{2}}{(1 - A_{x:\overline{n|}})^{2}} \tag{5.1.21}$$

**例 5.1.2** 证明并解释:$P_{x:\overline{n|}} = {}_{n}P_x + (1 - A_{x+n})P_{x:\overset{1}{\overline{n|}}}$。 (5.1.22)

**证明**:$\because$ $P_{x:\overline{n|}}\ddot{a}_{x:\overline{n|}} = A_{x:\overline{n|}} = A^{1}_{x:\overline{n|}} + A_{x:\overset{1}{\overline{n|}}}$

$\therefore$ $_{n}P_x\ddot{a}_{x:\overline{n|}} = A_x = A^{1}_{x:\overline{n|}} + {}_{n}E_x A_{x+n}$

上述两式相减得

$$(P_{x:\overline{n|}} - {}_{n}P_x)\ddot{a}_{x:\overline{n|}} = A_{x:\overset{1}{\overline{n|}}}(1 - A_{x+n})$$

$$\therefore P_{x:\overline{n|}} - {}_{n}P_x = P_{x:\overset{1}{\overline{n|}}}(1 - A_{x+n})$$

$$P_{x:\overline{n|}} = {}_{n}P_x + P_{x:\overset{1}{\overline{n|}}}(1 - A_{x+n})$$

解释:考虑两种保险,即保险 1 与保险 2。

保险 1:(x)在每年年初生存时缴纳纯保费 $P_{x:\overline{n|}}$,缴费期为 n 年,可获得 n 年内死亡所在年年末给付保险金 1,或者活过 n 年时获得满期生存金 1。

保险 2:(x)在每年年初生存时缴纳保费 $_{n}P_x$,缴费期为 n 年,可获得 n 年内死亡所在年年末给付保险金 1,或者 n 年之外死亡所在年年末给付保险金 1,后者意味着活过 n 年时可获得期满生存金 $A_{x+n}$。

保险 1 比保险 2 多获得 n 年期满生存时的生存金 $1 - A_{x+n}$,这要求保险 1 比保险 2 在每年年初生存时多缴纳保费 $P_{x:\overset{1}{\overline{n|}}}(1 - A_{x+n})$,即 $P_{x:\overline{n|}} - {}_{n}P_x = (1 - A_{x+n})P_{x:\overset{1}{\overline{n|}}}$,从而公式(5.1.22)成立。

**例 5.1.3** 证明:$P_x = \frac{vq_x}{\ddot{a}_x} + \frac{a_x}{\ddot{a}_x}P_{x+1}$。 (5.1.23)

**证明**:$\because$ $P_x = \frac{A_x}{\ddot{a}_x} = \frac{vq_x + vp_x A_{x+1}}{\ddot{a}_x}$

$$= \frac{vq_x + vp_x\ddot{a}_{x+1}P_{x+1}}{\ddot{a}_x} = \frac{vq_x}{\ddot{a}_x} + \frac{a_x}{\ddot{a}_x}P_{x+1}$$

$\therefore$ 公式(5.1.23)得证。

公式(5.1.23)实际上可以看成终身寿险年缴纯保费的递推公式,显然,$P_{\omega-1} = v$,

由此可求出各年龄投保时的年缴纯保费,这又是一种求年缴纯保费的方法。

**例** 5.1.4　已知 $P_x=0.016\ 62,a_x=17.155,p_x=0.992\ 29$,求 $A_{x+1}$。

**解**:$\because \ddot{a}_{x+1}=\dfrac{a_x}{vp_x}$

$$\therefore A_{x+1}=1-d\ddot{a}_{x+1}=1-\frac{da_x}{(1-d)p_x}$$

由公式(5.1.8)可得

$$d=\frac{1}{\ddot{a}_x}-P_x=\frac{1}{1+a_x}-P_x$$

$$\therefore A_{x+1}=1-\frac{a_x\left(\dfrac{1}{1+a_x}-P_x\right)}{\left(1-\dfrac{1}{1+a_x}+P_x\right)p_x}\approx 0.308\ 47$$

**例** 5.1.5　已知 $P^{1}_{x:\overline{2}|}=\dfrac{A^{1}_{x:\overline{1}|}+A^{1}_{x+1:\overline{1}|}}{2}$,求 $q_x$ 与 $q_{x+1}$ 的关系。

**解**:由题意知

$$\frac{vq_x+v^2p_xq_{x+1}}{1+vp_x}=\frac{vq_x+vq_{x+1}}{2}$$

$$\therefore (q_x-q_{x+1})(1-vp_x)=0$$

$$\because 1-vp_x\neq 0$$

$$\therefore q_x-q_{x+1}=0,\ 即\ q_x=q_{x+1}$$



**例** 5.1.6　以 *CL*1(2000—2003)2.5%为例,某30岁的人投保了于死亡所在年年末或期满生存时给付保险金100 000元的20年期保险,求其年缴均衡纯保费。如果这个保险是:(1)定期寿险;(2)纯生存保险;(3)两全保险。

**解**:(1) $\tilde{P}^{1}_{30:\overline{20}|}=100\ 000P^{1}_{30:\overline{20}|}=100\ 000\dfrac{M_{30}-M_{50}}{N_{30}-N_{50}}\approx 165.02$(元)

(2) $\tilde{P}_{30:\overline{20}|}^{\ \ 1}=100\ 000P_{30:\overline{20}|}^{\ \ 1}=\dfrac{100\ 000D_{50}}{N_{30}-N_{50}}\approx 3\ 727.29$(元)

(3) $\tilde{P}_{30:\overline{20}|}=100\ 000P_{30:\overline{20}|}=100\ 000\dfrac{M_{30}-M_{50}+D_{50}}{N_{30}-N_{50}}\approx 3\ 892.31$(元)

**例** 5.1.7　某35岁的人投保了一份保额为10 000元的全离散型终身寿险,$\pi$ 表示该保单的年缴均衡纯保费,$L(\pi)$ 表示这种保单在签发时的亏损随机变量。以 *CL*1(2000—2003)2.5%为基础,已知 $^2A_{35}=0.143\ 620\ 226$。

(1)决定保费 $\pi_0$,使 $E(L(\pi_0))=0$,并求 $\mathrm{var}(L(\pi_0))$;

(2)求使亏损 $L(\pi_1)$ 为正的概率小于0.5的最小年缴保费 $\pi_1$;

(3)求年缴保费 $\pi_2$,使相互独立的100张这样的保单总亏损大于0的概率为0.05。

**解**:(1)使 $E(L(\pi_0))=0$ 的保费 $\pi_0$ 就是按收支平衡原则决定的保费,即

$$\pi_0=10\ 000P_{35}=10\ 000\frac{M_{35}}{N_{35}}\approx 136.55(元)$$

$$\because A_{35}=\frac{M_{35}}{D_{35}}\approx 0.358\ 907\ 578,\ {}^{2}A_{35}\approx 0.143\ 620\ 226$$

由公式(5.1.6)可得

$$\therefore \operatorname{var}(L(\pi_0))=10\ 000^2\cdot\frac{{}^{2}A_{35}-A_{35}^{2}}{(1-A_{35})^2}\approx 3\ 602\ 334$$

(2) 显然,$\pi_1$满足$P(L(\pi_1)>0)<0.5$,即

$$P(10\ 000v^{K+1}-\pi_1\ddot{a}_{\overline{K+1|}}>0)<0.5$$

$$P((10\ 000+\frac{\pi_1}{d})v^{K+1}-\frac{\pi_1}{d}>0)<0.5$$

$$\therefore\ P(K<[\ln(10\ 000d+\pi_1)-\ln\pi_1]/\delta-1)<0.5$$

根据生命表,${}_{44}p_{35}\approx 0.527\ 046$,${}_{45}p_{35}\approx 0.490\ 748$及${}_{44+t}q_{35}=0.5$,运用线性插值法可得$t\approx 0.745\ 110$。

$$\therefore [\ln(10\ 000d+\pi_1)-\ln\pi_1]/\delta-1=44.745\ 110$$

$$\therefore\ \pi_1=\frac{10\ 000d}{(1+i)^{45.745\ 110}-1}$$

$$=\frac{10\ 000}{(1.025)^{45.745\ 110}-1}\times\frac{0.025}{1.025}\approx 116.46(元)$$

(3) 设第$i$张保单的亏损额为$L_i(\pi_2)(i=1,2,\cdots,100)$,$L_i(\pi_2)$相互独立,且与$L(\pi_2)$同分布,于是总亏损为$L$,则



$$L=\sum_{i=1}^{100}L_i(\pi_2)$$

$$E(L)=\sum_{i=1}^{100}E(L_i(\pi_2))=100E(L(\pi_2))$$

$$\operatorname{var}(L)=\sum_{i=1}^{100}\operatorname{var}(L_i(\pi_2))=100\operatorname{var}(L(\pi_2))$$

$$\because L(\pi_2)=10\ 000v^{K+1}-\pi_2\ddot{a}_{\overline{K+1|}}=(10\ 000+\frac{\pi_2}{d})v^{K+1}-\frac{\pi_2}{d}$$

$$\therefore E(L(\pi_2))=(10\ 000+\frac{\pi_2}{d})A_{35}-\frac{\pi_2}{d}$$

$$\operatorname{var}(L(\pi_2))=(10\ 000+\frac{\pi_2}{d})^2[{}^{2}A_{35}-(A_{35})^2]$$

由题意可知$P(L>0)=0.05$,因此

$$\frac{0-E(L)}{\sqrt{\operatorname{var}(L)}}\approx 1.645$$

$$\therefore\ \frac{-100\cdot\left[(10\ 000+\frac{\pi_2}{d})A_{35}-\frac{\pi_2}{d}\right]}{\sqrt{100\cdot(10\ 000+\frac{\pi_2}{d})^2[{}^{2}A_{35}-(A_{35})^2]}}\approx 1.645$$

$$\therefore\ \pi_2 = 10\,000d\,\frac{0.164\,5\sqrt{{}^2A_{35}-(A_{35})^2}+A_{35}}{1-A_{35}-0.164\,5\sqrt{{}^2A_{35}-(A_{35})^2}} \approx 148.81(\text{元})$$

（二）死亡所在$\frac{1}{m}$年分年末给付保险金的人寿保险

鉴于该研究方法与保险金于死亡所在年年末给付类似，因此，这里仅举一例，其余由读者自行思考。对于保险金于死亡所在时刻给付的人寿保险，可以同样地处理。

${}_hP(A^{1\,(m)}_{x:\overline{n}|})$表示$(x)$投保的、于死亡所在$\frac{1}{m}$年分年末给付保险金1、限期$h$年缴费的$n$年定期寿险的年缴纯保费，那么

$${}_hP(A^{1\,(m)}_{x:\overline{n}|}) = \frac{A^{1\,(m)}_{x:\overline{n}|}}{\ddot{a}_{x:\overline{h}|}} \approx \frac{i}{i^{(m)}}\cdot\frac{A^{1}_{x:\overline{n}|}}{\ddot{a}_{x:\overline{h}|}} = \frac{i}{i^{(m)}}\cdot\frac{M_x-M_{x+n}}{N_x-N_{x+h}} \tag{5.1.24}$$

（三）死亡所在时刻给付保险金的人寿保险

$P(\bar{A}_{x:\overline{n}|})$表示$(x)$投保的、于死亡所在时刻给付保险金1的$n$年期两全保险的年缴纯保费，那么

$$P(\bar{A}_{x:\overline{n}|}) = \frac{\bar{A}_{x:\overline{n}|}}{\ddot{a}_{x:\overline{n}|}} = \frac{\bar{M}_x-\bar{M}_{x+n}+D_{x+n}}{N_x-N_{x+n}} \tag{5.1.25}$$

## 二、年金保险的均衡纯保费

就年金保险而言，尽管可以按各次给付额是否均等、是期初还是期末给付、每年给付的频率高低、给付期是否定期进行分类，但均依据收支平衡原则来处理。这里仅举例示范，请读者自行考虑保险人亏损变量的期望与方差。



（一）每年给付一次的生存年金保险

设${}_rP({}_{r|}\ddot{a}_x)$表示$(x)$投保的、延期$r$年、于每年年初生存时给付1、每年缴费1次、限期$r$年缴费的终身生存年金保险的年缴纯保费，依收支平衡原则有

$${}_rP({}_{r|}\ddot{a}_x)\ddot{a}_{x:\overline{r}|} = {}_{r|}\ddot{a}_x$$

$$\therefore\ {}_rP({}_{r|}\ddot{a}_x) = \frac{{}_{r|}\ddot{a}_x}{\ddot{a}_{x:\overline{r}|}} = \frac{N_{x+r}}{N_x-N_{x+r}} \tag{5.1.26}$$

（二）每年给付$m$次的生存年金保险

设${}_rP({}_{r|}\ddot{a}^{(m)}_x)$表示$(x)$投保的、延期$r$年、于每$\frac{1}{m}$年初生存时给付$\frac{1}{m}$、年缴保费1次、限期$r$年缴费的终身生存年金保险的年缴纯保费，依收支平衡原则有

$${}_rP({}_{r|}\ddot{a}^{(m)}_x)\ddot{a}_{x:\overline{n}|} = {}_{r|}\ddot{a}^{(m)}_x$$

$$\therefore\ {}_rP({}_{r|}\ddot{a}^{(m)}_x) = \frac{{}_{r|}\ddot{a}^{(m)}_x}{\ddot{a}_{x:\overline{r}|}} \approx \frac{{}_{r|}\ddot{a}_x-\frac{m-1}{2m}v^r{}_rp_x}{\ddot{a}_{x:\overline{r}|}} = \frac{N_{x+r}-\frac{m-1}{2m}D_{x+r}}{N_x-N_{x+r}} \tag{5.1.27}$$

（三）每年连续给付的生存年金保险

${}_rP({}_{r|}\bar{a}_{x:\overline{n}|})$表示$(x)$投保的、延期$r$年、每年连续给付1、年缴保费1次、限期$r$年缴费的$n$年定期生存年金保险的年缴纯保费，依收支平衡原则有

$${}_{r}P({}_{r|}\bar{a}_{x:\overline{n}|})\ddot{a}_{x:\overline{r}|} = {}_{r|}\bar{a}_{x:\overline{n}|}$$

$$\therefore {}_{r}P({}_{r|}\bar{a}_{x:\overline{n}|}) = \frac{{}_{r|}\bar{a}_{x:\overline{n}|}}{\ddot{a}_{x:\overline{r}|}}$$

## 三、年缴纯保费的应用

年缴纯保费的应用可以分为两个部分：一是对两全保险保费的再认识，二是对死亡时返还保费的保单分析。

（一）对两全保险保费的再认识

通常认为两全保险就是定期寿险与纯生存保险的结合，因而，两全保险的趸缴纯保费、年缴纯保费就是这两种保险相应保费之和，即 $A_{x:\overline{n}|} = A^{1}_{x:\overline{n}|} + A_{x:\overline{n}|}^{\ \ 1}$、$P_{x:\overline{n}|} = P^{1}_{x:\overline{n}|} + P_{x:\overline{n}|}^{\ \ 1}$。现在换一个角度来分析两全保险：将两全保险分为储金保险与保额递减的定期寿险。为了简便起见，假设投保人给自己投保。

1. 储金保险

储金保险就是在约定的 $n$ 年保险期内，由投保人于每年年初存入一笔储金，计划存入 $n$ 年，使 $n$ 年期满时终值达到 1。设 $P_{\overline{n}|}$ 表示这种储金保险的年缴纯保费，则 $P_{\overline{n}|}\ddot{s}_{\overline{n}|} = 1$，即 $P_{\overline{n}|} = \frac{1}{\ddot{s}_{\overline{n}|}}$。

储金保险缴费的目的是：在 $n$ 年保险期内，若投保人没有死亡，则缴费形成的终值刚好为 1，刚好满足期满生存时一个单位生存金给付的需要。如果投保人在 $n$ 年期内死亡，那么储金保险中积存的金额显然不能达到 1，不能满足死亡所在年年末给付保险金 1（第 $n$ 年内死亡除外）的需要，在此情形下应如何来实现两全保险的目标呢？解决的方法就是由另一种类型的保险来提供不足部分的资金，即死亡所在年年末提供一笔保险金来弥补缺口。显然，这是一种保额递减的定期寿险（为叙述方便，下面将其简称为"新定期寿险"）。

2. 新定期寿险

假设投保人在第 $K+1$ 年内死亡，那么在该年年末储金保险的余额为 $P_{\overline{n}|}\ddot{s}_{\overline{K+1}|}$，即 $\frac{\ddot{s}_{\overline{K+1}|}}{\ddot{s}_{\overline{n}|}}$，于是新定期寿险应提供的保额为 $(1 - \frac{\ddot{s}_{\overline{K+1}|}}{\ddot{s}_{\overline{n}|}})$，其现值记为 $Z_{K+1}$，则

$$Z_{K+1} = \begin{cases} (1 - \frac{\ddot{s}_{\overline{K+1}|}}{\ddot{s}_{\overline{n}|}})v^{K+1}, & K = 0,1,\cdots,n-1 \\ 0, & K \geqslant n \end{cases}$$

或

$$Z_{K+1} = \begin{cases} v^{K+1} - \frac{\ddot{a}_{\overline{K+1}|}}{\ddot{s}_{\overline{n}|}}, & K = 0,1,\cdots,n-1 \\ 0, & K \geqslant n \end{cases}$$

$$\therefore E(Z_{K+1}) = A^{1}_{x:\overline{n}|} - \frac{1}{\ddot{s}_{\overline{n}|}}(\ddot{a}_{x:\overline{n}|} - \ddot{a}_{\overline{n}|}\,{}_{n}p_{x})$$

$$= A^{1}_{x:\overline{n}|} + A_{x:\overline{n}|}^{\ \ 1} - \frac{1}{\ddot{s}_{\overline{n}|}}\ddot{a}_{x:\overline{n}|}$$

$$= A_{x:\overline{n}|} - \frac{1}{\ddot{s}_{\overline{n}|}}\ddot{a}_{x:\overline{n}|}$$

因此,新定期寿险的年缴保费为

$$P = \frac{E(Z_{K+1})}{\ddot{a}_{x:\overline{n}|}} = P_{x:\overline{n}|} - P_{\overline{n}|}$$

$$\therefore P + P_{\overline{n}|} = P_{x:\overline{n}|} \tag{5.1.28}$$

公式(5.1.28)表明:储金保险与新定期寿险的结合同样实现了两全保险的保障目标,并且保费负担也保持不变。

**例**5.1.8　某30岁的人投保了保额为100 000元的20年期两全保险,保险金于死亡所在年年末或期满生存时给付,以CL1(2000—2003)2.5%为基础,试求新定期寿险的年缴纯保费。

**解**:依据题意,两全保险的年缴保费为

$$\tilde{P}_{30:\overline{20}|} = 100\ 000P_{30:\overline{20}|} = 100\ 000\frac{M_{30} - M_{50} + D_{50}}{N_{30} - N_{50}} \approx 3\ 892.31(元)$$

$$\tilde{P}_{\overline{20}|} = 100\ 000P_{\overline{20}|} = \frac{100\ 000}{\ddot{s}_{\overline{20}|}} \approx 3\ 819.23(元)$$

$$\therefore \tilde{P} = \tilde{P}_{30:\overline{20}|} - \tilde{P}_{\overline{20}|} \approx 73.08(元)$$

这里新定期寿险的年缴纯保费是利用公式(5.1.28)获得的,至于要直接依本身的含义先求,新定期寿险的趸缴纯保费可借鉴第十二章寿险精算实验的方法。

对照例5.1.6的结论,传统认识将两全保险年缴纯保费分解为定期寿险年缴纯保费与纯生存保险年缴纯保费之和,即165.02 + 3 727.29 = 3 892.31(元)。再认识则将两全保险年缴纯保费分解为新定期寿险年缴纯保费与储金保险年缴纯保费之和,即73.08 + 3 819.23 = 3 892.31(元)。

(二)死亡时返还保费的保单分析

有些人寿保单规定被保险人死亡时可返还已缴保险费,甚至还按一定的利率返还已缴保险费的利息,以增强保单的吸引力。

1. 返还的保费计算利息

假设预定利率为$i$,返还的保费按利率$j$计息,以$n$年期纯生存保险为例,设年缴纯保费为$P$,保险费返还的现值为$W$,则

$$W = \begin{cases} P\ddot{s}_{\overline{K+1}|j}v^{K+1}, & K = 0,1,\cdots,n-1 \\ 0, & K \geq n \end{cases}$$

$$= \begin{cases} P\dfrac{\tilde{v}^{K+1} - v^{K+1}}{d_j}, & K = 0,1,\cdots,n-1 \\ 0, & K \geq n \end{cases}$$

其中,

$$\tilde{v} = \frac{1+j}{1+i} = \frac{1}{1+\tilde{i}}, \tilde{i} = \frac{i-j}{1+j}, d_j = \frac{j}{1+j}$$

$$E(W) = \frac{P}{d_j}(\tilde{A}^{1}_{x:\overline{n}|} - A^{1}_{x:\overline{n}|}) \tag{5.1.29}$$

于是，在一般情形下有

$$P\ddot{a}_{x:\overline{n}|} = A_{x:\overline{n}|}^{\ \ 1} + E(W) \tag{5.1.30}$$

将公式(5.1.29)代入公式(5.1.30)可求解出 $P$。

特例：当 $j = i$ 时，$\tilde{i} = 0$，此时

$$E(W) = \frac{P}{d}({}_nq_x - A_{x:\overline{n}|}^{1}) = \frac{P}{d}(1 - {}_np_x - A_{x:\overline{n}|} + v^n{}_np_x)$$

$$= \frac{P}{d}[d\ddot{a}_{x:\overline{n}|} - (1 - v^n){}_np_x]$$

$$= P(\ddot{a}_{x:\overline{n}|} - {}_nE_x\ddot{s}_{\overline{n}|}) \tag{5.1.31}$$

将公式(5.1.31)代入公式(5.1.30)，得

$$P\ddot{a}_{x:\overline{n}|} = A_{x:\overline{n}|}^{\ \ 1} + P\ddot{a}_{x:\overline{n}|} - P{}_nE_x\ddot{s}_{\overline{n}|}$$

$$\therefore P = \frac{A_{x:\overline{n}|}^{\ \ 1}}{\ddot{s}_{\overline{n}|}{}_nE_x} = \frac{1}{\ddot{s}_{\overline{n}|}} \tag{5.1.32}$$

显然，对于定期寿险有

$$P = \frac{A_{x:\overline{n}|}^{1}}{{}_nE_x\ddot{s}_{\overline{n}|}} \tag{5.1.33}$$

对于两全保险有

$$P = \frac{A_{x:\overline{n}|}}{{}_nE_x\ddot{s}_{\overline{n}|}} \tag{5.1.34}$$

2. 返还保费不计利息

返还保费不计利息，即 $j = 0$。那么

$$W = \begin{cases} P(K+1)v^{K+1}, & K = 0,1,\cdots,n-1 \\ 0, & K \geqslant n \end{cases}$$

$$E(W) = P(IA)_{x:\overline{n}|}^{1}$$

仍然以纯生存保险为例，那么

$$P\ddot{a}_{x:\overline{n}|} = A_{x:\overline{n}|}^{\ \ 1} + P(IA)_{x:\overline{n}|}^{1} \tag{5.1.35}$$

$$\therefore P = \frac{A_{x:\overline{n}|}^{\ \ 1}}{\ddot{a}_{x:\overline{n}|} - (IA)_{x:\overline{n}|}^{1}} \tag{5.1.36}$$

对于定期寿险、两全保险、延期寿险甚至年金保险，只需将公式(5.1.36)的分子变为相应保险的趸缴纯保费即可。

**例 5.1.9** 以 CL1(2000—2003)2.5%为基础，计算下列条件下的年缴纯保费：(1)一个现年 30 岁的人投保了限期 20 年缴费、年额为 10 000 元的 30 年延期的期末付的终身年金保险；(2) 在问题(1) 中，若在 30 年延期内死亡，返回的保费不计利息；(3) 在问题(2) 中，将缴费期延长到 30 年，且返还的保费按预定利率计息；(4) 在问题(2) 中，将缴费期延长至 30 年；(5) 在问题(1) 中，将缴费期延长至 30 年。

**解：**(1) 设年缴纯保费为 $P_1$，则

$$P_1\ddot{a}_{30:\overline{20}|} = 10\ 000\ {}_{30|}a_{30}$$

$$\therefore P_1 = 10\,000\frac{{}_{30|}a_{30}}{\ddot{a}_{30:\overline{20|}}} = 10\,000\frac{N_{61}}{N_{30}-N_{50}} \approx 4\,088.48(\text{元})$$

(2) 设年缴纯保费为 $P_2$，则

$$P_2\ddot{a}_{30:\overline{20|}} = 10\,000\,{}_{30|}a_{30} + P_2(IA)^{1}_{30:\overline{20|}} + 20P_2\,{}_{20|}A^{1}_{30:\overline{10|}}$$

$$\therefore P_2 = \frac{10\,000\,{}_{30|}a_{30}}{\ddot{a}_{30:\overline{20|}} - (IA)^{1}_{30:\overline{20|}} - 20\,{}_{20|}A^{1}_{30:\overline{10|}}}$$

$$= \frac{10\,000N_{61}}{(N_{30}-N_{50}) - (R_{30}-R_{50}-20M_{50}) - 20(M_{50}-M_{60})}$$

$$= \frac{10\,000N_{61}}{(N_{30}-N_{50}) - (R_{30}-R_{50}) + 20M_{60}} \approx 4\,318.45(\text{元})$$

(3) 设年缴纯保费为 $P_3$，则

$$P_3\ddot{a}_{30:\overline{30|}} = 10\,000\,{}_{30|}a_{30} + P_3(\ddot{a}_{30:\overline{30|}} - {}_{30}E_{30}\ddot{s}_{\overline{30|}})$$

$$\therefore P_3 = \frac{10\,000\,{}_{30|}a_{30}}{{}_{30}E_{30}\ddot{s}_{\overline{30|}}} = \frac{10\,000}{\ddot{s}_{\overline{30|}}}\cdot\frac{N_{61}}{D_{60}} \approx 3\,292.67(\text{元})$$

(4) 设年缴纯保费为 $P_4$，则

$$P_4\ddot{a}_{30:\overline{30|}} = 10\,000\,{}_{30|}a_{30} + P_4(IA)^{1}_{30:\overline{30|}}$$

$$\therefore P_4 = \frac{10\,000\,{}_{30|}a_{30}}{\ddot{a}_{30:\overline{30|}} - (IA)^{1}_{30:\overline{30|}}}$$

$$= \frac{10\,000N_{61}}{(N_{30}-N_{60}) - (R_{30}-R_{60}-30M_{60})} \approx 3\,232.68(\text{元})$$

(5) 设年缴纯保费为 $P_5$，则

$$P_5\ddot{a}_{30:\overline{30|}} = 10\,000\,{}_{30|}a_{30}$$

$$\therefore P_5 = \frac{10\,000\,{}_{10|}a_{30}}{\ddot{a}_{30:\overline{30|}}} = \frac{10\,000N_{61}}{N_{30}-N_{60}} \approx 3\,078.48(\text{元})$$

## 第二节　年缴保费 $m$ 次的均衡纯保费

本节主要讨论真实纯保费、年赋纯保费、比例纯保费，读者须注意它们之间的区别，以及它们与年缴一次保费的年缴纯保费的区别。但为了简明起见，本节只考虑人寿保险，并且重点研究死亡所在年年末给付保险金的终身寿险，而其他情形则以举例方式进行类似研究。

### 一、真实纯保费

年缴 $m$ 次（$m>1$）的真实纯保费指的是每$\frac{1}{m}$年初生存时就缴纳该$\frac{1}{m}$年的分期保费的一种均衡年缴纯保费。

（一）死亡所在年年末给付保险金的人寿保险

1. 终身寿险

设 $P_x^{(m)}$ 表示 $(x)$ 投保的、于死亡所在年年末给付保险金 1、每 $\frac{1}{m}$ 年初生存时就缴纳该分期保费 $\frac{1}{m}P_x^{(m)}$、终身缴费终身寿险的年缴真实纯保险费。由收支平衡原则有

$$P_x^{(m)}\ddot{a}_x^{(m)} = A_x \tag{5.2.1}$$

$$\therefore P_x^{(m)} = \frac{A_x}{\ddot{a}_x^{(m)}} \tag{5.2.2}$$

$$\approx \frac{A_x}{\ddot{a}_x - \dfrac{m-1}{2m}} \tag{5.2.3}$$

下面进一步分析年缴保费 $m$ 次的终身寿险的年缴纯保费 $P_x^{(m)}$ 与 $P_x$ 的关系。公式(5.2.3) 右边的分子、分母同除以 $\ddot{a}_x$，并运用公式(5.1.8) 可得

$$P_x^{(m)} \approx \frac{P_x}{1 - \dfrac{m-1}{2m}(P_x + d)} \tag{5.2.4}$$

或

$$P_x^{(m)} \approx P_x + \frac{m-1}{2m}P_x^{(m)}P_x + \frac{m-1}{2m}P_x^{(m)}d \tag{5.2.5}$$



对公式(5.2.5) 的解释：

首先，计算投保人在死亡发生年度未缴纳保费所导致的损失。

若投保人在第 1 个 $\frac{1}{m}$ 年内死亡，则未缴纳的保费为 $\frac{m-1}{m}P_x^{(m)}$；若投保人在第 2 个 $\frac{1}{m}$ 年内死亡，则未缴纳的保费为 $\frac{m-2}{m}P_x^{(m)}$……若投保人在第 $m-1$ 个 $\frac{1}{m}$ 年内死亡，则未缴纳的保费为 $\frac{1}{m}P_x^{(m)}$；若投保人在第 $m$ 个 $\frac{1}{m}$ 年内死亡，则未缴纳的保费为 $\frac{0}{m}P_x^{(m)}$。由于可以近似地认为投保人在死亡年度内死在各 $\frac{1}{m}$ 年是等可能的，即死亡发生在各 $\frac{1}{m}$ 年的概率均为 $\frac{1}{m}$，因此死亡年度内平均保费损失为

$$\frac{1}{m}\left(\frac{m-1}{m}P_x^{(m)} + \frac{m-2}{m}P_x^{(m)} + \cdots + \frac{1}{m}P_x^{(m)} + \frac{0}{m}P_x^{(m)}\right) = \frac{m-1}{2m}P_x^{(m)}$$

这个未缴纳保费的损失既可能发生在第 1 年，也可能发生在第 2 年 …… 于是，死亡所在年年末大约应补偿 $\frac{m-1}{2m}P_x^{(m)}$，从而在终身缴费终身寿险条件下，要求每年年初生存时补缴的保费为 $\frac{m-1}{2m}P_x^{(m)}P_x$。在将可能的保费损失补偿后，就意味着每年年初生存时，就一定有该年度的 $m$ 次完整缴费，即不存在未缴纳保费的损失。但这与年缴一次保费情形相比，还存在迟缴保费所导致的利息损失。

其次，计算投保人迟缴保费所导致的利息损失。

在任何缴费年度内，对于第 1 次缴纳的保费$\frac{P_x^{(m)}}{m}$，其利息损失为 0；第 2 次缴纳的保费$\frac{P_x^{(m)}}{m}$，其利息损失约为$\frac{P_x^{(m)}}{m}\cdot\frac{d}{m}$；第 3 次缴纳的保费$\frac{P_x^{(m)}}{m}$，其利息损失约为$\frac{P_x^{(m)}}{m}\cdot\frac{2d}{m}$……第 $m$ 次缴纳的保费$\frac{P_x^{(m)}}{m}$，其利息损失约为$\frac{P_x^{(m)}}{m}\cdot\frac{(m-1)d}{m}$。因此，投保人迟缴保费所导致的利息总损失为

$$\frac{P_x^{(m)}}{m}\left[\frac{d}{m}+\frac{2d}{m}+\cdots+\frac{(m-1)d}{m}\right]=\frac{m-1}{2m}P_x^{(m)}d$$

综上所述，我们可得

$$P_x^{(m)}\approx P_x+\frac{m-1}{2m}P_x^{(m)}P_x+\frac{m-1}{2m}P_x^{(m)}d$$

以 CL1(2000—2003)2.5% 为例，考虑(40)投保、保额10 000元、于死亡所在年年末给付、终身缴费终身寿险，$m=12$，可以得出对应于公式(5.2.5)的等式：

$$166.82=163.71+1.25+1.86$$

2. 定期寿险

设 $P_{\overset{1}{x}:\overline{n|}}^{(m)}$ 为 $n$ 年定期寿险的年缴真实纯保费，则

$$P_{\overset{1}{x}:\overline{n|}}^{(m)}=\frac{A_{\overset{1}{x}:\overline{n|}}}{\ddot{a}_{x:\overline{n|}}^{(m)}}\tag{5.2.6}$$

$$\approx\frac{A_{\overset{1}{x}:\overline{n|}}}{\ddot{a}_{x:\overline{n|}}-\frac{m-1}{2m}(1-A_{x:\overset{1}{\overline{n|}}})}=\frac{P_{\overset{1}{x}:\overline{n|}}}{1-\frac{m-1}{2m}(d+P_{\overset{1}{x}:\overline{n|}})}\tag{5.2.7}$$

$$\therefore P_{\overset{1}{x}:\overline{n|}}^{(m)}\approx P_{\overset{1}{x}:\overline{n|}}+\frac{m-1}{2m}P_{\overset{1}{x}:\overline{n|}}^{(m)}P_{\overset{1}{x}:\overline{n|}}+\frac{m-1}{2m}P_{\overset{1}{x}:\overline{n|}}^{(m)}d\tag{5.2.8}$$

3. 两全保险

设 $P_{x:\overline{n|}}^{(m)}$ 为 $n$ 年两全保险的年缴真实纯保费，则

$$P_{x:\overline{n|}}^{(m)}=\frac{A_{x:\overline{n|}}}{\ddot{a}_{x:\overline{n|}}^{(m)}}\tag{5.2.9}$$

或

$$P_{x:\overline{n|}}^{(m)}\approx P_{x:\overline{n|}}+\frac{m-1}{2m}P_{x:\overline{n|}}^{(m)}P_{\overset{1}{x}:\overline{n|}}+\frac{m-1}{2m}P_{x:\overline{n|}}^{(m)}d\tag{5.2.10}$$

4. 限期 $h$ 年缴费的人寿保险

$${}_hP_x^{(m)}=\frac{A_x}{\ddot{a}_{x:\overline{h|}}^{(m)}}\tag{5.2.11}$$

$${}_hP_{\overset{1}{x}:\overline{n|}}^{(m)}=\frac{A_{\overset{1}{x}:\overline{n|}}}{\ddot{a}_{x:\overline{h|}}^{(m)}}\tag{5.2.12}$$

$${}_hP_{x:\overline{n|}}^{(m)}=\frac{A_{x:\overline{n|}}}{\ddot{a}_{x:\overline{h|}}^{(m)}}\tag{5.2.13}$$

### (二) 死亡所在$\frac{1}{m}$年分年末给付保险金的人寿保险

1. 终身寿险

令$P^{(m)}(A_x^{(m)})$表示于死亡所在$\frac{1}{m}$年分年末给付保险金1且每年缴费$m$次的终身缴费终身寿险的年缴纯保费,则

$$P^{(m)}(A_x^{(m)}) = \frac{A_x^{(m)}}{\ddot{a}_x^{(m)}} \tag{5.2.14}$$

容易得到

$$\frac{1}{\ddot{a}_x^{(m)}} = d^{(m)} + P^{(m)}(A_x^{(m)}) \tag{5.2.15}$$

2. 定期寿险

$$P^{(m)}(A_{x:\overline{n|}}^{1\,(m)}) = \frac{A_{x:\overline{n|}}^{1\,(m)}}{\ddot{a}_{x:\overline{n|}}^{(m)}} \tag{5.2.16}$$

3. 两全保险

$$P^{(m)}(A_{x:\overline{n|}}^{(m)}) = \frac{A_{x:\overline{n|}}^{(m)}}{\ddot{a}_{x:\overline{n|}}^{(m)}} \tag{5.2.17}$$

容易得到

$$\frac{1}{\ddot{a}_{x:\overline{n|}}^{(m)}} = d^{(m)} + P^{(m)}(A_{x:\overline{n|}}^{(m)}) \tag{5.2.18}$$

4. 限期缴费的人寿保险

$${}_hP^{(m)}(A_x^{(m)}) = \frac{A_x^{(m)}}{\ddot{a}_{x:\overline{h|}}^{(m)}} \tag{5.2.19}$$

$${}_hP^{(m)}(A_{x:\overline{n|}}^{1\,(m)}) = \frac{A_{x:\overline{n|}}^{1\,(m)}}{\ddot{a}_{x:\overline{h|}}^{(m)}} \tag{5.2.20}$$

$${}_hP^{(m)}(A_{x:\overline{n|}}^{(m)}) = \frac{A_{x:\overline{n|}}^{(m)}}{\ddot{a}_{x:\overline{h|}}^{(m)}} \tag{5.2.21}$$

### (三) 死亡所在时刻给付保险金的人寿保险

这里只列举即期寿险情形下的年缴真实纯保费的计算公式:

$$P^{(m)}(\bar{A}_x) = \frac{\bar{A}_x}{\ddot{a}_x^{(m)}} \tag{5.2.22}$$

$$P^{(m)}(\bar{A}_{x:\overline{n|}}^{1}) = \frac{\bar{A}_{x:\overline{n|}}^{1}}{\ddot{a}_{x:\overline{n|}}^{(m)}} \tag{5.2.23}$$

$$P^{(m)}(\bar{A}_{x:\overline{n|}}) = \frac{\bar{A}_{x:\overline{n|}}}{\ddot{a}_{x:\overline{n|}}^{(m)}} \tag{5.2.24}$$

**例 5.2.1** 已知$\frac{P_{20:\overline{20|}}^{1\,(6)}}{P_{20:\overline{20|}}^{1}} = 1.03$,$P_{20:\overline{20|}} = 0.05$,求$P_{20:\overline{20|}}^{(6)}$。

**解**：$\because \dfrac{P^{(6)}_{\overset{1}{20}:\overline{20|}}}{P^{1}_{20:\overline{20|}}} = 1.03$

$\therefore \dfrac{A^{1}_{20:\overline{20|}}}{\ddot{a}^{(6)}_{20:\overline{20|}}} \div \dfrac{A^{1}_{20:\overline{20|}}}{\ddot{a}_{20:\overline{20|}}} = 1.03$

$\therefore \dfrac{\ddot{a}_{20:\overline{20|}}}{\ddot{a}^{(6)}_{20:\overline{20|}}} = 1.03$

$\therefore P^{(6)}_{20:\overline{20|}} = \dfrac{A_{20:\overline{20|}}}{\ddot{a}^{(6)}_{20:\overline{20|}}} = P_{20:\overline{20|}}\dfrac{\ddot{a}_{20:\overline{20|}}}{\ddot{a}^{(6)}_{20:\overline{20|}}} = 0.05 \times 1.03 = 0.051\ 5$

**例 5.2.2**　对于年缴 $m$ 次真实纯保费、于死亡所在时刻给付保险金 1 的 $n$ 年定期寿险，写出保险人的亏损变量，并求其年缴纯保费。

**解**：设保险人的亏损变量为 ${}_0L^{(m)}$，年缴纯保费为 $P^{(m)}(\bar{A}^{1}_{x:\overline{n|}})$，则

$$
{}_0L^{(m)} = \begin{cases} v^T - P^{(m)}(\bar{A}^{1}_{x:\overline{n|}})\ddot{a}^{(m)}_{\overline{K+\frac{J+1}{m}|}}, & 0 < T \leqslant n; K = 0,1,2,\cdots,n-1; \\ & J = 0,1,\cdots,m-1 \\ -P^{(m)}(\bar{A}^{1}_{x:\overline{n|}})\ddot{a}^{(m)}_{\overline{n|}}, & T > n \end{cases}
$$

显然，在公平原则下，$E({}_0L^{(m)}) = 0$，从而可得

$$
P^{(m)}(\bar{A}^{1}_{x:\overline{n|}}) = \frac{\bar{A}^{1}_{x:\overline{n|}}}{\ddot{a}^{(m)}_{x:\overline{n|}}}
$$

## 二、年赋纯保费

年缴 $m$ 次的年赋纯保费指的是在被保险人死亡时仍缴纳所在年度其余分期保费的一种年缴 $m$ 次保费的年缴纯保险费。实际操作时，往往将死亡所在年度死亡后未缴的残余保费从所给付的保险金中扣除。换言之，被保险人在年初生存时就缴纳该年度的所有分期保费，也就是说，只要被保险人在每个保险年度的年初生存，就必须完整缴纳各个分期保费。

（一）死亡所在年年末给付保险金的人寿保险

1. 终身寿险

年赋纯保费 $P_x^{[m]}$ 指的是$(x)$投保的、于死亡所在年年末给付保险金 1，年缴 $m$ 次保费、每次缴纳$\dfrac{P_x^{[m]}}{m}$、每年年初生存时就缴纳该年度所有分期保费、终身缴费终身寿险的年缴纯保费。

$P_x^{[m]}$ 的计算有两种方法。

方法一：一一对应法。其要点是对于同样的保障待遇，终身缴费终身寿险在年缴保费 1 次且应该缴纳 $P_x$ 时，就一定有 $m$ 个每$\dfrac{1}{m}$年年初缴纳$\dfrac{P_x^{[m]}}{m}$与之对应，反之亦然。因此

$$
P_x = P_x^{[m]}\ddot{a}^{(m)}_{\overline{1|}} \tag{5.2.25}
$$

即

$$
P_x^{[m]} = \frac{P_x}{\ddot{a}^{(m)}_{\overline{1|}}} \tag{5.2.26}
$$

$$\because \ddot{a}_{\overline{1}|}^{(m)} = \sum_{t=0}^{m-1} \frac{1}{m} v^{\frac{t}{m}} = \sum_{t=0}^{m-1} \frac{1}{m}(1-d)^{\frac{t}{m}} \approx 1 - \frac{m-1}{2m}d$$

$$\therefore P_x^{[m]} \approx \frac{P_x}{1 - \frac{m-1}{2m}d} \tag{5.2.27}$$

或

$$P_x^{[m]} \approx P_x + \frac{m-1}{2m}P_x^{[m]}d \tag{5.2.28}$$

对公式(5.2.28)的解释:该公式反映了 $P_x^{[m]}$ 与 $P_x$ 相比,只存在迟缴保费导致的利息损失。其利息损失总额为

$$\frac{P_x^{[m]}}{m}\left(0 + \frac{d}{m} + \frac{2d}{m} + \cdots + \frac{m-1}{m}d\right) = \frac{m-1}{2m}P_x^{[m]}d$$

以 CL1(2000—2003)2.5% 为例,考虑(40)投保、保额10 000元、于死亡所在年年末给付、终身缴费终身寿险,$m = 12$,可以得出对应于公式(5.2.28)的等式:

$$165.57 \approx 163.71 + 1.85$$

方法二:保险金调整法。其要点是:按年赋纯保费方式,那就应补交死亡所在年度尚未缴纳的保费,实际上是从给付的保险金中扣除。与真实纯保费方式类似,死亡年度平均尚未缴纳的保费为$\frac{m-1}{2m}P_x^{[m]}$,将其从给付的保险金1中扣除,因而给付的保险金为$1 - \frac{m-1}{2m}P_x^{[m]}$。因此

$$P_x^{[m]}\ddot{a}_x^{(m)} \approx \left(1 - \frac{m-1}{2m}P_x^{[m]}\right)A_x \tag{5.2.29}$$

即

$$P_x^{[m]} = \frac{A_x}{\ddot{a}_x^{(m)} + \frac{m-1}{2m}A_x} \tag{5.2.30}$$

$$\because \ddot{a}_x^{(m)} + \frac{m-1}{2m}A_x \approx \ddot{a}_x - \frac{m-1}{2m} + \frac{m-1}{2m}A_x = \left(1 - \frac{m-1}{2m}d\right)\ddot{a}_x$$

$$\therefore P_x^{[m]} \approx \frac{P_x}{1 - \frac{m-1}{2m}d}$$

2. 定期寿险

$$P_{\stackrel{1}{x}:\overline{n}|}^{[m]} = \frac{P_{\stackrel{1}{x}:\overline{n}|}}{\ddot{a}_{\overline{1}|}^{(m)}} \approx \frac{P_{\stackrel{1}{x}:\overline{n}|}}{1 - \frac{m-1}{2m}d} \tag{5.2.31}$$

3. 两全保险

$$P_{x:\overline{n}|}^{[m]} = \frac{P_{x:\overline{n}|}}{\ddot{a}_{\overline{1}|}^{(m)}} \approx \frac{P_{x:\overline{n}|}}{1 - \frac{m-1}{2m}d} \tag{5.2.32}$$

4. 限期缴费的两全保险

$$ {}_hP_{x:\overline{n}|}^{[m]} = \frac{{}_hP_{x:\overline{n}|}}{\ddot{a}_{\overline{1}|}^{(m)}} \approx \frac{{}_hP_{x:\overline{n}|}}{1-\frac{m-1}{2m}d} \tag{5.2.33} $$

至于其他类型的保险,可以按上述公式类似处理,只是分子要发生变化,变为年缴1次保费情形下的年缴纯保费。

(二) 死亡所在时刻或分年度末给付保险金的人寿保险

$$ P^{[m]}(\bar{A}_x) = \frac{P(\bar{A}_x)}{\ddot{a}_{\overline{1}|}^{(m)}} \tag{5.2.34} $$

$$ P^{[m]}(A_{x:\overline{n}|}^{(m)}) = \frac{P(A_{x:\overline{n}|}^{(m)})}{\ddot{a}_{\overline{1}|}^{(m)}} \tag{5.2.35} $$

## 三、比例纯保费

比例纯保费就是以比例期初付生存年金的方式每年缴纳的纯保费,保费缴纳完全依赖于被保险人生存的时间,缴费直至被保险人死亡为止。

用符号 $P^{\{m\}}$ 表示在年缴 $m$ 次保费的保险中,每$\frac{1}{m}$年年初生存就缴纳该分期的保费;若在某个$\frac{1}{m}$年内死亡,则该分期未经过的保费(实际上已收取)应该退还,即按被保险人生存时间长短收取保险费,这样更显公平。实际上这涉及比例期初付生存年金的问题。这里的 $m$ 可以取1。

(一) 死亡所在年年末给付保险金的人寿保险

1. 终身寿险

设于死亡所在年年末提供保险金1的终身缴费终身寿险的年缴 $m$ 次的比例纯保费为 $P_x^{\{m\}}$,于是由收支平衡原则有

$$ P_x^{\{m\}}\ddot{a}_x^{\{m\}} = A_x \tag{5.2.36} $$

解之得

$$ P_x^{\{m\}} = \frac{A_x}{\ddot{a}_x^{\{m\}}} = \frac{d^{(m)}A_x}{\delta\bar{a}_x} \approx \frac{d^{(m)}A_x}{\delta(\ddot{a}_x-\frac{1}{2})} \tag{5.2.37} $$

我们也可以采用保险金调整法来计算:首先,计算出投保人,即被保险人于死亡所在$\frac{1}{m}$年分年末应返还多缴的保费近似值,即$\frac{1}{2m}P_x^{\{m\}}$;其次,将其以终身寿险的死亡保险金形式一同给付被保险人,因此

$$ P_x^{\{m\}}\ddot{a}_x^{(m)} \approx (1+\frac{1}{2m}P_x^{\{m\}})A_x \tag{5.2.38} $$

$$ \therefore P_x^{\{m\}} \approx \frac{A_x}{\ddot{a}_x^{(m)}-\frac{1}{2m}A_x} = \frac{A_x}{\ddot{a}_x-\frac{m-1}{2m}-\frac{1}{2m}(1-d\ddot{a}_x)} $$

$$= \frac{A_x}{(1+\frac{1}{2m}d)\ddot{a}_x - \frac{1}{2}} \tag{5.2.39}$$

$$= \frac{P_x}{1-\frac{m-1}{2m}d - \frac{1}{2}P_x} \tag{5.2.40}$$

通过级数展开，容易证明$\frac{\delta}{d^{(m)}} \approx 1 + \frac{1}{2m}d$，进而可以证明

$$\ddot{a}_x^{\{m\}} = \frac{\delta}{d^{(m)}}\bar{a}_x \approx (1+\frac{1}{2m}d)\ddot{a}_x - \frac{1}{2} \tag{5.2.41}$$

由此表明，公式(5.2.39)成立。

由公式(5.2.40)可以得到如下近似公式：

$$P_x^{\{m\}} \approx P_x + \frac{1}{2}P_x^{\{m\}}P_x + \frac{m-1}{2m}P_x^{\{m\}}d \tag{5.2.42}$$

对公式(5.2.42)的解释：被保险人死亡所在年度未缴纳的保费平均为$\frac{1}{2}P_x^{\{m\}}$，因而每年年初生存时应补收$\frac{1}{2}P_x^{\{m\}}P_x$；同时，与每年年初生存时缴纳的保费$P_x$相比，由于投保人迟缴保费每年带来的利息损失为$\frac{m-1}{2m}P_x^{\{m\}}d$，因此，在$P_x$的基础上补充上面两项损失后就可得到$P_x^{\{m\}}$。



以 CL1(2000—2003)2.5% 为例，考虑(40)投保、保额10 000元、于死亡所在年年末给付、终身缴费终身寿险，$m=12$，可以得出对应于公式(5.2.42)的等式：

$$166.94 \approx 163.71 + 1.37 + 1.87$$

2. 定期寿险

依据比例纯保费的定义可得

$$P_{x:\overline{n}|}^{1\,\{m\}}\ddot{a}_{x:\overline{n}|}^{\{m\}} = A_{x:\overline{n}|}^{1} \tag{5.2.43}$$

$$\therefore P_{x:\overline{n}|}^{1\,\{m\}} = \frac{A_{x:\overline{n}|}^{1}}{\ddot{a}_{x:\overline{n}|}^{\{m\}}} = \frac{d^{(m)}A_{x:\overline{n}|}^{1}}{\delta\bar{a}_{x:\overline{n}|}} \tag{5.2.44}$$

也可通过保险金调整法建立如下方程：

$$P_{x:\overline{n}|}^{1\,\{m\}}\ddot{a}_{x:\overline{n}|}^{(m)} = (1+\frac{1}{2m}P_{x:\overline{n}|}^{1\,\{m\}})A_{x:\overline{n}|}^{1} \tag{5.2.45}$$

$$\therefore P_{x:\overline{n}|}^{1\,\{m\}} = \frac{A_{x:\overline{n}|}^{1}}{\ddot{a}_{x:\overline{n}|}^{(m)} - \frac{1}{2m}A_{x:\overline{n}|}^{1}} \tag{5.2.46}$$

对于限期缴费情形，有

$${}_hP_{x:\overline{n}|}^{1\,\{m\}} = \frac{A_{x:\overline{n}|}^{1}}{\ddot{a}_{x:\overline{h}|}^{\{m\}}} \tag{5.2.47}$$

3. 两全保险

$$P_{x:\overline{n}|}^{\{m\}}=\frac{A_{x:\overline{n}|}}{\ddot{a}_{x:\overline{n}|}^{\{m\}}}=\frac{d^{(m)}A_{x:\overline{n}|}}{\delta\bar{a}_{x:\overline{n}|}} \tag{5.2.48}$$

$$_{h}P_{x:\overline{n}|}^{\{m\}}=\frac{A_{x:\overline{n}|}}{\ddot{a}_{x:\overline{h}|}^{\{m\}}}=\frac{d^{(m)}A_{x:\overline{n}|}}{\delta\bar{a}_{x:\overline{h}|}} \tag{5.2.49}$$

对于死亡所在$\frac{1}{m}$年分年末、死亡所在时刻给付保险金的人寿保险，仅各举一例。如下所示。有兴趣的读者可以进行类似的思考。

（二）死亡所在$\frac{1}{m}$年分年末给付保险金的人寿保险

$$P^{\{m\}}(A_{x:\overline{n}|}^{(m)\,1})=\frac{A_{x:\overline{n}|}^{(m)\,1}}{\ddot{a}_{x:\overline{n}|}^{\{m\}}} \tag{5.2.50}$$

（三）死亡所在时刻给付保险金的人寿保险

$$P^{\{m\}}(\bar{A}_x)=\frac{\bar{A}_x}{\ddot{a}_x^{\{m\}}} \tag{5.2.51}$$

通过比较公式(5.2.1)、公式(5.2.29)与公式(5.2.38)的右端大小，不难发现下列不等式成立：

$$P_x^{[m]}<P_x^{(m)}<P_x^{\{m\}}$$

**例 5.2.3**　某30岁的人投保了保额为100 000元的20年定期寿险，保险金于死亡所在年年末给付。假设年缴保费12次，以CL1(2000—2003)2.5%为基础，计算：(1)每月真实纯保费；(2)每月年赋纯保费；(3)每月比例纯保费。

**解**：(1)每年真实纯保费为

$$100\,000P_{30:\overline{20}|}^{(12)\,1}=100\,000\frac{A_{30:\overline{20}|}^{1}}{\ddot{a}_{30:\overline{20}|}^{(12)}}=100\,000\frac{A_{30:\overline{20}|}^{1}}{\ddot{a}_{30:\overline{20}|}-\frac{11}{24}(1-v^{20}{}_{20}p_{30})}$$

$$=\frac{100\,000(M_{30}-M_{50})}{(N_{30}-N_{50})-\frac{11}{24}(D_{30}-D_{50})}\approx 167.01(\text{元})$$

∴ 每月真实纯保费为167.01 ÷ 12 ≈ 13.92(元)。

(2)每年年赋纯保费为

$$100\,000P_{30:\overline{20}|}^{[12]\,1}=\frac{100\,000P_{30:\overline{20}|}^{1}}{\ddot{a}_{\overline{1}|}^{(12)}}=\frac{100\,000(M_{30}-M_{50})}{(d/d^{(12)})(N_{30}-N_{50})}\approx 166.90(\text{元})$$

∴ 每月年赋纯保费为166.90 ÷ 12 ≈ 13.91(元)。

(3)每年比例纯保费为

$$100\,000P_{30:\overline{20}|}^{\{12\}\,1}=100\,000\frac{A_{30:\overline{20}|}^{1}}{\ddot{a}_{30:\overline{20}|}^{\{12\}}}\approx 100\,000\frac{d^{(12)}A_{30:\overline{20}|}^{1}}{\delta[\ddot{a}_{30:\overline{20}|}-\frac{1}{2}(1-v^{20}{}_{20}p_{30})]}$$

$$= \frac{100\,000 \frac{d^{(12)}}{\delta}(M_{30} - M_{50})}{(N_{30} - N_{50}) - \frac{1}{2}(D_{30} - D_{50})} \approx 167.03(元)$$

∴ 每月比例纯保费为 167.03 ÷ 12 ≈ 13.92(元)。

从本例的结论来看:比例纯保费 > 真实纯保费 > 年赋纯保费。请读者思考:其他保险也有这样的结论吗?为什么?

## 第三节　每年连续缴费的均衡纯保费

本节将讨论每年以连续生存年金方式缴纳纯保险费,这种缴费方式可以看成每年缴 $m$ 次的年缴纯保费的极限情形。就保险而言,既可以考虑年金保险,又可以考虑人寿保险。为简明起见,本节仅研究人寿保险。人寿保险按保险金给付及时程度可以细分为死亡所在年年末给付保险金的人寿保险、死亡所在 $\frac{1}{m}$ 年分年末给付保险金的人寿保险、死亡所在时刻给付保险金的人寿保险,但重点考虑死亡时刻给付保险金的情形。缴费方式可以分为全期缴费和限期缴费两种,本节主要考虑全期缴费的情形。

本节将对有关问题进行典型研究,而不一一罗列。



### 一、死亡所在时刻给付保险金的人寿保险

(一) 终身寿险

考虑连续缴费至死亡为止并于死亡之时给付保险金 1 的终身缴费终身寿险,设其年缴纯保费为 $\bar{P}(\bar{A}_x)$,设保险人在签单时的亏损变量为 ${}_0\bar{L}(\bar{A}_x)$,则

$${}_0\bar{L}(\bar{A}_x) = v^T - \bar{P}(\bar{A}_x)\bar{a}_{\overline{T|}} \tag{5.3.1}$$

由 $E({}_0\bar{L}(\bar{A}_x)) = 0$ 可得

$$\bar{A}_x - \bar{P}(\bar{A}_x)\bar{a}_x = 0$$

$$\therefore \bar{P}(\bar{A}_x) = \frac{\bar{A}_x}{\bar{a}_x} = \frac{\bar{M}_x}{\bar{N}_x} \tag{5.3.2}$$

在 $\bar{A}_x = 1 - \delta\bar{a}_x$ 的两边同除以 $\bar{a}_x$,得

$$\bar{P}(\bar{A}_x) = \frac{1}{\bar{a}_x} - \delta \tag{5.3.3}$$

或

$$\frac{1}{\bar{a}_x} = \delta + \bar{P}(\bar{A}_x) \tag{5.3.4}$$

下面计算 $\mathrm{var}({}_0\bar{L}(\bar{A}_x))$。由公式(5.3.1)可得

$${}_0\bar{L}(\bar{A}_x) = \left(1 + \frac{\bar{P}(\bar{A}_x)}{\delta}\right)v^T - \frac{1}{\delta}\bar{P}(\bar{A}_x) \tag{5.3.5}$$

$$\therefore \mathrm{var}({}_0\bar{L}(\bar{A}_x)) = \left(1 + \frac{\bar{P}(\bar{A}_x)}{\delta}\right)^2 \mathrm{var}(v^T) = \left(1 + \frac{\bar{P}(\bar{A}_x)}{\delta}\right)^2 ({}^2\bar{A}_x - \bar{A}_x^2)$$

$$= \frac{{}^2\bar{A}_x - \bar{A}_x^2}{(\delta\bar{a}_x)^2} = \frac{{}^2\bar{A}_x - \bar{A}_x^2}{(1-\bar{A}_x)^2} \tag{5.3.6}$$

**例 5.3.1**　已知 $\mu = 0.04, \delta = 0.06$，求 $\bar{P}(\bar{A}_x)$，$\mathrm{var}({}_0\bar{L}(\bar{A}_x))$。

**解：** $\bar{A}_x = \frac{\mu}{\mu+\delta} = \frac{0.04}{0.04+0.06} = 0.4$

$${}^2\bar{A}_x = \frac{\mu}{\mu+2\delta} = \frac{0.04}{0.04+2\times0.06} = 0.25$$

$$\therefore\quad \bar{P}(\bar{A}_x) = \frac{\delta\bar{A}_x}{1-\bar{A}_x} = 0.04$$

$$\mathrm{var}({}_0\bar{L}(\bar{A}_x)) = \frac{{}^2\bar{A}_x - \bar{A}_x^2}{(1-\bar{A}_x)^2} = 0.25$$

（二）定期寿险

设年缴纯保费为 $\bar{P}(\bar{A}^1_{x:\overline{n}|})$，则

$$\bar{P}(\bar{A}^1_{x:\overline{n}|}) = \frac{\bar{A}^1_{x:\overline{n}|}}{\bar{a}_{x:\overline{n}|}} \tag{5.3.7}$$

（三）两全保险

设 $\bar{P}(\bar{A}_{x:\overline{n}|})$ 表示 $(x)$ 投资的、于死亡时立即给付保险金 1、每年以生存为条件连续缴费的 $n$ 年期两全保险的年缴纯保费。设 ${}_0\bar{L}(\bar{A}_{x:\overline{n}|})$ 为保险人在签单时的亏损变量，则

$${}_0\bar{L}(\bar{A}_{x:\overline{n}|}) = \begin{cases} v^T - \bar{P}(\bar{A}_{x:\overline{n}|})\bar{a}_{\overline{T}|}, & 0 < T \leqslant n \\ v^n - \bar{P}(\bar{A}_{x:\overline{n}|})\bar{a}_{\overline{n}|}, & T > n \end{cases}$$

由 $E({}_0\bar{L}(\bar{A}_{x:\overline{n}|})) = 0$ 可得

$$\bar{P}(\bar{A}_{x:\overline{n}|}) = \frac{\bar{A}_{x:\overline{n}|}}{\bar{a}_{x:\overline{n}|}} = \frac{1}{\bar{a}_{x:\overline{n}|}} - \delta \tag{5.3.8}$$

或

$$\frac{1}{\bar{a}_{x:\overline{n}|}} = \delta + \bar{P}(\bar{A}_{x:\overline{n}|}) \tag{5.3.9}$$

$$\because\ {}_0\bar{L}(\bar{A}_{x:\overline{n}|}) = \bar{Z}_{x:\overline{n}|} - \bar{P}(\bar{A}_{x:\overline{n}|})\bar{Y}_{x:\overline{n}|} = \left(1 + \frac{\bar{P}(\bar{A}_{x:\overline{n}|})}{\delta}\right)\bar{Z}_{x:\overline{n}|} - \frac{1}{\delta}\bar{P}(\bar{A}_{x:\overline{n}|})$$

$$\therefore\ \mathrm{var}({}_0\bar{L}(\bar{A}_{x:\overline{n}|})) = \frac{{}^2\bar{A}_{x:\overline{n}|} - (\bar{A}_{x:\overline{n}|})^2}{(1-\bar{A}_{x:\overline{n}|})^2} \tag{5.3.10}$$

## 二、死亡所在 $\frac{1}{m}$ 年分年末给付保险金的人寿保险

（一）终身寿险

设年缴纯保费为 $\bar{P}(A_x^{(m)})$，则

$$\bar{P}(A_x^{(m)}) = \frac{A_x^{(m)}}{\bar{a}_x} \tag{5.3.11}$$

（二）定期寿险

设年缴纯保费为 $\bar{P}(A^{1\,(m)}_{x:\overline{n}|})$，则

$$\bar{P}(A^{(m)}_{\substack{1\\x:\overline{n}|}}) = \frac{A^{(m)}_{\substack{1\\x:\overline{n}|}}}{\bar{a}_{x:\overline{n}|}} \tag{5.3.12}$$

（三）两全保险

设年缴纯保费为 $\bar{P}(A^{(m)}_{x:\overline{n}|})$，则

$$\bar{P}(A^{(m)}_{x:\overline{n}|}) = \frac{A^{(m)}_{x:\overline{n}|}}{\bar{a}_{x:\overline{n}|}} \tag{5.3.13}$$

## 三、死亡所在年年末给付保险金的人寿保险

（一）终身寿险

设年缴纯保费为 $\bar{P}_x$，则

$$\bar{P}_x = \frac{A_x}{\bar{a}_x} \tag{5.3.14}$$

（二）定期寿险

设年缴纯保费为 $\bar{P}^1_{x:\overline{n}|}$，则

$$\bar{P}^1_{x:\overline{n}|} = \frac{A^1_{x:\overline{n}|}}{\bar{a}_{x:\overline{n}|}} \tag{5.3.15}$$

（三）两全保险

设年缴纯保费为 $\bar{P}_{x:\overline{n}|}$，则



$$\bar{P}_{x:\overline{n}|} = \frac{A_{x:\overline{n}|}}{\bar{a}_{x:\overline{n}|}} \tag{5.3.16}$$

**例 5.3.2** 某30岁的人投保了保额为100 000元的20年定期寿险，保险金于死亡所在时刻给付，每年连续缴费，以 CL1(2000—2003)2.5% 为基础，计算年缴纯保费。

**解**：所求年缴纯保费为

$$100\ 000\bar{P}^1_{30:\overline{20}|} = 100\ 000\frac{A^1_{30:\overline{20}|}}{\bar{a}_{30:\overline{20}|}}$$

$$= \frac{100\ 000(M_{30} - M_{50})}{(N_{30} - N_{50}) - \frac{1}{2}(D_{30} - D_{50})} \approx 167.20(元)$$

**例 5.3.3** 对于保额为1、于死亡所在时刻给付保险金1的终身寿险、年缴1次比例纯保费 $P^{\{1\}}(\bar{A}_x)$，试分析其与连续缴费方式下的年缴保费 $\bar{P}(\bar{A}_x)$ 的关系。

**解**：$P^{\{1\}}(\bar{A}_x) = \dfrac{\bar{A}_x}{\ddot{a}^{\{1\}}_x} = \dfrac{\bar{A}_x}{\dfrac{\delta\bar{a}_x}{d}} = \dfrac{d}{\delta}\bar{P}(\bar{A}_x) = \bar{P}(\bar{A}_x)\bar{a}_{\overline{1}|}$

年缴1次的比例纯保费实际上就是以 $\bar{P}(\bar{A}_x)$ 为年金年额连续地给付1年的现值。$\bar{P}(\bar{A}_x)$ 就是以每年连续地缴费直到死亡为止的年缴纯保费，$P(\bar{A}_x)$ 表示每年年初生存时缴纳保险费，而 $P^{\{1\}}(\bar{A}_x)$ 意味着每年年初生存时缴纳保费的同时在死亡时要按比例退还所在年度未经过的保费，由于它们都具有同等保障，因而 $P^{\{1\}}(\bar{A}_x)$ 应大于 $P(\bar{A}_x)$。下面来计算 $P^{\{1\}}(\bar{A}_x) - P(\bar{A}_x)$，它应当反映按比例退还的保险费。设保费退还

的现值为 $\bar{Y}$，其数学期望记为 $\bar{A}_x^{PR}$，以生存为条件平均每年退还的保费记为 $P(\bar{A}_x^{PR})$，则

$$\bar{Y}=\frac{P^{\{1\}}(\bar{A}_x)v^T\bar{a}_{\overline{K+1-T|}}}{\bar{a}_{\overline{1|}}}=\bar{P}(\bar{A}_x)v^T\bar{a}_{\overline{K+1-T|}}=\bar{P}(\bar{A}_x)\frac{v^T-v^{K+1}}{\delta}$$

$$\bar{A}_x^{PR}=E(\bar{Y})=\bar{P}(\bar{A}_x)\frac{\bar{A}_x-A_x}{\delta}$$

$$P(\bar{A}_x^{PR})=\frac{\bar{A}_x^{PR}}{\ddot{a}_x}=\bar{P}(\bar{A}_x)\frac{\bar{A}_x-A_x}{\delta\ddot{a}_x}$$

$$=\bar{P}(\bar{A}_x)(\frac{d}{\delta}-\frac{\bar{a}_x}{\ddot{a}_x})=P(\bar{A}_x)(\frac{d}{\delta}\cdot\frac{\ddot{a}_x}{\bar{a}_x}-1)$$

$$\because P^{\{1\}}(\bar{A}_x)-P(\bar{A}_x)=P(\bar{A}_x^{PR})$$

$$\therefore P^{\{1\}}(\bar{A}_x)=P(\bar{A}_x)+P(\bar{A}_x^{PR})=P(\bar{A}_x)\left(\frac{d}{\delta}\cdot\frac{\ddot{a}_x}{\bar{a}_x}\right)=\frac{d}{\delta}\bar{P}(\bar{A}_x)$$

**例 5.3.4**　某 35 岁的人投保了延期 30 年的期初付终身生存年金保险，年给付额为 1，趸缴保费。保单规定：如果被保险人在 30 年延期内死亡，那么将退还既缴的不计利息的保费。已知 $\ddot{a}_{65}=9.92$，$A_{35:\overline{30|}}=0.22$，$A^{\;1}_{35:\overline{30|}}=0.07$，求此年金保险的趸缴纯保费。

**解**：设趸缴纯保费为 $G$，由题意可得

$$G=GA^{\;1}_{35:\overline{30|}}+{}_{30|}\ddot{a}_{35}$$

$$\therefore G=\frac{{}_{30|}\ddot{a}_{35}}{1-A^{\;1}_{35:\overline{30|}}}=\frac{A_{35:\overset{\;\;1}{\overline{30|}}}\ddot{a}_{65}}{1-A^{\;1}_{35:\overline{30|}}}$$

$$=\frac{(A_{35:\overline{30|}}-A^{\;1}_{35:\overline{30|}})\ddot{a}_{65}}{1-A^{\;1}_{35:\overline{30|}}}=\frac{(0.22-0.07)\times 9.92}{1-0.07}=1.6$$

思考：如果返还的保费按预定利率计息，并假设 $\ddot{a}_{35}=15.27$，求该年金保险的趸缴纯保费。

**例 5.3.5**　已知 $i=0.05$，$\bar{a}_x=15$，$(x)$ 投保了保额为 10 000 元的终身寿险，采用比例纯保费方式，在每年年初生存时缴纳一次保费，保险金于死亡时刻给付。$(x)$ 在 9.7 年后死亡，求在死亡时刻应退还的保险费。

**解**：首先，考虑保额为 1 的情形。设年缴纯保费为 $P^{\{1\}}(\bar{A}_x)$，于是

$$P^{\{1\}}(\bar{A}_x)=\frac{\bar{A}_x}{\ddot{a}_x^{\{1\}}}=\frac{\bar{A}_x}{\frac{\delta}{d}\bar{a}_x}=\frac{d}{\delta}\bar{P}(\bar{A}_x)$$

$$=\frac{d}{\delta}(\frac{1}{\bar{a}_x}-\delta)=\frac{d}{\delta}(\frac{1}{15}-\delta)\approx 0.017\ 447$$

其次，在死亡时刻应退还的保费为

$$Q=P^{\{1\}}(\bar{A}_x)\cdot\frac{\bar{a}_{\overline{0.3|}}}{\bar{a}_{\overline{1|}}}=\frac{d}{\delta}(\frac{1}{15}-\delta)\cdot\frac{1-v^{0.3}}{d}$$

$$=(\frac{1}{15\delta}-1)(1-v^{0.3})=(\frac{1}{15\ln(1.05)}-1)(1-1.05^{-0.3})$$

$$\approx 0.005\ 323\ 89$$

最后,求出保额为 10 000 元时,应退还的保险费为

$$10\ 000Q \approx 53.24(\text{元})$$

另外,容易知道年缴比例保费为174.47元,死亡时还有0.3年未经过,因而退还的保费近似为 174.47 × 0.3 ≈ 52.34(元)。

## 本章小结

本章的主要内容是每年均衡缴纳纯保费,又称年缴纯保费或期缴纯保费。

本章结构按每年缴费次数来划分:年缴一次的均衡纯保费、年缴 $m$ 次的均衡纯保费和每年连续缴费的均衡纯保费。它们均遵循收支平衡原则。以年缴一次的均衡纯保费为核心,本章重点研究全离散、全连续两种类型。就保险而言,可分为人寿保险与年金保险。本节以人寿保险中的终身寿险、定期寿险、两全保险为主要研究对象。

真实纯保费、年赋纯保费、比例纯保费既有联系又有区别。真实纯保费是指以$\frac{1}{m}$年初生存作为缴纳该$\frac{1}{m}$年分期保费的条件的一种均衡年缴纯保费。年缴 $m$ 次的年赋纯保费是指以$\frac{1}{m}$年初生存作为缴纳该$\frac{1}{m}$年的分期保费的条件,同时还要缴纳死亡所在年度其余分期尚未缴纳的分期保费的一种年缴保险费。换言之,只要投保人在年初生存,就必须缴纳该年所有分期纯保费。年缴 $m$ 次的比例纯保费是指每年缴费 $m$ 次,每$\frac{1}{m}$年初生存时缴纳该分期保费,并按比例退还死亡所在$\frac{1}{m}$年未生存这段时间所对应的保费,实际上就是按生存时间的长短来缴纳保费。有关系式:比例纯保费 > 真实纯保费 > 年赋纯保费。

年缴纯保费主要应用于如下两个方面:一是对两全保险年缴保费构成进行了再认识,体现了两全保险与自我储蓄以便期满生存时能提供生存金的关系,换言之,需辅之以新定期寿险才能解决在期满之前死亡时储蓄额不够给付保险金的资金缺口问题;二是分析了死亡时返还已缴纳的纯保费,甚至还可以给付一定的利息,以增加保单的吸引力。

本章最重要的公式是年缴纯保费与生存年金精算现值的关系式。

## 习题5

5-1 某40岁的人投保了20年期两全保险,保险金额为20万元,于死亡所在年年末或期满生存时给付,每年年初均衡缴费一次,限期 10 年缴清保费,以 CL1(2000—2003)2.5%为例,求年缴纯保费。

5-2 某40岁的人购买了20年延期,年额为12 000元的期末付终身年金保险,

若限期 20 年缴清保费,年缴一次,以 CL1(2000—2003)2.5%为例,求年缴纯保费。

5 - 3　已知:(1)$a_x = 13.257$,$A_x = 0.193\,04$;(2)$a_x = 13.164$,$P_x = 0.041\,47$;(3)$A_x = 0.194\,14$,$P_x = 0.009\,64$。分别在上述三种情况下求预定利率 $i$。

5 - 4　已知 $A_x = 0.190$,${}^2A_x = 0.064$,求保额为 1 的全离散型终身寿险的亏损变量的标准差。

5 - 5　已知 $P_{x:\overline{n}|} = 0.072\,68$,$P_x = 0.009\,29$,${}_nP_x = 0.018\,22$,求 $i$。

5 - 6　已知 $P_{20:\overline{40}|} = 0.07$,$\ddot{a}_{20} = 18.72$,$\ddot{a}_{20:\overline{40}|} = 14.28$,求 $P_{20}$。

5 - 7　已知 ${}_{20}P_{40} = 0.041$,$P_{40:\overline{20}|} = 0.059$,$A_{60} = 0.64$,计算 $P^{1}_{40:\overline{20}|}$ 与 $P_{40:\overline{20}|}^{\ \ 1}$。

5 - 8　已知 $P(\bar{A}_{40:\overline{20}|}) = 0.05$,${}_{20}P(\bar{A}_{40}) = 0.04$,$\bar{A}_{60} = 0.68$,计算 $P(\bar{A}^{1}_{40:\overline{20}|})$。

5 - 9　某 40 岁的人投保了一份全离散型终身寿险,前 10 年每年年初缴纳保费 $\pi_0$,以后每年年初缴纳保费 $2\pi_0$,于死亡所在年年末均给付 10 000 元。已知 $A_{40} = 0.15$,$A_{50} = 0.24$,$i = 0.07$,${}_{10}p_{40} = 0.96$,求 $\pi_0$。

5 - 10　某保险公司对某 25 岁的人签发了一张终身寿险保单,保单规定:(1) 若被保险人在前 10 年死亡仅给付保险金 10 000 元,以后死亡则给付 20 000 元;(2) 前 10 年所缴保费是以后年份的一半;(3) 保费于被保险人 65 岁前缴清;(4) 保险金于被保险人死亡所在年年末给付。以 CL1(2000—2003)2.5%为基础,求年缴纯保费。

5 - 11　设 ${}_0L_x$ 表示 $(x)$ 投保的终身寿险时的亏损变量,保额为 1,于死亡所在年年末给付。当按等价原则收费时,$E({}_0L_x) = 0$。已知 $A_{49} = 0.292\,24$,$\mathrm{var}({}_0L_{49}) = 0.1$,${}^2A_{49} = 0.117\,23$,$i = 0.05$,求 $E({}_0L_{49})$。

5 - 12　某 30 岁的人投保了如下一种特殊的限期 10 年缴费、保险金额为 1 000 元、全离散型终身寿险,于死亡所在年年末返还既缴的不计利息的纯保费。已知 $A_{30} = 0.102$,${}_{10|}A_{30} = 0.088$,$(IA)^{1}_{30:\overline{10}|} = 0.078$,$\ddot{a}_{30:\overline{10}|} = 7.747$,求年缴均衡纯保费。

5 - 13　某 40 岁的男子投保了 20 年缴费、20 年期、保险金额为 20 000 元的纯生存保险,并约定在保险期内死亡,于死亡所在年年末返还已缴的纯保险费。若返还的保费:(1) 不计利息;(2) 按年利率 2.5% 计算利息。试以 CL1(2000—2003)2.5% 为例,分别计算该男子每年应缴纳的纯保险费。

5 - 14　考虑 $(x)$ 投保了延期 3 年的终身期初付生存年金保险,已知 $i = 0.04$,该年金保险第一次给付额为 1 000 元,以后按 4% 逐年递增,均衡缴费,缴费期为 3 年,$e_x = 11.05$,$p_x = 0.99$,${}_2p_x = 0.98$,求年缴均衡纯保费。

5 - 15　已知 $A_{50:\overline{20}|} = 0.351\,429$,${}_{20}E_{50} = 0.242\,211$,$\alpha(2) = 1.000\,212\,18$,$\beta(2) = 0.257\,390\,80$,$i = 0.06$,计算 $1\,000P^{(2)}_{50:\overline{20}|}$。

5 - 16　某 30 岁的人投保了保额为 50 000 元的 20 年两全保险,保险金于死亡所在季末或期满生存时给付,假设年缴保费 4 次,以 CL1(2000—2003)2.5% 为基础,计算:(1) 每年的真实纯保费;(2) 每年的年赋纯保费;(3) 每年的比例纯保费。

5 - 17　已知 $i = 0.04$,$\bar{a}_x = 16$,$(x)$ 投保了保额为 10 000 元的终身寿险,采用比例纯保费,每年年初缴纳一次,保险金于死亡时刻给付。$(x)$ 经过 6.4 年后死亡,求在死亡时刻应退还的保险费。

5 - 18　对于一个全连续型、单位保额的终身寿险保单，$\mu = 0.08, i = 0.07$，求 $\bar{P}(\bar{A}_x)$ 以及在时刻25时亏损变量的方差。

5 - 19　吉姆的余命 $T$ 的分布有两种可能：(1) 以30% 的概率保证 $T$ 有常数死力 $\mu = 0.03$；(2) 以70% 的概率保证 $T$ 的概率密度函数为 $f(t) = 0.02 (0 \leqslant t \leqslant 50)$，$i = 0.05$。某保险公司对吉姆在45岁时签发了一个全连续型终身寿险保单，保额为1 000元，求该保险的年缴纯保费。

5 - 20　$\bar{Z}_x$ 表示死亡时立即给付保险金1的终身寿险所给付的现值，而 ${}_0\bar{L}(\bar{A}_x)$ 表示按等价原则确定保费，并连续缴纳，死亡时立即给付保险金1的终身寿险在签单时的亏损量。已知 $\dfrac{\mathrm{var}(\bar{Z}_x)}{\mathrm{var}({}_0\bar{L}(\bar{A}_x))} = 0.36$，$\bar{a}_x = 10$，求 $\bar{P}(\bar{A}_x)$。

5 - 21　证明：${}_tP^1_{x:\overline{n}|} = P^1_{x:\overline{t}|} + P_{x:\overset{1}{\overline{t}|}} A^1_{x+t:\overline{n-t}|}$。

5 - 22　证明：$P^{\{m\}}(\bar{A}_{x:\overline{n}|}) - P^{(m)}(\bar{A}_{x:\overline{n}|}) = \bar{P}(\bar{A}_{x:\overline{n}|}) \dfrac{\bar{A}_{x:\overline{n}|} - A^{(m)}_{x:\overline{n}|}}{\delta \ddot{a}^{(m)}_{x:\overline{n}|}}$。

5 - 23　证明：当 $\delta = 0$ 时，$\bar{P}(\bar{A}_x) = \dfrac{1}{\mathring{e}_x}$。

5 - 24　证明：$\left(1 + \dfrac{\mathrm{d}}{\mathrm{d}x}\bar{a}_x\right)\bar{P}(\bar{A}_x) - \dfrac{\mathrm{d}}{\mathrm{d}x}\bar{A}_x = \mu_x$。

5 - 25　已知 $\mu_{x+t} > \mu_x (t > 0)$，证明：$\bar{P}(\bar{A}_x) > \mu_x$。

# 第六章
# 均衡纯保费责任准备金

在赋课式保险、自然保费保险条件下,不会产生每年保费收入不够保险金给付问题,也不会产生保费收入使用不完的问题,就是说不存在为履行未来给付责任而进行资金准备的问题。

由于赋课式保险、自然保费保险的局限性,代之而起的是均衡纯保费。每年保费收入未必就等于保险金给付;就一定年龄后参加终身寿险而言,自然保费随年龄的增加而增加,而均衡纯保费只不过是将自然保费均衡化,因此会出现前期保费收入用不完,而后期保费收入不够用的问题。主要原因是保费收入已均衡化,而保险金的给付尚未均衡化,于是需要将前期未使用完的保费以复利形式储存起来,以弥补后期保险金给付的缺口。这种以保险契约为依据,为应付将来发生的赔付而提取的资金准备,称为责任准备金。换言之,责任准备金就是保险人为履行未来的赔付责任而从收取的保费中提取的资金准备。



责任准备金是保险人对被保险人的负债,而非保险人的资产。责任准备金的提存,关系到保险人履行赔付的能力,也关系到保险人的盈余,因此,深刻理解责任准备金概念,正确计算责任准备金,具有十分重要的意义。各国保险监管机构对责任准备金都有一个最低要求,或“法定责任准备金”的要求。我国在2005年12月颁布第二套生命表时,要求各保险公司可以自行选择定价生命表,而责任准备金的评估必须用该套生命表。

责任准备金实际上是保险人对均衡纯保费依生死概率所进行的一种合理分配。在均衡纯保费方式下产生的责任准备金,称为均衡纯保费责任准备金。趸缴纯保费方式下是否存在责任准备金问题?回答是肯定的。由于其研究方法与均衡纯保费责任准备金一样,因此本章只研究前者。

责任准备金有两种最基本的计算方法。一是未来法(prospective method),也叫将来法、预期法,其原理是:某保险年度末责任准备金 = 未来保险金给付的精算现值 - 未来保险费收入的精算现值。二是过去法(retrospective method),亦称为追溯法,其原理是:某保险年度末责任准备金 = 过去保险费收入的精算终值 - 过去保险金给付的精算终值。无论是用未来法还是用过去法,所计算出的责任准备金都体现出了其实质,量度了保险人未来给付的责任。

责任准备金计算的前提条件:一是以评估利率、评估死亡率的实现作为基础;二是在计算时点或观察点,保费收入与生存金尚未收进,而死亡保险金已经付出,即前者算在将来，而后者算在过去。

本章根据每年保险费缴纳的次数的不同划分为三节，即年缴保费一次的均衡纯保费责任准备金、年缴保费 $m$ 次的均衡纯保费责任准备金、每年连续缴费的均衡纯保费责任准备金。首先，就保险而言，每一节可分为人寿保险与年金保险，还可就保险金给付条件进一步细分；其次，研究责任准备金的不同表达式；最后，在离散型缴费方式条件下进一步探讨责任准备金递推公式及其非整数年（或会计年）年末的责任准备金，并探讨完全连续型人寿保险责任准备金的微分方程。

## 第一节　年缴保费一次的均衡纯保费责任准备金

### 一、基本计算

（一）人寿保险

1. 死亡所在年年末给付保险金的人寿保险

（1）终身寿险。

${}_kV_x$ 表示 $(x)$ 投保的、于死亡所在年年末给付保险金1、终身缴费、年缴一次均衡纯保费的终身寿险在第 $k$ 年年末的责任准备金；设被保险人在 $x+k$ 岁时的取整余命为 $J(J=0,1,2,\cdots)$，并设保险人在时刻 $k$ 的亏损随机变量为 ${}_kL_x$，则



$$P(J=j)={}_{j|}q_{x+k} \tag{6.1.1}$$

$$ {}_kL_x=v^{J+1}-P_x\ddot{a}_{\overline{J+1|}} \tag{6.1.2}$$

$$\begin{aligned}E({}_kL_x)&=E(v^{J+1})-P_xE(\ddot{a}_{\overline{J+1|}})\\&=A_{x+k}-P_x\ddot{a}_{x+k}=\frac{M_{x+k}}{D_{x+k}}-P_x\frac{N_{x+k}}{D_{x+k}}={}_kV_x\end{aligned} \tag{6.1.3}$$

由此可将责任准备金理解为未来保险金给付的平均缺口，公式(6.1.3)体现了未来法计算责任准备金的原理。使用未来法时，有时为了区别起见，在主体字母“$V$”的右上角加上上标“$p$”，而使用过去法时，在“$V$”的右上角加上上标“$r$”，这里 $p$、$r$ 分别取“未来法”“过去法”的英文首字母。

下面计算 $\mathrm{var}({}_kL_x)$。

$$\because\ {}_kL_x=(1+\frac{P_x}{d})v^{J+1}-\frac{P_x}{d}$$

$$\begin{aligned}\therefore\ \mathrm{var}({}_kL_x)&=(1+\frac{P_x}{d})^2[{}^2A_{x+k}-(A_{x+k})^2]\\&=\frac{{}^2A_{x+k}-(A_{x+k})^2}{(1-A_x)^2}\end{aligned} \tag{6.1.4}$$

$$ {}_kV_x^r=P_x\ddot{s}_{x:\overline{k|}}-\frac{A^{\ 1}_{x:\overline{k|}}}{{}_kE_x} \tag{6.1.5}$$

$$=P_x\frac{N_x-N_{x+k}}{D_{x+k}}-\frac{M_x-M_{x+k}}{D_{x+k}} \tag{6.1.6}$$

可以证明：由未来法与过去法计算出的责任准备金相等，即${}_kV_x^r={}_kV_x^p$。事实上，可用如下三种证明方法。

方法一：从责任准备金的未来法和过去法的计算表达式中，不难发现，保费收入、保险金支出在$x+k$岁时被分成了两段，以$x$岁为观察点，其价值等式为

$$P_x(\ddot{a}_{x:\overline{k|}}+{}_kE_x\ddot{a}_{x+k})=A^1_{x:\overline{k|}}+{}_kE_xA_{x+k}$$

移项，得

$$P_x\ddot{a}_{x:\overline{k|}}-A^1_{x:\overline{k|}}={}_kE_x(A_{x+k}-P_x\ddot{a}_{x+k})$$

两边同除以${}_kE_x$，得

$$P_x\ddot{s}_{x:\overline{k|}}-\frac{A^1_{x:\overline{k|}}}{{}_kE_x}=A_{x+k}-P_x\ddot{a}_{x+k}$$

$$\therefore\ {}_kV_x^r={}_kV_x^p$$

方法二：以$x+k$岁为观察点，依收支平衡原则，有

$$P_x\ddot{s}_{x:\overline{k|}}+P_x\ddot{a}_{x+k}=\frac{A^1_{x:\overline{k|}}}{{}_kE_x}+A_{x+k}$$

$$\therefore P_x\ddot{s}_{x:\overline{k|}}-\frac{A^1_{x:\overline{k|}}}{{}_kE_x}=A_{x+k}-P_x\ddot{a}_{x+k}$$

$$\therefore\ {}_kV_x^r={}_kV_x^p$$

方法三：用替换函数证明

$$\begin{aligned}{}_kV_x^p&=A_{x+k}-P_x\ddot{a}_{x+k}=\frac{M_{x+k}}{D_{x+k}}-P_x\frac{N_{x+k}}{D_{x+k}}\\&=\frac{M_x-P_xN_x}{D_{x+k}}+\frac{P_x(N_x-N_{x+k})}{D_{x+k}}-\frac{M_x-M_{x+k}}{D_{x+k}}\\&=P_x\ddot{s}_{x:\overline{k|}}-\frac{A^1_{x:\overline{k|}}}{{}_kE_x}={}_kV_x^r\end{aligned}$$

下面对于每一种保险，先用未来法写出责任准备金的表达式，然后写出过去法的结果，请读者观察在什么条件下使用未来法或过去法更简便一些。

**例 6.1.1**　某 30 岁的人投保了保额为 20 000 元的终身寿险，年缴一次均衡纯保费，全期缴费，保险金于死亡所在年年末给付，以 CL1(2000—2003)2.5%为基础，试分别用过去法与未来法计算该保险在第 10 年年末的责任准备金。

**解：**$\because P_{30}=\dfrac{A_{30}}{\ddot{a}_{30}}=\dfrac{M_{30}}{N_{30}}\approx 0.011\ 491\ 04$

过去法：$${}_{10}\tilde{V}_{30}^r=20\ 000\,{}_{10}V_{30}^r=20\ 000\left(P_{30}\ddot{s}_{30:\overline{10|}}-A^1_{30:\overline{10|}}\cdot\frac{1}{{}_{10}E_{30}}\right)$$

$$=20\ 000\left(P_{30}\frac{N_{30}-N_{40}}{D_{40}}-\frac{M_{30}-M_{40}}{D_{40}}\right)\approx 2\ 394.30(\text{元})$$

未来法：$${}_{10}\tilde{V}_{30}^p=20\ 000\,{}_{10}V_{30}^p=20\ 000(A_{40}-P_{30}\ddot{a}_{40})$$

$$=20\ 000\left(\frac{M_{40}}{D_{40}}-P_{30}\frac{N_{40}}{D_{40}}\right)\approx 2\ 394.30(\text{元})$$

亦可先算出本例题的年缴纯保费，然后计算责任准备金。下面以未来法为例：

$$\because \tilde{P}_{30} = 20\,000P_{30} = 20\,000\frac{M_{30}}{N_{30}} \approx 229.820\,820$$

$$\therefore {}_{10}\tilde{V}_{30}^{p} = 20\,000A_{40} - \tilde{P}_{30}\ddot{a}_{40} = 20\,000\frac{M_{40}}{D_{40}} - \tilde{P}_{30}\frac{N_{40}}{D_{40}} \approx 2\,394.30(\text{元})$$

说明:由于年缴保费 $P_{30}$ 或 $\tilde{P}_{30}$ 的结果仅是中间数据,所以应尽可能保留比较多的小数位,以确保用未来法与过去法计算的责任准备金的最终结果相等。

(2) 定期寿险。

设 $n$ 年定期寿险在第 $k$ 年年末的责任准备金为 ${}_kV^{1}_{x:\overline{n|}}$,则

$${}_kV^{p\,1}_{x:\overline{n|}} = \begin{cases} A^{1}_{x+k:\overline{n-k|}} - P^{1}_{x:\overline{n|}}\ddot{a}_{x+k:\overline{n-k|}}, & 0 \leqslant k < n \\ 0, & k = n \end{cases} \tag{6.1.7}$$

$${}_kV^{r\,1}_{x:\overline{n|}} = \begin{cases} 0, & k = 0 \\ P^{1}_{x:\overline{n|}}\ddot{s}_{x:\overline{k|}} - A^{1}_{x:\overline{k|}}\dfrac{1}{{}_kE_x}, & 0 < k \leqslant n \end{cases} \tag{6.1.8}$$

说明:自变量 $k$ 分段时边界点的归属依据是不出现期限为 0 的人寿保险趸缴纯保费或生存年金精算现值或精算终值,下同。

易证:${}_kV^{p\,1}_{x:\overline{n|}} = {}_kV^{r\,1}_{x:\overline{n|}}$。既然两者相等,那么都可用 ${}_kV^{1}_{x:\overline{n|}}$ 表示。

事实上,当 $k = n$ 时,

$$P^{1}_{x:\overline{n|}}\ddot{s}_{x:\overline{n|}} - A^{1}_{x:\overline{n|}}\frac{1}{{}_nE_x} = \frac{1}{{}_nE_x}(P^{1}_{x:\overline{n|}}\ddot{a}_{x:\overline{n|}} - A^{1}_{x:\overline{n|}}) = 0,\text{所证等式成立;}$$

当 $0 < k < n$ 时,

$$\begin{aligned} {}_kV^{p\,1}_{x:\overline{n|}} &= A^{1}_{x+k:\overline{n-k|}} - P^{1}_{x:\overline{n|}}\ddot{a}_{x+k:\overline{n-k|}} = \frac{M_{x+k} - M_{x+n}}{D_{x+k}} - P^{1}_{x:\overline{n|}}\frac{N_{x+k} - N_{x+n}}{D_{x+k}} \\ &= \frac{(M_x - M_{x+n}) - (M_x - M_{x+k})}{D_{x+k}} - P^{1}_{x:\overline{n|}}\frac{(N_x - N_{x+n}) - (N_x - N_{x+k})}{D_{x+k}} \\ &= P^{1}_{x:\overline{n|}}\ddot{s}_{x:\overline{k|}} - A^{1}_{x:\overline{k|}}\frac{1}{{}_kE_x} = {}_kV^{r\,1}_{x:\overline{n|}} \end{aligned}$$

当 $k = 0$ 时,所证等式显然成立。

(3) 两全保险。

设其在第 $k$ 年年末的责任准备金为 ${}_kV_{x:\overline{n|}}$,于是

$${}_kV^{p}_{x:\overline{n|}} = \begin{cases} A_{x+k:\overline{n-k|}} - P_{x:\overline{n|}}\ddot{a}_{x+k:\overline{n-k|}}, & 0 \leqslant k < n \\ 1, & k = n \end{cases} \tag{6.1.9}$$

$${}_kV^{r}_{x:\overline{n|}} = \begin{cases} 0, & k = 0 \\ P_{x:\overline{n|}}\ddot{s}_{x:\overline{k|}} - A^{1}_{x:\overline{k|}}\dfrac{1}{{}_kE_x}, & 0 < k \leqslant n \end{cases} \tag{6.1.10}$$

请读者证明用过去法与用未来法计算的责任准备金相等。

(4) 限期缴费的两全保险。

设限期 $h$ 年缴费的 $n$ 年两全保险在第 $k$ 年年末的责任准备金为 ${}^{h}_{k}V_{x:\overline{n|}}$,于是

$$
{}_k^hV_{x:\overline{n}|}^p=\begin{cases}A_{x+k:\overline{n-k}|}-{}_hP_{x:\overline{n}|}\ddot{a}_{x+k:\overline{h-k}|}, & 0\leqslant k<h\\ A_{x+k:\overline{n-k}|}, & h\leqslant k<n\\ 1, & k=n\end{cases} \tag{6.1.11}
$$

$$
{}_k^hV_{x:\overline{n}|}^r=\begin{cases}0, & k=0\\ {}_hP_{x:\overline{n}|}\ddot{s}_{x:\overline{k}|}-A_{x:\overline{k}|}^{1}\dfrac{1}{{}_kE_x}, & 0<k\leqslant h\\ {}_hP_{x:\overline{n}|}\ddot{s}_{x:\overline{h}|}\dfrac{1}{{}_{k-h}E_{x+h}}-A_{x:\overline{k}|}^{1}\dfrac{1}{{}_kE_x}, & h<k\leqslant n\end{cases} \tag{6.1.12}
$$

2. 死亡所在$\dfrac{1}{m}$年分年末给付保险金的人寿保险

于死亡所在时刻给付保险金、死亡所在$\dfrac{1}{m}$年分年末给付保险金的人寿保险的责任准备金，均可借鉴于死亡所在年年末给付保险金的人寿保险的责任准备金的研究方法。为了简明起见，仅举一些例子，其余则请读者自行完成。

设于死亡所在$\dfrac{1}{m}$年分年末给付保险金 1、年缴一次均衡纯保费的 $n$ 年定期寿险在第 $k$ 年年末的责任准备金为

$$
{}_kV^p(A_{x:\overline{n}|}^{1\,(m)})=\begin{cases}A_{x+k:\overline{n-k}|}^{1\,(m)}-P(A_{x:\overline{n}|}^{1\,(m)})\ddot{a}_{x+k:\overline{n-k}|}, & 0\leqslant k<n\\ 0, & k=n\end{cases} \tag{6.1.13}
$$

$$
{}_kV^r(A_{x:\overline{n}|}^{1\,(m)})=\begin{cases}0, & k=0\\ P(A_{x:\overline{n}|}^{1\,(m)})\ddot{s}_{x:\overline{k}|}-A_{x:\overline{k}|}^{1\,(m)}\dfrac{1}{{}_kE_x}, & 0<k\leqslant n\end{cases} \tag{6.1.14}
$$

3. 死亡所在时刻给付保险金的人寿寿险

设限期 $h$ 年缴费，于死亡所在时刻提供保险金 1 的终身寿险在第 $k$ 年年末的责任准备金为${}_k^hV(\bar{A}_x)$，则

$$
{}_k^hV^p(\bar{A}_x)=\begin{cases}\bar{A}_{x+k}-{}_hP(\bar{A}_x)\ddot{a}_{x+k:\overline{h-k}|}, & 0\leqslant k<h\\ \bar{A}_{x+k}, & k\geqslant h\end{cases} \tag{6.1.15}
$$

$$
{}_k^hV^r(\bar{A}_x)=\begin{cases}0, & k=0\\ {}_hP(\bar{A}_x)\ddot{s}_{x:\overline{k}|}-\dfrac{\bar{A}_{x:\overline{k}|}^{1}}{{}_kE_x}, & k<h\\ {}_hP(\bar{A}_x)\ddot{s}_{x:\overline{h}|}\dfrac{1}{{}_{k-h}E_{x+h}}-\dfrac{\bar{A}_{x:\overline{k}|}^{1}}{{}_kE_x}, & k\geqslant h\end{cases} \tag{6.1.16}
$$

（二）年金保险

以 $n$ 年延期终身年金保险为例，在年金给付期内，每年年初生存时给付 1，而在未来 $n$ 年内每年年初生存时均衡缴纳保险费。设该年金保险在第 $k$ 年年末的责任准备金为${}_k^nV({}_{n|}\ddot{a}_x)$，同样可运用未来法与过去法，计算结果如下：

$$
{}_k^nV^p({}_{n|}\ddot{a}_x)=\begin{cases}{}_{n-k|}\ddot{a}_{x+k}-{}_nP({}_{n|}\ddot{a}_x)\ddot{a}_{x+k:\overline{n-k}|}, & 0\leqslant k<n\\ \ddot{a}_{x+k}, & k\geqslant n\end{cases} \tag{6.1.17}
$$

$$
{}_k^nV^r({}_{n|}\ddot{a}_x)=\begin{cases}0, & k=0\\ {}_nP({}_{n|}\ddot{a}_x)\ddot{s}_{x:\overline{k|}}, & 0<k\leqslant n\\ {}_nP({}_{n|}\ddot{a}_x)\ddot{s}_{x:\overline{n|}}\cdot\dfrac{1}{{}_{k-n}E_{x+n}}-\ddot{s}_{x+n:\overline{k-n|}}, & k>n\end{cases} \tag{6.1.18}
$$

当然,读者可以考虑期末付生存年金、每年给付多次或每年连续给付的终身生存年金、定期生存年金或延期生存年金等情形,其基本方法仍然是未来法或过去法。

综上所述,既然用未来法与用过去法所计算出的责任准备金结果是一样的,因而以后主体字母"$V$"的右上角的上标"$r$"或"$p$"一般都取消掉,除非是为了区别。但在不同条件下采用不同的方法,其繁简程度是不一样的。① 在保险费缴纳期结束后的某时刻 $k$ 的责任准备金的计算宜用未来法,因为未来没有保费收入,仅有保险金支出,其结果就是未来保险金支付的精算现值。② 在无须提供保险金的期间某时刻 $k$ 的责任准备金的计算宜用过去法,因为其结果就是过去保险费收入的精算终值。

## 二、责任准备金的不同表达式

责任准备金有不同表达式的结论适用于保险金于死亡所在年年末给付、保险费年缴一次的终身寿险与两全保险两种情形。我们均从未来法表达式出发,运用人寿保险趸缴(或年缴)保费与生存年金精算现值的关系进行推导,以后两节将有类似的结论。

(一) 终身寿险

$$
{}_kV_x=A_{x+k}-P_x\ddot{a}_{x+k}
$$

$$
=1-\frac{\ddot{a}_{x+k}}{\ddot{a}_x} \quad \text{(年金精算现值表达式)} \tag{6.1.19}
$$

$$
=\frac{A_{x+k}-A_x}{1-A_x} \quad \text{(趸缴纯保费表达式)} \tag{6.1.20}
$$

$$
=\frac{P_{x+k}-P_x}{P_{x+k}+d} \quad \text{(年缴纯保费表达式)} \tag{6.1.21}
$$

(二) 两全保险

$$
{}_kV_{x:\overline{n|}}=A_{x+k:\overline{n-k|}}-P_{x:\overline{n|}}\ddot{a}_{x+k:\overline{n-k|}}
$$

$$
=1-\frac{\ddot{a}_{x+k:\overline{n-k|}}}{\ddot{a}_{x:\overline{n|}}} \quad \text{(年金精算现值表达式)} \tag{6.1.22}
$$

$$
=\frac{A_{x+k:\overline{n-k|}}-A_{x:\overline{n|}}}{1-A_{x:\overline{n|}}} \quad \text{(趸缴纯保费表达式)} \tag{6.1.23}
$$

$$
=\frac{P_{x+k:\overline{n-k|}}-P_{x:\overline{n|}}}{P_{x+k:\overline{n-k|}}+d} \quad \text{(年缴纯保费表达式)} \tag{6.1.24}
$$

**例 6.1.2** 已知 $i=0.06, q_x=0.65, q_{x+1}=0.85, q_{x+2}=1$,求 ${}_1V_x$。

**解 1:** $\because p_{x+2}=1-q_{x+2}=0$

$\therefore \ddot{a}_{x+1}=1+vp_{x+1}$

$\ddot{a}_x=1+vp_x+v^2{}_2p_x$

$$\therefore {}_1V_x = 1 - \frac{\ddot{a}_{x+1}}{\ddot{a}_x} = 1 - \frac{1 + vp_{x+1}}{1 + vp_x + v^2 p_x p_{x+1}} \approx 0.17$$

**解 2:** $A_x = vq_x + v^2 {}_{1|}q_x + v^3 {}_{2|}q_x$

$$= vq_x + v^2 p_x q_{x+1} + v^3 p_x p_{x+1} q_{x+2}$$

$$= v \cdot 0.65 + v^2 \cdot 0.35 \times 0.85 + v^3 \cdot 0.35 \times 0.15 \times 1 \approx 0.920\,62$$

$$A_{x+1} = vq_{x+1} + v^2 {}_{1|}q_{x+1} = vq_{x+1} + v^2 p_{x+1} q_{x+2}$$

$$= v \times 0.85 + 0.15 \cdot v^2 \approx 0.935\,386$$

$$\therefore {}_1V_x = \frac{A_{x+1} - A_x}{1 - A_x} \approx 0.17$$

**例 6.1.3**　已知 ${}_{10}V_{25} = 0.1$, ${}_{10}V_{35} = 0.2$, 求 ${}_{20}V_{25}$。

**解:** $\because {}_tV_x = 1 - \dfrac{\ddot{a}_{x+t}}{\ddot{a}_x}$

$$\therefore 1 - \frac{\ddot{a}_{35}}{\ddot{a}_{25}} = 0.1, 1 - \frac{\ddot{a}_{45}}{\ddot{a}_{35}} = 0.2$$

$$\therefore \frac{\ddot{a}_{35}}{\ddot{a}_{25}} = 1 - 0.1 = 0.9, \frac{\ddot{a}_{45}}{\ddot{a}_{35}} = 1 - 0.2 = 0.8$$

$$\therefore {}_{20}V_{25} = 1 - \frac{\ddot{a}_{45}}{\ddot{a}_{25}} = 1 - 0.9 \times 0.8 = 0.28$$

## 三、责任准备金递推公式

责任准备金递推公式反映相邻保险年度末责任准备金之间的关系,即反映 ${}_kV$ 与 ${}_{k+1}V$ 之间的关系。

(一) 特殊情形

下面以终身缴费且于死亡所在年年末给付保险金 1 的终身寿险为例,研究相邻年年末责任准备金之间的关系,需要运用递推公式(3.1.31) 和公式(4.2.25)。

$$\because {}_kV_x = A_{x+k} - P_x \ddot{a}_{x+k} = vq_{x+k} + vp_{x+k} A_{x+k+1} - P_x(1 + vp_{x+k} \ddot{a}_{x+k+1})$$

$$= -P_x + vq_{x+k} + vp_{x+k}(A_{x+k+1} - P_x \ddot{a}_{x+k+1})$$

$$= -P_x + vq_{x+k} + vp_{x+k}\, {}_{k+1}V_x \tag{6.1.25}$$

$$\therefore {}_kV_x + P_x = vq_{x+k} + vp_{x+k}\, {}_{k+1}V_x \tag{6.1.26}$$

由公式(6.1.25) 及 ${}_{\omega-x}V_x = 0$ 可计算各年末责任准备金,不妨称此方法为倒递推法。

$$\because {}_{\omega-x}V_x = 0$$

$$\therefore {}_{\omega-x-1}V_x = vq_{\omega-1} - P_x = A_{\omega-1} - P_x \ddot{a}_{\omega-1}$$

$${}_{\omega-x-2}V_x = -P_x + vq_{\omega-2} + vp_{\omega-2}\, {}_{\omega-x-1}V_x$$

$$= vq_{\omega-2} + v^2 p_{\omega-2} q_{\omega-1} - P_x v p_{\omega-2} - P_x$$

$$= A_{\omega-2} - P_x \ddot{a}_{\omega-2}$$

$${}_{\omega-x-3}V_x = vq_{\omega-3} + vp_{\omega-3}\, {}_{\omega-x-2}V_x - P_x$$

$$= vq_{\omega-3} + vp_{\omega-3}A_{\omega-2} - P_x(1 + vp_{\omega-3}\ddot{a}_{\omega-2})$$
$$= A_{\omega-3} - P_x\ddot{a}_{\omega-3}$$

…………

$${}_kV_x = A_{x+k} - P_x\ddot{a}_{x+k}$$

对公式(6.1.26)的解释:第$k$年年末的责任准备金${}_kV_x$加上第$k+1$年年初所收取的保费$P_x$,即第$x+1$年年初责任准备金${}_kV_x + P_x$满足两个方面的用途:一是满足年内死亡情形于年末给付保险金1的需要,平均需开支$vq_{x+k}$;二是满足年末仍生存时所需责任准备金${}_{k+1}V_x$的要求,平均需开支$vp_{x+k}\,{}_{k+1}V_x$。

由公式(6.1.26)可得

$${}_{k+1}V_x = \frac{D_{x+k}}{D_{x+k+1}}({}_kV_x + P_x) - \frac{C_{x+k}}{D_{x+k+1}} \qquad (6.1.27)$$

公式(6.1.27)被称为法克勒(Fackler)递推公式,$\frac{D_{x+k}}{D_{x+k+1}}$、$\frac{C_{x+k}}{D_{x+k+1}}$被称为法克勒系数。由${}_0V_x = 0$及公式(6.1.27)可求出其他年度末的责任准备金,此方法称为顺递推法。

对公式(6.1.27)的解释:第$k+1$年年初的责任准备金在年末的精算终值减去第$k+1$年年内死亡而在年末给付死亡保险金1所形成的精算终值。

公式(6.1.26)$\times(1+i)l_{x+k}$,则变为

$$({}_kV_x + P_x)l_{x+k}(1+i) = d_{x+k} + {}_{k+1}V_x l_{x+k+1} \qquad (6.1.28)$$

对公式(6.1.28)的解释:在第$k$年年末$l_{x+k}$人所积存的责任准备金以及第$k+1$年年初所收取的保险费在年利率$i$的作用下形成的积累值将为在第$k+1$年年内死亡的$d_{x+k}$人在年末每人提供保险金1的给付,同时为年末(或下一年初)生存的$l_{x+k+1}$人中的每人留下${}_{k+1}V_x$的责任准备金。

由公式(6.1.26)可得

$$P_x = (v\,{}_{k+1}V_x - {}_kV_x) + (1 - {}_{k+1}V_x)vq_{x+k} \qquad (6.1.29)$$

对公式(6.1.29)的解释:第$k+1$年年初所收取的保费$P_x$有两个作用。一是使责任准备金由${}_kV_x$增加到${}_{k+1}V_x$,即储蓄作用,需要开支$v\,{}_{k+1}V_x - {}_kV_x$,因而称$v\,{}_{k+1}V_x - {}_kV_x$为储蓄保险费;二是对于年内死亡情形在年末应当给付死亡保险金1,然而由于每人(无论是年内生存还是死亡)已有${}_{k+1}V_x$的责任准备金,故还需$1 - {}_{k+1}V_x$(称为危险保额)的资金缺口,其平均开支为$(1 - {}_{k+1}V_x)vq_{x+k}$,又称为危险保险费。因此,该公式表明年缴纯保费可分解为储蓄保费与危险保费之和。

公式(6.1.29)$\times l_{x+k}$,得

$$l_{x+k}P_x = (v\,{}_{k+1}V_x - {}_kV_x)l_{x+k} + (1 - {}_{k+1}V_x)vd_{x+k} \qquad (6.1.30)$$

对公式(6.1.30)的解释:在第$k+1$年年初$l_{x+k}$人每人缴纳保费$P_x$,共$l_{x+k}P_x$,首先使$l_{x+k}$人中的每个人(无论年内是否死亡)的责任准备金由${}_kV_x$增加到${}_{k+1}V_x$,共花去保险费$(v\,{}_{k+1}V_x - {}_kV_x)l_{x+k}$;对于年末仍生存的$l_{x+k+1}$人已符合要求,因为已为他们每人准备了责任准备金${}_{k+1}V_x$;对于年内死亡的$d_{x+k}$人,由于在年末的责任准备金已积存

到 ${}_{k+1}V_x$,故每人只需补上 $1-{}_{k+1}V_x$, 即填补死亡保险金给付的缺口,共花费现值 $(1-{}_{k+1}V_x)vd_{x+k}$,故公式(6.1.30)成立。

（二）一般情形

设 ${}_kV$ 与 ${}_{k+1}V$ 分别为第 $k$ 年年末、第 $k+1$ 年年末的责任准备金,如果被保险人在第 $k+1$ 年年内死亡,那么于死亡所在年年末给付保险金 $b_{k+1}$,第 $k+1$ 年年初,即在时刻 $k$,缴纳的保费为 $\pi_k$,则

$$
{}_kV+\pi_k=b_{k+1}vq_{x+k}+vp_{x+k}\,{}_{k+1}V \tag{6.1.31}
$$

或

$$
\pi_k=(v\,{}_{k+1}V-{}_kV)+(b_{k+1}-{}_{k+1}V)vq_{x+k} \tag{6.1.32}
$$

假如被保险人活过第 $k$ 年,即活过时刻 $k$,还可获得生存金 $E_k$,那么有如下更一般的递推公式:

$$
{}_kV+\pi_k-E_k=b_{k+1}vq_{x+k}+vp_{x+k}\,{}_{k+1}V \tag{6.1.33}
$$

或

$$
\pi_k=[E_k+(v\,{}_{k+1}V-{}_kV)]+(b_{k+1}-{}_{k+1}V)vq_{x+k} \tag{6.1.34}
$$

**例6.1.4**　某寿险保单规定,$(x)$ 的被保险人在 $n$ 年内死亡时,于死亡所在年年末给付保险金1加上其责任准备金,若期满生存时,则给付生存金1,求其年缴均衡纯保费 $\pi$ 及其责任准备金。

**解**:设第 $k$ 年年末责任准备金为 ${}_kV$,第 $k$ 年死亡时的死亡保险金为 $b_k(k=1,2,\cdots,n)$,年缴均衡纯保费为 $\pi$ ,于是由题意知:

$$
{}_nV=1,{}_0V=0,b_k=1+{}_kV\quad(k=1,2,\cdots,n)
$$

$$
\therefore\ \pi=(v\,{}_{k+1}V-{}_kV)+(b_{k+1}-{}_{k+1}V)vq_{x+k}
$$

即

$$
\pi=v\,{}_{k+1}V-{}_kV+vq_{x+k} \tag{6.1.35}
$$

公式(6.1.35)两边同乘以 $v^k$,得

$$
v^k\pi=v^{k+1}\,{}_{k+1}V-v^k\,{}_kV+v^{k+1}q_{x+k} \tag{6.1.36}
$$

公式(6.1.36)两边对 $k=0,1,2,\cdots,n-1$ 求和,并整理得

$$
\pi=\frac{v^n+\sum_{k=0}^{n-1}v^{k+1}q_{x+k}}{\ddot{a}_{\overline{n}|}}
$$

公式(6.1.36)两边对 $k=0,1,2,\cdots,t-1$ 求和,得

$$
\pi\ddot{a}_{\overline{t}|}=v^t\,{}_tV+\sum_{k=0}^{t-1}v^{k+1}q_{x+k}
$$

$$
\therefore\ {}_tV=\pi\ddot{s}_{\overline{t}|}-\sum_{k=0}^{t-1}(1+i)^{t-(k+1)}q_{x+k}
$$

具体而言,假设 $x=40,n=20$,以CL1(2000—2003)2.5%为例,运用第十二章的Excel方法,可以计算出:$\pi\approx0.041\,743$, ${}_{10}V\approx0.452\,787$。提示:$vq_{x+k}=\dfrac{C_{x+k}}{D_{x+k}}$。

**例 6.1.5** 已知某保险的责任准备金递推公式为：

$$_{k+1}V = \frac{D_{x+k}}{D_{x+k+1}}(_kV + P) - \frac{C_{x+k}}{D_{x+k+1}}, \text{且}\ _0V = 0,\ _nV = 1, \text{求}\ P\ \text{及}\ _kV\text{。}$$

**解**：由已知条件可得

$$D_{x+t+1\ t+1}V - D_{x+t\ t}V = D_{x+t}P - C_{x+t} \tag{6.1.37}$$

在公式(6.1.37)中令 $t = 0,1,2,\cdots,n-1$，相加可得

$$D_{x+n\ n}V - D_{x\ 0}V = P\sum_{t=0}^{n-1} D_{x+t} - \sum_{t=0}^{n-1} C_{x+t}$$

$$\therefore P(N_x - N_{x+n}) = M_x - M_{x+n} + D_{x+n}$$

$$P = \frac{M_x - M_{x+n} + D_{x+n}}{N_x - N_{x+n}} = P_{x:\overline{n|}}$$

在公式(6.1.37)中令 $t = 0,1,2,\cdots,k-1$，相加可得

$$D_{x+k\ k}V - D_{x\ 0}V = P\sum_{t=0}^{k-1} D_{x+t} - \sum_{t=0}^{k-1} C_{x+t}$$

$$D_{x+k\ k}V = P_{x:\overline{n|}}(N_x - N_{x+k}) - (M_x - M_{x+k})$$

$$_kV = P_{x:\overline{n|}}\left(\frac{N_x - N_{x+k}}{D_{x+k}}\right) - \frac{M_x - M_{x+k}}{D_{x+k}} = {}_kV_{x:\overline{n|}}$$

显然，此保险就是两全保险。



**例 6.1.6** 证明：

$$P_x = P^1_{x:\overline{t|}} + P_{x:\overline{t|}}^{\ \ 1}\ {}_tV_x \tag{6.1.38}$$

**证明 1**：由过去法得

$$_tV_x = P_x\ddot{s}_{x:\overline{t|}} - \frac{A^1_{x:\overline{t|}}}{_tE_x} = P_x \div \frac{A_{x:\overline{t|}}^{\ \ 1}}{\ddot{a}_{x:\overline{t|}}} - \frac{A^1_{x:\overline{t|}} \div \ddot{a}_{x:\overline{t|}}}{A_{x:\overline{t|}}^{\ \ 1} \div \ddot{a}_{x:\overline{t|}}}$$

$$= \frac{P_x}{P_{x:\overline{t|}}^{\ \ 1}} - \frac{P^1_{x:\overline{t|}}}{P_{x:\overline{t|}}^{\ \ 1}} = \frac{P_x - P^1_{x:\overline{t|}}}{P_{x:\overline{t|}}^{\ \ 1}}$$

$$\therefore P_x = P^1_{x:\overline{t|}} + P_{x:\overline{t|}}^{\ \ 1}\ {}_tV_x$$

**证明 2**：$\because P^1_{x:\overline{t|}} + P_{x:\overline{t|}}^{\ \ 1}\ {}_tV_x = P^1_{x:\overline{t|}} + P_{x:\overline{t|}}^{\ \ 1}(A_{x+t} - P_x\ddot{a}_{x+t})$

$$= \left(\frac{M_{x+t}}{D_{x+t}} - \frac{M_x}{N_x}\cdot\frac{N_{x+t}}{D_{x+t}}\right)\cdot\frac{D_{x+t}}{N_x - N_{x+t}} + \frac{M_x - M_{x+t}}{N_x - N_{x+t}}$$

$$= \frac{M_{x+t}}{N_x - N_{x+t}} - \frac{M_x}{N_x}\cdot\frac{(N_{x+t} - N_x) + N_x}{N_x - N_{x+t}} + \frac{M_x}{N_x - N_{x+t}} - \frac{M_{x+t}}{N_x - N_{x+t}}$$

$$= \frac{M_x}{N_x} - \frac{M_x}{N_x - N_{x+t}} + \frac{M_x}{N_x - N_{x+t}}$$

$$= \frac{M_x}{N_x} = P_x$$

$\therefore$ 所证等式成立。

**例 6.1.7**　已知 $0 \leqslant k \leqslant m$，证明：${}_kV_{x:\overline{m+n}|} = {}_kV^1_{x:\overline{m}|} + {}_kV_{x:\overline{m}|}^{\ \ 1}\,{}_mV_{x:\overline{m+n}|}$。

**证明 1**：依据过去法

$$ {}_mV_{x:\overline{m+n}|} = P_{x:\overline{m+n}|}\ddot{s}_{x:\overline{m}|} - \frac{A^1_{x:\overline{m}|}}{A_{x:\overline{m}|}^{\ \ 1}} = \frac{P_{x:\overline{m+n}|}}{P_{x:\overline{m}|}^{\ \ 1}} - \frac{P^1_{x:\overline{m}|}}{P_{x:\overline{m}|}^{\ \ 1}} $$

$$ \therefore P_{x:\overline{m+n}|} = P^1_{x:\overline{m}|} + P_{x:\overline{m}|}^{\ \ 1}\,{}_mV_{x:\overline{m+n}|} $$

当 $0 \leqslant k \leqslant m$ 时，依据未来法，有

$$ \begin{aligned} {}_kV_{x:\overline{m+n}|} &= A^1_{x+k:\overline{m-k}|} + A_{x+k:\overline{m-k}|}^{\ \ \ \ 1}A_{x+m:\overline{n}|} - P_{x:\overline{m+n}|}(\ddot{a}_{x+k:\overline{m-k}|} + A_{x+k:\overline{m-k}|}^{\ \ \ \ 1}\ddot{a}_{x+m:\overline{n}|}) \\ &= A^1_{x+k:\overline{m-k}|} - P_{x:\overline{m+n}|}\ddot{a}_{x+k:\overline{m-k}|} + A_{x+k:\overline{m-k}|}^{\ \ \ \ 1}(A_{x+m:\overline{n}|} - P_{x:\overline{m+n}|}\ddot{a}_{x+m:\overline{n}|}) \\ &= A^1_{x+k:\overline{m-k}|} - (P^1_{x:\overline{m}|} + P_{x:\overline{m}|}^{\ \ 1}\,{}_mV_{x:\overline{m+n}|})\ddot{a}_{x+k:\overline{m-k}|} + A_{x+k:\overline{m-k}|}^{\ \ \ \ 1}\,{}_mV_{x:\overline{m+n}|} \\ &= (A^1_{x+k:\overline{m-k}|} - P^1_{x:\overline{m}|}\ddot{a}_{x+k:\overline{m-k}|}) + {}_mV_{x:\overline{m+n}|}(A_{x+k:\overline{m-k}|}^{\ \ \ \ 1} - P_{x:\overline{m}|}^{\ \ 1}\ddot{a}_{x+k:\overline{m-k}|}) \\ &= {}_kV^1_{x:\overline{m}|} + {}_kV_{x:\overline{m}|}^{\ \ 1}\,{}_mV_{x:\overline{m+n}|} \end{aligned} $$

$\therefore$ 等式得证。

**证明 2**：$\because\ {}_kV_{x:\overline{m+n}|} = \dfrac{P_{x:\overline{m+n}|} - P^1_{x:\overline{k}|}}{P_{x:\overline{k}|}^{\ \ 1}}$（由证明 1 得到）

同理可得

$$ {}_mV_{x:\overline{m+n}|} = \frac{P_{x:\overline{m+n}|} - P^1_{x:\overline{m}|}}{P_{x:\overline{m}|}^{\ \ 1}} $$

$$ {}_kV^1_{x:\overline{m}|} = P^1_{x:\overline{m}|}\ddot{s}_{x:\overline{k}|} - \frac{A^1_{x:\overline{k}|}}{{}_kE_x} = \frac{P^1_{x:\overline{m}|} - P^1_{x:\overline{k}|}}{P_{x:\overline{k}|}^{\ \ 1}} $$

$$ \because\ {}_kV_{x:\overline{m}|}^{\ \ 1} = P_{x:\overline{m}|}^{\ \ 1}\ddot{s}_{x:\overline{k}|} = \frac{P_{x:\overline{m}|}^{\ \ 1}}{P_{x:\overline{k}|}^{\ \ 1}} $$

$$ \begin{aligned} \therefore\ {}_kV^1_{x:\overline{m}|} + {}_kV_{x:\overline{m}|}^{\ \ 1}\cdot{}_kV_{x:\overline{m+n}|} &= \frac{P^1_{x:\overline{m}|} - P^1_{x:\overline{k}|}}{P_{x:\overline{k}|}^{\ \ 1}} + \frac{P_{x:\overline{m}|}^{\ \ 1}}{P_{x:\overline{k}|}^{\ \ 1}}\cdot\frac{P_{x:\overline{m+n}|} - P^1_{x:\overline{m}|}}{P_{x:\overline{m}|}^{\ \ 1}} \\ &= \frac{P_{x:\overline{m+n}|} - P^1_{x:\overline{k}|}}{P_{x:\overline{k}|}^{\ \ 1}} = {}_kV_{x:\overline{m+n}|} \end{aligned} $$

**例 6.1.8**　对于保额为 1 的某 3 年期全离散型两全保险，均衡地缴费，已知 $q_{20} = \dfrac{1}{3}$，${}_1V_{20:\overline{3}|} = \dfrac{1}{4}$，${}_2V_{20:\overline{3}|} = \dfrac{1}{2}$。求 $\mathrm{var}({}_0L)$，其中 ${}_0L$ 为签单时保险人的损失。

**解**：由 ${}_2V_{20:\overline{3}|} + P_{20:\overline{3}|} = vq_{22} + vp_{22}\cdot{}_3V_{20:\overline{3}|}$，${}_3V_{20:\overline{3}|} = 1$，${}_2V_{20:\overline{3}|} = \dfrac{1}{2}$ 得

$$ \frac{1}{2} + P_{20:\overline{3}|} = v $$

$$ \therefore P_{20:\overline{3}|} = v - \frac{1}{2} \tag{6.1.39} $$

又由 ${}_0V_{20:\overline{3}|} + P_{20:\overline{3}|} = vq_{20} + vp_{20}\cdot{}_1V_{20:\overline{3}|}$，${}_0V_{20:\overline{3}|} = 0$，${}_1V_{20:\overline{3}|} = \dfrac{1}{4}$ 得

$$ P_{20:\overline{3}|} = \frac{1}{3}v + v\left(1 - \frac{1}{3}\right)\cdot\frac{1}{4} = \frac{1}{2}v \tag{6.1.40} $$

由公式（6.1.39）、公式（6.1.40）联合求解可得

$$i=0, P_{20:\overline{3}|}=\frac{1}{2}$$

由 ${}_1V_{20:\overline{3}|}+P_{20:\overline{3}|}=vq_{21}+vp_{21}\cdot {}_2V_{20:\overline{3}|}$，且 ${}_1V_{20:\overline{3}|}=\frac{1}{4}$，${}_2V_{20:\overline{3}|}=\frac{1}{2}$ 得

$$\frac{1}{4}+\frac{1}{2}=q_{21}+p_{21}\cdot\frac{1}{2}$$

$$\therefore q_{21}=\frac{1}{2}$$

$$\because {}_0L=\begin{cases}v^{K+1}-P_{20:\overline{3}|}\ddot{a}_{\overline{K+1}|}, & K=0,1,2\\ v^3-P_{20:\overline{3}|}\ddot{a}_{\overline{3}|}, & K\geqslant 3\end{cases}=\begin{cases}\frac{1-K}{2}, & K=0,1,2\\ -\frac{1}{2}, & K\geqslant 3\end{cases}$$

$$P\left({}_0L=\frac{1}{2}\right)=\frac{1}{3}, P({}_0L=0)=\frac{1}{3}, P\left({}_0L=-\frac{1}{2}\right)=\frac{1}{3}$$

$$\therefore E({}_0L)=0, E({}_0L^2)=\frac{1}{6}, \operatorname{var}({}_0L)=\frac{1}{6}$$

**例6.1.9** （亏损在各年度的分摊）已知$\pi_k$为第$k+1$年年初缴纳的保险费，$b_{k+1}$为被保险人在第$k+1$年内死亡时于死亡所在年年末给付的保险金（$k=0,1,2,\cdots$），在保险签单时亏损变量为${}_0L$，$\Lambda_h$为在第$h+1$年里形成的亏损（$h=0,1,2,\cdots$），证明：

$$\operatorname{var}({}_0L)=\sum_{h=0}^{\infty}v^{2h}\operatorname{var}(\Lambda_h) \tag{6.1.41}$$



**证明：**由题意知

$${}_0L=b_{K+1}v^{K+1}-\sum_{h=0}^{K}\pi_h v^h$$

$$\Lambda_h=\begin{cases}0, & K=0,1,\cdots,h-1\\ vb_{h+1}-({}_hV+\pi_h), & K=h\\ v_{h+1}V-({}_hV+\pi_h), & K=h+1,h+2,\cdots\end{cases}$$

显然，$\Lambda_h$是依赖于$K$的随机变量，$K$取不同的值，$\Lambda_h$的值也不相同。根据递推公式（6.1.31），$\Lambda_h$变为

$$\Lambda_h=\begin{cases}0, & K=0,1,\cdots,h-1\\ (b_{h+1}-{}_{h+1}V)vp_{x+h}, & K=h\\ -(b_{h+1}-{}_{h+1}V)vq_{x+h}, & K=h+1,h+2,\cdots\end{cases}$$

$$\therefore E(\Lambda_h)=v(b_{h+1}-{}_{h+1}V)p_{x+h}\,{}_{h|}q_x-(b_{h+1}-{}_{h+1}V)vq_{x+h}\,{}_{h+1}p_x=0$$

$$\begin{aligned}\therefore \operatorname{var}(\Lambda_h)&=E((\Lambda_h)^2)-(E(\Lambda_h))^2\\&=v^2(b_{h+1}-{}_{h+1}V)^2(p_{x+h})^2\,{}_{h|}q_x+(b_{h+1}-{}_{h+1}V)^2v^2(q_{x+h})^2\,{}_{h+1}p_x\\&=v^2(b_{h+1}-{}_{h+1}V)^2\,{}_{h+1}p_x(p_{x+h}q_{x+h}+(q_{x+h})^2)\\&=v^2(b_{h+1}-{}_{h+1}V)^2\,{}_{h+1}p_xq_{x+h}\end{aligned} \tag{6.1.42}$$

可以证明

$$\mathrm{cov}(\Lambda_h,\Lambda_j)=0 \tag{6.1.43}$$

事实上,不妨假设 $h>j$,且 $\Lambda_h\neq 0$,这意味着 $K\geqslant h\geqslant j+1$,从而

$$\Lambda_j=v_{j+1}V-({}_jV+\pi_j)(\Lambda_j\text{ 取常数值,与 }K\text{ 无关})$$

$$\therefore E(\Lambda_h\Lambda_j)=[v_{j+1}V-({}_jV+\pi_j)]E(\Lambda_h)=0$$

$$\therefore \mathrm{cov}(\Lambda_h,\Lambda_j)=E(\Lambda_h\Lambda_j)=0$$

由于总亏损${}_0L$应等于各年度亏损现值之和,因此

$${}_0L=\sum_{h=0}^{\infty}v^h\Lambda_h \tag{6.1.44}$$

$$\therefore \mathrm{var}({}_0L)=\sum_{h=0}^{\infty}v^{2h}\mathrm{var}(\Lambda_h)$$

公式(6.1.41)体现了签单时的总亏损${}_0L$的方差是各保险年度亏损变量方差的函数关系。当保险经历了 $k$ 年后,此时的总亏损为${}_kL$,其方差仍可用公式(6.1.41),只是 $\Lambda_h$ 中的 $h$ 计算的起点是 $x+k$ 岁,将其记为 $\Lambda'_h$。也就是说:公式(6.1.41)中的年龄 $x$ 增加到 $x+k$,$\pi'_0={}_kV+\pi_k$,$\pi'_h=\pi_{h+k}$,$b'_h=b_{h+k}$,${}_hV'={}_{h+k}V$,$h=1,2,\cdots$。

## 四、非整数年年末责任准备金

非整数保险年年末责任准备金,又称为会计年年末责任准备金。在实际工作中,寿险公司需要依照法律在每一个会计年度终了之时做出决算,评估资产和负债,计算在一年内的收支损益,计算出当年盈余(或红利),等等。由于会计年度与保险年度往往不一致,因而需要根据保险年年末责任准备金计算出会计年年末责任准备金,即计算出非整数保险年年末责任准备金,因为所观察的会计年年末一定会落在某一保险年度之内。因而,本问题的实质就变为由相邻保险年年末的责任准备金去近似估计会计年年末责任准备金。换言之,由相邻整数年年末责任准备金去估计非整数年年末责任准备金。

假设某会计年度末刚好是该保单经过 $k+h$ 年($0<h<1$,$k$ 为整数),该保单在第 $k$ 年年末的责任准备金为${}_kV$,于是问题就演变为:如何由${}_kV$、${}_{k+1}V$去近似估计${}_{k+h}V$?下面用两种方法进行讨论。

### (一)线性插值法

假设在一年内死亡人数服从均匀分布,即责任准备金是均匀变化的,则

$${}_{k+h}V=(1-h)({}_kV+P)+h\,{}_{k+1}V \tag{6.1.45}$$

其中,${}_kV+P$、${}_{k+1}V$ 分别为第 $k+1$ 年的年初与年末的责任准备金,因而该公式表明:${}_{k+h}V$ 为这两个责任准备金的线性插值或加权算术平均值,或为年初与年末付责任准备金的线性插值。

公式(6.1.45)可变为

$${}_{k+h}V=[(1-h)\,{}_kV+h\,{}_{k+1}V]+P(1-h) \tag{6.1.46}$$

其中,$P(1-h)$ 为第 $k+1$ 年未经过保费或未赚得保费,$(1-h)\,{}_kV+h\,{}_{k+1}V$ 为第 $k$ 年年

末与第 $k+1$ 年年末责任准备金的线性插值,因而该公式表明 ${}_{k+h}V$ 为上年末责任准备金与本年末责任准备金的线性插值与未经过保费之和。

（二）未来法

下面仅以终身寿险为例探讨非整数保险年年末责任准备金的计算。由未来法可得

$$
\begin{aligned}
{}_{k+h}V_x &= v^{1-h}{}_{1-h}q_{x+k+h} + v^{1-h}{}_{1-h}p_{x+k+h}A_{x+k+1} - P_{x\,1-h|}\ddot{a}_{x+k+h} \quad (6.1.47)\\
&= v^{1-h}{}_{1-h}q_{x+k+h} + v^{1-h}{}_{1-h}p_{x+k+h}(A_{x+k+1} - P_x\ddot{a}_{x+k+1})\\
&= v^{1-h}{}_{1-h}q_{x+k+h} + v^{1-h}{}_{1-h}p_{x+k+h}\,{}_{k+1}V_x \quad (6.1.48)
\end{aligned}
$$

$\because$ 在 UDD 假设下, ${}_{1-h}q_{x+k+h} \approx \dfrac{(1-h)q_{x+k}}{1-hq_{x+k}}$

$\therefore$ ${}_{1-h}p_{x+k+h} \approx 1 - {}_{1-h}q_{x+k+h} = \dfrac{p_{x+k}}{1-hq_{x+k}}$

$$\therefore\ {}_{k+h}V_x \approx \frac{v^{1-h}(1-h)q_{x+k}}{1-hq_{x+k}} + \frac{v^{1-h}p_{x+k}}{1-hq_{x+k}}\,{}_{k+1}V_x \quad (6.1.49)$$

考虑到 $\dfrac{v^{-h}}{1-hq_{x+k}} \approx 1$,那么公式(6.1.49)可转化为

$${}_{k+h}V_x = (1-h)vq_{x+k} + vp_{x+k}\,{}_{k+1}V_x \quad (6.1.50)$$

由公式(6.1.26)可得

$$vq_{x+k} = ({}_kV_x + P_x) - vp_{x+k}\,{}_{k+1}V_x \quad (6.1.51)$$

将公式(6.1.51)代入公式(6.1.50),得

$$
\begin{aligned}
{}_{k+h}V_x &= ({}_kV_x + P_x)(1-h) - vp_{x+k}\,{}_{k+1}V_x(1-h) + vp_{x+k}\,{}_{k+1}V_x\\
&= ({}_kV_x + P_x)(1-h) + hvp_{x+k}\,{}_{k+1}V_x \quad (6.1.52)
\end{aligned}
$$

$\because vp_{x+k} \approx 1$

$$\therefore\ {}_{k+h}V_x = (1-h)({}_kV_x + P_x) + h\,{}_{k+1}V_x \quad (6.1.53)$$

显然,公式(6.1.53)是公式(6.1.45)的特例。

**例 6.1.10** 某生日为 4 月 1 日的 30 岁的人投保了保额为 10 000 元、于死亡所在年年末给付、年缴保费一次的终身缴费终身寿险,今年属于第 10 个保险年度,试计算今年 12 月 31 日的责任准备金,以 CL1(2000—2003)2.5% 为例。

**解**:所求的责任准备金为会计年年末的责任准备金,或第 9.75 个保险年年末责任准备金。下面先计算其保额为 1 时的责任准备金,然后再计算所求的责任准备金。

$${}_9V_{30} = 1 - \frac{\ddot{a}_{39}}{\ddot{a}_{30}} \approx 0.106\,669$$

$${}_{10}V_{30} = 1 - \frac{\ddot{a}_{40}}{\ddot{a}_{30}} \approx 0.119\,715$$

$$P_{30} = \frac{M_{30}}{N_{30}} \approx 0.011\,491$$

$${}_{9.75}V_{30} \approx 0.25({}_9V_{30} + P_{30}) + 0.75\cdot{}_{10}V_{30} \approx 0.119\,326$$

因此,所求的责任准备金为 1 193.26 元。顺便通过本例容易验证公式(6.1.29),即有等式:114.91 = 101.26 + 13.65。

## 第二节　年缴保费 $m$ 次的均衡纯保费责任准备金

尽管年缴 $m$ 次保费可以分为真实纯保费、年赋纯保费与比例纯保费三种类型，但最基本的是真实纯保费，因为后两者可以按真实纯保费方式处理。因此，本节将重点探讨真实纯保费条件下的责任准备金，并以终身寿险、两全保险作为主要研究的险种；然后从未来法出发，探讨其与均衡年缴保费一次的责任准备金之间的关系。

### 一、基本计算

（一）真实纯保费责任准备金

1. 死亡所在年年末给付保险金的人寿保险

（1）终身寿险。

设 ${}_kV_x^{(m)}$ 表示 $(x)$ 投保的、于死亡所在年年末给付保险金 1、年缴真实纯保费 $m$ 次的终身缴费终身寿险在第 $k$ 年年末的责任准备金，则依据未来法可得

$$ {}_kV_x^{(m)} = A_{x+k} - P_x^{(m)}\ddot{a}_{x+k}^{(m)} \tag{6.2.1}$$

运用公式(4.3.3)及公式(5.2.5)，公式(6.2.1)变为

$$\begin{aligned}
{}_kV_x^{(m)} &\approx A_{x+k} - \left(P_x + \frac{m-1}{2m}P_x^{(m)}P_x + \frac{m-1}{2m}P_x^{(m)}d\right)\left(\ddot{a}_{x+k} - \frac{m-1}{2m}\right) \\
&= A_{x+k} - P_x\ddot{a}_{x+k} - \frac{m-1}{2m}P_x^{(m)}\frac{\ddot{a}_{x+k}}{\ddot{a}_x} + \frac{m-1}{2m}P_x^{(m)} \\
&= {}_kV_x + \frac{m-1}{2m}P_x^{(m)}\left(1 - \frac{\ddot{a}_{x+k}}{\ddot{a}_x}\right) \\
&= {}_kV_x + \frac{m-1}{2m}P_x^{(m)}\,{}_kV_x \qquad (6.2.2)\\
&= \left(1 + \frac{m-1}{2m}P_x^{(m)}\right){}_kV_x \qquad (6.2.3)
\end{aligned}$$

由于年缴 $m$ 次保费与年缴一次保费的区别在于死亡所在年年度保费损失大约为 $\frac{m-1}{2m}P_x^{(m)}$，这相当于死亡所在年年末需要给付的保险金为 $1+\frac{m-1}{2m}P_x^{(m)}$，因而责任准备金为 $\left(1+\frac{m-1}{2m}P_x^{(m)}\right){}_kV_x$，故公式(6.2.3)成立。

（2）两全保险。

${}_kV_{x:\overline{n|}}^{(m)}$ 表示在真实纯保费条件下 $n$ 年期两全保险在第 $k$ 年年末的责任准备金。根据公式(4.3.10)、公式(4.3.12)及公式(5.2.10)可得

$$\begin{aligned}
{}_kV_{x:\overline{n|}}^{(m)} &= A_{x+k:\overline{n-k|}} - P_{x:\overline{n|}}^{(m)}\ddot{a}_{x+k:\overline{n-k|}}^{(m)} \qquad (6.2.4)\\
&\approx \left(A_{x+k:\overline{n-k|}} - P_{x:\overline{n|}}\ddot{a}_{x+k:\overline{n-k|}}\right) - \frac{m-1}{2m}P_{x:\overline{n|}}^{(m)}\left(P_{x:\overline{n|}}^{1} + d\right)\ddot{a}_{x+k:\overline{n-k|}} \\
&\quad + \frac{m-1}{2m}P_{x:\overline{n|}}^{(m)}\left(1 - {}_{n-k}E_{x+k}\right)
\end{aligned}$$

$$= {}_kV_{x:\overline{n}|} + \frac{m-1}{2m}P_{x:\overline{n}|}^{(m)}(A_{x+k:\overline{n-k}|}^{1} - P_{x:\overline{n}|}^{1}\ddot{a}_{x+k:\overline{n-k}|})$$

$$= {}_kV_{x:\overline{n}|} + \frac{m-1}{2m}P_{x:\overline{n}|}^{(m)}\,{}_kV_{x:\overline{n}|}^{1} \tag{6.2.5}$$

(3) 限期缴费的两全保险。

${}_k^hV_{x:\overline{n}|}^{(m)}$ 表示于死亡所在年年末或期满生存时给付保险金 1、限期 $h$ 年缴费且年缴 $m$ 次真实纯保费条件下 $n$ 年期两全保险在第 $k$ 年年末的责任准备金。

当 $k < h$ 时,

$$ {}_k^hV_{x:\overline{n}|}^{(m)} = A_{x+k:\overline{n-k}|} - {}_hP_{x:\overline{n}|}^{(m)}\ddot{a}_{x+k:\overline{h-k}|}^{(m)} \tag{6.2.6}$$

$$ {}_k^hV_{x:\overline{n}|} = A_{x+k:\overline{n-k}|} - {}_hP_{x:\overline{n}|}\ddot{a}_{x+k:\overline{n-k}|}$$

两式相减,得

$$ {}_k^hV_{x:\overline{n}|}^{(m)} - {}_k^hV_{x:\overline{n}|} = -{}_hP_{x:\overline{n}|}^{(m)}\ddot{a}_{x+k:\overline{h-k}|}^{(m)} + {}_hP_{x:\overline{n}|}\ddot{a}_{x+k:\overline{h-k}|}$$

$$ = {}_hP_{x:\overline{n}|}^{(m)}\left(\ddot{a}_{x+k:\overline{h-k}|}\cdot\frac{\ddot{a}_{x:\overline{h}|}^{(m)}}{\ddot{a}_{x:\overline{h}|}} - \ddot{a}_{x+k:\overline{h-k}|}^{(m)}\right)$$

在 UDD 假设下,

$$\because\ \ddot{a}_{x:\overline{h}|}^{(m)} = \alpha(m)\ddot{a}_{x:\overline{h}|} - \beta(m)(1 - {}_hE_x)$$

$$\frac{\ddot{a}_{x:\overline{h}|}^{(m)}}{\ddot{a}_{x:\overline{h}|}} = \alpha(m) - \beta(m)\frac{1-{}_hE_x}{\ddot{a}_{x:\overline{h}|}}$$

$$\therefore\ {}_k^hV_{x:\overline{n}|}^{(m)} - {}_k^hV_{x:\overline{n}|} \approx {}_hP_{x:\overline{n}|}^{(m)}\beta(m)\left[(1 - {}_{h-k}E_{x+k}) - \frac{1-{}_hE_x}{\ddot{a}_{x:\overline{h}|}}\ddot{a}_{x+k:\overline{h-k}|}\right]$$

$$\because\ 1 - {}_{h-k}E_{x+k} - \frac{1-{}_hE_x}{\ddot{a}_{x:\overline{h}|}}\ddot{a}_{x+k:\overline{h-k}|} = 1 - {}_{h-k}E_{x+k} - \left(\frac{1}{\ddot{a}_{x:\overline{h}|}} - P_{x:\overline{h}|}^{\ 1}\right)\ddot{a}_{x+k:\overline{h-k}|}$$

$$= 1 - {}_{h-k}E_{x+k} - P_{x:\overline{h}|}^{1}\ddot{a}_{x+k:\overline{h-k}|} - d\ddot{a}_{x+k:\overline{h-k}|}$$

$$= A_{x+k:\overline{h-k}|}^{1} - P_{x:\overline{h}|}^{1}\ddot{a}_{x+k:\overline{h-k}|}$$

$$= {}_kV_{x:\overline{h}|}^{1}$$

$$\therefore\ {}_k^hV_{x:\overline{n}|}^{(m)} \approx {}_k^hV_{x:\overline{n}|} + \beta(m)\,{}_hP_{x:\overline{n}|}^{(m)}\,{}_kV_{x:\overline{h}|}^{1} \tag{6.2.7}$$

显然,当 $h \leqslant k \leqslant n$ 时,公式(6.2.7) 仍成立,只不过这时 ${}_kV_{x:\overline{h}|}^{1} = 0$。

2. 死亡所在$\frac{1}{m}$年分年末给付保险金的人寿保险

(1) 终身寿险。

${}_kV^{(m)}(A_x^{(m)})$ 表示$(x)$ 投保的、于死亡所在$\frac{1}{m}$年分年末给付保险金 1、年缴 $m$ 次真实纯保费的终身缴费终身寿险在第 $k$ 年年末的责任准备金,则

$$ {}_kV^{(m)}(A_x^{(m)}) = A_{x+k}^{(m)} - P^{(m)}(A_x^{(m)})\ddot{a}_{x+k}^{(m)} \tag{6.2.8}$$

(2) 两全保险。

${}_kV^{(m)}(A_{x:\overline{n}|}^{(m)})$ 表示于死亡所在$\frac{1}{m}$年分年末给付保险金 1 或期满时给付生存金 1、年缴 $m$ 次真实纯保费的两全保险在第 $k$ 年年末的责任准备金,则

$$ {}_kV^{(m)}(A_{x:\overline{n}|}^{(m)}) = A_{x+k:\overline{n-k}|}^{(m)} - P^{(m)}(A_{x:\overline{n}|}^{(m)})\ddot{a}_{x+k:\overline{n-k}|}^{(m)} \tag{6.2.9} $$

3. 死亡所在时刻给付保险金的人寿保险

${}_k^hV^{(m)}(\bar{A}_{x:\overline{n}|})$ 表示于死亡所在时刻给付保险金 1 或期满生存时给付生存金 1、限期 $h$ 年缴费、年缴 $m$ 次真实纯保费的两全保险在第 $k$ 年年末的责任准备金，则

$$ {}_k^hV^{(m)}(\bar{A}_{x:\overline{n}|}) = \bar{A}_{x+k:\overline{n-k}|} - {}_hP^{(m)}(\bar{A}_{x:\overline{n}|})\ddot{a}_{x+k:\overline{h-k}|}^{(m)} \tag{6.2.10} $$

$$ = {}_k^hV(\bar{A}_{x:\overline{n}|}) + \beta(m)\,{}_hP^{(m)}(\bar{A}_{x:\overline{n}|})\,{}_kV_{x:\overline{h}|}^{1} \tag{6.2.11} $$

（二）年赋纯保费责任准备金

以死亡所在年年末给付保险金 1 的终身寿险与两全保险为例，研究年赋纯保费责任准备金。

1. 终身寿险

令 ${}_kV_x^{[m]}$ 表示终身寿险在第 $k$ 年年末的年赋纯保费责任准备金。由于于死亡所在年年末收取本年度尚未缴纳的保费，相当于减少保险金的给付，即于死亡所在年年末实际给付保险金 $(1-\frac{m-1}{2m}P_x^{[m]})$，因此

$$ {}_kV_x^{[m]} \approx (1-\frac{m-1}{2m}P_x^{[m]})A_{x+k} - P_x^{[m]}\ddot{a}_{x+k}^{(m)} \tag{6.2.12} $$

$$ \approx A_{x+k} - \frac{m-1}{2m}P_x^{[m]}(1-d\ddot{a}_{x+k}) - P_x^{[m]}(\ddot{a}_{x+k} - \frac{m-1}{2m}) $$

$$ = A_{x+k} - \ddot{a}_{x+k}P_x^{[m]}(1-\frac{m-1}{2m}d) = A_{x+k} - P_x\ddot{a}_{x+k} = {}_kV_x \tag{6.2.13} $$

公式(6.2.13)之所以成立，是因为在年赋纯保费方式下死亡所在年年末几乎没有纯保费损失，从而不存在责任准备金调整的问题。

2. 两全保险

令 ${}_kV_{x:\overline{n}|}^{[m]}$ 表示两全保险在第 $k$ 年年末的年赋纯保费责任准备金，则

$$ {}_kV_{x:\overline{n}|}^{[m]} \approx (1-\frac{m-1}{2m}P_{x:\overline{n}|}^{[m]})A_{x+k:\overline{n-k}|} - P_{x:\overline{n}|}^{[m]}\ddot{a}_{x+k:\overline{n-k}|}^{(m)} \tag{6.2.14} $$

$$ \approx {}_kV_{x:\overline{n}|} - \frac{m-1}{2m}P_{x:\overline{n}|}^{[m]}\,{}_{n-k}E_{x+k} \tag{6.2.15} $$

（三）比例纯保费责任准备金

下面以死亡所在年年末给付保险金 1 且年缴 $m$ 次比例纯保费的终身缴费终身寿险为例，研究其在第 $k$ 年年末的比例纯保费责任准备金，设其为 ${}_kV_x^{\{m\}}$。相对于比例纯保费方式而言，由于在真实纯保费方式下在死亡所在年年末多收取了保费 $\frac{1}{2m}P_x^{\{m\}}$，且一般以保险金形式退还，这意味着实际给付保险金 $1+\frac{1}{2m}P_x^{\{m\}}$，因而

$$ {}_kV_x^{\{m\}} = A_{x+k} - P_x^{\{m\}}\ddot{a}_{x+k}^{\{m\}} \tag{6.2.16} $$

$$ \approx (1+\frac{1}{2m}P_x^{\{m\}})A_{x+k} - P_x^{\{m\}}\ddot{a}_{x+k}^{(m)} \tag{6.2.17} $$

$$ \approx (1+\frac{1}{2}P_x^{\{m\}})A_{x+k} - \frac{m-1}{2m}P_x^{\{m\}}A_{x+k} - P_x^{\{m\}}(\ddot{a}_{x+k} - \frac{m-1}{2m}) $$

$$= (1+\frac{1}{2}P_x^{\{m\}})A_{x+k} - P_x^{\{m\}}[\ddot{a}_{x+k} - \frac{m-1}{2m}(1-A_{x+k})]$$

$$= (1+\frac{1}{2}P_x^{\{m\}})A_{x+k} - P_x^{\{m\}}(1-\frac{m-1}{2m}d)\ddot{a}_{x+k}$$

$$\approx (1+\frac{1}{2}P_x^{\{m\}})A_{x+k} - (1+\frac{1}{2}P_x^{\{m\}})P_x\ddot{a}_{x+k}$$

$$= (1+\frac{1}{2}P_x^{\{m\}})\,{}_kV_x \tag{6.2.18}$$

对公式(6.2.18)的解释:由于在比例纯保费方式下死亡所在年年末平均需退还多收取的保费$\frac{1}{2}P_x^{\{m\}}$,即在死亡所在年年末要给付保险金$(1+\frac{1}{2}P_x^{\{m\}})$,故比例纯保费责任准备金应近似为$(1+\frac{1}{2}P_x^{\{m\}})\,{}_kV_x$。

说明:在公式(6.2.18)的推证过程中对公式(5.2.42)进行了变形使用。

## 二、责任准备金的不同表达式

责任准备金有不同表达式的结论适用于死亡所在$\frac{1}{m}$年分年末给付保险金1、年缴$m$次真实纯保费条件下的终身寿险与两全保险两种情形,均有年金精算现值表达式、趸缴纯保费表达式、年缴纯保费表达式。



(一)终身寿险

$${}_kV^{(m)}(A_x^{(m)}) = 1 - \frac{\ddot{a}_{x+k}^{(m)}}{\ddot{a}_x^{(m)}} \quad \text{(年金精算现值表达式)(6.2.19)}$$

$$= \frac{A_{x+k}^{(m)} - A_x^{(m)}}{1 - A_x^{(m)}} \quad \text{(趸缴纯保费表达式)(6.2.20)}$$

$$= \frac{P^{(m)}(A_{x+k}^{(m)}) - P^{(m)}(A_x^{(m)})}{P^{(m)}(A_{x+k}^{(m)}) + d^{(m)}} \quad \text{(年缴纯保费表达式)(6.2.21)}$$

(二)两全保险

$${}_kV^{(m)}(A_{x:\overline{n}|}^{(m)}) = 1 - \frac{\ddot{a}_{x+k:\overline{n-k}|}^{(m)}}{\ddot{a}_{x:\overline{n}|}^{(m)}} \quad \text{(年金精算现值表达式)(6.2.22)}$$

$$= \frac{A_{x+k:\overline{n-k}|}^{(m)} - A_{x:\overline{n}|}^{(m)}}{1 - A_{x:\overline{n}|}^{(m)}} \quad \text{(趸缴纯保费表达式)(6.2.23)}$$

$$= \frac{P^{(m)}(A_{x+k:\overline{n-k}|}^{(m)}) - P^{(m)}(A_{x:\overline{n}|}^{(m)})}{P^{(m)}(A_{x+k:\overline{n-k}|}^{(m)}) + d^{(m)}}$$

(年缴纯保费表达式)(6.2.24)

## 三、责任准备金递推公式

以年缴$m$次真实纯保费的终身缴费终身寿险为例,时间长度可以为$\frac{1}{m}$年或1年,于死亡所在年年末支付保险金。

（一）相邻分年度末责任准备金递推公式

$$ {}_{k}V_{x}^{(m)} + \frac{P_{x}^{(m)}}{m} = v_{\frac{1}{m}}q_{x+k} + v^{\frac{1}{m}}{}_{\frac{1}{m}}p_{x+k} \cdot {}_{k+\frac{1}{m}}V_{x}^{(m)} \tag{6.2.25} $$

$$ {}_{k+\frac{1}{m}}V_{x}^{(m)} + \frac{P_{x}^{(m)}}{m} = v^{1-\frac{1}{m}}{}_{\frac{1}{m}}q_{x+k+\frac{1}{m}} + v^{\frac{1}{m}}{}_{\frac{1}{m}}p_{x+k+\frac{1}{m}} \cdot {}_{k+\frac{2}{m}}V_{x}^{(m)} \tag{6.2.26} $$

…………

$$ {}_{k+\frac{m-1}{m}}V_{x}^{(m)} + \frac{P_{x}^{(m)}}{m} = v^{\frac{1}{m}}{}_{\frac{1}{m}}q_{x+k+\frac{m-1}{m}} + v^{\frac{1}{m}}{}_{\frac{1}{m}}p_{x+k+\frac{m-1}{m}} \cdot {}_{k+1}V_{x}^{(m)} \tag{6.2.27} $$

（二）相邻年度末责任准备金递推公式

$$ {}_{k}V_{x}^{(m)} + P_{x}^{(m)}\ddot{a}_{x+k:\overline{1}|}^{(m)} = vq_{x+k} + vp_{x+k}\,{}_{k+1}V_{x}^{(m)} \tag{6.2.28} $$

## 四、非整数年年末责任准备金

（一）一般结论

下面考虑其在第 $k+t$ 年年末的责任准备金($0<t<1, k=0,1,2,\cdots$)。

当 $t \neq \frac{1}{m}$ 的整数倍，即 $t=\frac{j}{m}+r\left(0 \leqslant j<m, 0<r<\frac{1}{m}\right)$ 时，

$$ {}_{k+\frac{j}{m}+r}V^{(m)} \approx \left(1-\frac{j}{m}-r\right){}_{k}V^{(m)} + \left(\frac{j}{m}+r\right){}_{k+1}V^{(m)} + \left(\frac{1}{m}-r\right)P^{(m)} \tag{6.2.29} $$

当 $t=\frac{j}{m}$($0 \leqslant j<m$，且 $j$ 为整数)时，

$$ {}_{k+\frac{j}{m}}V^{(m)} \approx \left(1-\frac{j}{m}\right){}_{k}V^{(m)} + \frac{j}{m}\,{}_{k+1}V^{(m)} \tag{6.2.30} $$

对公式(6.2.29)的解释：分数年年末责任准备金为上年年末与本年年末责任准备金的线性插值并加上所在分年度未经过保费。

公式(6.2.30)可以理解为：上年年末与本年年末责任准备金的插值与所在分年度未经过保费之和。注意：这里未经过保费为0，因为从过去角度来看，在 $x+k+\frac{j}{m}$ 时之前的分期保费刚好经过完，新的分期保费尚未收进来。

（二）特例分析

下面以年缴两次真实纯保费为例进行说明。考虑($x$)签约在第 $j+1$ 年年内死亡并于死亡所在年年末给付的保险金为 $b_{j+1}$($j=0,1,2,\cdots$)，$\pi_j^{(2)}$ 为第 $j+1$ 年分两次缴费的年缴纯保费，对于 $0<s<1$，计算 ${}_{k+s}V^{(2)}$。

当 $0<s \leqslant \frac{1}{2}$ 时，

$$ {}_{k+s}V^{(2)} = b_{k+1}v^{1-s}{}_{1-s}q_{x+k+s} + v^{1-s}{}_{1-s}p_{x+k+s}\,{}_{k+1}V^{(2)} - \frac{\pi_k^{(2)}}{2}\left(v^{\frac{1}{2}-s}\right){}_{\frac{1}{2}-s}p_{x+k+s} \tag{6.2.31} $$

在 UDD 假设下，

$$ {}_{1-s}q_{x+k+s} = \frac{(1-s)q_{x+k}}{1-sq_{x+k}},\ {}_{1-s}p_{x+k+s} = \frac{p_{x+k}}{1-sq_{x+k}} $$

$$ {}_{\frac{1}{2}-s}p_{x+k+s} \approx 1 - \frac{(\frac{1}{2}-s)q_{x+k}}{1-sq_{x+k}} = \frac{1-\frac{1}{2}q_{x+k}}{1-sq_{x+k}} \approx 1 - \frac{1}{2}q_{x+k} = {}_{\frac{1}{2}}p_{x+k} $$

$$ \therefore\ {}_{k+s}V^{(2)} \approx \frac{v^{-s}}{1-sq_{x+k}}\left[b_{k+1}(1-s)vq_{x+k} + vp_{x+k\ k+1}V^{(2)} - \frac{\pi_k^{(2)}}{2}v^{\frac{1}{2}}{}_{\frac{1}{2}}p_{x+k}\right] $$

(6.2.32)

注意到递推公式

$$ {}_kV^{(2)} + \frac{\pi_k^{(2)}}{2}(1 + v^{\frac{1}{2}}{}_{\frac{1}{2}}p_{x+k}) = b_{k+1}vq_{x+k} + vp_{x+k\ k+1}V^{(2)} \qquad (6.2.33) $$

将公式(6.2.33)代入公式(6.2.32)，并考虑到$\frac{v^{-s}}{1-sq_{x+k}} \approx 1$，于是有

$$ \begin{aligned} {}_{k+s}V^{(2)} &\approx (1-s)\,{}_kV^{(2)} + svp_{x+k\ k+1}V^{(2)} + \frac{\pi_k^{(2)}}{2}(1-s)(1 + v^{\frac{1}{2}}{}_{\frac{1}{2}}p_{x+k}) \\ &\quad - \frac{\pi_k^{(2)}}{2}v^{\frac{1}{2}}{}_{\frac{1}{2}}p_{x+k} \\ &= (1-s)\,{}_kV^{(2)} + svp_{x+k\ k+1}V^{(2)} + \frac{\pi_k^{(2)}}{2}(1 - s - sv^{\frac{1}{2}}{}_{\frac{1}{2}}p_{x+k}) \qquad (6.2.34) \end{aligned} $$



考虑到 $vp_{x+k} \approx 1, v^{\frac{1}{2}}{}_{\frac{1}{2}}p_{x+k} \approx 1$，那么公式(6.2.34)可化为

$$ {}_{k+s}V^{(2)} \approx (1-s)\,{}_kV^{(2)} + s\,{}_{k+1}V^{(2)} + (\frac{1}{2} - s)\,\pi_k^{(2)} \qquad (6.2.35) $$

当$\frac{1}{2} < s \leqslant 1$时，同理可得

$$ \begin{aligned} {}_{k+s}V^{(2)} &= b_{k+1}v^{1-s}{}_{1-s}q_{x+k+s} + v^{1-s}{}_{1-s}p_{x+k+s\ k+1}V^{(2)} \qquad (6.2.36) \\ &\approx (1-s)\,{}_kV^{(2)} + svp_{x+k\ k+1}V^{(2)} + \frac{\pi_k^{(2)}}{2}(1-s)(1 + v^{\frac{1}{2}}{}_{\frac{1}{2}}p_{x+k}) \qquad (6.2.37) \\ &\approx (1-s)\,{}_kV^{(2)} + s\,{}_{k+1}V^{(2)} + (1-s)\,\pi_k^{(2)} \qquad (6.2.38) \end{aligned} $$

其中，$vp_{x+k} \approx 1, v^{\frac{1}{2}}{}_{\frac{1}{2}}p_{x+k} \approx 1$。

**例 6.2.1**　已知某 40 岁的人投保了保额为 50 000 元的 20 年期两全保险，每年均衡缴纳 4 次真实纯保费，保险金于死亡所在年年末或期满生存时给付，以 CL1(2000—2003)2.5%为基础，试计算：(1) 该保险的年缴真实纯保费；(2) 该保险在第 4 年年末、第 5 年年末、第 4.10 年年末、第 4.25 年年末的责任准备金。

**解**：(1) 该保险的年缴真实纯保费为

$$ \tilde{P}^{(4)}_{40:\overline{20|}} = 50\,000 \cdot \frac{A_{40:\overline{20|}}}{\ddot{a}^{(4)}_{40:\overline{20|}}} = 50\,000 \cdot \frac{M_{40} - M_{60} + D_{60}}{(N_{40} - N_{60}) - \frac{3}{8}(D_{40} - D_{60})} $$

$$\approx 2\ 005.850\ 543 \approx 2\ 005.85(\text{元})$$

（2）各时点的责任准备金分别为

$$\begin{aligned}{}_4\tilde{V}^{(4)}_{40:\overline{20}|} &= 50\ 000A_{44:\overline{16}|} - \tilde{P}^{(4)}_{40:\overline{20}|}\ddot{a}^{(4)}_{44:\overline{16}|}\\ &= 50\ 000\frac{M_{44}-M_{60}+D_{60}}{D_{44}} - \tilde{P}^{(4)}_{40:\overline{20}|}\left[\frac{N_{44}-N_{60}}{D_{44}} - \frac{3}{8}\left(1-\frac{D_{60}}{D_{44}}\right)\right]\\ &\approx 8\ 097.765\ 590 \approx 8\ 097.77(\text{元})\end{aligned}$$

$$\begin{aligned}{}_5\tilde{V}^{(4)}_{40:\overline{20}|} &= 50\ 000A_{45:\overline{15}|} - \tilde{P}^{(4)}_{40:\overline{20}|}\ddot{a}^{(4)}_{45:\overline{15}|}\\ &= 50\ 000\frac{M_{45}-M_{60}+D_{60}}{D_{45}} - \tilde{P}^{(4)}_{40:\overline{20}|}\left[\frac{N_{45}-N_{60}}{D_{45}} - \frac{3}{8}\left(1-\frac{D_{60}}{D_{45}}\right)\right]\\ &\approx 10\ 246.068\ 680 \approx 10\ 246.07(\text{元})\end{aligned}$$

$$\begin{aligned}{}_{4.10}\tilde{V}^{(4)}_{40:\overline{20}|} &\approx (1-0.1)\,{}_4\tilde{V}^{(4)}_{40:\overline{20}|} + 0.1\times{}_5\tilde{V}^{(4)}_{40:\overline{20}|} + \left(\frac{1}{4}-0.1\right)\tilde{P}^{(4)}_{40:\overline{20}|}\\ &\approx 8\ 613.47(\text{元})\end{aligned}$$

$${}_{4.25}\tilde{V}^{(4)}_{40:\overline{20}|} \approx (1-0.25)\,{}_4\tilde{V}^{(4)}_{40:\overline{20}|} + 0.25\times{}_5\tilde{V}^{(4)}_{40:\overline{20}|} \approx 8\ 634.84(\text{元})$$

或者由类似于(6.2.25)的递推公式可得

$${}_4\tilde{V}^{(4)}_{40:\overline{20}|} + \frac{1}{4}\tilde{P}^{(4)}_{40:\overline{20}|} = 50\ 000v\,{}_{0.25}q_{44} + v^{0.25}\,{}_{0.25}p_{44}\cdot{}_{4.25}\tilde{V}^{(4)}_{40:\overline{20}|}$$

由于

$$\begin{aligned}v^{0.25}\,{}_{0.25}p_{44} &= \frac{D_{44.25}}{D_{44}} = \frac{0.75D_{44}+0.25D_{45}}{D_{44}}\\ &= 0.75+0.25\cdot\frac{D_{45}}{D_{44}} \approx 0.993\ 352\ 37\end{aligned}$$

$$\begin{aligned}v\,{}_{0.25}q_{44} &= v - v^{0.75}\cdot v^{0.25}\,{}_{0.25}p_{44}\\ &= 1.025^{-1} - 1.025^{-0.75}\times 0.993\ 352\ 37 \approx 0.000\ 484\ 44\end{aligned}$$

因此

$$\begin{aligned}{}_{4.25}\tilde{V}^{(4)}_{40:\overline{20}|} &= \frac{{}_4\tilde{V}^{(4)}_{40:\overline{20}|} + 0.25\tilde{P}^{(4)}_{40:\overline{20}|} - 50\ 000v\,{}_{0.25}q_{44}}{v^{0.25}\,{}_{0.25}p_{44}}\\ &= \frac{8\ 097.765\ 590 + 0.25\times 2\ 005.850\ 543 - 50\ 000\times 0.000\ 484\ 44}{0.993\ 352\ 37}\\ &\approx 8\ 632.39(\text{元})\end{aligned}$$

**例6.2.2**　已知 $\ddot{a}_{40}=15.266\ 031$，$\ddot{a}_{60}=11.615\ 619$，$i=6\%$，$\alpha(2)=1.000\ 213$，$\beta(2)=0.257\ 394$，在UDD假设下，计算 ${}_{20}V_{40}$、${}_{20}V^{(2)}_{40}$。

**解：** $\because\ {}_{20}V_{40} = 1-\dfrac{\ddot{a}_{60}}{\ddot{a}_{40}} = 1-\dfrac{11.615\ 619}{15.266\ 031} \approx 0.239\ 120$

$$P^{(2)}_{40} = \frac{A_{40}}{\ddot{a}^{(2)}_{40}} = \frac{1-d\ddot{a}_{40}}{\alpha(2)\ddot{a}_{40}-\beta(2)} \approx 0.009\ 052$$

$$\begin{aligned}\therefore\ {}_{20}V^{(2)}_{40} &= {}_{20}V_{40} + \beta(2)P^{(2)}_{40}\,{}_{20}V_{40}\\ &= (1+\beta(2)P^{(2)}_{40})\,{}_{20}V_{40} \approx 0.239\ 677\end{aligned}$$

# 第三节 每年连续缴费的均衡纯保费责任准备金

## 一、基本计算

（一）死亡所在时刻给付保险金的人寿保险

1. 终身寿险

${}_t\bar{V}(\bar{A}_x)$ 表示$(x)$投保的、于死亡所在时刻给付保险金1、每年连续缴费的终身缴费终身寿险在第$t$年年末的均衡纯保费责任准备金，${}_t\bar{L}(\bar{A}_x)$为保险人在时刻$t$的亏损变量，设$x+t$岁时的余命为$U$，则$U$的概率密度函数为${}_up_{x+t}\mu_{x+t+u}(u\geq 0)$，于是

$$ {}_t\bar{L}(\bar{A}_x)=v^U-\bar{P}(\bar{A}_x)\bar{a}_{\overline{U|}} \tag{6.3.1}$$

$$\therefore {}_t\bar{V}(\bar{A}_x)=E({}_t\bar{L}(\bar{A}_x))=E(v^U)-\bar{P}(\bar{A}_x)E(\bar{a}_{\overline{U|}}) \tag{6.3.2}$$

$$=\bar{A}_{x+t}-\bar{P}(\bar{A}_x)\bar{a}_{x+t} \tag{6.3.3}$$

由公式(6.3.1)可得

$$ {}_t\bar{L}(\bar{A}_x)=v^U\left(1+\frac{\bar{P}(\bar{A}_x)}{\delta}\right)-\frac{\bar{P}(\bar{A}_x)}{\delta}$$

$$\therefore \mathrm{var}({}_t\bar{L}(\bar{A}_x))=\left(1+\frac{\bar{P}(\bar{A}_x)}{\delta}\right)^2[{}^2\bar{A}_{x+t}-(\bar{A}_{x+t})^2] \tag{6.3.4}$$

$$=\frac{{}^2\bar{A}_{x+t}-(\bar{A}_{x+t})^2}{(1-\bar{A}_x)^2} \tag{6.3.5}$$

公式(6.3.2)表明责任准备金为保险人在第$t$年年末的平均亏损，公式(6.3.3)就是责任准备金未来法表达式。下面介绍其过去法表达式：

$$ {}_t\bar{V}(\bar{A}_x)=\bar{P}(\bar{A}_x)\bar{s}_{x:\overline{t|}}-\frac{\bar{A}^{1}_{x:\overline{t|}}}{{}_tE_x} \tag{6.3.6}$$

其中，$\bar{s}_{x:\overline{t|}}=\dfrac{\bar{a}_{x:\overline{t|}}}{{}_tE_x}$。

2. 两全保险

${}_t\bar{V}(\bar{A}_{x:\overline{n|}})$ 表示保额为1的全连续型两全保险在第$t$年年末的均衡纯保费责任准备金，则

$$ {}_t\bar{V}(\bar{A}_{x:\overline{n|}})=\bar{A}_{x+t:\overline{n-t|}}-\bar{P}(\bar{A}_{x:\overline{n|}})\bar{a}_{x+t:\overline{n-t|}} \tag{6.3.7}$$

$$=\bar{P}(\bar{A}_{x:\overline{n|}})\bar{s}_{x:\overline{t|}}-\frac{\bar{A}^{1}_{x:\overline{t|}}}{{}_tE_x} \tag{6.3.8}$$

3. 一般形式

考虑$(x)$投保了全连续型人寿保险，保单约定在时刻$t$死亡时立即给付保险金$b_t$，在时刻$t$生存时将以年率$\pi_t$缴纳保险费，于是在时刻$t$的责任准备金${}_t\bar{V}$为

$$ {}_t\bar{V}=\int_0^{\infty}b_{t+s}v^s{}_sp_{x+t}\mu_{x+t+s}\mathrm{d}s-\int_0^{\infty}\pi_{t+s}v^s{}_sp_{x+t}\mathrm{d}s \tag{6.3.9}$$

$$=\int_t^{\infty}(b_u\mu_{x+u}-\pi_u)\mathrm{e}^{\delta(t-u)}{}_{u-t}p_{x+t}\mathrm{d}u\ (\text{其中 } u=t+s) \tag{6.3.10}$$

（二）其他情形的责任准备金

为了简明起见，这里仅举一些例子，并用未来法演示其计算公式。

1. 死亡所在$\frac{1}{m}$年分年末给付保险金的终身寿险

$$ {}_t\bar{V}(A_x^{(m)}) = A_{x+t}^{(m)} - \bar{P}(A_x^{(m)})\bar{a}_{x+t} \tag{6.3.11}$$

2. 死亡所在年年末给付保险金的定期寿险

$$ {}_t^h\bar{V}_{x:\overline{n}|}^1 = \begin{cases} A_{x+t:\overline{n-t}|}^1 - {}_h\bar{P}_{x:\overline{n}|}^1\bar{a}_{x+t:\overline{h-t}|}, & 0 \leqslant t < h \\ A_{x+t:\overline{n-t}|}^1, & h \leqslant t < n \\ 0, & t = n \end{cases} \tag{6.3.12}$$

3. 延期年金保险

$$ {}_t^n\bar{V}({}_{n|}\ddot{a}_x^{(m)}) = \begin{cases} {}_{n-t|}\ddot{a}_{x+t}^{(m)} - {}_n\bar{P}({}_{n|}\ddot{a}_x^{(m)})\bar{a}_{x+t:\overline{n-t}|}, & 0 \leqslant t < n \\ \ddot{a}_{x+t}^{(m)}, & t \geqslant n \end{cases} \tag{6.3.13}$$

## 二、责任准备金的不同表达式

对于全连续型的终身寿险、两全保险，其责任准备金均有年金精算现值表达式、趸缴纯保费表达式、年缴纯保费表达式。

（一）终身寿险

$$ {}_t\bar{V}(\bar{A}_x) = 1 - \frac{\bar{a}_{x+t}}{\bar{a}_x} \quad \text{（年金精算现值表达式）} \tag{6.3.14}$$

$$ = \frac{\bar{A}_{x+t} - \bar{A}_x}{1 - \bar{A}_x} \quad \text{（趸缴纯保费表达式）} \tag{6.3.15}$$

$$ = \frac{\bar{P}(\bar{A}_{x+t}) - \bar{P}(\bar{A}_x)}{\bar{P}(\bar{A}_{x+t}) + \delta} \quad \text{（年缴纯保费表达式）} \tag{6.3.16}$$

（二）两全保险

$$ {}_t\bar{V}(\bar{A}_{x:\overline{n}|}) = 1 - \frac{\bar{a}_{x+t:\overline{n-t}|}}{\bar{a}_{x:\overline{n}|}} \quad \text{（年金精算现值表达式）} \tag{6.3.17}$$

$$ = \frac{\bar{A}_{x+t:\overline{n-t}|} - \bar{A}_{x:\overline{n}|}}{1 - \bar{A}_{x:\overline{n}|}} \quad \text{（趸缴纯保费表达式）} \tag{6.3.18}$$

$$ = \frac{\bar{P}(\bar{A}_{x+t:\overline{n-t}|}) - \bar{P}(\bar{A}_{x:\overline{n}|})}{\bar{P}(\bar{A}_{x+t:\overline{n-t}|}) + \delta} \quad \text{（年缴纯保费表达式）} \tag{6.3.19}$$

**例6.3.1**　已知$l_x = 100 - x(0 \leqslant x \leqslant 100)$，$i = 5\%$，求：(1)$\bar{P}(\bar{A}_{40})$；(2)${}_t\bar{V}(\bar{A}_{40})$及$\mathrm{var}({}_t\bar{L}(\bar{A}_{40}))(t = 0,10,20)$。

**解：**(1)$\because l_x = 100 - x$

$$\therefore {}_tp_{40} = 1 - \frac{t}{60}, {}_tp_{40}\,\mu_{40+t} = \frac{1}{60}\ (0 \leqslant t \leqslant 60)$$

$$\therefore \bar{A}_{40} = \int_0^{60} v^t {}_tp_{40}\,\mu_{40+t}\mathrm{d}t = \frac{1}{60}\bar{a}_{\overline{60}|} \approx 0.323\ 311\ 23$$

$$\bar{a}_{40}=\frac{1-\bar{A}_{40}}{\delta}=\frac{1-\bar{A}_{40}}{\ln 1.05}\approx 13.869\,368\,60$$

$$\therefore \bar{P}(\bar{A}_{40})=\frac{\bar{A}_{40}}{\bar{a}_{40}}\approx 0.023\,311$$

(2) 在 40 岁时，$\bar{A}_{40+t}=\dfrac{\bar{a}_{\overline{60-t|}}}{60-t}$

$${}_t\bar{V}(\bar{A}_{40})=\bar{A}_{40+t}-\bar{P}(\bar{A}_{40})\bar{a}_{40+t}=\bar{A}_{40+t}-\bar{P}(\bar{A}_{40})\frac{1-\bar{A}_{40+t}}{\ln 1.05}$$

$${}^2\bar{A}_{40+t}=\int_0^{60-t}v^{2u}\frac{1}{60-t}\mathrm{d}u=\frac{1}{60-t}\,{}^2\bar{a}_{\overline{60-t|}}$$

$$\therefore \mathrm{var}({}_t\bar{L}(\bar{A}_{40}))=(1+\frac{0.023\,313}{\ln 1.05})^2[{}^2\bar{A}_{40+t}-(\bar{A}_{40+t})^2]$$

当 $t=0$ 时，

$$\bar{A}_{40}=\frac{\bar{a}_{\overline{60|}}}{60}\approx 0.323\,311\,23,\ {}^2\bar{A}_{40}=\frac{1}{60}\,{}^2\bar{a}_{\overline{60|}}\approx 0.170\,309\,93$$

$$\therefore {}_0\bar{V}(\bar{A}_{40})=0$$

$$\mathrm{var}({}_0\bar{L}(\bar{A}_{40}))=(1+\frac{0.023\,313}{\ln 1.05})^2\cdot(0.170\,309\,93-0.323\,311\,23^2)$$

$$\approx 0.143\,7$$

同理，当 $t=10$ 时，

$${}_{10}\bar{V}(\bar{A}_{40})\approx 0.075\,2,\ \mathrm{var}({}_{10}\bar{L}(\bar{A}_{40}))\approx 0.138\,5$$

当 $t=20$ 时，

$${}_{20}\bar{V}(\bar{A}_{40})\approx 0.171\,9,\ \mathrm{var}({}_{20}\bar{L}(\bar{A}_{40}))\approx 0.126\,2$$

**例 6.3.2** 设 ${}_0\bar{L}(\bar{A}_{25})$ 为 25 岁的人购买了全连续型终身寿险时保险人的损失随机变量，且 $\mathrm{var}({}_0\bar{L}(\bar{A}_{25}))=0.20$，$\bar{A}_{45}=0.7$，${}^2\bar{A}_{25}=0.3$，计算 ${}_{20}\bar{V}(\bar{A}_{25})$。

**解：** $\because \mathrm{var}({}_0\bar{L}(\bar{A}_{25}))=\dfrac{{}^2\bar{A}_{25}-\bar{A}_{25}^2}{(1-\bar{A}_{25})^2}=0.20$，${}^2\bar{A}_{25}=0.3$

$$\therefore \bar{A}_{25}=0.5$$

$$\therefore {}_{20}\bar{V}(\bar{A}_{25})=\frac{\bar{A}_{45}-\bar{A}_{25}}{1-\bar{A}_{25}}=0.4$$

## 三、完全连续型责任准备金的微分方程

在公式(6.3.10) 两边对 $t$ 求导可得

$$\frac{\mathrm{d}}{\mathrm{d}t}\,{}_t\bar{V}=-(b_t\mu_{x+t}-\pi_t)+\delta I+\mu_{x+t}I$$

即

$$\frac{\mathrm{d}}{\mathrm{d}t}\,{}_t\bar{V}=\pi_t+(\delta+\mu_{x+t})\,{}_t\bar{V}-b_t\mu_{x+t} \tag{6.3.20}$$

其中，$\dfrac{\mathrm{d}}{\mathrm{d}t}\,{}_{u-t}p_{x+t}=\dfrac{\mathrm{d}}{\mathrm{d}t}\exp\left(-\int_{x+t}^{x+u}\mu_y\mathrm{d}y\right)={}_{u-t}p_{x+t}\mu_{x+t}$，且 $I$ 代表公式(6.3.10) 中右

边的积分。

对公式(6.3.20)的解释如下:

责任准备金对时间的变化率(或在时刻$t$每年责任准备金的变动)由三项构成:①在时刻$t$按年率$\pi_t$收取的保费(增加项目);②在时刻$t$的责任准备金${}_t\bar{V}$按利息力$\delta$在接下来的一年内产生的利息$\delta_t\bar{V}$及在时刻$t$因为死亡力$\mu_{x+t}$而平均节省下来的责任准备金$\mu_{x+t\,t}\bar{V}$(增加项目);③在时刻$t$以年率$b_t$给付死亡保险金,在未来一年间平均支出$b_t\mu_{x+t}$(减少项目)。

公式(6.3.20)可变成更易理解的一些形式:

$$\frac{\mathrm{d}_t\bar{V}}{\mathrm{d}t}=\pi_t+\delta_t\bar{V}-(b_t-{}_t\bar{V})\mu_{x+t} \tag{6.3.21}$$

或

$$\pi_t+\delta_t\bar{V}=(b_t-{}_t\bar{V})\mu_{x+t}+\frac{\mathrm{d}_t\bar{V}}{\mathrm{d}t} \tag{6.3.22}$$

**例** 6.3.3　证明:${}_k^hV^{\{m\}}(\bar{A}_{x:\overline{n}|})={}_k^h\bar{V}(\bar{A}_{x:\overline{n}|})$　(6.3.23)

**证明**:由于${}_hP^{\{m\}}(\bar{A}_{x:\overline{n}|})=\dfrac{d^{(m)}}{\delta}\,{}_h\bar{P}(\bar{A}_{x:\overline{n}|})$以及$\ddot{a}^{\{m\}}_{x+k:\overline{h-k}|}=\dfrac{\delta}{d^{(m)}}\bar{a}_{x+k:\overline{h-k}|}$,于是,当$0\leqslant k<h$时,

$$\begin{aligned}{}_k^hV^{\{m\}}(\bar{A}_{x:\overline{n}|})&=\bar{A}_{x+k:\overline{n-k}|}-{}_hP^{\{m\}}(\bar{A}_{x:\overline{n}|})\ddot{a}^{\{m\}}_{x+k:\overline{h-k}|}\\&=\bar{A}_{x+k:\overline{n-k}|}-{}_h\bar{P}(\bar{A}_{x:\overline{n}|})\bar{a}_{x+k:\overline{h-k}|}={}_k^h\bar{V}(\bar{A}_{x:\overline{n}|})\end{aligned}$$

当$h\leqslant k\leqslant n$时,公式(6.3.23)显然是成立的。

公式(6.3.23)意味着无论每年缴费多少次的比例纯保费条件下的责任准备金就是连续缴费方式下的纯保费责任准备金。公式(6.3.23)中的保险金可以调整为在死亡所在年年末或分年度末给付,这里的保险也可以不局限于两全保险。

## 本章小结

责任准备金就是保险人为履行未来的赔付责任而从收取的保险费中提取的资金准备。责任准备金的提存关系到保险人履行赔付的能力,也关系到保险人的盈余多少。因此,深刻理解责任准备金概念,正确计算责任准备金,具有十分重要的意义。

均衡纯保费、趸缴纯保费方式下都存在责任准备金的问题,本章仅研究均衡纯保费责任准备金。在趸缴纯保费方式下,仍可用未来法、过去法计算责任准备金。

本章按每年保险费缴纳的次数划分为三节,即年缴保费一次的均衡纯保费责任准备金、年缴保费$m$次的均衡纯保费责任准备金、每年连续缴费的均衡纯保费责任准备金,其中第一节为核心内容,并重点研究人寿保险。

计算责任准备金最基本的方法就是未来法与过去法,它们计算的结果是相同的,但在保险费缴纳期结束后某时刻的责任准备金的计算宜用未来法,而在无须提供保险金的期间内某时刻的责任准备金的计算宜用过去法。对于全离散型、全连续型、年缴保

费 $m$ 次并于死亡所在$\frac{1}{m}$年分年末给付保险金的终身寿险、两全保险均有年金精算现值表达式、趸缴纯保费表达式与年缴纯保费表达式。

递推公式反映相邻年度末或分年度末责任准备金之间的关系，由此可以看出责任准备金的演变实质以及新收取的纯保费对责任准备金的“增加” 与保险金给付方面所发挥的作用，即年缴纯保费可分解为储蓄保费与危险保费之和。

鉴于保险年度与会计年度往往不一致，需要由保险年年末责任准备金估计会计年年末责任准备金，即由整数年年末责任准备金估计非整数年年末责任准备金。常用的方法主要有线性插值法与未来法。

## 习题 6

6－1　已知某30岁的人投保了保额为20 000元的终身寿险，年缴一次均衡纯保费，全期缴费，保险金于死亡所在年年末给付，以CL1(2000—2003)2.5%为基础，试分别用过去法与未来法计算该保险在第20年年末、第40年年末的责任准备金。

6－2　已知某30岁的人投保了一个延期30年、保额为24 000元的终身生存年金保险，在每月初领取一次，在前30年内每年均衡缴纳一次纯保费，以CL1(2000—2003)2.5% 为基础，计算：(1) 年缴纯保费；(2) 在第20年年末、第30年年末、第40年年末、第50年年末的责任准备金。

6－3　已知条件如表6.1所示，求${}_2V_{x:\overline{4|}}$。

**表6.1　已知条件**

| $k$ | $\ddot{a}_{\overline{k|}}$ | ${}_{k-1|}q_x$ |
| --- | --- | --- |
| 1 | 1.000 | 0.33 |
| 2 | 1.930 | 0.24 |
| 3 | 2.796 | 0.16 |
| 4 | 3.600 | 0.11 |

6－4　已知 $P_x = 0.09$，${}_nV_x = 0.563$，$P_{x:\overline{n|}}^{\ \ \,1} = 0.008\ 64$，计算 $P_{x:\overline{n|}}^{1}$。

6－5　已知 ${}_tV_x = 0.19$，$P_x = 0.02$，$P_{x:\overline{t|}}^{\ \ \,1} = 0.072$，求 $P_{x:\overline{t|}}^{1}$ 及 $P_{x:\overline{t|}}$。

6－6　已知 $q_{31} = 0.002$，$i = 0.05$，$\ddot{a}_{32:\overline{13|}} = 9.00$，求 ${}_1V_{31:\overline{14|}}$。

6－7　已知 $\ddot{a}_x + \ddot{a}_{x+2t} = 2\ddot{a}_{x+t}$，试用 ${}_tV_x$ 表示 ${}_tV_{x+t}$、${}_{2t}V_x$。

6－8　已知 $A_{x:\overline{n|}} = 0.5$，且 $i = 0.05$，求 ${}_{n-1}V_{x:\overline{n|}}$。

6－9　已知保额为1 000元的3年期两全保险，保险金于死亡所在年年末或期满生存时支付，$i = 6\%$，$l_x = 1\ 000$，$l_{x+1} = 900$，$l_{x+2} = 810$，且 $1\ 000P_{x:\overline{3|}} = 332.51$，求 $1\ 000\,{}_1V_{x:\overline{3|}}$、$1\ 000\,{}_2V_{x:\overline{3|}}$。

6－10　已知($x$)投保了保额为1 500元、于死亡所在年年末支付保险金的终身寿险,保费均衡且全期缴纳,$i = 5\%$, ${}_{h-1}V = 179$, ${}_{h}V = 205$, $\ddot{a}_x = 16.2$,求 $q_{x+h-1}$。

6－11　某(50)投保了一个单位保额给付的全离散型保险,已知 ${}_6V = 0.486$, ${}_7V = 0.750$, $l_{56} = 23\ 285$, $l_{57} = 23\ 000$, $i = 0.06$,求56岁时需要缴纳的纯保险费。

6－12　已知 ${}_{k+1}V = \dfrac{D_{x+k}}{D_{x+k+1}}({}_kV + P) - \dfrac{C_{x+k}}{D_{x+k+1}}(k = 0,1,2,\cdots)$,且 ${}_0V = 0$,求 $P$ 及 ${}_kV$。

6－13　$(x)$投保了一个均衡缴费的终身寿险,保险金于死亡所在年年末支付,已知第 $t$ 年年初的责任准备金为200元,第 $t$ 年的危险保额为1 295元。已知 $\ddot{a}_x = 16.20$, $q_{x+t-1} = 0.003\ 86$, $i = 0.05$,求第 $t-1$ 年年末的责任准备金。

6－14　已知某55岁的人投保了一个保额递减的20年期两全保险,在第 $k$ 年死亡时于死亡所在年年末给付保险金 $b_k = 21 - k(k = 1,2,3,\cdots,20)$,在期满生存时给付保险金1,均衡缴费。已知 ${}_{10}V = 5.00$, ${}_{19}V = 0.60$, $q_{65} = 0.10$, $i = 0.08$,求 ${}_{11}V$。

6－15　已知某30岁的人投保了保额为20 000元的20年定期寿险,年缴一次均衡纯保费,全期缴费,保险金于死亡所在年年末给付,以CL1(2000—2003)2.5%为基础,试计算:(1)该保险在第5年年末、第10年年末、第15年年末的责任准备金;(2)在第5.7年年末、第5.8年年末、第5.9年年末的责任准备金。

6－16　对$(x)$签发的保额为1全离散型寿险保单,满足如下条件:(1)各年龄段死力为常数;(2) $i = 0.06$;(3) $p_{x+t} = (0.9)^t$, $t = 1,2,3,\cdots$;(4) ${}_6V = 0.4$。计算 ${}_{5.4}V$。

6－17　已知某30岁的人投保了保额为20 000元的20年两全保险,每年均衡缴纳4次真实纯保费,保险金于死亡所在年年末或期满生存时给付,以CL1(2000—2003)2.5%为基础,试计算:(1)该保险的年缴真实纯保费;(2)该保险在第5年年末、第5.25年年末、第5.50年年末、第5.75年年末、第6年年末的责任准备金;(3)该保险在第5.10年年末、第5.20年年末、第5.30年年末的责任准备金。

6－18　某(30)购买了保额为1的全连续型终身寿险保单, ${}_0\bar{L}(\bar{A}_{30})$ 表示保险公司承保这一保险时的亏损随机变量,已知 $\mathrm{var}({}_0\bar{L}(\bar{A}_{30})) = 0.24$, $\bar{A}_{50} = 0.55$, ${}^2\bar{A}_{30} = 0.30$,试求责任准备金 ${}_{20}\bar{V}(\bar{A}_{30})$。

6－19　已知死亡遵从参数 $\omega = 100$ 的De Moivre定律, $i = 0.05$,求 ${}_{10}\bar{V}(\bar{A}_{40})$。

6－20　已知某30岁的人投保了保额为20 000元的20年两全保险,每年均衡连续缴费,保险金于死亡之时或期满生存时立即给付,以CL1(2000—2003)2.5%为基础,试计算:(1)年缴纯保费;(2)该保险在10年年末、第10.42年年末、第11年年末的责任准备金。

6－21　证明: $P_{x:\overline{n|}} = {}_tV_{x:\overline{n|}}P_{x:\overline{t|}} + (1 - {}_tV_{x:\overline{n|}})P^{1}_{x:\overline{t|}}$。

6－22　证明: ${}_nV_x = 1 - (1 - {}_1V_x)(1 - {}_1V_{x+1})\cdots(1 - {}_1V_{x+n-1})$。

6－23　已知 $k < m < n$,证明: ${}^{m}_{k}V_{x:\overline{n|}} = A_{x:\overline{m|}}\,{}_kV_{x:\overline{m|}} + (1 - A_{x:\overline{m|}})\,{}_kV_{x:\overline{n|}}$。

6－24　对于第 $h$ 年年内死亡时于死亡所在年年末给付保险金 $b_h = \ddot{a}_{\overline{n-h|}}(h = 1,2,\cdots,n)$ 的 $n$ 年定期寿险, ${}_0V = {}_nV = 0$,设 $\pi$ 为年缴均衡纯保费。证明:

(1) $\pi=\dfrac{\ddot{a}_{\overline{n}|}-\ddot{a}_{x:\overline{n}|}}{\ddot{a}_{x:\overline{n}|}}$；(2) ${}_kV=\ddot{a}_{\overline{n-k}|}-\ddot{a}_{x+k:\overline{n-k}|}-\pi\ddot{a}_{x+k:\overline{n-k}|}$。

6 - 25　证明：$\dfrac{{}_kV^{(m)}_{x:\overline{n}|}-{}_kV_{x:\overline{n}|}}{{}^n_kV^{(m)}_x-{}^n_kV_x}=\dfrac{A_{x:\overline{n}|}}{A_x}(0<k<n)$。

# 第七章
# 毛保费与修正责任准备金

本章主要研究毛保费与保单选择权其责任准备金、修正责任准备金、现金价值与保单选择权。这些内容都紧密围绕寿险公司经营过程中所发生的费用而展开，而以前的研究均不考虑保险公司经营过程中所发生的费用。

## 第一节　毛保费及其责任准备金

### 一、毛保费

毛保费（或毛保险费），又称为总保费、营业保险费，是保险人向投保人实际收取的保险费。



以前所讲述的趸缴纯保费、年缴纯保费，是按预定利率、预定死亡率，依收支平衡原则计算出来的，旨在用于抵补保险人所承担的赔付责任，即满足保险人赔付保险金的需要。

但是，保险公司作为一个经营实体、作为一个企业，在经营过程中要发生一定的费用，如新契约费、代理人佣金、税金、行政管理费，也要获得合理的利润，还要考虑安全边际，等等。因此，保险人需要在纯保费的基础上附加一定的保费后再向投保人收取。这种在纯保费基础上附加的保费，称为附加保费。显然，附加保费 = 毛保费 - 纯保费，这里的附加保费弥补了保险人的经营成本以及获得适当的利润。

### 二、附加费用的分类与补偿

研究附加费用的目的是获得过去一段时间某公司或其某项业务发生的附加费用的类型及其费用率（单位保额或单位保费支付附加费用的数额或比例），由此推断未来一段时间费用率的变化趋势，从而做出合理的关于预定费用率的假设。这样，在预定利率、预定死亡率、预定费用率的基础上，可以计算毛保费及其责任准备金。

（一）附加费用的分类

1. 按经营环节发生的费用来划分

按经营环节发生的费用的不同，附加费用可以分为承保费用、维持费用、理赔费用、投资费用与一般费用。① 承保费用，包括内外勤人员薪金、代理人佣金、广告费、验体费。② 维持费用，包括保费收取费用、会计费用、保单管理费用、联系费用。③ 理赔费用,包括死亡调查费用、法律纠纷费、给付手续费。④ 投资费用,包括投资评估费、投资调查费等。⑤ 一般费用,包括税金、营业执照税、精算费用等。

2. 按附加费用发生的时间来划分

按附加费用发生的时间的不同,附加费用可分为初年附加费用与续年附加费用。这里主要考虑到初年附加费用开支较大这一事实。当然,还可以进一步细分,以便更能反映实际情况。

3. 依据费用计算的参照物来划分

这个参照物就是毛保费、保险金额。① 与毛保费相关的费用,包括税金、代理人佣金,通常将附加费用表示为毛保费的一定比例。② 与保额相关的费用,包括保单维持费、风险分类费等,通常表示为保险金额的一定比例。③ 既与保额又与毛保费相关的费用,将其表示为固定费用(如保单设计费)加上随保额、毛保费变化的费用。④ 与保额、毛保费关系不大或无关的费用,包括调查研究费、精算费用、办公场所的租金与水电费、档案记录建立费等。

4. 附加费用还可分为新契约费、维持费、集金费

① 新契约费,包括广告费、体检费,假设单位保额支付 $\alpha$(如 $\alpha = 0.025$)。② 集金费(或收费费),包括收费期间发生的费用(如税金、佣金),假设单位毛保费支付 $\beta$(如 $\beta = 0.03$)。③ 维持费:一是在缴费过程中发生的费用(如发缴费通知),假设每年年初发生的费用为单位保额支付 $\gamma$(如 $\gamma = 0.003$);二是在保费缴纳完毕后的保险期内发生的费用,假设为每年年初单位保额支付 $\gamma'$(如 $\gamma' = 0.002$)。



(二) 附加费用的补偿

寿险经营所发生的一切费用,必须采用一定的方式来进行补偿。

投资费用由投资收益来补偿。由于寿险资金的长期性,必须进行投资以弥补预定利息率假设下所要求支付的利息;同时投资所花的费用及投资风险应由投资收益去补偿。

理赔费用应由纯保费来补偿。因为理赔费用的开支伴随生死保险事故的发生而发生,无保险事故发生,就无理赔费用。这个随机性特点决定了必须事先预估费用,最终由投保人或被保险人缴纳的纯保费补偿。

其他附加费用通常由附加保费来补偿。

尽管上面的分析有其合理性,但实际上,纯保费用于抵补保险金的赔付,而附加保费满足附加费用开支、安全边际与利润的需要。



### 三、毛保费的计算

毛保费依据毛保费收入的精算现值等于保险金及费用支出的精算现值来计算,也可依据毛保费等于纯保费与附加保费之和来计算,其中附加保费的计算仍依据收支平衡原则,即附加保费可通过如下等式之一来计算:

附加保费收入的精算现值 = 附加费用支出的精算现值

毛保费收入的精算现值 = 保险金及附加费用支出的精算现值

说明:这里的附加费用支出可以包括安全边际、利润等项目。

(一) 附加费用分为新契约费、维持费、集金费(三元素法)

考虑限期$m$年缴费$n$年期两全保险,于死亡所在年年末或期满生存时给付保额1,附加费用分为新契约费、集金费与维持费,设年缴营业保费或毛保费为${}_mP^*_{x:\overline{n}|}$,于是

$$ {}_mP^*_{x:\overline{n}|}\ddot{a}_{x:\overline{m}|} = A_{x:\overline{n}|} + \alpha + \beta\,{}_mP^*_{x:\overline{n}|}\ddot{a}_{x:\overline{m}|} + \gamma\ddot{a}_{x:\overline{m}|} + \gamma'(\ddot{a}_{x:\overline{n}|} - \ddot{a}_{x:\overline{m}|}) \tag{7.1.1} $$

解之得

$$ {}_mP^*_{x:\overline{n}|} = \frac{A_{x:\overline{n}|} + \alpha + \gamma\ddot{a}_{x:\overline{m}|} + \gamma'(\ddot{a}_{x:\overline{n}|} - \ddot{a}_{x:\overline{m}|})}{(1-\beta)\ddot{a}_{x:\overline{m}|}} \tag{7.1.2} $$

$$ = \frac{1}{1-\beta}\left({}_mP_{x:\overline{n}|} + \frac{\alpha}{\ddot{a}_{x:\overline{m}|}} + \gamma + \gamma'\frac{\ddot{a}_{x:\overline{n}|} - \ddot{a}_{x:\overline{m}|}}{\ddot{a}_{x:\overline{m}|}}\right) \tag{7.1.3} $$

显然,当$m = n$时,上述公式就没有含有因子$\gamma'$这项了。公式(7.1.3)可简化成

$$ {}_mP^*_{x:\overline{n}|} = (1+h)\,{}_mP_{x:\overline{n}|} + C \tag{7.1.4} $$

或更一般地

$$ P^* = (1+h)P + C \tag{7.1.5} $$

在公式(7.1.1)或公式(7.1.2)中的$A_{x:\overline{n}|}$可替换成其他保险的趸缴纯保费,或者在公式(7.1.3)或公式(7.1.4)中的年缴纯保费替换成其他保险的年缴纯保费,这样就可求出相应保险的年缴毛保费。

**例**7.1.1　某30岁的人投保了限期10年缴费、保额为20 000元的全离散型20年期两全保险,保险金于死亡所在年年末或期满生存时支付。已知$\alpha = 0.025$,$\beta = 0.03$,$\gamma = 0.003$,$\gamma' = 0.002$,以CL1(2000—2003)2.5%为基础,求年缴毛保费,并验证公式(7.1.4)。

**解**:年缴纯保费为

$$ {}_{10}P_{30:\overline{20}|} = \frac{M_{30} - M_{50} + D_{50}}{N_{30} - N_{40}} \approx 0.068\ 836\ 88 $$

$$ {}_{10}P^*_{30:\overline{20}|} = \frac{1}{1-0.03}\left({}_{10}P_{30:\overline{20}|} + \frac{0.025}{\ddot{a}_{30:\overline{10}|}} + 0.003 + 0.002\frac{\ddot{a}_{30:\overline{20}|} - \ddot{a}_{30:\overline{10}|}}{\ddot{a}_{30:\overline{10}|}}\right) $$

$$ \approx 0.078\ 529\ 12 $$

$$ \therefore\ {}_{10}\tilde{P}_{30:\overline{20}|} = 20\ 000\,{}_{10}P_{30:\overline{20}|} \approx 1\ 376.74(\text{元}) $$

$$ {}_{10}\tilde{P}^*_{30:\overline{20}|} = 20\ 000\,{}_{10}P^*_{30:\overline{20}|} \approx 1\ 570.58(\text{元}) $$

$$ {}_{10}\tilde{P}^*_{30:\overline{20}|} - {}_{10}\tilde{P}_{30:\overline{20}|} = 193.83(\text{元}) $$

本例题反映了毛保费就是在纯保费的基础上附加了保费193.84元。对于公式(7.1.4)来说:$h \approx 0.030\ 927\ 84$,$C \approx 151.26$。

(二) 附加费用分为初年附加费用和续年附加费用

考虑一个$n$年期全期缴费的全离散型两全保险,保额为1,发生在各年年初的附加费用分为两部分:一部分与毛保费有关,第一年占的比例为$\alpha_1$,续年占的比例为$\alpha_2$;另一部分与保额有关,第一年每单位保额发生$\beta_1$,续年每单位保额发生$\beta_2$,设年缴毛保费为$P^*_{x:\overline{n}|}$,则

$$ P^*_{x:\overline{n}|}\ddot{a}_{x:\overline{n}|} = A_{x:\overline{n}|} + \alpha_1 P^*_{x:\overline{n}|} + \alpha_2 P^*_{x:\overline{n}|}(\ddot{a}_{x:\overline{n}|} - 1) + \beta_1 + \beta_2(\ddot{a}_{x:\overline{n}|} - 1) \tag{7.1.6} $$

解之得

$$P^*_{x:\overline{n}|} = \frac{A_{x:\overline{n}|} + (\beta_1 - \beta_2) + \beta_2 \ddot{a}_{x:\overline{n}|}}{(1-\alpha_2)\ddot{a}_{x:\overline{n}|} - (\alpha_1 - \alpha_2)} \tag{7.1.7}$$

在公式(7.1.6)或公式(7.1.7)中的 $A_{x:\overline{n}|}$ 可替换成其他保险的趸缴纯保费,这样就可求出相应保险的年缴毛保费。

**例** 7.1.2　某 20 年期定期寿险,被保险人签单年龄为 40 岁,保险金额为 50 000 元,于死亡所在年年末给付。按年均衡缴费一次的方式购买,20 年缴清保费,附加费用在每个保险年度之初发生,其大小如表 7.1 所示。以 CL1(2000—2003)2.5% 为计算基础,试求该保单的年缴均衡纯保费、年缴均衡毛保费、年缴均衡附加保费。

**表 7.1　附加费用分配表**

| 费用类型 | 第一年 | | 续年 | |
|---|---|---|---|---|
| | 占保险费比例/% | 每千元保额/元 | 占保险费比例/% | 每千元保额/元 |
| 佣金 | 13 | — | 3 | — |
| 一般费用 | 3 | 1.5 | — | 0.7 |
| 保单维持费 | 2 | 0.5 | 1 | 0.3 |
| 其他费用 | 2 | — | 1 | — |
| 合计 | 20 | 2 | 5 | 1 |



**解**:设年缴均衡纯保费、年缴均衡毛保费分别为 $P$ 元、$P^*$ 元,年缴均衡附加保费为 $e$ 元,于是由收支平衡原则有

$$P\ddot{a}_{40:\overline{20}|} = 50\ 000A^{1}_{40:\overline{20}|}$$

$$P^*\ddot{a}_{40:\overline{20}|} = 50\ 000A^{1}_{40:\overline{20}|} + 20\%P^* + 2\times 50 + 5\%P^*(\ddot{a}_{40:\overline{20}|} - 1) + 1\times 50(\ddot{a}_{40:\overline{20}|} - 1)$$

$$\therefore P = 50\ 000\frac{A^{1}_{40:\overline{20}|}}{\ddot{a}_{40:\overline{20}|}} = \frac{50\ 000(M_{40} - M_{60})}{N_{40} - N_{60}} \approx 175.82(\text{元})$$

$$\therefore P^* = \frac{50\ 000A^{1}_{40:\overline{20}|} + 50 + 50\ddot{a}_{40:\overline{20}|}}{95\%\ddot{a}_{40:\overline{20}|} - 15\%}$$

$$= \frac{50\ 000(M_{40} - M_{60}) + 50D_{40} + 50(N_{40} - N_{60})}{95\%(N_{40} - N_{60}) - 15\%D_{40}} \approx 243.55(\text{元})$$

$$e = P^* - P = 67.73(\text{元})$$

$e$ 也可以由下列方程求得:

$$e\ddot{a}_{40:\overline{20}|} = 20\%(P+e) + 2\times 50 + 5\%(P+e)(\ddot{a}_{40:\overline{20}|} - 1) + 1\times 50(\ddot{a}_{40:\overline{20}|} - 1)$$

(三)考虑安全边际

由于预定利息率、预定死亡率、预定费用率与实际利息率、实际死亡率、实际费用率往往不一致,因而所收取的毛保险费可能满足实际支付需要(正偏差),也可能不能满足实际需要(负偏差),前者是保险公司所期望的,后者是保险公司所厌恶的。

令 $Z$ 表示保险金及其附加费用支付的现值,因而收取的趸缴毛保费为 $E(Z)$,于是

$Z$ 围绕 $E(Z)$ 上下波动。尽管我们希望 $Z \leqslant E(Z)$，但也可能出现 $Z > E(Z)$，不过我们可以以相当大的概率 $\alpha$（比如 90% 或 95%）保证 $Z \leqslant (1+Q)E(Z)$，即

$$P(Z \leqslant (1+Q)E(Z)) = \alpha \tag{7.1.8}$$

这里，$Q$ 为安全边际系数或因子，$QE(Z)$ 为安全边际量。公式(7.1.8) 可化为

$$P\left(\frac{Z - E(Z)}{\sqrt{\operatorname{var}(Z)}} \leqslant \frac{QE(Z)}{\sqrt{\operatorname{var}(Z)}}\right) = \alpha \tag{7.1.9}$$

查标准正态分布表，可得

$$\frac{QE(Z)}{\sqrt{\operatorname{var}(Z)}} = u(\varepsilon)$$

$$\therefore Q = \frac{u(\varepsilon)\sqrt{\operatorname{var}(Z)}}{E(Z)} \tag{7.1.10}$$

其中，$\varepsilon = 1 - \alpha$，$u(\varepsilon)$ 为标准正态分布水平为 $\varepsilon$ 上的侧分位数。

**例 7.1.3**　某 25 岁的人投保了死亡时立即给付保险金 100 万元的终身寿险，已知 $\mu = 0.04$，$\delta = 0.06$，$u(0.05) = 1.645$，以 95% 的概率保证保险金的给付不超过初始基金，求安全边际。

**解**：设 $Z$、$Q$ 分别为死亡时保险金给付的现值与安全边际系数，那么，

$$E(Z) = 100\bar{A}_{25} = 100\int_0^{\infty} \mathrm{e}^{-\delta t}\mathrm{e}^{-\mu t}\mu \mathrm{d}t = \frac{100\mu}{\mu+\delta} = 40$$

$$E(Z^2) = 10\ 000\int_0^{\infty} \mathrm{e}^{-2\delta t}\mathrm{e}^{-\mu t}\mu \mathrm{d}t = \frac{10\ 000\mu}{\mu+2\delta} = 2\ 500$$

$$\therefore \operatorname{var}(Z) = E(Z^2) - E^2(Z) = 900$$

$$\because u(\varepsilon) = u(0.05) = 1.645$$

$$\therefore Q \approx \frac{1.645 \times 30}{40} = 1.233\ 75$$

$$QE(Z) = 49.35$$

因此，实际应趸缴的毛保费为 89.35 万元。

**例 7.1.4**　在例 7.1.3 的基础上，只是将投保人数增加到 10 000 人，他们都 25 岁，都服从 $\mu = 0.04$ 的死亡规律，且 $\delta = 0.06$，求安全边际。

**解**：设 $Z_i$ 为第 $i$ 个人死亡时保险金给付的现值（$i = 1, 2, \cdots, 10\ 000$），$\tilde{Z}$、$\tilde{Q}$ 分别为保险人总给付现值与安全边际系数。那么 $\tilde{Z} = \sum_{i=1}^{10\ 000} Z_i$。

$$\because E(Z_i) = 40, \operatorname{var}(Z_i) = 900$$

$$\therefore E(\tilde{Z}) = \sum_{i=1}^{10\ 000} E(Z_i) = 400\ 000$$

$$\operatorname{var}(\tilde{Z}) = \sum_{i=1}^{10\ 000} \operatorname{var}(Z_i) = 9\ 000\ 000$$

$$\tilde{Q} = \frac{1.645 \times 3\ 000}{400\ 000} = 0.012\ 337\ 5$$

$\widetilde{Q}E(Z_i) = 0.4935$

因此,每个投保人所缴的趸缴毛保费降为 40.49 万元。

**例 7.1.5**　以 CL1(2000—2003)2.5% 为基础,假设保险金于死亡所在年年末支付,重新计算例 7.1.4。

**解:** $\because E(Z_i) = 100A_{25} \approx 28.562513$

$\text{var}(Z_i) = 100^2[{}^2A_{25} - (A_{25})^2] \approx 120.426002$

其中,${}^2A_{25} \approx 0.093624312$,其计算可运用第十二章有关实验方法完成。

$\therefore E(\tilde{Z}) \approx 285625.13$

$\text{var}(\tilde{Z}) \approx 1204260.02$

$$\widetilde{Q} = \frac{1.645\sqrt{\text{var}(\tilde{Z})}}{E(\tilde{Z})} \approx 0.006320183$$

$\widetilde{Q}E(Z_i) \approx 0.1805$

因此,就每个人来考虑,考虑安全边际后的趸缴纯保费为 28.74 万元。

## 四、保险费率

单位保额收取的保险费即保险费率,通常表示为每千元保额收取的保险费。假设 $G(b)$ 表示保额为 $b$ 的毛保费总额,$R(b)$ 为当保额为 $b$ 时的毛保险费率,显然

$$R(b) = \frac{G(b)}{b} \tag{7.1.11}$$



在毛保险费 $G(b)$ 中,用 $a$ 表示直接与保额有关的那些保险成本占保额的比例(包括作为主体的单位保额对应的纯保费),$f$ 表示与毛保费有关的那部分费用占毛保费的比例,$c$ 为保单费用(每份保单具有的,与保额、保费无关的费用),显然 $a$、$c$、$f$ 非负,且 $f < 1$。于是

$$G(b) = ab + fG(b) + c \tag{7.1.12}$$

$$\therefore G(b) = \frac{ab + c}{1 - f} \tag{7.1.13}$$

$$R(b) = \frac{a + \frac{c}{b}}{1 - f} = \frac{a}{1 - f} + \frac{\frac{c}{b}}{1 - f} \tag{7.1.14}$$

$$= a' + \frac{c'}{b} \tag{7.1.15}$$

$$G(b) = ba' + c' \tag{7.1.16}$$

其中,$a' = \frac{a}{1 - f}$,$c' = \frac{c}{1 - f}$。$a'$ 为没有考虑保单费用时的保险费率,即在公式(7.1.12) 中略去 $c$ 后的费率 $R(b)$,它对不同保额均相同;$c'$ 为保单费(实际上为调整后的保单费用,实际上为不考虑保险金支付时的附加保费),当加进保单费用时,毛保费将增加,进而导致代理人佣金、保费税等增加,从而 $c' > c$。于是,公式(7.1.16) 表明:在没有考虑保单费用的条件下的保险费率乘以保险金额后再加上每张保单的保单费就可以计算出毛保费。

**例7.1.6**　某30岁的人投保了保额为20 000元、于死亡所在年年末给付保险金的终身缴费终身寿险，附加费用如表7.2所示。以CL1(2000—2003)2.5%为基础，试分别用收支平衡原则及保单费附加法计算该保险的年缴毛保费。

**表7.2　附加费用分配表**

| 年度 | 保费百分比/% | 每千元保额/元 | 保单费用/元 |
|---|---|---|---|
| 初年度 | 30 | 3 | 10 |
| 续年度 | 5 | 0.5 | 2.5 |

**解：**(1) 运用收支平衡原则。设年缴毛保费为 $G(b)$ 元，这里 $b=20\ 000$，于是

$$G(b)\ddot{a}_{30}=20\ 000A_{30}+30\%G(b)+5\%G(b)a_{30}+3\times 20$$
$$+0.5\times 20a_{30}+10+2.5a_{30}$$

$$\therefore G(b)=\frac{20\ 000A_{30}+70+12.5a_{30}}{\ddot{a}_{30}-0.3-0.05a_{30}}\approx 259.70(\text{元})$$

(2) 保单费附加法。设在未考虑保单费用条件下的年缴保费为 $k(b)$，保单费为 $c'$，于是

$$k(b)\ddot{a}_{30}=20\ 000A_{30}+30\%k(b)+5\%k(b)a_{30}+3\times 20+0.5\times 20a_{30}$$
$$c'\ddot{a}_{30}=30\%c'+5\%c'a_{30}+10+2.5a_{30}$$

$$\therefore k(b)=\frac{20\ 000A_{30}+60+10a_{30}}{\ddot{a}_{30}-0.3-0.05a_{30}}$$
$$=0.012\ 838\times 20\ 000\approx 256.76(\text{元})$$

$$c'=\frac{10+2.5a_{30}}{\ddot{a}_{30}-0.3-0.05a_{30}}\approx 2.94(\text{元})$$

$$G(b)=k(b)+c'=a'b+c'\approx 259.70(\text{元})$$

其中，$a'\approx 0.012\ 838$。

## 五、毛保费责任准备金

由于保费采取均衡方式收取，而保险金及附加费用的支出并不是均衡的，因而将前期收取的保费满足支付后的余款累积起来以应付后期支出大于收入的情形，这样建立的准备金就是毛保费责任准备金。毛保费责任准备金的计算有两种基本方法：未来法和过去法。

(1) 用未来法计算毛保费责任准备金，公式如下：

某时点毛保费责任准备金 = 未来支付的精算现值 − 未来毛保费收入的精算现值

(2) 用过去法计算毛保费责任准备金，公式如下：

某时点毛保费责任准备金 = 过去毛保费收入的精算终值 − 过去支付的精算终值

这里的支付包括保险金的给付以及附加费用的支付。

**例7.1.7**　一份保额为10 000元的30岁签订的30年期两全保险，限期20年缴费。设年缴毛保费为 $G$ 元，每年年初发生的附加费用为 $e$ 元；求第10年年末毛保费责任准

备金。假设保险金在死亡时立即支付或期满生存时支付。

**解**:(1) 未来法:第 10 年年末毛保费责任准备金为

$$10\,000\bar{A}_{40:\overline{20}|}+e\ddot{a}_{40:\overline{20}|}-G\ddot{a}_{40:\overline{10}|}$$

(2) 亏损变量法:设包括附加费用开支的保险人亏损变量为 ${}_{10}L^*$ 元,设 $U$ 为这个 30 岁的人在第 10 年年末的余命,记 $J=[U]$,于是,

$$ {}_{10}L^*=\begin{cases}10\,000v^U+e\ddot{a}_{\overline{J+1}|}-G\ddot{a}_{\overline{J+1}|} & (0<U<10)\\ 10\,000v^U+e\ddot{a}_{\overline{J+1}|}-G\ddot{a}_{\overline{10}|} & (10\leqslant U<20)\\ 10\,000v^{20}+e\ddot{a}_{\overline{20}|}-G\ddot{a}_{\overline{10}|} & (U\geqslant 20)\end{cases}$$

所求责任准备金为

$$E({}_{10}L^*)=10\,000\bar{A}_{40:\overline{20}|}+e\ddot{a}_{40:\overline{20}|}-G\ddot{a}_{40:\overline{10}|}$$

**例 7.1.8** 对于某 20 年期两全保险,被保险人签单时的年龄为 40 岁,保险金额为 20 000 元,于死亡所在年年末或期满生存时给付。设按年均衡缴费一次的方式购买,缴费期为 20 年,其附加费用在每个保险年度初发生(具体如表 7.3 所示)。以 CL1(2000—2003)2.5%为计算基础,试求该保单的年缴均衡纯保费、年缴均衡毛保费,并求第 10 年年末均衡纯保费责任准备金及均衡毛保费责任准备金。

**表 7.3 附加费用分配表**

| 费用类型 | 第一年 | | 续年 | |
|---|---|---|---|---|
| | 占保险费比例/% | 每千元保额/元 | 占保险费比例/% | 每千元保额/元 |
| 佣金 | 16 | — | 6 | — |
| 一般费用 | 4 | 1 | — | 0.3 |
| 保单维持费 | 2 | 0.5 | 2 | 0.2 |
| 其他费用 | 3 | — | 2 | — |
| 合计 | 25 | 1.5 | 10 | 0.5 |

**解**:设均衡纯保费、均衡毛保费分别为 $P$ 元、$P^*$ 元,在第 10 年年末均衡纯保费、均衡毛保费的责任准备金分别为 ${}_{10}V$ 元、${}_{10}V^*$ 元,于是由收支平衡原则有

$$P\ddot{a}_{40:\overline{20}|}=20\,000A_{40:\overline{20}|}$$

$$P^*\ddot{a}_{40:\overline{20}|}=20\,000A_{40:\overline{20}|}+25\%P^*+1.5\times20+10\%P^*(\ddot{a}_{40:\overline{20}|}-1)+0.5\times20(\ddot{a}_{40:\overline{20}|}-1)$$

$$\therefore P=20\,000\frac{A_{40:\overline{20}|}}{\ddot{a}_{40:\overline{20}|}}=\frac{20\,000(M_{40}-M_{60}+D_{60})}{N_{40}-N_{60}}\approx 793.94(\text{元})$$

$$P^*=\frac{20\,000A_{40:\overline{20}|}+20+10\ddot{a}_{40:\overline{20}|}}{90\%\ddot{a}_{40:\overline{20}|}-15\%}=\frac{20\,000(M_{40}-M_{60}+D_{60})+20D_{40}+10(N_{40}-N_{60})}{90\%(N_{40}-N_{60})-15\%D_{40}}\approx 904.35(\text{元})$$

$${}_{10}V=20\,000A_{50:\overline{10}|}-P\ddot{a}_{50:\overline{10}|}\approx 8\,717.85(\text{元})$$

$$
\begin{aligned}
{}_{10}V^{*} &= 20\,000A_{50:\overline{10}|} + 10\% P^{*}\ddot{a}_{50:\overline{10}|} + 0.5\times 20\ddot{a}_{50:\overline{10}|} - P^{*}\ddot{a}_{50:\overline{10}|} \\
&= 20\,000A_{50:\overline{10}|} + (10 - 0.9P^{*})\ddot{a}_{50:\overline{10}|} \approx 8\,630.05(\text{元})
\end{aligned}
$$

## 第二节　修正责任准备金

### 一、修正责任准备金及其计算

（一）修正责任准备金的意义

首先，回顾前面所讲的理论责任准备金或均衡纯保费责任准备金，它是基于年缴均衡纯保费计算而得的。若采用均衡方式收取营业保费，则意味着附加保费也是均衡的，但是在实际经营过程中，第一年附加费用开支较大，如需要支付新契约费、保单费用、代理人佣金，而以后各年开支的附加费用相对较小。

其次，我们还发现：大多数情形下第一年的自然保费低于年缴均衡纯保费，或者说一般情形下初年需要的纯保费较少，而续年所需的纯保费较大。

最后，对于一个新开业不久或规模较小的寿险公司而言，因其可用盈余有限，试图以此作为后盾来弥补初年附加费用开支过大所导致的缺口往往会遇到困难。

这实际上意味着前几年应收取较少的纯保费，而后几年应收取较多的纯保费。换言之，这为前几年使用较多附加费用而后几年使用较少的附加费用提供了必要性与可能性。



这种对均衡纯保费缴纳方式进行修正，从而引起责任准备金的变化，或者说，以修正纯保费方式提取的责任准备金被称为修正责任准备金，或被称为实际责任准备金、实务上的责任准备金，它是一个与理论责任准备金相对的概念。

（二）均衡纯保费的修正

考虑限期 $m$ 年缴费于死亡所在年年末或期满生存时支付保险金 1 的 $n$ 年期两全保险；保费修正期为 $g$ 年（$2 \leqslant g \leqslant m \leqslant n$）。

修正前：每年缴纳纯保费 ${}_{m}P_{x:\overline{n}|}$。

修正后：第 1 年缴纳纯保费 $\alpha$；第 2 至第 $g$ 年每年缴纳纯保费 $\beta$；从第 $g+1$ 年起年缴纯保费又恢复到 ${}_{m}P_{x:\overline{n}|}$（见图 7.1）。

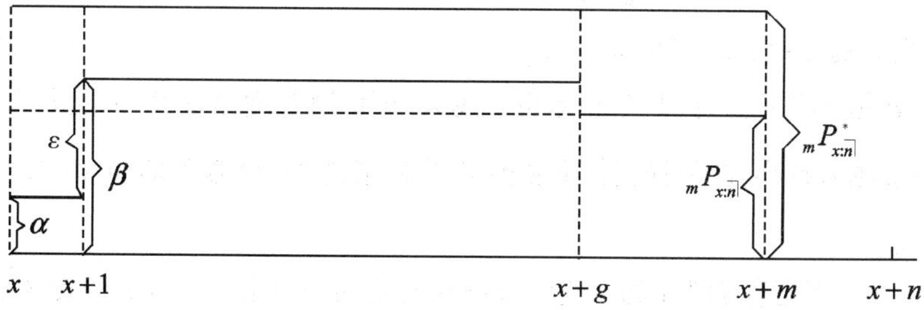


图 7.1　修正后各年度年缴纯保费

一般假设 $\alpha < {}_{m}P_{x:\overline{n}|} < \beta$，于是，

$$\alpha + \beta(\ddot{a}_{x:\overline{g}|} - 1) + {}_{m}P_{x:\overline{n}|\,g|}\ddot{a}_{x:\overline{m-g}|} = A_{x:\overline{n}|} = {}_{m}P_{x:\overline{n}|}\ddot{a}_{x:\overline{m}|} \tag{7.2.1}$$

或

$$\alpha + \beta(\ddot{a}_{x:\overline{g}|} - 1) = {}_{m}P_{x:\overline{n}|}\ddot{a}_{x:\overline{g}|} \tag{7.2.2}$$

令

$$\beta - \alpha = \varepsilon \tag{7.2.3}$$

这里的参数$\varepsilon$可以根据需要用来控制纯保费的调整幅度。显然,$\varepsilon$越大调整就越猛烈;否则就越平缓。$g$也是一个控制纯保费调整幅度的参数,$g$越小纯保费调整越猛烈;反之,则反是。但是,$g$对于修正责任的准备金而言,结论则相反。

说明:上述修正法又称为泽默尔(Zillmer)式修正法,$\varepsilon$称为Zillmer比例,$g$称为Zillmer期间。

由公式(7.2.2)、公式(7.2.3)可求得

$$\alpha = {}_{m}P_{x:\overline{n}|} - \varepsilon\left(1 - \frac{1}{\ddot{a}_{x:\overline{g}|}}\right) \tag{7.2.4}$$

$$\beta = {}_{m}P_{x:\overline{n}|} + \frac{\varepsilon}{\ddot{a}_{x:\overline{g}|}} \tag{7.2.5}$$

或

$$\alpha + \beta a_{x:\overline{g-1}|} = P\ddot{a}_{x:\overline{g}|} = P(1 + a_{x:\overline{g-1}|}) \tag{7.2.6}$$

$$\therefore \beta = P + \frac{P - \alpha}{a_{x:\overline{g-1}|}} \tag{7.2.7}$$



这里的$P - \alpha$被称为初年增加的费用补贴。

(三)实际责任准备金的计算

设该保险在第$k$年年末的修正责任准备金为${}_{k}^{m}V_{x:\overline{n}|}^{\mathrm{mod}}$,或记为${}_{k}V_{x:\overline{n}|}^{[mz]}$(称为Zillmer式责任准备金),于是,

(1)当$k = 0$时,${}_{0}^{m}V_{x:\overline{n}|}^{\mathrm{mod}} = 0$ (7.2.8)

(2)当$1 \leqslant k < g$时

$$\begin{aligned} {}_{k}^{m}V_{x:\overline{n}|}^{\mathrm{mod}} &= A_{x+k:\overline{n-k}|} - [\beta\ddot{a}_{x+k:\overline{g-k}|} + {}_{m}P_{x:\overline{n}|}(\ddot{a}_{x+k:\overline{m-k}|} - \ddot{a}_{x+k:\overline{g-k}|})] \quad (7.2.9) \\ &= A_{x+k:\overline{n-k}|} - {}_{m}P_{x:\overline{n}|}\ddot{a}_{x+k:\overline{m-k}|} - (\beta - {}_{m}P_{x:\overline{n}|})\ddot{a}_{x+k:\overline{g-k}|} \\ &= {}_{k}^{m}V_{x:\overline{n}|} - \frac{\ddot{a}_{x+k:\overline{g-k}|}}{\ddot{a}_{x:\overline{g}|}}\varepsilon \quad (7.2.10) \end{aligned}$$

(3)当$g \leqslant k \leqslant n$时,${}_{k}^{m}V_{x:\overline{n}|}^{\mathrm{mod}} = {}_{k}^{m}V_{x:\overline{n}|}$ (7.2.11)

显然,$\varepsilon$越大,${}_{k}^{m}V_{x:\overline{n}|}$与${}_{k}^{m}V_{x:\overline{n}|}^{\mathrm{mod}}$相差也就越大,即调整幅度也越大。但随着$k$的增大,$\frac{\varepsilon}{\ddot{a}_{x:\overline{g}|}}\ddot{a}_{x+k:\overline{g-k}|}$越来越小,即两种责任准备金相差越来越小,至修正期届满时,两种责任准备金相等。

**例7.2.1** 考虑保额为1的全连续型终身寿险的一个由下式定义的责任准备金修正方法:

$$\bar{\alpha}(t) = \frac{t}{m}\bar{\beta} \quad (0 \leqslant t < m)$$

这里，$\bar{\beta}$为当$t \geqslant m$时的均衡纯保费。(1) 写出$\bar{\beta}$的表达式；(2) 用未来法写出${}_t\bar{V}(\bar{A}_x)^{\mathrm{mod}}$的表达式，这里$t < m$。

**解**：(1) 由收支平衡原则可得

$$\int_0^m \bar{\alpha}(t) v^t {}_tp_x \mathrm{d}t + \bar{\beta}_{m|}\bar{a}_x = \bar{A}_x$$

即

$$\int_0^m \frac{t}{m}\bar{\beta} v^t {}_tp_x \mathrm{d}t + \bar{\beta}_{m|}\bar{a}_x = \bar{A}_x$$

$$\therefore \bar{\beta} = \frac{\bar{A}_x}{\frac{1}{m}(\bar{I}\bar{a})_{x:\overline{m}|} + {}_{m|}\bar{a}_x}$$

(2) 当$t < m$时，在未来法下

$$\begin{aligned}{}_t\bar{V}(\bar{A}_x)^{\mathrm{mod}} &= \bar{A}_{x+t} - \left[\int_0^{m-t} \bar{\alpha}(t+s) v^s {}_sp_{x+t}\mathrm{d}s + \bar{\beta}_{m-t|}\bar{a}_{x+t}\right] \\ &= \bar{A}_{x+t} - \bar{\beta}\left[\frac{t}{m}\bar{a}_{x+t:\overline{m-t}|} + \frac{1}{m}(\bar{I}\bar{a})_{x+t:\overline{m-t}|} + {}_{m-t|}\bar{a}_{x+t}\right]\end{aligned}$$

## 二、初年度定期式责任准备金

在公式(7.2.10)中，当$\varepsilon$比较大、$g$比较大、$k$比较小时，责任准备金${}_k^mV_{x:\overline{n}|}^{\mathrm{mod}}$很可能为负；比如${}_1^mV_{x:\overline{n}|}^{\mathrm{mod}} < 0$，甚至当$k = 2$或3时，${}_k^mV_{x:\overline{n}|}^{\mathrm{mod}}$也可能为负。为了避免${}_1^mV_{x:\overline{n}|}^{\mathrm{mod}}$为负，而且修正责任准备金又要尽可能地小，就只有令${}_1^mV_{x:\overline{n}|}^{\mathrm{mod}} = 0$，这显然能保证以后的修正责任准备金大于0；同时，要求$g$尽可能地大，即要求$g = m$，也就是修正期等于整个缴费期，以减轻修正所带来的波动。

下面来求使${}_1^mV_{x:\overline{n}|}^{\mathrm{mod}} = 0$的$\alpha$和$\beta$。由公式(7.2.10)或直接由未来法可得

$${}_1^mV_{x:\overline{n}|}^{\mathrm{mod}} = A_{x+1:\overline{n-1}|} - {}_mP_{x:\overline{n}|}\ddot{a}_{x+1:\overline{m-1}|} - \frac{\varepsilon}{\ddot{a}_{x:\overline{m}|}}\ddot{a}_{x+1:\overline{m-1}|} = 0$$

$$\therefore A_{x+1:\overline{n-1}|} = \left({}_mP_{x:\overline{n}|} + \frac{\varepsilon}{\ddot{a}_{x:\overline{m}|}}\right)\ddot{a}_{x+1:\overline{m-1}|}$$

即

$$\beta = {}_mP_{x:\overline{n}|} + \frac{\varepsilon}{\ddot{a}_{x:\overline{m}|}} = {}_{m-1}P_{x+1:\overline{n-1}|} \tag{7.2.12}$$

由过去法得

$${}_1^mV_{x:\overline{n}|}^{\mathrm{mod}} = \frac{\alpha}{{}_1E_x} - \frac{A^1_{x:\overline{1}|}}{{}_1E_x} = 0$$

即

$$\alpha = A^1_{x:\overline{1}|} = vq_x \tag{7.2.13}$$

使第1年年末的责任准备金为0的全期式修正法被称为初年度定期式修正法。由此在所得到的修正后的初年与续年纯保费$\alpha$、$\beta$的右上角加上字母"F"或"FPT"以示区别，即有$\alpha^{\mathrm{F}} = vq_x$，$\beta^{\mathrm{F}} = {}_{m-1}P_{x+1:\overline{n-1}|}$。我们称初年度定期式修正法下的责任准备金为初年度定期式修正责任准备金，设其在第$k$年年末的值为${}_k^mV_{x:\overline{n}|}^{\mathrm{F}}$，于是

$$\begin{aligned}{}_{k}^{m}V_{x:\overline{n}|}^{F} &= {}_{k}^{m}V_{x:\overline{n}|}^{FPT} = A_{x+k:\overline{n-k}|} - \beta^{F}\ddot{a}_{x+k:\overline{m-k}|} \\ &= A_{x+k:\overline{n-k}|} - {}_{m-1}P_{x+1:\overline{n-1}|}\ddot{a}_{x+k:\overline{m-k}|} \\ &= A_{x+1+(k-1):\overline{n-1-(k-1)}|} - {}_{m-1}P_{x+1:\overline{n-1}|}\ddot{a}_{x+1+(k-1):\overline{m-1-(k-1)}|} \\ &= {}_{k-1}^{m-1}V_{x+1:\overline{n-1}|}(1 \leqslant k < m)\end{aligned} \tag{7.2.14}$$

当 $m \leqslant k \leqslant n$ 时

$${}_{k}^{m}V_{x:\overline{n}|}^{F} = {}_{k}^{m}V_{x:\overline{n}|}$$

显然,初年度定期式修正法可概括为"年龄增1法"。因为第一年所收纯保费 $\alpha^{F}$ 完全用于第一年内死亡并于死亡所在年年末给付的死亡保险金的分摊,没有储蓄,因而责任准备金为0,相当于 $x+1$ 岁才开始投保;续年所收纯保费 $\beta^{F}$ 相当于 $x+1$ 岁加入且原有缴费期与保险期终止日不变而剩下部分时间作为保险期的年缴纯保费,而计算责任准备金时的参保年龄增加了一岁,相应地,计算责任准备金的时点向前移动了一年。

初年度定期式修正法影响预期盈余。下面以保额为1的全离散型终身寿险为例,假设采用均衡纯保费方式,在初年度定期式修正法下有下列等式:

$$P_{x} + c = A_{x:\overline{1}|}^{1} + c_{0} = \beta + c_{1} \tag{7.2.15}$$

其中,$c$ 为均衡附加费用,$c_{0}$ 为第一年的附加费用,$c_{1}$ 为续年的附加保费。显然有

$$c_{0} = c + (P_{x} - A_{x:\overline{1}|}^{1}) \tag{7.2.16}$$

公式(7.2.16)意味着初年度定期式修正法为初年度提供了一个额外的附加费用补贴 $(P_{x} - A_{x:\overline{1}|}^{1})$。



以 $u(k)$ 表示第 $k$ 年年末每份残存保单的目标盈余,假设 $u(0)=0$。于是,

当 $k=1$ 时

$$\begin{aligned}p_{x}u(1) &= (A_{x:\overline{1}|}^{1} + c_{0} - e_{0})(1+i) - q_{x} \\ &= (c_{0} - e_{0})(1+i)\end{aligned} \tag{7.2.17}$$

若 $c_{0} < e_{0}$,则 $u(1)$ 为负。但在初年度定期式修正法下,$c_{0} \geqslant e_{0}$,从而使 $u(1)$ 非负。若仍然有 $c_{0} < e_{0}$,则保险人需要采取其他措施来解决资不抵债问题,比如设置初始基金,即让 $u(0) > 0$。

当 $k = 2,3,4,\cdots$ 时

$$\begin{aligned}&{}_{k-1}p_{x}[{}_{k-1}V_{x}^{F} + u(k-1) + (\beta + c_{1}) - e_{k-1}](1+i) \\ &= {}_{k-1}p_{x}q_{x+k-1} + {}_{k}p_{x}[{}_{k}V_{x}^{F} + u(k)]\end{aligned} \tag{7.2.18}$$

考虑递推公式

$${}_{k-1}p_{x}({}_{k-1}V_{x}^{F} + \beta)(1+i) = {}_{k-1}p_{x}q_{x+k-1} + {}_{k}p_{x}\,{}_{k}V_{x}^{F} \tag{7.2.19}$$

用公式(7.2.18)减去公式(7.2.19)得

$${}_{k}p_{x}u(k) = \sum_{t=1}^{k}(1+i)^{k-t+1}{}_{t-1}p_{x}(c_{t-1}' - e_{t-1}) \tag{7.2.20}$$

其中,$c_{0}' = c_{0}$,$c_{k}' = c_{1}$ 为预期附加费用支出;$e_{k-1}$ 为实际附加费用支出,$k=1,2,3,\cdots$。

**例 7.2.2** 已知 $i=0.06$,$\ddot{a}_{52} = 12.887\,85$,$A_{51:\overline{1}|}^{1} = 0.006\,06$,计算 ${}_{2}V_{50}^{F}$。

**解:** $\because \ddot{a}_{52} = 12.887\,85$,$vq_{51} = A_{51:\overline{1}|}^{1} = 0.006\,06$

$$\therefore \ddot{a}_{51} = 1 + vp_{51}\ddot{a}_{52} = 1 + (v - vq_{51})\ddot{a}_{52} \approx 13.080\,249$$

$$\therefore {}_2V_{50}^{\mathrm{F}} = {}_1V_{51} = 1 - \frac{\ddot{a}_{52}}{\ddot{a}_{51}} \approx 0.014\,71$$

**例** 7.2.3　对于($x$)签发的保额为 1 的 10 年期全期缴费的全离散型两全保险,已知${}_5V_{x:\overline{10}|}^{\mathrm{F}} = 0.25$,$\beta^{\mathrm{F}} = 0.05$,$d = 0.06$,$q_{x+4} = 0.01$,求${}_3V_{x+1:\overline{9}|}$。

**解**:$\because {}_5V_{x:\overline{10}|}^{\mathrm{F}} = 0.25, \beta^{\mathrm{F}} = 0.05$

$$\therefore {}_4V_{x+1:\overline{9}|} = 0.25, P_{x+1:\overline{9}|} = \beta^{\mathrm{F}} = 0.05$$

$$\because {}_3V_{x+1:\overline{9}|} + P_{x+1:\overline{9}|} = vq_{x+4} + vp_{x+4}\,{}_4V_{x+1:\overline{9}|}$$

$$\therefore {}_3V_{x+1:\overline{9}|} = 0.192\,05$$

**例** 7.2.4　对于($x$)参加的保额为 1 的全期缴费的全离散型终身寿险,考虑一个两年定期式修正法,它要求:第一年纯保费为$A_{x:\overline{1}|}^{1}$,第二年纯保费为$A_{x+1:\overline{1}|}^{1}$,以后各年度纯保费均为 $P_{x+2}$。证明:(1) ${}_1V_x^{\mathrm{mod}} = {}_2V_x^{\mathrm{mod}} = 0$;(2) ${}_kV_x^{\mathrm{mod}} = {}_kV_x - (P_{x+2} - P_x)\ddot{a}_{x+k} = {}_{k-2}V_{x+2}(k = 3,4,5,\cdots)$。

**证明**:(1) 运用过去法可得

$$ {}_1V_x^{\mathrm{mod}} = \frac{A_{x:\overline{1}|}^{1}}{{}_1E_x} - \frac{A_{x:\overline{1}|}^{1}}{{}_1E_x} = 0$$

$$\begin{aligned} {}_2V_x^{\mathrm{mod}} &= \frac{A_{x:\overline{1}|}^{1}}{{}_2E_x} + \frac{A_{x+1:\overline{1}|}^{1}}{{}_1E_{x+1}} - \frac{A_{x:\overline{2}|}^{1}}{{}_2E_x} \\ &= \frac{A_{x:\overline{1}|}^{1} + {}_1E_xA_{x+1:\overline{1}|}^{1} - A_{x:\overline{2}|}^{1}}{{}_2E_x} = \frac{A_{x:\overline{2}|}^{1} - A_{x:\overline{2}|}^{1}}{{}_2E_x} = 0 \end{aligned}$$

(2) 当 $k = 3,4,5,\cdots$ 时

$$\begin{aligned} {}_kV_x^{\mathrm{mod}} &= A_{x+k} - P_{x+2}\ddot{a}_{x+k} = A_{x+k} - P_x\ddot{a}_{x+k} - (P_{x+2} - P_x)\ddot{a}_{x+k} \\ &= {}_kV_x - (P_{x+2} - P_x)\ddot{a}_{x+k} = A_{x+2+(k-2)} - P_{x+2}\ddot{a}_{x+2+(k-2)} \\ &= {}_{k-2}V_{x+2} \end{aligned}$$

### 三、美国保险监督官修正责任准备金

如果保险期限较短、保金比较高,那么年缴保费就比较多,比如两全保险,容易造成新契约费的滥用和浪费。为了杜绝这种现象的发生,有些国家规定对于高续年保费的保单需要对初年度定期式责任准备金做进一步的修正,即采用美国保险监督官准备金修正法和加拿大准备金修正法,其实质就是调低修正幅度参数 $\varepsilon$,而对于低续年保费保单仍采用初年度定期式修正法。

美国保险监督官修正法要求续年保费与限期 20 年缴费且具有同等保障条件下的终身寿险在运用初年度定期式修正法所得到的续年保费 ${}_{19}P_{x+1}$ 进行对比。

当 $\beta^{\mathrm{F}} \leqslant {}_{19}P_{x+1}$ 时,仍采用初年度定期式修正法。

当 $\beta^{\mathrm{F}} > {}_{19}P_{x+1}$ 时,称此保单为高续年保费保单,需要采用美国保险监督官准备金修正法,此时取 $\varepsilon = {}_{19}P_{x+1} - vq_x \triangleq \varepsilon^{\mathrm{com}}$,即减少了修正幅度,因为 $\varepsilon^{\mathrm{com}} < \varepsilon^{\mathrm{F}}$。于是

$$\beta^{\mathrm{com}} = {}_mP_{x:\overline{n}|} + \frac{\varepsilon^{\mathrm{com}}}{\ddot{a}_{x:\overline{m}|}} = {}_mP_{x:\overline{n}|} + \frac{{}_{19}P_{x+1} - vq_x}{\ddot{a}_{x:\overline{m}|}} \tag{7.2.21}$$

$$\alpha^{com}=\beta^{com}-\varepsilon^{com}={}_{m}P_{x:\overline{n}|}+\frac{{}_{19}P_{x+1}-vq_x}{\ddot{a}_{x:\overline{m}|}}-({}_{19}P_{x+1}-vq_x) \tag{7.2.22}$$

$${}_{k}^{m}V_{x:\overline{n}|}^{com}={}_{k}^{m}V_{x:\overline{n}|}-\frac{{}_{19}P_{x+1}-vq_x}{\ddot{a}_{x:\overline{m}|}}\ddot{a}_{x+k:\overline{m-k}|},1\leqslant k<m \tag{7.2.23}$$

当 $m\leqslant k\leqslant n$ 时，${}_{k}^{m}V_{x:\overline{n}|}^{com}={}_{k}^{m}V_{x:\overline{n}|}$，此式对 $k=0$ 也成立。

### 四、加拿大修正责任准备金

若年缴均衡纯保费 $P$ 大于相同投保年龄参加的终身寿险的年缴均衡纯保费 $P_x$，则属于加拿大准备金修正法规定的高续年保费保单，需采用加拿大准备金修正法，否则仍采用初年度定期式修正法。

当 $P>P_x$ 时，$\alpha^{can}$ 的选择应满足：

$$P-\alpha^{can}=P_x-vq_x \tag{7.2.24}$$

即

$$\alpha^{can}=P-(P_x-vq_x) \tag{7.2.25}$$

$$\beta^{can}=P+\frac{P-\alpha^{can}}{a_{x:\overline{m-1}|}}=P+\frac{P_x-vq_x}{a_{x:\overline{m-1}|}} \tag{7.2.26}$$

当 $P>P_x$ 时的保单为高续年保费保单；$P-\alpha^{can}$，即 $P_x-vq_x$ 为调整后的额外补贴，它显然低于调整前的额外补贴 $P-vq_x$，即减小了补贴幅度。这实际上是在调低原先的续年保费，调高原先的初年纯保费。



设调整后的修正幅度为 $\varepsilon^{can}$，则

$$\varepsilon^{can}=\beta^{can}-\alpha^{can} \tag{7.2.27}$$

$$=(P_x-vq_x)(1+\frac{1}{a_{x:\overline{m-1}|}})=\frac{\ddot{a}_{x:\overline{m}|}}{a_{x:\overline{m-1}|}}(P_x-vq_x) \tag{7.2.28}$$

而调整前的调整幅度为：

$$\tilde{\varepsilon}^{can}=\tilde{\beta}^{can}-vq_x=P+\frac{P-vq_x}{a_{x:\overline{m-1}|}}-vq_x=\frac{\ddot{a}_{x:\overline{m}|}}{a_{x:\overline{m-1}|}}(P-vq_x) \tag{7.2.29}$$

显然，$\varepsilon^{can}<\tilde{\varepsilon}^{can}$。

对于终身寿险而言，

$${}_{k}^{m}V_{x}^{can}={}_{k}^{m}V_{x}-\frac{P_x-vq_x}{a_{x:\overline{m-1}|}}\ddot{a}_{x+k:\overline{m-k}|} \tag{7.2.30}$$

对于两全保险而言，

$${}_{k}^{m}V_{x:\overline{n}|}^{can}={}_{k}^{m}V_{x:\overline{n}|}-\frac{P_x-vq_x}{a_{x:\overline{m-1}|}}\ddot{a}_{x+k:\overline{m-k}|} \tag{7.2.31}$$

当 $P\leqslant P_x$ 时，仍采用初年度定期式修正法。

**例 7.2.5**　已知某种全期修正责任准备金方法规定：$\alpha\geqslant A_{x:\overline{1}|}^{1}$，$\beta-\alpha\leqslant 0.05$。这一规定使得对某些保单和某些年龄可以使用初年度定期式修正法。已知 $d=0.03$，$\ddot{a}_x=17$，$\ddot{a}_{x:\overline{12}|}=9$，$A_{x:\overline{12}|}^{\ \ 1}=\frac{2}{3}$ 及 $A_{x:\overline{1}|}^{1}=0.01$。求解如下问题：

(1) 对于在 $x$ 岁时签订的终身寿险保单,计算 $\beta$;

(2) 在初年度定期式修正法下计算 ${}_{12}V_x^{\text{mod}}$;

(3) 对在 $x$ 岁时签订的 12 年期两全保险,说明 $\alpha$ 不能取 0.01;

(4) 根据(3) 的计算结果,对在 $x$ 岁时签订的 12 年期两全保险,求最大的 $\beta$ 值和最小的 $\alpha$ 值;

(5) 求 ${}_{1}V_{x:\overline{12|}}^{\text{mod}}$ 的最小值。

**解**:(1) 假设按规定可以使用初年度定期式修正法,于是,

$$\alpha = A_{x:\overline{1|}}^{1} = 0.01$$

由收支平衡原则可得

$$\alpha + \beta(\ddot{a}_x - 1) = A_x$$

$$\therefore \beta = \frac{A_x - \alpha}{\ddot{a}_x - 1} = \frac{1 - d\ddot{a}_x - \alpha}{\ddot{a}_x - 1} = \frac{1 - 0.03 \times 17 - 0.01}{17 - 1} = 0.03$$

$$\beta - \alpha = 0.02 \leqslant 0.05$$

(2) $\because v = 1 - d = 0.97$

$$\therefore vp_x = v - vq_x = 0.97 - 0.01 = 0.96$$

$$\because \ddot{a}_x = 1 + vp_x\ddot{a}_{x+1}$$

$$\therefore \ddot{a}_{x+1} = \frac{16}{0.96}$$

$$\because \ddot{a}_x = \ddot{a}_{x:\overline{12|}} + A_{x:\overline{12|}}^{\ \ \ 1}\ddot{a}_{x+12}$$

$$\therefore 17 = 9 + \frac{2}{3}\ddot{a}_{x+12}$$

解之,得

$$\ddot{a}_{x+12} = 12$$

$$\therefore {}_{12}V_x^{\text{mod}} = {}_{11}V_{x+1} = 1 - \frac{\ddot{a}_{x+12}}{\ddot{a}_{x+1}} = 1 - 12 \times \frac{0.96}{16} = 0.28$$

(3) 运用反证法,假设 $\alpha = A_{x:\overline{1|}}^{1} = 0.01$,于是应用初年度定期式修正法可得:

$$\beta = P_{x+1:\overline{11|}} = \frac{1}{\ddot{a}_{x+1:\overline{11|}}} - d$$

$$\because \ddot{a}_{x:\overline{12|}} = 1 + vp_x\ddot{a}_{x+1:\overline{11|}}$$

$$\therefore 9 = 1 + 0.96\ddot{a}_{x+1:\overline{11|}}$$

$$\ddot{a}_{x+1:\overline{11|}} = \frac{25}{3}$$

$$\therefore \beta = \frac{3}{25} - 0.03 = 0.09$$

$$\beta - \alpha = 0.08 > 0.05$$

这表明 $\alpha$ 不能取 0.01。

(4) 对于一般情形,令 $\beta - \alpha = \varepsilon$,于是,

$$\beta = P_{x:\overline{12|}} + \frac{\varepsilon}{\ddot{a}_{x:\overline{12|}}} = \frac{1}{\ddot{a}_{x:\overline{12|}}} - d + \frac{\varepsilon}{\ddot{a}_{x:\overline{12|}}} = \frac{1 + \varepsilon}{9} - 0.03$$

$\because \beta - \alpha \leqslant 0.05$,即 $\varepsilon \leqslant 0.05$

$$\therefore \beta \leqslant \frac{1 + 0.05}{9} - 0.03 = \frac{13}{150} \approx 0.086\,667$$

$$\alpha = \beta - \varepsilon = \frac{1 + \varepsilon}{9} - 0.03 - \varepsilon$$

$$= \frac{0.73}{9} - \frac{8}{9}\varepsilon \geqslant \frac{0.73}{9} - \frac{8}{9} \times 0.05 = \frac{11}{300} \approx 0.036\,667$$

(5) $\because \beta \leqslant 0.086\,667$

$$\therefore {}_1V_{x:\overline{12}|}^{\text{mod}} = A_{x+1:\overline{11}|} - \beta \ddot{a}_{x+1:\overline{11}|} = 1 - (d + \beta)\ddot{a}_{x+1:\overline{11}|}$$

$$\therefore {}_1V_{x:\overline{12}|}^{\text{mod}} \geqslant 1 - (0.03 + 0.086\,667) \times \frac{25}{3} \approx 0.027\,778$$

## 第三节　现金价值与保单选择权

### 一、现金价值及其计算

(一) 现金价值

现金价值,又称解约退还金、退保价值、解约金等。它是指投保人在缴纳了一定年数的保险费后终止合同时,保险人或保险公司应支付保单持有人的金额。保单持有人的这一权利受有关保险法律或法规的保护,在保单中一般由不丧失价值条款体现出来。换言之,不会因为投保人停止缴纳保费就丧失现金价值这部分利益。

人寿保险的大部分险种具有储蓄性,即当期缴费满足当期支付分摊后尚存结余。当缴费若干期后,将会形成一定规模的责任准备金,责任准备金是保险人对投保人或保单持有人的负债。因此,在解约退保时,保险人需要将这部分负债退还给保单持有人。但是,保险人并不是退还全部责任准备金,而是在此基础上扣除一部分后才将余额,即现金价值,退还给保单持有人。这种扣除基于如下五种理由。一是死亡逆选择的增加。因为对于死亡保险而言,弱体者一般不会解约退保,剩余群体死亡率很可能增加。二是如果解约频繁出现,那么保险公司必须准备更多的现金来应付,这会影响保险人的资金运用,从而减少保险公司的投资收益。三是附加费用尚未摊销完毕。新签合同花费很大,往往远远大于初年度的附加保费,常常需要后面年度的剩余来偿还初年度的损失。如果出现了解约,这部分尚未摊销的损失就理应由解约者负担。四是办理解约手续需要支出一定的费用,并且剩余群体变小,平均每一份合同的费用率可能变大。五是随机波动性增大。由于退保增加,剩余群体变小,群体死亡率波动性增大,安全性减小,因此保险公司必须考虑再保险,增加危险准备金。

(二) 现金价值的计算

1. 调整保险费法

调整保险费,是指在初年度的额外附加费用可由整个缴费期间的每年缴纳的附加保险费中摊还的假设条件下计算出来的保险费。这种保险费是纯保险费与每年额外附加费用摊还额之和。

在调整保险费法下，保单的附加费用被分成两类：一类是在整个缴费期限内每年发生的单位保额的均一数量$E$；另一类是第一年所需的额外附加量$E_1$。这样，第一年附加费用总额为$E+E_1$。进一步，假定毛保险费为$P^*$，它由调整保险费$P^a$与均衡年缴附加费$E$之和构成，即

$$P^* = P^a + E \tag{7.3.1}$$

于是

$$P^*\ddot{a} = (P^a + E)\ddot{a} = A + E_1 + E\ddot{a} \tag{7.3.2}$$

从而保险费调整为

$$P^a = \frac{A+E_1}{\ddot{a}} = \frac{A}{\ddot{a}} + \frac{E_1}{\ddot{a}} = P + \frac{E_1}{\ddot{a}} \tag{7.3.3}$$

由于$A$代表签单时保单保额所对应的趸缴纯保险费，$\ddot{a}$代表以保险费缴付期为期限的期初付定期生存年金在签单时的精算现值，所以$\frac{A}{\ddot{a}}$代表年缴纯保险费$P$，$\frac{E_1}{\ddot{a}}$代表每年的额外附加费用摊还额。

由于$A=(P^a-E_1)+P^a a$，因此用调整保险费法所决定的现金价值实质上就是以$P^a-E_1$为第一年纯保险费，$P^a$为续年纯保险费的修正责任准备金，这里的$a$为以缴费期为期限的期末付生存年金的精算现值，即

$$_k(\mathrm{CV}) = A(k) - P^a\ddot{a}(k) = {_kV} - (P^a - P)\ddot{a}(k) \tag{7.3.4}$$

其中，$_k(\mathrm{CV})$为第$k$年年末的现金价值或解约金；$P$为原保险的均衡纯保险费，$\ddot{a}(k)$表示从$x+k$岁开始时的生存年金。现金价值之所以重要，是因为它是保单贷款的基础。

2. 费用扣除法

现金价值以责任准备金为限，并在责任准备金的基础上做适当扣除。一般退保时间越晚，扣除就越少，甚至保单持有一定年限后就不做任何扣除了，其目的是鼓励保单持有人持有保单更长的时间。现金价值的计算公式为

$$_k(\mathrm{CV}) = {_kV} - {_kC} \tag{7.3.5}$$

在公式(7.3.5)中，$_k(\mathrm{CV})$表示保单发行后第$k$年年末的现金价值，也可称为退保金或解约金；$_kV$表示第$k$年年末的责任准备金；$_kC$表示第$k$年年末的解约费用，$k=1,2,3,\cdots$。当然，计算$_kC$并非易事，必须力求公正合理。从保护保单持有人的角度来看，应尽可能使$_k(\mathrm{CV})$最大；同时，为了限制保险人扣除的费用$_kC$，有的国家规定扣除的最高额度不能超过当期责任准备金的四分之一，也有的国家规定必须控制在保险金额的1% ~ 2%，等等。

日本通常采用调整纯保费责任准备金的基准方式，其现金价值的计算公式为

$$_k(\mathrm{CV}) = \begin{cases} {_kV} - \dfrac{10-k}{10}\sigma, & k<10 \\ {_kV}, & k \geqslant 10 \end{cases} \tag{7.3.6}$$

通常参考计算保险费时使用的预定新合同费$\alpha$等因素来确定参数$\sigma$。

（三）我国现金价值实务操作

2020 年 1 月，《中国银保监会办公厅关于印发普通型人身保险精算规定的通知》（简称《通知》）发布，其中对保单现金价值的计算做出了规定。

保险期间一年及其以内的产品，保单年度中保单最低现金价值按照未经过保费方法确定。保险期间一年以上的产品应按照如下要求计算保单现金价值。保单年度末保单价值准备金是指为计算保单年度末保单最低现金价值，按照下述计算基础和计算方法算得的准备金数值。

（1）计算基础。

① 发生率采用险种报备时厘定保险费所使用的预定发生率。

② 个人普通型人身保险的附加费用率采用表 7.4 规定的数值进行计算。

团体普通型人身保险的附加费用率由公司自主审慎确定。

**表 7.4　个人普通型人身保险的附加费用率**　　单位：%

<table>
<tr><th colspan="3">保单年度类别</th><th>第一年</th><th>第二年</th><th>第三年</th><th>以后各年</th></tr>
<tr><td rowspan="3">趸交</td><td colspan="2">定期寿险、终身寿险、健康保险、意外伤害保险</td><td>18</td><td>—</td><td>—</td><td>—</td></tr>
<tr><td colspan="2">两全保险</td><td>10</td><td>—</td><td>—</td><td>—</td></tr>
<tr><td colspan="2">年金保险</td><td>8</td><td>—</td><td>—</td><td>—</td></tr>
<tr><td rowspan="9">期交</td><td rowspan="3">交费期为 10 年以下</td><td>定期寿险、终身寿险、健康保险、意外伤害保险</td><td>65</td><td>50</td><td>35</td><td>10</td></tr>
<tr><td>两全保险</td><td>35</td><td>20</td><td>20</td><td>10</td></tr>
<tr><td>年金保险</td><td>30</td><td>20</td><td>15</td><td>10</td></tr>
<tr><td rowspan="3">交费期为 10 年至 19 年</td><td>定期寿险、终身寿险、健康保险、意外伤害保险</td><td>80</td><td>75</td><td>60</td><td>10</td></tr>
<tr><td>两全保险</td><td>45</td><td>25</td><td>25</td><td>10</td></tr>
<tr><td>年金保险</td><td>40</td><td>25</td><td>15</td><td>10</td></tr>
<tr><td rowspan="3">交费期为 20 年及以上</td><td>定期寿险、终身寿险、健康保险、意外伤害保险</td><td>85</td><td>80</td><td>75</td><td>10</td></tr>
<tr><td>两全保险</td><td>50</td><td>25</td><td>25</td><td>10</td></tr>
<tr><td>年金保险</td><td>45</td><td>25</td><td>15</td><td>10</td></tr>
</table>

③ 利率采用险种报备时厘定保险费所使用的预定利率加上 2%。

（2）计算方法。

① 根据该保单的保险责任和各保单年度净保费，按上述计算基础采用未来法计算。对确实不能用未来法计算的，可以采用过去法计算。

② 各保单年度净保费为该保单年度的毛保费扣除附加费用。其中，毛保费是指按保单年度末保单价值准备金的计算基础重新计算的保险费，附加费用是指毛保费乘以表 7.4 中规定的附加费用率。

（3）保单年度末保单价值准备金不包括该保单在保单年度末的生存给付金额。

(4) 保险期间一年以上的产品保单年度末保单最低现金价值。

保单年度末保单最低现金价值是保险公司确定保单现金价值的最低标准，其计算公式为

$$\mathrm{MCV} = r \times \max(\mathrm{PVR}, 0) \tag{7.3.7}$$

系数 $r$ 按下列公式计算：

$$r = \begin{cases} k + \dfrac{t(1-k)}{\min(20,n)}, & t < \min(20,n) \\ 1, & t \geqslant \min(20,n) \end{cases} \tag{7.3.8}$$

其中：MCV 为保单年度末保单最低现金价值；PVR 为保单年度末保单价值准备金；$n$ 为保单交费期间（趸交保费时，$n=1$）；$t$ 为已经过保单年度，$t=1,2,\cdots$。参数 $k$ 的取值按表 7.5 确定。

**表 7.5　$k$ 的取值**

| 业务类型 | 年金保险 | 两全保险 | 定期寿险、终身寿险、健康保险、意外伤害保险 |
|---|---|---|---|
| 期交个人业务 | 0.9 | 0.85 | 0.8 |
| 期交团体业务 | 0.95 | — | 0.85 |
| 趸交个人业务 | 1 | 1 | 1 |
| 趸交团体业务 | 1 | — | 1 |

(5) 保险期间一年以上的产品保单年度末保单现金价值。

保险公司可以将按《通知》所确定的保单年度末保单最低现金价值作为保单年度末保单现金价值，也可以按其他合理的计算基础和方法确定保单现金价值，但要保证其数值不低于按《通知》所确定的保单年度末保单最低现金价值。保险期间一年以上的产品，保单年度中保单现金价值根据保单年度末保单现金价值按合理的方法确定。

自领取生存保险金之日起，养老年金保险的剩余保单年度的保单现金价值可以由保险合同约定。

## 二、保单选择权

现金价值不仅可以以现金方式直接支付给保单持有人，也可以以与精算现值相当的保险受益方式进行处理。其主要用于购买缴清保险和展期保险。同时，现金价值的存在是保单自动垫缴保费条款的基础。

(一) 缴清保险

把原保险单改为缴清保险，即原保险单的保险责任、保险终止日期均不改变，把原保单解约时的现金价值依据收支平衡原则去购买保险金额减少的保险。这种处理方法实际上是以保单现金价值作为趸缴保费，投保与原保险单责任相同的保险，保险终止日期与原保单相同，保险金额由现金价值决定。

$$b = \frac{{}_t(\mathrm{CV})}{A(t)} \tag{7.3.9}$$

其中，$A(t)$ 表示在时刻 $t$ 的单位保额保障条件下的趸缴纯保费，$b$ 为缴清保险的保额，${}_t(CV)$ 为第 $t$ 年年末的现金价值。

（二）展期保险

展期保险就是将原保单改为与原保单保险金额相同的定期死亡保险，保险期限相应缩短。这种处理方法实际上是以保单现金价值作为趸缴保费，购买保险金额与原保单相同的定期死亡保险（不管原保单是何种类型），保险期限则依据保单现金价值的数额而定。

$$ {}_t(CV) = A^{1}_{x+t:\overline{n}|} \tag{7.3.10} $$

这里的 $n$ 可用线性插值法求解，这里的 $n$ 不超过原保单的剩余期限。

展期保险有两种特殊情况需要注意：

（1）对于两全保单，在保险后期所具有的现金价值比较大，很可能能够充分购买以从解约时刻到两全保险期满这段时间作为保险期限而保额不变的定期寿险。此时，现金价值超过购买此种定期寿险所需保险费的余额便可用于购买在原保单期满时提供给付的纯生存保险，这种纯生存保险的保险金额 $b$ 取决于：

$$ b = \frac{{}_t(CV) - A^{1}_{x+t:\overline{n-t}|}}{A_{x+t:\overset{1}{\overline{n-t}|}}} \tag{7.3.11} $$

其中，$n$ 为原两全保险的保险期限。

（2）如果保单具有一笔余额为 $L$ 的负债或欠款，那么这种保单通常提供的展期保险的保险金额将是 $1-L$，这里的 1 为原保单的保额，否则保单持有人由于选择这种展期保险，可能增加保险人的风险。此时展期保险的 $n$ 值由下式决定：

$$ (1-L)A^{1}_{x+t:\overline{n}|} = {}_t(CV) - L \tag{7.3.12} $$

进一步地，这种方法在较长时期内提供了较小的展期保额，它有助于保护保险人免遭被保险人逆向选择运用此条款所造成的损失。

（三）自动垫交保费或保单贷款

保单质押贷款或自动垫交的保费都需要按时收取利息，当贷款本息超过责任准备金或现金价值时，保险合同效力即行终止；当保单持有人领取解约金时，如有保单贷款，还需要先扣除贷款本息。

**例 7.3.1** 某人在 40 岁签单保额为 10 000 元、全期缴费的 10 年期全离散型两全保险，该保险在第 5 年年末的现金价值为 4 500 元，试计算与此等价的缴清保险和展期保险的保险金额，以 CL1（2000—2003）2.5% 为基础。

**解：**（1）缴清保险的保险金额为

$$ b = \frac{{}_5(\widetilde{CV})_{40:\overline{10}|}}{A_{45:\overline{5}|}} \approx \frac{4\,500}{0.884\,443\,17} \approx 5\,087.95\text{（元）} $$

$$ (2)\ 10\,000A^{1}_{45:\overline{5}|} = 10\,000 \times 0.013\,028\,567 \approx 130.29\text{（元）} $$

即现金价值 4 500 元可以充分购买 5 年定期寿险，然后将剩余的现金价值用于购买以原来的两全保险期满为限的 5 年期纯生存保险，其保险金额为

$$ \frac{{}_5(\widetilde{CV})_{40:\overline{10}|} - 10\,000A^{1}_{45:\overline{5}|}}{A_{45:\overset{1}{\overline{5}|}}} = \frac{4\,500 - 130.29}{0.871\,414\,598} \approx 5\,014.50\text{（元）} $$

**例**7.3.2　某40岁的人投保了20年期两全保险,保险金额为20万元,于死亡所在年年末或期满生存时支付,每年年初均衡缴费一次,限期10年缴清保费,若在第10年年末退保,将扣除责任准备金的10%作为退保费用,求其现金价值。以CL1(2000—2003)2.5%为例,若用此现金价值购买保费缴清保险,求其保险金额。

**解**:所求保险在第10年年末的责任准备金为

$$20\,{}^{10}_{10}V_{40:\overline{20|}} = 20A_{50:\overline{10|}} = 20 \times 0.785\,312\,63 \approx 15.706\,252\,6(\text{万元})$$

则第10年年末的现金价值为

$$15.706\,252\,6 \times (1 - 10\%) \approx 14.135\,627(\text{万元})$$

设用此现金价值可以购买保险金额为$b$的保费缴清保险,于是

$$14.135\,627 = bA_{50:\overline{10|}}$$

解得

$$b = 18(\text{万元})$$

## 本章小结

本章主要研究毛保费及其责任准备金、修正责任准备金、现金价值与保单选择权。这些内容都紧密围绕附加费用展开,而以前的研究均不考虑保险公司经营过程中所发生的附加费用。实际上,保险公司作为一个经营实体、一个企业,在经营过程中需要发生一定的费用、获得适当的利润、有安全边际要求,等等。

对寿险公司发生的费用进行合理的分类,合理地定出预定费用率,是进行寿险精算的前提条件。依据收支平衡原则可以得到毛保费、附加保费,并可运用未来法计算出毛保费责任准备金。

鉴于保单第一年附加费用开支较大、续年附加费用开支较小,对于一个新开业不久或规模较小的寿险公司而言,因其可运用的盈余有限,试图以自己的盈余或资本来弥补附加费用缺口将面临一定的困难,因而在均衡毛保费条件下,在一定期限内,调低初年纯保费,调高续年纯保费,从而为初年附加费用的较大开支留下足够的空间。同时,一定年龄后投保,自然保费会随着年龄的增加而递增,这就为初年收取较少纯保费提供了可能性。这种通过对均衡纯保费进行修正所提取的责任准备金被称为修正责任准备金或实际责任准备金,它比均衡纯保费责任准备金要小。若修正幅度过大,修正期又比较长,就可能出现第一年年末责任准备金为负数的情形。为了避免这种情形出现,同时又需要责任准备金尽可能地小,于是实行全期修正,且第一年年末修正责任准备金为0。这种方法下的责任准备金被称为初年度定期式修正责任准备金,可用年龄加1法来计算。

保险期限较短、保障比较高,因而年缴保费比较多的保险,尤其是两全保险或年金保险,容易造成新契约费的滥用和浪费。为了杜绝这种现象的发生,有些国家规定对于高续年保费的保单需要对初年度定期式责任准备金做进一步修正,即采用美国保险监督官准备金修正法和加拿大准备金修正法,其实质就是调低修正幅度,而对于低续年

保费保单则仍采用初年度定期式修正法。

现金价值是指投保人在缴纳了一定年数的保险费后终止保险合同时，保险人或保险公司应支付给保单持有人的金额，其大小可以用调整保费法与费用扣除法来计算。现金价值是保单贷款的基础。退保时，可以以现金形式领取现金价值或退保金，也可以以此作为趸缴纯保费去购买缴清保险、展期保险，但不能超过原保险终止的日期。

## 习题7

7－1 已知某30岁的人投保的保额为1 000元、于死亡所在年年末或期满生存时支付保险金的10年期两全保险，均衡缴费。附加费用发生在年初，第一年年初支付毛保费的21%，以后各年年初均支付6.5%；并且在第一年年初每千元保额还要支付6元，续年支付2.5元。已知 $\ddot{a}_{30:\overline{10}|} = 8.930\ 813$，$i = 0.025$，求年缴均衡毛保费。

7－2 对$(x)$签发的保额为25 000元的半连续型20年期两全保险，附加费用分布如表7.6所示。

已知 $\bar{A}_{x:\overline{20}|} = 0.405\ 8$，$\ddot{a}_{x:\overline{20}|} = 12.522$，$\bar{A}^{1}_{x:\overline{1}|} = 0.024\ 52$。计算：(1) 初年毛保费（满足初年开支需要）；(2) 续年毛保费（满足续年开支需要）；(3) 均衡年缴毛保费。

表7.6 附加费用分布

| 年度 | 毛保费的百分比/% | 每千元保额/元 | 每份保单/元 |
|---|---|---|---|
| 初年 | 25 | 2.00 | 15.00 |
| 续年 | 5 | 0.50 | 3.00 |

7－3 对于保额为1的全离散型终身寿险保单，附加费用为：(1) 初始费用为$e_0$；(2) 每年（包括第一年）的费用为$e_1 + e_2P_x$；(3) 与保险金同时支付的理赔成本为$e_3$。已知年缴毛保费为$G = aP_x + c$，求$a$与$c$。

7－4 (1) 某25岁的人投保了死亡时立即给付保险金100万元的终身寿险，已知$\mu = 0.06$，$\delta = 0.04$，$u(0.05) = 1.645$，以95%的概率保证保险金的给付不超过初始基金，求安全边际系数及安全边际量。(2) 若25岁的参保人数达到10 000人，其结果又如何？

7－5 保额$b$可以看成随机变量，其概率密度函数为$f(b) = kb^{-3}(b > 10)$，这里$b$的单位为千元，$a = 25$，$f = 0.15$，$c = 12$。保单保额分为三级：10 000～30 000元、30 000～70 000元、70 000元以上。求分级费率。

7－6 $(x)$投保了某终身寿险，保险金于死亡所在年年末给付，趸缴保费。已知$A_x = 0.25$，$v = 0.95$，佣金为毛保费的18%，税收为毛保费的2%，每份保单费用在第一年为40元，以后每年降为5元，求该保险的保单费。假设保额为20 000元，求其保险费率。

7－7 (1) 某20年期两全保险，被保险人签单年龄为40岁，保险金额为10 000

元，于死亡所在年年末或期满生存时给付。假设按年均衡缴费一次的方式购买，其费用在每个保险年度初发生(见表7.7)。以CL1(2000—2003)2.5%为计算基础，试求该保单的均衡毛保费及在第10年年末的均衡毛保费责任准备金。

**表7.7　附加费用表**

| 费用类型 | 第一年 | | 续年 | |
|---|---|---|---|---|
| | 占保险费比例/% | 每千元保额/元 | 占保险费比例/% | 每千元保额/元 |
| 佣金 | 20 | — | 6 | — |
| 一般费用 | 4 | 8 | — | 2 |
| 保单维持费 | 3 | 4 | 2 | 2 |
| 其他费用 | 3 | — | 2 | — |
| 合计 | 30 | 12 | 10 | 4 |

(2) 将第(1)题中的两全保险改为定期寿险，试求该保单的均衡毛保费及其在第10年年末的均衡毛保费责任准备金。

7-8　某30岁的人投保了保额为20 000元的30年期全离散型两全保险，保险金于死亡所在年年末或期满生存时支付，缴费期为20年，修正期为10年，修正幅度为400元，以CL1(2000—2003)2.5%为基础，求：(1) 修正后第1年纯保费及续年纯保费；(2) 第5年年末修正责任准备金；(3) 第15年年末修正责任准备金。



7-9　当修正幅度调高到500元，重做第7-8题。当修正幅度超过哪一整数时，第1年年末修正责任准备金为负数？

7-10　已知$i=0.05$，$\ddot{a}_{32:\overline{13|}}=9.00$，$q_{31}=0.002$，求${}_2V^{F}_{30:\overline{15|}}$。

7-11　已知$i=0.06$，$\ddot{a}_{52}=12.767\,9$，$A^{\;1}_{51:\overline{1|}}=0.006\,06$，求${}_2V^{F}_{50}$。

7-12　已知$a_{80:\overline{19|}}=6.158$，$a_{70:\overline{30|}}=9.339$，$a_{71:\overline{29|}}=9.020$，$a_{70:\overline{29|}}=9.326$，求${}_{10}V^{F}_{70:\overline{30|}}$。

7-13　已知(50)投保了保额为1的全离散型终身寿险，保险金于死亡所在年年末或期满生存时支付，${}_{10}V^{F}_{50}=0.183\,9$，${}_{12}V^{F}_{50}=0.225\,3$，$q_{60}=0.009\,3$，$q_{61}=0.010\,5$，$i=0.05$，求$P_{51}$。

7-14　对于某50岁的人投保了保额为1的20年期全离散型两全保险，保险金于死亡所在年年末或期满生存时支付，已知$i=0.03$，$\alpha^{F}=0.030\,83$，$\beta^{F}=0.073\,27$，求$P_{50:\overline{20|}}$。

7-15　某30岁的人投保了保额为20 000元的30年期全离散型两全保险，保险金于死亡所在年年末或期满生存时支付，缴费期为10年，修正期为10年，以CL1(2000—2003)2.5%为基础。求：(1) 初年度定期式修正法下的初年纯保费、续年纯保费及第5年年末修正责任准备金；(2) 若采用普通修正法，要达到初年度定期式修正法的效果，需要多大的修正幅度？

7-16　某30岁的人投保了保额为20 000元的30年期全离散型定期寿险，缴费期为 10 年，修正期为 10 年，以 CL1(2000—2003)2.5% 为基础。求：(1) 初年度定期式修正法下的初年纯保费、续年纯保费及第 5 年年末修正责任准备金；(2) 若采用普通修正法，要达到初年度定期式修正法的效果，需要多大的修正幅度？

7-17　第7-15题中的保单是否是高续年保费保单？若是，则需要采用美国保险监督官责任准备金修正法，求其修正幅度、初年纯保费、续年纯保费，并求第 5 年年末责任准备金；若不是，则采用初年度定期式修正法即可。

7-18　第7-16题中的保单是否是高续年保费保单？若是，则需要采用美国保险监督官责任准备金修正法，求其修正幅度、初年纯保费、续年纯保费，并求第 5 年年末责任准备金；若不是，则采用初年度定期式修正法即可。

7-19　对于某10年期两全保险，被保险人签单年龄为40岁，保险金额为200 000元、于死亡所在年年末或期满生存时支付。年缴一次均衡毛保费，附加费用在每个保险年年初发生(见表 7.8)，求该保单的调整保险费及第 5 年年末的现金价值，以 CL1(2000—2003)2.5% 为例。

表 7.8　附加费用表

| 费用类型 | 第一年 | | 续年 | |
|---|---|---|---|---|
| | 占保险费比例 /% | 每千元保额 / 元 | 保险费百分比 /% | 每千元保额 / 元 |
| 佣金 | 15 | — | 5 | — |
| 一般费用 | 3 | 2 | — | 1 |
| 保单维持费 | 2 | 1 | 1 | 0.5 |
| 其他费用 | 4 | — | 2 | — |
| 合计 | 24 | 3 | 8 | 1.5 |



7-20　某40岁的人购买了保额100 000元、全期缴费的20年期全离散型两全保险，保险金于死亡所在年年末或期满生存时支付。在第 5 个保单年度末，投保人解约保单，解约时该保单还有保单质押贷款本息 10 000 元尚未还清。如果解约费为500元，求该保单的现金价值。如果投保人选择购买缴清保险，那么保额为多少？如果选择展期保险，那么应如何处理？以 CL1(2000—2003)2.5% 为基础。

7-21　对于全连续型终身寿险，包括附加费用的亏损变量为 $L_e = L + Q$，其中，$L = v^T - \bar{P}(\bar{A}_x)\bar{a}_{\overline{T}|}$，$Q = c_0 + (g - e)\bar{a}_{\overline{T}|}$。这里的 $L$ 为保险金部分的亏损变量，$Q$ 为费用部分的亏损变量，$c_0$ 为初始费用，$g$ 为每年以连续方式支付的费用，$e$ 为每年按连续方式缴纳的附加保费。证明：(1) $Q = c_0 L$；(2) $\mathrm{var}(L_e) = (1 + c_0)^2 \mathrm{var}(L)$。

7-22　证明：$f(g) = \dfrac{\ddot{a}_{x+k:\overline{g-k}|}}{\ddot{a}_{x:\overline{g}|}}$ 为 $g$ 的增函数。

7-23　为了某种修正责任准备金的目的，将终身寿险年缴均衡纯保费 $P_x$ 修正为前 $n$ 年的年缴纯保费 $\alpha_x^{\mathrm{mod}}$ 及以后的年缴纯保费 $\beta_x^{\mathrm{mod}}$，并证明：

$$\frac{\beta_x^{\mathrm{mod}} - P_x}{P_x - \alpha_x^{\mathrm{mod}}} = \frac{\ddot{a}_x}{{}_{n|}\ddot{a}_x} - 1$$

7－24　考虑限期 $m$ 年缴费、于死亡所在年年末支付保险金1的终身寿险，保费修正期为 $g$ 年（$g>0$）。证明：当 $1 \leqslant k < g$ 时，${}_k^m V_x^{\mathrm{mod}} = {}_k^m V_x - \frac{\ddot{a}_{x+k:\overline{g-k}|}}{\ddot{a}_{x:\overline{g}|}}\varepsilon$。

7－25　在采用加拿大责任准备金修正法之前，加拿大法律规定的标准是：满足 $P > P_x$ 的保单被定义为高续年保费保单，对于这种保单，修正期与缴费式相同，且 $P - \alpha = P_x - A_{x:\overline{1}|}^{1}$，对于其他保单允许使用初年度定期式修正法方法。证明：对于 $n$ 年期两全保险，$\beta = P_{x:\overline{n}|} + \frac{P_x - A_{x:\overline{1}|}^{1}}{a_{x:\overline{n-1}|}}$。

# 第八章
# 多生命精算理论

前面我们所研究的内容可以归结为单生命精算理论,即以单个被保险人的生存、死亡作为保险事故,研究有关保险费、责任准备金等问题。然而,现实生活中,多个被保险人生死组配条件下的保险是客观存在的,比如保单约定:丈夫和妻子都生存时,缴纳保险费,当有且仅有一人生存时领取保险金,这里所缴纳的保费与所领取的保险金就属于多生命精算中的生存年金问题。

对于 $n(n \geqslant 2)$ 个生命都生存且由它们构成的状态生存,当至少有一个生命死亡时该状态死亡,那么称这样的状态为联合生存状态,简称"联生状态",记为 $(xy\cdots z)$。

对于 $n(n \geqslant 2)$ 个生命至少有一个生存且由它们构成的状态生存,当全部生命死亡时该状态死亡,那么称这样的状态为最后生存状态,简称"最后状态",记为 $(\overline{xy\cdots z})$。

当然也存在复合状态,即由联合生存状态、最后生存状态复合构成,其生存与死亡的含义取决于具体的构成。如 $(\overline{wx}:\overline{yz})$ 表示由两个最后生存状态 $(\overline{wx})$ 与 $(\overline{yz})$ 构成的联合生存状态,其含义是:$(w)$ 和 $(x)$ 至少有一个生存,并且 $(y)$ 和 $(z)$ 至少有一个生存,满足这些条件时称该复合状态生存;否则,称该复合状态死亡。又如,$(\overline{wx:\overline{yz}})$ 表示由联合生存状态 $(wx)$ 与最后生存状态 $(\overline{yz})$ 构成的最后生存状态,其含义是:$(wx)$ 与 $(\overline{yz})$ 至少有一个生存时,该复合状态生存;否则,当保单中 $(wx)$ 与 $(\overline{yz})$ 都死亡时,即 $(w)$ 和 $(x)$ 中至少有一个死亡并且 $(y)$ 和 $(z)$ 都死亡,该复合状态死亡。

以上状态的特征就是没有指定死亡的先后顺序,这样的状态被称为非条件状态。在现实生活中,存在考虑死亡先后顺序的问题,符合规定的死亡顺序时才支付保险金,比如遗属年金。这种指定了死亡先后顺序的状态被称为条件状态。条件状态可分为简单条件状态和复合条件状态:前者中的每一个体都是自然生命,而后者的个体中至少有一个是联合生存状态、最后生存状态或复合状态。

本章研究非条件状态下、条件状态下的生命函数、多生命精算理论以及遗属年金。

为简单起见,本章主要研究两个生命的情形,当然也不排除顺便研究其他多生命的情形。

# 第一节　非条件状态下的生命函数

非条件状态下的生命函数可分为连续型生命函数和离散型生命函数。连续型生命函数是指该状态下完全余命的概率函数，而离散型生命函数是指该状态下取整余命的概率函数。非条件状态下的生命函数也可分为联合生存状态下的生命函数、最后生存状态下的生命函数与复合生存状态下的生命函数。

## 一、联合生存状态下的生命函数

记 $T(xy)$ 为状态 $(xy)$ 的存续时间或完全余命，它是 $(x)$、$(y)$ 未来共存的最长时间，显然，$T(xy)=\min(T(x),T(y))$。取整余命定义为 $K(xy)=[T(xy)]$。下面研究 $T(x,y)$、$K(xy)$ 的分布函数、概率密度函数等反映联合生存状态生存死亡规律的生命函数。

（一）$T(xy)$ 的分布函数与概率密度函数

记 $T(xy)$ 的分布函数与概率密度函数分别为 $F_{T(xy)}(t)$、$f_{T(xy)}(t)$，这里 $t>0$，则

$$F_{T(xy)}(t)=P(T(xy)\leqslant t)=1-P(T(xy)>t) \tag{8.1.1}$$

$$=1-P(T(x)>t \text{ 且 } T(y)>t) \tag{8.1.2}$$

$$f_{T(xy)}(t)=\frac{\mathrm{d}}{\mathrm{d}t}F_{T(xy)}(t) \tag{8.1.3}$$



若 $T(x)$ 与 $T(y)$ 相互独立，则

$$F_{T(xy)}(t)=1-P(T(x)>t)P(T(y)>t)=1-{}_tp_x\,{}_tp_y \tag{8.1.4}$$

$$f_{T(xy)}(t)={}_tp_x\,{}_tp_y(\mu_{x+t}+\mu_{y+t}) \tag{8.1.5}$$

（二）${}_tp_{xy}$

${}_tp_{xy}$ 表示联合生存状态 $(xy)$ 能生存 $t$ 年的概率，或 $(x)$ 与 $(y)$ 能共存 $t$ 年的概率。于是，

$${}_tp_{xy}=P(T(xy)>t) \tag{8.1.6}$$

$$={}_tp_x\,{}_tp_y \tag{8.1.7}$$

公式(8.1.7)是在 $T(x)$ 与 $T(y)$ 相互独立的条件下得出的结论。类似情况今后不再特别指出，请读者留心观察。

特别地，当 $t=1$ 时，公式(8.1.7)可变为

$$p_{xy}=p_xp_y=\frac{l_{x+1}}{l_x}\cdot\frac{l_{y+1}^*}{l_y^*} \tag{8.1.8}$$

说明：这里的 $(x)$ 与 $(y)$ 很可能遵从不同的生命表，比如 $(x)$ 是男性、$(y)$ 是女性。依据各自的生命表，$x$ 岁时有 $l_x$ 人生存，$y$ 岁时有 $l_y^*$ 人生存，于是处于共生状态的组合种数有 $l_xl_y^*$（简记为 $l_{xy}$）种，一年后这种组合种数有 $l_{x+1}l_{y+1}^*$（简记为 $l_{x+1,y+1}$）种，从而 $(x)$ 与 $(y)$ 能共存一年的概率为 $\frac{l_{x+1}l_{y+1}^*}{l_xl_y^*}$ 或 $\frac{l_{x+1,y+1}}{l_{xy}}$，记为 $p_{xy}$，即

$$p_{xy} = \frac{l_{x+1,y+1}}{l_{xy}} \tag{8.1.9}$$

为了简便起见,通常省略“ * ”,但是读者需明确$(x)$和$(y)$服从的生命表未必就相同。

$l_x l_y - l_{x+1} l_{y+1}$或$l_{xy} - l_{x+1,y+1}$表示一年间共生状态$(xy)$消失的种数,即至少有一个人死亡的种数,记为$d_{xy}$。因而

$$d_{xy} = l_x d_y + d_x l_y - d_x d_y \tag{8.1.10}$$

事实上,

$$\begin{aligned} d_{xy} &= l_x l_y - l_x l_{y+1} + l_x l_{y+1} - l_{x+1} l_{y+1} = l_x d_y + d_x l_{y+1} \\ &= l_x d_y + d_x (l_y - d_y) = l_x d_y + d_x l_y - d_x d_y \end{aligned}$$

一般地,

$${}_t d_{xy} = l_{xy} - l_{x+t,y+t} = l_x \cdot {}_t d_y + l_y \cdot {}_t d_x - {}_t d_x \cdot {}_t d_y \tag{8.1.11}$$

公式(8.1.6)又可以写成

$${}_t p_{xy} = \frac{l_{x+t,y+t}}{l_{xy}} = \frac{l_{x+t}}{l_x} \cdot \frac{l_{y+t}}{l_y} \tag{8.1.12}$$

可以证明

$${}_{s+t} p_{xy} = {}_s p_{xy} \, {}_t p_{x+s,y+s} \tag{8.1.13}$$

(三) ${}_t q_{xy}$

${}_t q_{xy}$表示联合生存状态$(xy)$在未来$t$年内死亡的概率,或$(x)$与$(y)$不能共存$t$年的概率,即

$$\begin{aligned} {}_t q_{xy} &= P(T(xy) \leqslant t) = 1 - {}_t p_{xy} = \frac{{}_t d_{xy}}{l_{xy}} \\ &= 1 - {}_t p_x \, {}_t p_y = {}_t q_x + {}_t q_y - {}_t q_x \, {}_t q_y \end{aligned} \tag{8.1.14}$$

当$t = 1$时,公式(8.1.14)可以由公式(8.1.10)两边同除以$l_x l_y$证得。

显然,对任何的$t(t > 0)$有

$${}_t p_{xy} + {}_t q_{xy} = 1 \tag{8.1.15}$$

(四) ${}_{k|} q_{xy}$

${}_{k|} q_{xy}$表示联合生存状态$(xy)$在第$k + 1$年内死亡的概率。于是

$${}_{k|} q_{xy} = \frac{l_{x+k,y+k} - l_{x+k+1,y+k+1}}{l_{xy}} = {}_k p_{xy} - {}_{k+1} p_{xy} = {}_k p_{xy} q_{x+k,y+k} \tag{8.1.16}$$

$$= {}_{k+1} q_{xy} - {}_k q_{xy} = \frac{d_{x+k,y+k}}{l_{xy}} \tag{8.1.17}$$

$$\therefore {}_n q_{xy} = q_{xy} + {}_{1|} q_{xy} + {}_{2|} q_{xy} + \cdots + {}_{n-1|} q_{xy} \tag{8.1.18}$$

思考:如何计算${}_{k|r} q_{xy}$?

(五) $\mu_{xy}(t)$

$\mu_{xy}(t)$或$\mu_{x+t,y+t}$定义为

$$\mu_{xy}(t) = \mu_{x+t,y+t} = -\frac{1}{l_{x+t,y+t}} \cdot \frac{\mathrm{d}}{\mathrm{d}t} l_{x+t,y+t}$$

$$= \lim_{\Delta t \to 0} \frac{l_{x+t,y+t} - l_{x+t+\Delta t,y+t+\Delta t}}{\Delta t l_{x+t,y+t}} = \lim_{\Delta t \to 0} \frac{{}_{\Delta t}q_{x+t,y+t}}{\Delta t} \tag{8.1.19}$$

公式(8.1.19)表示联合生存状态($xy$)在时刻$t$的“死力”或终止力,反映在时刻$t$每千个联合生存状态在一年内死亡的个数,或者反映在时刻$t$每年联合生存状态死亡的概率。

由公式(8.1.1)、公式(8.1.15)可得

$$F_{T(xy)}(t) = {}_tq_{xy} = 1 - {}_tp_{xy} \tag{8.1.20}$$

显然,公式(8.1.19)可以写成

$$\mu_{xy}(t) = -\frac{1}{{}_tp_{xy}} \cdot \frac{\mathrm{d}}{\mathrm{d}t}\,{}_tp_{xy} \tag{8.1.21}$$

$$= \frac{F'_{T(xy)}(t)}{1 - F_{T(xy)}(t)} = \frac{f_{T(xy)}(t)}{1 - F_{T(xy)}(t)} = \frac{f_{T(xy)}(t)}{{}_tp_{xy}} \tag{8.1.22}$$

由此可得

$$\frac{\mathrm{d}}{\mathrm{d}t}\,{}_tp_{xy} = -{}_tp_{xy}\,\mu_{xy}(t) \tag{8.1.23}$$

$$f_{T(xy)}(t) = {}_tp_{xy}\,\mu_{xy}(t) \tag{8.1.24}$$

$${}_{t|}q_{xy} = P(t < T(xy) \leqslant t+1) = \int_t^{t+1} {}_sp_{xy}\,\mu_{x+s,y+s}\mathrm{d}s \tag{8.1.25}$$

$${}_tq_{xy} = P(T(xy) \leqslant t) = \int_0^t {}_sp_{xy}\,\mu_{x+s,y+s}\mathrm{d}s \tag{8.1.26}$$

$${}_tp_{xy} = P(T(xy) > t) = \int_t^{+\infty} {}_sp_{xy}\,\mu_{x+s,y+s}\mathrm{d}s \tag{8.1.27}$$

特别地,当$T(x)$、$T(y)$相互独立时,

$$\mu_{xy}(t) = \mu_{x+t} + \mu_{y+t} \tag{8.1.28}$$

由公式(8.1.21)可得

$${}_tp_{xy} = \exp\left(-\int_0^t \mu_{xy}(s)\mathrm{d}s\right) \tag{8.1.29}$$

(六)$\mathring{e}_{xy}$

$\mathring{e}_{xy}$表示联合生存状态($xy$)的完全平均余命或平均能存续的时间,即

$$\mathring{e}_{xy} = E(T(xy)) = \int_0^{+\infty} t\,{}_tp_{xy}\,\mu_{xy}(t)\mathrm{d}t \tag{8.1.30}$$

$$= \int_0^{+\infty} {}_tp_{xy}\mathrm{d}t \tag{8.1.31}$$

$$\therefore \mathrm{var}(T(xy)) = 2\int_0^{+\infty} t\,{}_tp_{xy}\mathrm{d}t - (\mathring{e}_{xy})^2 \tag{8.1.32}$$

(七)$e_{xy}$

$e_{xy}$表示联合生存状态($xy$)的简约平均余命,即联合生存状态($xy$)的取整余命的平均值。由于取整余命$K(xy)$的分布律为

$$P(K(xy) = k) = P(k \leqslant T(xy) < k+1) = {}_{k|}q_{xy} \tag{8.1.33}$$

$$= {}_kp_{xy}q_{x+k,y+k} \tag{8.1.34}$$

特别地，当 $T(x)$ 与 $T(y)$ 相互独立时，

$$P(K(xy)=k)={}_kp_x\,{}_kp_y(q_{x+k}+q_{y+k}-q_{x+k}q_{y+k})$$
$$={}_kp_y\,{}_{k|}q_x+{}_kp_x\,{}_{k|}q_y-{}_{k|}q_x\,{}_{k|}q_y$$
$$\therefore e_{xy}=E(K(xy))=\sum_{k=0}^{+\infty}k\,{}_{k|}q_{xy}$$
$$=\sum_{k=1}^{+\infty}{}_kp_{xy}=\frac{l_{x+1,y+1}+l_{x+2,y+2}+\cdots}{l_{xy}} \tag{8.1.35}$$

因而，容易证明：

$$(1)e_{xy}=p_{xy}(1+e_{x+1,y+1});(2)\mathring{e}_{xy}=e_{xy}+\frac{1}{2}。 \tag{8.1.36}$$

（八）其他情形

前面考虑的是两个人构成的联合生存状态，下面考虑三个及以上的人构成的联合生存状态，用 $(xy\cdots(m))$ 表示 $m$ 个人构成的状态。下面主要以举例的方式探讨三人情形。

$${}_tp_{xyz}={}_tp_x\,{}_tp_y\,{}_tp_z \tag{8.1.37}$$
$${}_tq_{xyz}=1-{}_tp_{xyz}=1-{}_tp_x\,{}_tp_y\,{}_tp_z \tag{8.1.38}$$
$${}_{t|}q_{xyz}={}_tp_{xyz}-{}_{t+1}p_{xyz} \tag{8.1.39}$$

**例8.1.1** 已知 $q_x=0.08,q_{x+1}=0.09,q_{x+2}=0.10,q_y=0.10,q_{y+1}=0.15,q_{y+2}=0.20$，且 $T(x)$ 与 $T(y)$ 相互独立，计算 ${}_{2|}q_{xy}$。

**解**：
$$ {}_{2|}q_{xy}=P(K(xy)=2)={}_2p_{xy}q_{x+2,y+2}$$
$$=p_xp_{x+1}p_yp_{y+1}(1-p_{x+2}p_{y+2})$$
$$=0.92\times0.91\times0.90\times0.85\times(1-0.9\times0.8)$$
$$\approx0.179\ 33$$

**例8.1.2** 假设每个生命都服从 Gompertz 死亡规律，即 $\mu_x=BC^x$，$\mu_y=BC^y$，$T(x)$ 与 $T(y)$ 相互独立，$w$ 满足 $C^x+C^y=C^w$，证明：(1) ${}_tp_{xy}={}_tp_w$；(2) $\mathring{e}_{xy}=\mathring{e}_w$。

**证明**：(1) $\because \mu_{xy}(t)=\mu_{x+t}+\mu_{y+t}$
$$=B(C^x+C^y)C^t=BC^{w+t}$$
$$\therefore {}_tp_{xy}=\exp\left(-\int_0^t\mu_{xy}(s)\mathrm{d}s\right)=\exp\left(-\int_0^t\mu_{w+s}\mathrm{d}s\right)={}_tp_w$$

$$(2)\mathring{e}_{xy}=\int_0^{+\infty}{}_tp_{xy}\mathrm{d}t=\int_0^{+\infty}{}_tp_w\mathrm{d}t=\mathring{e}_w$$

说明：在 Gompertz 死亡规律下，联合生存状态 $(xy)$ 可以用单生命 $(w)$ 来代替，从而有关联合生存状态 $(xy)$ 的多生命精算问题就被简化为单生命精算问题。不过，年龄 $w$ 很可能不为整数，需要运用插值法进行估计。

**例8.1.3** 假设每个生命 $(x)$ 与 $(y)$ 都服从 Makeham 死亡规律，即 $\mu_x=A+BC^x$，$\mu_y=A+BC^y$，$T(x)$ 与 $T(y)$ 相互独立，$w$ 满足 $C^x+C^y=2C^w$（$w$ 称为 $x$ 与 $y$ 的均等年龄），证明：(1) ${}_tp_{xy}={}_tp_{ww}$；(2) $\mathring{e}_{xy}=\mathring{e}_{ww}$。

**证明**：(1) $\because \mu_{xy}(t)=\mu_{x+t}+\mu_{y+t}=2A+B(C^x+C^y)C^t$

$$= 2(A + BC^{w+t})$$
$$= \mu_{ww}(t)$$
$$\therefore\ {}_tp_{xy} = \exp\left(-\int_0^t \mu_{ww}(s)\,\mathrm{d}s\right) = {}_tp_{ww}$$

$$(2)\ \mathring{e}_{xy} = \int_0^{+\infty} {}_tp_{xy}\,\mathrm{d}t = \int_0^{+\infty} {}_tp_{ww}\,\mathrm{d}t = \mathring{e}_{ww}$$

说明:在Makeham死亡规律下,联合生存状态$(xy)$可以简化为均等年龄的联合生存状态$(ww)$,尽管$w$未必为整数,但可通过较少整数种类$(kk)$的多生命精算问题的结果去估计$(ww)$的精算问题的答案,这里$k = 0,1,2,\cdots$。

## 二、最后生存状态下的生命函数

$T(\overline{xy})$表示最后生存状态$(\overline{xy})$的未来存续时间或完全余命,其取整余命定义为$K(\overline{xy}) = [T(\overline{xy})]$,显然$T(\overline{xy}) = \max(T(x), T(y))$。容易验证下列等式左右两边的随机事件是相等的:

$$\{k \mid K(xy) = k \text{ 或 } K(\overline{xy}) = k\} = \{k \mid K(x) = k \text{ 或 } K(y) = k\} \tag{8.1.40}$$
$$\{k \mid K(xy) = k \text{ 且 } K(\overline{xy}) = k\} = \{k \mid K(x) = k \text{ 且 } K(y) = k\} \tag{8.1.41}$$
$$\{t \mid T(xy) \leqslant t \text{ 或 } T(\overline{xy}) \leqslant t\} = \{t \mid T(x) \leqslant t \text{ 或 } T(y) \leqslant t\} \tag{8.1.42}$$
$$\{t \mid T(xy) \leqslant t \text{ 且 } T(\overline{xy}) \leqslant t\} = \{t \mid T(x) \leqslant t \text{ 且 } T(y) \leqslant t\} \tag{8.1.43}$$

### (一)$T(\overline{xy})$的分布函数与概率密度函数

设$T(\overline{xy})$的分布函数与概率密度函数分别为$F_{T(\overline{xy})}(t)$与$f_{T(\overline{xy})}(t)$,则

$$F_{T(\overline{xy})}(t) = P(T(\overline{xy}) \leqslant t) = P(T(x) \leqslant t \text{ 且 } T(y) \leqslant t) \tag{8.1.44}$$

当$T(x)$、$T(y)$相互独立时,

$$F_{T(\overline{xy})}(t) = {}_tq_x\,{}_tq_y = 1 - {}_tp_x - {}_tp_y + {}_tp_x\,{}_tp_y \tag{8.1.45}$$
$$\therefore f_{T(\overline{xy})}(t) = \frac{\mathrm{d}}{\mathrm{d}t}F_{T(\overline{xy})}(t) \tag{8.1.46}$$
$$= {}_tp_x\mu_{x+t} + {}_tp_y\mu_{y+t} - {}_tp_x\,{}_tp_y(\mu_{x+t} + \mu_{y+t}) \tag{8.1.47}$$

在公式(8.1.42)与公式(8.1.43)两边取概率可得

$$F_{T(xy)}(t) + F_{T(\overline{xy})}(t) = F_{T(x)}(t) + F_{T(y)}(t) \tag{8.1.48}$$

在公式(8.1.48)两边对$t$求导数可得

$$f_{T(xy)}(t) + f_{T(\overline{xy})}(t) = f_{T(x)}(t) + f_{T(y)}(t) \tag{8.1.49}$$

两个生命构成的联合生存状态与最后生存状态的有关函数之和等于每个单生命的有关函数之和。为便于理解,称其为互补性。请读者持续关注后面的互补性。

### (二)${}_tp_{\overline{xy}}$

${}_tp_{\overline{xy}}$表示最后生存状态$(\overline{xy})$能存活$t$年的概率,即

$${}_tp_{\overline{xy}} = P(T(\overline{xy}) > t) = 1 - F_{T(\overline{xy})}(t) = {}_tp_x + {}_tp_y - {}_tp_x\,{}_tp_y \tag{8.1.50}$$

由公式(8.1.49)可以得到

$${}_tp_{xy} + {}_tp_{\overline{xy}} = {}_tp_x + {}_tp_y \tag{8.1.51}$$

请读者考虑${}_{s+t}p_{\overline{xy}} = {}_sp_{\overline{xy}}\,{}_tp_{\overline{x+s,t+s}}$是否成立。

（三）${}_tq_{\overline{xy}}$

${}_tq_{\overline{xy}}$ 表示最后生存状态$(\overline{xy})$在未来 $t$ 年内死亡的概率,即

$$ {}_tq_{\overline{xy}} = P(T(\overline{xy}) \leqslant t) = {}_tq_x\,{}_tq_y \tag{8.1.52} $$

显然,对任何的 $t(t>0)$ 有

$$ {}_tp_{\overline{xy}} + {}_tq_{\overline{xy}} = 1 \tag{8.1.53} $$

由公式(8.1.49)或公式(8.1.51)可得

$$ {}_tq_{xy} + {}_tq_{\overline{xy}} = {}_tq_x + {}_tq_y \tag{8.1.54} $$

（四）${}_{k|}q_{\overline{xy}}$

${}_{k|}q_{\overline{xy}}$ 表示最后生存状态$(\overline{xy})$在第 $k+1$ 年内死亡的概率,即

$$ {}_{k|}q_{\overline{xy}} = {}_{k+1}q_{\overline{xy}} - {}_kq_{\overline{xy}} = {}_kp_{\overline{xy}} - {}_{k+1}p_{\overline{xy}} \tag{8.1.55} $$

$$ {}_nq_{\overline{xy}} = q_{\overline{xy}} + {}_{1|}q_{\overline{xy}} + \cdots + {}_{n-1|}q_{\overline{xy}} \tag{8.1.56} $$

由公式(8.1.40)、公式(8.1.41)两边取概率可得

$$ {}_{k|}q_{xy} + {}_{k|}q_{\overline{xy}} = {}_{k|}q_x + {}_{k|}q_y \tag{8.1.57} $$

（五）$\mu_{\overline{xy}}(t)$

$\mu_{\overline{xy}}(t)$ 或 $\mu_{\overline{x+t,y+t}}$ 定义为

$$ \mu_{\overline{xy}}(t) = \mu_{\overline{x+t,y+t}} = \frac{f_{T(\overline{xy})}(t)}{1-F_{T(\overline{xy})}(t)} = \frac{f_{T(\overline{xy})}(t)}{{}_tp_{\overline{xy}}} \tag{8.1.58} $$

$$ = -\frac{\frac{\mathrm{d}}{\mathrm{d}t}\,{}_tp_{\overline{xy}}}{{}_tp_{\overline{xy}}} \tag{8.1.59} $$

$$ = \frac{{}_tp_x\mu_{x+t} + {}_tp_y\mu_{y+t} - {}_tp_x\,{}_tp_y(\mu_{x+t}+\mu_{y+t})}{{}_tp_x + {}_tp_y - {}_tp_x\,{}_tp_y} \tag{8.1.60} $$

公式(8.1.58)表明:$\mu_{\overline{xy}}(t)$ 反映在时刻 $t$ 每年每千个最后生存状态$(\overline{xy})$消失的种数,或其每年死亡的概率。由公式(8.1.58)、公式(8.1.59)可得

$$ f_{T(\overline{xy})}(t) = {}_tp_{\overline{xy}}\,\mu_{\overline{xy}}(t) \tag{8.1.61} $$

$$ \frac{\mathrm{d}}{\mathrm{d}t}\,{}_tp_{\overline{xy}} = -{}_tp_{\overline{xy}}\,\mu_{\overline{xy}}(t) \tag{8.1.62} $$

显然,有如下等式成立:

$$ {}_tq_{\overline{xy}} = \int_0^t {}_sp_{\overline{xy}}\,\mu_{\overline{xy}}(s)\,\mathrm{d}s \tag{8.1.63} $$

$$ {}_{k|}q_{\overline{xy}} = \int_k^{k+1} {}_sp_{\overline{xy}}\,\mu_{\overline{xy}}(s)\,\mathrm{d}s \tag{8.1.64} $$

（六）$\mathring{e}_{\overline{xy}}$

$\mathring{e}_{\overline{xy}}$ 表示最后生存状态$(\overline{xy})$的完全平均余命,即

$$ \mathring{e}_{\overline{xy}} = E(T(\overline{xy})) = \int_0^{+\infty} t\,{}_tp_{\overline{xy}}\,\mu_{\overline{xy}}(t)\,\mathrm{d}t = \int_0^{+\infty} {}_tp_{\overline{xy}}\,\mathrm{d}t \tag{8.1.65} $$

$$ \therefore \operatorname{var}(T(\overline{xy})) = 2\int_0^{+\infty} t\,{}_tp_{\overline{xy}}\,\mathrm{d}t - (\mathring{e}_{\overline{xy}})^2 \tag{8.1.66} $$

在公式(8.1.49)两边同乘以 $t$,并从 0 到 $+\infty$ 取定积分可得

$$\mathring{e}_{xy} + \mathring{e}_{\overline{xy}} = \mathring{e}_x + \mathring{e}_y \tag{8.1.67}$$

（七）$e_{\overline{xy}}$

$e_{\overline{xy}}$ 表示最后生存状态$(\overline{xy})$的简约平均余命，即各取整余命的平均值。

$$e_{\overline{xy}} = E(K(\overline{xy})) = \sum_{k=0}^{+\infty} k\ _{k|}q_{\overline{xy}} = \sum_{k=1}^{+\infty}\ _kp_{\overline{xy}} \tag{8.1.68}$$

在公式(8.1.57)两边同乘以 $k$，再求和可得

$$e_{xy} + e_{\overline{xy}} = e_x + e_y \tag{8.1.69}$$

容易证明

$$\mathring{e}_{\overline{xy}} \approx e_{\overline{xy}} + \frac{1}{2} \tag{8.1.70}$$

下面考虑 $T(xy)$ 与 $T(\overline{xy})$ 之间的方差：

$$\because T(xy)T(\overline{xy}) = T(x)T(y)$$

$$\begin{aligned}\therefore \operatorname{cov}(T(xy),T(\overline{xy})) &= E(T(xy)T(\overline{xy})) - E(T(xy))E(T(\overline{xy})) \\ &= E(T(x)T(y)) - E(T(xy))E(T(\overline{xy}))\end{aligned}$$

当 $T(x)$ 与 $T(y)$ 相互独立时，

$$\begin{aligned}\operatorname{cov}(T(xy),T(\overline{xy})) &= E(T(x))E(T(y)) - E(T(xy))E(T(\overline{xy})) \\ &= \mathring{e}_x\mathring{e}_y - \mathring{e}_{xy}\mathring{e}_{\overline{xy}} \qquad (8.1.71) \\ &= (\mathring{e}_x - \mathring{e}_{xy})(\mathring{e}_y - \mathring{e}_{xy}) \qquad (8.1.72)\end{aligned}$$

（八）其他情形

这里主要以举例方式考察三个及以上的生命所构成的各种状态。

$$_tq_{\overline{xyz}} = {_tq_x}\,{_tq_y}\,{_tq_z} \tag{8.1.73}$$

$$_tp_{\overline{xyz}} = 1 - {_tq_{\overline{xyz}}} = 1 - (1 - {_tp_x})(1 - {_tp_y})(1 - {_tp_z}) \tag{8.1.74}$$

$$_{t|}q_{\overline{xyz}} = {_{t+1}q_{\overline{xyz}}} - {_tq_{\overline{xyz}}} = {_tp_{\overline{xyz}}} - {_{t+1}p_{\overline{xyz}}} \tag{8.1.75}$$

$_tp_{\overline{xyz\cdots(m)}}^{[r]}$ 表示 $m$ 个人当中刚好有 $r$ 人能生存满 $t$ 年，而另外的 $m-r$ 人则表示在 $t$ 年内死亡的概率，即 $m$ 个人当中恰有 $r$ 人在未来 $t$ 年内生存期满的概率。

$$_tp_{\overline{xyz\cdots(m)}}^{[r]} = \sum {_tp_{xy\cdots(r)}}\ {_tq_{\overline{zw\cdots(m-r)}}} \tag{8.1.76}$$

公式(8.1.76)的右边指的是所有从 $m$ 个人中取 $r$ 人生存而其余人死亡的概率之和。

$$\begin{aligned}_tp_{\overline{xyz}}^{[2]} &= {_tp_{xy}}(1 - {_tp_z}) + {_tp_{yz}}(1 - {_tp_x}) + {_tp_{xz}}(1 - {_tp_y}) \\ &= {_tp_{xy}} + {_tp_{yz}} + {_tp_{zx}} - 3\,{_tp_{xyz}} \qquad (8.1.77)\end{aligned}$$

$_tp_{\overline{xyz\cdots(m)}}^{r}$ 表示 $m$ 个人当中至少有 $r$ 人能生存 $t$ 年的概率，于是

$$_tp_{\overline{xyz\cdots(m)}}^{r} = \sum_{l=r}^{m} {_tp_{\overline{xyz\cdots(m)}}^{[l]}} \tag{8.1.78}$$

因此，$_tp_{\overline{xyz}}^{2} = {_tp_{\overline{xyz}}^{[2]}} + {_tp_{xyz}} = {_tp_{xy}} + {_tp_{yz}} + {_tp_{zx}} - 2\,{_tp_{xyz}}$。　(8.1.79)

**例8.1.4**　已知 $_4p_x = 0.83$，$_5p_x = 0.74$，$_4p_y = 0.78$，$_5p_y = 0.66$，且 $T(x)$ 与 $T(y)$ 相互独立，求$(x)$和$(y)$中第2个死亡者在第5年死亡的概率。

**解：**$\because T(x)$ 与 $T(y)$ 相互独立

$$\therefore {}_4p_{\overline{xy}} = 0.83 + 0.78 - 0.83 \times 0.78 = 0.962\ 6$$

$${}_5p_{\overline{xy}} = 0.74 + 0.66 - 0.74 \times 0.66 = 0.911\ 6$$

$$\therefore {}_{4|}q_{\overline{xy}} = {}_4p_{\overline{xy}} - {}_5p_{\overline{xy}} = 0.962\ 6 - 0.911\ 6 = 0.051$$

**例 8.1.5** 已知(40)和(50)均服从$\mu_x = \dfrac{1}{100-x}$ $(0 \leqslant x < 100)$，且 $T(40)$ 与 $T(50)$ 相互独立，计算：(1) ${}_{10}p_{40:50}$，${}_{10}p_{\overline{40:50}}$；(2) $\mathring{e}_{40:50}$，$\mathring{e}_{\overline{40:50}}$；(3) $\mathrm{var}((T(\overline{40:50}))$；(4) $\mathrm{cov}((T(40:50), T(\overline{40:50})))$。

**解：**$\because \mu_x = \dfrac{1}{100-x}$ $(0 \leqslant x < 100)$，且 $T(40)$ 与 $T(50)$ 相互独立

$$\therefore \mu_{40:50}(t) = \mu_{40+t} + \mu_{50+t} = \frac{1}{60-t} + \frac{1}{50-t} (0 \leqslant t < 50)$$

$${}_tp_{40} = \exp(-\int_0^t \frac{1}{60-s}\mathrm{d}t) = \frac{60-t}{60}$$

$${}_tp_{50} = \exp(-\int_0^t \frac{1}{50-s}\mathrm{d}t) = \frac{50-t}{50}$$

$${}_tp_{40:50} = \exp[-\int_0^t \left(\frac{1}{60-s} + \frac{1}{50-s}\right)\mathrm{d}t] = \frac{60-t}{60} \cdot \frac{50-t}{50}$$

当 $0 \leqslant t \leqslant 50$ 时，

$${}_tp_{\overline{40:50}} = {}_tp_{40} + {}_tp_{50} - {}_tp_{40:50}$$
$$= \frac{60-t}{60} + \frac{50-t}{50} - \frac{60-t}{60} \cdot \frac{50-t}{50}$$
$$= 1 - \frac{t^2}{3\ 000}$$

当 $50 < t \leqslant 60$ 时，

$${}_tp_{\overline{40:50}} = {}_tp_{40} = \frac{60-t}{60}$$

(1) $${}_{10}p_{40:50} = \frac{60-10}{60} \cdot \frac{50-10}{50} = \frac{2}{3}$$

$${}_{10}p_{\overline{40:50}} = 1 - \frac{10^2}{3\ 000} = \frac{29}{30}$$

(2) $$\mathring{e}_{40:50} = \int_0^{50} {}_tp_{40:50}\mathrm{d}t = \int_0^{50} \left(\frac{60-t}{60} \cdot \frac{50-t}{50}\right)\mathrm{d}t$$

$$= \frac{3\ 000t - 55t^2 + t^3/3}{3\ 000}\Big|_0^{50}$$

$$= \frac{325}{18} \approx 18.06$$

$$\mathring{e}_{40} = \int_0^{60} {}_tp_{40}\mathrm{d}t = \int_0^{60} \frac{60-t}{60}\mathrm{d}t = 30$$

$$\mathring{e}_{50} = \int_0^{50} {}_tp_{40}\mathrm{d}t = \int_0^{50} \frac{50-t}{50}\mathrm{d}t = 25$$

$$\therefore \mathring{e}_{\overline{40:50}} = \mathring{e}_{40} + \mathring{e}_{50} - \mathring{e}_{40:50}$$
$$= 30 + 25 - \frac{325}{18} = \frac{665}{18} \approx 36.94$$

或

$$\mathring{e}_{\overline{40:50}} = \int_0^{+\infty} {}_tp_{\overline{40:50}} \mathrm{d}t$$
$$= \int_0^{50}\left(1 - \frac{t^2}{3\ 000}\right)\mathrm{d}t + \int_{50}^{60}\left(1 - \frac{t}{60}\right)\mathrm{d}t$$
$$= 50 - \frac{50^3}{9\ 000} + 10 - \frac{60^2 - 50^2}{120} = \frac{665}{18} \approx 36.94$$

(3) $\mathrm{var}(T(\overline{40:50})) = 2\int_0^{+\infty} t\,{}_tp_{\overline{40:50}}\mathrm{d}t - (\mathring{e}_{\overline{40:50}})^2$

$$= 2\int_0^{60} t\frac{60-t}{60}\mathrm{d}t + 2\int_0^{50} t\frac{50-t}{50}\mathrm{d}t - 2\int_0^{50} t\cdot\frac{60-t}{60}\cdot\frac{50-t}{50}\mathrm{d}t - \left(\frac{665}{18}\right)^2$$
$$\approx 1\ 200 + 833.333\ 3 - 486.111\ 1 - 1\ 364.892\ 0 \approx 182.33$$

(4) $\mathrm{cov}(T(40:50), T(\overline{40:50})) = (\mathring{e}_{40} - \mathring{e}_{40:50})(\mathring{e}_{50} - \mathring{e}_{40:50})$

$$= \left(30 - \frac{325}{18}\right)\left(25 - \frac{325}{18}\right) \approx 82.95$$

## 三、复合状态下的生命函数

这里以举例的方式探讨复合状态下的生命函数：

$${}_tp_{x,\overline{yz}} = {}_tp_x\,{}_tp_{\overline{yz}} = {}_tp_x({}_tp_y + {}_tp_z - {}_tp_{yz}) = {}_tp_{xy} + {}_tp_{xz} - {}_tp_{xyz} \tag{8.1.80}$$

$${}_tq_{x,\overline{yz}} = 1 - {}_tp_{x,\overline{yz}} = 1 - {}_tp_{xy} - {}_tp_{xz} + {}_tp_{xyz} \tag{8.1.81}$$

$${}_{k|}q_{x,\overline{yz}} = {}_kp_{x,\overline{yz}} - {}_{k+1}p_{x,\overline{yz}} = {}_{k+1}q_{x,\overline{yz}} - {}_kq_{x,\overline{yz}} = {}_{k|}q_{xy} + {}_{k|}q_{xz} - {}_{k|}q_{xyz} \tag{8.1.82}$$

## 四、共同灾难模型

前面我们所考虑的模型，大多数情形都假设 $T(x)$ 与 $T(y)$ 相互独立。其实，不独立的情形也是存在的，比如夫妻死亡具有极大的相关性，又如遭遇如地震那样的共同灾难，${}_tp_{xy} = {}_tp_x\,{}_tp_y$，${}_tq_{\overline{xy}} = {}_tq_x\,{}_tq_y$，$\mu_{xy}(t) = \mu_{x+t} + \mu_{y+t}$ 就不成立，但是 ${}_tp_{xy} = {}_tp_x + {}_tp_y - {}_tp_{\overline{xy}}$ 是成立的。

对于非独立的情形，下面考察共同灾难(common shock)模型。

设 $T^*(x)$、$T^*(y)$ 分别表示$(x)$和$(y)$在没有共同灾难风险条件下的完全余命，且相互独立，那么

$$S_{T^*(x),T^*(y)}(s,t) = P(T^*(x) > s \text{ 且 } T^*(y) > t)$$
$$= S_{T^*(x)}(s)S_{T^*(y)}(t) \tag{8.1.83}$$

令 $Z$ 表示共同灾难发生时间的随机变量，即与如地震、空难这样的某一灾难相联系，它能影响$(x)$和$(y)$在未来直至死亡这段时间的分布，$Z$ 与$(T^*(x), T^*(y))$相互独立。不难理解，$Z$ 就是从现在算起直至共同灾难发生的这段时间，并认为灾难发生时无人幸免。假设 $Z$ 服从参数为 $\lambda$ 的指数分布，即

$$S_Z(z)=P(Z>z)=e^{-\lambda z}(z>0,\lambda\geqslant 0)$$

在面临共同灾难风险条件下，$(x)$ 和 $(y)$ 的完全余命会缩短，设它们分别变为

$$T(x)=\min(T^*(x),z)$$

$$T(y)=\min(T^*(y),z)$$

二维随机变量 $(T(x),T(y))$ 的联合尚存概率函数为

$$\begin{aligned}S_{T(x),T(y)}(s,t)&=P(T(x)>s\text{ 且 }T(y)>t)\\&=P((T^*(x)>s\text{ 且 }Z>s)\text{ 且}(T^*(y)>t\text{ 且 }Z>t))\\&=P(T^*(x)>s\text{ 且 }T^*(y)>t\text{ 且 }Z>\max(s,t))\\&=S_{T^*(x)}(s)S_{T^*(y)}(t)e^{-\lambda\max(s,t)}\end{aligned}\tag{8.1.84}$$

二维随机变量 $(T(x),T(y))$ 的联合概率密度函数为

$$f_{T(x),T(y)}(s,t)=\frac{\partial^2}{\partial s\partial t}S_{T(x),T(y)}(s,t)=\frac{\partial^2}{\partial s\partial t}S_{T^*(x)}(s)S_{T^*(y)}(t)e^{-\lambda\max(s,t)}$$

$$=\begin{cases}[S'_{T^*(x)}(s)S'_{T^*(y)}(t)-\lambda S_{T^*(x)}(s)S'_{T^*(y)}(t)]e^{-\lambda s}, & 0<t<s\\ [S'_{T^*(x)}(s)S'_{T^*(y)}(t)-\lambda S'_{T^*(x)}(s)S_{T^*(y)}(t)]e^{-\lambda t}, & 0<s<t\end{cases}\tag{8.1.85}$$

及

$$f_{T(x),T(y)}(t,t)=\lambda e^{-\lambda t}S_{T^*(x)}(t)S_{T^*(y)}(t)\tag{8.1.86}$$

$(T(x),T(y))$ 边缘尚存概率为

$$S_{T(x)}(s)={}_sp_x=P(T(x)>s\text{ 且 }T(y)>0)=S_{T^*(x)}(s)e^{-\lambda s}\tag{8.1.87}$$

$$S_{T(y)}(t)={}_tp_y=P(T(x)>0\text{ 且 }T(y)>t)=S_{T^*(y)}(t)e^{-\lambda t}\tag{8.1.88}$$

下面探讨 $(x)$ 和 $(y)$ 构成的联合生存状态 $(xy)$ 与最后生存状态 $(\overline{xy})$ 的分布：

$$S_{T(xy)}(t)={}_tp_{xy}=S_{T^*(x)}(t)S_{T^*(y)}(t)e^{-\lambda t},\ t>0\tag{8.1.89}$$

$$\begin{aligned}S_{T(\overline{xy})}(t)&={}_tp_{\overline{xy}}=S_{T(x)}(t)+S_{T(y)}(t)-S_{T(xy)}(t)\\&=[S_{T^*(x)}(t)+S_{T^*(y)}(t)-S_{T^*(x)T^*(y)}(t,t)]e^{-\lambda t},\ t>0\end{aligned}\tag{8.1.90}$$

显然，当 $\lambda=0$ 时，$T(x)$ 与 $T(y)$ 相互独立。

容易证明：

$$\mu_{xy}(t)=\mu^*_{x+t}+\mu^*_{y+t}+\lambda\tag{8.1.91}$$

$$\mu_{x+t}=\mu^*_{x+t}+\lambda\tag{8.1.92}$$

$$\mu_{y+t}=\mu^*_{y+t}+\lambda\tag{8.1.93}$$

**例 8.1.6** 已知 $T^*(x)$、$T^*(y)$ 和 $Z$ 是共同灾难模型中的相互独立的随机变量，$T^*(x)$ 服从参数为 $\mu_x=0.1$ 的指数分布，$T^*(y)$ 服从参数为 $\mu_y=0.08$ 的指数分布，$Z$ 服从参数为 $\lambda=0.02\ (t\geqslant 0)$ 的指数分布，$T(x)$、$T(y)$ 分别代表共同灾难模型中生命 $(x)$ 和 $(y)$ 的余命。求 $T(x)=T(y)$ 的概率。

**解：**$\because f_{T(x),T(y)}(t,t)=\lambda e^{-\lambda t}S_{T^*(x)}(t)S_{T^*(y)}(t)$

$$=\lambda e^{-\lambda t}e^{-\mu_x t}e^{-\mu_y t}$$

$$= \lambda e^{-(\lambda+\mu_x+\mu_y)t}$$

$$\therefore P(T(x)=T(y)) = \int_0^{+\infty} f_{T(x),T(y)}(t,t)\,dt$$

$$= \frac{\lambda}{\lambda+\mu_x+\mu_y}$$

$$= \frac{0.02}{0.02+0.1+0.08} = 0.1$$

**例**8.1.7　设$(x)$和$(y)$受共同灾难的冲击。已知：(1)$T^*(x)$、$T^*(y)$和$Z$相互独立，分别服从参数为$\mu_1$、$\mu_2$和$\lambda$的指数分布；(2)$(x)$在1年后仍生存的概率为0.995；(3)$(y)$在1年后仍生存的概率为0.998；(4)$\lambda=0.01$。求$(x)$与$(y)$共同存活5年的概率。

**解**：由条件(2)和条件(3)可得

$$e^{-\mu_1}=0.995, e^{-\mu_2}=0.998$$

$$\therefore S_{T(xy)}(5) = S_{T^*(x)}(5)S_{T^*(y)}(5)e^{-5\lambda}$$

$$= e^{-5\mu_1}e^{-5\mu_2}e^{-0.05}$$

$$= (0.995\times 0.998)^5 e^{-0.05} \approx 0.918$$

## 第二节　条件状态下的生命函数

本节主要探讨满足按一定顺序死亡的条件状态下的死亡概率。本节先考虑两个生命的情形，再考虑三个及以上的多生命情形。条件状态可分为简单条件状态与复合条件状态，只不过后者中某些生命本身就以联合生存状态或最后生存状态形式存在。

### 一、简单条件状态下的生命函数

(一) 两人情形

1. ${}_nq_{\overset{1}{x}y}$

${}_nq_{\overset{1}{x}y}$表示$(x)$在$n$年内死亡，且在其死亡时$(y)$仍生存的概率。这里强调$(x)$应死在$n$年之内，以右上标表示死亡顺序的数字为基准，这里的数字"1"放在"$x$"的上方表示$(x)$第1个死亡，下同。

${}_nq_{\overset{1}{x}y}$可以看成$(T(x),T(y))$的联合概率密度函数${}_sp_x\,\mu_{x+s}\,{}_tp_y\,\mu_{y+t}$(这里假设$T(x)$、$T(y)$相互独立)在区域$D=\{(s,t)\mid s<t, 且 0\leqslant t\leqslant n\}$上的二重积分，这里$s$、$t$分别为$T(x)$、$T(y)$的取值。因此

$$ {}_nq_{\overset{1}{x}y} = \int_0^n ds\int_s^{+\infty} {}_sp_x\,\mu_{x+s}\,{}_tp_y\,\mu_{y+t}\,dt \tag{8.2.1}$$

$$= \int_0^n {}_sp_x\,\mu_{x+s}\left(\int_s^{+\infty} {}_tp_y\,\mu_{y+t}\,dt\right)ds$$

$$= \int_0^n {}_sp_x\,{}_sp_y\,\mu_{x+s}\,ds$$

$$= \int_0^n {}_sp_{xy}\,\mu_{x+s}\,\mathrm{d}s \tag{8.2.2}$$

同理可得

$$_nq_{x\overset{1}{y}} = \int_0^n {}_tp_{xy}\,\mu_{y+t}\,\mathrm{d}t \tag{8.2.3}$$

显然

$$_nq_{xy} = {}_nq_{\overset{1}{x}y} + {}_nq_{x\overset{1}{y}} \tag{8.2.4}$$

2. $_{k|}q_{\overset{1}{x}y}$

$_{k|}q_{\overset{1}{x}y}$ 表示$(x)$ 第一个死亡且在第 $k+1$ 年内死亡的概率,于是

$$_{k|}q_{\overset{1}{x}y} = \int_k^{k+1} {}_sp_{xy}\,\mu_{x+s}\,\mathrm{d}s \tag{8.2.5}$$

$$\approx {}_{k+\frac{1}{2}}p_y \int_k^{k+1} {}_sp_x\,\mu_{x+s}\,\mathrm{d}s = {}_{k+\frac{1}{2}}p_y\,{}_{k|}q_x \tag{8.2.6}$$

同理可得

$$_{k|}q_{x\overset{1}{y}} = \int_k^{k+1} {}_sp_{xy}\,\mu_{y+s}\,\mathrm{d}s \tag{8.2.7}$$

可以证明

$$_{k|}q_{xy} = {}_{k|}q_{\overset{1}{x}y} + {}_{k|}q_{x\overset{1}{y}} \tag{8.2.8}$$

$$_nq_{\overset{1}{x}y} = \sum_{k=0}^{n-1} {}_{k|}q_{\overset{1}{x}y} \tag{8.2.9}$$

在公式(8.2.2)、公式(8.2.4) 两边取 $n \to \infty$ 时,$(x)$ 比$(y)$ 先死亡的概率为

$$_\infty q_{\overset{1}{x}y} = \int_0^{+\infty} {}_sp_{xy}\,\mu_{x+s}\,\mathrm{d}s \tag{8.2.10}$$

$$_\infty q_{\overset{1}{x}y} + {}_\infty q_{x\overset{1}{y}} = 1 \tag{8.2.11}$$

公式(8.2.11) 表明未来要么$(x)$ 比$(y)$ 先死亡,要么$(y)$ 比$(x)$ 先死亡。

3. $_nq_{x\overset{2}{y}}$

$_nq_{x\overset{2}{y}}$ 表示$(y)$ 在 $n$ 年内死亡且在其死亡之时$(x)$ 已经死亡的概率;换言之,表示$(y)$ 第二个死亡且在 $n$ 年内死亡的概率。它是$(T(x)、T(y))$ 的联合概率密度函数在区域 $D = \{(s,t) \mid 0 \leqslant s \leqslant t \leqslant n\}$ 上的积分,这里 $s$、$t$ 分别为 $T(x)$、$T(y)$ 的取值。于是

$$_nq_{x\overset{2}{y}} = \int_0^n \mathrm{d}t \int_0^t {}_sp_x\,{}_tp_y\,\mu_{x+s}\,\mu_{y+t}\,\mathrm{d}s = \int_0^n {}_tp_y\,\mu_{y+t}\left(\int_0^t {}_sp_x\,\mu_{x+s}\,\mathrm{d}s\right)\mathrm{d}t$$

$$= \int_0^n {}_tq_x\,{}_tp_y\,\mu_{y+t}\,\mathrm{d}t = \int_0^n (1 - {}_tp_x)\,{}_tp_y\,\mu_{y+t}\,\mathrm{d}t = {}_nq_y - {}_nq_{x\overset{1}{y}} \tag{8.2.12}$$

同理可得

$$_nq_{\overset{2}{x}y} = {}_nq_x - {}_nq_{\overset{1}{x}y} \tag{8.2.13}$$

4. $_{k|}q_{x\overset{2}{y}}$

$_{k|}q_{x\overset{2}{y}}$ 表示$(y)$ 第二个死亡且在第 $k+1$ 年内死亡的概率,于是

$$_{k|}q_{x\overset{2}{y}} = \int_k^{k+1} {}_tq_x\,{}_tp_y\,\mu_{y+t}\,\mathrm{d}t = \int_k^{k+1} (1 - {}_tp_x)\,{}_tp_y\,\mu_{y+t}\,\mathrm{d}t = {}_{k|}q_y - {}_{k|}q_{x\overset{1}{y}} \tag{8.2.14}$$

$$_tq_{x\overset{2}{y}} = \sum_{k=0}^{t-1} {}_{k|}q_{x\overset{2}{y}} \tag{8.2.15}$$

同理可得

$$ {}_{k|}q_{xy}^{\ 2} = \int_k^{k+1} {}_sq_y\, {}_sp_x\, \mu_{x+s} \mathrm{d}s = {}_{k|}q_x - {}_{k|}q_{xy}^{1} \tag{8.2.16} $$

$$ {}_tq_{xy}^{\ 2} = \sum_{k=0}^{t-1} {}_{k|}q_{xy}^{\ 2} \tag{8.2.17} $$

（二）三人及以上情形

1. ${}_nq_{xyz}^{1}$

${}_nq_{xyz}^{1}$ 表示$(x)$第一个死亡且在 $n$ 年内死亡的概率，于是

$$ {}_nq_{xyz}^{1} = \int_0^n {}_sp_{xyz}\, \mu_{x+s} \mathrm{d}s \tag{8.2.18} $$

$$ {}_nq_{xyz} = {}_nq_{xyz}^{1} + {}_nq_{x\overset{1}{y}z} + {}_nq_{xy\overset{1}{z}} \tag{8.2.19} $$

2. ${}_{k|}q_{xyz}^{1}$

${}_{k|}q_{xyz}^{1}$ 表示$(x)$第一个死亡且在第 $k+1$ 年内死亡的概率，于是

$$ {}_{k|}q_{xyz}^{1} = \int_k^{k+1} {}_sp_{xyz}\, \mu_{x+s} \mathrm{d}s \tag{8.2.20} $$

$$ {}_{k|}q_{xyz} = {}_{k|}q_{xyz}^{1} + {}_{k|}q_{x\overset{1}{y}z} + {}_{k|}q_{xy\overset{1}{z}} \tag{8.2.21} $$

3. ${}_{k|}q_{\underset{1}{x}\overset{2}{y}z}$

${}_{k|}q_{\underset{1}{x}\overset{2}{y}z}$ 表示$(y)$在第 $k+1$ 年内死亡，且在其死亡前$(x)$已经死亡，$(z)$在$(y)$死亡的那个时点仍然生存的概率，即

$$ {}_{k|}q_{\underset{1}{x}\overset{2}{y}z} = \int_k^{k+1} {}_tq_x\, {}_tp_y\, \mu_{y+t}\, {}_tp_z \mathrm{d}t \tag{8.2.22} $$

$$ = {}_{k|}q_{\overset{1}{y}z} - {}_{k|}q_{x\overset{1}{y}z} \tag{8.2.23} $$

4. ${}_{k|}q_{\underset{1}{x}\underset{2}{y}\overset{3}{z}}$

${}_{k|}q_{\underset{1}{x}\underset{2}{y}\overset{3}{z}}$ 表示$(x)$、$(y)$、$(z)$依次死亡，且$(z)$在第 $k+1$ 年内死亡的概率，即

$$ {}_{k|}q_{\underset{1}{x}\underset{2}{y}\overset{3}{z}} = \int_k^{k+1} {}_sq_{xy}^{\ 2}\, {}_sp_z\, \mu_{z+s} \mathrm{d}s \tag{8.2.24} $$

5. ${}_nq_{\underset{1}{x}\underset{2}{y}\overset{3}{z}}$

${}_nq_{\underset{1}{x}\underset{2}{y}\overset{3}{z}}$ 表示$(x)$、$(y)$、$(z)$依次死亡，且$(z)$在未来 $n$ 年内死亡的概率，即

$$ {}_nq_{\underset{1}{x}\underset{2}{y}\overset{3}{z}} = \int_0^n {}_sq_x\, {}_sp_{yz}\, \mu_{y+s}\, {}_{n-s}q_{z+s} \mathrm{d}s \tag{8.2.25} $$

$$ = {}_nq_{\overset{1}{y}z} - {}_nq_{x\overset{1}{y}z} - ({}_nq_y - {}_nq_{x\overset{1}{y}})\, {}_np_z \tag{8.2.26} $$

6. ${}_nq_{\underset{1}{x}\underset{2}{y}\underset{3}{z}\overset{4}{w}}$

${}_nq_{\underset{1}{x}\underset{2}{y}\underset{3}{z}\overset{4}{w}}$ 表示$(x)$、$(y)$、$(z)$、$(w)$依次死亡，且$(w)$在未来 $n$ 年内死亡的概率，即

$$ {}_nq_{\underset{1}{x}\underset{2}{y}\underset{3}{z}\overset{4}{w}} = \int_0^n {}_tq_{xy}^{\ 2}\, {}_tp_{zw}\, \mu_{z+t}\, {}_{n-t}q_{w+t} \mathrm{d}t $$

$$ = \int_0^n {}_tq_{xy}^{\ 2}\, {}_tp_{zw}\, \mu_{z+t} (1 - {}_{n-t}p_{w+t}) \mathrm{d}t $$

$$ = {}_nq_{\underset{1}{x}\underset{2}{y}\overset{3}{z}w} - {}_np_w\, {}_nq_{\underset{1}{x}\underset{2}{y}\overset{3}{z}} \tag{8.2.27} $$

**例 8.2.1** 已知 $q_{70}=0.2543$，$q_{71}=0.2656$，在 UDD 假设下，$T(70)$、$T(71)$ 相互独立，求(1)$q^{1}_{70:71}$；(2)$q_{70:71}^{\;\;2}$。

**解**：(1)$q^{1}_{70:71}=\int_0^1 {}_tp_{70}\,\mu_{70+t}\,{}_tp_{71}\,\mathrm{d}t=\int_0^1 q_{70}(1-{}_tq_{71})\,\mathrm{d}t$

$$=q_{70}\left(1-\frac{1}{2}q_{71}\right)\approx 0.2205$$

(2)$q_{70:71}^{\;\;2}=\int_0^1 {}_tp_{71}\,\mu_{71+t}\,{}_tq_{70}\,\mathrm{d}t=\int_0^1 q_{71}\,t\,q_{70}\,\mathrm{d}t$

$$=\frac{1}{2}q_{70}q_{71}\approx 0.0338。$$

**例 8.2.2** 已知(25)和(50)的死力均为 $\mu_x=\dfrac{1}{100-x}$ $(0\leqslant x<100)$，$T(25)$与 $T(50)$ 相互独立，求 ${}_{25}q_{25:50}^{\;\;2}$。

**解**：$\because$ (25)和(50)的死力均为 $\mu_x=\dfrac{1}{100-x}$ $(0\leqslant x<100)$

$$\therefore\ {}_tp_x=\exp\left(-\int_0^t\mu_{x+s}\mathrm{d}s\right)=1-\frac{t}{100-x}$$

$${}_tq_x=\frac{t}{100-x}$$

$\because$ $T(25)$ 与 $T(50)$ 相互独立

$$\therefore\ {}_{25}q_{25:50}^{\;\;2}=\int_0^{25}{}_tp_{50}\,\mu_{50+t}\,{}_tq_{25}\,\mathrm{d}t$$

$$=\int_0^{25}\left(1-\frac{t}{50}\right)\left(\frac{1}{50-t}\right)\left(\frac{t}{75}\right)\mathrm{d}t=\frac{1}{12}$$

## 二、复合条件状态下的生命函数

(一) ${}_tq^{1}_{x,\overline{yz}}$

${}_tq^{1}_{x,\overline{yz}}$ 表示在未来 $t$ 年内 $(x)$ 死亡且在其死亡之时最后生存状态 $(\overline{yz})$ 仍然生存的概率，于是，

$${}_tq^{1}_{x,\overline{yz}}=\int_0^t{}_sp_x\,{}_sp_{\overline{yz}}\,\mu_{x+s}\mathrm{d}s={}_tq^{1}_{xy}+{}_tq^{1}_{xz}-{}_tq^{1}_{xyz}\tag{8.2.28}$$

(二) ${}_{k|}q^{2}_{x,\overline{yz}}$

${}_{k|}q^{2}_{x,\overline{yz}}$ 表示在 $(x)$ 与 $(\overline{yz})$ 中 $(x)$ 第二个死亡且死在第 $k+1$ 年内的概率，于是，

$${}_{k|}q^{2}_{x,\overline{yz}}=\int_k^{k+1}(1-{}_sp_{\overline{yz}})\,{}_sp_x\,\mu_{x+s}\mathrm{d}s={}_{k|}q_x-{}_{k|}q^{1}_{x,\overline{yz}}\tag{8.2.29}$$

(三) ${}_{k|}q^{1}_{\overline{xy},z}$

${}_{k|}q^{1}_{\overline{xy},z}$ 表示 $(\overline{xy})$ 第一个死亡且死在第 $k+1$ 年内的概率。于是

$${}_{k|}q^{1}_{\overline{xy},z}=\int_k^{k+1}{}_sp_{\overline{xy}}\,{}_sp_z\,\mu_{\overline{x+s,y+s}}\mathrm{d}s={}_{k|}q^{\;2}_{\underset{1}{x}yz}+{}_{k|}q^{\;2}_{x\underset{1}{y}z}\tag{8.2.30}$$

(四) ${}_{k|}q^{1}_{\overline{xy},z}$

${}_{k|}q^{1}_{\overline{xy},z}$ 表示在联合生存状态 $(xy)$ 与 $(z)$ 中状态 $(xy)$ 第一个死亡，且在第 $k+1$ 年内

死亡的概率。因此，

$$ {}_{k|}q_{\overset{1}{\overline{xy}},z} = \int_k^{k+1} {}_sp_{xy}\,{}_sp_z\,\mu_{x+s,y+s}\mathrm{d}s = {}_{k|}q_{\overset{1}{x}yz} + {}_{k|}q_{x\overset{1}{y}z} \tag{8.2.31} $$

# 第三节　非条件状态下的多生命精算理论

非条件状态下的多生命精算理论主要探讨联合生存状态、最后生存状态下有关人寿保险、年金保险的保险费与责任准备金的计算。

## 一、一般情形

本节中的状态$(u)$是指联合生存状态或最后生存状态，请读者注意其在形式上与单生命精算理论的异同。令$T$表示状态$(u)$的完全余命，$K$表示其取整余命。

（一）离散型

对于死亡保险，假设保险金于状态死亡所在年年末或$\frac{1}{m}$年分年末给付，对于年金保险则主要考虑每年或每$\frac{1}{m}$年给付一次的生存年金，于是关于趸缴纯保费或精算现值有如下公式：

$$ A_u = E(v^{K+1}) = \sum_{k=0}^{+\infty} v^{k+1}\,{}_{k|}q_u \tag{8.3.1} $$

$$ \mathrm{var}(v^{K+1}) = {}^2A_u - (A_u)^2 \tag{8.3.2} $$

$$ A_{u:\overline{n}|} = A^{\ 1}_{u:\overline{n}|} + v^n\,{}_np_u = \sum_{k=0}^{n-1} v^{k+1}\,{}_{k|}q_u + v^n\,{}_np_u \tag{8.3.3} $$

$$ A_u^{(m)} = \sum_{l=0}^{+\infty} v^{\frac{l+1}{m}}\,{}_{\frac{l}{m}|\frac{1}{m}}q_u \tag{8.3.4} $$

$$ A_{u:\overline{n}|}^{(m)} = \sum_{l=0}^{mn-1} v^{\frac{l+1}{m}}\,{}_{\frac{l}{m}|\frac{1}{m}}q_u + v^n\,{}_np_u = A^{(m)\,1}_{u:\overline{n}|} + v^n\,{}_np_u \tag{8.3.5} $$

$$ \ddot{a}_u = E(\ddot{a}_{\overline{K+1}|}) = \sum_{k=0}^{+\infty} \ddot{a}_{\overline{k+1}|}\,{}_{k|}q_u = \sum_{k=0}^{+\infty} v^k\,{}_kp_u \tag{8.3.6} $$

$$ a_u = \sum_{k=1}^{+\infty} v^k\,{}_kp_u \tag{8.3.7} $$

$$ \ddot{a}_{u:\overline{n}|} = \sum_{k=0}^{n-1} v^k\,{}_kp_u \tag{8.3.8} $$

$$ a_{u:\overline{n}|} = \sum_{k=1}^{n} v^k\,{}_kp_u \tag{8.3.9} $$

$$ \mathrm{var}(\ddot{a}_{\overline{K+1}|}) = \frac{1}{d^2}[{}^2A_u - (A_u)^2] \tag{8.3.10} $$

$$ \ddot{a}_u^{(m)} = \frac{1}{m}\sum_{k=0}^{+\infty} v^{\frac{k}{m}}\,{}_{\frac{k}{m}}p_u \tag{8.3.11} $$

$$\ddot{a}_{u:\overline{n}|}^{(m)}=\frac{1}{m}\sum_{k=0}^{mn-1}v^{\frac{k}{m}}{}_{\frac{k}{m}}p_u \tag{8.3.12}$$

$$a_u^{(m)}=\frac{1}{m}\sum_{k=1}^{+\infty}v^{\frac{k}{m}}{}_{\frac{k}{m}}p_u \tag{8.3.13}$$

$$a_{u:\overline{n}|}^{(m)}=\frac{1}{m}\sum_{k=1}^{mn}v^{\frac{k}{m}}{}_{\frac{k}{m}}p_u \tag{8.3.14}$$

$$A_u=1-d\ddot{a}_u \tag{8.3.15}$$

$$A_{u:\overline{n}|}=1-d\ddot{a}_{u:\overline{n}|} \tag{8.3.16}$$

说明:公式(8.3.1)表明状态($u$)投保保额为1于其死亡所在年年末给付保险金1的终身寿险的趸缴纯保费$A_u$就是保险人给付保险金现值的数学期望。$A_u^{(m)}$表示于状态($u$)死亡所在$\frac{1}{m}$年分年末给付保险金1的终身寿险的趸缴纯保费,$\ddot{a}_u$表示状态($u$)每年年初生存时给付生存金1的终身生存年金的精算现值,$\ddot{a}_u^{(m)}$表示状态($u$)每$\frac{1}{m}$年初生存时给付生存金$\frac{1}{m}$的终身生存年金的精算现值。

(二)连续型

对于人寿保险而言,连续型是指保险金于状态($u$)死亡时立即给付;对于生存年金而言,连续型是指每时每刻连续不断地给付直至死亡或期满。于是,

$$\bar{A}_u=\int_0^{+\infty}v^t{}_tp_u\mu_{u+t}\mathrm{d}t \tag{8.3.17}$$

$$\bar{A}_{u:\overline{n}|}=\int_0^n v^t{}_tp_u\mu_{u+t}\mathrm{d}t+v^n{}_np_u=\bar{A}^{\,1}_{u,\overline{n}|}+v^n{}_np_u \tag{8.3.18}$$

$$\bar{a}_u=\int_0^{+\infty}\bar{a}_{\overline{t}|}\,{}_tp_u\mu_{u+t}\mathrm{d}t=\int_0^{+\infty}v^t{}_tp_u\mathrm{d}t \tag{8.3.19}$$

$$\mathrm{var}(v^T)={}^2\bar{A}_u-(\bar{A}_u)^2 \tag{8.3.20}$$

$$\mathrm{var}(\bar{a}_{\overline{T}|})=\frac{1}{\delta^2}({}^2\bar{A}_u-(\bar{A}_u)^2) \tag{8.3.21}$$

$$\bar{a}_{u:\overline{n}|}=\int_0^n\bar{a}_{\overline{t}|}\,{}_tp_u\mu_{u+t}\mathrm{d}t+\bar{a}_{\overline{n}|}\,{}_np_u=\int_0^n v^t{}_tp_u\mathrm{d}t \tag{8.3.22}$$

$$\bar{A}_u=1-\delta\bar{a}_u \tag{8.3.23}$$

$$\bar{A}_{u:\overline{n}|}=1-\delta\bar{a}_{u:\overline{n}|} \tag{8.3.24}$$

说明:$\bar{A}_{u:\overline{n}|}$表示状态($u$)在$n$年内死亡时立即给付保险金1或期满生存时给付生存金1的$n$年期两全保险的趸缴纯保费,$\bar{a}_{u:\overline{n}|}$表示状态($u$)在$n$年内生存时每年连续地给付生存金1直至死亡或期满为止的$n$年定期生存年金精算现值。

## 二、联合生存状态下的多生命精算理论

(一)趸缴纯保费

$$A_{xy}=\sum_{k=0}^{+\infty}v^{k+1}{}_{k|}q_{xy}=1-d\ddot{a}_{xy} \tag{8.3.25}$$

$$A^{1}_{\overline{xy}:\overline{n|}} = \sum_{k=0}^{n-1} v^{k+1} {}_{k|}q_{xy} \tag{8.3.26}$$

$$A_{xy:\overline{n|}} = A^{1}_{\overline{xy}:\overline{n|}} + A_{xy:\overset{1}{\overline{n|}}} = \sum_{k=0}^{n-1} v^{k+1} {}_{k|}q_{xy} + v^{n} {}_{n}p_{xy} = 1 - d\ddot{a}_{xy:\overline{n|}} \tag{8.3.27}$$

$$A^{(m)1}_{\overline{xy}:\overline{n|}} = \sum_{t=0}^{nm-1} v^{\frac{t+1}{m}} {}_{\frac{t}{m}|\frac{1}{m}}q_{xy} \approx \frac{i}{i^{(m)}} A^{1}_{\overline{xy}:\overline{n|}} \tag{8.3.28}$$

$$A^{(m)}_{\overline{xy}:\overline{n|}} = A^{(m)1}_{\overline{xy}:\overline{n|}} + A_{xy:\overset{1}{\overline{n|}}} \tag{8.3.29}$$

$$\bar{A}^{1}_{\overline{xy}:\overline{n|}} = \int_{0}^{n} v^{t} {}_{t}p_{xy} \mu_{x+t,y+t} \mathrm{d}t \tag{8.3.30}$$

$$\bar{A}_{xy:\overline{n|}} = \bar{A}^{1}_{\overline{xy}:\overline{n|}} + A_{xy:\overset{1}{\overline{n|}}} = 1 - \delta\bar{a}_{xy:\overline{n|}} = \int_{0}^{n} v^{t} {}_{t}p_{xy}\mu_{xy} \mathrm{d}t + v^{n} {}_{n}p_{xy} \tag{8.3.31}$$

$$\ddot{a}_{xy:\overline{n|}} = \sum_{t=0}^{n-1} v^{t} {}_{t}p_{xy} \tag{8.3.32}$$

$$a_{xy:\overline{n|}} = \sum_{t=1}^{n} v^{t} {}_{t}p_{xy} \tag{8.3.33}$$

$$\ddot{a}^{(m)}_{xy} = \alpha(m)\ddot{a}_{xy} - \beta(m) \approx \ddot{a}_{xy} - \frac{m-1}{2m} \tag{8.3.34}$$

$$\ddot{a}^{(m)}_{xy:\overline{n|}} = \frac{1}{m}\sum_{t=0}^{mn-1} v^{\frac{t}{m}} {}_{\frac{t}{m}}p_{xy} \approx \ddot{a}_{xy:\overline{n|}} - \frac{m-1}{2m}(1 - v^{n} {}_{n}p_{xy}) \tag{8.3.35}$$

$$\bar{a}_{xy:\overline{n|}} = \int_{0}^{n} v^{t} {}_{t}p_{xy} \mathrm{d}t \approx \ddot{a}_{xy:\overline{n|}} - \frac{1}{2}(1 - v^{n} {}_{n}p_{xy}) \tag{8.3.36}$$

（二）年缴均衡纯保费

$$P_{xy:\overline{n|}} = \frac{A_{xy:\overline{n|}}}{\ddot{a}_{xy:\overline{n|}}} = \frac{1}{\ddot{a}_{xy:\overline{n|}}} - d \tag{8.3.37}$$

$$P(\bar{A}_{xy:\overline{n|}}) = \frac{\bar{A}_{xy:\overline{n|}}}{\ddot{a}_{xy:\overline{n|}}} \tag{8.3.38}$$

（三）责任准备金

$${}_{t}V_{xy:\overline{n|}} = A_{x+t,y+t:\overline{n-t|}} - P_{xy:\overline{n|}}\ddot{a}_{x+t,y+t:\overline{n-t|}} \tag{8.3.39}$$

$$= 1 - \frac{\ddot{a}_{x+t,y+t:\overline{n-t|}}}{\ddot{a}_{xy:\overline{n|}}} \tag{8.3.40}$$

$${}_{t}V(\bar{A}_{xy:\overline{n|}}) = \bar{A}_{x+t,y+t:\overline{n-t|}} - P(\bar{A}_{xy:\overline{n|}})\ddot{a}_{x+t,y+t:\overline{n-t|}} \tag{8.3.41}$$

为了计算简便，引入如下替换函数。有关其具体应用，请读者查阅本书关于寿险精算实验部分的内容。

$$D_{xy} = v^{\frac{1}{2}(x+y)} l_{xy} \tag{8.3.42}$$

$$C_{xy} = v^{\frac{1}{2}(x+y)+1} d_{xy} \tag{8.3.43}$$

$$N_{xy} = D_{xy} + D_{x+1,y+1} + \cdots \tag{8.3.44}$$

$$M_{xy} = C_{xy} + C_{x+1,y+1} + \cdots \tag{8.3.45}$$

$$\ddot{a}_{xy:\overline{n|}} = \frac{N_{xy} - N_{x+n,y+n}}{D_{xy}} \tag{8.3.46}$$

$$A^{\ \ 1}_{xy:\overline{n|}} = \frac{M_{xy} - M_{x+n,y+n}}{D_{xy}} \tag{8.3.47}$$

$$A_{xy:\overline{n|}} = \frac{M_{xy} - M_{x+n,y+n} + D_{x+n,y+n}}{D_{xy}} \tag{8.3.48}$$

## 三、最后生存状态下的多生命精算理论

### (一) 趸缴纯保费

$$A_{\overline{xy}:\overset{\ 1}{\overline{n|}}} = v^n {}_np_{\overline{xy}} \tag{8.3.49}$$

$$a_{\overline{xy}:\overline{n|}} = \sum_{t=1}^{n} v^t {}_tp_{\overline{xy}} = a_{x:\overline{n|}} + a_{y:\overline{n|}} - a_{xy:\overline{n|}} \tag{8.3.50}$$

$$\ddot{a}_{\overline{xy}:\overline{n|}} = \sum_{t=0}^{n-1} v^t {}_tp_{\overline{xy}} = \ddot{a}_{x:\overline{n|}} + \ddot{a}_{y:\overline{n|}} - \ddot{a}_{xy:\overline{n|}} \tag{8.3.51}$$

$$\ddot{a}^{(m)}_{\overline{xy}:\overline{n|}} = \frac{1}{m}\sum_{t=0}^{mn-1} v^{\frac{t}{m}} {}_{\frac{t}{m}}p_{\overline{xy}} = \ddot{a}^{(m)}_{x:\overline{n|}} + \ddot{a}^{(m)}_{y:\overline{n|}} - \ddot{a}^{(m)}_{xy:\overline{n|}} \tag{8.3.52}$$

$$a_{\overline{xy}:\overline{n|}} = \int_0^n v^t {}_tp_{\overline{xy}}\mathrm{d}t = \bar{a}_{x:\overline{n|}} + \bar{a}_{y:\overline{n|}} - \bar{a}_{\overline{xy}:\overline{n|}} \tag{8.3.53}$$

$$A^{\ 1}_{\overline{xy}:\overline{n|}} = \sum_{t=0}^{n-1} v^{t+1} {}_{t|}q_{\overline{xy}} = A^{\ 1}_{x:\overline{n|}} + A^{\ 1}_{y:\overline{n|}} - A^{\ 1}_{\overline{xy}:\overline{n|}} \tag{8.3.54}$$

$$A^{(m)}_{\overset{1}{\overline{xy}}:\overline{n|}} = \sum_{t=0}^{nm-1} v^{\frac{t+1}{m}} {}_{\frac{t}{m}|\frac{1}{m}}q_{\overline{xy}} \approx \frac{i}{i^{(m)}}A^{\ 1}_{\overline{xy}:\overline{n|}} \tag{8.3.55}$$

$$A_{\overline{xy}:\overline{n|}} = A^{\ 1}_{\overline{xy}:\overline{n|}} + A_{\overline{xy}:\overset{\ 1}{\overline{n|}}} = 1 - d\ddot{a}_{\overline{xy}:\overline{n|}} \tag{8.3.56}$$

$$= A_{x:\overline{n|}} + A_{y:\overline{n|}} - A_{xy:\overline{n|}} \tag{8.3.57}$$

$$\bar{A}^{\ 1}_{\overline{xy}:\overline{n|}} = \int_0^n v^t {}_tp_{\overline{xy}}\mu_{\overline{xy}}(t)\mathrm{d}t \tag{8.3.58}$$

$$\bar{A}_{\overline{xy}:\overline{n|}} = \bar{A}^{\ 1}_{\overline{xy}:\overline{n|}} + \bar{A}_{\overline{xy}:\overset{\ 1}{\overline{n|}}} = 1 - \delta\bar{a}_{\overline{xy}:\overline{n|}} \tag{8.3.59}$$

### (二) 年缴纯保费

$$P_{\overline{xy}:\overline{n|}} = \frac{A_{\overline{xy}:\overline{n|}}}{\ddot{a}_{\overline{xy}:\overline{n|}}} = \frac{1}{\ddot{a}_{\overline{xy}:\overline{n|}}} - d \tag{8.3.60}$$

$$P(\bar{A}_{\overline{xy}:\overline{n|}}) = \frac{\bar{A}_{\overline{xy}:\overline{n|}}}{\ddot{a}_{\overline{xy}:\overline{n|}}} \tag{8.3.61}$$

### (三) 责任准备金

(1) 当$(x)$和$(y)$均生存时，

$$ {}_tV_{\overline{xy}:\overline{n|}} = A_{\overline{x+t,y+t}:\overline{n-t|}} - P_{\overline{xy}:\overline{n|}}\ddot{a}_{x+t,y+t:\overline{n-t|}} \tag{8.3.62}$$

(2) $(y)$死亡后$(x)$生存时，

$$ {}_tV_{\overline{xy}:\overline{n|}} = A_{x+t:\overline{n-t|}} - P_{\overline{xy}:\overline{n|}}\ddot{a}_{x+t:\overline{n-t|}} \tag{8.3.63}$$

(3) $(x)$死亡后$(y)$生存时，

$$ {}_tV_{\overline{xy}:\overline{n-t|}} = A_{y+t:\overline{n-t|}} - P_{\overline{xy}:\overline{n|}}\ddot{a}_{y+t:\overline{n-t|}} \tag{8.3.64}$$

**例 8.3.1** 对于一个$(x)$和$(y)$构成的最后生存状态、保险金为 1 的全连续型终

身寿险,已知 $T(x)$ 与 $T(y)$ 相互独立,$\mu_{x+t} = \mu_{y+t} = 0.06\ (t > 0)$,$\delta = 0.04$,保费支付到第一个死亡为止,求年缴均衡纯保费。

**解:** $\because \mu_{xy}(t) = \mu_{x+t} + \mu_{y+t} = 0.12 \triangleq \mu_{xy}$

$$\therefore \bar{A}_x = \bar{A}_y = \frac{\mu}{\mu + \delta} = \frac{0.06}{0.06 + 0.04} = 0.6$$

$$\bar{A}_{xy} = \frac{\mu_{xy}}{\mu_{xy} + \delta} = \frac{0.12}{0.12 + 0.04} = 0.75$$

$$\bar{a}_{xy} = \frac{1}{\mu_{xy} + \delta} = \frac{1}{0.12 + 0.04} = 6.25$$

$\therefore$ 所求的年缴均衡纯保费为

$$\bar{P}(\bar{A}_{\overline{xy}}) = \frac{\bar{A}_{\overline{xy}}}{\bar{a}_{xy}} = \frac{\bar{A}_x + \bar{A}_y - \bar{A}_{xy}}{\bar{a}_{xy}} = \frac{0.6 + 0.6 - 0.75}{6.25} = 0.072$$

**例 8.3.2**　已知两生命 $(x)$ 和 $(y)$ 的余命独立同分布,$P_x = P_y = 0.10$,$P_{\overline{xy}} = 0.06$,$d = 0.06$,计算 $P_{xy}$。

**解:** $\because \dfrac{1}{\ddot{a}_x} = P_x + d = 0.1 + 0.06 = 0.16$

$$\therefore \ddot{a}_x = 6.25$$

同理可得

$$\ddot{a}_y = 6.25$$

$$\because \frac{1}{\ddot{a}_{\overline{xy}}} = P_{\overline{xy}} + d = 0.12$$

$$\therefore \ddot{a}_{\overline{xy}} = \frac{25}{3}$$

$$\because \ddot{a}_{xy} + \ddot{a}_{\overline{xy}} = \ddot{a}_x + \ddot{a}_y$$

$$\therefore \ddot{a}_{xy} = \frac{25}{6}$$

$$P_{xy} = \frac{1}{\ddot{a}_{xy}} - d = 0.18。$$

**例 8.3.3**　证明:(1)$A_{xy} + A_{\overline{xy}} = A_x + A_y$;(2)$\ddot{a}_{xy} + \ddot{a}_{\overline{xy}} = \ddot{a}_x + \ddot{a}_y$。

**证明:** 显然

$$v^{K(xy)+1} + v^{K(\overline{xy})+1} = v^{K(x)+1} + v^{K(y)+1}$$

$$\ddot{a}_{\overline{K(xy)+1}|} + \ddot{a}_{\overline{K(\overline{xy})+1}|} = \ddot{a}_{\overline{K(x)+1}|} + \ddot{a}_{\overline{K(y)+1}|}$$

两边取数学期望,可得

$$A_{xy} + A_{\overline{xy}} = A_x + A_y$$

$$\ddot{a}_{xy} + \ddot{a}_{\overline{xy}} = \ddot{a}_x + \ddot{a}_y$$

**例 8.3.4**　已知 $1\ 000\mu_x = 0.7 + 0.005(10^{0.04})^x\ (x \geqslant 20)$,$i = 0.06$,${}_{20}p_{50} = 0.739\ 168$,$\ddot{a}_{56:56} = 10.222\ 73$,$\ddot{a}_{57:57} = 9.969\ 64$,$\ddot{a}_{66:66} = 7.586\ 58$,$\ddot{a}_{67:67} = 7.318\ 67$,假设 $T(50)$ 与 $T(60)$、$T(60)$ 与 $T(70)$ 均相互独立,计算 $\ddot{a}_{(50:60):\overline{10}|}$。

**解:** 设 50、60 的均等年龄为 $w_1$,60、70 的均等年龄为 $w_2$,那么,

$$2(10^{0.04})^{w_1} = (10^{0.04})^{50} + (10^{0.04})^{60}$$
$$2(10^{0.04})^{w_2} = (10^{0.04})^{60} + (10^{0.04})^{70}$$

解之得

$$w_1 \approx 56.112\,761\,69, w_2 \approx 66.112\,761\,69$$

运用均等年龄法与线性插值法,可得

$$\begin{aligned}\ddot{a}_{50:60} &= \ddot{a}_{w_1w_1} \approx 0.887\,238\,31\ddot{a}_{56:56} + 0.112\,761\,69\ddot{a}_{57:57}\\ &= 0.887\,238\,31 \times 10.222\,73 + 0.112\,761\,69 \times 9.969\,64\\ &\approx 10.194\,191\,1\end{aligned}$$

$$\begin{aligned}\ddot{a}_{60:70} &= \ddot{a}_{w_2w_2} \approx 0.887\,238\,31\ddot{a}_{66:66} + 0.112\,761\,69\ddot{a}_{67:67}\\ &= 0.887\,238\,31 \times 7.586\,58 + 0.112\,761\,69 \times 7.318\,67\\ &\approx 7.556\,370\,0\end{aligned}$$

因此,

$$\begin{aligned}\ddot{a}_{(50:60):\overline{10|}} &= \ddot{a}_{50:60} - v^{10}{}_{10}p_{50:60}\ddot{a}_{60:70} = \ddot{a}_{50:60} - v^{10}{}_{20}p_{50}\ddot{a}_{60:70}\\ &\approx 10.194\,191\,1 - (1.06)^{-10} \times 0.739\,168 \times 7.556\,370\,0\\ &\approx 7.075\,32\end{aligned}$$

## 第四节　条件状态下的多生命精算理论



### 一、两人情形

#### (一)趸缴纯保费

$$A^{\ 1}_{xy:\overline{n|}} = \sum_{t=0}^{n-1} v^{t+1}{}_{t|}q^{\ 1}_{xy} \tag{8.4.1}$$

$$\bar{A}^{\ 1}_{xy:\overline{n|}} = \int_0^n v^s{}_sp_{xy}\,\mu_{x+s}\mathrm{d}s \tag{8.4.2}$$

$$A^{\ 1}_{\overline{xy}:\overline{n|}} = A^{\ 1}_{xy:\overline{n|}} + A^{\quad 1}_{xy:\overline{n|}} \tag{8.4.3}$$

$$A^{\ 2}_{xy:\overline{n|}} = \sum_{t=0}^{n-1} v^{t+1}{}_{t|}q^{\ 2}_{xy} = \sum_{t=0}^{n-1} v^{t+1}({}_{t|}q_x - {}_{t|}q^{\quad 1}_{xy}) = A^{\ 1}_{x:\overline{n|}} - A^{\quad 1}_{xy:\overline{n|}} \tag{8.4.4}$$

$$\bar{A}^{\ 2}_{xy:\overline{n|}} = \bar{A}^{\ 1}_{x:\overline{n|}} - \bar{A}^{\quad 1}_{xy:\overline{n|}} \tag{8.4.5}$$

$$A^{\ 1}_{\overline{xy}:\overline{n|}} = A^{\ 2}_{xy:\overline{n|}} + A^{\quad 2}_{xy:\overline{n|}} \tag{8.4.6}$$

引入替换函数:

$$C^{\ 1}_{xy} = v^{\frac{x+y}{2}+1}d_xl_{y+\frac{1}{2}} \tag{8.4.7}$$

$$M^{\ 1}_{xy} = C^{\ 1}_{xy} + C^{\ 1}_{x+1,y+1} + \cdots \tag{8.4.8}$$

由公式(8.2.6)可得

$$A^{\ 1}_{xy:\overline{n|}} = \frac{M^{\ 1}_{xy} - M^{\ 1}_{x+n,y+n}}{D_{xy}} \tag{8.4.9}$$

说明:$A^{\ 1}_{xy:\overline{n|}}$表示$(x)$在$n$年内死亡且在其死亡之时$(y)$仍生存,于$(x)$死亡所在年

年末给付保险金 1 的 $n$ 年定期寿险的趸缴纯保费；$A^{2}_{xy:\overline{n}|}$ 表示$(x)$ 在 $n$ 年内第二个死亡时，于其死亡所在年年末给付保险金1 的 $n$ 年定期寿险的趸缴纯保费；$\bar{A}^{1}_{xy:\overline{n}|}$ 表示$(x)$ 在 $n$ 年内第一个死亡时，立即给付保险金 1 的 $n$ 年定期寿险的趸缴纯保费。

（二）年缴纯保费

$$P(\bar{A}^{1}_{xy:\overline{n}|}) = \frac{\bar{A}^{1}_{xy:\overline{n}|}}{\ddot{a}_{xy:\overline{n}|}} \tag{8.4.10}$$

$$P(A^{2}_{xy:\overline{n}|}) = \frac{A^{2}_{xy:\overline{n}|}}{\ddot{a}_{x:\overline{n}|}} \tag{8.4.11}$$

说明：$P(\bar{A}^{1}_{xy:\overline{n}|})$ 表示$(x)$ 和$(y)$ 在 $n$ 年内且每年年初都生存时缴纳保费 1 次，$(x)$ 在 $n$ 年内第一个死亡时立即给付保险金 1 的 $n$ 年定期寿险的年缴均衡纯保费。$P(A^{2}_{xy:\overline{n}|})$ 表示$(x)$ 在 $n$ 年内且每年年初生存时缴纳保费1 次，$(x)$ 在 $n$ 年内第二个死亡时，于其死亡所在年年末给付保险金 1 的 $n$ 年定期寿险的年缴均衡纯保费。

（三）责任准备金

$${}_{t}V(\bar{A}^{1}_{xy:\overline{n}|}) = \bar{A}^{1}_{x+t,y+t:\overline{n-t}|} - P(\bar{A}^{1}_{xy:\overline{n}|})\ddot{a}_{x+t,y+t:\overline{n-t}|} \tag{8.4.12}$$

$${}_{t}V(A^{2}_{xy:\overline{n}|}) = \begin{cases} A^{2}_{x+t,y+t:\overline{n-t}|} - P(A^{2}_{xy:\overline{n}|})\ddot{a}_{x+t:\overline{n-t}|}, & \text{当}(x)\text{ 和}(y)\text{ 均生存时} \\ A^{1}_{x+t:\overline{n-t}|} - P(A^{2}_{xy:\overline{n}|})\ddot{a}_{x+t:\overline{n-t}|}, & \text{当}(y)\text{ 先死亡后} \end{cases} \tag{8.4.13}$$

## 二、三人情形



$$\bar{A}^{1}_{x,\overline{yz}:\overline{n}|} = \int_0^n v^t {}_tp_x {}_tp_{\overline{yz}} \mu_{x+t} \mathrm{d}t = \bar{A}^{1}_{xy:\overline{n}|} + \bar{A}^{1}_{xz:\overline{n}|} - \bar{A}^{1}_{xyz:\overline{n}|} \tag{8.4.14}$$

$$A^{3}_{\underset{21}{xyz}:\overline{n}|} = \sum_{t=0}^{n-1} v^{t+1} {}_{t|}q^{3}_{\underset{21}{xyz}} \tag{8.4.15}$$

**例** 8.4.1　已知死力由 Gompertz 法则给出，且 $T(x)$、$T(y)$ 和 $T(z)$ 相互独立，证明：$\bar{A}_{x\overset{1}{y}z:\overline{n}|} = \dfrac{C^y}{C^x + C^y + C^z}\bar{A}^{\ 1}_{\overline{xyz}:\overline{n}|}$。

**证明**：因为死力由 Gompertz 给出，所以

$$\mu_{x+t} = BC^{x+t}, \mu_{y+t} = BC^{y+t}, \mu_{z+t} = BC^{z+t}$$

$$\mu_{xyz}(t) = \mu_{x+t} + \mu_{y+t} + \mu_{z+t} = BC^t(C^x + C^y + C^z)$$

于是有

$$\begin{aligned}\bar{A}_{x\overset{1}{y}z:\overline{n}|} &= \int_0^n v^t {}_tp_{xyz}\mu_{y+t}\mathrm{d}t = \int_0^n v^t {}_tp_{xyz}BC^{y+t}\mathrm{d}t \\ &= \frac{C^y}{C^x + C^y + C^z}\int_0^n v^t {}_tp_{xyz}BC^t(C^x + C^y + C^z)\mathrm{d}t \\ &= \frac{C^y}{C^x + C^y + C^z}\int_0^n v^t {}_tp_{xyz}\mu_{xyz}(t)\mathrm{d}t = \frac{C^y}{C^x + C^y + C^z}\bar{A}^{\ 1}_{\overline{xyz}:\overline{n}|}\end{aligned}$$

因此，所证等式成立。

**例** 8.4.2　已知 $\delta = 0.03$，$\mu_x(t) = 0.05\ (t > 0)$，$\mu_y(t) = 0.02(t > 0)$，求 $\bar{A}^{2}_{xy}$、

$P(\bar{A}_{xy}^{2})$。

解：$\because \bar{A}_{xy}^{2} = \int_0^{+\infty} v^t {}_tp_x \mu_{x+t\ t}q_y \mathrm{d}t = \int_0^{+\infty} \mathrm{e}^{-0.03t}\mathrm{e}^{-0.05t}(0.05)(1-\mathrm{e}^{-0.02t})\mathrm{d}t$

$$= 0.05\int_0^{+\infty}(\mathrm{e}^{-0.08t}-\mathrm{e}^{-0.1t})\mathrm{d}t = 0.05\left(\frac{1}{0.08}-\frac{1}{0.1}\right) = 0.125$$

$$\bar{a}_x = \frac{1}{\mu+\delta} = \frac{1}{0.05+0.03} = 12.5$$

$$\ddot{a}_x \approx \bar{a}_x + \frac{1}{2} = 13$$

$$\therefore P(\bar{A}_{xy}^{2}) = \frac{\bar{A}_{xy}^{2}}{\ddot{a}_x} = \frac{0.125}{13} \approx 0.01$$

## 第五节　遗属年金

遗属年金是伴随着死亡风险而对相关的生存者给予一段时间的定期给付的一种年金保险。其通常是在丈夫死亡后，妻子仍然生存的一段时间内定期进行年金的支付，这实际上就是寡妇年金；同样，也可以反过来，其在妻子死亡后，丈夫仍然生存的一段时间内定期支付，以保障遗属一定的生活标准，这实际上这就是鳏夫年金。此外，它也可能是在丈夫和妻子死亡后，对其尚未成年的子女进行定期给付的孤儿年金。



由于丈夫的年龄通常大于妻子的年龄，妻子比丈夫有更长的平均预期余命，而且妻子通常（正规）就业比例比较低，退休又比较早，社会保障覆盖相对较低，待遇也往往偏低，因而，遗属年金更多地以寡妇年金的形式出现。本节将主要研究寡妇年金，显然，获得的结论也适合于鳏夫年金和孤儿年金。为叙述方便起见，这里统称为遗属年金。



### 一、每年支付一次的遗属年金

$a_{x|y:\overline{n}|}$ 表示从 $x$ 岁的丈夫死亡所在年年末开始，对 $y$ 岁的妻子在其生存期间每间隔一年给予 1 个单位的支付并在 $n$ 年后终止支付的生存年金的精算现值。于是，有

$$a_{x|y:\overline{n}|} = \sum_{t=1}^{n} v^t {}_{t-1|}q_x {}_tp_y \ddot{a}_{y+t:\overline{n-t+1}|} = \sum_{t=1}^{n} v^t {}_tp_y {}_tq_x \tag{8.5.1}$$

$$= a_{y:\overline{n}|} - a_{xy:\overline{n}|} \tag{8.5.2}$$

下面对公式(8.5.2)进行证明。

方法一：

$$a_{x|y:\overline{n}|} = \sum_{t=1}^{n} v^t {}_{t-1|}q_x {}_tp_y \ddot{a}_{y+t:\overline{n-t+1}|} = \sum_{t=1}^{n} v^t {}_{t-1|}q_x {}_tp_y \sum_{k=0}^{n-t} v^k {}_kp_{y+t}$$

$$= \sum_{t=1}^{n}\sum_{k=0}^{n-t} v^{t+k} {}_{t-1|}q_x {}_{t+k}p_y = \sum_{t=1}^{n}\sum_{j=t}^{n} v^j {}_{t-1|}q_x {}_jp_y (\text{令 } j = t+k)$$

$$= \sum_{j=1}^{n}\sum_{t=1}^{j} v^{j}{}_{t-1|}q_{x\,j}p_{y} = \sum_{j=1}^{n} v^{j}{}_{j}p_{y}\left(\sum_{t=1}^{j}{}_{t-1|}q_{x}\right)$$

$$= \sum_{j=1}^{n} v^{j}{}_{j}p_{y\,j}q_{x} = \sum_{j=1}^{n} v^{j}{}_{j}p_{y}(1 - {}_{j}p_{x})$$

$$= \sum_{j=1}^{n} v^{j}{}_{j}p_{y} - \sum_{j=1}^{n} v^{j}{}_{j}p_{xy} = a_{y:\overline{n|}} - a_{xy:\overline{n|}}$$

方法二：

$$a_{x|y:\overline{n|}} = \sum_{t=1}^{n} v^{t}{}_{t-1|}q_{x\,t}p_{y}\ddot{a}_{y+t:\overline{n-t+1|}}$$

$$= vq_{x}p_{y}\ddot{a}_{y+1:\overline{n|}} + v^{2}{}_{1|}q_{x\,2}p_{y}\ddot{a}_{y+2:\overline{n-1|}} + v^{3}{}_{2|}q_{x\,3}p_{y}\ddot{a}_{y+3:\overline{n-2|}} + \cdots$$

$$+ v^{n}{}_{n-1|}q_{x\,n}p_{y}\ddot{a}_{y+n:\overline{1|}}$$

$$= q_{x}(vp_{y})(1 + vp_{y+1} + v^{2}{}_{2}p_{y+1} + \cdots + v^{n-1}{}_{n-1}p_{y+1})$$

$$+ {}_{1|}q_{x}(v^{2}{}_{2}p_{y})(1 + vp_{y+2} + v^{2}{}_{2}p_{y+2} + \cdots + v^{n-2}{}_{n-2}p_{y+2})$$

$$+ {}_{2|}q_{x}(v^{3}{}_{3}p_{y})(1 + vp_{y+3} + v^{2}{}_{2}p_{y+3} + \cdots + v^{n-3}{}_{n-3}p_{y+3})$$

$$+ \cdots + {}_{n-1|}q_{x}(v^{n}{}_{n}p_{y})$$

$$= q_{x}(vp_{y} + v^{2}{}_{2}p_{y} + v^{3}{}_{3}p_{y} + \cdots + v^{n}{}_{n}p_{y})$$

$$+ {}_{1|}q_{x}(v^{2}{}_{2}p_{y} + v^{3}{}_{3}p_{y} + \cdots + v^{n}{}_{n}p_{y})$$

$$+ {}_{2|}q_{x}(v^{3}{}_{3}p_{y} + \cdots + v^{n}{}_{n}p_{y})$$

$$+ \cdots + {}_{n-1|}q_{x}(v^{n}{}_{n}p_{y})$$

$$= vp_{y}(q_{x}) + v^{2}{}_{2}p_{y}(q_{x} + {}_{1|}q_{x}) + v^{3}{}_{3}p_{y}(q_{x} + {}_{1|}q_{x} + {}_{2|}q_{x})$$

$$+ \cdots + v^{n}{}_{n}p_{y}(q_{x} + {}_{1|}q_{x} + {}_{2|}q + \cdots + {}_{n-1|}q_{x})$$

$$= vp_{y}q_{x} + v^{2}{}_{2}p_{y\,2}q_{x} + v^{3}{}_{3}p_{y\,3}q_{x} + \cdots + v^{n}{}_{n}p_{y\,n}q_{x}$$

$$= \sum_{t=1}^{n} v^{t}{}_{t}p_{y\,t}q_{x} = \sum_{t=1}^{n} v^{t}{}_{t}p_{y} - \sum_{t=1}^{n} v^{t}{}_{t}p_{xy} = a_{y:\overline{n|}} - a_{xy:\overline{n|}}$$

在公式(8.5.2)中令 $n \to +\infty$ 可得到终身遗属年金的计算公式：

$$a_{x|y} = a_{y} - a_{xy} \tag{8.5.3}$$

## 二、每年支付 $m$ 次的遗属年金

$a^{(m)}_{x|y:\overline{n|}}$ 表示从 $x$ 岁的丈夫死亡所在的 $\frac{1}{m}$ 年分年末开始，对 $y$ 岁的妻子在其生存期间每隔 $\frac{1}{m}$ 年给予 $\frac{1}{m}$ 个单位的支付并在 $n$ 年后终止支付的生存年金的精算现值。于是，有

$$a^{(m)}_{x|y:\overline{n|}} = \sum_{t=1}^{nm} v^{\frac{t}{m}}{}_{\frac{t-1}{m}|\frac{1}{m}}q_{x\,\frac{t}{m}}p_{y}\ddot{a}^{(m)}_{y+\frac{t}{m}:\overline{n-\frac{t-1}{m}|}} \tag{8.5.4}$$

$$= a^{(m)}_{y:\overline{n|}} - a^{(m)}_{xy:\overline{n|}} \tag{8.5.5}$$

现在对公式(8.5.5)进行证明：

$$a^{(m)}_{x|y:\overline{n|}} = \sum_{t=1}^{nm} v^{\frac{t}{m}}{}_{\frac{t-1}{m}|\frac{1}{m}}q_{x\,\frac{t}{m}}p_{y}\ddot{a}^{(m)}_{y+\frac{t}{m}:\overline{n-\frac{t-1}{m}|}}$$

$$= \sum_{t=1}^{nm} v^{\frac{t}{m}} {}_{\frac{t-1}{m}|\frac{1}{m}}q_x \, {}_{\frac{t}{m}}p_y \frac{1}{m}\sum_{k=0}^{nm-t} v^{\frac{k}{m}} {}_{\frac{k}{m}}p_{y+\frac{t}{m}}$$

$$= \frac{1}{m}\sum_{t=1}^{nm}\sum_{k=0}^{nm-t} v^{\frac{t+k}{m}} {}_{\frac{t-1}{m}|\frac{1}{m}}q_x \, {}_{\frac{t+k}{m}}p_y = \frac{1}{m}\sum_{t=1}^{nm}\sum_{j=t}^{nm} v^{\frac{j}{m}} {}_{\frac{t-1}{m}|\frac{1}{m}}q_x \, {}_{\frac{j}{m}}p_y (j = t + k)$$

$$= \frac{1}{m}\sum_{j=1}^{nm}\sum_{t=1}^{j} v^{\frac{j}{m}} {}_{\frac{t-1}{m}|\frac{1}{m}}q_x \, {}_{\frac{j}{m}}p_y$$

$$= \frac{1}{m}\sum_{j=1}^{nm} v^{\frac{j}{m}} {}_{\frac{j}{m}}p_y \left(\sum_{t=1}^{j} {}_{\frac{t-1}{m}|\frac{1}{m}}q_x\right) = \frac{1}{m}\sum_{j=1}^{nm} v^{\frac{j}{m}} {}_{\frac{j}{m}}p_y (1 - {}_{\frac{j}{m}}p_x)$$

$$= \frac{1}{m}\sum_{j=1}^{nm} v^{\frac{j}{m}} {}_{\frac{j}{m}}p_y - \frac{1}{m}\sum_{j=1}^{nm} v^{\frac{j}{m}} {}_{\frac{j}{m}}p_{xy} = a_{y:\overline{n}|}^{(m)} - a_{xy:\overline{n}|}^{(m)}$$

在公式(8.5.5)中令 $n \to +\infty$ 可得到终身遗属年金的计算公式：

$$a_{x|y}^{(m)} = a_y^{(m)} - a_{xy}^{(m)} \tag{8.5.6}$$

## 三、每年连续支付的遗属年金

在公式(8.5.5)中令 $m \to +\infty$，可得：

$$\bar{a}_{x|y:\overline{n}|} = \int_0^n v^t \, {}_tp_{xy} \mu_{x+t} \bar{a}_{y+t:\overline{n-t}|} = \bar{a}_{y:\overline{n}|} - \bar{a}_{xy:\overline{n}|} \tag{8.5.7}$$

显然，$\bar{a}_{x|y:\overline{n}|}$ 表示从 $x$ 岁的丈夫死亡时刻开始，对 $y$ 岁的妻子在其生存期间每年连续支付 1 个单位并在 $n$ 年后终止支付的生存年金的精算现值。



## 四、其他简单的遗属年金

(一) $\hat{a}_{x|y:\overline{n}|}$

$\hat{a}_{x|y:\overline{n}|}$ 表示从 $x$ 岁的丈夫死亡时刻开始，对 $y$ 岁的妻子在其生存期间每间隔一年给予 1 个单位的支付并在 $n$ 年后终止支付的生存年金的精算现值。本年金可视为在 $x$ 岁的人死亡所在年年中开始支付。于是，有

$$\hat{a}_{x|y:\overline{n}|} \approx \sum_{t=1}^{n} {}_{t-1|}q_{xy}^{\,1} \cdot v^{t-\frac{1}{2}} \ddot{a}_{y+t-\frac{1}{2}:\overline{n-t+1}|} \tag{8.5.8}$$

$$= \sum_{t=1}^{n} {}_{t-1|}q_x \cdot {}_{t-\frac{1}{2}}p_y \cdot v^{t-\frac{1}{2}} \ddot{a}_{y+t-\frac{1}{2}:\overline{n-t+1}|} \tag{8.5.9}$$

其中，$\ddot{a}_{y+t-\frac{1}{2}:\overline{n-t+1}|} \approx \frac{1}{2}(\ddot{a}_{y+t-1:\overline{n-t+1}|} + \ddot{a}_{y+t:\overline{n-t+1}|})$。

(二) $\hat{a}_{x|y}^{(m)}$

$\hat{a}_{x|y}^{(m)}$ 表示从 $x$ 岁的丈夫死亡时刻开始，对 $y$ 岁的妻子在其生存期间每隔 $\frac{1}{m}$ 年给予 $\frac{1}{m}$ 个单位的终身生存年金的精算现值。于是，有

$$\hat{a}_{x|y}^{(m)} = \int_0^{+\infty} v^t \, {}_tp_{xy} \mu_{x+t} \ddot{a}_{y+t}^{(m)} \mathrm{d}t = \int_0^{+\infty} v^t \, {}_tp_{xy} \mu_{x+t} \left(\bar{a}_{y+t} + \frac{1}{2m}\right) \mathrm{d}t \tag{8.5.10}$$

$$= \bar{a}_{x|y} + \frac{1}{2m}\bar{A}_{xy}^{\,1} \approx \bar{a}_y - \bar{a}_{xy} + \frac{1}{2m}\bar{A}_{xy}^{\,1} \tag{8.5.11}$$

(三) $a_{x|yz:\overline{n}|}$

$a_{x|yz:\overline{n}|}$ 表示从 $x$ 岁的人死亡所在年年末开始，对在 $y$ 岁与 $z$ 岁的人都生存的期间每间隔一年给予 1 单位的支付并在 $n$ 年后终止给付的生存年金的精算现值。于是，有

$$a_{x|yz:\overline{n}|} = \sum_{t=1}^{n} {}_{t-1|}q_x v^t {}_tp_{yz}\ddot{a}_{y+t,z+t:\overline{n-t+1}|} \tag{8.5.12}$$

$$= \sum_{t=1}^{n} v^t {}_tq_x {}_tp_{yz} = a_{yz:\overline{n}|} - a_{xyz:\overline{n}|} \tag{8.5.13}$$

(四) $a_{xy|z:\overline{n}|}$

$a_{xy|z:\overline{n}|}$ 表示从 $x$ 岁的人与 $y$ 岁的人中第一个死亡所在年年末开始，对在 $z$ 岁的人生存的期间每隔一年给予 1 单位支付并在 $n$ 年后终止给付的生存年金的精算现值。于是，有

$$a_{xy|z:n} = \sum_{t=1}^{n} {}_{t-1|}q_{xy} v^t {}_tp_z\ddot{a}_{z+t:\overline{n-t+1}|} = a_{z:\overline{n}|} - a_{xyz:\overline{n}|} \tag{8.5.14}$$

(五) $a_{x|\overline{yz}:\overline{n}|}$

$a_{x|\overline{yz}:\overline{n}|}$ 表示从 $x$ 岁的人死亡所在年年末开始，对在 $y$ 岁的人与 $z$ 岁的人中至少有一个人生存的期间每间隔一年给予 1 单位的支付并在 $n$ 年后终止给付的生存年金的精算现值。于是，有

$$a_{x|\overline{yz}:\overline{n}|} = \sum_{t=1}^{n} {}_{t-1|}q_x v^t ( {}_tp_y {}_tq_z\ddot{a}_{y+t:\overline{n-t+1}|} + {}_tq_y {}_tp_z\ddot{a}_{z+t:\overline{n-t+1}|}$$

$$+ {}_tp_y {}_tp_z\ddot{a}_{\overline{y+t,z+t}:\overline{n-t+1}|}) \tag{8.5.15}$$

$$= a_{\overline{yz}:\overline{n}|} - a_{x,\overline{yz}:\overline{n}|} = a_{x|y:\overline{n}|} + a_{x|z:\overline{n}|} - a_{x|yz:\overline{n}|} \tag{8.5.16}$$

(六) $a_{\overline{xy}|z:\overline{n}|}$

$a_{\overline{xy}|z:\overline{n}|}$ 表示从 $x$ 岁的人与 $y$ 岁的人中第二个死亡所在年年末开始，对在 $z$ 岁的人生存的期间每间隔一年给予 1 单位的支付并在 $n$ 年后终止给付的生存年金的精算现值。显然，这是孤儿年金的例子。于是，有

$$a_{\overline{xy}|z:\overline{n}|} = \sum_{t=1}^{n} {}_{t-1|}q_{\overline{xy}} v^t {}_tp_z\ddot{a}_{z+t:\overline{n-t+1}|} = a_{z:\overline{n}|} - a_{\overline{xy},z:\overline{n}|} \tag{8.5.17}$$

$$= a_{x|z:\overline{n}|} + a_{y|z:\overline{n}|} - a_{xy|z:\overline{n}|} \tag{8.5.18}$$

## 五、复杂的遗属年金

假设寡妇再婚就停止遗属年金的支付，这时，必须考虑同一年龄的一批寡妇受到死亡和再婚两减因的作用而陆续减少的过程，即需要考虑由死亡和再婚构成的两减因表。

设 $y$ 岁的寡妇生存者人数为 $l_y^w$，在未来一年间死亡者与再婚者人数分别为 $d_y^w$、$h_y^w$，于是有

$$l_{y+1}^w = l_y^w - d_y^w - h_y^w \tag{8.5.19}$$

利用死亡再婚两减因表，假设在 $n$ 年内，在死亡和再婚条件下每年年初仍然“生

存”（仍处于寡妇状态）时就支付金额为 1 的生存年金的精算现值为

$$\ddot{a}^{w}_{y:\overline{n}|} = \sum_{t=0}^{n-1} v^{t}\ {}_{t}p^{w}_{y} \tag{8.5.20}$$

其中，

$$ {}_{t}p^{w}_{y} = \frac{l^{w}_{y+1}}{l^{w}_{y}} \tag{8.5.21}$$

若每年支付 $m$ 次，则其生存年金的精算现值为

$$\ddot{a}^{w(m)}_{y:\overline{n}|} = \frac{1}{m}\sum_{t=0}^{mn-1} v^{\frac{t}{m}}\ {}_{\frac{t}{m}}p^{w}_{y} \approx \ddot{a}^{w}_{y:\overline{n}|} - \frac{m-1}{2m}(1 - v^{n}\ {}_{n}p^{w}_{y}) \tag{8.5.22}$$

假设寡妇再婚时就立即支付 1 个单位的金额作为嫁资，那么对应的趸缴纯保费为

$$\bar{A}^{wh}_{y:\overline{n}|} \approx \sum_{t=0}^{n-1} v^{t+\frac{1}{2}} \frac{h^{w}_{y+t}}{l^{w}_{y}} \tag{8.5.23}$$

假设给予 $y$ 岁的寡妇立即开始的年额为 1 且 $n$ 年后终止给付的生存年金（实际支付 $n+1$ 次），并在 $n$ 年内再婚时，支付年金年额的 $\lambda$ 倍后终止契约，则其趸缴纯保费为

$$\ddot{a}^{W}_{y:\overline{n+1}|} = \ddot{a}^{w}_{y:\overline{n}|} + \lambda\, \bar{A}^{wh}_{y:\overline{n}|} \tag{8.5.24}$$

假设 $x$ 岁的丈夫死亡时，$y$ 岁的妻子从其丈夫死亡所在年年末开始直到 $n$ 年后终止领取附再婚待遇的遗属年金，其精算现值为

$$a^{W}_{x|y:\overline{n}|} = \sum_{t=1}^{n} v^{t}\ {}_{t-1|}q_{x}\ {}_{t}p_{y}\ \ddot{a}^{W}_{y+t:\overline{n-t+1}|} \tag{8.5.25}$$



## 六、遗属年金的年缴纯保费与责任准备金

下面考虑精算现值为 $a_{x|y}$ 的遗属年金，保险费应在 $(x)$ 与 $(y)$ 共存期间分期缴纳。为了简便起见，这里考虑年缴保费一次的情形。

（一）年缴纯保费

$$P(a_{x|y}) = \frac{a_{x|y}}{\ddot{a}_{xy}} = \frac{a_{y} - a_{xy}}{\ddot{a}_{xy}} = \frac{\ddot{a}_{y} - \ddot{a}_{xy}}{\ddot{a}_{xy}} = \frac{\ddot{a}_{y}}{\ddot{a}_{xy}} - 1 \tag{8.5.26}$$

（二）均衡纯保费责任准备金

1. $(x)$ 与 $(y)$ 均活着时

$$ {}_{t}V(a_{x|y}) = a_{x+t|y+t} - P(a_{x|y})\ddot{a}_{x+t,y+t} \tag{8.5.27}$$

$$= \ddot{a}_{y+t} - \ddot{a}_{x+t,y+t} - \frac{\ddot{a}_{y}}{\ddot{a}_{xy}}\ddot{a}_{x+t,y+t} + \ddot{a}_{x+t,y+t}$$

$$= \ddot{a}_{y+t} - \frac{\ddot{a}_{y}}{\ddot{a}_{xy}}\ddot{a}_{x+t,y+t} \tag{8.5.28}$$

2. 只有 $(y)$ 活着时

$$ {}_{t}V(a_{x|y}) = \ddot{a}_{y+t} \tag{8.5.29}$$

说明：若只有 $(x)$ 存活，意味着 $(y)$ 已经死亡，这时权利与义务关系已经终止，也就没有必要提取责任准备金了。

**例 8.5.1**　已知丈夫、妻子的生存死亡规律分别服从中国人寿保险业经验生命表

CL3(2000—2003)、CL4(2000—2003),且预定利率为 2.5%,假设共存期间缴纳保险费。

(1)22 岁的丈夫与 20 岁的妻子投保了保险金额为 100 000 元的 20 年期联生两全保险,保险金于联生状态死亡所在年年末或期满时给付,求年缴纯保费及第 10 年年末的责任准备金。

(2)22 岁的丈夫与 20 岁的妻子投保了遗属年金保险,该保险约定:在丈夫死亡后、妻子仍然生存期间,从丈夫死亡所在年年末起每年支付 36 000 元,最多支付 20 年,求该遗属年金保险的趸缴纯保费、年缴纯保费及第 10 年年末的责任准备金。

**解**:(1) 所求的年缴纯保费为

$$\begin{aligned}\tilde{P}_{22,20:\overline{20|}} &= 100\ 000\frac{A_{22,20:\overline{20|}}}{\ddot{a}_{22,20:\overline{20|}}}\\ &= 100\ 000\frac{M_{22,20}-M_{42,40}+D_{42,40}}{N_{22,20}-N_{42,40}}\\ &\approx 3\ 876.08(\text{元})\end{aligned}$$

所求的责任准备金为

$$\begin{aligned}{}_{10}\tilde{V}_{22,20:\overline{20|}} &= 100\ 000A_{32,30:\overline{10|}}-\tilde{P}_{22,20:\overline{20|}}\ddot{a}_{32,30:\overline{10|}}\\ &= 100\ 000\frac{M_{32,30}-M_{42.40}+D_{42,40}}{D_{32,30}}-\tilde{P}_{22,20:\overline{20|}}\frac{N_{32,30}-N_{42.40}}{D_{32,30}}\\ &\approx 43\ 670.97(\text{元})\end{aligned}$$

(2) 所求遗属年金保险的趸缴纯保费为

$$\begin{aligned}36\ 000a_{22|20:\overline{20|}} &= 36\ 000(a^{\text{CL4}}_{20:\overline{20|}}-a_{22,20:\overline{20|}})\\ &\approx 3\ 998.365\ 518\approx 3\ 998.37(\text{元})\end{aligned}$$

年缴纯保费为

$$\tilde{P}=\frac{360\ 000a_{22|20:\overline{20|}}}{\ddot{a}_{22,20:\overline{20|}}}\approx\frac{3\ 998.365\ 518}{15.835\ 048\ 12}\approx 252.50(\text{元})$$

若丈夫和妻子都活着,则所求的责任准备金为

$$\begin{aligned}{}_{10}\tilde{V} &= 36\ 000\left(\ddot{a}^{\text{CL4}}_{30:\overline{10|}}-\frac{\ddot{a}^{\text{CL4}}_{20:\overline{20|}}}{\ddot{a}_{22,20:\overline{20|}}}\ddot{a}_{32,30:\overline{10|}}\right)\\ &\approx 36\ 000\left(8.955\ 544\ 31-\frac{15.935\ 682\ 14}{15.835\ 048\ 13}\times 8.919\ 728\ 76\right)\\ &\approx -751.34(\text{元})\end{aligned}$$

若只有妻子活着,则所求的责任准备金为

$${}_{10}\tilde{V}=36\ 000\ddot{a}^{\text{CL4}}_{30:\overline{11|}}\approx 350\ 398.70(\text{元})$$

说明:责任准备金为负,意味着前期保费收入不能满足保险金给付的需要,也意味着该保险业务处于风险之中,往往需要与其他保险配合,如本例可配合联生两全保险。本问题可看成以丈夫死亡为条件保额递减的定期寿险。

# 本章小结

本章主要研究了多个生命生死组配下有关生命函数、趸缴纯保费、年缴纯保费以及均衡纯保费责任准备金等问题。

多生命生死组配的结果称为状态，它可以分为两大类：非条件状态与条件状态。前者不指定死亡的顺序，而后者指定了死亡的顺序。非条件状态可以分为联合生存状态、最后生存状态与复合状态，而条件状态可分为简单条件状态与复合条件状态。复合状态或复合条件状态中至少有一个个体生命为联合生存状态或最后生存状态。当且仅当联合生存状态中每个个体均生存时，该状态生存；当且仅当最后生存状态中至少有一个个体生存时，该状态生存。

多生命函数是研究保险费与责任准备金的前提，应注意单生命精算理论与多生命精算理论的联系与区别。在 Gompertz 死亡规律下，多生命精算问题可以简化为单生命精算问题。在 Makeham 死亡规律下，可用均等年龄法简化有关计算，因而可事先计算出年龄相同的联合生存状态下生存年金的精算现值与人寿保险的趸缴纯保费，然后查表并运用线性插值法完成有关计算。



# 习题 8

8－1　A、B、C 三人在20年内死亡的概率分别为0.18、0.15、0.02，求在20年内下列事件发生的概率：(1)3 人全部死亡；(2)3 人全部生存；(3) 至少有一人死亡；(4) 至少有一人生存。

8－2　已知$(x)$的尚存概率为

$$S(x)=\begin{cases}1-\dfrac{x}{110}, & 0\leqslant x<110\\ 0, & x\geqslant 110\end{cases}$$

且$T(45)$与$T(50)$相互独立，求${}_{19}p_{45:50}$。

8－3　已知$\mu_{x+t}=\dfrac{1}{85-t}$，$\mu_{y+t}=\dfrac{2}{105-t}$，并且$T(x)$与$T(y)$相互独立，求${}_{20}p_{xy}$。

8－4　已知$\mu_{x+t}=\dfrac{1}{90-t}$，$\mu_{y+t}=\dfrac{2}{100-t}$，$T(x)$与$T(y)$相互独立，求${}_{10|10}q_{xy}$。

8－5　已知$(x)$和$(y)$的余命服从常数死力分布，$T(x)$与$T(y)$相互独立，并且$\mathring{e}_x=20$，$\mathring{e}_y=30$，求$\mathring{e}_{xy}$。

8－6　已知(60)和(70)的死力均为$\mu_x=\dfrac{1}{100-x}$ $(0\leqslant x<100)$且$T(60)$与$T(70)$相互独立，计算$\mathring{e}_{60:70}$、$\mathring{e}_{\overline{60:70}}$。

8－7　已知$P(T(x)>t)=1-0.02t$，$P(T(y)>t)=1-0.0004t^2$，$T(x)$与

$T(y)$ 相互独立，其中 $0 \leqslant t \leqslant 50$，求：(1) $\mathring{e}_{xy}$；(2) $\operatorname{cov}(T(xy), T(\overline{xy}))$。

8-8　已知 A 地区人群的死力为 $\mu_x (0 \leqslant x < \omega)$，B 地区人群的死力为 $1.5\mu_x (0 \leqslant x < \omega)$，求 A 地区人群剩余寿命超过 B 地区人群剩余寿命的概率。

8-9　某人购买了 A、B 两种类型的新工具，它们的余命相互独立。每一种工具都具有 De Moivre 生存模型，工具 A 的最长寿命为 10 年，工具 B 的最长寿命为 7 年，求直至两种工具均失效的平均时间。

8-10　已知(40)和(60)的死力均为 $\mu_x = \dfrac{1}{100-x}$ $(0 \leqslant x < 100)$，它们的余命相互独立，计算 $\mathring{e}_{40:60}$、$\operatorname{var}(T(40:60))$。

8-11　(1) 已知 ${}_{20}p_{30:50} = 0.36$，${}_{10}p_{30} = 0.9$，且 $T(30)$ 与 $T(50)$ 相互独立，求(40)活过 70 岁的概率。

(2) 已知 ${}_{3}p_{30} = 0.99$，${}_{6}p_{30} = 0.98$，${}_{9}p_{30} = 0.965$，${}_{12}p_{30} = 0.945$，${}_{15}p_{30} = 0.920$，${}_{18}p_{30} = 0.890$，对于两个 30 岁的独立个体，求第一个死亡发生在第 7 年到第 12 年的概率。

8-12　已知(30)、(40)、(50)的死力均为 $\mu_x = \dfrac{1}{100-x}$ $(0 \leqslant x < 100)$，它们的余命相互独立，求 ${}_{20}q^{1}_{30:50}$、${}_{20}q^{2}_{30:50}$、${}_{20}q_{\underset{1}{50}:\underset{2}{40}:\overset{3}{30}}$。

8-13　在 50 岁以后，只要(25)和(30)中至少有一个活着，每年年末可获得 1 单位的年金给付，求该年金的精算现值。



8-14　(20)和(30)购买了一个保额为 20 000 元的 30 年期的联合生存状态下的两全保险，保险金于死亡所在年年末或期满生存时支付，已知(20)和(30)服从 $\mu_x = 0.000\,2(1.06)^x (x \geqslant 20)$ 的 Gompertz 死亡规律，已知 $A_{37:\overline{30|}} = 0.208\,54$，$A_{38:\overline{30|}} = 0.221\,35$，求该两全保险的趸缴纯保费。

8-15　对于(25)和(30)，当至少有一个活着并在 50 岁以下时，可获得年额为 1 的连续型生存年金，求该年金的精算现值。

8-16　已知 $\bar{a}_{65} = 10.2$，$\bar{a}_{65:\overline{5|}} = 4.6$，$\bar{a}_{65:70} = 6.2$，${}_{5}E_{65} = 0.80$，求 $\bar{a}_{\overline{65:70}}$。

8-17　当(40)和(55)中至少有一个人生存并超过 60 岁时就可获得年额为 1 的连续年金，但(40)活着并在 55 岁以前时不给付，求该年金的精算现值。

8-18　已知 $T^*(x)$、$T^*(y)$ 和 $Z$ 是共同灾难模型中的相互独立的随机变量，$T^*(x)$ 服从参数为 $\mu_x = 0.06$ 的指数分布，$T^*(y)$ 服从参数为 $\mu_y = 0.05$ 的指数分布，$Z$ 服从参数为 $\mu_Z = 0.02$ $(t \geqslant 0)$ 的指数分布。$\delta = 0.03$，$T(t)$ 代表共同灾难模型中生命$(t)$的余命，关于$(x)$和$(y)$构成的联合生存状态下的终身寿险，保险金 10 000 元于死亡之时给付，求该寿险的趸缴纯保费。

8-19　(1) 对于一个$(x)$和$(y)$构成的联合生存状态下的保险金为 1 的全连续型终身寿险，已知它们的余命 $T(x)$ 与 $T(y)$ 相互独立，$\mu_{x+t} = 0.03$ $(t > 0)$，$\mu_{y+t} = 0.04$ $(t > 0)$，$\delta = 0.05$，保费缴纳到第一个死亡为止，求年缴均衡纯保费。

(2) 已知 $\delta = 0.03$，$\mu_x(t) = 0.05$ $(t > 0)$，$\mu_y(t) = 0.08$ $(t > 0)$，求

$\bar{A}^{2}_{xy}$、$P(\bar{A}^{2}_{xy})$。

8－20　已知丈夫、妻子的生存死亡规律分别服从生命表 CL3(2000—2003)、CL4(2000—2003),预定利率为 2.5%,假设共存期间缴纳保险费。

(1)22 岁的丈夫与 20 岁的妻子投保了于联合生存状态死亡所在年年末支付保险金100 000 元的 20 年期定期寿险,求年缴纯保费及第 10 年年末的责任准备金。

(2)22 岁的丈夫与 20 岁的妻子投保了如下遗属年金保险,该保险约定:在妻子死亡后、丈夫仍然生存期间,从妻子死亡所在年年末起每年支付 36 000 元,最多支付 20 年,求该遗属年金保险的趸缴纯保费、年缴纯保费及第 10 年年末的责任准备金。

8－21　证明:${}_{s+t}p_{\overline{xy}} = {}_{s}p_{x}\,{}_{s}q_{y}\,{}_{t}p_{x+s} + {}_{s}q_{x}\,{}_{s}p_{y}\,{}_{t}p_{y+s} + {}_{s}p_{x}\,{}_{s}p_{y}\,{}_{t}p_{\overline{x+s,t+s}}$,其中 $T(x)$ 与 $T(y)$ 相互独立。

8－22　(1) 只要$(x)$ 在$(y)$ 活着时或在$(y)$ 死亡后 $n$ 年内仍生存就可获得年额为 1 的期末付年金,但年金的最长给付期为 $m$ 年,且 $m > n$。证明:该年金的精算现值为 $a_{x:\overline{n}|} + {}_{n}E_{x}a_{x+n,y:\overline{m-n}|}$。

(2) 对于在$(x)$ 死亡所在年年末$(y)$ 还活着时给付保险金 1 的终身寿险,证明其趸缴纯保费为 $vp_{y}\ddot{a}_{x,y+1} - a_{xy}$。

8－23　证明:(1)$a_{\overline{x:\overline{n}|}} = a_{\overline{n}|} + {}_{n|}a_{x}$;(2)$\bar{A}_{\overline{x:\overline{n}|}} = \bar{A}_{x} - \bar{A}_{x:\overline{n}|} + v^{n}$。

其中,$a_{\overline{x:\overline{n}|}}$ 就是 $n$ 年保证期终身生存年金的精算现值,可理解为$(x)$ 与$(\overline{n}|)$ 构成的最后生存状态下期末付终身生存年金的精算现值。这里的$(\overline{n}|)$ 表示该生命在刚刚活过 $x+n$ 岁时就死亡。$\bar{A}_{\overline{x:\overline{n}|}}$ 可理解为关于在$(x)$ 与$(\overline{n}|)$ 构成的最后生存状态下终身寿险的趸缴纯保费,该终身寿险这样给付待遇:若$(x)$ 在 $n$ 年内死亡,则将在 $n$ 年期满时给付保险金 1;若$(x)$ 在 $n$ 年之后死亡,则将在死亡之时立即支付保险金 1。

8－24　假设 $T(x)$ 与 $T(y)$ 相互独立,证明:

(1)$\mathrm{cov}(v^{T(xy)}, v^{T(\overline{xy})}) = (\bar{A}_{x} - \bar{A}_{xy})(\bar{A}_{y} - \bar{A}_{xy})$;

(2)$\mathrm{cov}(\bar{a}_{\overline{T(xy)}|}, \bar{a}_{\overline{T(\overline{xy})}|}) = (\bar{a}_{x} - \bar{a}_{xy})(\bar{a}_{y} - \bar{a}_{xy})$。

8－25　已知$(x)$ 和$(y)$ 的死亡服从参数相同的 Makeham 死亡规律,且 $T(x)$ 与 $T(y)$ 相互独立,证明:$\bar{A}^{1}_{xy} = \dfrac{C^{x}}{C^{x}+C^{y}}\bar{A}_{xy} - \dfrac{A(C^{x}-C^{y})}{C^{x}+C^{y}}\bar{a}_{xy}$。

# 第九章
# 多减因模型

前面介绍的内容可以说都属于单减因模型,研究的是同时出生的一批人受死亡这一减少因素作用而陆续减少的基本规律。从本章起,我们将研究多减因模型。多减因模型又称为多元风险模型,研究的是同一年龄参加同一事件的一批人同时受多个减少因素作用而陆续减少的基本规律。具体来讲,本章主要研究多减因生命函数、多减因表的编制及多减因模型的简单应用。

## 第一节　多减因生命函数

### 一、多减因生命表

多减因生命表与单减因生命表相对,指的是反映同一年龄参加同一事件的一批人受两个或两个以上因素影响而陆续减少的规律的一张统计表。比如,研究在职职工人数受死亡、残疾①、离职、退休等因素影响而逐渐减少的规律,它是编制养老金计划的基础;研究一批被保险人受死亡和残疾两个因素影响的规律,是进行伤残保险的基础。这种研究同批人受两个或两个以上因素影响而陆续减少的规律的数学模型就是多减因模型。与通常的生命表一样,多减因模型通常也可用表格形式来表示,所以又称为多减因生命表,简称"多减因表"。通常的生命表实际上就是只有死亡这一个减因的单减因生命表。

之所以称为多减因表或多减因生命表,是因为其广义的含义。我们把一批人属于某个集合或具有某些特征称为"生存";而把其离开这一集合称为"死亡"。如某公司所有独身者从业人员构成独身者集合,其特征是"独身"与"在公司工作",具备这两个特征就被称为处于"生存"状态,否则就被称为处于"死亡"状态。该集合中的人数会因为如下原因而减少,即广义的"死亡":①已婚;②离职;③失业;④死亡。当然,这里状态之间的转换,有些是可逆的,即"死亡"后还可以"复活",如失业者可以因为再就业而转化为就业者,已婚者也可"复活"为独身者。为了方便起见,我们假定所研究的多减因生命表中的"死亡"是不可"复活"的。

① 本书所说的残疾指残疾程度严重而使人丧失劳动能力并退出工作岗位的残疾。

## 二、多减因生命函数

受多减因影响并随年龄或存续时间变化而变化的反映“生存”“死亡”规律的函数关系,称为多减因生命函数,简称“多减因函数”或“减因函数”。与普通生命表一样,多减因表也是建立在封闭人口模型的基础之上的,只研究一批人受多减因作用而陆续减少的过程,而不考虑不断有新加入或重新加入的人群。表 9.1 就是一张三减因表的示例,随后我们将介绍多减因生命函数。

表 9.1　某三减因表的一部分

| $x$ | $q_x^{(1)}$ | $q_x^{(2)}$ | $q_x^{(3)}$ | $q_x^{(\tau)}$ | $l_x^{(\tau)}$ | $d_x^{(1)}$ | $d_x^{(2)}$ | $d_x^{(3)}$ | $d_x^{(\tau)}$ |
|---|---|---|---|---|---|---|---|---|---|
| 20 | 0.002 189 | 0.005 466 | 0.004 179 | 0.011 834 | 85 432 | 187 | 467 | 357 | 1 011 |
| 21 | 0.002 488 | 0.006 349 | 0.005 366 | 0.014 203 | 84 421 | 210 | 536 | 453 | 1 199 |
| 22 | 0.003 076 | 0.007 138 | 0.006 152 | 0.016 366 | 83 222 | 256 | 594 | 512 | 1 362 |
| 23 | 0.003 469 | 0.008 221 | 0.006 633 | 0.018 324 | 81 860 | 284 | 673 | 543 | 1 500 |
| 24 | 0.003 671 | 0.008 325 | 0.007 031 | 0.019 027 | 80 360 | 295 | 669 | 565 | 1 529 |
| 25 | 0.004 262 | 0.008 715 | 0.007 421 | 0.020 398 | 78 831 | 336 | 687 | 585 | 1 608 |

(一) 基本减因函数



1. $l_x^{(\tau)}$

$l_x^{(\tau)}$ 表示 $a$ 岁时同时参加同一事件的一批 $l_a^{(\tau)}$ 人(如 100 000 人)在暴露于多个减因(1)、(2)、…、($m$)的条件下,在 $x$ 岁时仍然“存活”的平均人数。

2. $d_x^{(j)}$ 与 ${}_nd_x^{(j)}$、$d_x^{(\tau)}$ 与 ${}_nd_x^{(\tau)}$

$d_x^{(j)}(j=1,2,\cdots,m)$ 表示 $a$ 岁时同时参加同一事件的一批 $l_a^{(\tau)}$ 人由于($j$)减因作用而在 $x$ 与 $x+1$ 岁间减少或“死亡”的平均人数。${}_nd_x^{(j)}$ 表示由于($j$)减因作用在 $x$ 与 $x+n$ 岁间减少的平均人数。$d_x^{(\tau)}$ 表示在 $x$ 与 $x+1$ 岁间受全部减因作用而减少的平均总人数。显然有

$$d_x^{(\tau)} = \sum_{j=1}^{m} d_x^{(j)} \tag{9.1.1}$$

$${}_nd_x^{(\tau)} = \sum_{j=1}^{m} {}_nd_x^{(j)} \tag{9.1.2}$$

$$l_x^{(\tau)} - d_x^{(\tau)} = l_{x+1}^{(\tau)} \tag{9.1.3}$$

$$l_x^{(\tau)} - {}_nd_x^{(\tau)} = l_{x+n}^{(\tau)} \tag{9.1.4}$$

$$l_x^{(\tau)} = \sum_{y=x}^{+\infty} d_y^{(\tau)} \tag{9.1.5}$$

严格地讲,这里的 $+\infty$ 指 $\omega - x - 1$,其中 $\omega$ 为终极年龄,即 $l_\omega^{(\tau)}=0$。

3. $q_x^{(j)}$ 与 ${}_nq_x^{(j)}$

$q_x^{(j)}$ 表示 $x$ 岁的人在未来一年间因为($j$)减因作用而减少或“死亡”的概率。${}_nq_x^{(j)}$

表示 $x$ 岁的人在未来 $n$ 年间因为$(j)$ 减因作用而减少或“死亡”的概率。

$$q_x^{(j)} = \frac{d_x^{(j)}}{l_x^{(\tau)}} \tag{9.1.6}$$

$$_nq_x^{(j)} = \frac{_nd_x^{(j)}}{l_x^{(\tau)}} \tag{9.1.7}$$

4. $q_x^{(\tau)}$ 与 $_nq_x^{(\tau)}$

$q_x^{(\tau)}$ 表示 $x$ 岁的人在未来一年间因全部减因作用而减少或“死亡”的概率。$_nq_x^{(\tau)}$ 表示 $x$ 岁的人在未来 $n$ 年间因全部减因作用而减少或“死亡”的概率。

$$q_x^{(\tau)} = \frac{d_x^{(\tau)}}{l_x^{(\tau)}} = \sum_{j=1}^{m} q_x^{(j)} \tag{9.1.8}$$

$$_nq_x^{(\tau)} = \frac{_nd_x^{(\tau)}}{l_x^{(\tau)}} = \sum_{j=1}^{m} {}_nq_x^{(j)} \tag{9.1.9}$$

5. $p_x^{(\tau)}$ 与 $_nq_x^{(\tau)}$

$p_x^{(\tau)}$ 表示 $x$ 岁的人在未来一年间因全部减因作用仍然“存活”的概率。$_np_x^{(\tau)}$ 表示 $x$ 岁的人在未来 $n$ 年间因全部减因作用仍然“存活”的概率。

$$p_x^{(\tau)} = \frac{l_{x+1}^{(\tau)}}{l_x^{(\tau)}} = 1 - q_x^{(\tau)} \tag{9.1.10}$$

$$_np_x^{(\tau)} = \frac{l_{x+n}^{(\tau)}}{l_x^{(\tau)}} = 1 - {}_nq_x^{(\tau)} \tag{9.1.11}$$

利用表 9.1 的资料,还可以计算出如下概率:

$$_4p_{20}^{(\tau)} = \frac{l_{24}^{(\tau)}}{l_{20}^{(\tau)}} \approx 0.940\ 631$$

$$_3q_{22}^{(3)} = \frac{_3d_{22}^{(3)}}{l_{22}^{(\tau)}} = \frac{d_{22}^{(3)} + d_{23}^{(3)} + d_{24}^{(3)}}{l_{22}^{(\tau)}} = \frac{1\ 620}{83\ 222} \approx 0.019\ 466$$

$$_{2|}q_{22}^{(2)} = \frac{d_{24}^{(2)}}{l_{22}^{(\tau)}} = \frac{669}{83\ 222} \approx 0.008\ 039$$

$$_{2|2}q_{22}^{(2)} = {}_2p_{22}^{(\tau)}\ {}_2q_{24}^{(2)} = \frac{d_{24}^{(2)} + d_{25}^{(2)}}{l_{22}^{(\tau)}} = \frac{1\ 356}{83\ 222} \approx 0.016\ 294$$

(二) 随机变量 T 与 J 的引入与应用

随机变量 $T(x)$ 或 $T$ 表示$(x)$ 在全部减因作用下未来“存活”的时间或“余命”,其“死亡”的原因或减因用随机变量 $J(x)$ 或 $J$ 表示,显然,$J = 1,2,\cdots,m$。设 $T$ 与 $J$ 的联合概率密度函数为 $f(t, j)$,于是

$$_nq_x^{(j)} = P(0 < T \leqslant n, J = j) = \int_0^n f(t, j)\,\mathrm{d}t \tag{9.1.12}$$

$$_nq_x^{(\tau)} = P(T \leqslant n) = \sum_{j=1}^{m} P(T \leqslant n, J = j) = \sum_{j=1}^{m} \int_0^n f(t, j)\,\mathrm{d}t \tag{9.1.13}$$

$$_np_x^{(\tau)} = P(T > n) = \sum_{j=1}^{m} \int_n^{+\infty} f(t, j)\,\mathrm{d}t \tag{9.1.14}$$

$J$ 的边缘概率密度函数为

$$h(j)={}_{\infty}q_x^{(j)}=\int_0^{+\infty}f(t,j)\mathrm{d}t \tag{9.1.15}$$

它表示因为$(j)$ 减因作用而"死亡" 的概率,且$\sum_{j=1}^{m}h(j)=1$。

$T$ 的边缘概率密度函数为

$$g(t)=\sum_{j=1}^{m}f(t,j) \tag{9.1.16}$$

显然,$g(t)$ 满足$\int_0^{+\infty}g(t)\mathrm{d}t=1$。

(三) 其他减因函数

1. 减损力

减损力相当于普通生命函数中的死力,它反映了同一批人由于某个或全部减因作用导致的减损力度或"死亡" 力度的大小,从而描述了某一时点减因作用水平的高低或力度的大小。减损力又可称为减因力。

$x$ 岁时的总减损力定义为

$$\mu_x^{(\tau)}=-\frac{\frac{\mathrm{d}}{\mathrm{d}x}l_x^{(\tau)}}{l_x^{(\tau)}} \tag{9.1.17}$$

依$\mu_x^{(\tau)}$ 的定义可得



$$\mu_x^{(\tau)}=-\frac{\lim\limits_{\Delta x\to0}\dfrac{l_{x+\Delta x}^{(\tau)}-l_x^{(\tau)}}{\Delta x}}{l_x^{(\tau)}}=\lim_{\Delta x\to0}\frac{l_x^{(\tau)}-l_{x+\Delta x}^{(\tau)}}{\Delta x l_x^{(\tau)}}=\lim_{\Delta x\to0}\frac{{}_{\Delta x}q_x^{(\tau)}}{\Delta x} \tag{9.1.18}$$

若$\mu_x^{(\tau)}$ 以千分率表示,则其表示在$x$ 岁这一时刻每千人每年因全部减因作用而减少或"死亡" 的人数。$\mu_x^{(\tau)}$ 也可以被认为在$x$ 岁时全部减因作用导致每年减损的概率。

依$\mu_x^{(\tau)}$ 的定义可得

$$\mu_x^{(\tau)}=-\frac{\mathrm{d}}{\mathrm{d}x}\ln l_x^{(\tau)}$$

即

$$\mathrm{d}\ln l_x^{(\tau)}=-\mu_x^{(\tau)}\mathrm{d}x$$

两边取定积分,可得

$$\int_a^x\mathrm{d}\ln l_s^{(\tau)}=-\int_a^x\mu_s^{(\tau)}\mathrm{d}s$$

因此

$$l_x^{(\tau)}=l_a^{(\tau)}\exp\left(-\int_a^x\mu_s^{(\tau)}\mathrm{d}s\right) \tag{9.1.19}$$

$${}_tp_x^{(\tau)}=\exp\left(-\int_x^{x+t}\mu_s^{(\tau)}\mathrm{d}s\right)=\exp\left(-\int_0^t\mu_{x+r}^{(\tau)}\mathrm{d}r\right) \tag{9.1.20}$$

下面定义在各减因作用下的减损力,为此,必须首先定义函数$l_x^{(j)}$:

$$l_x^{(j)}=\sum_{s=x}^{+\infty}d_s^{(j)} \tag{9.1.21}$$

其中 $j = 1,2,\cdots,m$。这相当于把暴露于 $m$ 个减因下的 $l_x^{(\tau)}$ 分为 $m$ 个组：$l_x^{(1)},l_x^{(2)},\cdots,l_x^{(m)}$；每组人数为受相应减因作用的影响而减损的人数。由公式(9.1.1) 和公式(9.1.5) 可得

$$l_x^{(\tau)} = \sum_{j=1}^{m} l_x^{(j)} \tag{9.1.22}$$

$(j)$ 减损力定义为

$$\mu_x^{(j)} = -\frac{1}{l_x^{(\tau)}}\frac{\mathrm{d}}{\mathrm{d}x}l_x^{(j)} = \lim_{\Delta x\to 0}\frac{l_x^{(j)} - l_{x+\Delta x}^{(j)}}{\Delta x l_x^{(\tau)}} \tag{9.1.23}$$

思考：请读者解释(9.1.23) 的含义。

将公式(9.1.22) 代入公式(9.1.17)，可得

$$\mu_x^{(\tau)} = \sum_{j=1}^{m}\mu_x^{(j)} \tag{9.1.24}$$

由公式(9.1.23) 可得

$$-\mathrm{d}l_x^{(j)} = l_x^{(\tau)}\mu_x^{(j)}\mathrm{d}x$$

两边求定积分可得

$$\int_x^{x+1}(-\mathrm{d}l_s^{(j)}) = \int_x^{x+1} l_s^{(\tau)}\mu_s^{(j)}\mathrm{d}s$$

于是

$$d_x^{(j)} = \int_x^{x+1} l_s^{(\tau)}\mu_s^{(j)}\mathrm{d}s \tag{9.1.25}$$

两边同除以 $l_x^{(\tau)}$，可得

$$q_x^{(j)} = \int_x^{x+1} {}_{s-x}p_x^{(\tau)}\mu_s^{(j)}\mathrm{d}s = \int_0^1 {}_tp_x^{(\tau)}\mu_{x+t}^{(j)}\mathrm{d}t \tag{9.1.26}$$

由公式(9.1.25) 可得

$$\begin{aligned} d_x^{(\tau)} &= \sum_{j=1}^{m} d_x^{(j)} = \int_x^{x+1} l_s^{(\tau)}\sum_{j=1}^{m}\mu_s^{(j)}\mathrm{d}s \\ &= \int_x^{x+1} l_s^{(\tau)}\mu_s^{(\tau)}\mathrm{d}s = \int_0^1 l_{x+t}^{(\tau)}\mu_{x+t}^{(\tau)}\mathrm{d}t \end{aligned} \tag{9.1.27}$$

两边同除以 $l_x^{(\tau)}$，可得

$$q_x^{(\tau)} = \int_0^1 {}_tp_x^{(\tau)}\mu_{x+t}^{(\tau)}\mathrm{d}t \tag{9.1.28}$$

减损力和减因概率的一个重要区别在于各减损力相互独立，而各减因概率相互依赖。一方面，因为减损力量度的是某时点的减少概率或“死亡” 概率，它不依赖于某一特定区间，所以各减损力相互独立；另一方面，某时间段的减因概率就是该时间段各减因相互作用所导致的“存活” 人数减少的概率，若某减因引起的减少人数越多，则其他减因所引起的减少人数就越少，因此各减因概率相互依赖，或者说各减因间具有竞争性，这也可以从下面的式子中得到证明。

$$q_x^{(j)} = \int_0^1 {}_tp_x^{(\tau)}\mu_{x+t}^{(j)}\mathrm{d}t = \int_0^1 \exp\left(-\int_0^t\sum_{j=1}^{m}\mu_{x+s}^{(j)}\mathrm{d}s\right)\mu_{x+t}^{(j)}\mathrm{d}t \tag{9.1.29}$$

由此可见，$q_x^{(j)}$ 与所有减因有关。

容易发现 $T$ 与 $J$ 的联合概率密度函数、边缘概率密度函数分别为

$$f(t,\ j)\ =\ {}_tp_x^{(\tau)}\mu_{x+t}^{(j)} \tag{9.1.30}$$

$$g(t)\ =\ {}_tp_x^{(\tau)}\mu_{x+t}^{(\tau)} \tag{9.1.31}$$

$$h(j)\ =\ \int_0^{+\infty} {}_tp_x^{(\tau)}\mu_{x+t}^{(j)}\mathrm{d}t \tag{9.1.32}$$

**例 9.1.1** 已知 $\mu_{x+t}^{(1)} = \frac{t}{100}$, $\mu_{x+t}^{(2)} = \frac{1}{100}$,其中 $t \geqslant 0$。求 $f(t,\ j)$、$g(t)$ 及 $h(j)$。

**解:** $\because \mu_{x+t}^{(\tau)} = \mu_{x+t}^{(1)} + \mu_{x+t}^{(2)} = \frac{t+1}{100}$

$$\therefore {}_tp_x^{(\tau)} = \exp\left(-\int_0^t \frac{s+1}{100}\mathrm{d}s\right) = \exp\left(-\frac{t^2+2t}{200}\right)$$

$$f(t,j) = \begin{cases} \frac{t}{100}\exp\left(-\frac{t^2+2t}{200}\right), & t \geqslant 0, j = 1 \\ \frac{1}{100}\exp\left(-\frac{t^2+2t}{200}\right), & t \geqslant 0, j = 2 \end{cases}$$

$$g(t) = f(t,1) + f(t,2) = \frac{t+1}{100}\exp\left(-\frac{t^2+2t}{200}\right)$$

$$h(2) = \int_0^{+\infty} \frac{1}{100}\exp\left(-\frac{t^2+2t}{200}\right)\mathrm{d}t = \frac{\sqrt{2\pi}}{10}\exp\left(\frac{1}{200}\right)[1 - \Phi(0.1)]$$

$$\approx 0.115\ 9$$



$$h(1) = 1 - h(2) \approx 0.884\ 1$$

其中,$\Phi(x)$ 为标准正态分布的分布函数值。

2. 平均预期“余命”

令 $L_x^{(\tau)}$ 表示 $x$ 岁的人在未来一年间受全部减因作用仍然“存活”的人年数,即

$$L_x^{(\tau)} = \int_0^1 l_{x+t}^{(\tau)}\mathrm{d}t \tag{9.1.33}$$

$$= \int_0^1 tl_{x+t}^{(\tau)}\mu_{x+t}^{(\tau)}\mathrm{d}t + l_{x+1}^{(\tau)} \tag{9.1.34}$$

显然,也可以理解为有 $L_x^{(\tau)}$ 人,每人都“存活”了一年;或者说在 $x \sim (x+1)$ 岁间受全部减因作用平均“存活”的人数为 $L_x^{(\tau)}$。

令 $T_x^{(\tau)}$ 表示 $x$ 岁的人未来受全部减因作用仍然“存活”的人年数。显然

$$T_x^{(\tau)} = L_x^{(\tau)} + L_{x+1}^{(\tau)} + L_{x+2}^{(\tau)} + \cdots = \int_0^{+\infty} l_{x+t}^{(\tau)}\mathrm{d}t = \int_0^{+\infty} tl_{x+t}^{(\tau)}\mu_{x+t}^{(\tau)}\mathrm{d}t \tag{9.1.35}$$

这里的 $+\infty$ 代表 $\omega - x$,其中 $\omega$ 为终极年龄,即 $l_\omega^{(\tau)} = 0$。

由此可得 $x$ 岁的人的平均预期“余命”为 $\mathring{e}_x^{(\tau)}$:

$$\mathring{e}_x^{(\tau)} = \frac{T_x^{(\tau)}}{l_x^{(\tau)}} = \int_0^{+\infty} {}_tp_x^{(\tau)}\mathrm{d}t = \int_0^{+\infty} t\ {}_tp_x^{(\tau)}\mu_{x+t}^{(\tau)}\mathrm{d}t \tag{9.1.36}$$

它表示 $x$ 岁的人受全部减因作用平均还能“存活”的年数,即平均预期余命。

3. 中心减损率

中心减损率又称中心“死亡”率,它是一年内减少人数与平均“存活”人数之比,

可以分为总中心减损率和$(j)$减因中心减损率或分中心减损率。前者记为$m_x^{(\tau)}$，后者记为$m_x^{(j)}$，于是

$$m_x^{(\tau)} = \frac{d_x^{(\tau)}}{L_x^{(\tau)}} \tag{9.1.37}$$

$$= \frac{\int_0^1 l_{x+t}^{(\tau)}\mu_{x+t}^{(\tau)}\mathrm{d}t}{\int_0^1 l_{x+t}^{(\tau)}\mathrm{d}t} = \frac{\int_0^1 {}_tp_x^{(\tau)}\mu_{x+t}^{(\tau)}\mathrm{d}t}{\int_0^1 {}_tp_x^{(\tau)}\mathrm{d}t} \tag{9.1.38}$$

$$m_x^{(j)} = \frac{d_x^{(j)}}{L_x^{(\tau)}} \tag{9.1.39}$$

$$= \frac{\int_0^1 l_{x+t}^{(\tau)}\mu_{x+t}^{(j)}\mathrm{d}t}{\int_0^1 l_{x+t}^{(\tau)}\mathrm{d}t} = \frac{\int_0^1 {}_tp_x^{(\tau)}\mu_{x+t}^{(j)}\mathrm{d}t}{\int_0^1 {}_tp_x^{(\tau)}\mathrm{d}t} \tag{9.1.40}$$

显然

$$m_x^{(\tau)} = \sum_{j=1}^{m} m_x^{(j)} \tag{9.1.41}$$

在普通生命表的编制过程中，我们通常用根据实际资料取得的年龄别死亡率去估计生命表中的中心死亡率，从而求出年龄别死亡概率，进而编制出生命表。中心减损率也有同样的作用，即可用于编制多减因生命表。

假设各年龄段总减少人数服从均匀分布，于是有

$$l_{x+t}^{(\tau)} = l_x^{(\tau)} - td_x^{(\tau)}\,(0 \leqslant t \leqslant 1) \tag{9.1.42}$$

$$L_x^{(\tau)} = \int_0^1 l_{x+t}^{(\tau)}\mathrm{d}t = \int_0^1 (l_x^{(\tau)} - td_x^{(\tau)})\mathrm{d}t = l_{x+\frac{1}{2}}^{(\tau)}$$

$$= l_x^{(\tau)} - \frac{1}{2}d_x^{(\tau)} \tag{9.1.43}$$

$$= \frac{l_x^{(\tau)} + l_{x+1}^{(\tau)}}{2} \tag{9.1.44}$$

$$m_x^{(\tau)} = \frac{d_x^{(\tau)}}{L_x^{(\tau)}} = \frac{d_x^{(\tau)}}{l_x^{(\tau)} - \frac{1}{2}d_x^{(\tau)}} = \frac{2q_x^{(\tau)}}{2 - q_x^{(\tau)}} \tag{9.1.45}$$

$$m_x^{(j)} = \frac{d_x^{(j)}}{L_x^{(\tau)}} = \frac{d_x^{(j)}}{l_x^{(\tau)} - \frac{1}{2}d_x^{(\tau)}} = \frac{2q_x^{(j)}}{2 - q_x^{(\tau)}} \tag{9.1.46}$$

由公式(9.1.45)、公式(9.1.46)可得

$$q_x^{(\tau)} = \frac{2m_x^{(\tau)}}{2 + m_x^{(\tau)}} \tag{9.1.47}$$

$$q_x^{(j)} = \frac{2m_x^{(j)}}{2 + m_x^{(\tau)}} \tag{9.1.48}$$

运用公式(9.1.47)、公式(9.1.48)就可以计算出多减因概率，进而编制出多减因表。

### 三、联合单减因表

（一）联合单减因函数

构成多减因表的各个减因都可依其各自独立的减损力构成单减因表，称为联合单减因表。单减因表所反映的函数称为联合单减因函数。比如，由失业与死亡两个减因可以构成两减因表，由死亡力、失业力可分别构建死亡单减因表、失业单减因表。这里研究的目的在于如何将各个单减因表合成一张多减因表。在联合单减因表的函数的右上角加上"＊"号或撇号"′"号，因此有

$$p_x^{*(j)} = \exp\left(-\int_0^1 \mu_{x+t}^{(j)}\mathrm{d}t\right) \tag{9.1.49}$$

$$q_x^{*(j)} = 1 - p_x^{*(j)} \tag{9.1.50}$$

更一般地，对任意正数 $t$，有

$$_tp_x^{*(j)} = \exp\left(-\int_0^t \mu_{x+s}^{(j)}\mathrm{d}s\right) \tag{9.1.51}$$

$$_tq_x^{*(j)} = 1 - {_tp_x^{*(j)}} \tag{9.1.52}$$

$_tq_x^{*(j)}$ 称为$(j)$ 减因绝对减损率，它不同于$(j)$ 减因概率$_tq_x^{(j)}$。前者仅与$(j)$ 减损力有关，而与其他减损力无关，即仅考虑在$(j)$ 减因作用下而减损的概率。后者则考虑在全部减因作用下$(j)$ 减因所导致的减损概率。对于绝对减损率的计算，可运用第二章的普通生命函数公式。



（二）联合单减因函数与减因函数的关系

下面讨论 $q_x^{*(j)}$ 与 $q_x^{(j)}$ 之间的关系。

$$\begin{aligned} _tp_x^{(\tau)} &= \exp\left(-\int_0^t \mu_{x+s}^{(\tau)}\mathrm{d}s\right) = \exp\left[-\int_0^t (\mu_{x+s}^{(1)} + \mu_{x+s}^{(2)} + \cdots + \mu_{x+s}^{(m)})\mathrm{d}s\right] \\ &= {_tp_x^{*(1)}}\,{_tp_x^{*(2)}}\cdots{_tp_x^{*(m)}} \end{aligned} \tag{9.1.53}$$

由公式(9.1.53)可知

$$_tp_x^{*(j)} \geqslant {_tp_x^{(\tau)}} \tag{9.1.54}$$

两边同乘以 $\mu_{x+t}^{(j)}$，并对 $t$ 在区间$[0,1]$上积分，可得

$$q_x^{*(j)} = \int_0^1 {_tp_x^{*(j)}}\mu_{x+t}^{(j)}\mathrm{d}t \geqslant \int_0^1 {_tp_x^{(\tau)}}\mu_{x+t}^{(j)}\mathrm{d}t = q_x^{(j)} \tag{9.1.55}$$

$q_x^{*(j)}$ 与 $q_x^{(j)}$ 的确切关系很复杂，一般我们只在某些假设下做出近似估计。一是假设各年龄段上各减损力为常数；二是假设各年龄段上各减因所导致的减损人数服从均匀分布；三是假设各年龄段上各绝对减损率导致的减损人数服从均匀分布。

（三）各年龄段上各减损力为常数

各年龄段上各减损力为常数意味着

$$\mu_{x+t}^{(j)} = \mu_x^{(j)}\,(0 \leqslant t < 1,\ j = 1,2,\cdots,m) \tag{9.1.56}$$

从而可得

$$\mu_{x+t}^{(\tau)} = \mu_x^{(1)} + \mu_x^{(2)} + \cdots + \mu_x^{(m)} \triangleq \mu_x^{(\tau)}$$

于是

$$q_x^{(j)} = \int_0^1 {}_tp_x^{(\tau)}\mu_{x+t}^{(j)}\mathrm{d}t = \int_0^1 {}_tp_x^{(\tau)}\mu_x^{(j)}\mathrm{d}t = \frac{\mu_x^{(j)}}{\mu_x^{(\tau)}}\int_0^1 {}_tp_x^{(\tau)}\mu_x^{(\tau)}\mathrm{d}t$$

$$= \frac{\mu_x^{(j)}}{\mu_x^{(\tau)}}\int_0^1 {}_tp_x^{(\tau)}\mu_{x+t}^{(\tau)}\mathrm{d}t = \frac{\mu_x^{(j)}}{\mu_x^{(\tau)}}q_x^{(\tau)} \tag{9.1.57}$$

$$\because p_x^{(\tau)} = \exp(-\int_0^1 \mu_{x+t}^{(\tau)}\mathrm{d}t) = \exp(-\mu_x^{(\tau)})$$

$$\therefore \mu_x^{(\tau)} = -\ln p_x^{(\tau)}$$

同理可得

$$\mu_x^{(j)} = -\ln p_x^{*(j)}$$

公式(9.1.57)可变为

$$q_x^{(j)} = \frac{\ln p_x^{*(j)}}{\ln p_x^{(\tau)}}q_x^{(\tau)} \tag{9.1.58}$$

$$q_x^{*(j)} = 1 - [1 - q_x^{(\tau)}]^{(q_x^{(j)}/q_x^{(\tau)})} \tag{9.1.59}$$

由公式(9.1.58)、公式(9.1.59)可以实现对各减因概率与绝对减损率的相互估计。公式(9.1.58)可简述为用带 * 号的生命函数表示不带 * 号的生命函数公式(9.1.59)则相反。

（四）各年龄段上各减因所导致的减损人数服从均匀分布

由于各年龄段上各减因所导致的减损人数服从均匀分布，从而有

$$_tq_x^{(j)} = tq_x^{(j)} \quad (0 \leqslant t \leqslant 1, j = 1,2,\cdots,m) \tag{9.1.60}$$

$$_tq_x^{(\tau)} = tq_x^{(\tau)} \quad (0 \leqslant t \leqslant 1)$$

$$l_{x+t}^{(j)} = l_x^{(j)} - td_x^{(j)}$$

$$l_{x+t}^{(\tau)} = l_x^{(\tau)} - td_x^{(\tau)}$$

由公式(9.1.23)可得

$$\mu_{x+t}^{(j)} = -\frac{1}{l_{x+t}^{(\tau)}}\cdot\frac{\mathrm{d}}{\mathrm{d}t}l_{x+t}^{(j)} = \frac{d_x^{(j)}}{l_{x+t}^{(\tau)}} = \frac{d_x^{(j)}}{l_x^{(\tau)} - td_x^{(\tau)}} = \frac{q_x^{(j)}}{1 - tq_x^{(\tau)}} \tag{9.1.61}$$

因此，由公式(9.1.50)、公式(9.1.61)可得

$$q_x^{*(j)} = 1 - \exp(-\int_0^1 \mu_{x+t}^{(j)}\mathrm{d}t) = 1 - \exp(-\int_0^1 \frac{q_x^{(j)}}{1 - tq_x^{(\tau)}}\mathrm{d}t)$$

$$= 1 - \exp[-\frac{q_x^{(j)}}{q_x^{(\tau)}}\ln(1 - q_x^{(\tau)})] = 1 - [1 - q_x^{(\tau)}]^{(q_x^{(j)}/q_x^{(\tau)})}$$

这与公式(9.1.59)完全相同，它表明减损力为常数的假设下与减损人数服从均匀分布的假设下有相等的 $q_x^{*(j)}$ 或 $q_x^{(j)}$。

（五）各年龄段上各绝对减损率导致的减损人数服从均匀分布

在此假设下，有

$$_tq_x^{*(j)} = tq_x^{*(j)} \tag{9.1.62}$$

从而有

$$_tp_x^{*(j)} = 1 - {}_tq_x^{*(j)} = 1 - tq_x^{*(j)} \quad (0 \leqslant t \leqslant 1, j = 1,2,\cdots,m)$$

$$\mu_{x+t}^{(j)} = -\frac{1}{{}_tp_x^{*(j)}} \cdot \frac{\mathrm{d}}{\mathrm{d}t}\, {}_tp_x^{*(j)} = \frac{q_x^{*(j)}}{1 - tq_x^{*(j)}} \tag{9.1.63}$$

$${}_tp_x^{*(j)}\mu_{x+t}^{(j)} = q_x^{*(j)}$$

$$q_x^{(j)} = \int_0^1 {}_tp_x^{(\tau)}\mu_{x+t}^{(j)}\mathrm{d}t = \int_0^1 {}_tp_x^{*(1)}\, {}_tp_x^{*(2)} \cdots {}_tp_x^{*(m)}\mu_{x+t}^{(j)}\mathrm{d}t \tag{9.1.64}$$

特别地，当 $m = 2$ 时，有

$$q_x^{(1)} = \int_0^1 {}_tp_x^{*(1)}\, {}_tp_x^{*(2)}\mu_{x+t}^{(1)}\mathrm{d}t = q_x^{*(1)}\int_0^1 (1 - tq_x^{*(2)})\mathrm{d}t$$

$$= q_x^{*(1)}(1 - \frac{1}{2}q_x^{*(2)}) \tag{9.1.65}$$

同理可得

$$q_x^{(2)} = q_x^{*(2)}(1 - \frac{1}{2}q_x^{*(1)}) \tag{9.1.66}$$

当 $m = 3$ 时，有

$$q_x^{(1)} = \int_0^1 {}_tp_x^{*(1)}\, {}_tp_x^{*(2)}\, {}_tp_x^{*(3)}\mu_{x+t}^{(1)}\mathrm{d}t = q_x^{*(1)}\int_0^1 (1 - tq_x^{*(2)})(1 - tq_x^{*(3)})\mathrm{d}t$$

$$= q_x^{*(1)}[1 - \frac{1}{2}(q_x^{*(2)} + q_x^{*(3)}) + \frac{1}{3}q_x^{*(2)}q_x^{*(3)}] \tag{9.1.67}$$

同理可得

$$q_x^{(2)} = q_x^{*(2)}[1 - \frac{1}{2}(q_x^{*(1)} + q_x^{*(3)}) + \frac{1}{3}q_x^{*(1)}q_x^{*(3)}] \tag{9.1.68}$$

$$q_x^{(3)} = q_x^{*(3)}[1 - \frac{1}{2}(q_x^{*(1)} + q_x^{*(2)}) + \frac{1}{3}q_x^{*(1)}q_x^{*(2)}] \tag{9.1.69}$$

请归纳 $m = 4$、$m = 5$ 时的相应公式。

**例 9.1.2** 已知 $q_{40}^{*(1)} = 0.02$，$q_{40}^{*(2)} = 0.04$，在各年龄段上各减损力为常数或各年龄段上各减因所导致的减损人数服从均匀分布的条件下计算 $q_{40}^{(\tau)}$、$q_{40}^{(1)}$、$q_{40}^{(2)}$。

**解：** $\because q_{40}^{*(1)} = 0.02, q_{40}^{*(2)} = 0.04$

$$\therefore q_{40}^{(\tau)} = 1 - p_{40}^{(\tau)} = 1 - p_{40}^{*(1)}p_{40}^{*(2)} = 1 - (1 - q_{40}^{*(1)})(1 - q_{40}^{*(2)})$$

$$= 1 - (1 - 0.02)(1 - 0.04) = 0.059\ 2$$

由公式(9.1.58)可得：

$$q_{40}^{(1)} = \frac{\ln p_{40}^{*(1)}}{\ln p_{40}^{(\tau)}}q_{40}^{(\tau)}$$

$$= \frac{\ln(1 - 0.02)}{\ln(1 - 0.059\ 2)} \times 0.059\ 2$$

$$= 0.019\ 599$$

同理可得 $q_{40}^{(2)} = 0.039\ 601$

**例 9.1.3** 假设 $m_{40}^{(\tau)} = 0.2$，$q_{40}^{*(1)} = 0.1$，在多减因模型中的各减因所导致的减损人数服从均匀分布，计算 $q_{40}^{*(2)}$。

**解：** $\because m_{40}^{(\tau)} = 0.2$

$$\therefore q_{40}^{(\tau)}=\frac{2m_{40}^{(\tau)}}{2+m_{40}^{(\tau)}}=\frac{2\times 0.2}{2+0.2}\approx 0.181\,818$$

$$\therefore p_{40}^{(\tau)}=1-q_{40}^{(\tau)}\approx 0.818\,182$$

$$\because p_{40}^{(\tau)}=p_{40}^{*(1)}p_{40}^{*(2)}$$

$$\therefore p_{40}^{*(2)}=\frac{p_{40}^{(\tau)}}{p_{40}^{*(1)}}\approx\frac{0.818\,182}{1-0.1}\approx 0.909\,091$$

$$q_{40}^{*(2)}=1-p_{40}^{*(2)}\approx 1-0.909\,091=0.090\,909$$

**例** 9.1.4　对于一个三元风险模型，已知$\mu_x^{(j)}=0.02j\ (j=1,2,3)$，计算$q_x^{(1)}$、$q_x^{(2)}$及$q_x^{(3)}$。

**解：**$\because \mu_x^{(j)}=0.02j\ (j=1,2,3)$

$$\therefore \mu_x^{(\tau)}=\mu_x^{(1)}+\mu_x^{(2)}+\mu_x^{(3)}=0.02(1+2+3)=0.12$$

$${}_tp_x^{(\tau)}=\exp\left(-\int_0^t\mu_{x+s}^{(\tau)}\mathrm{d}s\right)=\exp(-0.12t)$$

$$q_x^{(1)}=\int_0^1{}_tp_x^{(\tau)}\mu_{x+t}^{(1)}\mathrm{d}t=\int_0^1 0.02\exp(-0.12t)\mathrm{d}t$$

$$=\frac{1}{6}(1-\exp(-0.12))\approx 0.018\,847$$

同理可得

$$q_x^{(2)}\approx 0.037\,693,q_x^{(3)}\approx 0.056\,540$$

**例** 9.1.5　已知$l_{40}^{(\tau)}=1\,000,q_{40}^{*(1)}=0.1,q_{40}^{*(2)}=0.25,{}_{1|}q_{40}^{(1)}=0.075,l_{42}^{(\tau)}=472$，假设各年龄段上各绝对减损率导致的减损人数服从均匀分布，求$q_{41}^{(2)}$。

**解：**$\because q_{40}^{*(1)}=0.1,q_{40}^{*(2)}=0.25$

$$\therefore q_{40}^{(1)}=q_{40}^{*(1)}\left(1-\frac{1}{2}q_{40}^{*(2)}\right)=0.1\times\left(1-\frac{1}{2}\times 0.25\right)=0.087\,5$$

$$q_{40}^{(2)}=q_{40}^{*(2)}\left(1-\frac{1}{2}q_{40}^{*(1)}\right)=0.25\times\left(1-\frac{1}{2}\times 0.1\right)=0.237\,5$$

$$\therefore q_{40}^{(\tau)}=q_{40}^{(1)}+q_{40}^{(2)}=0.087\,5+0.237\,5=0.325$$

$$l_{41}^{(\tau)}=l_{40}^{(\tau)}(1-q_{40}^{(\tau)})=1\,000\times(1-0.325)=675$$

$$\because l_{42}^{(\tau)}=472$$

$$\therefore d_{41}^{(\tau)}=l_{41}^{(\tau)}-l_{42}^{(\tau)}=675-472=203$$

$$\because l_{40}^{(\tau)}=1\,000,{}_{1|}q_{40}^{(1)}=0.075$$

$$\therefore d_{41}^{(1)}=l_{40}^{(\tau)}\,{}_{1|}q_{40}^{(1)}=1\,000\times 0.075=75$$

$$d_{41}^{(2)}=d_{41}^{(\tau)}-d_{41}^{(1)}=203-75=128$$

$$q_{41}^{(2)}=\frac{d_{41}^{(2)}}{l_{41}^{(\tau)}}=\frac{128}{675}\approx 0.189\,630$$

**例** 9.1.6　已知在第一个原因的单风险模型中，$q_{60}^{*(1)}=0.125$，且事件终止的发生在各整数年龄段内服从均匀分布；在第二个原因的单风险模型中，$q_{60}^{*(2)}=0.280$，而事件终止均发生在时刻0.6，计算$q_{60}^{(2)}$。

**解**：$\because\ {}_tp_{60}^{*(1)} = 1 - tq_{60}^{*(1)}$

$\therefore\ {}_tp_{60}^{*(1)}\mu_{60+t}^{(1)} = q_{60}^{*(1)}$

$${}_tp_{60}^{*(2)} = \begin{cases} 1 & (0 < t < 0.6) \\ 1 - q_{60}^{*(2)} & (0.6 \leqslant t \leqslant 1) \end{cases}$$

$$\therefore q_{60}^{(1)} = \int_0^1 {}_tp_{60}^{(\tau)}\mu_{60+t}^{(1)}\mathrm{d}t = \int_0^{0.6} q_{60}^{*(1)}\mathrm{d}t + \int_{0.6}^1 q_{60}^{*(1)}(1 - q_{60}^{*(2)})\mathrm{d}t$$

$$= q_{60}^{*(1)}(1 - 0.4q_{60}^{*(2)}) = 0.111$$

$$\because q_{60}^{(\tau)} = 1 - p_{60}^{(\tau)} = 1 - p_{60}^{*(1)}p_{60}^{*(2)} = 0.37$$

$$\therefore q_{60}^{(2)} = 0.37 - 0.111 = 0.259$$

## 第二节　多减因表的编制

多减因表反映了同一年龄参加同一事件的一批人受多个减因作用而陆续减少的过程，这个过程往往经历的时间太长，对现实的指导意义并不是很大。因而，在实际编制多减因表时，我们往往假定同一年龄参加同一事件的一批人按某一时期各年龄别减因概率依次经过各年龄段而陆续减少，并以此编制出一张统计表。它更具有现实意义，因为它反映了该时期年龄别减因概率水平的高低。

多减因表通常有两种编制方法：一是直接编制法，二是间接编制法。前者依据中心减损率与减因概率之间的关系来编制，后者则依据绝对减损率与减因概率间的关系来编制。





### 一、直接编制法

通过实际调查统计，我们可以获得如下资料：某时期受全部减因作用在年龄别（$x$ 岁时）"存活"的人数为 $\tilde{P}_x^{(\tau)}$，在年龄别（$x$ 岁时）减少的人数为 $\tilde{D}_x^{(j)}$。于是可以按如下步骤编制多减因表：

第一步，计算该时期各年龄段平均"存活"人数 $\tilde{\bar{P}}_x^{(\tau)}$：

$$\tilde{\bar{P}}_x^{(\tau)} = \frac{\tilde{P}_x^{(\tau)} + \tilde{P}_{x+1}^{(\tau)}}{2}$$

第二步，计算年龄别的实际中心减损率 $\tilde{M}_x^{(j)}$、$\tilde{M}_x^{(\tau)}$：

$$\tilde{M}_x^{(j)} = \frac{\tilde{D}_x^{(j)}}{\tilde{\bar{P}}_x^{(\tau)}}, \tilde{M}_x^{(T)} = \frac{\tilde{D}_x^{(\tau)}}{\tilde{\bar{P}}_x^{(\tau)}}$$

第三步，以实际中心减损率 $\tilde{M}_x^{(j)}$、$\tilde{M}_x^{(\tau)}$ 去分别估计多减因表中的中心减损率 $m_x^{(j)}$、$m_x^{(\tau)}$，并计算各减因概率 $q_x^{(j)}$、$q_x^{(\tau)}$：

$$q_x^{(j)} = \frac{2m_x^{(j)}}{2 + m_x^{(\tau)}} = \frac{2\tilde{M}_x^{(j)}}{2 + \tilde{M}_x^{(\tau)}} \tag{9.2.1}$$

$$q_x^{(\tau)} = \frac{2m_x^{(\tau)}}{2 + m_x^{(\tau)}} = \frac{2\tilde{M}_x^{(\tau)}}{2 + \tilde{M}_x^{(\tau)}} \tag{9.2.2}$$

第四步，假设多减因表的基数为 $l_a^{(\tau)} = 100\ 000$，根据下列公式就可以编制通常形式的多减因表：

$$d_x^{(\tau)} = l_x^{(\tau)} q_x^{(\tau)}$$

$$l_{x+1}^{(\tau)} = l_x^{(\tau)} - d_x^{(\tau)}$$

$$d_x^{(j)} = l_x^{(\tau)} q_x^{(j)}。$$

**例9.2.1**　已知某三减因模型中的中心减损率如表9.2所示，第三个减因为退休，并以60岁为法定退休年龄。试编制三减因表。

**表9.2　某三减因模型中的中心减损率**

| $x$ | $\widetilde{M}_x^{(1)}$ | $\widetilde{M}_x^{(2)}$ | $\widetilde{M}_x^{(3)}$ |
|---|---|---|---|
| 54 | 0.001 1 | 0.003 2 | 0.002 5 |
| 55 | 0.001 2 | 0.004 1 | 0.003 2 |
| 56 | 0.001 7 | 0.005 3 | 0.003 3 |
| 57 | 0.001 9 | 0.005 6 | 0.005 5 |
| 58 | 0.002 5 | 0.007 7 | 0.004 8 |
| 59 | 0.002 8 | 0.007 9 | 0.005 2 |

**解**：由 $\widetilde{M}_x^{(\tau)} = \widetilde{M}_x^{(1)} + \widetilde{M}_x^{(2)} + \widetilde{M}_x^{(3)}$ 可得 $\widetilde{M}_{54}^{(\tau)} = 0.006\ 8$，$\widetilde{M}_{55}^{(\tau)} = 0.008\ 5$，$\widetilde{M}_{56}^{(\tau)} = 0.010\ 3$，$\widetilde{M}_{57}^{(\tau)} = 0.013\ 0$，$\widetilde{M}_{58}^{(\tau)} = 0.015\ 0$，$\widetilde{M}_{59}^{(\tau)} = 0.015\ 9$。由公式(9.2.1)、公式(9.2.2)可得 $q_x^{(j)}$ 与 $q_x^{(\tau)}$。编制的三减因表如表9.3所示。



**表9.3　三减因表**

| $x$ | $q_x^{(1)}$ | $q_x^{(2)}$ | $q_x^{(3)}$ | $q_x^{(\tau)}$ | $l_x^{(\tau)}$ | $d_x^{(1)}$ | $d_x^{(2)}$ | $d_x^{(3)}$ | $d_x^{(\tau)}$ |
|---|---|---|---|---|---|---|---|---|---|
| 54 | 0.001 10 | 0.003 19 | 0.002 49 | 0.006 78 | 100 000 | 110 | 319 | 249 | 678 |
| 55 | 0.001 19 | 0.004 08 | 0.003 19 | 0.008 46 | 99 322 | 119 | 405 | 316 | 841 |
| 56 | 0.001 69 | 0.005 27 | 0.003 28 | 0.010 25 | 98 482 | 167 | 519 | 323 | 1 009 |
| 57 | 0.001 89 | 0.005 56 | 0.005 46 | 0.012 92 | 97 472 | 184 | 542 | 533 | 1 259 |
| 58 | 0.002 48 | 0.007 64 | 0.004 76 | 0.014 89 | 96 214 | 239 | 735 | 458 | 1 432 |
| 59 | 0.002 78 | 0.007 84 | 0.005 16 | 0.015 77 | 94 781 | 263 | 743 | 489 | 1 495 |
| 60 | 0 | 0 | 1 | 1 | 93 286 | 0 | 0 | 62 191 | 62 191 |

$$q_{54}^{(1)} = \frac{2\widetilde{M}_{54}^{(1)}}{2 + \widetilde{M}_{54}^{(\tau)}} = \frac{2 \times 0.001\ 1}{2 + 0.006\ 8} \approx 0.001\ 096\ 3$$

由于60岁为法定退休年龄，因此 $q_{60}^{(3)} = 1$，$q_{60}^{(1)} = q_{60}^{(2)} = 0$。设 $l_{54}^{(\tau)} = 100\ 000$。于是，我们可以编制表9.3。该表的数据是运用Excel计算并得到的，若用计算器计算，则会有一些较小的误差，下同。

## 二、间接编制法

在如下三种假设条件下，由绝对减损率估计出减因概率。

(一) 常数减损力或减少人数均匀分布

这里讨论的是各年龄段上各减损力为常数或各减因所导致的减少人数服从均匀分布的情况。

首先，由下面公式计算 $q_x^{(\tau)}$：

$$q_x^{(\tau)} = 1 - \prod_{j=1}^{m}(1 - q_x^{*(j)})$$

其次，由公式(9.1.58)计算 $q_x^{(j)}$。

最后，设 $l_a^{(\tau)} = 100\ 000$ 为多减因表基数，由此完成多减因表。

(二) 各绝对减损率导致的减少人数服从均匀分布

下面，以三减因表的编制为例。首先，由公式(9.1.67)、公式(9.1.68)和公式(9.1.69)计算出 $q_x^{(j)}$。其次，假设 $l_a^{(\tau)} = 100\ 000$ 为多减因表基数。最后，编制出多减因表。

**例9.2.2** 假设年龄别联合单减因概率如表9.4所示，设第三个减因为退休，法定退休年龄为60岁。试在各年龄段减损力为常数或多减因模型的每个减因所导致的减少人数服从均匀分布的假设下编制多减因表。



**表9.4 年龄别联合单减因概率**

| $x$ | $q_x^{*(1)}$ | $q_x^{*(2)}$ | $q_x^{*(3)}$ |
|---|---|---|---|
| 55 | 0.021 | 0.031 | 0.101 |
| 56 | 0.022 | 0.034 | 0.108 |
| 57 | 0.028 | 0.042 | 0.123 |
| 58 | 0.034 | 0.048 | 0.146 |
| 59 | 0.041 | 0.059 | 0.367 |

**解：**由 $q_x^{(\tau)} = 1 - p_x^{*(1)} p_x^{*(2)} p_x^{*(3)} = 1 - (1 - q_x^{*(1)})(1 - q_x^{*(2)})(1 - q_x^{*(3)})$ 可得

$$q_{55}^{(\tau)} = 1 - (1 - q_{55}^{*(1)})(1 - q_{55}^{*(2)})(1 - q_{55}^{*(3)})$$
$$= 1 - (1 - 0.021)(1 - 0.031)(1 - 0.101) \approx 0.147\ 163$$

由公式(9.1.58)可得 $q_x^{(j)}$。例如：

$$q_{55}^{(1)} = \frac{\ln p_{55}^{*(1)}}{\ln p_{55}^{(\tau)}} q_{55}^{(\tau)} = \frac{\ln(1 - q_{55}^{*(1)})}{\ln(1 - q_{55}^{(\tau)})} q_{55}^{(\tau)}$$
$$= \frac{\ln(1 - 0.021)}{\ln(1 - 0.147\ 163)} \times 0.147\ 163 \approx 0.019\ 621$$

设 $l_{55}^{(\tau)} = 100\ 000$，于是可得出如表9.5所示的多减因表。

表 9.5　多减因表

| $x$ | $q_x^{(\tau)}$ | $q_x^{(1)}$ | $q_x^{(2)}$ | $q_x^{(3)}$ | $l_x^{(\tau)}$ | $d_x^{(1)}$ | $d_x^{(2)}$ | $d_x^{(3)}$ | $d_x^{(\tau)}$ |
|---|---|---|---|---|---|---|---|---|---|
| 55 | 0. 147 16 | 0. 019 62 | 0. 029 11 | 0. 098 43 | 100 000 | 1 962 | 2 911 | 9 843 | 14 716 |
| 56 | 0. 157 28 | 0. 020 45 | 0. 031 79 | 0. 105 04 | 85 284 | 1 744 | 2 711 | 8 959 | 13 414 |
| 57 | 0. 183 36 | 0. 025 71 | 0. 038 84 | 0. 118 81 | 71 870 | 1 848 | 2 792 | 8 539 | 13 178 |
| 58 | 0. 214 63 | 0. 030 73 | 0. 043 70 | 0. 140 21 | 58 692 | 1 804 | 2 565 | 8 229 | 12 597 |
| 59 | 0. 428 77 | 0. 032 06 | 0. 046 56 | 0. 350 15 | 46 095 | 1 478 | 2 146 | 16 140 | 19 764 |
| 60 | 1 | 0 | 0 | 1 | 26 331 | 0 | 0 | 26 331 | 26 331 |

**例 9. 2. 3**　以例 9. 2. 2 中的资料为基础，在联合单减因模型中每个减因均匀分布的假设下编制多减因表。

**解**：设 $l_{55}^{(\tau)} = 100\ 000$，分别运用公式（9. 1. 67）、公式（9. 1. 68）和公式（9. 1. 69），可得 $q_x^{(1)}$、$q_x^{(2)}$ 和 $q_x^{(3)}$。例如：

$$q_{55}^{(1)} = q_{55}^{*(1)}\left[1 - \frac{1}{2}(q_{55}^{*(2)} + q_{55}^{*(3)}) + \frac{1}{3}q_{55}^{*(2)}q_{55}^{*(3)}\right]$$

$$= 0.021 \times \left[1 - \frac{1}{2} \times (0.031 + 0.101) + \frac{1}{3} \times 0.031 \times 0.101\right]$$

$$\approx 0.019\ 636$$

同理，可计算其他各减因概率，进而可编制出如表 9. 6 所示的多减因表。



表 9. 6　多减因表

| $x$ | $q_x^{(1)}$ | $q_x^{(2)}$ | $q_x^{(3)}$ | $q_x^{(\tau)}$ | $l_x^{(\tau)}$ | $d_x^{(1)}$ | $d_x^{(2)}$ | $d_x^{(3)}$ | $d_x^{(\tau)}$ |
|---|---|---|---|---|---|---|---|---|---|
| 55 | 0. 019 64 | 0. 029 13 | 0. 098 40 | 0. 147 16 | 100 000 | 1 964 | 2 913 | 9 840 | 14 716 |
| 56 | 0. 020 47 | 0. 031 82 | 0. 105 00 | 0. 157 28 | 85 284 | 1 745 | 2 713 | 8 955 | 13 414 |
| 57 | 0. 025 74 | 0. 038 88 | 0. 118 74 | 0. 183 36 | 71 870 | 1 850 | 2 794 | 8 534 | 13 178 |
| 58 | 0. 030 78 | 0. 043 76 | 0. 140 09 | 0. 214 63 | 58 692 | 1 807 | 2 568 | 8 222 | 12 597 |
| 59 | 0. 032 56 | 0. 047 26 | 0. 348 95 | 0. 428 77 | 46 095 | 1 501 | 2 178 | 16 085 | 19 764 |
| 60 | 0 | 0 | 1 | 1 | 26 331 | 0 | 0 | 26 331 | 26 331 |

## 第三节　多减因模型的简单应用

多减因模型在现金价值处理、资产份额计算、利源分析、养老金计划等方面都有重要应用。当保险金的给付取决于两个或两个以上减因时，有关保险费、责任准备金的计算需以多减因表为基础，或者应考虑多重损失模型。比如，以残疾、死亡作为保险事故时，保险费的计算应以残疾、死亡构成的两减因表作为精算假设之一。显然，另一个重要的精算假设就是预定利率，由此可计算出纯保费及其责任准备金。如果再增加预定费用率假设就可以计算毛保费及其责任准备金。本节主要探讨趸缴纯保费、年缴纯保费与责任准备金。

## 一、趸缴纯保费

### （一）终身寿险

假设有$(x)$投保的、受减因$(j)$影响而于“死亡”所在年年末给付保险金1的终身寿险（实际上是截至$\omega$岁的定期寿险），那么$(x)$获得的保险金给付的精算现值或应缴纳的趸缴纯保费为：

$$A_x^{1(j)} = vq_x^{(j)} + v^2{}_{1|}q_x^{(j)} + v^3{}_{2|}q_x^{(j)} + \cdots \tag{9.3.1}$$

$$= \frac{v^{x+1}d_x^{(j)}}{v^x l_x^{(\tau)}} + \frac{v^{x+2}d_{x+1}^{(j)}}{v^x l_x^{(\tau)}} + \frac{v^{x+3}d_{x+2}^{(j)}}{v^x l_x^{(\tau)}} + \cdots$$

$$= \frac{C_x^{(j)} + C_{x+1}^{(j)} + C_{x+2}^{(j)} + \cdots}{D_x^{(\tau)}} = \frac{M_x^{(j)}}{D_x^{(\tau)}} \tag{9.3.2}$$

其中，$C_x^{(j)}$、$D_x^{(\tau)}$、$M_x^{(j)}$、$N_x^{(\tau)}$、$R_x^{(j)}$、$S_x^{(\tau)}$为多减因替换函数，且有如下公式计算：

$$C_x^{(j)} = v^{x+1}d_x^{(j)}, M_x^{(j)} = \sum_{t=0}^{+\infty} C_{x+t}^{(j)}, R_x^{(j)} = \sum_{t=0}^{+\infty} M_{x+t}^{(j)}$$

$$C_x^{(\tau)} = v^{x+1}d_x^{(\tau)}, M_x^{(\tau)} = \sum_{t=0}^{+\infty} C_{x+t}^{(\tau)}, R_x^{(\tau)} = \sum_{t=0}^{+\infty} M_{x+t}^{(\tau)}$$

$$D_x^{(\tau)} = v^x l_x^{(\tau)}, N_x^{(\tau)} = \sum_{t=0}^{+\infty} D_{x+t}^{(\tau)}, S_x^{(\tau)} = \sum_{t=0}^{+\infty} N_{x+t}^{(\tau)}$$

这里$+\infty$指的是$\omega - x - 1$。引入替换函数的目的是为了简化计算，对于常见的多减因表及预定利率，利用Excel可以制作替换函数表。例如，以附表3A为基础，选择2.5%的预定利率，可以制作多减因替换函数表，见附表3B。

假设受减因$(j)$作用而于“死亡”时给付保险金$B_j(j = 1,2,\cdots,m)$，于是受全部减因作用应缴纳的趸缴纯保费为

$$\tilde{A}_x^{(\tau)} = \sum_{j=1}^{m} B_j A_x^{1(j)} \tag{9.3.3}$$

更一般的情形下，设在$x + t$岁时受减因$(j)$作用而“死亡”时立即给付保险金$B_{x+t}^{(j)}$，其中$j = 1,2,\cdots,m$，则$(x)$投保的、仅因为减因$(j)$作用发生而给付保险金的终身寿险所应缴纳的趸缴纯保费为

$$\bar{\tilde{A}}_x^{1(j)} = \int_0^{+\infty} B_{x+t}^{(j)} v^t {}_tp_x^{(\tau)} \mu_{x+t}^{(j)} \mathrm{d}t \tag{9.3.4}$$

受全部减因作用而缴纳的趸缴纯保费为

$$\bar{\tilde{A}}_x^{(\tau)} = \sum_{j=1}^{m} \bar{\tilde{A}}_x^{1(j)} = \sum_{j=1}^{m} \int_0^{+\infty} B_{x+t}^{(j)} v^t {}_tp_x^{(\tau)} \mu_{x+t}^{(j)} \mathrm{d}t \tag{9.3.5}$$

当$B_{x+t}^{(j)} = 1$时，上式可以用替换函数表示为

$$\bar{A}_x^{(\tau)} = \sum_{j=1}^{m} \frac{\bar{M}_x^{(j)}}{D_x^{(\tau)}} \tag{9.3.6}$$

上述的 $+\infty$ 指的是 $\omega-x$。

请思考 $(x)$ 投保的、于"死亡"所在 $\frac{1}{l}$ 年分年末给付保险金的终身寿险的趸缴纯保费。

（二）定期寿险

假设有 $(x)$ 投保的、受减因 $(j)$ 作用而于"死亡"所在年年末给付保险金 1 的 $n$ 年定期寿险，那么 $(x)$ 应缴纳的趸缴纯保费为

$$A^{1(j)}_{x:\overline{n}|} = vq^{(j)}_x + v^2{}_{1|}q^{(j)}_x + v^3{}_{2|}q^{(j)}_x + \cdots + v^n{}_{n-1|}q^{(j)}_x = \frac{M^{(j)}_x - M^{(j)}_{x+n}}{D^{(\tau)}_x} \tag{9.3.7}$$

假设受减因 $(j)$ 作用而于"死亡"所在年年末给付保险金 $B_j (j=1,2,\cdots,m)$，于是受全部减因作用而获得保险金时所应缴纳的趸缴纯保费为

$$\widetilde{A}^{1(\tau)}_{x:\overline{n}|} = \sum_{j=1}^{m} B_j A^{1(j)}_{x:\overline{n}|} \tag{9.3.8}$$

更一般的情形下，设在 $x+t$ 岁时受减因 $(j)$ 作用而"死亡"时立即给付保险金 $B^{(j)}_{x+t}$，其中 $j=1,2,\cdots,m$，则 $(x)$ 投保的、仅因为 $(j)$ 而"死亡"时立即给付保险金的 $n$ 年定期寿险所应缴纳的趸缴纯保费为

$$\widetilde{\overline{A}}^{1(j)}_{x:\overline{n}|} = \int_0^n B^{(j)}_{x+t} v^t {}_tp^{(\tau)}_x \mu^{(j)}_{x+t} \mathrm{d}t \tag{9.3.9}$$

受全部减因作用而给付保险金的趸缴纯保费为

$$\widetilde{\overline{A}}^{1(\tau)}_{x:\overline{n}|} = \sum_{j=1}^{m} \widetilde{\overline{A}}^{1(j)}_{x:\overline{n}|} = \sum_{j=1}^{m} \int_0^n B^{(j)}_{x+t} v^t {}_tp^{(\tau)}_x \mu^{(j)}_{x+t} \mathrm{d}t \tag{9.3.10}$$

当 $B^{(j)}_{x+t}=1$ 时，上式可以用替换函数表示为

$$\overline{A}^{1(\tau)}_{x:\overline{n}|} = \sum_{j=1}^{m} \frac{\overline{M}^{(j)}_x - \overline{M}^{(j)}_{x+n}}{D^{(\tau)}_x} \tag{9.3.11}$$

其中，$\overline{M}^{(j)}_x \approx \frac{i}{\delta} M^{(j)}_x$。

请思考 $(x)$ 投保的、于"死亡"所在 $\frac{1}{l}$ 年分年末给付保险金的 $n$ 年定期寿险的趸缴纯保费。

（三）两全保险

假设有 $(x)$ 投保的、受全部减因作用而"死亡"并于"死亡"所在年年末给付保险金 1 或者于 $n$ 年期满时仍生存则给付生存金 1 的 $n$ 年期两全保险，那么 $(x)$ 应缴纳的趸缴纯保费为

$$\begin{aligned} A^{(\tau)}_{x:\overline{n}|} &= vq^{(\tau)}_x + v^2{}_{1|}q^{(\tau)}_x + \cdots + v^n{}_{n-1|}q^{(\tau)}_x + v^n{}_np^{(\tau)}_x \\ &= \frac{M^{(\tau)}_x - M^{(\tau)}_{x+n} + D^{(\tau)}_{x+n}}{D^{(\tau)}_x} \end{aligned} \tag{9.3.12}$$

请思考 $(x)$ 投保的、受全部减因作用于"死亡"所在 $\frac{1}{l}$ 年分年末或立即给付保险金的两全保险的趸缴纯保费。

（四）年金保险

假设$(x)$投保的、每年年初受全部减因作用仍然生存时给付保险金1的终身年金保险的精算现值或趸缴纯保费为$\ddot{a}_x^{(\tau)}$，于是有

$$\ddot{a}_x^{(\tau)} = \sum_{t=0}^{+\infty} v^t {}_tp_x^{(\tau)} = \frac{N_x^{(\tau)}}{D_x^{(\tau)}} \tag{9.3.13}$$

$n$年定期年金保险的趸缴纯保费为

$$\ddot{a}_{x:\overline{n}|}^{(\tau)} = \sum_{t=0}^{n-1} v^t {}_tp_x^{(\tau)} = \frac{N_x^{(\tau)} - N_{x+n}^{(\tau)}}{D_x^{(\tau)}} \tag{9.3.14}$$

期末付"终身"年金保险、$n$年定期年金保险的趸缴纯保费分别为

$$a_x^{(\tau)} = \sum_{t=1}^{+\infty} v^t {}_tp_x^{(\tau)} = \frac{N_{x+1}^{(\tau)}}{D_x^{(\tau)}} \tag{9.3.15}$$

$$a_{x:\overline{n}|}^{(\tau)} = \sum_{t=1}^{n} v^t {}_tp_x^{(\tau)} = \frac{N_{x+1}^{(\tau)} - N_{x+n+1}^{(\tau)}}{D_x^{(\tau)}} \tag{9.3.16}$$

请思考每年给付$l$次或连续给付的年金保险的趸缴纯保费或精算现值，甚至也可以思考延期年金保险的趸缴纯保费。

## 二、年缴纯保费

（一）终身寿险

假设$(x)$投保的、受减因$(j)$作用而于"死亡"所在年年末给付保险金1、终身缴费终身寿险的年缴纯保费为$P_x^{1(j)}$，那么

$$P_x^{1(j)} = \frac{A_x^{1(j)}}{\ddot{a}_x^{(\tau)}} = \frac{M_x^{(j)}}{N_x^{(\tau)}} \tag{9.3.17}$$

如果受全部减因作用而于"死亡"所在年年末给付保险金1的终身缴费终身寿险的年缴纯保费为$P_x^{(\tau)}$，那么

$$P_x^{(\tau)} = \frac{A_x^{(\tau)}}{\ddot{a}_x^{(\tau)}} = \frac{M_x^{(\tau)}}{N_x^{(\tau)}} \tag{9.3.18}$$

限期$h$年缴清保费的年缴纯保费分别为

$${}_hP_x^{1(j)} = \frac{A_x^{1(j)}}{\ddot{a}_{x:\overline{h}|}^{(\tau)}} = \frac{M_x^{(j)}}{N_x^{(\tau)} - N_{x+h}^{(\tau)}} \tag{9.3.19}$$

$${}_hP_x^{(\tau)} = \frac{A_x^{(\tau)}}{\ddot{a}_{x:\overline{h}|}^{(\tau)}} = \frac{M_x^{(\tau)}}{N_x^{(\tau)} - N_{x+h}^{(\tau)}} \tag{9.3.20}$$

（二）定期寿险

假设有$(x)$投保的、受减因$(j)$作用而于"死亡"所在年年末给付保险金1的$n$年缴费$n$年定期寿险，那么$(x)$的年缴纯保费为

$$P_{x:\overline{n}|}^{1(j)} = \frac{A_{x:\overline{n}|}^{1(j)}}{\ddot{a}_{x:\overline{n}|}^{(\tau)}} = \frac{M_x^{(j)} - M_{x+n}^{(j)}}{N_x^{(\tau)} - N_{x+n}^{(\tau)}} \tag{9.3.21}$$

（三）两全保险

假设有$(x)$投保的、受全部减因作用而于"死亡"所在年年末给付保险金1或$n$年

期满时仍生存则给付生存金 1 的 $n$ 年缴费 $n$ 年两全保险，那么 $(x)$ 年缴纯保费为

$$P_{x:\overline{n}|}^{(\tau)}=\frac{A_{x:\overline{n}|}^{(\tau)}}{\ddot{a}_{x:\overline{n}|}^{(\tau)}}=\frac{M_x^{(\tau)}-M_{x+n}^{(\tau)}+D_{x+n}^{(\tau)}}{N_x^{(\tau)}-N_{x+n}^{(\tau)}} \tag{9.3.22}$$

（四）延期年金保险

假设 $(x)$ 投保退休年龄 $r$ 岁到达后每年年初生存时可领取生存金 $B$ 的终身年金保险，并假设在退休前受全部减因作用而活着时每年均衡缴纳纯保费 $P$，则

$$P\ddot{a}_{x:\overline{r-x}|}^{(\tau)}=B\ddot{a}_r v^{r-x}{}_{r-x}p_x^{(\tau)} \tag{9.3.23}$$

即

$$P=\frac{Bv^{r-x}{}_{r-x}p_x^{(\tau)}\ddot{a}_r}{\ddot{a}_{x:\overline{r-x}|}^{(\tau)}} \tag{9.3.24}$$

其中，$x<r$，退休前采用多减因表，退休后采用普通生命表。

## 三、责任准备金

（一）终身寿险

假设 $(x)$ 投保的、受减因 $(j)$ 作用而于“死亡”所在年年末给付保险金 1 的终身缴费终身寿险在第 $t$ 年年末的责任准备金为 ${}_tV_x^{1(j)}$，那么

$${}_tV_x^{1(j)}=A_{x+t}^{1(j)}-P_x^{1(j)}\ddot{a}_{x+t}^{(\tau)} \tag{9.3.25}$$

如果受全部减因作用而于“死亡”所在年年末给付保险金 1 的终身缴费终身寿险在第 $t$ 年年末的责任准备金为 ${}_tV_x^{(\tau)}$，那么

$${}_tV_x^{(\tau)}=A_{x+t}^{(\tau)}-P_x^{(\tau)}\ddot{a}_{x+t}^{(\tau)}。 \tag{9.3.26}$$

（二）定期寿险

假设 $(x)$ 投保的、受减因 $(j)$ 作用而于“死亡”所在年年末给付保险金 1 的 $n$ 年缴费 $n$ 年定期寿险在第 $t$ 年年末的责任准备金为 ${}_tV_{x:\overline{n}|}^{1(j)}$，那么

$${}_tV_{x:\overline{n}|}^{1(j)}=A_{x+t:\overline{n-t}|}^{1(j)}-P_{x:\overline{n}|}^{1(j)}\ddot{a}_{x+t:\overline{n-t}|}^{(\tau)} \tag{9.3.27}$$

（三）两全保险

假设 $(x)$ 投保的、受全部减因作用而于“死亡”所在年年末给付保险金 1 或 $n$ 年期满时仍生存则给付生存金 1 的 $n$ 年缴费 $n$ 年两全保险在第 $t$ 年年末的责任准备金为 ${}_tV_{x:\overline{n}|}^{(\tau)}$，那么

$${}_tV_{x:\overline{n}|}^{(\tau)}=A_{x+t:\overline{n-t}|}^{(\tau)}-P_{x:\overline{n}|}^{(\tau)}\ddot{a}_{x+t:\overline{n-t}|}^{(\tau)} \tag{9.3.28}$$

（四）延期年金保险

$(x)$ 投保退休年龄 $r$ 岁到达后每年年初生存时可领取生存金 $A$ 的终身年金保险，并假设在退休前每年年初受全部减因作用而生存时均衡缴纳保费 $P$，且该年金保险在第 $t$ 年年末的责任准备金为 ${}_tV$，那么

$${}_tV=A\ddot{a}_r v^{r-x-t}{}_{r-x-t}p_{x+t}^{(\tau)}-P\ddot{a}_{x+t:\overline{r-x-t}|}^{(\tau)} \tag{9.3.29}$$

其中，$t<r-x$，退休前采用多减因表，退休后采用普通生命表。

**例 9.3.1** 双倍补偿模型：将死亡分为意外死亡和其他死亡两类，并构建出两减因模型。假设意外死亡时立即给付保险金 2，其他死亡时立即给付保险金 1，求该 $n$ 年定期寿险所应缴纳的趸缴纯保费以及年缴纯保费。

**解**:设(1) 表示意外死亡,(2) 表示其他死亡。

$$\bar{A} = 2\int_0^n v^t {}_tp_x^{(\tau)}\mu_{x+t}^{(1)}\mathrm{d}t + \int_0^n v^t {}_tp_x^{(\tau)}\mu_{x+t}^{(2)}\mathrm{d}t \tag{9.3.30}$$

考虑第一个定积分,并将其分解为若干个一年期的定积分的和,有

$$\int_0^n v^t {}_tp_x^{(\tau)}\mu_{x+t}^{(1)}\mathrm{d}t = \sum_{r=0}^{n-1} v^r {}_rp_x^{(\tau)}\int_0^1 v^s {}_sp_{x+r}^{(\tau)}\mu_{x+r+s}^{(1)}\mathrm{d}s$$

现在假定多减因模型中的各减因在每一年内都服从均匀分布,于是

$$\int_0^n v^t {}_tp_x^{(\tau)}\mu_{x+t}^{(1)}\mathrm{d}t = \sum_{r=0}^{n-1} v^{r+1} {}_rp_x^{(\tau)} q_{x+r}^{(1)}\int_0^1 (1+i)^{1-s}\mathrm{d}s = \frac{i}{\delta}\sum_{r=0}^{n-1} v^{r+1} {}_{r|}q_x^{(1)}$$

类似地,可得公式(9.3.30) 中的第二个定积分,并与上面的结果相结合,可得

$$\bar{A} \approx \frac{i}{\delta}\left[\sum_{r=0}^{n-1} v^{r+1}(2\,{}_{r|}q_x^{(1)} + {}_{r|}q_x^{(2)})\right] = \frac{i}{\delta}\left(\sum_{r=0}^{n-1} v^{r+1} {}_{r|}q_x^{(1)} + \sum_{r=0}^{n-1} v^{r+1} {}_{r|}q_x^{(\tau)}\right)$$

$$= \frac{i}{\delta}(A_{x:\overline{n|}}^{1(1)} + A_{x:\overline{n|}}^{1(\tau)}) = \bar{A}_{x:\overline{n|}}^{1(1)} + \bar{A}_{x:\overline{n|}}^{1(\tau)} \tag{9.3.31}$$

因此,$(x)$ 参加的双倍补偿模型,在就业期间所缴纳的年缴纯保费为

$$P(\bar{A}) = \frac{\bar{A}}{\ddot{a}_{x:\overline{n|}}^{(\tau)}} = \frac{i[(2M_x^{(1)} + M_x^{(2)}) - (2M_{x+n}^{(1)} + M_{x+n}^{(2)})]}{\delta(N_x^{(\tau)} - N_{x+n}^{(\tau)})} \tag{9.3.32}$$

以附表 3B 为基础,这里 $i = 2.5\%$;若 $x = 30, n = 20$,则

$\bar{A} \approx 0.065\,310$;  $P(\bar{A}) \approx 0.004\,203$



**例 9.3.2** 某雇员在 20 岁参加了一项员工福利计划,如果工作到强制退休年龄 60 岁,那么将得到一笔年额为 500 元乘以工作年限的即期年金。如果在退休前的工作期间死亡,那么将立即给付30 000元;如果在退休前工作期间因其他原因离职,那么将得到一笔延期年金,即从60 岁开始,每年将领取500 元乘以工作年限的延期年金。用积分以及连续年金给出 20 岁的雇员参加的这项福利计划的精算现值表达式。

**解**:设(1) 表示死亡,(2) 表示因别的原因退出。

若该雇员工作到60 岁退休,那么他每年将领取20 000 元,该部分年金的精算现值为 $20\,000v^{40}{}_{40}p_{20}^{(\tau)}\bar{a}_{60}$。

若在退休前的工作期间死亡,那么将立即支付 30 000 元的死亡保险金,该部分权益的精算现值为 $30\,000\int_0^{40} v^t {}_tp_{20}^{(\tau)}\mu_{20+t}^{(1)}\mathrm{d}t$。

若在退休前的工作期间因其他原因离职,那么他将得到一笔延期年金,即从 60 岁开始、每年将领取 500 元乘以工作年限的延期年金,该部分年金精算现值为 $500\int_0^{40} t\,{}_{40-t|}\bar{a}_{20+t}v^t {}_tp_{20}^{(\tau)}\mu_{20+t}^{(2)}\mathrm{d}t$。

因此,所求的年金现值为

$$\mathrm{PV} = 20\,000v^{40}{}_{40}p_{20}^{(\tau)}\bar{a}_{60} + 30\,000\int_0^{40} v^t {}_tp_{20}^{(\tau)}\mu_{20+t}^{(1)}\mathrm{d}t$$

$$+ 500\int_0^{40} t\,{}_{40-t|}\bar{a}_{20+t}v^t {}_tp_{20}^{(\tau)}\mu_{20+t}^{(2)}\mathrm{d}t$$

$$= 20\,000A + 30\,000B + 500C$$

下面先探讨 $A$、$B$ 和 $C$ 的具体计算公式，然后再计算出 PV。

$$(1)A = v^{40}{}_{40}p_{20}^{(\tau)}\bar{a}_{60} = \frac{D_{60}^{(\tau)}}{D_{20}^{(\tau)}}\left(\ddot{a}_{60} - \frac{1}{2}\right) = \frac{D_{60}^{(\tau)}}{D_{20}^{(\tau)}}\left(\frac{N_{60}}{D_{60}} - \frac{1}{2}\right)$$

$$(2)B = \int_0^{40} v^t{}_tp_{20}^{(\tau)}\mu_{20+t}^{(1)}\mathrm{d}t = \sum_{k=0}^{39}\int_k^{k+1} v^t{}_tp_{20}^{(\tau)}\mu_{20+t}^{(1)}\mathrm{d}t$$

$$= \sum_{k=0}^{39}\int_0^1 v^{k+s}{}_{k+s}p_{20}^{(\tau)}\mu_{20+k+s}^{(1)}\mathrm{d}t \text{（令 } t = k + s\text{）}$$

$$= \sum_{k=0}^{39} v^{k+1}{}_kp_{20}^{(\tau)}\int_0^1 v^{-1+s}{}_sp_{20+k}^{(\tau)}\mu_{20+k+s}^{(1)}\mathrm{d}s$$

$$= \sum_{k=0}^{39} v^{k+1}{}_kp_{20}^{(\tau)}q_{20+k}^{(1)}\int_0^1(1+i)^{1-s}\mathrm{d}s$$

$$= \frac{i}{\delta}\sum_{k=0}^{39} v^{k+1}{}_{k|}q_{20}^{(1)} = \frac{i}{\delta}\cdot\frac{M_{20}^{(1)} - M_{60}^{(1)}}{D_{20}^{(\tau)}}$$

$$(3)C = \int_0^{40} t\,{}_{40-t|}\bar{a}_{20+t}\,v^t{}_tp_{20}^{(\tau)}\mu_{20+t}^{(2)}\mathrm{d}t$$

$$= \sum_{k=0}^{39}\int_k^{k+1} t\,{}_{40-t|}\bar{a}_{20+t}v^t{}_tp_{20}^{(\tau)}\mu_{20+t}^{(2)}\mathrm{d}t$$

$$= \sum_{k=0}^{39}\int_0^1 (k+s)\,{}_{40-k-s|}\bar{a}_{20+k+s}\,v^{k+s}{}_{k+s}p_{20}^{(\tau)}\mu_{20+k+s}^{(2)}\mathrm{d}s$$

$$= \sum_{k=0}^{39}\left(k+\frac{1}{2}\right){}_{40-k-\frac{1}{2}|}\bar{a}_{20+k+\frac{1}{2}}v^{k+1}{}_{k|}q_{20}^{(2)}\int_0^1(1+i)^{1-s}\mathrm{d}s$$

$$= \frac{i}{\delta}\sum_{k=0}^{39}\left(k+\frac{1}{2}\right){}_{40-k-\frac{1}{2}|}\bar{a}_{20+k+\frac{1}{2}}v^{k+1}{}_{k|}q_{20}^{(2)}$$

$$= \frac{i}{\delta}\sum_{k=0}^{39}\left(k+\frac{1}{2}\right)\frac{C_{20+k}^{(2)}}{D_{20}^{(\tau)}}\cdot\frac{1}{D_{20+k+\frac{1}{2}}}\left(N_{60} - \frac{1}{2}D_{60}\right)$$

$$= \frac{i}{\delta}\cdot\frac{N_{60} - 0.5D_{60}}{D_{20}^{(\tau)}}\sum_{k=0}^{39}(k+0.5)\frac{C_{20+k}^{(2)}}{D_{20+k+\frac{1}{2}}}$$

$$= \frac{i}{\delta}\cdot\frac{N_{60} - 0.5D_{60}}{D_{20}^{(\tau)}}\sum_{k=0}^{39}(2k+1)\frac{C_{20+k}^{(2)}}{D_{20+k} + D_{20+k+1}}$$

其中，$_{40-k-\frac{1}{2}|}\bar{a}_{20+k+\frac{1}{2}} = v^{40-k-\frac{1}{2}}{}_{40-k-\frac{1}{2}}p_{20+k+\frac{1}{2}}\bar{a}_{60}$

$$= \frac{D_{60}}{D_{20+k+\frac{1}{2}}}\left(\ddot{a}_{60} - \frac{1}{2}\right) = \frac{1}{D_{20+k+\frac{1}{2}}}\left(N_{60} - \frac{1}{2}D_{60}\right)$$

退休前利用附表 3B，退休后或离职后按经验生命表 CL1(2000—2003)2.5% 计算出：$A \approx 4.805\,401\,76$，$B \approx 0.059\,329\,52$，$C \approx 6.452\,526\,04$，PV $\approx 101\,114.18$。

注意：上面的推导过程运用了当各减因导致的减损人数在各年龄段上服从均匀分布时，有 $_sp_{20+k}^{(\tau)}\mu_{20+k+s}^{(1)} = q_{20+k}^{(1)}$，$_sp_{20+k}^{(\tau)}\mu_{20+k+s}^{(2)} = q_{20+k}^{(2)}$ 的结论。

**例 9.3.3**　某 20 岁的人参加了一项 60 岁开始的养老保险计划，合同规定退休后每月初可获得 4 000 元的养老金权益。如果在 60 岁前死亡，那么可以给付 10 年的确定遗属年金，平均每月为 1 500 元；如果在 60 岁前失业，那么他只能领取两年的失业保险金，平均每月为 2 000 元。求该职工每年应缴纳的保险费。如果采取趸缴方式，那么该职工应缴纳多少元保费？以附表 3B 为基础，假设年利率为 2.5%，$\ddot{a}_{60} = 15.81709$，保险费在年初缴纳，失业保险金、遗属年金均从失业、死亡的次年开始每月初给付一次。

**解：**由题意可知，该职工退休后，每年可领取的养老金金额为

$$4\,000 \times 12 = 48\,000(\text{元})$$

所领取的养老金在 60 岁时的精算现值为

$$B_1 = 48\,000\ddot{a}_{60}^{(12)} \approx 48\,000\left(\ddot{a}_{60} - \frac{11}{24}\right) \approx 737\,220.320(\text{元})$$

遗属每年可领取的遗属年金金额为

$$1\,500 \times 12 = 18\,000(\text{元})$$

所领取的遗属年金在给付期期初的现值为

$$B_2 = 18\,000\ddot{a}_{\overline{10|}}^{(12)} \approx 159\,662.419(\text{元})$$

失业期间每年可领取的失业保险金金额为

$$2\,000 \times 12 = 24\,000(\text{元})$$

所领取的失业保险金在给付期期初的现值为

$$B_3 = 24\,000\ddot{a}_{\overline{2|}}^{(12)} \approx 46\,882.229(\text{元})$$

假设该职工每年年初应缴纳的保险费为 $P$ 元，令减因（1）表示死亡、减因（2）表示失业，于是由收支平衡原则可得

$$P\ddot{a}_{20:\overline{40|}}^{(\tau)} = v^{40}{}_{40}p_{20}^{(\tau)}B_1 + \sum_{t=0}^{39} v^{t+1}{}_{t|}q_{20}^{(1)}B_2 + \sum_{t=0}^{39} v^{t+1}{}_{t|}q_{20}^{(2)}B_3$$

或

$$P\ddot{a}_{20:\overline{40|}}^{(\tau)} = v^{40}{}_{40}p_{20}^{(\tau)}B_1 + B_2A_{20:\overline{40|}}^{1(1)} + B_3A_{20:\overline{40|}}^{1(2)}$$

因此

$$P = \frac{v^{40}{}_{40}p_{20}^{(\tau)}B_1 + B_2A_{20:\overline{40|}}^{1(1)} + B_3A_{20:\overline{40|}}^{1(2)}}{\ddot{a}_{20:\overline{40|}}^{(\tau)}}$$

$$= \frac{D_{60}^{(\tau)}B_1 + B_2(M_{20}^{(1)} - M_{60}^{(1)}) + B_3(M_{20}^{(2)} - M_{60}^{(2)})}{N_{20}^{(\tau)} - N_{60}^{(\tau)}} \approx 9\,665.02(\text{元})$$

如果该职工在 20 岁时采取趸缴保费的形式，那么需缴纳的保费为

$$B_1v^{40}{}_{40}p_{20}^{(\tau)} + B_2A_{20:\overline{40|}}^{1(1)} + B_3A_{20:\overline{40|}}^{1(2)}$$

$$= \frac{B_1D_{60}^{(\tau)} + B_2(M_{20}^{(1)} - M_{60}^{(1)}) + B_3(M_{20}^{(2)} - M_{60}^{(2)})}{D_{20}^{(\tau)}}$$

$$\approx 241\,497.99(\text{元})$$

## 本章小结

本章主要研究多减因生命表、多减因生命函数、多减因条件下人寿保险、年金保险

的趸缴纯保费、年缴纯保费及其责任准备金的计算等问题。

在多减因作用下，当某集合中个体仍保持该集合特征时，称为“生存”，否则称为“死亡”。这样，多减因表或多减因生命表就是反映同一年龄参加同一事件的一批人受两个或两个以上减因作用而陆续“死亡”的规律的一张统计表。多减因表实际上以表格形式反映了随着年龄或存续时间变化而变化的函数关系，这些函数称为多减因生命函数。

多减因表是进行多元风险模型精算的前提条件，多减因表中最核心的函数就是各年龄别减因概率。多减因表通常有两种编制方法：一是直接编制法，二是间接编制法。前者依据中心减损率与减因概率之间的关系来编制，中心减损率直接来源于实际的调查统计资料；后者则依据绝对减损率与减因概率间的关系来编制，实际上是将各单减因表合成多减因表。

绝对减损率只考虑当前指定的减因所导致的“死亡”概率，而减因概率则反映在全部减因综合作用下当前指定减因所导致的“死亡”概率，由于各减因彼此具有竞争性，因此绝对减损率总是大于减因概率。具体关系只能在某些假设下得出：一是假设在各年龄段上各减损力为常数，二是假设各年龄段上各减因所导致的减少人数服从均匀分布，三是假设在各年龄段上各绝对减损率导致的减少人数服从均匀分布。

保险费、责任准备金的计算需以多减因表为基础，或者将其作为精算假设代替单生命精算理论中的预定死亡率。在多减因模型中，保险分为两大类：一是人寿保险，二是年金保险。前者以“死亡”作为保险金的给付条件，而后者以“生存”作为保险金的给付条件。保险费的计算仍然依据收支平衡原则。投保人缴纳的趸缴纯保费也就是保险人给付保险金现值的数学期望，年缴纯保费只不过是将趸缴纯保费在一定期间内以“生存”年金方式进行分摊而得到的结果。责任准备金的计算同样可以采用未来法，即某时刻的责任准备金就是未来保险金给付的精算现值减去未来保险费收入的精算现值。无论是趸缴纯保费、年缴纯保费的计算，还是责任准备金的计算，都可以用替换函数来简化计算。



## 习题 9

9-1　已知 $\mu_{x+t}^{(j)}=0.02j\ (j=1,2,3,t\geq 0)$，求 $E(T\mid J=2)$。

9-2　已知一个三减因表，$\mu_x^{(1)}(t)=0.03$，$\mu_x^{(2)}(t)=0.05$，$\mu_x^{(3)}(t)=0.07$，其中 $t>0$，求 $q_x^{(1)}$、$q_x^{(2)}$、$q_x^{(3)}$、$q_x^{(\tau)}$。

9-3　一个多减因模型，若 ${}_tp_x^{(\tau)}=1-0.03t$，$\mu_{x+t}^{(1)}=0.02t$，其中 $0\leq t\leq 1$，求 $m_x^{(1)}$。

9-4　已知 $m_{40}^{(\tau)}=0.18$，$q_{40}^{*(2)}=0.12$，各减因导致的减少人数在(40,41]上服从均匀分布，求 $q_{40}^{*(1)}$。

9-5　已知一个三减因表，$\mu_x^{(1)}(t)=0.03$，$\mu_x^{(2)}(t)=0.05$，$\mu_x^{(3)}(t)=0.07$，其中 $t>0$，求 $q_x^{*(1)}$、$q_x^{*(2)}$、$q_x^{*(3)}$。

9-6　在死亡减因($d$)、残疾减因($i$)、离职减因($w$)构成的三减因表中，所有减因导致的减少人数在$(x,x+1]$上服从均匀分布，$l_x^{(\tau)}=25\ 000$，$l_{x+1}^{(\tau)}=23\ 000$，$d_x^{(i)}=550$，求${}_{0.6}p_x^{*(i)}$。

9－7　考虑两减因模型：减因(1)为死亡，减因(2)为退出。已知在死亡单减因表中各年龄段服从均匀分布，退出只发生在年末，$l_x^{(\tau)}=1\ 000$，$q_x^{(2)}=0.40$，$d_x^{(1)}=0.45d_x^{(2)}$，求$p_x^{*(2)}$。

9－8　已知在第一个原因的单风险模型中，$q_{40}^{*(1)}=0.119$，且事件终止的发生在各整数年龄内服从均匀分布；在第二个原因的单风险模型中，$q_{40}^{*(2)}=0.234$，而事件终止均发生在时刻0.7，求$q_{40}^{(2)}$。

9－9　已知$q_x^{(1)}=0.2$，$q_x^{(2)}=0.1$，在多减因环境下，各减因在区间$(x,x+1]$上导致的减少人数服从均匀分布，求$q_x^{*(2)}$。

9－10　已知$q_x^{(1)}=0.2$，$q_x^{(2)}=0.1$，各单减因在区间$(x,x+1]$上导致的减少人数服从均匀分布，求$q_x^{*(2)}$。

9－11　在两减因模型中，原因(1)为死亡，原因(2)为解约，并假设单减因条件下的原因(1)在年龄段$n$与$n+1$岁的发生人数服从均匀分布，而原因(2)在年龄段$n$与$n+1$岁的发生只在刚超过年龄$n$岁时，设$q_{50}^{(2)}=0.2$，$q_{50}^{(1)}=0.06q_{50}^{(2)}$，求$q_{50}^{*(1)}$。

9－12　在三减因模型中，假设死亡和残疾在各自的单减因模型中的绝对减损率导致的减少人数在各年龄段上服从均匀分布，其大小分别为0.06和0.08，在下列假设下求$q_x^{(3)}$：(1)假设解约只发生在年末，其绝对减损率为0.1；(2)假设在解约这一单减因模型中，解约以均等概率0.05分别发生在年中与年末。

9－13　表9.7摘自某两减因表，求$l_{42}^{(\tau)}$。

**表9.7　某两减因表**

| $x$ | $l_x^{(\tau)}$ | $q_x^{(1)}$ | $q_x^{(2)}$ | $q_x^{*(1)}$ | $q_x^{*(2)}$ |
|---|---|---|---|---|---|
| 40 | 2 000 | 0.24 | 0.16 | 0.25 | $y$ |
| 41 | — | — | — | 0.10 | $2y$ |

9－14　关于$(x)$给付的保额为100 000元的终身寿险，已知$\delta=0.05$，死亡时保险金立即给付。令(1)表示意外死亡、(2)表示其他死亡。若在30年内意外死亡，则死亡保险金将翻倍。$\mu_x^{(\tau)}=0.007(t\geqslant 0)$，$\mu_x^{(1)}=0.002(t\geqslant 0)$，求该终身寿险的趸缴纯保费。

9－15　在某两减因模型中，两个减因分别是意外死亡和其他原因死亡，减因(1)表示意外死亡，对$(x)$因意外死亡给付保险金2、其他原因死亡给付保险金1的完全连续型终身寿险，已知$\mu_{x+t}^{(1)}=\delta$，求该保险的趸缴纯保费。

9－16　对于$(x)$投保的全连续型终身寿险，保额为100 000元，已知$\delta=0.06$，若前30年内因意外死亡，即减因(1)，则保险金将加倍，$\mu_{x+t}^{(\tau)}=0.008$，$\mu_{x+t}^{(1)}=0.001$，其中$t\geqslant 0$，求该保险的趸缴纯保费及年缴均衡纯保费。

9－17　对于$(x)$投保的全连续型终身寿险，第一年死亡时立即给付10 000元，以后给付20 000元，当死于意外时增加给付20 000元，意外死亡为减因(1)，已知$\mu_{x+t}^{(1)} = 0.005$，$\mu_{x+t}^{(\tau)} = 0.04$，其中$t \geqslant 0$，$\delta = 0.06$，求该保险的趸缴纯保费及年缴均衡纯保费。

9－18　某30岁的人投保了20年期两全保险，因减因(1)死亡时于所在年末给付保险金10 000元，因减因(2)死亡时于所在年末给付保险金15 000元，期满生存时给付20 000元，求趸缴纯保费。若限期10年内缴清保费，求年缴均衡纯保费。以附表3B为基础。

9－19　在第9－18题的基础上，分别在趸缴纯保费、年缴纯保费的方式下求第5年年末、第10年年末、第20年年末的责任准备金。

9－20　某20岁的人参加了一项60岁开始的养老金计划，合同规定退休后每月初可获得5 000元的养老金权益。如果在60岁前死亡，那么其遗属可以领取10年的确定遗属年金，平均每月为2 000元；如果在60岁前失业，那么他只能领取两年的失业保险金，平均每月为3 000元。求该职工每年应缴纳的保险费。如果采取趸缴方式，那么应缴纳多少元保费？(以附表3B为基础，假设年利率为2.5%，$\ddot{a}_{60} = 15.817\,09$，保险费在每年年初缴纳，失业保险金、遗属年金均从失业、死亡的次年开始每月初给付一次。)

9－21　证明：$f_{J|T}(j|t) = \dfrac{\mu_{x+t}^{(j)}}{\mu_{x+t}^{(\tau)}}$。

9－22　证明：(1) $\dfrac{\mathrm{d}}{\mathrm{d}x}\,{}_tp_x^{(\tau)} = {}_tp_x^{(\tau)}(\mu_x^{(\tau)} - \mu_{x+t}^{(\tau)})$；

(2) $\dfrac{\mathrm{d}}{\mathrm{d}x}\,{}_tq_x^{(j)} = {}_tp_x^{(\tau)}\mu_{x+t}^{(j)} + {}_tq_x^{(j)}\mu_x^{(\tau)} - \mu_x^{(j)}$；

(3) $\dfrac{\mathrm{d}}{\mathrm{d}t}\,{}_tq_x^{(j)} = {}_tp_x^{(\tau)}\mu_{x+t}^{(j)}$。

9－23　在多元风险模型中，若$\mu_{x+t}^{(j)} = \mu_x^{(j)}$或${}_tq_x^{(j)} = tq_x^{(j)}$，则${}_tq_x^{(j)} = K_j\,{}_tq_x^{(\tau)}$。其中，$K_j$为与$t$无关的常数，$0 \leqslant t \leqslant 1$，$j = 1,2,\cdots,m$。

9－24　证明并解释：$q_x^{(j)} = q_x^{*(j)} - \sum\limits_{k \neq j}\int_0^1 {}_tp_x^{(\tau)}\mu_{x+t}^{(k)}\,{}_{1-t}q_{x+t}^{*(j)}\mathrm{d}t$。

9－25　证明：当且仅当随机变量$T$与$J$相互独立时，$\mu_{x+t}^{(j)} = K_j\mu_{x+t}^{(\tau)}(t \geqslant 0, j = 1,2)$成立，这里的$K_j = \int_0^{+\infty} {}_tp_x^{(\tau)}\mu_{x+t}^{(j)}$发$\mathrm{d}t\ (j = 1,2)$。

# 第十章
# 养老金计划

养老保险是国家或社会根据一定的法律法规,为保障劳动者在达到国家规定的解除劳动义务的年龄界限或因年老丧失劳动能力退出劳动岗位后的基本生活需要而建立的一项社会保险制度。它是现代社会处置老年风险的行之有效的手段之一。养老保险可以分为由国家举办基本养老保险、企业提供补充养老保险、个人参加储蓄性养老保险。补充养老保险又称为企业年金、职业年金或养老金计划。

就缴费与待遇的关联来看,养老金计划可以分为待遇确定型与缴费确定型。待遇确定型主要依据的是由养老金水平的高低来确定缴费水平,通常采用现收现付模式,一般与公共账户相联系,由保险的供给者或举办者承担制度范围内收不抵支的风险;而缴费确定型则依据缴费水平及其投资收益的多少来决定待遇水平的高低,通常采用完全积累模式,一般与个人账户相联系,由保险计划的参加者或被保险人承担保障不足的风险,值得注意的是,缴费水平的确定必须考虑未来的待遇水平。



## 第一节　养老金的精算假设

养老金的精算是在一定的假设条件下进行的。养老金的精算基础或精算假设主要有预定在职人员多减因表、预定利率、预定工资增长率等,依据的仍然是收支平衡原则。

### 一、在职人员多减因表

所谓在职人员多减因表,指的是反映同一年龄同时参加工作的同一批人受死亡、离职、残疾和适龄退休四个减因影响而陆续减少的这一过程的统计表。

$l_x^{(\tau)}$ 表示活过 $x$ 岁的在职者人数,$d_x^{(d)}$ 表示 $x$ 与 $x+1$ 岁间在职者死亡人数,$d_x^{(w)}$ 表示 $x$ 与 $x+1$ 岁间离职人数,$d_x^{(i)}$ 表示 $x$ 与 $x+1$ 岁间残疾人数,$d_x^{(r)}$ 表示 $x$ 与 $x+1$ 岁间适龄退休人数。假设从某一年龄(比如 55 岁)起就可以选择适龄退休,而到了另一年龄(比如 60 岁)就必须强制退休,即全员退休。假设在适龄退休期间,没有人会选择离职,见附表 4A。设在 $x$ 岁时的死亡、离职、残疾和适龄退休的减因力函数分别为 $\mu_x^{(d)}$、$\mu_x^{(w)}$、$\mu_x^{(i)}$、$\mu_x^{(r)}$。在 54 岁(包括 54 岁)前,有关系式

$$l_{x+1}^{(\tau)} = l_x^{(\tau)} - d_x^{(d)} - d_x^{(w)} - d_x^{(i)} \tag{10.1.1}$$

两边同除以 $l_x^{(\tau)}$,可得

$$p_x^{(\tau)} = 1 - q_x^{(d)} - q_x^{(w)} - q_x^{(i)} \tag{10.1.2}$$

其中

$$q_x^{(d)} = \frac{d_x^{(d)}}{l_x^{(\tau)}}, q_x^{(w)} = \frac{d_x^{(w)}}{l_x^{(\tau)}}, q_x^{(i)} = \frac{d_x^{(i)}}{l_x^{(\tau)}} \tag{10.1.3}$$

在55岁及以后，在公式(10.1.1)、公式(10.1.2)中只需用$d_x^{(r)}$代替$d_x^{(w)}$，用$q_x^{(r)} = \frac{d_x^{(r)}}{l_x^{(\tau)}}$代替$q_x^{(w)}$。

### 二、工资增长率

工资是养老金与保险费确定的重要参照物。因此，在分析过去工资变动规律的基础上，必须考虑未来工资的变动趋势。在基期确定后，假设在(刚满)$x$岁时(刚好在日历年的1月1日)加入养老金计划，以第1年($x$与$x+1$岁间)实际年工资$s_x$作为基础，如果能预计未来每年工资比上一年工资的变动率，即计算出工资(环比)指数，那么也就相当于预测出了以后各年的工资水平。因此，预定工资增长率是养老金计划的又一精算假设。假设$w_{x+t}$是$x$岁参加养老保险计划在第$t+1$年(即$x+t$与$x+t+1$岁间)的定基工资指数，以$x$与$x+1$岁的工资为基础，因此取$w_x = 1$。例如，$w_{x+t} = (1.06)^t$表示预计每年工资比上一年增长6%。

假设$(es)_{x+h+t}$表示$x$岁参加养老保险计划，在第$h+1$年的实际工资为$s_{x+h}$，那么在第$h+t+1$年的工资预计为

$$(es)_{x+h+t} = \frac{w_{x+h+t}}{w_{x+h}} s_{x+h} \tag{10.1.4}$$

此外，要进行养老金的精算，还必须知道预定利率等其他因素或变量。



## 第二节　养老保险的趸缴保险费

### 一、与分期缴费等价的趸缴保险费

养老保险费用的缴纳有两种形式：一种是每个参保人员以固定年率缴纳，另一种是按年工资的固定比例缴纳。已达到$x+h$岁的养老金计划参加者每年以年率$C$(或固定数额)连续缴纳保险费，缴费至$\beta$岁退休时终止，其保险费的精算现值或趸缴纯保费可以写成：

$$C\int_0^{\beta-x-h} v^t {}_tp_{x+h}^{(\tau)} \mathrm{d}t = C\sum_{k=0}^{\beta-x-h-1} v^k {}_kp_{x+h}^{(\tau)} \int_0^1 v^s {}_sp_{x+h+k}^{(\tau)} \mathrm{d}s \tag{10.2.1}$$

$$= C\sum_{k=0}^{\beta-x-h-1} v^k {}_kp_{x+h}^{(\tau)} v^{\frac{1}{2}} {}_{\frac{1}{2}}p_{x+h+k}^{(\tau)} = C\sum_{k=0}^{\beta-x-h-1} v^{k+\frac{1}{2}} {}_{k+\frac{1}{2}}p_{x+h}^{(\tau)} \tag{10.2.2}$$

即它可以把缴费看成在年中进行。

如果保险费是年薪的比率$c$，那么假设当前的年实际工资为$s_{x+h}$的参加者未来保

险费的精算现值或趸缴保费可以写成：

$$c s_{x+h}\int_0^{\beta-x-h} v^t {}_tp_{x+h}^{(\tau)} \frac{w_{x+h+t}}{w_{x+h}}\mathrm{d}t = c\frac{s_{x+h}}{w_{x+h}}\sum_{k=0}^{\beta-x-h-1} v^k {}_kp_{x+h}^{(\tau)}\int_0^1 v^s {}_sp_{x+h+k}^{(\tau)} w_{x+h+k+s}\mathrm{d}s \qquad (10.2.3)$$

若 $w_{x+t}$ 在各年龄段为常数，则可从定积分符号中提出，由此可以得到趸缴保险费的近似值，即

$$c\frac{s_{x+h}}{w_{x+h}}\sum_{k=0}^{\beta-x-h-1} v^{k+\frac{1}{2}} {}_{k+\frac{1}{2}}p_{x+h}^{(\tau)} w_{x+h+k}$$

**例 10.2.1** 现年 20 岁的人以如下三种缴费方式参加了在 60 岁退休的养老金计划，试写出在 20 岁应缴纳的与之等价的趸缴纯保费的计算公式：(1) 每年以年额 1 200 元连续缴费；(2) 第一年的缴费为 1 200 元，以后每年递增 100 元，连续缴费；(3) 第一年实际工资为 6 000 元，且费率为 20%，工资增长指数函数为 $w_{20+t} = 1.04^t (0 \leqslant t \leqslant 39)$，年利率为 2.5%。以附表 4B 为基础，计算出具体的结果。

**解**：(1) 所求的趸缴纯保费为

$$1\ 200\sum_{k=0}^{39} v^{k+\frac{1}{2}} {}_{k+\frac{1}{2}}p_{20}^{(\tau)} = 1\ 200\sum_{k=0}^{39}\frac{D_{20+k+\frac{1}{2}}^{(\tau)}}{D_{20}^{(\tau)}} = 1\ 200\frac{N_{20\frac{1}{2}}^{(\tau)} - N_{60\frac{1}{2}}^{(\tau)}}{D_{20}^{(\tau)}}$$

$$\approx 15\ 209.39(\text{元})$$

(2) 所求的趸缴保险费为

$$100\sum_{k=0}^{39}(12+k)v^{k+\frac{1}{2}} {}_{k+\frac{1}{2}}p_{20}^{(\tau)} = 100\sum_{k=0}^{39}(12+k)\cdot\frac{D_{20+k+\frac{1}{2}}^{(\tau)}}{D_{20}^{(\tau)}} \approx 31\ 550.55(\text{元})$$

(3) 所求的趸缴保险费为

$$20\% \times \frac{6\ 000}{1}\sum_{k=0}^{39} v^k {}_kp_{20}^{(\tau)}\int_0^1 v^s {}_sp_{20+k}^{(\tau)}(1.04)^{k+s}\mathrm{d}s$$

$$= 1\ 200\sum_{k=0}^{39} v^{k+\frac{1}{2}} {}_{k+\frac{1}{2}}p_{20}^{(\tau)}(1.04)^{k+\frac{1}{2}}$$

$$= 1\ 200\sum_{k=0}^{39} \tilde{v}^{k+\frac{1}{2}} {}_{k+\frac{1}{2}}p_{20}^{(\tau)} \approx 28\ 405.67(\text{元})$$

这里，$\tilde{v} = \dfrac{1.04}{1.025}$，即年利率为 $\tilde{i} = \dfrac{1.025}{1.04} - 1 \approx -0.014\ 423$。

**例 10.2.2** 某 25 岁的养老金计划参加者的当年实际年工资为 6 000 元，假设 25 ~ 34 岁每年缴纳工资的 6%，35 ~ 44 岁每年缴纳工资的 5%，45 ~ 59 岁每年缴纳工资的 4%，假设工资指数为 $w_{25+t} = 1.06^t$，年利率为 2.5%，试求与所缴保险费等价的趸缴纯保费。

**解**：各年所缴保险费构成以工资增长率为中心的一个变额年金。它相当于在 25 ~ 59 岁缴纳工资的 4%，在 25 ~ 44 岁需追加工资的 1%，在 25 ~ 34 岁还需再追加工资的 1%。所缴的趸缴保险费实际上就是各次所缴保险费的精算现值，即

$$4\% \times 6\ 000\int_0^{35} v^t {}_tp_{25}^{(\tau)}\frac{w_{25+t}}{w_{25}}\mathrm{d}t + 1\% \times 6\ 000\int_0^{20} v^t {}_tp_{25}^{(\tau)}\frac{w_{25+t}}{w_{25}}\mathrm{d}t$$

$$+ 1\% \times 6\ 000\int_0^{10} v^t {}_tp_{25}^{(\tau)}\frac{w_{25+t}}{w_{25}}\mathrm{d}t$$

$$= 240\int_0^{35} v^t {}_tp_{25}^{(\tau)} (1.06)^t \mathrm{d}t + 60\int_0^{20} v^t {}_tp_{25}^{(\tau)} (1.06)^t \mathrm{d}t + 60\int_0^{10} v^t {}_tp_{25}^{(\tau)} (1.06)^t \mathrm{d}t$$

$$= 240\int_0^{35} \tilde{v}^t {}_tp_{25}^{(\tau)} \mathrm{d}t + 60\int_0^{20} \tilde{v}^t {}_tp_{25}^{(\tau)} \mathrm{d}t + 60\int_0^{10} \tilde{v}^t {}_tp_{25}^{(\tau)} \mathrm{d}t$$

$$\approx 240\sum_{k=0}^{34} \tilde{v}^{k+\frac{1}{2}} {}_{k+\frac{1}{2}}p_{25}^{(\tau)} + 60\sum_{k=0}^{19} \tilde{v}^{k+\frac{1}{2}} {}_{k+\frac{1}{2}}p_{25}^{(\tau)} + 60\sum_{k=0}^{9} \tilde{v}^{k+\frac{1}{2}} {}_{k+\frac{1}{2}}p_{25}^{(\tau)}$$

其中，$\tilde{v} = \dfrac{1.06}{1.025}$，$\tilde{i} = \dfrac{1.025}{1.06} - 1 \approx -0.033\ 019$。

若以附表 4A 为基础，则上述趸缴纯保费的具体结果为 11 134.85 元。

## 二、适龄退休条件下的趸缴保险费

在待遇确定型养老金计划中，保险费的高低取决于待遇水平的高低。养老金的给付可以分为两种情形：一种给付与工资水平无关，仅取决于工龄情况；另一种给付与工资有关，取决于退休前若干年或工作期间平均工资情况。

假设 $R(x,h,t)$ 表示 $x$ 岁加入养老金计划、现在 $x+h$ 岁、$t$ 年后到 $x+h+t$ 岁退休时每年所获得的养老金。通常的情形是职工参加工作，同时就参加养老金计划，因而加入计划的年数与工龄相等；但在养老金计划创建初期，人们在工作了一段时间后才加入养老金计划的这种情形也比较多。假设符合退休条件的最低年龄为 $\alpha$ 岁，符合退休条件的最高年龄为 $\beta$ 岁，并假设退休后领取的养老金不变，那么在退休时的养老金现值为 $R(x,h,t)\bar{a}^r_{x+h+t}$。其中，$\bar{a}^r_{x+h+t}$ 为适龄退休后每年 1 单位连续给付的终身年金在 $x+h+t$ 岁的精算现值，在达到适龄退休年龄后就可根据按这个适龄退休群体的死亡率制作的普通生命表进行计算而不是按多减因表来计算，因为只要生存就必须给付养老金。这里 $\bar{a}^r_{x+h+t}$ 可以用 $\ddot{a}^r_{x+h+t}$ 或 $\ddot{a}^{(12)r}_{x+h+t}$ 来代替，只不过前者是每年年初给付一次养老金的情形，后者为每月初给付一次养老金的情形，这里采用连续型仅仅是为了数学上处理的方便。

以定积分表示在 $x+h$ 岁时养老金的精算现值或趸缴保险费为

$$\mathrm{APV} = \int_{\alpha-x-h}^{\beta-x-h} v^t {}_tp_{x+h}^{(\tau)} \mu_{x+h+t}^{(r)} R(x,h,t)\bar{a}^r_{x+h+t}\mathrm{d}t \tag{10.2.4}$$

$$= \sum_{k=\alpha-x-h}^{\beta-x-h-1} v^k {}_kp_{x+h}^{(\tau)} \int_0^1 v^s {}_sp_{x+h+k}^{(\tau)} \mu_{x+h+k+s}^{(r)} R(x,h,k+s)\bar{a}^r_{x+h+k+s}\mathrm{d}s$$

假设适龄退休在各年龄段上服从均匀分布，并利用中点公式可将上式化简为

$$\mathrm{APV} \approx \sum_{k=\alpha-x-h}^{\beta-x-h-1} v^k {}_kp_{x+h}^{(\tau)} q_{x+h+k}^{(r)} \int_0^1 v^s R(x,h,k+s)\bar{a}^r_{x+h+k+s}\mathrm{d}s$$

$$\approx \sum_{k=\alpha-x-h}^{\beta-x-h-1} v^{k+\frac{1}{2}} {}_kp_{x+h}^{(\tau)} q_{x+h+k}^{(r)} R(x,h,k+\frac{1}{2})\bar{a}^r_{x+h+k+\frac{1}{2}}$$

$$= \sum_{k=\alpha-x-h}^{\beta-x-h-1} v^{k+\frac{1}{2}} {}_{k|}q_{x+h}^{(r)} R(x,h,k+\frac{1}{2})\bar{a}^r_{x+h+k+\frac{1}{2}} \tag{10.2.5}$$

公式(10.2.5)是适龄退休养老保险的趸缴纯保费的一般计算公式。在预定多减因概

率、预定利率条件下，它的大小取决于 $R(x,h,t)$ 的预定取值规律。

（一）$R(x,h,t)$ 与工资无关

$R(x,h,t)$ 与工资无关，可以考虑如下两种情形：一种情形是 $R(x,h,t)$ 为工龄或服务年限的 $b$ 倍，即每工作一年或服务一年获得固定数额 $b$ 的养老金给付，即有 $R(x,h,t) = b(h+t)$。当只计算整数工龄或服务年数时，$R(x,h,t) = b(h+k)$，其中 $k = [t]$。另一种情形是超过一定年限后，每年获得另一数额的养老金权益。例如，规定不超过 20 年时，每年按 $b_1$ 计算；超过 20 年时，超过部分每年按 $b_2$ 计算。即

$$R(x,h,t) = \begin{cases} b_1(h+t), & h+t \leqslant 20 \\ 20b_1 + b_2(h+t-20), & h+t > 20 \end{cases}$$

当 $R(x,h,t) = b(h+t)$ 时，$\text{APV} \approx b\sum_{k=\alpha-x-h}^{\beta-x-h-1} v^{k+\frac{1}{2}}{}_{k|}q_{x+h}^{(r)}\left(h+k+\frac{1}{2}\right)\bar{a}^{r}_{x+h+k+\frac{1}{2}}$。

**例 10.2.3** 某退休金计划提供的基本年金年额为每个服务年按每月 300 元计算，并规定到 60 岁为止附加年金年额为每个服务年按每月 100 元计算。某人 30 岁参加，现年 40 岁，参加了该退休金计划，假设 55 岁到 65 岁均可以退休。求其趸缴纯保费。

**解：**对于基本年金，年额为

$$R(30,10,t) = 300 \times 12 \times (10+t) = 3\ 600(10+t)$$

由公式（10.2.5）得基本年金部分的趸缴保险费为

$$3\ 600\sum_{k=15}^{24}\left(10+k+\frac{1}{2}\right)\bar{a}^{r}_{40+k+\frac{1}{2}}v^{k+\frac{1}{2}}{}_{k|}q_{40}^{(r)}$$

对于附加年金，年额为

$$R'(30,10,t) = 100 \times 12 \times (10+t) = 1\ 200(10+t),\ 10+t \leqslant 30$$

由公式（10.2.5）得附加年金部分的趸缴保险费为

$$1\ 200\sum_{k=15}^{19} v^{k+\frac{1}{2}}{}_{k|}q_{40}^{(r)}\left(10+k+\frac{1}{2}\right)\bar{a}^{r}_{40+k+\frac{1}{2}:\overline{20-k-\frac{1}{2}|}}$$

若将两者相加，就可得到参加该退休金计划所应缴纳的趸缴纯保费。

（二）$R(x,h,t)$ 依赖于退休前若干年的平均工资

假设 $R(x,h,t)$ 为退休当年工资的固定比例 $g$，于是

$$R(x,h,t) = g(es)_{x+h+t} = gs_{x+h}\frac{w_{x+h+t}}{w_{x+h}}$$

更一般的情形下，$R(x,h,t)$ 为最后 $m$ 年的平均工资的固定比例 $g$，于是

当 $t \geqslant m$ 时，

$$R(x,h,t) = \frac{g}{m}\int_{t-m}^{t}(es)_{x+h+s}\mathrm{d}s = g\frac{s_{x+h}}{m}\int_{t-m}^{t}\frac{w_{x+h+s}}{w_{x+h}}\mathrm{d}s \tag{10.2.6}$$

当 $t < m$ 时，

$$R(x,h,t) = g\frac{1}{m}\left[\int_{t-m}^{0}s_{x+h+s}\mathrm{d}s + \int_{0}^{t}s_{x+h}\frac{w_{x+h+s}}{w_{x+h}}\mathrm{d}s\right]$$

为了计算公式（10.2.6），对于 $k \leqslant t < k+1$，可以用年中值替代，并假设 $w_{x+t}$ 为每年取常数值的阶梯函数，于是

$$R(x,h,t) \approx R(x,h,k+\frac{1}{2}) = g\frac{s_{x+h}}{w_{x+h}}\frac{1}{m}\int_{k+\frac{1}{2}-m}^{k+\frac{1}{2}} w_{x+h+s}\mathrm{d}s$$

$$= g\frac{s_{x+h}}{w_{x+h}}\frac{1}{m}\left(\int_{k+\frac{1}{2}-m}^{k+1-m} w_{x+h+s}\mathrm{d}s + \int_{k+1-m}^{k+2-m} w_{x+h+s}\mathrm{d}s + \cdots + \int_{k-1}^{k} w_{x+h+s}\mathrm{d}s + \int_{k}^{k+\frac{1}{2}} w_{x+h+s}\mathrm{d}s\right)$$

$$= g\frac{s_{x+h}}{w_{x+h}}\frac{1}{m}\left(\frac{1}{2}w_{x+h+k-m} + w_{x+h+k-m+1} + \cdots + w_{x+h+k-1} + \frac{1}{2}w_{x+h+k}\right)$$

引入符号(称之为区间退休指数)

$$_{m}Z_{y} = \frac{1}{m}\left(\frac{1}{2}w_{y-m} + w_{y-m+1} + \cdots + w_{y-1} + \frac{1}{2}w_{y}\right) \tag{10.2.7}$$

公式(10.2.6)可以简单地写成

$$R(x,h,t) \approx R(x,h,k+\frac{1}{2}) = g\frac{s_{x+h}}{w_{x+h}}\,{}_{m}Z_{x+h+k} \tag{10.2.8}$$

更普遍的情形是年金年额用最后 $m$ 年的平均工资与服务年限乘积的一定比例 $c$(比如 $c=0.03$)来计算,计算公式为

$$R(x,h,t) = c(h+t)\frac{s_{x+h}}{m}\int_{t-m}^{t}\frac{w_{x+h+s}}{w_{x+h}}\mathrm{d}s$$

运用推导公式(10.2.8)的方法,可得

$$R(x,h,t) \approx R(x,h,k+\frac{1}{2}) = c(h+k+\frac{1}{2})\frac{s_{x+h}}{w_{x+h}}\,{}_{m}Z_{x+h+k} \tag{10.2.9}$$

在某些场合下,只核算整数服务年限,那么有

$$R(x,h,t) \approx R(x,h,k+\frac{1}{2}) = c(h+k)\frac{s_{x+h}}{w_{x+h}}\,{}_{m}Z_{x+h+k} \tag{10.2.10}$$

**例 10.2.4**　假设某职工现年 40 岁,年工资为 60 000 元,25 岁开始工作,60 岁退休,工资指数函数为 $w_{25+t}=1.05^{t}$,养老金的年额等于退休前5 年平均工资的2% 与服务年限的乘积,计算 $R(25,15,20\frac{1}{2})$。

**解**:由题意知,$c=2\%$,$h+k=35$,$s_{40}=60\,000$,$w_{40}=1.05^{15}$

$$_{5}Z_{60} = \frac{1}{5}\left(\frac{1}{2}w_{55} + w_{56} + w_{57} + w_{58} + w_{59} + \frac{1}{2}w_{60}\right)$$

$$= \frac{1}{5}\left(\frac{1}{2}\times 1.05^{30} + 1.05^{31} + 1.05^{32} + 1.05^{33} + 1.05^{34} + \frac{1}{2}\times 1.05^{35}\right)$$

$$\frac{_{5}Z_{60}}{w_{40}} = \frac{1}{5}\left(\frac{1}{2}\times 1.05^{15} + 1.05^{16} + 1.05^{17} + 1.05^{18} + 1.05^{19} + \frac{1}{2}\times 1.05^{20}\right)$$

$$\approx 2.354\,915\,06$$

运用公式(10.2.10)可得

$$R(25,15,20\frac{1}{2}) = 2\% \times (35+0.5)s_{40}\frac{_{5}Z_{60}}{w_{40}}$$

$$\approx 2\% \times 35.5 \times 60\,000 \times 2.354\,915\,06 \approx 100\,319.38(\text{元})$$

**例 10.2.5**　某养老金计划对每年的工作提供最后 5 年平均工资 2% 的基本收入,

在 60 岁前退休时，对每工作一年提供最后 5 年平均工资 1% 的补充保障，附加支付到 60 岁为止。假设最低退休年龄为 55 岁，强制退休年龄为 65 岁，并且有些参加者一直工作到 65 岁。该养老金计划的参加者 25 岁开始工作，现年 35 岁且年工资为 30 000 元，获得这些受益应缴纳趸缴纯保费，如果核算受益收入的服务时间以 30 年为限，那么应趸缴多少保险费？

**解：**由已知条件可得 $q_{35+k}^{(r)}=0, k=0,1,2,\cdots,19$，且 ${}_{30}p_{35}^{(\tau)}\neq 0$

（1）所求的趸缴保险费为

$$\begin{aligned}\mathrm{APV}=&\sum_{k=20}^{29}v^{k+\frac{1}{2}}{}_{k}p_{35}^{(\tau)}q_{35+k}^{(r)}\left(10+k+\frac{1}{2}\right)\frac{{}_{5}Z_{35+k}}{w_{35}}30\,000\times 2\%\,\bar{a}_{35+k+\frac{1}{2}}^{r}\\&+v^{30}{}_{30}p_{35}^{(\tau)}(40)\frac{{}_{5}\tilde{Z}_{65}}{w_{35}}30\,000\times 2\%\,\bar{a}_{65}^{r}\\&+\sum_{k=20}^{24}v^{k+\frac{1}{2}}{}_{k}p_{35}^{(\tau)}q_{35+k}^{(r)}\left(10+k+\frac{1}{2}\right)\frac{{}_{5}Z_{35+k}}{w_{35}}300\times 1\%\,\bar{a}_{35+k+\frac{1}{2}:\overline{25-k-\frac{1}{2}|}}^{r}\end{aligned}$$

其中，${}_{5}\tilde{Z}_{65}=\dfrac{w_{60}+w_{61}+w_{62}+w_{63}+w_{64}}{5}$，称之为整点退休指数。

（2）所求的趸缴保险费为

$$\begin{aligned}\mathrm{APV}=&18\,000\sum_{k=20}^{29}v^{k+\frac{1}{2}}{}_{k}p_{35}^{(\tau)}q_{35+k}^{(r)}\frac{{}_{5}Z_{35+k}}{w_{35}}\bar{a}_{35+k+\frac{1}{2}}^{r}+18\,000v^{30}{}_{30}p_{35}^{(\tau)}\frac{{}_{5}\tilde{Z}_{65}}{w_{35}}\bar{a}_{65}^{r}\\&+9\,000\sum_{k=20}^{24}v^{k+\frac{1}{2}}{}_{k}p_{35}^{(\tau)}q_{35+k}^{(r)}\frac{{}_{5}Z_{35+k}}{w_{35}}\bar{a}_{35+k+\frac{1}{2}:\overline{25-k-\frac{1}{2}|}}^{r}\end{aligned}$$

其中，18 000 = 30 000 × 2% × 30，9 000 = 30 000 × 1% × 30。

（三）$R(x,h,t)$ 取决于整个工作期间的平均工资

年金年额是整个工作期间收入的一定比例 $c$，它也可以被看成工作年限与整个工作期间平均工资乘积的 $c$ 倍。因此，工作期间平均退休受益的精算现值分成两部分。一部分针对工资已知的过去工作年限；另一部分针对工资需估计的未来工作期间。

假设参加年金计划者当前年龄为 $x+h$ 岁，过去工资总额为 $(\mathrm{TSP})_{x+h}$，对应的年金年额为 $c(\mathrm{TSP})_{x+h}$，则过去工作受益的精算现值为

$$\mathrm{PPV}=c(\mathrm{TSP})_{x+h}\sum_{k=\alpha-x-h}^{\beta-x-h-1}v^{k+\frac{1}{2}}{}_{k}p_{x+h}^{(\tau)}q_{x+h+k}^{(r)}\bar{a}_{x+h+k+\frac{1}{2}}^{r}\qquad(10.2.11)$$

基于未来工作期间的年金年额为

$$R=c\int_{0}^{t}(es)_{x+h+s}\mathrm{d}s=\frac{cs_{x+h}}{w_{x+h}}\int_{0}^{t}w_{x+h+s}\mathrm{d}s$$

当 $w_{x+h+s}$ 是在各年龄段为常数的阶梯函数时，上式可简化为

$$R\approx\frac{cs_{x+h}}{w_{x+h}}\left(\sum_{j=0}^{k-1}w_{x+h+j}+\frac{1}{2}w_{x+h+k}\right)\text{，其中 }k=[t]$$

于是，未来工作受益的精算现值为

$$\mathrm{FPV}=c\frac{s_{x+h}}{w_{x+h}}\left[\sum_{k=\alpha-x-h}^{\beta-x-h-1}v^{k+\frac{1}{2}}{}_{k}p_{x+h}^{(\tau)}q_{x+h+k}^{(r)}\bar{a}_{x+h+k+\frac{1}{2}}^{r}\left(\sum_{j=0}^{k-1}w_{x+h+j}+\frac{1}{2}w_{x+h+k}\right)\right]$$

(10.2.12)

当 $k < \alpha - x - h$ 时，$q_{x+h+k}^{(r)} = 0$，公式(10.2.12)可化简为

$$\mathrm{FPV} = c\frac{s_{x+h}}{w_{x+h}}\left[\sum_{k=0}^{\beta-x-h-1} v^{k+\frac{1}{2}}{}_{k}p_{x+h}^{(\tau)}q_{x+h+k}^{(r)}\bar{a}_{x+h+k+\frac{1}{2}}^{r}\left(\sum_{j=0}^{k-1} w_{x+h+j} + \frac{1}{2}w_{x+h+k}\right)\right] \tag{10.2.13}$$

因此，当 $R(x,h,t)$ 取决于整个工作期间的平均工资时，趸缴保险费为

$$\mathrm{APV} = \mathrm{FPV} + \mathrm{PPV}$$

### 三、残疾条件下的趸缴保险费

残疾金的年额与适龄退休金年额类似，通常是残疾前年工资与工作期限(或某一工作时期最低值)以及某一比例值的乘积。残疾金一般给付至适龄退休时，然后转化为适龄退休的养老金进行给付。残疾金的给付有一定的要求，如：① 在本单位的最短工作期限为5年、10年等；只有在本单位的工作时间超过这个最短工作期限的职工，才能在残疾后领取残疾金；② 残疾必须发生在最低适龄退休年龄之前，否则残疾金就直接转化为适龄退休的养老金进行给付；③ 还可以另外设定计算残疾金的最低工作年限，如最低工作年限为10年，低于10年的按10年计算，大于10年的按实际年数计算，这样残疾金可以有一个最低保障限度，以保障残疾人员的基本生活。

假设获得残疾金至少需要5年工龄，且55岁为最低适龄退休年龄，最低残疾给付为 $10c(es)_{x+h+t}$，这里 $c$ 为给付比例，于是残疾金年额函数为

$$R(x,h,t) = \begin{cases} 0, & 0 \leqslant h+t < 5 \\ 10c(es)_{x+h+t}, & 5 \leqslant h+t < 10 \\ c(h+t)(es)_{x+h+t}, & 10 \leqslant h+t < 55-x \end{cases} \tag{10.2.14}$$

于是，残疾金的精算现值或在 $x+h$ 岁时需缴纳的趸缴保险费为

$$\mathrm{APV} = \int_{5-h}^{55-x-h} v^{t}{}_{t}p_{x+h}^{(\tau)}\mu_{x+h+t}^{(i)}R(x,h,t)\bar{a}_{x+h+t}^{i}\mathrm{d}t \tag{10.2.15}$$

当 $5-h \leqslant 0$，即 $h \geqslant 5$ 时，积分下限为0，并假设残疾在各年龄段上服从均匀分布，那么公式(10.2.15)可以用如下近似公式表示

$$\mathrm{APV} = \sum_{k=5-h}^{54-x-h} v^{k+\frac{1}{2}}{}_{k}p_{x+h}^{(\tau)}q_{x+h+k}^{(i)}R\left(x,h,k+\frac{1}{2}\right)\bar{a}_{x+h+k+\frac{1}{2}}^{i}$$

公式(10.2.15)中假设职工残疾后，残疾金将终身给付，然而事实上在55岁时就转化为适龄退休的养老金进行给付，换言之，残疾金通常给付到适龄最低退休年龄为止，于是 $\bar{a}_{x+h+k+\frac{1}{2}}^{i}$ 可用 $\bar{a}_{x+h+k+\frac{1}{2}:\overline{55-(x+h+k+\frac{1}{2})}|}^{i}$ 来代替。这里 $\bar{a}_{x+h+t}^{i}$ 表示每年连续支付1的终身年金精算现值，它是按残废退休群体的死亡率制作的普通生命表计算的。

**例10.2.6**　某养老金计划可以提供残疾金保障，残疾金为残废时年工资的60%，要求职工必须在本单位工作5年以上，且残疾时年龄低于55岁，才有权领取残疾金。某职工20岁在本单位工作，残疾时年龄为35岁，年工资为20 000元，计算该职工的残疾金年额及获得此项保障所应缴纳的趸缴保险费。

**解**：$R\left(20,15,k+\frac{1}{2}\right) = 20\,000 \times 60\% = 12\,000$

应缴纳的趸缴保险费为

$$\mathrm{APV} = \sum_{k=0}^{19} v^{k+\frac{1}{2}}{}_{k}p^{(T)}_{x+h}q^{(i)}_{x+h+k}R(20,15,k+\frac{1}{2})\bar{a}^{i}_{35+k+\frac{1}{2}:\overline{55-(35+k+\frac{1}{2})}|}$$

$$= 12\ 000\sum_{k=0}^{19} v^{k+\frac{1}{2}}{}_{k}p^{(\tau)}_{x+h}q^{(i)}_{x+h+t}\bar{a}^{i}_{35.5+k:\overline{19.5-k}|}$$

### 四、离职条件下的趸缴保险费

对由于各种原因而中途退出养老金计划的人，在满足一定条件下，也可以给予养老金保障，即提供一定数额的年金给付，但通常有最低工作年限的要求，如 15 年。离职后，从达到退休年龄（如 60 岁）开始，提供一定的养老金。养老金年额一般为退出养老金计划时的年工资与工作年限及某一比例 $c$ 的乘积。

$$R(x,h,t) = \begin{cases} 0, & h+t<15 \\ c(h+t)(es)_{x+h+t}, & 15 \leqslant h+t < 60-x \end{cases} \tag{10.2.16}$$

离职受益的精算现值或在 $x+h$ 岁时的趸缴保险费或成本为

$$\mathrm{APV} = \int_{15-h}^{60-x-h} v^{t}{}_{t}p^{(\tau)}_{x+h}\mu^{(w)}_{x+h+t}R(x,h,t)_{\ 60-x-h-t|}\bar{a}^{w}_{x+h+t}\mathrm{d}t \tag{10.2.17}$$

其中，15 年为最低工作年限，当 $15-h<0$，即 $h>15$ 时，公式（10.2.17）中的积分下限为 0，即保证积分下限非负。公式（10.2.17）可以用如下近似表达式表示：

$$\mathrm{APV} = \sum_{k=15-h}^{59-x-h} v^{k+\frac{1}{2}}{}_{k}p^{(\tau)}_{x+h}q^{(w)}_{x+h+k}R(x,h,k+\frac{1}{2})_{\ 60-x-h-k-\frac{1}{2}|}\bar{a}^{w}_{x+h+k+\frac{1}{2}} \tag{10.2.18}$$

这里，年金现值中的上标标有“$w$”，指的是这种年金精算现值是按离职群体的死亡率制作的普通生命表计算的。

离职受益的养老金还可以是在职工离职时退还的按一定利率积累的部分或全部养老保险费的积累额。为了简便起见，只考虑有关过去及当年缴纳的保险费。当然，也可考虑未来的保险费，这需要预测。假设 $(\mathrm{ATPC})_{x+h}$ 为某职工在过去 $h$ 年缴纳的养老保险费在 $x+h$ 岁时的积累额；假设这部分积累额按年利率 $j$ 再积累，于是该职工在 $x+h+t$ 岁离职时领取的受益总额为

$$B(x,h,t) = (\mathrm{ATPC})_{x+h}(1+j)^{t} \tag{10.2.19}$$

假设有资格获得退休金的最低年龄为 $\alpha$，那么 $x+h<\alpha$，并规定职工在 $\alpha$ 岁以后不再离职。于是，在 $x+h$ 岁之前的缴费在 $x+h+t$ 岁离职时离职受益在 $x+h$ 岁时的精算现值或趸缴保险费为

$$(\mathrm{ATPC})_{x+h}\int_{0}^{\alpha-x-h} v^{t}{}_{t}p^{(\tau)}_{x+h}\mu^{(w)}_{x+h+t}(1+j)^{t}\mathrm{d}t \tag{10.2.20}$$

用离散方法近似估计有

$$(\mathrm{ATPC})_{x+h}\sum_{k=0}^{\alpha-x-h-1} v^{k+\frac{1}{2}}{}_{k}p^{(\tau)}_{x+h}q^{(w)}_{x+h+k}(1+j)^{k+\frac{1}{2}} \tag{10.2.21}$$

若职工在 $x+h$ 岁离职，具体时间可能发生在一年中的任何时候，假设在 $x+h$ 岁缴纳的保险费为 $\frac{1}{2}cs_{x+h}$，而在以后各年离职时，可以计算 $cs_{x+h}(1+j)^{k}$ 在 $x+h+k$ 时退还的保

险费，这些退还的保险费在 $x+h$ 岁时的精算现值或趸缴保险费为

$$cs_{x+h}\left[\frac{1}{2}v^{\frac{1}{2}}q_{x+h}^{(w)}+\sum_{k=1}^{\alpha-x-h-1}v^{k+\frac{1}{2}}{}_{k}p_{x+h}^{(\tau)}q_{x+h+k}^{(w)}(1+j)^{k}\right] \tag{10.2.22}$$

说明：上面假设离职、残废、退休后的待遇不变，事实上，运用第十二章的方法可以解决待遇调整问题。

## 第三节　养老保险年缴保险费

在养老保险或年金制度中，一般有如下三种情形可以考虑：一是工作期间，每工作一年或一月对应退休后一定数额的养老金；二是以整个工作期间的平均工资为基础，根据工作年限确定一个比率（如每年 2%），将两者之积作为年金年额；三是以工作期间的最后 $f$ 年的平均工资为基础，根据工作年限确定一个比率，将两者之积作为年金年额，这种情形在职工离职时使用得比较多。

无论何种情形，在职人员离职、退休时的年金数额都是确定的，从而可以计算出年缴保险费。

### 一、均衡年缴保险费

#### （一）年金年额与工资水平无关

假设某职工在 $x$ 岁（如 20 岁）参加了某项养老保险，在 $r$ 岁（如 60 岁）适龄退休，享受年额为 $A$ 的终身年金，并假设在适龄退休前年缴一次均衡保险费，其年额为 $P$，于是由收支平衡原则可得

$$P\sum_{t=0}^{r-x-1}v^{t}l_{x+t}^{(\tau)}=A\ddot{a}_{r}v^{r-x}l_{r}^{(\tau)} \tag{10.3.1}$$

公式（10.3.1）中，$\ddot{a}_r$ 是基于普通生命表所计算的终身生存年金的精算现值，$A\ddot{a}_r$ 为年金开始领取时点或适龄退休时点的年金现值，又称年金原资。

两边同除以 $l_x^{(\tau)}$ 可得

$$P\ddot{a}_{x:\overline{r-x|}}^{(\tau)}=A\ddot{a}_{r}v^{r-x}{}_{r-x}p_{x}^{(\tau)}$$

即

$$P=\frac{A\ddot{a}_{r}v^{r-x}{}_{r-x}p_{x}^{(\tau)}}{\ddot{a}_{x:\overline{r-x|}}^{(\tau)}}=\frac{A\ddot{a}_{r}D_{r}^{(\tau)}}{N_{x}^{(\tau)}-N_{r}^{(\tau)}} \tag{10.3.2}$$

#### （二）年金年额与整个就业期间平均工资相关

假设 $s_{x+t}$ 为 $x+t$ 岁的未来一年间，即 $x+t$ 与 $x+t+1$ 岁间的工资金额，$S_{x+t}$ 为经过 $t$ 年或截至 $x+t$ 岁的工资总额，即

$$S_{x+t}=\sum_{k=1}^{t}s_{x+k-1} \tag{10.3.3}$$

其中，$t=1,2,\cdots,r-x$。

如果 $S_{x+t}$ 也可以是月度工资总额，那么

$$S_{x+t+\frac{j}{12}} = \sum_{k=1}^{t} s_{x+k-1} + \frac{j}{12} s_{x+t} \tag{10.3.4}$$

假设年金年额为整个就业期间平均工资的$\beta(r-x)$倍，即每参加养老保险一年，获得的养老金权益占平均工资的比率为$\beta$，记$B$为年金年额，于是

$$B = \frac{1}{r-x}\sum_{t=0}^{r-x-1} s_{x+t} \cdot \beta(r-x) = \beta S_r \tag{10.3.5}$$

在公式(10.3.2)中，将$A$换成$B$即可得到年缴保险费的金额。

（三）年金年额与最后若干年平均工资相关

假设年金年额为最后$f$年间平均工资的$\gamma(r-x)$倍，即每参加养老保险一年，获得的养老金权益占平均工资的比率为$\gamma$，记$C$为年金年额，于是

$$C = \frac{1}{f}\sum_{t=r-x-f}^{r-x-1} s_{x+t} \cdot \gamma(r-x) = \gamma(r-x)\frac{S_r - S_{r-f}}{f} \tag{10.3.6}$$

在公式(10.3.2)中，将$A$换成$C$即可得到年缴保险费的金额。

上述三种情形有一个共同特点，就是$A$、$B$、$C$为常数，即职工在整个退休期间所领取的年金年额始终保持不变。但这不太符合实际情形，也不能实现保障基本生活需要的目标。因此，可考虑退休后第$k$年年初可以领取当年的待遇为$B_k$，那么公式(10.3.1)就变为

$$P\sum_{t=0}^{r-x-1} v^t l_{x+t}^{(\tau)} = v^{r-x} l_r^{(\tau)} \sum_{k=0}^{+\infty} B_{k+1} v^k {}_k p_r$$



也可以考虑将年金年额在年中平均发放，则上式变为

$$P\sum_{t=0}^{r-x-1} v^t l_{x+t}^{(\tau)} = v^{r-x} l_r^{(\tau)} \sum_{k=0}^{+\infty} B_{k+1} v^{k+\frac{1}{2}} {}_{k+\frac{1}{2}} p_r$$

## 二、按工资比例缴费的年缴保险费

为方便起见，假设在职工$x$岁时给付的年额为1，并按实际工资变动指数来给付，给付$n$年，在多减因条件下的精算现值记为

$${}^s\ddot{a}_{x:\overline{n}|}^{(\tau)} = \sum_{t=0}^{n-1} \frac{s_{x+t}}{s_x} v^t {}_t p_x^{(\tau)} \tag{10.3.7}$$

$$= \sum_{t=0}^{n-1}\left(\frac{s_{x+t}}{s_x} \cdot \frac{D_{x+t}^{(\tau)}}{D_x^{(\tau)}}\right) \tag{10.3.8}$$

（一）年金年额与整个就业期间平均工资相关

假设每年按工资的比率$c$缴纳保险费，那么由收支平衡原则可得

$$c s_x {}^s\ddot{a}_{x:\overline{r-x}|}^{(\tau)} = B\ddot{a}_r v^{r-x} {}_{r-x} p_x^{(\tau)} \tag{10.3.9}$$

解之得

$$c = \frac{B\ddot{a}_r v^{r-x} {}_{r-x} p_x^{(\tau)}}{s_x {}^s\ddot{a}_{x:\overline{r-x}|}^{(\tau)}} \tag{10.3.10}$$

这里的$B$由公式(10.3.5)给出。

（二）年金年额与最后若干年平均工资相关

假设每年按工资的比率$c$缴纳保险费，那么

$$c = \frac{C\ddot{a}_r v^{r-x}{}_{r-x}p_x^{(\tau)}}{s_x {}^s\ddot{a}_{x:\overline{r-x}|}^{(\tau)}} \tag{10.3.11}$$

这里的 $C$ 由公式(10.3.6) 给出。

特别地,当每年工资比上年工资增长一个固定百分比时,如增长5%,即 $s_{x+t} = s_x(1.05)^t$,运用公式(10.3.10)、公式(10.3.11) 计算会简便得多。当然,上述三种情形中,退休待遇以年额年金的方式给付。年金也可以每月支付1次,我们只需将上述公式中的 $\ddot{a}_r$ 替换为 $\ddot{a}_r^{(12)}$;假设给付的不是终身生存年金,而是有10年确定年金保证期的终身年金,那么我们只需在上述公式中将 $\ddot{a}_r$ 替换为 $\ddot{a}_{\overline{10}|} + {}_{10|}\ddot{a}_r$。

## 本章小结

本章研究的是多减因模型在养老金计划中的重要应用。本章主要研究在死亡、离职、残疾和适龄退休四个减因作用下有关养老金计划的趸缴纯保费、年缴纯保费的计算。本章的精算假设主要有预定在职人员多减因表、预定利率、预定工资增长率等,依据的原则是收支平衡原则。在退休前使用多减因表,在适龄退休后使用普通生命表,在离职后使用离职者生命表,在残疾后则使用残疾者生命表。

连续给付或连续缴费的连续年金可以近似地处理为年中给付年金,从而将其转化为离散型年金,以便简化计算。可运用 Excel 对附表4A 在一定利率假设下制作替换函数表,即附表4B,然后进行计算。



养老保险年缴保险费可分为均衡年缴保险费和按工资比例缴费的年缴保险费。

## 习题 10

10-1　某养老金计划的参加者现年 $x$ 岁,已知:(1) 按年薪的2.5% 缴费;(2) 现在年薪为29 200 元;(3) 工资增长函数在任何一年内都为常数,且 $s_y = 10\,000(1.035)^y$;(4) 假设 ${}_tp_x^{(\tau)} = (1.08)^{-t}$;(5) 所有支付均在年中进行;(6) $i = 0.08$。求参加者未来所缴保费的精算现值。

10-2　某雇员现年35岁,当年工资为20 000 元,在30岁时加入了某养老金计划,每年按年薪的3% 缴费,退休时缴费所形成的积累额用于购买一种期初付的退休年金。该计划如下:(1) $w_{35+k} = 1.05^k(k = 0,1,2,\cdots)$;(2) ${}_tp_{65} = 1.05^{-t}$;(3) 过去缴费形成的积累额为5 000 元;(4) $i = 0.05$,用于计算所缴保费积累额与年金现值或终值。假设该雇员65岁退休,求每年的退休给付额。

10-3　现年30岁的人参加了由如下三种缴费方式构成并允许在60岁退休的养老金计划,试写出在30岁时应缴纳的与之等价的趸缴纯保费的计算公式:(1) 每年以年额2 400 元连续缴费;(2) 第1年的缴费额为2 400 元,以后每年递增100 元,连续缴费;(3) 第1年实际工资为12 000 元,且费率为20%,工资增长函数为 $w_{20+t} = 1.10^t$

$(0 \leqslant t \leqslant 39)$，年利率为 2.5%。以附表 4B 为基础，计算具体的结果。

10－4　假设某职工现年 40 岁，当前年工资为 10 000 元。该职工于 25 岁开始工作，60 岁退休，工资增长函数为 $w_{25+t} = 1.07^t$，年金年额等于退休前 5 年平均工资的 2% 与服务年限的乘积，计算 $R(25,15,20\frac{1}{2})$。

10－5　假设对于年龄为 30 岁的养老金计划加入者，每年以 5% 的比率增加工资，40 岁、50 岁、60 岁时在原有工资的基础上再增加 10%，若初始年薪为 12 000 元，每年按年薪的 10% 缴费，假设该职工在 70 岁退休，求其应缴纳趸缴纯保费。

10－6　在一项扣除计划中，退休年给付额为最后 3 年的平均年薪的 2% 乘以工作年数，减去一个等于最后 3 年平均年薪 25% 的金额作为社会保险给付额的 35%。假设年薪在每年年末增加，年薪增长函数为 $w_{40+k} = (1.05)^k$，求 30 岁加入该计划、现年 40 岁、年薪 40 000 元的员工在 65 岁准点退休时的年给付额。

10－7　一种扣除计划的扣除额为工作年数乘以社会保险收入的 2%，但不超过社会保险收入的 50%。在扣除之前，年给付额为工作年数乘以最后 3 年平均年薪的 2%。对年薪为 30 000 元的 40 岁的新加入者，试在下列情况下写出给付额公式：

（1）恰好在 65 岁退休，预期的社会保险收入为 $I_{65}$。

（2）在 68 岁至 69 岁退休，预期的社会保险收入为 $I_{68.5}$。

10－8　某养老金计划的退休给付为每工作一年则每月给付 200 元，某职工在 30 岁参加养老金计划，60 岁退休，退休金每月发放一次，已知 ${}_{20}p_{40} = 0.926$，$i = 6\%$，$\ddot{a}_{60}^{(12)} = 11.1573$，试计算这些给付在 40 岁时的精算现值。

10－9　某养老金计划的资助者每年为每个计划的加入者缴纳其年薪超过扣除额部分的 10%，已知第一年的扣除额为 10 000 元，假设年扣除额每年按 5% 的速度增长，对于现年 35 岁、初始年薪 25 000 元的参加者，假设退休年龄为 65 岁，求资助者应缴纳的趸缴纯保费。

10－10　年初正好 50 岁且年薪为 50 000 元的某养老金计划加入者，在其工作期间于每年年初缴纳年薪的 8% 作为保险费，已知 $i = 2.5\%$，$w_{50+k} = (1.025)^k$，其中 $k = 1,2,\cdots$。试根据附表 4A，计算与这些缴费等价的趸缴纯保费。

# 第十一章
# 资产份额与盈余分析

盈余分析是保险经营过程中的重要一环。本章主要研究预期盈余分析、资产份额、利源分析、红利分配。通过利源分析可以达到改进保险经营管理的目的。

## 第一节　预期盈余分析

寿险精算中的计算，无论是均衡纯保费的计算，还是责任准备金的计算，都建立在一定的假设条件基础之上，即建立在以过去数据为依据的预定死亡率、预定利息率及预定费用率的基础之上。然而，实际死亡率、实际利息率、实际费用率与预定死亡率、预定利息率及预定费用率存在偏差，由此形成保险公司盈余或亏损的主要来源。

盈余的主要来源有：① 在对保费计算基础进行假设时，一般都假设较低的利息率、较高的费用率和保守的死亡率（对人寿保险而言，假设有较高的死亡率，对生存保险而言，则假设有较低的死亡率），这种保守的假设成为盈余的主要来源。② 当退保发生时，保单持有人不能获得保单对应的所有责任准备金。③ 对分红保单来讲，营业保费中包含了红利系数，这部分的盈余是分红保单的主要来源。本节仅考虑费用对预期盈余的影响。

会计中，资产负债方程可表示为

$$A(t) = L(t) + U(t)$$

这里，$A(t)$、$L(t)$、$U(t)$ 分别表示在时刻 $t$ 的资产额、负债额、所有者权益或盈余。

于是盈余改变量可以表示为

$$\Delta U(t) = \Delta A(t) - \Delta L(t)$$

下面以保额为 1、于死亡所在年年末给付保险金的终身缴费终身寿险为例，分析预期盈余的形成过程。

### 一、没有附加费用的盈余分析

由责任准备金的递推公式可得

$${}_{t-1}V_x + P_x = vq_{x+t-1} + vp_{x+t-1}\,{}_tV_x$$

两边同时乘以 ${}_{t-1}p_x(1+i)$ 可得

$${}_{t-1}p_x({}_{t-1}V_x + P_x)(1+i) = {}_{t-1}p_x q_{x+t-1} + {}_tp_x\,{}_tV_x \tag{11.1.1}$$

在第一个会计年度,资产的变化表现为:① 资产的增加源于缴纳的保费及其利息收入 $P_x(1+i)$;② 资产的减少源于平均死亡给付 $q_x$。如果初始资产为 $A(0)=0$,那么

$$A(1)=A(0)+[A(1)-A(0)]=0+P_x(1+i)-q_x$$

$$L(1)=p_x\cdot {}_1V_x$$

在公式(11.1.1)中取 $t=1$,可得

$$P_x(1+i)-q_x=p_x\cdot {}_1V_x$$

$$\therefore A(1)=L(1)$$

$$U(1)=A(1)-L(1)=0$$

假设 $A(t)=L(t)={}_tp_x\,{}_tV_x$,由此可以计算出第 $t+1$ 年度的资产变化量:保费收入为 ${}_tp_xP_x$(增加项目),利息收入为 ${}_tp_x({}_tV_x+P_x)i$(增加项目),死亡给付为 ${}_tp_xq_{x+t}$ 或 ${}_{t|}q_x$(减少项目)。

$$\therefore \Delta A(t)={}_tp_xP_x+{}_tp_x({}_tV_x+P_x)i-{}_tp_xq_{x+t}$$

$$\begin{aligned}\therefore A(t+1)&=A(t)+\Delta A(t)={}_tp_x\,{}_tV_x+{}_tp_x[P_x+({}_tV_x+P_x)i]-{}_tp_xq_{x+t}\\&={}_tp_x[({}_tV_x+P_x)(1+i)]-{}_tp_xq_{x+t}={}_{t+1}p_x\,{}_{t+1}V_x=L(t+1)\end{aligned}$$

根据数学归纳法,对于所有的 $t$ 有

$$A(t)=L(t)$$

$$U(t)=A(t)-L(t)=0\,(t=1,2,\cdots) \tag{11.1.2}$$

## 二、含有附加费用的盈余分析

假设营业保费为在纯保费 $P_x$ 的基础上附加的正常数 $c$,在第 $t(t=1,2,\cdots)$ 个保险年度初支付的附加费用为 $e_{t-1}$,用 $u(t)$ 表示第 $t$ 年年末每份有效保单的目标盈余,于是可将公式(11.1.1)扩展为

$${}_{t-1}p_x[{}_{t-1}V_x+u(t-1)+(P_x+c)-e_{t-1}](1+i)={}_{t-1}p_xq_{x+t-1}+{}_tp_x[{}_tV_x+u(t)] \tag{11.1.3}$$

公式(11.1.3)-公式(11.1.1),可得

$${}_{t-1}p_x[u(t-1)+(c-e_{t-1})](1+i)={}_tp_xu(t) \tag{11.1.4}$$

两边同时乘以 $v^t$ 可得

$$v^{t-1}{}_{t-1}p_x[u(t-1)+(c-e_{t-1})]=v^t{}_tp_xu(t)$$

$$\therefore v^t{}_tp_xu(t)-v^{t-1}{}_{t-1}p_xu(t-1)=v^{t-1}{}_{t-1}p_x(c-e_{t-1}) \tag{11.1.5}$$

令 $t=1,2,\cdots,k$,相加可得

$$v^k{}_kp_xu(k)=\sum_{t=1}^{k}v^{t-1}{}_{t-1}p_x(c-e_{t-1})$$

$$\therefore {}_kp_xu(k)=\sum_{t=1}^{k}(1+i)^{k-t+1}{}_{t-1}p_x(c-e_{t-1}) \tag{11.1.6}$$

$$u(k)=\sum_{t=1}^{k}\frac{D_{x+t-1}}{D_{x+k}}(c-e_{t-1}) \tag{11.1.7}$$

其中,$u(0)=0$。否则,应在公式(11.1.6)的右边加上 $u(0)(1+i)^k$。

公式(11.1.6)表明，第 $k$ 年年末的预期盈余就是以前各年盈余贡献（费用的节省）而形成的积累值。

$$\therefore A(t) = L(t) + U(t) = {}_tp_x\,{}_tV_x + {}_tp_x u(t)$$

$$= {}_tp_x\,{}_tV_x + \sum_{k=1}^{t}(1+i)^{t-k+1}{}_{k-1}p_x(c-e_{k-1})$$

下面考虑相邻年度末盈余的变化情况：

第 $t$ 年度的收入包括

保费收入：${}_{t-1}p_x(P_x + c)$

投资收益：${}_{t-1}p_x[{}_{t-1}V_x + u(t-1) + P_x + (c - e_{t-1})]\,i$

第 $t$ 年度的支出包括

死亡支付：${}_{t-1}p_x q_{x+t-1}$

费用：${}_{t-1}p_x e_{t-1}$

准备金变化：${}_tp_x\,{}_tV_x - {}_{t-1}p_x\,{}_{t-1}V_x$

因此，该年度的盈余变化情况，即第 $t$ 年的净收益为

$${}_{t-1}p_x[u(t-1)i + (c-e_{t-1})(1+i)] \quad [\text{这里利用了公式}(11.1.1)]$$

于是，

第 $t$ 年年末的盈余 = 第 $t-1$ 年年末的盈余 + 第 $t$ 年度的净收益

$$= {}_{t-1}p_x u(t-1) + {}_{t-1}p_x[u(t-1)i + (c-e_{t-1})(1+i)]$$

$$= {}_{t-1}p_x[u(t-1) + (c-e_{t-1})](1+i)$$

由于费用分布的特点，通常当 $t$ 较小时，盈余为负值；而当 $t$ 较大时，盈余为正值。为了克服这一局限性，附加保费的计算可以不采用均衡保费的方式，而应满足不等式 $c_{t-1} - e_{t-1} \geqslant 0$。



## 第二节　资产份额

### 一、资产份额的定义

资产份额是保险人对每单位有效保单预先估计的资产数额，或者说是按单位保额所能分配的资产。通俗地讲，资产份额类似于一个收支账户的余额，每年的保费及其利息收入作为收入项目而增加账户余额，而保险金、退保金、红利、费用作为支出项目而减少账户余额。将每年年末的账户余额分摊到全部有效保单上就得到每张有效保单的账户余额，也就是每张有效保单的资产份额。资产份额是分析保险公司盈余状况的非常有效的方法，或者说是利源分析的重要工具。

假设$(x)$在第 $t+1$ 年年初有效保单持有人数为 $l_{x+t}^{(\tau)}$，第 $t+1$ 年年内死亡人数、退保人数分别为 $d_{x+t}^{(1)}$、$d_{x+t}^{(2)}$，于是

$$l_{x+t+1}^{(\tau)} = l_{x+t}^{(\tau)} - d_{x+t}^{(1)} - d_{x+t}^{(2)}$$

假设 $x+t$ 岁的有效保单持有者“存活”1 年的概率为 $p_{x+t}^{(\tau)}$，在 1 年内死亡的概率为

$q_{x+t}^{(1)}$，退保概率为 $q_{x+t}^{(2)}$，显然

$$p_{x+t}^{(\tau)}=\frac{l_{x+t+1}^{(\tau)}}{l_{x+t}^{(\tau)}},q_{x+t}^{(1)}=\frac{d_{x+t}^{(1)}}{l_{x+t}^{(T)}},q_{x+t}^{(2)}=\frac{d_{x+t}^{(2)}}{l_{x+t}^{(T)}}$$

$$\therefore p_{x+t}^{(\tau)}=1-q_{x+t}^{(1)}-q_{x+t}^{(2)}$$

假设第 $t$ 年的资产份额为 $_t(AS)$，则与公式(11.1.3)类似的有

$$_{t+1}(AS)p_{x+t}^{(\tau)}=[\,_t(AS)+G(1-c_t)-e_t](1+i)-q_{x+t}^{(1)}-q_{x+t}^{(2)}\cdot{}_{t+1}(CV) \tag{11.2.1}$$

或者

$$_{t+1}(AS)=\frac{1}{p_{x+t}^{(\tau)}}\{[\,_t(AS)+G(1-c_t)-e_t](1+i)-q_{x+t}^{(1)}-q_{x+t}^{(2)}\cdot{}_{t+1}(CV)\} \tag{11.2.2}$$

其中，$G$ 为总保费，$c_t$ 为第 $t+1$ 年年初（或时点 $t$）用占总保费的比例表示的附加费用，$e_t$ 为用绝对额表示的附加费用。

公式(11.2.1)两边同时乘以 $v^{t+1}l_{x+t}^{(\tau)}$ 可得

$$v^{t+1}l_{x+t+1}^{(\tau)}\cdot{}_{t+1}(AS)-v^tl_{x+t}^{(\tau)}\cdot{}_t(AS)=[G(1-c_t)-e_t]v^tl_{x+t}^{(\tau)}-[d_{x+t}^{(1)}+d_{x+t}^{(2)}\cdot{}_{t+1}(CV)]v^{t+1} \tag{11.2.3}$$

在公式(11.2.3)中，令 $t=0,1,2,\cdots,n-1$，相加可得

$$v^nl_{x+n}^{(\tau)}\cdot{}_n(AS)-v^0l_x^{(\tau)}\cdot{}_0(AS)=\sum_{t=0}^{n-1}\{[G(1-c_t)-e_t]v^tl_{x+t}^{(\tau)}-[d_{x+t}^{(1)}+d_{x+t}^{(2)}\cdot{}_{t+1}(CV)]v^{t+1}\} \tag{11.2.4}$$

若 $_0(AS)=0$，则公式(11.2.4)可化简为

$$_n(AS)=\sum_{t=0}^{n-1}\frac{[G(1-c_t)-e_t]l_{x+t}^{(\tau)}(1+i)^{n-t}-[d_{x+t}^{(1)}+d_{x+t}^{(2)}\cdot{}_{t+1}(CV)](1+i)^{n-t-1}}{l_{x+n}^{(\tau)}} \tag{11.2.5}$$

$$\begin{aligned}_n(AS)&=\sum_{t=0}^{n-1}\frac{[G(1-c_t)-e_t](1+i)^{(n-t)}-[q_{x+t}^{(1)}+q_{x+t}^{(2)}\cdot{}_{t+1}(CV)](1+i)^{n-t-1}}{n-{}_tp_{x+t}^{(\tau)}}\\&=\sum_{t=0}^{n-1}\frac{[G(1-c_t)-e_t]v^t\,{}_tp_x^{(\tau)}-v^{t+1}[\,_{t|}q_x^{(1)}+{}_{t|}q_x^{(2)}\cdot{}_{t+1}(CV)]}{v^n\,{}_np_x^{(\tau)}}\end{aligned} \tag{11.2.6}$$

在公式(11.2.4)中，令 $n=\omega-x$，注意到 $_{\omega-x}(AS)=0$，并在两边同时除以 $l_x^{(\tau)}$ 可得

$$\sum_{t=0}^{\omega-x-1}\{[G(1-c_t)-e_t]v^t\,{}_tp_x^{(\tau)}-[q_{x+t}^{(1)}+q_{x+t}^{(2)}\cdot{}_{t+1}(CV)]v^{t+1}\,{}_tp_x^{(\tau)}\}=0$$

即

$$G\sum_{t=0}^{\omega-x-1}v^t\,{}_tp_x^{(\tau)}=\sum_{t=0}^{\omega-x-1}(Gc_t+e_t)]v^t\,{}_tp_x^{(\tau)}+\sum_{t=0}^{\omega-x-1}v^{t+1}[\,_{t|}q_x^{(1)}+{}_{t|}q_x^{(2)}\cdot{}_{t+1}(CV)]$$

即

$$G\ddot{a}_x^{(\tau)} = A_x^{1(1)} + \sum_{t=0}^{\omega-x-1}(Gc_t + e_t)]v^t{}_tp_x^{(\tau)} + \sum_{t=0}^{\omega-x-1} v^{t+1}{}_{t|}q_x^{(2)} \cdot {}_{t+1}(\text{CV}) \quad (11.2.7)$$

## 二、资产份额的应用之一 —— 检验费率的合理性

我们可以用资产份额法判断总保费是否具有合理性，即是否满足${}_t(\text{AS}) \geqslant {}_tV$。

毛保费为 $G$ 时，若满足条件${}_{k+1}(\text{AS})_G \geqslant {}_{k+1}V_T \geqslant {}_{k+1}(\text{CV})_T$，则 $G$ 符合要求。

对于给定的毛保费 $H$，若满足${}_{k+1}(\text{AS})_H \geqslant {}_{k+1}V_T$，则符合要求。否则，应作一些调整，直到给定的毛保费 $G$ 满足${}_{k+1}(\text{AS})_G \geqslant {}_{k+1}V_T$ 为止，其调整方法与标准不是绝对或唯一的。这里，${}_{k+1}V_T$ 为法定责任准备金，${}_{k+1}(\text{CV})_T$ 为最低现金价值。

调整目标：第 $n$ 年年末资产份额 $\geqslant$ 第 $n$ 年年末责任准备金。

调整前：毛保费 $H$ 满足${}_n(\text{AS})_H \leqslant {}_nV$。

调整后：毛保费 $G$ 满足${}_n(\text{AS})_G \geqslant {}_nV$。

由公式(11.2.5) 可得

$${}_n(\text{AS})_H = \sum_{t=0}^{n-1}\frac{[H(1-c_t)-e_t]l_{x+t}^{(\tau)}(1+i)^{n-t} - [d_{x+t}^{(1)} + d_{x+t}^{(2)} \cdot {}_{t+1}(\text{CV})](1+i)^{n-t-1}}{l_{x+n}^{(\tau)}}$$

$${}_n(\text{AS})_G = \sum_{t=0}^{n-1}\frac{[G(1-c_t)-e_t]l_{x+t}^{(\tau)}(1+i)^{n-t} - [d_{x+t}^{(1)} + d_{x+t}^{(2)} \cdot {}_{t+1}(\text{CV})](1+i)^{n-t-1}}{l_{x+n}^{(\tau)}}$$

两者相减可得

$${}_n(\text{AS})_G - {}_n(\text{AS})_H = \sum_{t=0}^{n-1}\frac{(G-H)(1-c_t)l_{x+t}^{(\tau)}(1+i)^{n-t}}{l_{x+n}^{(\tau)}}$$

$$\therefore G - H = \frac{[{}_n(\text{AS})_G - {}_n(\text{AS})_H]l_{x+n}^{(\tau)}}{\sum_{t=0}^{n-1}(1-c_t)l_{x+t}^{(\tau)}(1+i)^{n-t}}$$

$$\therefore G = H + \frac{[{}_n(\text{AS})_G - {}_n(\text{AS})_H]v^n{}_np_x^{(\tau)}}{\sum_{t=0}^{n-1}(1-c_t)v^t{}_tp_x^{(\tau)}}$$

**例 11.2.1**　下面将说明资产份额的计算方法和原理。求满足以下条件的三年期两全保险在各个保险年度末预估的资产份额。签单年龄为 $x$ 岁，死亡所在年年末给付保险金或期满时给付生存金，每年年初缴费一次；保险金额为1 000元。已知 $q_x = 0.1$，$q_{x+1} = 0.111\,1$，$q_{x+2} = 0.5$；实际年利率 $i = 0.15$；第一年年初的费用占毛保费的比重为20%，每张保单费用为 8 元；第二年与第三年年初的费用占毛保费的比重均为6%，每张保单费用为 2 元。

**解：**(1) 费用分析及毛保费的计算。

$$P_{x:\overline{3}|} = \frac{A_{x:\overline{3}|}}{\ddot{a}_{x:\overline{3}|}}$$

其中

$$A_{x:\overline{3}|} = A_{x:\overline{3}|}^{1} + A_{x:\overline{3}|}^{\ \ 1} = vq_x + v^2p_xq_{x+1} + v^3{}_2p_xq_{x+2} + v^3{}_3p_x \approx 0.688\,58$$

$$\therefore \ddot{a}_{x:\overline{3}|} = \frac{1 - A_{x:\overline{3}|}}{d} \approx 2.387\,5$$

因此,保额为1 000元时的年缴纯保费为

$$1\ 000P_{x:\overline{3}|} \approx 288.41(\text{元})$$

假设年缴附加保费为 $e$ 元,则

$$e\ddot{a}_{x:\overline{3}|} = (0.2G+8)+(0.06G+2)a_{x:\overline{2}|}$$

$$e = 43.94(\text{元})$$

从而年缴毛保费为

$$G = 1\ 000P_{x:\overline{3}|}+e \approx 332.35(\text{元})$$

(2) 决定解约价值$_k(\text{CV})$。

假设$_k(\text{CV}) = 1\ 000\,{}_kV_{x:\overline{3}|}-10, k=1,2, {}_3(\text{CV}) = 1\ 000$。运用责任准备金计算原理可以求得

$$1\ 000\,{}_0V_{x:\overline{3}|} = 0, 1\ 000\,{}_1V_{x:\overline{3}|} \approx 257.41, 1\ 000\,{}_2V_{x:\overline{3}|} \approx 581.16$$

从而

$${}_1(\text{CV}) \approx 247.41(\text{元}), {}_2(\text{CV}) \approx 571.16(\text{元}), {}_3(\text{CV}) = 1\ 000(\text{元})$$

(3) 决定各年末预期的资产份额。

假定各年度同时考虑死亡和解约两个因素,死亡概率和解约概率如表11.1所示。

**表11.1　死亡、解约两减因表**

| $k$ | $p_{x+k}^{(\tau)}$ | $q_{x+k}^{(d)}$ | $q_{x+k}^{(w)}$ |
|---|---|---|---|
| 0 | 0.54 | 0.08 | 0.38 |
| 1 | 0.62 | 0.09 | 0.29 |
| 2 | 0.50 | 0.5 | 0 |

那么,第1个保险年度末的资产份额为

$${}_1(\text{AS}) = \frac{[{}_0(\text{AS})+G(1-c_0)-e_0](1+i)-1\ 000q_x^{(d)}-{}_1(\text{CV})q_x^{(w)}}{p_x^{(\tau)}}$$

$$\approx 226.94(\text{元})$$

第2个保险年度末的资产份额为

$${}_2(\text{AS}) = \frac{[{}_1(\text{AS})+G(1-c_1)-e_1](1+i)-1\ 000q_{x+1}^{(d)}-{}_2(\text{CV})q_{x+1}^{(w)}}{p_{x+1}^{(\tau)}}$$

$$\approx 584.38(\text{元})$$

第3个保险年度末的资产份额为

$${}_3(\text{AS}) = \frac{[{}_2(\text{AS})+G(1-c_2)-e_2](1+i)-1\ 000q_{x+2}^{(d)}-{}_3(\text{CV})q_{x+2}^{(w)}}{p_{x+2}^{(\tau)}}$$

$$\approx 1\ 058.01(\text{元})$$

**例 11.2.2**　已知某3年期两全保险的保险金额为1 000元,$G=350$元,$i=5\%$,另外给定条件(如表11.2所示)。计算该保单各年年末的资产份额。

表 11.2　保单的有关假设条件

| $k$ | $p_{x+k}^{(\tau)}$ | $q_{x+k}^{(\tau)}$ | $q_{x+k}^{(1)}$ | $q_{x+k}^{(2)}$ | $c_k$ | $e_k$ | ${}_{k+1}(\mathrm{CV})$ |
|---|---|---|---|---|---|---|---|
| 0 | 0.5 | 0.5 | 0.10 | 0.40 | 0.20 | 0.008 | 230 |
| 1 | 0.6 | 0.4 | 0.15 | 0.25 | 0.06 | 0.002 | 560 |
| 2 | 0.5 | 0.5 | 0.5 | 0 | 0.06 | 0.002 | 1 000 |

**解**：由公式(11.2.2)及${}_0(\mathrm{AS})=0$可得

$$\begin{aligned}{}_1(\mathrm{AS}) &= \frac{1}{0.5}\{[0+350(1-0.2)-8](1+0.05)-1\,000\times0.1-230\times0.4\}\\ &= 187.200(\text{元})\end{aligned}$$

$$\begin{aligned}{}_2(\mathrm{AS}) &= \frac{1}{0.6}\{[187.200+350(1-0.06)-2](1+0.05)\\ &\quad -1\,000\times0.15-560\times0.25\}\approx 416.517(\text{元})\end{aligned}$$

$$\begin{aligned}{}_3(\mathrm{AS}) &= \frac{1}{0.5}\{[416.517+350(1-0.06)-2](1+0.05)\\ &\quad -1\,000\times0.5-1\,000\times0\}\approx 561.386(\text{元})\end{aligned}$$

事实上，这样的毛保费($G=350$ 元)是不合理的，因为它使各年年末的资产份额均小于现金价值，因而我们应该调整毛保费。假设调整后的均衡毛保费应为$\tilde{G}$，于是

$$\begin{aligned}\tilde{G} &= 350+\frac{(1\,000-561.386)\times1.05^{-3}\times0.5\times0.6\times0.5}{(1-0.2)+(1-0.06)\times1.05^{-1}\times0.5+(1-0.06)\times1.05^{-2}\times0.5\times0.6}\\ &\approx 387.803(\text{元})\end{aligned}$$

由此可得调整后的资产份额：

$$\begin{aligned}{}_1(\mathrm{AS})' &= \frac{1}{0.5}\{[0+387.803(1-0.2)-8](1+0.05)-1\,000\times0.1-230\times0.4\}\\ &\approx 250.709(\text{元})\end{aligned}$$

$$\begin{aligned}{}_2(\mathrm{AS})' &= \frac{1}{0.6}\{[250.709+387.803(1-0.06)-2](1+0.05)\\ &\quad -1\,000\times0.15-560\times0.25\}\approx 589.843(\text{元})\end{aligned}$$

$$\begin{aligned}{}_3(\mathrm{AS})' &= \frac{1}{0.5}\{[589.843+387.803(1-0.06)-2](1+0.05)\\ &\quad -1\,000\times0.5-1\,000\times0\}\approx 999.993(\text{元})\end{aligned}$$

另外，若依据收支平衡原则得到的毛保费为$P^*$，则

$$\begin{aligned}P^*(1+1.05^{-1}\times0.5+1.05^{-2}\times0.5\times0.6) &= [(1\,000\times0.1+230\times0.4)\\ &\quad\times1.05^{-1}+8+0.2P^*+(1\,000\times0.5\times0.15+560\times0.5\times0.25)\\ &\quad\times1.05^{-2}+(0.06P^*+2)\times1.05^{-1}\times0.5\\ &\quad+(1\,000\times0.5\times0.6\times0.5+1\,000\times0.5\times0.6\times0.5)\times1.05^{-3}\\ &\quad+(0.06P^*+2)\times1.05^{-2}\times0.5\times0.6]\end{aligned}$$

化简可得

$$1.50340136P^* \approx 583.02429543$$

即

$$P^* \approx 387.80(\text{元})$$

## 三、资产份额的应用之二——利源分析

由公式(11.2.1)可知

$$_{t+1}(\text{AS})p_{x+t}^{(\tau)} = [_{t}(\text{AS}) + G(1-c_t) - e_t](1+i) - q_{x+t}^{(1)} - q_{x+t}^{(2)} \cdot {}_{t+1}(\text{CV})$$

运用 $p_{x+t}^{(\tau)} = 1 - q_{x+t}^{(1)} - q_{x+t}^{(2)}$ 可得

$$\begin{aligned} _{t+1}(\text{AS}) = & [_{t}(\text{AS}) + G(1-c_t) - e_t](1+i) - q_{x+t}^{(1)}(1 - {}_{t+1}(\text{AS})) \\ & - q_{x+t}^{(2)} \cdot ({}_{t+1}(\text{CV}) - {}_{t+1}(\text{AS})) \end{aligned} \tag{11.2.8}$$

在公式(11.2.8)中相应参数的上方加上符号“^”,表示实际运行的数据,由此形成如下实际资产份额公式:

$$\begin{aligned} _{t+1}(\widehat{\text{AS}}) = & [_{t}(\text{AS}) + G(1-\hat{c}_t) - \hat{e}_t](1+\hat{i}_{t+1}) - \hat{q}_{x+t}^{(1)}(1 - {}_{t+1}(\hat{A}S)) \\ & - \hat{q}_{x+t}^{(2)} \cdot ({}_{t+1}(\text{CV}) - {}_{t+1}(\hat{A}S)) \end{aligned} \tag{11.2.9}$$

公式(11.2.9)-公式(11.2.8),可得

$$\begin{aligned} _{t+1}(\widehat{\text{AS}}) - {}_{t+1}(\text{AS}) = & [(_{t}(\text{AS}) + G)(\hat{i}_{t+1} - i)] \\ & + [(Gc_t + e_t)(1+i) - (G\hat{c}_t + \hat{e}_t)(1+\hat{i}_{t+1})] \\ & + [q_{x+t}^{(1)}(1 - {}_{t+1}(\text{AS})) - \hat{q}_{x+t}^{(1)}(1 - {}_{t+1}(\hat{A}S))] \\ & + [q_{x+t}^{(2)} \cdot ({}_{t+1}(\text{CV}) - {}_{t+1}(\text{AS})) \\ & - \hat{q}_{x+t}^{(2)} \cdot ({}_{t+1}(\text{CV}) - {}_{t+1}(\hat{A}S))] \end{aligned} \tag{11.2.10}$$

显然,公式(11.2.10)是由以中括号为界的四项组成的,它们分别表示利差损益、费差损益、死差损益与解约损益(或退差损益)。由此可以得到如下结论:

(1)当 $_{t+1}(\widehat{\text{AS}}) > {}_{t+1}(\text{AS})$ 时,其差额为盈余。

(2)当 $_{t+1}(\widehat{\text{AS}}) < {}_{t+1}(\text{AS})$ 时,其差额为亏损。

(3)当 $_{t+1}(\widehat{\text{AS}}) = {}_{t+1}(\text{AS})$ 时,其差额为0,不盈不亏。

**例 11.2.3** 在例11.2.2的基础上,假设保费已调整至387.80元,并且保单的实际运行结果如表11.3所示,试用资产份额法分析其盈余来源。

**表 11.3 保单的实际运行结果**

| $k$ | $\hat{p}_{x+k}^{(\tau)}$ | $\hat{q}_{x+k}^{(\tau)}$ | $\hat{q}_{x+k}^{(1)}$ | $\hat{q}_{x+k}^{(2)}$ | $\hat{c}_k$ | $\hat{e}_k$ | $\hat{i}_{k+1}$ |
|---|---|---|---|---|---|---|---|
| 0 | 0.45 | 0.55 | 0.12 | 0.43 | 0.18 | 9 | 6% |
| 1 | 0.65 | 0.35 | 0.11 | 0.24 | 0.05 | 2 | 5% |
| 2 | 0.52 | 0.48 | 0.48 | 0 | 0.05 | 2 | 4% |

**解**:第0年年末、第1年年末、第2年年末、第3年年末的实际资产份额分别为0元、241.413元、620.885元、989.429元。于是,可以得到如表11.4所示的盈余来源表。

表 11.4　盈余来源表　　单位:元

| 盈余来源 | 第1年年末 | 第2年年末 | 第3年年末 |
|---|---|---|---|
| 利差损益<br>$[{}_{t}(AS)+G](\hat{i}_{t+1}-i)$ | 3.88 | 0.00 | -9.78 |
| 费差损益<br>$(Gc_t+e_t)(1+i)-(G\hat{c}_t+\hat{e}_t)(1+\hat{i}_{t+1})$ | 6.31 | 4.07 | 4.29 |
| 死差损益<br>$q_{x+t}^{(1)}[1-{}_{t+1}(AS)]-\hat{q}_{x+t}^{(1)}[1-{}_{t+1}(\hat{A}S)]$ | -16.10 | 19.82 | -5.07 |
| 解约损益<br>$q_{x+t}^{(2)}[{}_{t+1}(CV)-{}_{t+1}(AS)]-\hat{q}_{x+t}^{(2)}[{}_{t+1}(CV)-{}_{t+1}(\hat{A}S)]$ | -3.38 | 7.15 | 0.00 |
| 合计 | 9.29 | 31.04 | -10.56 |

因此,各年盈余形成的终值为

$$-9.29\times1.05\times1.04+31.04\times1.04-10.56\approx11.58(\text{元})$$

# 第三节　范例式利源分析

## 一、全离散型利源分析

假设有许多 $x$ 岁的人签约 $n$ 年到期、保险金于死亡年所在年年末或期满生存时支付 $l$ 的两全保险合同,并假设签约发生在保险期期初,于是有

$$l_{x+t-1}({}_{t-1}V+P)(1+i)-d_{x+t-1}-(l_{x+t-1}-d_{x+t-1})\,{}_{t}V=0 \tag{11.3.1}$$

仅当群体的实际死亡数及责任准备金利率与预定的一样时,这个公式才成立,否则就会产生盈亏。不过,大多数情况下会产生盈余,因为实际的死亡数 $d'_{x+t-1}$ 比预定的 $d_{x+t-1}$ 小,利率 $i'$ 比预定 $i$ 高,因而公式(11.3.1) 的右边就不是 0,而是剩余金 $G$,即

$$l_{x+t-1}({}_{t-1}V+P)(1+i')-d'_{x+t-1}-(l_{x+t-1}-d'_{x+t-1})\,{}_{t}V=G \tag{11.3.2}$$

公式(11.3.2) - 公式(11.3.1),可得

$$G=l_{x+t-1}({}_{t-1}V+P)(i'-i)+(d_{x+t-1}-d'_{x+t-1})(1-{}_{t}V) \tag{11.3.3}$$

假设 $P^e$ 为附加保费,如果事业费用只在年初使用总额 $E$,那么年末费用方面的剩余部分为

$$(l_{x+t-1}P^e-E)(1+i')$$

如果在一年内均匀地使用事业费用,则剩余部分为

$$l_{x+t-1}P^e(1+i')-E(1+i')^{0.5}$$

假设对解约者 $w_{x+t-1}$ 在年末返还 ${}_{t}W$,于是解约益为

$$w_{x+t-1}({}_{t}V-{}_{t}W)。$$

在考虑了费用支出、解约情况之后的剩余金为

$$\tilde{G} = l_{x+t-1}({}_{t-1}V + P)(i' - i) + (d_{x+t-1} - d'_{x+t-1})(1 - {}_tV) + (l_{x+t-1}P^e - E)(1 + i') + w_{x+t-1}({}_tV - {}_tW) \tag{11.3.4}$$

其实这里的剩余金也可表示为收入部分与支出部分之差,其中

收入部分:

上年年末的责任准备金　$l_{x+t-1}\,{}_{t-1}V$

保费收入　$l_{x+t-1}(P + P^e)$

利息收入　$I = l_{x+t-1}({}_{t-1}V + P)i' + (l_{x+t-1}P^e - E)i'$　(11.3.5)

支出部分:

保险金　$d'_{x+t-1}$

退保金　$w_{x+t-1}\,{}_tW$

事业费　$E$

本年年末的责任准备金　$(l_{x+t-1} - d'_{x+t-1} - w_{x+t-1})\,{}_tV$

为了说明公式(11.3.4),需要在"收入部分"中加上"$-l_{x+t-1}({}_{t-1}V + P)(1 + i)$",支出部分加上"$-d_{x+t-1} - (l_{x+t-1} - d_{x+t-1})\,{}_tV$",显然这并不影响两者之差。

由于公式(11.3.3)表明剩余金可分解为利差益与死差益之和,因此公式(11.3.2)的左边减去公式(11.3.3)的右边第一项,得到的应是死差益,即死差益也可表示为



$$G_d = l_{x+t-1}({}_{t-1}V + P)(1 + i) - d'_{x+t-1} - (l_{x+t-1} - d'_{x+t-1})\,{}_tV \tag{11.3.6}$$

公式(11.3.6)表明年初责任准备金按预定利率增值后,先支付按实际死亡人数计算的保险金,再减去为实际生存者留下的期末责任准备金后的余额就是死差益。

注意:比较公式(11.3.1)、公式(11.3.2)的左边与公式(11.3.6)的右边的差异。

解约者预计按责任准备金支付,而实际按退保金支付,由此形成解约益。因此,我们可按上面的剩余金或利润编制如表11.5所示的利源分析表。



**表11.5　利源分析表**

| 序号 | 收入部分 | 支付部分 |
|---|---|---|
| 1 | 上年年末的责任准备金:$l_{x+t-1}\,{}_{t-1}V$<br>纯保费收入:$l_{x+t-1}P$<br>预定利息:$l_{x+t-1}({}_{t-1}V + P)i$ | 保险金:$d'_{x+t-1}$<br>解约合同责任准备金:$w_{x+t-1}\,{}_tV$<br>当年年末的责任准备金:$(l_{x+t-1} - d'_{x+t-1} - w_{x+t-1})\,{}_tV$ |
| 2 | 利息收入A:$l_{x+t-1}({}_{t-1}V + P)i'$ | 预定利息:$l_{x+t-1}({}_{t-1}V + P)i$ |
| 3 | 收入附加保费:$l_{x+t-1}P^e$<br>利息收入B:$(l_{x+t-1}P^e - E)i'$ | 事业费:$E$ |
| 4 | 解约合同责任准备金:$w_{x+t-1}\,{}_tV$ | 解约金:$w_{x+t-1}\,{}_tW$ |

表11.5中的利息收入A加上表11.5中的利息收入B正好是公式(11.3.5)中的利

息收入 $I$。

(1) 在利源分析表中，第 1 栏中的"收入部分"减去"支出部分"就是由公式(11.3.4) 第 1 项表明的死差损益。

(2) 在第 2 栏中，"收入部分"减去"支出部分"就是由公式(11.3.4) 第 2 项表明的利差损益。

(3) 在第 3 栏中，"收入部分"减去"支出部分"就是由公式(11.3.4) 第 3 项表明的费差损益。

(4) 在第 4 栏中，"收入部分"减去"支出部分"就是由公式(11.3.4) 第 4 项表明的解约损益(或退差损益)。

## 二、半连续型利源分析

上述利源分析基于的假设是死亡保险金、解约金于死亡所在年年末支付，而实际情况更可能是死亡保险金于死亡时立即支付，解约金于解约时立即退还，因此，我们可将死亡保险金与解约金的支付处理为年中支付，于是有

$$l_{x+t-1}({}_{t-1}\bar{V} + \bar{P})(1 + i) - d_{x+t-1}(1 + i)^{0.5} - (l_{x+t-1} - d_{x+t-1})\,{}_{t}\bar{V} = 0 \tag{11.3.7}$$

剩余金为

$$l_{x+t-1}({}_{t-1}\bar{V} + \bar{P})(1 + i') - d'_{x+t-1}(1 + i')^{0.5} - (l_{x+t-1} - d'_{x+t-1})\,{}_{t}\bar{V} = G \tag{11.3.8}$$

公式(11.3.8) − 公式(11.3.7)，可得

$$\begin{aligned} G = {} & [\,l_{x+t-1}({}_{t-1}\bar{V} + \bar{P})(i' - i) + (d_{x+t-1} \cdot 0.5i - d'_{x+t-1} \cdot 0.5\,i')\,] \\ & + (d_{x+t-1} - d'_{x+t-1})(1 - {}_{t}\bar{V}) \end{aligned} \tag{11.3.9}$$

此时右边第 1 项表示利差损益，第 2 项表示死差损益。

死差损益还可表示为公式(11.3.8) 的左边与公式(11.3.9) 的右边第 1 项的差，即

$$l_{x+t-1}({}_{t-1}\bar{V} + \bar{P})(1 + i) - d_{x+t-1} \cdot 0.5i - d'_{x+t-1} - (l_{x+t-1} - d'_{x+t-1})\,{}_{t}\bar{V} \tag{11.3.10}$$

注意这里运用了近似等式$(1 + i')^{0.5} \approx 1 + 0.5i'$。

这样，损益可按如下方式计算：

收入部分：

上年年末的责任准备金　$l_{x+t-1}\,{}_{t-1}\bar{V}$

保费收入　$l_{x+t-1}(\bar{P} + P^{e})$

利息收入

$$\begin{aligned} I = {} & l_{x+t-1}({}_{t-1}\bar{V} + \bar{P})i' - d'_{x+t-1} \cdot 0.5i' \\ & - w_{x+t-1}\,{}_{t}W \cdot 0.5i' + (l_{x+t-1}P^{e} - E)i' \end{aligned} \tag{11.3.11}$$

支出部分：

保险金　$d'_{x+t-1}$

退保金 $w_{x+t-1\ t}W$

事业费 $E$

本年年末的责任准备金 $(l_{x+t-1}-d'_{x+t-1}-w_{x+t-1})\ _t\bar{V}$

因此,剩余金为

$$\tilde{G} = \text{收入合计} - \text{支出合计}$$

$$= \text{公式(11.3.9) 第 1 项} + \text{公式(11.3.9) 第 2 项} + \text{费差益} + \text{解约益}$$

这里,费差益 $=(l_{x+t-1}P^e-E)(1+i')$,解约益 $=w_{x+t-1}[\ _t\bar{V}-\ _tW(1+0.5i')]$。

因此,将上述剩余金分解为 4 个部分,其利源分析表如表 11.6 所示。

**表 11.6　利源分析表**

| 序号 | 收入部分 | 支付部分 |
|---|---|---|
| 1 | 上年年末的责任准备金:$l_{x+t-1\ t-1}\bar{V}$<br>纯保费收入:$l_{x+t-1}\bar{P}$<br>预定利息:$l_{x+t-1}(\ _{t-1}\bar{V}+\bar{P})i-d_{x+t-1}\cdot 0.5\ i$ | 保险金:$d'_{x+t-1}$<br>解约合同责任准备金:$w_{x+t-1\ t}\bar{V}$<br>当年年末的责任准备金:<br>$(l_{x+t-1}-d'_{x+t-1}-w_{x+t-1})\ _t\bar{V}$ |
| 2 | 利息收入 $A$:<br>$l_{x+t-1}(\ _{t-1}\bar{V}+P)i'-d'_{x+t-1}\cdot 0.5\ i'$ | 预定利息:<br>$l_{x+t-1}(\ _{t-1}\bar{V}+\bar{P})i-d_{x+t-1}\cdot 0.5\ i$ |
| 3 | 收入附加保费:$l_{x+t-1}P^e$<br>利息收入 $B$:$(l_{x+t-1}P^e-E)i'$ | 事业费:$E$ |
| 4 | 解约合同责任准备金:$w_{x+t-1\ t}\bar{V}$<br>利息收入 $C$:$-w_{x+t-1\ t}W\cdot 0.5i'$ | 解约金:$w_{x+t-1\ t}W$ |



公式(11.3.11)中的利息收入正好等于表11.6中的利息收入$A$+利息收入$B$+利息收入 $C$。

在离散型利源公式或剩余金中,两边同时除以 $l_{x+t-1}$ 可得

$$g = (\ _{t-1}V+P)(i'-i)+(q_{x+t-1}-q'_{x+t-1})(1-\ _tV)+(P^e-e)(1+i') \tag{11.3.12}$$

$$\tilde{g} = g+q^{(w)}_{x+t-1}(\ _tV-\ _tW) \tag{11.3.13}$$

这里,$q'_{x+t-1}=\dfrac{d'_{x+t-1}}{l_{x+t-1}}$为实际死亡率,$e=\dfrac{E}{l_{x+t-1}}$为人均或件均事业费,$q^{(w)}_{x+t-1}=\dfrac{w_{x+t-1}}{l_{x+t-1}}$为实际退保率。$g$ 可以被看成不同利源分红:利差益分红、死差益分红、费差益分红。

**例 11.3.1**　假设有 40 岁签约、25 年到期、保险金 1 于死亡所在年年末或期满生存时支付的两全保险。已知 $\alpha=25‰$,$\beta=3\%$,$\gamma=2.5‰$,当该保险公司的责任准备金按 20‰ 的泽尔默(Zillmer)比例在 10 年内修正时,以 CL1(2000—2003)2.5% 为基础计算:

(1)$P_1$ 和 $P_2$。

(2)第 1 年度和 4 年度的危险保费、储蓄保费和附加保险费。

**解:**由题意知 $\varepsilon=20‰=0.02$,保额为 1,于是

（1）计算年缴纯保费。

$$P = P_{40:\overline{25}|} = \frac{M_{40} - M_{65} + D_{65}}{N_{40} - N_{65}} \approx 0.030\ 441\ 76$$

$$\ddot{a}_{40:\overline{10}|} = \frac{N_{40} - N_{50}}{D_{40}} \approx 8.891\ 101\ 98$$

$$\therefore \quad P_1 = P - \varepsilon\left(1 - \frac{1}{\ddot{a}_{40:\overline{10}|}}\right) \approx 0.012\ 691\ 20$$

$$P_2 = P + \frac{\varepsilon}{\ddot{a}_{40:\overline{10}|}} \approx 0.032\ 691\ 20$$

（2）计算危险保费、储蓄保费和附加保险费。

毛保费为

$$P^* = \frac{1}{1-\beta}\left(P + \frac{\alpha}{\ddot{a}_{40:\overline{25}|}} + \gamma\right)$$

$$\approx \frac{1}{1-0.03}\left(0.030\ 441\ 76 + \frac{0.025}{\ddot{a}_{40:\overline{25}|}} + 0.002\ 5\right) \approx 0.035\ 373\ 77$$

其中，$\ddot{a}_{40:\overline{25}|} = \dfrac{N_{40} - N_{65}}{D_{40}} \approx 18.237\ 525\ 90$

$$\because \quad {}_0V = 0$$

$${}_tV = {}_tV_{40:\overline{25}|} - \frac{\varepsilon}{\ddot{a}_{40:\overline{10}|}}\ddot{a}_{40+t:\overline{10-t}|}\text{（当}0 < t < 10\text{时）}$$

$$\therefore \quad {}_1V = \left(1 - \frac{\ddot{a}_{41:\overline{24}|}}{\ddot{a}_{40:\overline{25}|}}\right) - \frac{0.02}{\ddot{a}_{40:\overline{10}|}}\ddot{a}_{41:\overline{9}|} \approx 0.011\ 312\ 93$$

同理可得

$${}_3V \approx 0.076\ 103\ 39 \quad {}_4V \approx 0.109\ 633\ 25$$

分别用 $P_t^r$、$P_t^s$、$P_t^e$ 表示第 $t$ 年度的危险保费、储蓄保费和附加保费，于是

$$\begin{cases} \left.\begin{aligned} P_1^r &= (1 - {}_1V)vq_{40} \approx 0.001\ 654\ 20 \\ P_1^s &= v\,{}_1V - {}_0V \approx 0.011\ 037\ 00 \end{aligned}\right\} P_1 \approx 0.012\ 691\ 20 \\ P_1^e = P^* - P_1 \approx 0.022\ 682\ 57 \end{cases}$$

$$\begin{cases} \left.\begin{aligned} P_4^r &= (1 - {}_4V)vq_{43} \approx 0.001\ 835\ 33 \\ P_4^s &= v\,{}_4V - {}_3V \approx 0.030\ 855\ 88 \end{aligned}\right\} P_2 \approx 0.032\ 691\ 20 \\ P_4^e = P^* - P_2 \approx 0.002\ 682\ 57 \end{cases}$$

**例 11.3.2**　在例 11.3.1 的基础之上，假设在同一天签订了多份这样的两全保险合同，保险金额为 10 万元，这些合同采用 Zillmer 式责任准备金。假设在保险年度末支付保险金和解约金。这个保险群体各年经历的实际情况如表 11.7 所示，其中 ${}_4V^{[10z]}$ 是保额为 1 时的修正责任准备金，试对各保险年度进行利源分析。

表 11.7　有关年度保单运行状况

| 项目 | 第 1 保险年度 | 第 4 保险年度 |
|---|---|---|
| 年初合同数 / 件 | 100 000 | 84 500 |
| 年死亡数 / 件 | 90 | 150 |
| 年解约数 / 件 | 9 500 | 1 250 |
| 年解约返金率 /‰ | 0 | $1\ 000\ {}_4V^{[10z]}-6$ |
| 年利息收入 / 万元 | 900 | 5 300 |
| 年事业费 / 万元 | 20 000 | 1 950 |

**解：**在利源分析时，假设 $\tilde{P}$、${}_t\tilde{V}$ 是保额为 10 万元时的保费与责任准备金，在计算利息收入 $A$ 与利息收入 $B$ 时，应将利息收入总额按权重 $l_{x+t-1}({}_{t-1}\tilde{V}+\tilde{P})$ 和 $(l_{x+t-1}\tilde{P}^e-E)$ 进行分配。第 1 保险年度盈余分析和第 4 保险年度盈余分析分别如表 11.8 和表 11.9 所示。

表 11.8　第 1 保险年度盈余分析　　金额单位：元

| 序号 | 收入部分 | 支付部分 |
|---|---|---|
| 1 | 上年年末的责任准备金：<br>$l_{40}\cdot{}_0\tilde{V}=0$<br>纯保费收入：<br>$l_{40}P_1\times 100\ 000$<br>$=100\ 000\times P_1\times 100\ 000$<br>$\approx 126\ 912\ 018$<br>预定利息：<br>$l_{40}({}_0\tilde{V}+\tilde{P}_1)i\approx(0+126\ 911\ 990)\times 2.5\%$<br>$\approx 3\ 172\ 800$<br>小计：130 084 819 | 保险金：<br>$100\ 000\times d'_{40}=9\ 000\ 000$<br>解约合同责任准备金：<br>$w_{40}\cdot{}_1\tilde{V}=9\ 500\times 1\ 131.293$<br>$\approx 10\ 747\ 279$<br>当年年末的责任准备金：<br>$(l_{40}-d'_{40}-w_{40})\ {}_1\tilde{V}$<br>$=(100\ 000-90-9\ 500)\times 1\ 131.293$<br>$\approx 102\ 280\ 157$<br>小计：122 027 436 |
| 2 | 利息收入 $A$：<br>$l_{40}({}_0\tilde{V}+\tilde{P}_1)i'\approx 7\ 429\ 588$ | 预定利息：<br>$l_{40}({}_0\tilde{V}+\tilde{P}_1)i=(0+126\ 911\ 990)\times 2.5\%$<br>$\approx 3\ 172\ 800$ |
| 3 | 收入附加保费：<br>$l_{40}\tilde{P}_1^e\approx 226\ 825\ 704$<br>利息收入 $B$：<br>$(l_{40}\tilde{P}_1^e-E)i'\approx 1\ 570\ 412$<br>小计：228 396 114 | 事业费 $E$：200 000 000 |
| 4 | 解约合同责任准备金：<br>$w_{40}\cdot{}_1\tilde{V}=9\ 500\times 1\ 131.293$<br>$\approx 10\ 747\ 279$ | 解约金：$w_{40}\cdot{}_1\tilde{W}=0$ |

由表 11.8 可得到：死差益 = 805.74（万元），利差益 = 425.68（万元），费差益 = 2 839.61（万元），解约益 = 1 074.73（万元）。进而可得：总盈余 = 5 145.76（万元）。

表 11.9　第 4 保险年度盈余分析　　金额单位:元

| 序号 | 收入部分 | 支付部分 |
|---|---|---|
| 1 | 上年年末的责任准备金:<br>$l_{43}\cdot{}_3\tilde{V}\approx 643\ 073\ 619$<br>纯保费收入:<br>$l_{43}P_2\times 100\ 000\approx 276\ 240\ 632$<br>预定利息:<br>$l_{43}({}_3\tilde{V}+\tilde{P}_2)i\approx 22\ 982\ 856$<br>小计:942 297 107 | 保险金:<br>$100\ 000\times d'_{43}=15\ 000\ 000$<br>解约合同责任准备金:<br>$w_{43}\cdot{}_4\tilde{V}\approx 1\ 250\times 10\ 963.325$<br>$\approx 13\ 704\ 156$<br>当年年末的责任准备金:<br>$(l_{43}-d'_{43}-w_{43})_4\tilde{V}$<br>$=(84\ 500-150-1\ 250)$<br>$\times 10\ 963.325$<br>$\approx 911\ 052\ 315$<br>小计:939 756 471 |
| 2 | 利息收入 $A$:<br>$l_{43}({}_3\tilde{V}+\tilde{P}_2)i'\approx 52\ 818\ 001$ | 预定利息:<br>$l_{43}({}_3\tilde{V}+\tilde{P}_2)i\approx 22\ 982\ 856$ |
| 3 | 收入附加保费:<br>$l_{43}\tilde{P}_2^e\approx 22\ 667\ 743$<br>利息收入 $B$:<br>$(l_{43}\tilde{P}_2^e-E)i'\approx 181\ 999$<br>小计:22 849 742 | 事业费<br>$E=19\ 500\ 000$ |
| 4 | 解约合同责任准备金:<br>$w_{43}\cdot{}_4\tilde{V}=13\ 704\ 156$ | 解约金:<br>$w_{43}\cdot{}_4\tilde{W}\approx 12\ 954\ 156$ |



由表11.9可得到:死差益 = 254.06(万元),利差益 = 2 983.51(万元),费差益 = 334.97(万元),解约益 = 75.00(万元)。进而可得:总盈余 = 3 647.55(万元)。

# 第四节　红利分配

## 一、红利的来源

人寿保险公司是基于以下原则运行的:对发行的一批保单按所承诺的收益进行支付,并负担费用开销,保费及其投资收益不足以抵补的概率是非常小的,并据此决定保费水平。按照这个原理(代替收支平衡原则),亏损变量的期望值应为负(盈余),以便形成一个安全的保障额度以应付可能发生的不利偏差。

由于不确定性随着时间的推移而消除,原价格-收益结构中为应付不利偏差而设置的保障额度可随之释放,并返还给保单持有人,因为后者通过缴纳高额保费承受了风险。这些不再需要的超出应付未来风险部分的余额称为红利。

换言之,经验资产份额超出了预定资产份额的部分是由于投保人实际缴付的保费高出预定保费水平而形成的,所以保险公司一般在一定时期内以红利分配的方式把超额的资产份额返还给保单持有人,以调整过去已收取的较高保险费。返还给投保人的金额称为红利。

在资产份额递推公式中，用${}_tF$代替${}_t(AS)$，这里假设${}_tF$是事先确定的，是使未来保费及其利息收入足以提供死亡给付、解约退保金、营业费开支的基金份额。

$$
\begin{aligned}
{}_{t+1}F = &[{}_tF + G(1-c_t) - e_t](1+i) - q_{x+t}^{(1)}(1-{}_{t+1}F) \\
&- q_{x+t}^{(2)} \cdot [{}_{t+1}(\mathrm{CV}) - {}_{t+1}F]
\end{aligned}
\tag{11.4.1}
$$

公式(11.4.1)中的$c_t$、$e_t$、$q_{x+t}^{(1)}$、$q_{x+t}^{(2)}$设置得比预期高，$i$设置得比较小时，就保证了${}_tF$足以提供剩余的资产份额，避免了实际资产份额小于预定资产份额。

以${}_{t+1}D$表示第$t+1$年的红利，它是经验基金份额与事先确定的${}_{t+1}F$之差，即

$$
\begin{aligned}
{}_{t+1}\hat{F} = &{}_{t+1}F + {}_{t+1}D = [{}_tF + G(1-\hat{c}_t) - \hat{e}_t](1+\hat{i}_{t+1}) \\
&- \hat{q}_{x+t}^{(1)}(1-{}_{t+1}F-{}_{t+1}D) - \hat{q}_{x+t}^{(2)}[{}_{t+1}(\mathrm{CV}) - {}_{t+1}F - {}_{t+1}D]
\end{aligned}
\tag{11.4.2}
$$

公式(11.4.2) - 公式(11.4.1)，可得

$$
\begin{aligned}
{}_{t+1}D = &({}_tF + G)(\hat{i}_{t+1} - i) + [(Gc_t + e_t)(1+i) - (G\hat{c}_t + \hat{e}_t)(1+\hat{i}_{t+1})] \\
&+ (1-{}_{t+1}F)(q_{x+t}^{(1)} - \hat{q}_{x+t}^{(1)}) + [{}_{t+1}(\mathrm{CV}) - {}_{t+1}F](q_{x+t}^{(2)} - \hat{q}_{x+t}^{(2)}) \\
&+ {}_{t+1}D(\hat{q}_{x+t}^{(1)} + \hat{q}_{x+t}^{(2)})
\end{aligned}
\tag{11.4.3}
$$

因此，红利可以分解为受利率变动、费用率变动、死亡率变动、解约率变动而产生的盈余，并且这里红利仅分配给残存者(仅对有效保单分红)，公式(11.4.3)的最后一项可理解为由于死亡、退保而节省了红利的支付，从而增加了红利。

当${}_{t+1}(CV) = {}_{t+1}F$，并对死亡和退保也分红时，以$E_t$表示$Gc_t + e_t$，以$\hat{E}_t$表示$G\hat{c}_t + \hat{e}_t$，因此公式(11.4.3)可变化为

$$
\begin{aligned}
{}_{t+1}D = &({}_tF + G)(\hat{i}_{t+1} - i) + [E_t(1+i) - \hat{E}_t(1+\hat{i}_{t+1})] \\
&+ (1-{}_{t+1}F)(q_{x+t}^{(1)} - \hat{q}_{x+t}^{(1)})
\end{aligned}
\tag{11.4.4}
$$

若对死亡者、解约者分配红利，则第$t+1$年年末的经验资产份额为

$$
\begin{aligned}
{}_{t+1}\hat{F} = &[{}_tF + G(1-\hat{c}_t) - \hat{e}_t](1+\hat{i}_{t+1}) - \hat{q}_{x+t}^{(1)}(1-{}_{t+1}F+{}_{t+1}D) \\
&- \hat{q}_{x+t}^{(2)} \cdot [{}_{t+1}(\mathrm{CV}) - {}_{t+1}F + {}_{t+1}D]
\end{aligned}
\tag{11.4.5}
$$

$$
\begin{aligned}
\therefore {}_{t+1}D = &{}_{t+1}\hat{F} - {}_{t+1}F = ({}_tF + G)(\hat{i}_{t+1} - i) + [E_t(1+i) - \hat{E}_t(1+\hat{i}_{t+1})] \\
&+ (1-{}_{t+1}F)(q_{x+t}^{(1)} - \hat{q}_{x+t}^{(1)}) + [{}_{t+1}(\mathrm{CV}) - {}_{t+1}F](q_{x+t}^{(2)} - \hat{q}_{x+t}^{(2)}) \\
&+ {}_{t+1}D(q_{x+t}^{(1)} - \hat{q}_{x+t}^{(1)}) + {}_{t+1}D(q_{x+t}^{(2)} - \hat{q}_{x+t}^{(2)})
\end{aligned}
\tag{11.4.6}
$$

## 二、原中国保监会关于分红保险的精算规定

2015年9月，中国保监会在印发的《分红保险精算规定》中讲到了红利的两种形式：现金红利与增额红利。

### (一) 现金红利

现金红利分配指直接以现金的形式将盈余分配给保单持有人。领取方式有现金、抵交保费、累积生息以及购买缴清保险等。

现金红利的计算可以采用贡献法。贡献法指在各张保单之间将每张保单对盈余的贡献作为份额按比例分配盈余的方法。用利差、死差、费差三种利源项目表示的盈余贡献的计算公式为

$$C=(V_0+P)(i'-i)+(q-q')(S-V_1)+(GP-P-e')(1+i') \tag{11.4.7}$$

这里，$C$ 为该保单对盈余的贡献，$V_0$ 为按评估基础计算的上一保单期期末准备金，$V_1$ 为按评估基础计算的保单期期末准备金，$P$ 为按评估基础计算的净保费，$i'$ 为实际投资收益率，$i$ 为评估利息率，$q'$ 为实际经验死亡率，$q$ 为评估死亡率，$S$ 为死亡保险金，$GP$ 为保险费，$e'$ 为实际经验费用支出。

因此，保险公司应按照下列公式来计算每张保单实际分配的红利：

$$\frac{C}{\sum_{\Omega} C}\times 可分配盈余\times R \tag{11.4.8}$$

其中，$\Omega$ 表示所有分红保单，$R$ 为保险公司确定的不低于 70% 的比例。

（二）增额红利

增额红利分配指在整个保险期限内每年以增加保额的方式分配红利，已增加的保额一旦作为红利进行分配就不得取消。可在合同终止时以现金方式给付终了红利。采用增额红利分配方式的保险公司应当根据下列要求计算增额红利和终了红利：

（1）增额红利成本应当按照评估基础计算，每张保单增额红利成本计算公式为 $RB_t\cdot A$。其中，$RB_t$ 为该保单在 $t$ 时刻被分配的增额红利，$A$ 为按照评估基础计算的在 $t$ 时刻购买原保单责任的趸缴纯保费。

（2）终了红利的计算应当按照每张保单对分红保险特别储备的贡献确定。

每组对应的分红保险特别储备份额 = 每组的资产份额 − 每组的责任准备金

**例 11.4.1**　在例 11.2.2 的基础上，如果红利也分配给死亡和退保的被保险人，计算各年红利及其来源。假设 ${}_{k+1}F={}_{k+1}(AS)$，$\hat{i}_1=5\%$，$\hat{i}_2=6\%$，$\hat{i}_3=4\%$；$\hat{q}_x^{(1)}=0.09$，$\hat{q}_{x+1}^{(1)}=0.1$，$\hat{q}_{x+2}^{(1)}=0.4$，$\hat{q}_x^{(2)}=0.5$，$\hat{q}_{x+1}^{(2)}=0.2$，$\hat{q}_{x+2}^{(2)}=0$；$\hat{c}_k=c_k$，$\hat{e}_0=10$，$\hat{e}_1=1$，$\hat{e}_2=1$，$k=0,1,2$。

**解：**各年的基金份额和资产份额为

${}_0F={}_0(AS)=0$，${}_1F={}_1(AS)=187.20$，${}_2F={}_2(AS)=416.52$，${}_3F={}_3(AS)=561.39$，因此，各年红利来源如表 11.10 所示。

**表 11.10　各年红利来源**　　　金额单位：元

| 红利来源 | 第 1 年 | 第 2 年 | 第 3 年 |
|---|---|---|---|
| （1）利差损益：$({}_tF+G)(\hat{i}_{t+1}-i)$ | $(0+350)(0.05-0.05)=0$ | $(187.2+350)(6\%-5\%)\approx 5.37$ | $(416.52+350)(4\%-5\%)\approx -7.67$ |
| （2）费差损益：$E_t(1+i)-\hat{E}_t(1+\hat{i}_{t+1})$ | $(350\times 0.2+8)\times 1.05-(350\times 0.2+10)(1.05)\approx -2.1$ | $(350\times 0.06+2)(1.05)-(350\times 0.06+1)(1.06)\approx 0.83$ | $(350\times 0.06+2)\times 1.05-(350\times 0.06+1)\times 1.04\approx 1.27$ |
| （3）死差损益：$(1\,000-{}_{t+1}F)(q_{x+t}^{(1)}-\hat{q}_{x+t}^{(1)})$ | $(1\,000-187.2)\times(0.1-0.09)\approx 8.13$ | $(1\,000-416.52)(0.15-0.1)\approx 29.17$ | $(1\,000-561.39)\times(0.5-0.4)\approx 43.86$ |

表11.10(续)

| 红利来源 | 第1年 | 第2年 | 第3年 |
|---|---|---|---|
| (4) 退差损益:<br>$[{}_{t+1}(CV) - {}_{t+1}F](q_{x+t}^{(2)} - \hat{q}_{x+t}^{(2)})$ | $(230-187.2)(0.4-0.5)\approx -4.28$ | $(560-416.52)(0.25-0.2)\approx 7.17$ | $(1\,000-561.39)\times(0-0)=0$ |
| 合计 | 1.75 | 42.55 | 37.47 |

因此,红利的终值为

$$1.75\times1.06\times1.04+42.55\times1.04+37.47\approx 83.65(\text{元})$$

## 本章小结

本章主要研究了预期盈余、资产份额、利源分析、红利分配。

预期盈余主要指附加费用的节省而形成的盈余。资产份额指保险人对每单位有效保单预先估计的资产额度,或者说是单位保额所能分配的资产。资产份额是分析保险公司盈余状况的非常有效的方法,或者说是利源分析的重要工具。资产份额有两个应用:一是检验费率的合理性,二是用于利源分析,即将利润分解为利差损益、死差损益、费差损益和退差损益。本章还用范例式方法对利润来源进行了分析。

经验资产份额超出了预定资产份额的部分是由于投保人实际缴付的保费高出预定保费水平而形成的,所以保险公司一般在一定时期内以红利分配的方式把超额的资产份额返还给保单持有人,以调整过去已收取的较高保险费。返还给投保人的金额被称为红利。红利可以分解为受利率、费用率、死亡率、解约率等因素的变动而产生的盈余,并且红利仅分配给残存者,即仅对有效保单分红。红利有两种分配方式:现金红利分配与增额红利分配。

## 习题 11

11-1　某 $x$ 岁的人购买了3年期定期寿险。死亡受益金为死亡所在年年末给付100 000元。毛保费在每年年初均衡缴纳。一旦退保,没有现金价值。假定死亡为减因(1),退保为减因(2),已知信息如表11.11所示,并且初始时资产份额为0元,第2年年末的资产份额等于10 000元,计算年缴毛保费。

表 11.11　保单的有关假设条件

| $k$ | $c_k$ | $e_k$ | $i_k$ | $q_{x+k}^{(1)}$ | $q_{x+k}^{(2)}$ |
|---|---|---|---|---|---|
| 0 | 0.2 | 0.016 | 0.1 | 0.1 | 0.1 |
| 1 | 0.05 | 0.002 | 0.1 | 0.2 | 0.05 |

11 －2　某30岁的人参加了10年期保额为50 000元的全离散型两全保险,附加费用开支为:第1年为毛保费的15%,续年为毛保费的6%;同时,第1年每千元保额还要开支12元,续年每千元保额还要开支2元,以CL1(2000—2003)2.5%为基础求解如下问题:

(1) 假设附加费用开支变为现实,试计算第3年年末的预期盈余,这里假设初始盈余为0。

(2) 为使各年预期盈余不为负数,至少应具备多少初始盈余?

(3) 当第1年的附加费用降为毛保费的10%,每千元保额的开支降为10元,以后各年的附加费用降为毛保费的4%,每千元保额的开支降为1元,那么各年的预期盈余是否为负数?第3年年末的预期盈余为多少?何时开始预期盈余为正数?第10年年末的预期盈余为多少元?这里仍假设初始盈余为0。

11 －3　若在习题11 －2中的30岁的人投保的是10年期全离散型定期寿险,则结果又如何?

11 －4　若在习题11 －2中,退保时按公式(7.3.6)计算现金价值,这里的 $\sigma = 0.05$,退保概率为 $q_{30+k}^{(w)} = \dfrac{7(9-k)}{100\ 000}$,以CL1(2000—2003)2.5%为基础,假设 $p_{30+k}^{(\tau)} = p_{30+k}$,$k = 0,1,2,\cdots,9$。投保时资产份额为0,求第3年年末的均衡纯保费责任准备金、现金价值、资产份额、现金价值占均衡纯保费责任准备金的比例。

11 －5　已知某3年期两全保险,保险金额为1 000元,$G = 370$ 元,$i = 2.5\%$,另外给定的条件如表11.12所示。计算该保单在各年年末的资产份额,并判断是否足够支付退保时的现金价值?调整后该保单的均衡毛保费为多少元?调整后各年末的资产份额为多少元?

表 11.12　保单的有关假设条件

| $k$ | $p_{x+k}^{(\tau)}$ | $q_{x+k}^{(\tau)}$ | $q_{x+k}^{(1)}$ | $q_{x+k}^{(2)}$ | $c_k$ | $e_k$ | $_{k+1}(CV)$ |
|---|---|---|---|---|---|---|---|
| 0 | 0.7 | 0.3 | 0.1 | 0.2 | 0.2 | 8 | 240 |
| 1 | 0.6 | 0.4 | 0.15 | 0.25 | 0.06 | 2 | 550 |
| 2 | 0.5 | 0.5 | 0.5 | 0 | 0.06 | 2 | 1 000 |

11 －6　在习题11 －5的基础上,假设保费已调整至404.97元,并且实际运行结果如表11.13所示,试用资产份额法分析其盈余来源。

**表 11.13　保单的实际运行基础**

| $k$ | $\hat{p}_{x+k}^{(\tau)}$ | $\hat{q}_{x+k}^{(\tau)}$ | $\hat{q}_{x+k}^{(1)}$ | $\hat{q}_{x+k}^{(2)}$ | $\hat{c}_k$ | $\hat{e}_k$ | $\hat{i}_{k+1}$ |
|---|---|---|---|---|---|---|---|
| 0 | 0.83 | 0.17 | 0.09 | 0.08 | 0.18 | 9 | 3% |
| 1 | 0.63 | 0.37 | 0.13 | 0.24 | 0.05 | 1 | 4% |
| 2 | 0.45 | 0.55 | 0.48 | 0.07 | 0.04 | 1 | 2% |

11 - 7　在例 11.3.1 的基础上，计算第 12 年度的危险保费、储蓄保费和附加保险费。

11 - 8　在例 11.3.2 的基础上，并且该保单在第 12 个保险年度的实际运行状况如表 11.14 所示，试分析该保险年度的利润来源，以万元为单位。

**表 11.14　有关年度保单运行状况**

| 项目 | 第 12 保险年度 |
|---|---|
| 年初合同数 / 件 | 78 000 |
| 年死亡数 / 件 | 310 |
| 年解约数 / 件 | 390 |
| 年解约返金率 /‰ | $1\,000\,{}_{12}V^{[10z]}$ |
| 年利息收入 / 万元 | 20 340 |
| 年事业费 / 万元 | 1 800 |



11 - 9　已知年缴均衡毛保费为 387.80 元。假设：(1) 基金份额随着保费的增加而变动；(2) 基金份额不随保费的增加而变动。重解例 11.4.1，即分析各年年末的红利来源。

11 - 10　已知某 30 岁的人投保了保险金额为 10 000 元的全离散型终身寿险，年缴营业保费 200 元，年缴纯保费 120 元，第 14 年年末与第 15 年年末的责任准备金分别为 1 700 元、1 800 元。已知第 15 年的预定利率为 5%，预定死亡率为 0.005，而实际利率为 7%，实际死亡率为 0.003，第 15 年的附加费用为 60 元，求第 15 年的保单红利。

# 第十二章
# 寿险精算实验

随着电子计算机的发展，寿险精算的面貌得到了巨大的改观，精算工作的重心已不再是如何计算的问题，而是为什么要这样计算的问题。本章主要针对前面各章的内容，运用功能强大、容易获得的 Excel 完成所有的计算。每节对应前面相应各章，最后一节对应第九章、第十章。本章实验强调在替换函数的基础上进行操作。在实验过程中，以操作为主，并介绍一些典型示例，以起到抛砖引玉的作用。关于基本理论，请读者阅读前面有关章节。

## 第一节　寿险精算概论实验



### 一、浏览常见精算网站

本节将提供一些常见精算网站，并介绍这些网站的主要内容。通过网络链接，读者可以找到世界各主要国家精算师协会网址，并了解各国精算发展水平及其有关精算方面的规定；同时，通过上网浏览，可以了解精算发展历史、精算发展动态、精算热点问题、精算师的工作领域与作用，重点了解北美精算师、英国精算师、日本精算师及中国精算师的资格考试有关信息；从中国银行保险监督管理委员会（简称“中国银保监会”）网站可以获取有关我国保险精算的基本规定，归纳总结中国精算的发展轨迹，展望未来发展的机遇与面临的挑战。这些网站主要有：

（1）国际精算师协会：http://www. actuaries. org。

（2）北美精算师协会：http://www. soa. org。

（3）英国精算师协会：http://www. actuaries. org. uk。

（4）日本精算学会：http://www. actuaries. jp。

（5）中国精算师协会：http://www. e - caa. org. cn。

（6）中国银保监会：http://www. cbirc. gov. cn。

（7）生命表网站：http://www. mortality. org。

### 二、实验内容

将上述网站用超级链接放在 Excel 工作簿中的一张工作表上，在需要时，可以登录有关网站，并通过相关链接查找到其他精算师协会的网站。其内容一般如下：

(1) 精算的定义及其研究内容。

(2) 精算师的定义及其工作职责。

(3) 精算的发展历史及其现状。

(4) 寿险精算面临的机遇与挑战。

(5) 精算师资格考试介绍。

(6) 我国精算教育与精算师资格考试的总结。

(7) 中国银行保险监督管理委员会关于寿险精算方面的主要规定。

## 第二节　生命表及其替换函数表的制作原理实验

生命表及其替换函数表是寿险精算中完成计算的基础,这些方法是在编者所发表的两篇论文的基础上总结而成的。不难发现,第二篇论文的研究成果使寿险精算的计算变得轻而易举,本章的实验可以说是以该论文为指导开展的。这两篇论文是以CL1(1990—1993)为基础的,读者只需将死亡率换算成生命表中所需的死亡率,将利率换成所需的利率。

### 一、文献1:论Excel在寿险精算中的应用①

(一) 问题的提出:寿险精算中存在大量计算问题



寿险精算是一门运用数学、统计学、金融学、保险学、人口学等多学科的基本理论和方法去解决人寿保险等诸多领域中需要精确计算的问题,如生命表的构造、费率的厘定、责任准备金的计提、盈余的分配,以保证人寿保险经营稳定性的综合性学科。寿险精算中的大量计算,往往要花费人们不少的时间和精力。在电子计算机出现之前或在计算机功能不够强大之时,人们在寿险精算中引入了大量替换函数以达到简化计算的目的。在实际操作中,人们首先依据某种生命表和某些利率,将替换函数的函数值计算出来,制作成替换函数表,然后在需要计算时,利用这些替换函数表来大大简化计算。由于利率往往只有极少数的几种情况,因此,制作的替换函数表种类较少,这使得人们难以应对复杂多变的客观现实。编者在从事寿险精算的教学、科研和考试工作中,探索出利用Excel的强大函数计算功能,而不必使用专门的精算软件,就可以轻松解决精算中的复杂计算问题,这为读者在普通计算机上完成寿险精算的复杂计算工作提供了极大的便利。



(二)Excel在生命表的编制过程中的应用

为简便起见,假定用于编制某种生命表的分年龄死亡概率 $q_x$ 已经算出,那么我们可以完成整张生命表(已知 $q_x$,相当于已知整张生命表)的编制,即可以计算出 $p_x$、$l_x$、$d_x$、$L_x$、$T_x$、$e_x$、$\mathring{e}_x$,其中选择 $l_0 = 1\ 000\ 000$。

下面以中国人寿保险业经验生命表非养老金业务男表CL1(1990—1993)为例进

① 张运刚. Excel在寿险精算中应用研究[J]. 计算机工程与应用,2004(18):11-13.

行演算实验,详见附件 1。

由 $x$、$q_x$ 及 $l_0$ 构成的生命表称最基本生命表。根据最基本生命表可以编制整张生命表以及在一定利率水平下的替换函数表,各项数据在 Excel 中所处单元格位置,见图 12.1。这也是下文引用单元格位置时的参照图,将 $x$、$q_x$ 的数据分别放入工作表的 A 列、B 列之中。

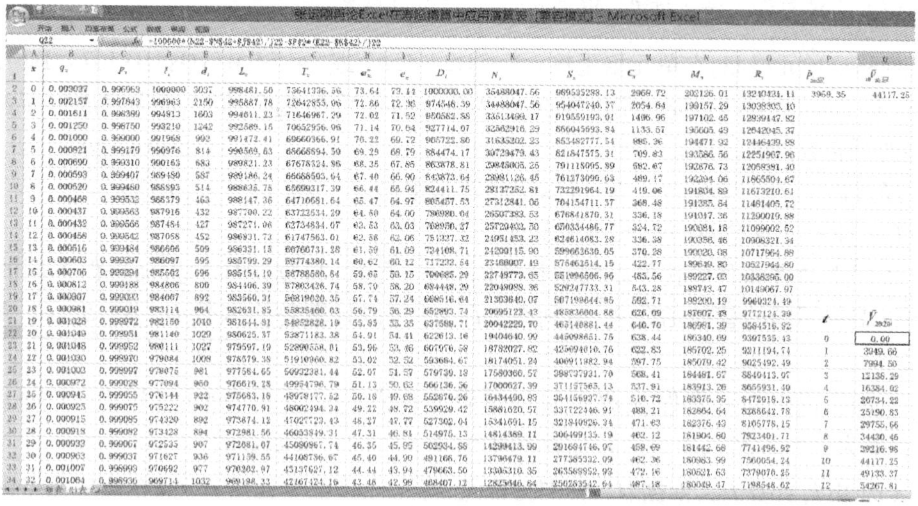


| | A | B | C | D | E | F | G | H | I | J | K | L | M | N | O | P | Q |
|---|---|---|---|---|---|---|---|---|---|---|---|---|---|---|---|---|---|
| 1 | x | $q_x$ | $p_x$ | $l_x$ | $d_x$ | $L_x$ | $T_x$ | $e^\circ_x$ | $e_x$ | $D_x$ | $N_x$ | $S_x$ | $C_x$ | $M_x$ | $R_x$ | $\bar{P}_{20:\overline{20}}$ | $_{10}\bar{V}_{20:\overline{20}}$ |
| 2 | 0 | 0.003037 | 0.996963 | 1000000 | 3037 | 998481.50 | 73641336.56 | 73.64 | 73.14 | 1000000.00 | 35488047.56 | 989535298.13 | 2968.72 | 202126.01 | 13240434.11 | 3969.35 | 44117.25 |
| 3 | 1 | 0.002157 | 0.997843 | 996963 | 2150 | 995887.78 | 72642855.06 | 72.86 | 72.36 | 974548.39 | 34488047.56 | 954047240.37 | 2054.64 | 199157.29 | 13038305.10 | | |
| 4 | 2 | 0.001611 | 0.998389 | 994813 | 1603 | 994011.23 | 71646967.29 | 72.02 | 71.52 | 950582.55 | 33513499.17 | 919559193.01 | 1496.96 | 197102.45 | 12839147.82 | | |
| 5 | 3 | 0.001250 | 0.998750 | 993210 | 1242 | 992589.15 | 70652956.06 | 71.14 | 70.64 | 927714.07 | 32562916.29 | 886045693.84 | 1133.57 | 195605.49 | 12642045.37 | | |
| 6 | 4 | 0.001000 | 0.999000 | 991968 | 992 | 991472.41 | 69660366.91 | 70.22 | 69.72 | 905722.80 | 31635202.23 | 853482777.54 | 885.36 | 194471.92 | 12446439.88 | | |
| 7 | 5 | 0.000821 | 0.999179 | 990976 | 814 | 990569.63 | 68668894.50 | 69.29 | 68.79 | 884474.17 | 30729479.43 | 821847575.31 | 709.83 | 193586.56 | 12251967.96 | | |
| 8 | 6 | 0.000690 | 0.999310 | 990163 | 683 | 989821.23 | 67678324.86 | 68.35 | 67.85 | 863878.81 | 29845005.25 | 791118095.89 | 582.67 | 192876.73 | 12058381.40 | | |
| 9 | 7 | 0.000593 | 0.999407 | 989480 | 587 | 989186.24 | 66688503.64 | 67.40 | 66.90 | 843873.64 | 28981126.45 | 761273090.63 | 489.17 | 192294.06 | 11865504.67 | | |
| 10 | 8 | 0.000520 | 0.999480 | 988893 | 514 | 988635.75 | 65699317.39 | 66.44 | 65.94 | 824411.75 | 28137252.81 | 732291964.19 | 419.06 | 191804.89 | 11673210.61 | | |
| 11 | 9 | 0.000468 | 0.999532 | 988379 | 463 | 988147.36 | 64710681.64 | 65.47 | 64.97 | 805457.53 | 27312841.06 | 704154711.37 | 368.48 | 191385.84 | 11481405.72 | | |
| 12 | 10 | 0.000437 | 0.999563 | 987916 | 432 | 987700.22 | 63722534.29 | 64.50 | 64.00 | 786980.04 | 26507383.53 | 676841870.31 | 336.18 | 191017.36 | 11290019.88 | | |
| 13 | 11 | 0.000432 | 0.999568 | 987484 | 427 | 987271.06 | 62734834.07 | 63.53 | 63.03 | 768950.27 | 25720403.50 | 650334486.77 | 324.72 | 190681.18 | 11099002.52 | | |
| 14 | 12 | 0.000458 | 0.999542 | 987058 | 452 | 986831.73 | 61747563.01 | 62.56 | 62.06 | 751327.32 | 24951453.23 | 624614083.28 | 336.38 | 190356.46 | 10908321.34 | | |
| 15 | 13 | 0.000516 | 0.999484 | 986606 | 509 | 986351.13 | 60760731.28 | 61.59 | 61.09 | 734108.71 | 24200115.90 | 599663630.05 | 370.28 | 190020.08 | 10717964.88 | | |
| 16 | 14 | 0.000603 | 0.999397 | 986097 | 595 | 985799.29 | 59774380.14 | 60.62 | 60.12 | 717232.54 | 23466007.19 | 575462514.15 | 422.77 | 189649.80 | 10527944.80 | | |
| 17 | 15 | 0.000706 | 0.999294 | 985502 | 696 | 985154.10 | 58788580.84 | 59.65 | 59.15 | 700685.29 | 22748773.65 | 551996506.96 | 485.56 | 189227.03 | 10338295.00 | | |
| 18 | 16 | 0.000812 | 0.999188 | 984806 | 800 | 984406.39 | 57803426.74 | 58.70 | 58.20 | 684448.29 | 22048088.36 | 529247733.31 | 543.28 | 188743.47 | 10149067.97 | | |
| 19 | 17 | 0.000907 | 0.999093 | 984007 | 892 | 983560.31 | 56819020.35 | 57.74 | 57.24 | 668516.64 | 21363640.07 | 507199644.95 | 592.71 | 188200.19 | 9960324.49 | | |
| 20 | 18 | 0.000981 | 0.999019 | 983114 | 964 | 982631.85 | 55835460.03 | 56.79 | 56.29 | 652893.74 | 20695123.43 | 485836004.88 | 626.09 | 187607.48 | 9772124.39 | | |
| 21 | 19 | 0.001028 | 0.998972 | 982150 | 1010 | 981644.91 | 54852828.19 | 55.85 | 55.35 | 637588.71 | 20042229.70 | 465140881.44 | 640.70 | 186981.39 | 9584516.92 | t | $_t\bar{V}_{20:\overline{20}}$ |
| 22 | 20 | 0.001049 | 0.998951 | 981140 | 1029 | 980625.37 | 53871183.38 | 54.91 | 54.41 | 622613.16 | 19404640.99 | 445098651.75 | 638.44 | 186340.69 | 9397535.43 | 0 | 0.00 |
| 23 | 21 | 0.001048 | 0.998952 | 980111 | 1027 | 979597.19 | 52890558.01 | 53.96 | 53.46 | 607976.58 | 18782027.82 | 425694010.76 | 622.83 | 185702.25 | 9211194.74 | 1 | 3949.66 |
| 24 | 22 | 0.001030 | 0.998970 | 979084 | 1008 | 978579.38 | 51910960.82 | 53.02 | 52.52 | 593684.67 | 18174051.24 | 406911982.94 | 597.75 | 185079.42 | 9025492.49 | 2 | 7994.50 |
| 25 | 23 | 0.001003 | 0.998997 | 978075 | 981 | 977584.65 | 50932381.44 | 52.07 | 51.57 | 579739.19 | 17580366.57 | 388737931.70 | 568.41 | 184481.67 | 8840413.07 | 3 | 12136.29 |
| 26 | 24 | 0.000972 | 0.999028 | 977094 | 950 | 976619.28 | 49954796.79 | 51.13 | 50.63 | 566136.56 | 17000627.39 | 371157565.13 | 537.91 | 183913.26 | 8655931.40 | 4 | 16384.02 |
| 27 | 25 | 0.000945 | 0.999055 | 976144 | 922 | 975683.18 | 48978177.52 | 50.18 | 49.68 | 552870.26 | 16434490.83 | 354156937.74 | 510.72 | 183375.35 | 8472018.13 | 5 | 20734.22 |
| 28 | 26 | 0.000925 | 0.999075 | 975222 | 902 | 974770.91 | 48002494.34 | 49.22 | 48.72 | 539929.42 | 15881620.57 | 337722446.91 | 488.21 | 182864.64 | 8288642.78 | 6 | 25190.83 |
| 29 | 27 | 0.000915 | 0.999085 | 974320 | 892 | 973874.12 | 47027723.43 | 48.27 | 47.77 | 527302.04 | 15341691.15 | 321840926.34 | 471.63 | 182376.43 | 8105778.15 | 7 | 29755.66 |
| 30 | 28 | 0.000918 | 0.999082 | 973428 | 894 | 972981.56 | 46053849.31 | 47.31 | 46.81 | 514976.13 | 14814389.11 | 306499135.19 | 462.12 | 181904.80 | 7923401.71 | 8 | 34430.46 |
| 31 | 29 | 0.000933 | 0.999067 | 972535 | 907 | 972081.07 | 45080867.74 | 46.35 | 45.85 | 502934.88 | 14299413.99 | 291684746.97 | 459.69 | 181442.68 | 7741496.92 | 9 | 39216.96 |
| 32 | 30 | 0.000963 | 0.999037 | 971627 | 936 | 971159.55 | 44108786.67 | 45.40 | 44.90 | 491166.76 | 13796479.11 | 277385332.09 | 462.36 | 180983.99 | 7560054.24 | 10 | 44117.25 |
| 33 | 31 | 0.001007 | 0.998993 | 970692 | 977 | 970202.97 | 43137627.12 | 44.44 | 43.94 | 479663.50 | 13305310.35 | 263589952.93 | 472.16 | 180521.63 | 7379070.25 | 11 | 49133.37 |
| 34 | 32 | 0.001064 | 0.998936 | 969714 | 1032 | 969198.33 | 42167424.16 | 43.48 | 42.98 | 468407.12 | 12825646.64 | 250283542.64 | 487.18 | 180049.47 | 7198548.62 | 12 | 54267.81 |

**图 12.1　生命表及替换函数表的计算**

(1) 由 $q_x$ 计算 $p_x$,依据 $p_x = 1 - q_x$。首先,将光标移至单元格 C2,在单元格里输入引号内的符号“ = 1 - B2”,然后按 Enter 键,即可由 $q_0$ 得出 $p_0$;其次,用鼠标点击 C2 单元格右下角,鼠标指针变为实心十字形,向下拖动至需要填充的最后一个单元格(简称“拖动填充”),就得出生命表中 $p_x$ 栏的所有数据。

(2) 由 $p_x$、$l_0$ 计算 $l_x$,依据 $l_{x+1} = p_x l_x$。首先,将光标移至单元格 D2,在 D2 中输入“1 000 000”,在单元格 D3 里输入“ = C2 * D2”,按 Enter 键,即可由 $p_0$、$l_0$ 得出 $l_1$;其次,用鼠标点击 D3 单元格右下角,拖动填充,即可完成生命表中 $l_x$ 栏的所有数据的计算。

(3) 计算 $d_x$,依据 $d_x = l_x q_x$ 或 $d_x = l_x - l_{x+1}$。首先,将光标移至单元格 $E2$,在单元格里输入“ = B2 * D2”或“ = D2 - D3”,按 Enter 键,即可算出 $d_0$;其次,用鼠标点击 $E2$ 单元格右下角,拖动填充,即可完成生命表中 $d_x$ 栏的所有数据的计算。

(4) 由 $l_x$ 计算 $x$ 岁的人未来一年生存的人年数 $L_x$,依据 $L_x = \dfrac{l_x + l_{x+1}}{2}$(这里假设死亡人数在各年龄段上服从均匀分布)。首先,将光标移至单元格 F2,在单元格内输入“ = (D2 + D3) * 0.5”,按 Enter 键,即可算出 $L_0$;其次,用鼠标点击 F2 单元格右下角,拖动填充,即可完成生命表中 $L_x$ 栏的所有数据的计算。

(5) 由 $L_x$ 计算 $x$ 岁的人未来累计生存的人年数 $T_x$,依据 $T_x = L_x + L_{x+1} + \cdots$。首先,将光标移至单元格 G2,在单元格里输入“ = SUM(F2: $F$107)”(注意:F107 为 $L_x$ 最后一个数据所在的单元格),按 Enter 键,即可算出 $T_0$;其次,用鼠标点击 G2 单元格右下角,拖动填充,即可完成生命表中 $T_x$ 栏的所有数据的计算。

(6) 由 $T_x$、$l_x$ 计算完全平均余命 $\mathring{e}_x$，依据 $\mathring{e}_x = \frac{T_x}{l_x}$。首先，将光标移至单元格 H2，在单元格里输入“ = G2/D2”，按 Enter 键，即可算出 $\mathring{e}_0$；其次，用鼠标点击 H2 单元格右下角，拖动填充，即可完成生命表中 $\mathring{e}_x$ 栏的所有数据的计算。

(7) 计算简约平均余命 $e_x$，依据 $e_x = \mathring{e}_x - 0.5$ 或 $e_x = \frac{l_{x+1} + l_{x+2} + l_{x+3} + \cdots}{l_x}$。首先，将光标移至单元格 I2，在单元格里输入“ = H2 - 0.5”或“ = SUM(D3:\$D\$107)/D2”，按 Enter 键，即可算出 $e_0$；其次，用鼠标点击 I2 单元格右下角，拖动填充，即可完成生命表中 $e_x$ 栏的所有数据的计算。

经过以上 7 个步骤的计算，可以编制整张生命表，结果如图 12.1 所示。

(三) Excel 在替换函数表的编制过程中的应用

依据生命表和利率就可以编制替换函数表，显然，根据同样的生命表但不同的利率可以编制不同的替换函数表。由利率 $i$、$l_x$、$d_x$ 可以计算替换函数 $D_x$、$N_x$、$S_x$、$C_x$、$M_x$、$R_x$ 等。

下面仍以中国人寿保险业经验生命表非养老金业务男表 CL1(1990—1993) 为例，利率为 $i = 2.3\%$，由此可以编制利率为 2.3% 的替换函数表。

(1) 由 $l_x$ 计算 $D_x$，依据 $D_x = v^x l_x$。首先，将光标移至单元格 J2 处，在该单元格内输入“ = (1 + 0.023)^( - A2) * D2”，按 Enter 键就可得到 $D_0$；其次，用鼠标点击 J2 单元格右下角，拖动填充，即可完成替换函数表中 $D_x$ 栏的所有数据的计算。

(2) 由 $D_x$ 计算 $N_x$，依据 $N_x = D_x + D_{x+1} + D_{x+2} + \cdots$。首先，将光标移至单元格 K2，在单元格里输入“ = SUM(J2: \$J \$107)”（注意：J107 为 $D_x$ 最后一个数据所在的单元格），按 Enter 键，即可算出 $N_0$；其次，用鼠标点击 K2 单元格右下角，拖动填充，即可完成替换函数表中 $N_x$ 栏的所有数据的计算。类似地，由 $N_x$ 可以计算出所有 $S_x$ 的值，其中 $S_x = N_x + N_{x+1} + N_{x+2} + \cdots$，结果见图 12.1 的 L 列。

(3) 由 $d_x$ 计算 $C_x$，依据 $C_x = v^{x+1} d_x$。首先，将光标移至单元格 M2 处，在该单元格内输入“ = (1 + 0.023)^( - A2 - 1) * E2”，按 Enter 键就可得到 $C_0$；其次，用鼠标点击 M2 单元格右下角，拖动填充，即可完成替换函数表中 $C_x$ 栏的所有数据的计算。仿照上面由 $D_x$ 计算出 $N_x$ 的方法，可以由 $C_x$ 计算出 $M_x$，然后再由 $M_x$ 计算出 $R_x$，其中 $M_x = C_x + C_{x+1} + \cdots$，$R_x = M_x + M_{x+1} + \cdots$。

同理，可计算其他替换函数 $\bar{C}_x$、$\bar{M}_x$、$\bar{R}_x$，这里 $\bar{C}_x = v^{x+\frac{1}{2}} d_x$，$\bar{M}_x = \bar{C}_x + \bar{C}_{x+1} + \cdots$，$\bar{R}_x = \bar{M}_x + \bar{M}_{x+1} + \cdots$。

(四) Excel 在保险费、责任准备金计算过程中的应用

**例 12.2.1** 某 20 岁的男子，投保了 20 年均衡缴费 20 年期的两全保险，死亡所在保险年度末领取的保险金为 100 000 元，生存至期满领取的生存金也为 100 000 元。求：(1) 该男子每年年初应缴多少均衡纯保费？(2) 第 10 个保险年年度末的均衡纯保费责任准备金（简称“责任准备金”）。(3) 第 $t$ 个保险年年度末的责任准备金。按中国人寿保险业经验生命表非养老金业务男表 CL1(1990—1993)、利率 $i = 2.3\%$ 进行计算。

**解**：(1) 该男子每年年初应缴纳的均衡纯保费为

$$\tilde{P}_{20:\overline{20|}} = 100\ 000 P_{20:\overline{20|}} = 100\ 000 \frac{A_{20:\overline{20|}}}{\ddot{a}_{20:\overline{20|}}} = 100\ 000 \frac{M_{20} - M_{40} + D_{40}}{N_{20} - N_{40}}$$

首先将光标移到包括利率为 2.3% 的替换函数表在内的 Excel 工作表中的空白单元格，如 $P2$ 处，在该单元格中输入" = 100 000 * ( N22 - N42 + J42 )/( K22 - K42 )"，然后按 Enter 键，就可得到3 959.35，即 $\tilde{P}_{20:\overline{20|}} = 3\ 959.35$ 元。注意：这里引号中的符号 N22 在 Excel 中指的是替换函数值 $M_{20}$，其余以此类推。

(2) 第 10 个保险年度末的责任准备金为

$$\begin{aligned} {}_{10}\tilde{V}_{20:\overline{20|}} &= 100\ 000\, {}_{10}V_{20:\overline{20|}} = 100\ 000 (A_{20:\overline{20|}} - P_{20:\overline{20|}} \ddot{a}_{20:\overline{20|}}) \\ &= 100\ 000 \frac{M_{30} - M_{40} + D_{40}}{D_{30}} - \tilde{P}_{20:\overline{20|}} \frac{N_{30} - N_{40}}{D_{30}} \end{aligned}$$

首先将光标移至空格单元格 Q2 处，并在此单元格内输入" = 100 000 * ( N32 - N42 + J42 )/J32 - P2 * ( K32 - K42 )/J32"，然后按 Enter 键，就可得到 44 117.25 元。

(3) 第 $t$ 个保险年度末的责任准备金为

$$\begin{aligned} {}_{t}\tilde{V}_{20:\overline{20|}} &= 100\ 000\, {}_{t}V_{20:\overline{20|}} = 100\ 000 (A_{20+t:\overline{20-t|}} - P_{20:\overline{20|}} \ddot{a}_{20+t:\overline{20-t|}}) \\ &= 100\ 000 \frac{M_{20+t} - M_{40} + D_{40}}{D_{20+t}} - \tilde{P}_{20:\overline{20|}} \frac{N_{20+t} - N_{40}}{D_{20+t}} \end{aligned}$$

其中，$t = 0,1,2,\cdots,20$。

首先，将光标移至 Excel 中 20 岁所在行与 Q 列相交处的单元格 Q22（本题 Q 列存放责任准备金的数据，当然也可以选择其他位置存放，但要易于区分，必要时可以用文字标明），在此单元格内存放 $t = 0$ 时的责任准备金。我们将使用单元格的绝对引用与单元格的相对引用技术。其次，在 Q22 中输入" = 100 000 * ( N22 - $N $42 + $J $42)/J22 - $P $2 * ( K22 - $K $42)/J22"，按 Enter 键就可得到 $t = 0$ 时的责任准备金（0 元）。最后，拖动填充至 Q42 单元格，就得到我们要计算的所有责任准备金，结果如表 12.1 所示。从表 12.1 中可以看出，第 20 年年末的责任准备金为 100 000 元，这是生存期届满时所支付的生存给付金；还可以看出第 10 年年末的责任准备金为44 117.25 元，与例 12.2.1 中第(2) 小题的计算结果完全一致。

**表 12.1　两全保险在各保险年度末的责任准备金**

| $t$ | 0 | 1 | 2 | 3 | 4 | 5 | 6 |
|---|---|---|---|---|---|---|---|
| ${}_{t}\tilde{V}_{20:\overline{20|}}$ | 0 | 3 949.66 | 7 994.50 | 12 138.29 | 16 384.02 | 20 734.22 | 25 190.83 |
| $t$ | 7 | 8 | 9 | 10 | 11 | 12 | 13 |
| ${}_{t}\tilde{V}_{20:\overline{20|}}$ | 29 755.66 | 34 430.46 | 39 216.98 | 44 117.25 | 49 133.37 | 54 267.81 | 59 523.31 |
| $t$ | 14 | 15 | 16 | 17 | 18 | 19 | 20 |
| ${}_{t}\tilde{V}_{20:\overline{20|}}$ | 64 902.90 | 70 409.92 | 76 048.13 | 81 821.54 | 87 734.66 | 93 792.36 | 100 000 |

（五）需要进一步思考的问题与注意事项

（1）利用复制工作表的方法，当利率变动后，只需在$D_0$、$C_0$所在的单元格将原有利率修改为现在的利率（如变为2.7%），重新拖动填充，即可完成$D_x$、$C_x$的计算，这样我们就可以更新所有的替换函数值；同时也更新了上面的所有的计算数据，如保险费和各年度末的责任准备金。将复制的工作表与原来的工作表进行对比，可以观察保险费与责任准备金的变化规律。比如，此时年缴纯保费已由3 959.35元下降为3 791.70元，除了在$t = 0$、20时的责任准备金未发生变化外，其余各保险年度末的责任准备金均减少。

（2）利用复制工作表的方法，当死亡率变动后，只需更新$q_x$列的数据，然后对生命函数和替换函数在0岁时的计算公式做一些变动，拖动填充，就可以完成所有的更新。若新生命表的终极年龄高于原生命表的终极年龄，则添加不足部分；否则就删除多余部分，并对各求和符号中的上下限进行修改。

（3）单元格仅是存放数据的地址，具体选择何种单元格存放何种数值，可以由自己决定。但必须注意各公式中各变量之间的内在关系，以及应该对应的单元格，唯有如此才可以得出正确的计算结果，并可以迅速完成保险精算中的其他计算，甚至可以将该方法运用于统计学、人口学等其他学科的计算之中。

（4）对于附加保险费、毛保费、实际责任准备金、会计年度末责任准备金、现金价值、资产份额、利润来源等事项的计算，同样可以依据相应公式，利用Excel轻松完成。



## 二、文献2：再论Excel在寿险精算中的应用[①]

（一）Excel在寿险精算中应用方法的局限性分析

笔者曾于2004年在《计算机工程与应用》（第18期）发表文章《Excel在寿险精算中应用研究》（简称“文献1”）。文章研究了在预定利率、预定死亡率等条件下，通过编制生命表、替换函数表，利用Excel的计算功能解决寿险精算中的大量而繁杂的计算问题，这无论是对理论研究还是对实际应用都具有重要的意义。但是笔者在进一步的思考后发现，这篇文章介绍的方法仍然有一定的局限性，给实际应用带来了诸多不便，主要表现在寿险精算中的替换函数值与引用的单元格列行号不一致，因而需要经过转换然后才能进行计算，如$M_{20}$用单元格N22表示，$N_{20}$用单元格K22表示等。本章试图克服这一局限性，使替换函数符号与单元格列行号在形式上一致，如$M_{20}$用单元格M20表示，$N_{20}$用单元格N20表示等，由此达到简化计算的目的。

（二）Excel在寿险精算中的应用方法的改进研究

本章仍以中国人寿保险业经验生命表非养老金业务男表CL1（1990—1993）预定利率$i = 2.3\%$为例，利用文献1中的替换函数值表，重新编制替换函数表。为了叙述的方便，将原始的替换函数表简称为旧表，而将新构建的表简称为新表。构建新表的目标是使替换函数符号与单元格列行号一致，即$C_x$、$D_x$、$M_x$、$N_x$、$R_x$、$S_x$分别由单元格Cx、Dx、Mx、Nx、Rx、Sx来代替，前者下标$x$代表年龄，而后者右边的x代表行号，这里x = $x$。

① 张运刚．再论Excel在寿险精算中的应用[J]．计算机工程与应用，2005(35)：17.

构建新表的具体步骤如下：

（1）打开一个新的工作簿，或者在原有的工作簿中打开一张新的工作表，将旧表中 $C_x$ 所在列 1 ~ 105 岁的数据复制后粘贴在新工作表中的 C1 单元格，须注意采用“选择性粘贴”中的“数值”，这样单元格 C1、C2、……、C105 分别代表替换函数值 $C_1$、$C_2$、……、$C_{105}$；至于 0 岁对应的替换函数值 $C_0$ 的处理，由于没有 C0 单元格可对应①，因而需要特殊处理，可选择将其放在接下来的空白单元格，如本章涉及的新表的 C106 单元格，当然也可以将其放在该列的其他行，只要便于读者记忆就行（见图12.2），下同。凡是出现了 0 岁的替换函数值的地方，就用 106 或其他行号来代替；不过，在寿险精算中涉及 0 岁的情形相当少见，故可以将其作为一个例外来特别处理。

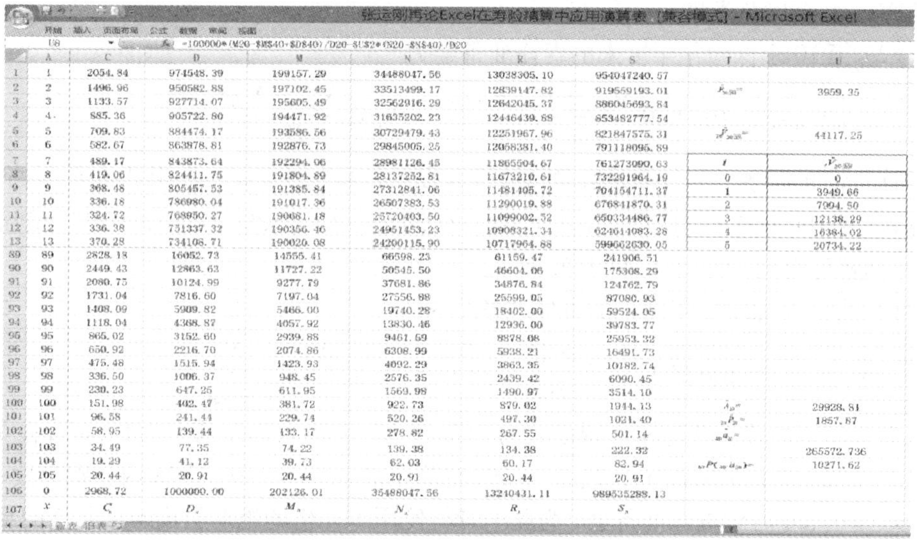

U8　=100000*(M20-$M$40+$D$40)/D20-$U$2*(N20-$N$40)/D20

| | A | C | D | M | N | R | S | T | U |
|---|---|---|---|---|---|---|---|---|---|
| 1 | 1 | 2054.84 | 974548.39 | 199157.29 | 34488047.56 | 13038305.10 | 954047240.57 | | |
| 2 | 2 | 1496.96 | 950582.88 | 197102.45 | 33513499.17 | 12839147.82 | 919559193.01 | [illegible] | 3959.35 |
| 3 | 3 | 1133.57 | 927714.07 | 195605.49 | 32562916.29 | 12642045.37 | 886045693.84 | | |
| 4 | 4 | 885.36 | 905722.80 | 194471.92 | 31635202.23 | 12446439.68 | 853482777.54 | | |
| 5 | 5 | 709.83 | 884474.17 | 193586.56 | 30729479.43 | 12251967.96 | 821847575.31 | [illegible] | 44117.25 |
| 6 | 6 | 582.67 | 863878.81 | 192876.73 | 29845005.25 | 12058381.40 | 791118095.89 | | |
| 7 | 7 | 489.17 | 843873.64 | 192294.06 | 28981126.45 | 11865504.67 | 761273090.63 | t | [illegible] |
| 8 | 8 | 419.06 | 824411.75 | 191804.89 | 28137252.81 | 11673210.61 | 732291964.19 | 0 | 0 |
| 9 | 9 | 368.48 | 805457.53 | 191385.84 | 27312841.06 | 11481405.72 | 704154711.37 | 1 | 3949.66 |
| 10 | 10 | 336.18 | 786980.04 | 191017.36 | 26507383.53 | 11290019.88 | 676841870.31 | 2 | 7994.50 |
| 11 | 11 | 324.72 | 768950.27 | 190681.18 | 25720403.50 | 11099002.52 | 650334486.77 | 3 | 12138.29 |
| 12 | 12 | 336.38 | 751337.32 | 190356.46 | 24951453.23 | 10908321.34 | 624614083.28 | 4 | 16384.02 |
| 13 | 13 | 370.28 | 734108.71 | 190020.08 | 24200115.90 | 10717964.88 | 599662630.05 | 5 | 20734.22 |
| 89 | 89 | 2828.18 | 16052.73 | 14555.41 | 66598.23 | 61159.47 | 241906.51 | | |
| 90 | 90 | 2449.43 | 12863.63 | 11727.22 | 50545.50 | 46604.06 | 175308.29 | | |
| 91 | 91 | 2080.75 | 10124.99 | 9277.79 | 37681.86 | 34876.84 | 124762.79 | | |
| 92 | 92 | 1731.04 | 7816.60 | 7197.04 | 27556.88 | 25599.05 | 87080.93 | | |
| 93 | 93 | 1408.09 | 5909.82 | 5466.00 | 19740.28 | 18402.00 | 59524.05 | | |
| 94 | 94 | 1118.04 | 4368.87 | 4057.92 | 13830.46 | 12936.00 | 39783.77 | | |
| 95 | 95 | 865.02 | 3152.60 | 2939.88 | 9461.59 | 8878.08 | 25953.32 | | |
| 96 | 96 | 650.92 | 2216.70 | 2074.86 | 6308.99 | 5938.21 | 16491.73 | | |
| 97 | 97 | 475.48 | 1515.94 | 1423.93 | 4092.29 | 3863.35 | 10182.74 | | |
| 98 | 98 | 336.50 | 1006.37 | 948.45 | 2576.35 | 2439.42 | 6090.45 | | |
| 99 | 99 | 230.23 | 647.25 | 611.95 | 1569.98 | 1490.97 | 3514.10 | | |
| 100 | 100 | 151.98 | 402.47 | 381.72 | 922.73 | 879.02 | 1944.13 | [illegible] | 29928.81 |
| 101 | 101 | 96.58 | 241.44 | 229.74 | 520.26 | 497.30 | 1021.40 | [illegible] | 1857.87 |
| 102 | 102 | 58.95 | 139.44 | 133.17 | 278.82 | 267.55 | 501.14 | [illegible] | |
| 103 | 103 | 34.49 | 77.35 | 74.22 | 139.38 | 134.38 | 222.32 | | 265572.736 |
| 104 | 104 | 19.29 | 41.12 | 39.73 | 62.03 | 60.17 | 82.94 | [illegible] | 10271.62 |
| 105 | 105 | 20.44 | 20.91 | 20.44 | 20.91 | 20.44 | 20.91 | | |
| 106 | 0 | 2968.72 | 1000000.00 | 202126.01 | 35488047.56 | 13210431.11 | 989535288.13 | | |
| 107 | x | $C_x$ | $D_x$ | $M_x$ | $N_x$ | $R_x$ | $S_x$ | | |

图 12.2　新替换函数表及有关演算表

（2）同理，在 D、M、N、R、S 列中 1 ~ 106 行分别粘贴旧表中 $D_x$、$M_x$、$N_x$、$R_x$、$S_x$ 的 1 ~ 105 岁与 0 岁的函数值。

（3）在 A 列中的 1 ~ 106 行分别输入年龄值 1、2、……、105、0。

（4）在第 107 行的 A107、C107、D107、M107、N107、R107、S107 分别输入 $x$、$C_x$、$D_x$、$M_x$、$N_x$、$R_x$、$S_x$。当然，该步骤并不是必需的，只是起一个提示作用。

（5）隐藏 B、E、F、G、H、I、J、K、L、O、P、Q 等空白列。只需先选中这些列，然后点击鼠标右键，选择“隐藏”即可。

完成以上步骤，就编制出了符合要求的新替换函数表。下面的例题将表明，新替换函数表将为寿险精算的计算带来巨大的方便，从而显著提高运算效率。

（三）新方法的应用举例

为方便对比，下面用新方法仍然求解例 12.2.1，以观察何种替换函数表能为计算

① 由于工作表中的行号是从序号 1 开始的，因此若要从 0 开始，可能会改变 Excel 的设计程序，这超出了本书的研究范围。

带来更多方便。

**另解**:(1) 该男子每年年初应缴纳的均衡纯保费为

$$\tilde{P}_{20:\overline{20}|} = 100\ 000\frac{M_{20} - M_{40} + D_{40}}{N_{20} - N_{40}}$$

首先将光标移到包括利率为 2.3% 的替换函数表在内的 Excel 工作表,即新表中的空白单元格,如 T2 处,输入提示文字或符号“年缴纯保费 =”或“$\tilde{P}_{20:\overline{20}|}$ =”(此步骤并非必需,为简便起见,编者采用国际通用精算符号),然后在同一行接下来的一个单元格 U2 中输入“= 100 000 * (M20 - M40 + D40)/(N20 - N40)”,按 Enter 键就可得到3 959.35,即 $\tilde{P}_{20:\overline{20}|} = 3\ 959.35$ 元。注意:引号中的符号 M20 在 Excel 中指的是替换函数值 $M_{20}$,其余以此类推。

(2) 第 10 个保险年年度末的责任准备金为

$${}_{10}\tilde{V}_{20:\overline{20}|} = 100\ 000\frac{M_{30} - M_{40} + D_{40}}{D_{30}} - \tilde{P}_{20:\overline{20}|}\frac{N_{30} - N_{40}}{D_{30}}$$

首先将光标移至空白单元格 T5 处,输入提示符号“${}_{10}\tilde{V}_{20:\overline{20}|}$ =”,其次在单元格 U5 内输入“= 100 000 * (M30 - M40 + D40)/D30 - U2 * (N30 - N40)/D30”,最后按 Enter 键就可得到 ${}_{10}\tilde{V}_{20:\overline{20}|} = 44\ 117.25$ 元。

(3) 第 $t$ 个保险年年度末的责任准备金为

$${}_{t}\tilde{V}_{20:\overline{20}|} = 100\ 000\frac{M_{20+t} - M_{40} + D_{40}}{D_{20+t}} - \tilde{P}_{20:\overline{20}|}\frac{N_{20+t} - N_{40}}{D_{20+t}}$$



首先将光标移至 T7,输入提示符号“$t$”,在 U7 中输入提示符号“${}_{t}\tilde{V}_{20:\overline{20}|}$”;在 T8、T9、……、T28 中分别输入 0、1、2、……、20。在单元格 U8、U9、……、U28 内分别存放 $t$ = 0、1、2、……、20 时的责任准备金, 为此编者将使用单元格的绝对引用与单元格的相对引用技术。其次在 U8 中输入责任准备金的计算公式“= 100 000 * (M20 - \$M \$40 + \$D \$40)/D20 - \$U \$2 * (N20 - \$N \$40)/D20”,按 Enter 键就可得到 $t$ = 0 时的责任准备金(0 元)。最后拖动该单元格填充至 U28 单元格,就得到要求解的所有责任准备金。不难看出,第 20 年年末的责任准备金为 100 000 元,这是保险期届满时为生存情形准备的生存给付金;还可以看出第 10 年年末的责任准备金为 44 117.25 元,与例 12.2.1 第(2) 小题的计算结果完全一致。

**例 12.2.2** 某 20 岁男子投保终身寿险,可于死亡所在保险年年度末领取保险金 100 000 元,求其应缴纳的趸缴纯保费;若限期 20 年缴纳保险费,则每年应缴纳多少保险费?按中国人寿保险业经验生命表非养老金业务男表 CL1(1990—1993)、利率 $i$ = 2.3% 进行计算。

**解**:(1) 所应缴纳的趸缴纯保费为

$$\tilde{A}_{20} = 100\ 000A_{20} = 100\ 000\frac{M_{20}}{D_{20}}$$

在单元格 T100 中输入提示符号“$\tilde{A}_{20}$ =”,并在单元格 U100 中输入计算公式“= 100 000 * M20/D20”, 按 Enter 键,得到答案 29 928.81 元。

(2) 在限期 20 年缴纳保险费的条件下,每年应缴纳的保险费为

$$_{20}\tilde{P}_{20} = 100\ 000\,_{20}P_{20} = 100\ 000\frac{M_{20}}{N_{20}-N_{40}}$$

在单元格T101中输入提示符号“$_{20}\tilde{P}_{20}$ =”,并在单元格中U101中输入计算公式“= 100 000 * M20/(N20 - N40)”, 按Enter键,得到答案1 857.87元。

**例**12.2.3 某20岁男子投保了从60岁起每年年初领取50 000元的终身年金保险(或养老保险),求其应缴纳的趸缴纯保费;若在60岁前每年年初均衡缴纳保险费,则每年应缴纳多少元? 按中国人寿保险业经验生命表非养老金业务男表CL1(1990—1993)、利率 $i = 2.3\%$ 进行计算。

**解**:(1) 所应缴纳的趸缴纯保费为

$$_{40|}\tilde{\ddot{a}}_{20} = 50\ 000\,_{40|}\ddot{a}_{20} = 50\ 000\frac{N_{60}}{D_{20}}$$

在单元格T103中输入提示符号“$_{40|}\tilde{\ddot{a}}_{20}$ =”,并在单元格U103中输入计算公式“= 50 000 * N60/D20”, 按Enter键,得到答案265 572.74元。

(2) 在限期20年缴纳保险费的条件下,每年应缴纳的保险费为

$$_{40}\tilde{P}(_{40|}\ddot{a}_{20}) = 50\ 000\frac{_{40|}\ddot{a}_{20}}{\ddot{a}_{20:\overline{40}|}} = 50\ 000\frac{N_{60}}{N_{20}-N_{60}}$$

在单元格T104中输入提示符号“$_{40}\tilde{P}(_{40|}\ddot{a}_{20})$ =”,并在单元格中U104中输入计算公式“= 50 000 * N60/(N20 - N60)”, 按Enter键,得到答案10 271.62元。

(四) 几点说明

(1) 当涉及0岁的有关计算时,0用106来代替,如替换函数值 $C_0$、$D_0$、$M_0$、$N_0$、$R_0$、$S_0$ 分别用单元格C106、D106、M106、N106、R106、S106来表示。当生命表(如从业人员生命表)不从0岁开始计算时,则无此必要。若能改变Excel工作表中的行号,让其从0甚至 -1开始,则新替换函数表的格式就与通常格式一致,即表头放在前面,而不放在后面,年龄按从小到大的顺序排列。

(2) 计算公式可放在生命表中任意一处空白单元格,而不必像本章那样放在U列。T列为提示符号,亦可用中文表示。本章为了简单起见,用一张图表概括全貌。

(3) 新替换函数表的特点是寿险精算中的替换函数值符号与单元格记号一致(0岁除外)。当预定条件变化后,我们可以按文献1及本章方法重新编制替换函数表。

## 三、第2套生命表及其替换函数表的编制

文献2中介绍的方法虽然比文献1中介绍的方法有了很大的进步,但仍然存在局限性。这主要体现在将数据从旧表复制到新表必须“选择性粘贴”,每当旧表中的死亡概率或预定利率变动,就必须重新“选择性粘贴”。下面的编制方法将省去这一麻烦。

(1) 从中国银行保险监督管理委员会网站获取基本数据。这里下载的数据为中国人寿保险业经验生命表(2000—2003),它是以Word文档形式存在的。将这些数据放在Excel的一张工作表(称备用表)中进行整理,使每个数据占据一个单元格,每一列就代表一张最简略的生命表,它们分别是非养老金业务男表(CL1)、非养老金业务女表(CL2)、养老金业务男表(CL3)、养老金业务女表(CL4)。

(2) 新建一个工作簿,以文件名“生命表与替换函数表实验”的形式保存。在一张工作表中按文献 1 的方法编制生命表及其替换函数表。首先,在一张工作表中将死亡概率换成 CL1 的数据;其次,在 B110 单元格中输入利率“2.5%”;最后,在 A110 中输入“$i$ =”作为提示符号,在第二行中将文献 1 替换函数中的利率 0.023 换成“$B$110”,拖动填充即可完成编制普通形式的生命表及替换函数表。

(3) 将一张新工作表命名为“CL1N”。目的是将“CL1”中有关替换函数值转到“CL1N”中来,要求替换函数符号与单元格列行号一一对应,如替换函数值 $C_{11}$ 与单元格 C11 对应,$R_{38}$ 与 R38 对应。参见文献 2 的方法,只是这里不用“选择性粘贴”。方法是在单元格 C1 中输入“= CL1!M3”,拖动填充,在 C106 输入“= CL1!M2”。同理将 $D_x$、$M_x$、$N_x$、$R_x$、$S_x$ 的数据分别转到 D 列、M 列、N 列、R 列、S 列。

(4) 对“CL1”“CL1N”实现“移动或复制工作表”“建立副本”“确定”等操作,分别将其副本命名为“CL2”或“CL2N”。将“CL2”中的死亡概率分别换成备用表中的“CL2”这列数据,“CL2N”与“CL2”关联起来,只需要将第一行单元格中的“= CL1!M3”换成“CL2!M3”,拖动填充;同样可将其他列数据中的工作表“CL1”换成“CL2”,如此继续下去;有时也可用“查找”与“替换”的方法将“CL1”换成“CL2”。当然,也可对工作簿复制并重新命名,然后更换死亡概率,这种情形下需要四个工作簿,而用上述方法只需要一个工作簿。

(5) 同理,“CL3”与“CL3N”关联、“CL4”与“CL4N”关联。

(6) 为上述八张表建立一个主页或目录“homepage”,通过超级链接方式链接起来。在 CL1 中的 B110 单元格中输入“= homepage!G7”,就可在主页上修改利率、选择生命表、替换函数表(见图 12.3)。

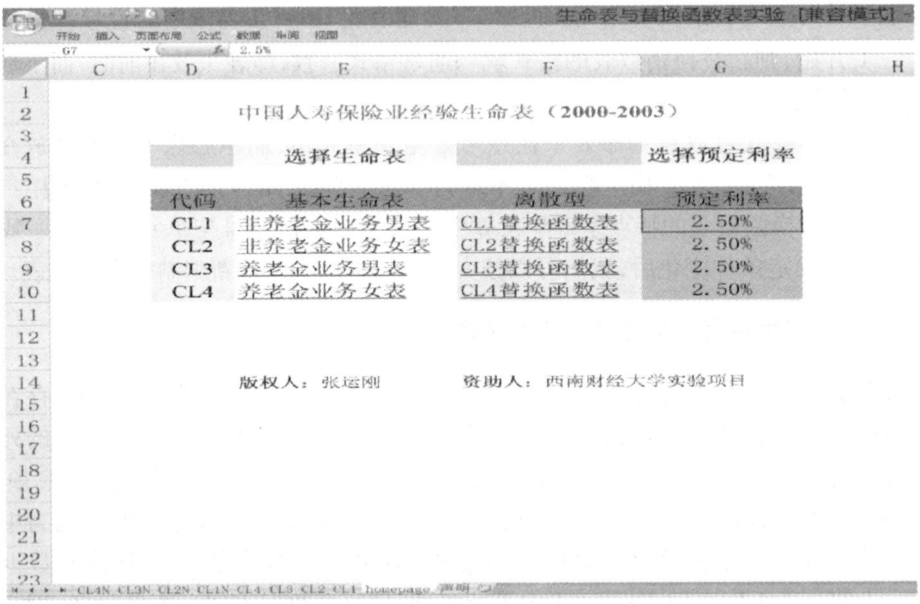


图 12.3　**生命表及替换函数表主页**

（7）今后未做特别说明时，仅在与“CL1”构成关联的表“CL1N”中空白部分进行保险费、责任准备金等有关问题的计算。可以根据需要修改预定利率、预定死亡率。

（8）当生命表中最高年龄高于或低于105岁时，只需要增加或删除一些行。

## 四、替换函数表的进一步改进与完善

目前，上述文献已实现了单元格记号与替换函数符号值间的一一对应，且当利率或死亡概率变动后，新的替换函数表会自动生成，我们可以在工作表CL1N（或CL2N、CL3N、CL4N）中第110行以后的空白区域进行演算。为了区分，现在将这些工作表名称中的最后一个字母“N”改成“D”，意思是离散（Discrete）。但编者发现，仍有如下一些问题需要解决：

### （一）用计算器与电脑计算导致的计算结果偏差及其纠正

1. 偏差问题的形成原因

在工作表CL1D中演算的结果与通过查表用计算器计算出的结果存在微小的差异，尤其当保险金额比较大时，结果的差异就会更大。主要原因在于：一般教材中的替换函数表保留了两位小数，用计算器运算时使用的是两位小数，而电脑中的CL1D中的替换函数表从表面上看可能使用的是两位小数，实际上是若干位小数在参与运算。

2. 解决问题的对策

在CL1D中的单元格C1中输入“=ROUND(‘CL1’!M3,2)”，并重新拖动填充，对其余各列数据均做类似的处理，这样得到的替换函数表中的数据就只真正保留了两位小数。

### （二）替换函数面临模型的挑战及其应对措施

1. 模型的采用是否减小了替换函数的作用

戈伯（Gerber，1997）指出，随着基于概率论的模型日益被接受，替换函数的意义已日渐消失。由此引出了问题：是否大量采用模型就减小了替换函数的使用意义呢？但编者认为，同样可使用上述替换函数方法，而且使用起来很简便。

2. 解决问题的对策

寿险精算中的死亡概率的给定有两种方法：一是用表格形式，如经验生命表；二是用函数形式，如采用Gompertz死亡率（Gompertz’s mortality law）、Makeham死亡率（Makeham’s mortality law）。通过死力函数或其他生存模型，可以计算出年龄别死亡概率，并更换现有生命表中的死亡概率，从而得出相应的替换函数表，在此基础上可完成有关计算。当然，必要时可以改变表格中的极限年龄。

### （三）分期型精算问题及其处理

这里主要涉及每年支付多次的年金保险或于死亡所在的分年度末支付保险金的人寿保险的精算问题。为此，需要引入分期型或分数型替换函数。

在CL1中的单元格C109、D109、E109、F109、G109、H109、I109、J109、K109中分别输入“$m$”“$i^{(m)}$”“$\delta$”“$d^{(m)}$”“$d$”“$\alpha(m)$”“$\beta(m)$”“$\alpha'(m)$”“$\beta'(m)$”；在第110行输入对应的计算公式，选定$m=12$后就可以计算出其他项目的值。这里$\alpha'(m)\doteq 1$、$\beta'(m)\doteq\frac{m-1}{2m}$。换言之，在计算$D_x^{(m)}$、$N_x^{(m)}$、$S_x^{(m)}$时需要确定$\alpha(m)$、$\beta(m)$是根据公式(4.3.9)

还是公式(4.3.10)计算的,这可通过Excel中的“复选框”控件来实现(见图12.4)。于是,根据 $i$ 与 $m$ 的取值就可以在 CL1 的表格后分别计算出替换函数 $D_x^{(m)}$、$N_x^{(m)}$、$S_x^{(m)}$ 的值。

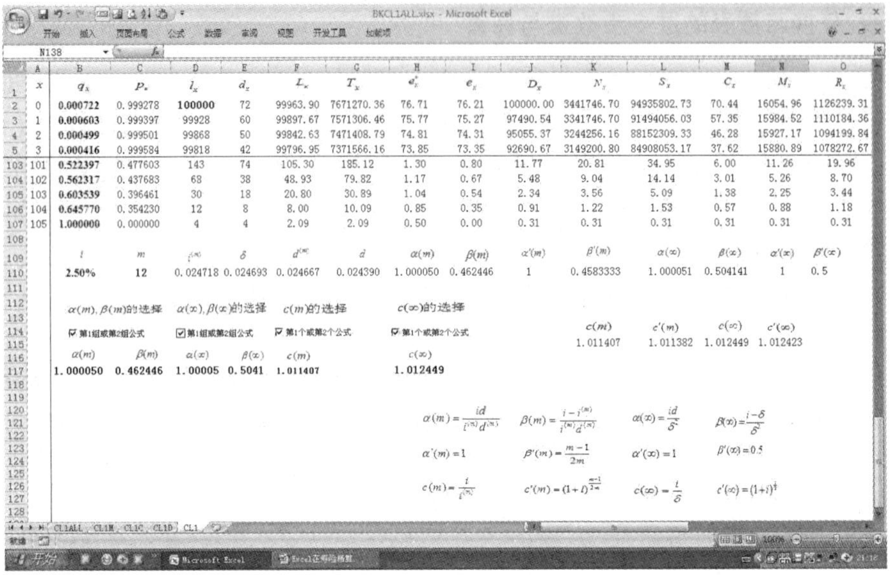


**图 12.4　连续型替换函数值计算公式的选择**

数据来源:第2列数据来源于参考文献[14]。复选框中打“√”时,表示选择第1组公式或第1个公式,否则选择第2组公式或第2个公式。





为了便于计算死亡所在$\frac{1}{m}$年年末支付保险金的人寿保险的精算现值,如 $A_x^{(m)}$、$A_{x:\overline{n|}}^{(m)}$、$A_{\overset{1}{x}:\overline{n|}}^{(m)}$,需要引入相应的死亡类分期型替换函数 $C_x^{(m)}$、$M_x^{(m)}$、$R_x^{(m)}$。

像创建 CL1D 那样创建 CL1M,该工作表将实现替换函数值符号与单元格记号的一一对应,只不过在 C 列、D 列、M 列、N 列、R 列、S 列分别放置 $C_x^{(m)}$、$D_x$、$M_x^{(m)}$、$N_x^{(m)}$、$R_x^{(m)}$、$S_x^{(m)}$ 的值。若涉及 $D_x^{(m)}$,还需要在 CL1M 中增加一列 $D_x^{(m)}$ 的值。

(四)连续型精算问题及其处理

在前述的工作表CL1中,在表格的右边追加上述连续型替换函数的值。接着,像编制表 CL1D 那样,创建另一张工作表 CL1C①,只不过在其C列、M列、N列、R列、S列分别放置 $\bar{C}_x$、$\bar{M}_x$、$\bar{N}_x$、$\bar{R}_x$ 与 $\bar{S}_x$ 的值,在其D列仍然放置 $D_x$ 的值。这里,可采用Excel中的“复选框”控件来完成 $c(\infty)$、$\alpha(\infty)$、$\beta(\infty)$ 的选择,如图12.4所示。也可类似于创建 CL1C 那样创建其他类型的工作表:在该工作表中的 N 列放置 $N_x$ 的值。如果计算过程中涉及 $\bar{D}_x$,那么就需要相应地替换函数值。其中,$c(\infty)=\frac{i}{\delta}$或$(1+i)^{\frac{1}{2}}$。这样,公式(3.3.8)、公式(3.3.9)、公式(3.3.11)、公式(3.3.12)可以统一成 $\bar{C}_x=c(\infty)C_x$、$\bar{M}_x$

① 这里C取自 continuous(连续、持续)的首字母。

$= c(\infty)M_x$、$\bar{R}_x = c(\infty)R_x$。

于是，根据公式(4.4.32)就可以计算连续年金的精算现值：$(I\bar{a})_{30} = \dfrac{\bar{S}_{30}}{D_{30}}$，只需要在 CL1C 中的空格处输入“= S30/D30”，结果为 552.70 元。

### 五、统一的替换函数表创建的必要性与操作方法

全离散型精算问题的解决可以在工作表 CL1D 上进行；处理连续型精算问题时需要在 CL1C 上进行；解决分期型精算问题需要在 CL1M 上进行。解决半连续型精算问题就需要在几张工作表上操作，显然，这很不方便。现在的问题是能否将所有工作表合并成一张表呢？答案是肯定的，不过需要在 Excel 2007 以后的版本上操作。

操作方法如下：复制工作表 CL1D 并粘贴，将其重新命名为 CL1ALL，将 CL1 中的 $\bar{C}_x$、$\bar{D}_x$、$\bar{M}_x$、$\bar{N}_x$、$\bar{R}_x$ 与 $\bar{S}_x$ 的值分别放在 CL1ALL 上的 CB 列、DB 列、MB 列、NB 列、RB 列、SB 列。这里，B 是“Bar”的首字母，因为 C̄ 读成“C bar”。将 $C_x^{(m)}$、$D_x^{(m)}$、$M_x^{(m)}$、$N_x^{(m)}$、$R_x^{(m)}$、$S_x^{(m)}$ 的值放在 CL1ALL 中的 CM 列、DM 列、MM 列、NM 列、RM 列、SM 列，这里的列号中的后一字母 M 与替换函数的右上标 $m$ 相联系(见图 12.5)。为美观起见，可将未出现函数值的列隐藏起来，甚至还可将第 110 行以前的所有行都隐藏起来，然后在空白处进行演算，就能非常方便地求解所有精算问题了。

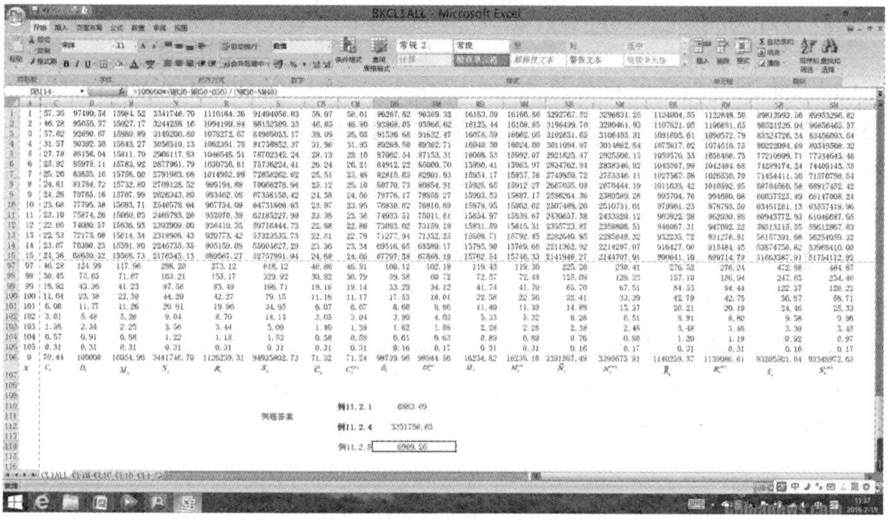


图 12.5　统一的替换函数表的构建

数据来源：根据 CL1(2000—2003)及 2.5% 的年利率计算而得。

在上述计算过程中，由于 $C_x^{(m)}$、$D_x^{(m)}$、$M_x^{(m)}$、$N_x^{(m)}$、$R_x^{(m)}$、$S_x^{(m)}$ 与 $\bar{C}_x$、$\bar{D}_x$、$\bar{M}_x$、$\bar{N}_x$、$\bar{R}_x$、$\bar{S}_x$ 的计算均有两个公式可供选择，因此，在计算之前应先在工作表 CL1 上对它们进行选择，这可通过 Excel 中的“复选框”控件来完成。当然，也包括对精算假设的调整，如利率、死亡率可根据需要进行修改。不过，为方便起见，可以根据常见的生命表，分别建立若干个像 BKCL 那样的工作簿；或者建立一个工作簿，但包括若干个像 CL1ALL 那样的工作表，如 CL2ALL。

### 六、涉及利率与确定年金时的替换函数表

在寿险精算中，往往还会涉及一些度量利息与确定年金的问题。为了提升运算速度，可以事先在工作表 CL1ALL（或在更简明一些的 CL1D、CL1C、CL1M）上的空白区域，根据 CL1 中 $i$ 与 $m$ 的值，再结合 $n$ 的取值，计算出一些常见的函数值，如 $d$、$i^{(m)}$、$d^{(m)}$、$\delta$、$v^n$、$(1+i)^n$、$a_{\overline{n}|}$、$\ddot{a}_{\overline{n}|}$、$s_{\overline{n}|}$、$\ddot{s}_{\overline{n}|}$、$a_{\overline{n}|}^{(m)}$、$\ddot{a}_{\overline{n}|}^{(m)}$、$\bar{a}_{\overline{n}|}$、$(Ia)_{\overline{n}|}$、$(I\bar{a})_{\overline{n}|}$。

### 七、统一替换函数表的应用举例

下面将举出 3 个实例说明在 Excel 上运用新的替换函数表可以非常简便地解决精算问题，尤其是复杂的精算问题，如计算各年年末均衡纯保费责任准备金、毛保费及其责任准备金、修正责任准备金。我们会发现，本章所探讨的方法的效果将更加显著。

例 12.2.1 的另一个解法：在 CL1D 或 CL1ALL 上的空白单元格内输入"= 100 000 *（M30 - M50 + D50）/（N30 - N40）"，即可得到答案 6 883.69 元。

**例 12.2.4** 某 30 岁的人投保了 30 年期的期初支付的递增型年金保险，每月月初支付一次，第 1 年支付额为 12 000 元，以后每一年比上一年增加 12 000 元，各年内每次支付相等的金额，以 CL1（2000—2003）2.5%为例，求应趸缴的纯保费。

**解**：应趸缴的纯保费为

$$12\,000\,(I\ddot{a})_{30:\overline{30}|}^{(12)} = 12\,000\,\frac{S_{30}^{(12)} - S_{60}^{(12)} - 30N_{60}^{(12)}}{D_{30}}$$

在 CL1M 上的空白单元格处输入"= 12 000 *（S30 - S60 - 30 * N60）/D30"，答案为 3 351 975.23 元或 3 351 756.63 元，出现多个答案是由于有多个近似公式，下同。

在 CL1ALL 上的空白单元格处输入"= 12 000 *（SM30 - SM60 - 30 * NM60）/D30"也可得到同样的答案。注意：本例中的 $m = 12$。

**例 12.2.5** 某 30 岁的人，投保了保额为 10 万元、保险金于死亡时立即支付或期满生存时支付、保险期为 20 年的两全保险，每月月初缴纳一次保费，限期 10 年缴清保费，以 CL1（2000—2003）2.5%为例，求年缴均衡纯保费。

**解**：设年缴均衡纯保费为 $P$ 元，依据收支平衡原则，有

$$P\ddot{a}_{30:\overline{10}|}^{(12)} = 100\,000\bar{A}_{30:\overline{20}|}$$

解得

$$P = 100\,000\,\frac{\bar{A}_{30:\overline{20}|}}{\ddot{a}_{30:\overline{10}|}^{(12)}} = 100\,000\,\frac{\bar{M}_{30} - \bar{M}_{50} + D_{50}}{N_{30}^{(12)} - N_{40}^{(12)}}$$

在 CL1ALL 的空白单元格内输入"= 100 000 *（MB30 - MB50 + D50）/（NM30 - NM40）"，即可得到答案 6 968.87 元、6 969.88 元或 6 969.26 元。注意：本例中的 $m = 12$。

综上所述，尽管计算机技术越来越先进，使得在 Excel 上利用替换函数解决寿险精算问题看似已经过时，但笔者通过对 Excel 的多年研究，使单元格记号与替换函数值符号自动地一一对应起来，逐渐扩大了替换函数的使用范围与增强了使用效能，增加了连续型与分期型替换函数，尤其是将各种类型的替换函数值整合进一张工作表

中，从而极大地简化了寿险精算的计算，也能加深人们对寿险精算基本理论的理解。换言之，替换函数在 Excel 中获得了新生。如果将表格中的精算假设进行修改，就能立即解决新问题。而且对生命表及其替换函数表进行简单的增删修改，就可以将其用于不同国家或不同公司的不同情形。生命表及其替换函数表可以运用于多生命精算模型与多减因模型之中，本章研究的方法更适用于大批量的计算，如各年年末责任准备金的计算，也可用于社会养老保险的精算项目之中，从而将人们从寿险精算的复杂计算中解放出来，激发人们对该学科的学习兴趣，并实现理论与实践的有机结合。

## 第三节　人寿保险实验

人寿保险包括终身寿险、定期寿险、延期寿险、两全保险，但为了简便，本章主要以定期寿险为例。要进行与人寿保险趸缴纯保费有关的计算，首先要获得其替换函数表达式，其次复制工作簿“生命表与替换函数表实验”，并将其重新命名为“人寿保险实验”，保存起来以备将来在此基础上开发利用，最后在“CL1N”“CL2N”“CL3N”“CL4N” 中的空白区域进行计算。当然，为了简便，一般选择在 CL1N 上演算，也可将“CL2” ~ “CL4”“CL2N ~ CL4N” 删去，以后不再说明。将“CL1N” 复制两次，连同“CL1N” 重新命名为“保额等比数列变化”“保额等差数列变化”“保额任意变化”。当然，也可在 CL1D 或 CL1ALL 这样的工作表上进行演算。



特别约定：今后新出现的工作簿、工作表均按这样的方式获得，后文不再赘述。

### 一、保额按等比数列变化的人寿保险趸缴纯保费演示

通过本实验可以计算出保额按等比数列变化的人寿保险趸缴纯保费。特别地，当公比为 0 时，结果就是通常的等额寿险的趸缴纯保费（见图 12.6）。请读者用等额人寿保险的替换函数表达式验证其正确性，注意当“保额等比数列变化” 工作表中的“保额增长率” 不为 0 时，计算后恢复原状。

**例** 12.3.1　某 30 岁的人参加了如下人寿保险，死亡所在年年末领取保险金 10 000 元，以 CL1（2000—2003）2.5% 为计算基础，分别求其趸缴纯保费：(1) 终身寿险；(2)20 年期定期寿险；(3)20 年期纯生存保险；(4)20 年期两全保险，期满生存金为 10 000 元。

**解**：如图 12.6 所示，在“保额等比数列变化” 工作表上，将“保额增长率” 取为 0，“CL1” 的 B110 中利率相应地修改为“ = 保额等比数列变化!C117”，其中 C117 中输入“ = （C115 - D115）/（1 + D115）”，即计算 $j = \dfrac{i - r}{1 + r}$，这里的 $r$ 为保额增长率、$i$ 为预定利率。本例题将保额按等比数列变化的人寿保险转化为以利率 $j$ 作为新的预定利率的等额寿险来处理。在 D121、D122、D123、D124 中分别输入“ = M115 * M30/D30” “ = M115 * （M30 - M50）/D30” “ = N115 * D50/D30” “ = M115 * （M30 - M50）/D30 + N115 * D50/D30”，则可得到结果分别为 3 202.52 元、260.64 元、5 887.05 元和

6 147.69 元。读者可以思考保额年增长率为 3% 的情形。后文不再一一描述单元格中的公式，只选关键性的内容来介绍。

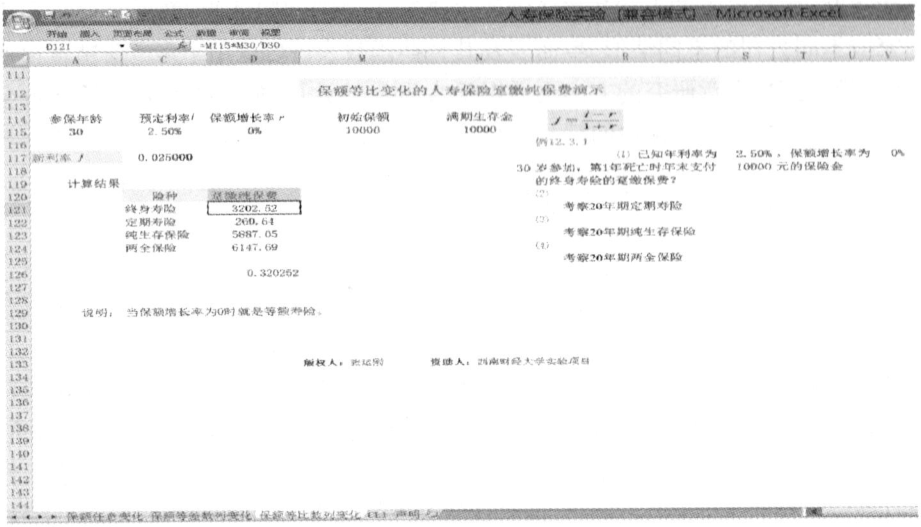


图 12.6　保额按等比数列变化的人寿保险趸缴纯保费

## 二、保额按等差数列变化的人寿保险趸缴纯保费演示

通过本实验可以计算出保额按等差数列变化的人寿保险趸缴纯保费。特别地，当公差为 0 时，结果就是通常的等额寿险的趸缴纯保费（见图 12.7）。

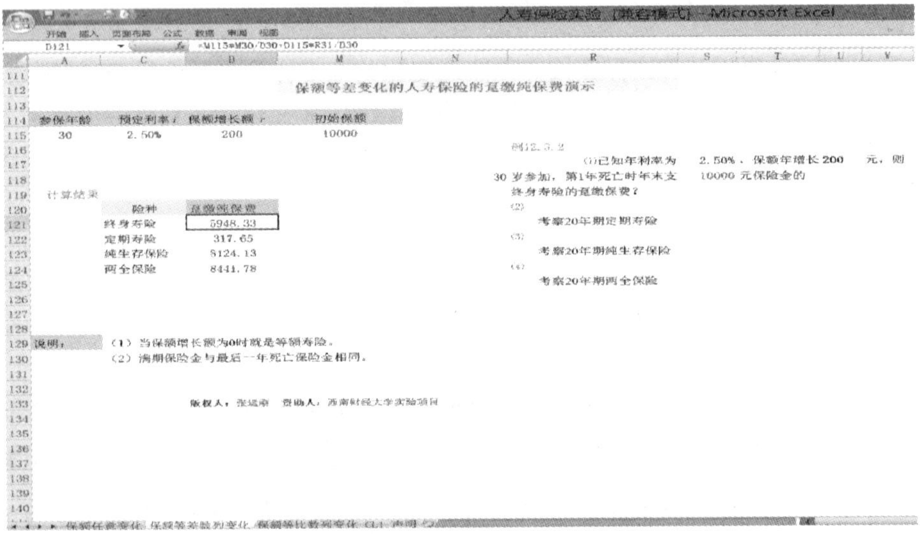


图 12.7　保额按等差数列变化的人寿保险趸缴纯保费

**例 12.3.2**　某 30 岁的人参加了如下人寿保险，死亡所在年年末领取保险金，第一年的保额为 10 000 元，以后每年递增 200 元，期满生存金与最后一年的死亡保险金相同，以 CL1(2000—2003)2.5% 为计算基础，分别求其趸缴纯保费：(1) 终身寿险；

(2)20 年期定期寿险;(3)20 年期纯生存保险;(4)20 年期两全保险。

**解:**如图 12.7 所示,在“保额等差数列变化”工作表上,输入“保额增长额”200 元,在单元格 D121、D122、D123、D124 中分别输入“= M115 * M30/D30 + D115 * R31/D30”“= M115 * (M30 - M50)/D30 + D115 * (R31 - R50 - 19 * M50)/D30”“= (M115 + 19 * D115) * D50/D30”“= D122 + D123”,则结果分别为5 948. 33 元、317. 65 元、8 124. 13 元和 8 441. 78 元,如图 12. 7 所示。读者可以思考保额年增长额为 0 的情形。

## 三、保额任意变化的人寿保险趸缴纯保费演示

**例 12. 3. 3** 某 30 岁的人投保了初始保额为 10 000 元,以后每年比上一年增加1 000 元,保额于死亡所在年年末支付,保险期为 20 年,同时附加了年龄逢 5、逢 10 追加给付生存金 10 000 元的人寿保险,以 CL1(2000—2003)2. 5% 为计算基础,求趸缴纯保费。

**解:**本例思路为趸缴纯保费就是各次支付的精算现值之和。在“保额任意变化”工作表中,求得以死亡作为支付条件的那部分精算现值或趸缴纯保费为 545. 66 元与以生存作为支付条件的那部分趸缴纯保费为 29 157. 05 元,合计趸缴纯保费为29 702. 71 元(见图 12. 8)。也可将附加的生存金取为 0,或者按需要设置,对例 12. 3. 4 也可这样操作。请读者验证通常标准形式递增、递减定期寿险趸缴纯保费$(IA)^{1}_{x:\overline{n}|}$、$(DA)^{1}_{x:\overline{n}|}$的适用性。

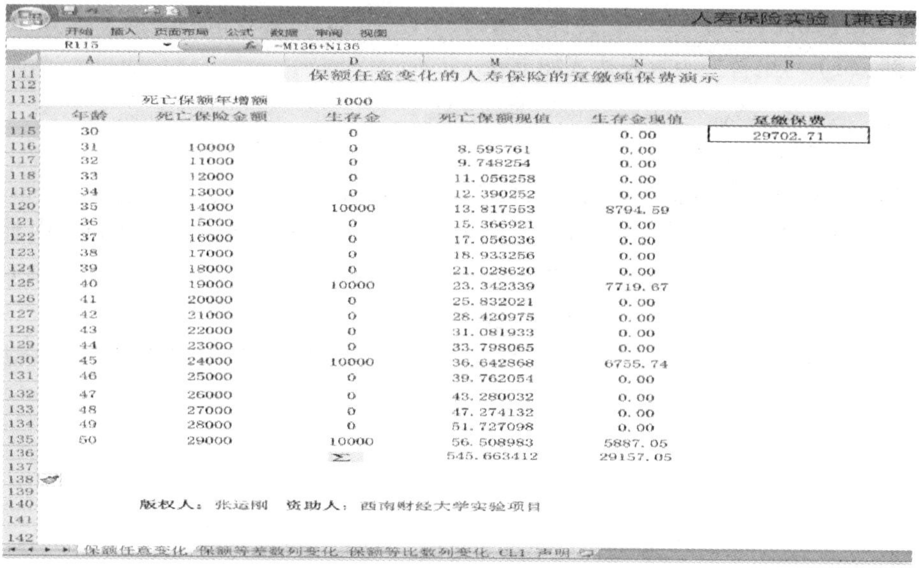


| 年龄 | 死亡保险金额 | 生存金 | 死亡保额现值 | 生存金现值 | 趸缴保费 |
|---|---|---|---|---|---|
| 30 | | 0 | | 0. 00 | 29702. 71 |
| 31 | 10000 | 0 | 8. 595761 | 0. 00 | |
| 32 | 11000 | 0 | 9. 748254 | 0. 00 | |
| 33 | 12000 | 0 | 11. 056258 | 0. 00 | |
| 34 | 13000 | 0 | 12. 390252 | 0. 00 | |
| 35 | 14000 | 10000 | 13. 817553 | 8794. 59 | |
| 36 | 15000 | 0 | 15. 366921 | 0. 00 | |
| 37 | 16000 | 0 | 17. 056036 | 0. 00 | |
| 38 | 17000 | 0 | 18. 933256 | 0. 00 | |
| 39 | 18000 | 0 | 21. 028620 | 0. 00 | |
| 40 | 19000 | 10000 | 23. 342339 | 7719. 67 | |
| 41 | 20000 | 0 | 25. 832021 | 0. 00 | |
| 42 | 21000 | 0 | 28. 420975 | 0. 00 | |
| 43 | 22000 | 0 | 31. 081933 | 0. 00 | |
| 44 | 23000 | 0 | 33. 798065 | 0. 00 | |
| 45 | 24000 | 10000 | 36. 642868 | 6755. 74 | |
| 46 | 25000 | 0 | 39. 762054 | 0. 00 | |
| 47 | 26000 | 0 | 43. 280032 | 0. 00 | |
| 48 | 27000 | 0 | 47. 274132 | 0. 00 | |
| 49 | 28000 | 0 | 51. 727098 | 0. 00 | |
| 50 | 29000 | 10000 | 56. 508983 | 5887. 05 | |
| | | Σ | 545. 663412 | 29157. 05 | |



图 12. 8 保额任意变化的人寿保险趸缴纯保费

**例 12. 3. 4** 某 30 岁的人投保了初始保额为 10 000 元,以后每年比上一年增加 5%,保额于死亡所在年年末支付,保险期为 20 年,同时附加了年龄逢 5 时追加给付生存金10 000 元、年龄逢 10 时则追加给付生存金 20 000 元的人寿保险,以 CL1(2000—2003)2. 5%为计算基础,求该保险的趸缴纯保费。

**解:**以死亡作为支付条件的那部分精算现值或趸缴纯保费为 461. 17 元,以生存作为支付条件的那部分趸缴纯保费为 42 763. 77 元,合计趸缴纯保费为43 224. 94 元。请

读者自己完成计算。

**例** 12.3.5　以 CL1(2000—2003)2.5% 为计算基础,计算 $\mathrm{var}(v^{K(30)+1})$。

**解**:首先,在"CL1D"中,计算出 $A_{30}$。在 C115 中,输入"= M30/D30"可得结果 0.320 251 657。将其"选择性粘贴",选择"数值",并将结果放到 D115 里。

其次,在"CL1"的 B110 中输入"= 2 * 2.5% + 2.5%^2",则在"CL1D"的 C115 中的数据实际就是 $^2A_{30}$,即 0.115 911 119。

最后,在 M115 中,输入"= C115 - D115^2",可得

$$\mathrm{var}(v^{K(30)+1}) = {}^2A_{30} - (A_{30})^2 \approx 0.013\ 350$$

## 第四节　生存年金实验

将本节的工作簿命名为"生存年金实验"。

### 一、生存年金的精算现值与终值

**例** 12.4.1　假设 30 岁的男子参加了 20 年期、保额为 1 万元的定期期初付生存年金,以 CL1(2000—2003)2.5% 为计算基础,求该年金的精算现值与终值。

**解**:(1) 写出替换函数表达式如下:

$$\ddot{a}_{30:\overline{20|}} = \frac{N_{30} - N_{50}}{D_{30}},\ddot{s}_{30:\overline{20|}} = \frac{N_{30} - N_{50}}{D_{50}}$$

(2) 选择"CL1"及 2.5% 的预定利率。

(3) 在"CL1D"中进行运算,即选择任意空白单元格,如在 M117 中输入"= (N30 - N50)/D30",而在 N117 中输入"= (N30 - N50)/D50",分别可得到所求生存年金的精算现值与终值,即 15.79、26.83(见图 12.9)。

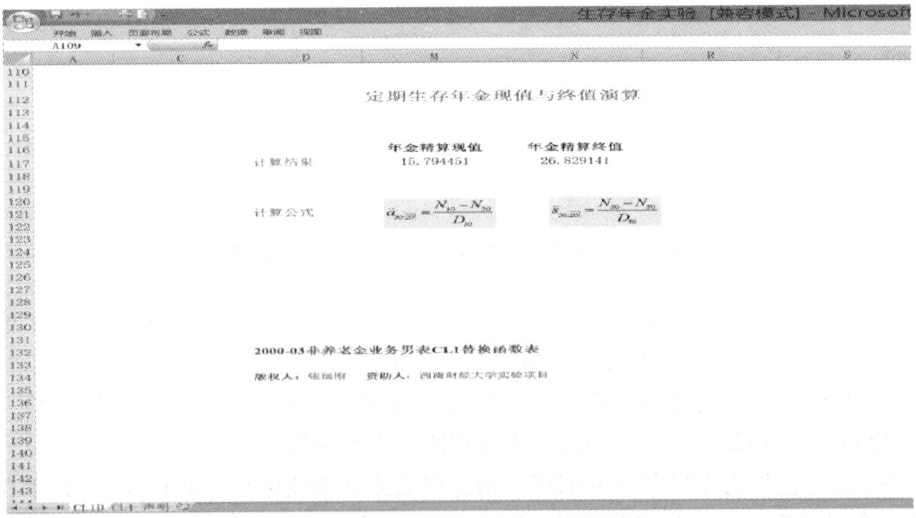


**图 12.9　生存年金的精算现值与终值**

### 二、年金保险保额的计算

**例 12.4.2**　假设某30岁的男子投保了30年缴费的终身年金保险，每年年初生存时缴纳保险费10 000元，60岁起领取等额的养老金，以CL1(2000—2003)2.5%为计算基础，计算每年年初可以领取多少元。

**解**：(1) 写出替换函数表达式。假设每年年初可领取 $R$ 元，由收支平衡原则可得

$$R\ddot{a}_{60} = 10\,000\ddot{s}_{30:\overline{30}|}$$

$$R = 10\,000\frac{\ddot{s}_{30:\overline{30}|}}{\ddot{a}_{60}} = 10\,000\frac{N_{30} - N_{60}}{N_{60}}$$

(2) 在"CL1D"中选择任意空白单元格，例如在D125中输入" = 10 000 * (N30 - N60)/N60"，结果为 30 429.86，即该男子在 60 岁后于每年年初生存时可领取 30 429.86 元。

### 三、年金保险保险费的计算

**例 12.4.3**　假设某30岁的男子投保了30年缴费的终身年金保险，如果从60岁起，每年年初领取10 000元的养老金，以CL1(2000—2003)2.5% 为计算基础，那么每年年初生存时应缴纳保险费多少元？

**解**：(1) 写出替换函数表达式。假设每年年初应缴纳 $P$ 元，由收支平衡原则可得

$$10\,000\ddot{a}_{60} = P\ddot{s}_{30:\overline{30}|}$$

$$P = 10\,000\frac{\ddot{a}_{60}}{\ddot{s}_{30:\overline{30}|}} = 10\,000 \cdot \frac{N_{60}}{N_{30} - N_{60}}$$

(2) 在"CL1D"中进行运算，选择任意空白单元格，例如在 D126 中输入" = 10 000 * N60/(N30 - N60)"，结果为3 286.25，即该男子在60岁后于每年年初生存时可领取3 286.25元。

请读者思考：期末付生存年金、非等额生存年金、每年给付多次的生存年金、每年连续给付的生存年金的精算现值与终值的计算。可以参考例12.3.3，将死亡保额选择为0即可。

## 第五节　均衡纯保费及其应用实验

### 一、均衡纯保费的基本计算

将本节的工作簿命名为"均衡纯保费实验"，在"CL1D"上实验。

**例 12.5.1**　已知某30岁的男子参加了保额于死亡所在年年末支付10 000元、20年的定期寿险，以CL1(2000—2003)2.5% 为计算基础，试计算如下条件下的年缴纯保费：(1) 年缴一次；(2) 年缴 12 次(分别计算真实纯保费、年赋纯保费、比例纯保费)；(3) 连续缴费。

**解**：本实验的基本目的是分析各种不同缴费方式下均衡年缴纯保费形成的差异

（请读者分析形成差异的原因）。每次缴纳的保费为年缴纯保费除以年缴保费的次数（见图 12.10）。

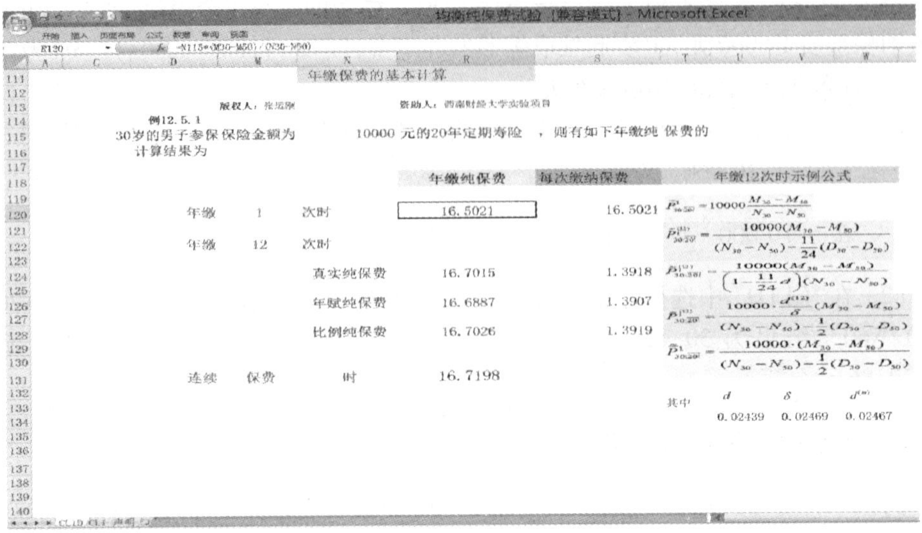


图 12.10　均衡纯保费的基本计算

在 N115 放置保险金额“10 000”，在 M122 放置年缴保费的次数“12”。在单元格 R120 中输入“ = N115 ∗（M30 － M50）/（N30 － N50）”，在单元格 R124 中输入“ = N115 ∗（M30 － M50）/（（N30 － N50） － （（M122 － 1）/（2 ∗ M122）） ∗（D30 － D50））”，在单元格 R126 中输入“ = R120/（1 － （（M122 － 1） ∗ U135）/（2 ∗ M122））”，在单元格 R128 中输入“ = N115 ∗（W135/V135） ∗（M30 － M50）/（（N30 － N50） －（1/2） ∗（D30 － D50））”，在单元格 R131 中输入“ = N115 ∗（M30 － M50）/（（N30 － N50） －（1/2） ∗（D30 － D50））”。其中，单元格 U135、V135、W135 中存放的是 $d$、$\delta$、$d^{(m)}$。问题（1）、（2）、（3）的计算结果分别为 16.50、16.70、16.69、16.70、16.72。

问题（1）的计算公式为

$$\tilde{P}^{1}_{30:\overline{20|}} = 10\,000\,\frac{M_{30} - M_{50}}{N_{30} - N_{50}}$$

问题（2）的计算公式为

$$\tilde{P}^{(12)}_{30:\overline{20|}}{}^{1} = \frac{10\,000(M_{30} - M_{50})}{(N_{30} - N_{50}) - \dfrac{11}{24}(D_{30} - D_{50})}$$

$$\tilde{P}^{[12]}_{30:\overline{20|}}{}^{1} = \frac{10\,000(M_{30} - M_{50})}{\left(1 - \dfrac{11}{24}d\right)(N_{30} - N_{50})} = \frac{\tilde{P}^{1}_{30:\overline{20|}}}{1 - \dfrac{11}{24}d}$$

$$\tilde{P}^{\{12\}}_{30:\overline{20|}}{}^{1} = \frac{10\,000 \cdot \dfrac{d^{(12)}}{\delta}(M_{30} - M_{50})}{(N_{30} - N_{50}) - \dfrac{1}{2}(D_{30} - D_{50})}$$

问题(3) 的计算公式为

$$\tilde{\tilde{P}}^{1}_{30:\overline{20|}} = \frac{10\,000 \cdot (M_{30} - M_{50})}{(N_{30} - N_{50}) - \frac{1}{2}(D_{30} - D_{50})}$$

## 二、保费返还保单的分析

将本节的工作簿命名为“均衡纯保费应用实验”,复制“CL1D” 三次,将复制的三张表分别重命名为“CL1D1”“CL1D2”“CL1D3”。关于均衡纯保费的计算也可以参考例 12.4.3。

### (一) 一般原理

**例** 12.5.2　现年 30 岁的人购买了限期 5 年缴费、10 年延期 20 年定期的期初付年金保险。(1) 若被保险人在 10 年延期内死亡,返还的保费按年利率 2% 计息,求年缴纯保费。(2) 若返还的保费按年利率 2.5% 计息,求年缴纯保费。其中保险金额为 1 000 元,以 CL1(2000—2003)2.5% 为计算基础。

**解**:(1) 在“CL1D” 中,首先,计算出当年缴保费为 1 时,所返还保费的精算现值,本例约为 0.046,记为 $a$,注意第 $k+1$ 年年末返还的保费数额为 $P\ddot{s}_{\overline{k+1|}j}$,即 $\ddot{s}_{\overline{k+1|}j}$,因为返还的基准保费 $P=1$,该返还额的精算现值为 $\ddot{s}_{\overline{k+1|}j}v^{k+1}{}_{k|}q_x = \ddot{s}_{\overline{k+1|}j} \cdot \dfrac{C_{x+k}}{D_x}$;其次,计算出保险金支付的精算现值,本例约为12 045.53,记为 $b$;再次,计算出缴费期为 5 年的给付额为 1 的期初付生存年金的精算现值,本例约为 4.753 292,记为 $c$;最后,按 $\dfrac{b}{c-a}$ 计算出结果 2 559.15 元。

(2)“返还保费利率 $j$” 选取 2.5% 时,可得结果 2 559.77 元(见图 12.11)。

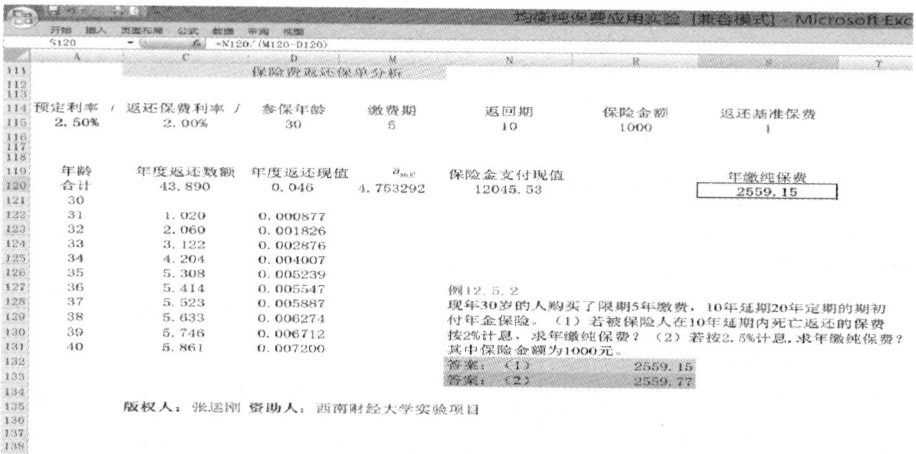


图 12.11　保费返还保单分析图

(二) 返还的保费不计利息

**例 12.5.3** 现年30岁的人购买了限期5年缴费、10年延期、20年定期的期初付年金保险。(1) 计算年缴纯保费;(2) 若被保险人在10年延期内死亡时返回不计利息的纯保费,计算年缴纯保费。其中保额为1 000元,以CL1(2000—2003)2.5%为计算基础。

**解:**基本思路同例12.5.2。在“CL1D1”上操作,“返还保费利率$j$”选取0,可得结果为2 556.82元。当不返还保费时,则年缴纯保费下降为2 534.14元。事实上,在后一种情况下,被保险人获得给付的可能性降低了(见图12.12)。也可以直接用公式分别计算返还的保费不计利息时的年缴纯保费$P_2$、不返还保费时的年缴纯保费$P_1$。计算公式为

$$P_1 = 1\ 000\frac{N_{40} - N_{60}}{N_{30} - N_{35}}, P_2 = 1\ 000\frac{N_{40} - N_{60}}{(N_{30} - N_{35}) - (R_{30} - R_{35} - 5M_{40})}$$

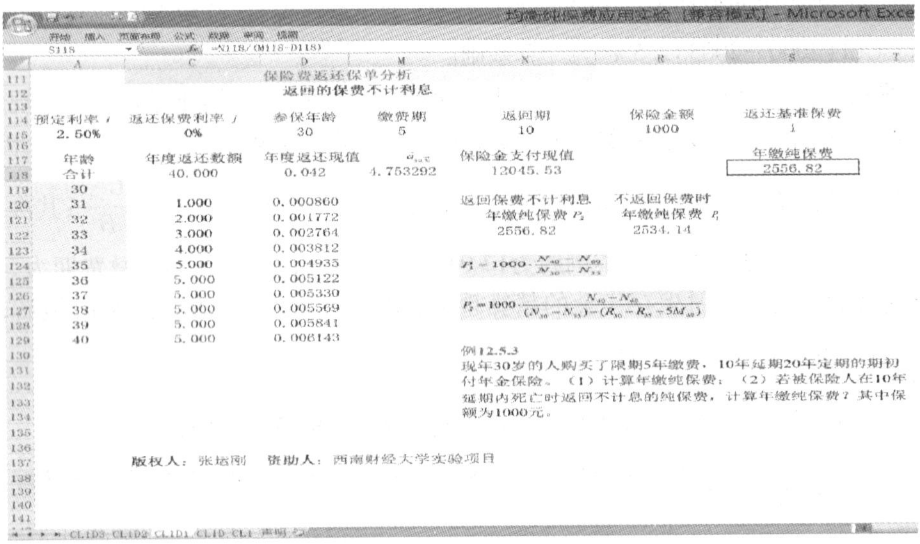


图 12.12 返还的保费不计利息

(三) 返还的保费按预定利率计息

**例 12.5.4** 现年30岁的人购买了5年缴费的以下三种保险:(1)5年期的纯生存保险;(2)5年期定期寿险;(3)5年期两全保险。若被保险人在5年缴费期内死亡,返还已缴保费,并且按年2.5%的预定利率计息,其中保险金额为1 000元,CL1(2000—2003)2.5%为计算基础,计算年缴纯保费。

**解:**在“CL1D2”上操作,将“返还保费利率$j$”选取为预定利率2.5%。年缴纯保费既可以按例12.5.2和例12.5.3的思路进行计算,也可以按公式计算(见图12.13),这里显示了问题(3)的结果。对于问题(1)(2)来说,修改“保险金支付现值”的计算公式即可。问题(3)的答案可直接由如下公式计算得到:

$$P = \frac{1\ 000A_{x:\overline{n}|}}{{}_nE_x\ddot{s}_{\overline{n}|}}$$

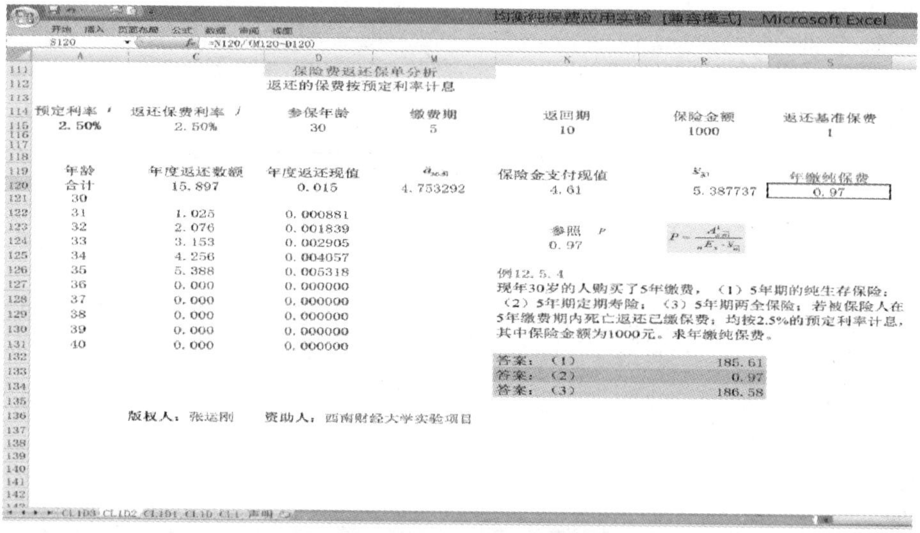


**图 12.13　返还的保费按预定利率计息**

（四）对两全保险保费的再认识

本实验从数量角度加深了人们对两全保险保费的两种认识，在“CL1D3”上操作，反映了一个 30 岁的人投保了保额为 10 000 元的 20 年期两全保险，保额于死亡所在年年末支付，或者生存金于保险期期满时支付。

传统认识：纯生存保险的年缴纯保费为 372.73 元，定期寿险的年缴纯保费为 16.50 元，两全保险的年缴纯保费为 389.23 元，前两者之和刚好等于第三者。

新认识：储金保险的年缴保费为 381.92 元，即每年年初储蓄 381.92 元，计算每年年末基金余额及要支付 1 000 元保险金时的资金缺口，这一缺口就是新定期寿险的保额，这些保额在死亡条件下的精算现值即趸缴纯保费，再均衡化后就为保额递减的定期寿险的年缴纯保费（7.31 元），这两项合并起来，也为 389.23 元，同样也能实现两全保险的目标（见图 12.14）。

说明：在图 12.14 中，每年所需要的储蓄额由公式“ = M114 * [A114/(1 + A114)][(1 + A114)^20 - 1]”计算而得，即 N114 中的 381.92；在 D119 中输入“ = $N $114 * (1 + $A $114)^C119 - 1)/( $A $114/C1 + $A $114)”，拖动填充，可得该列数据。在 N119 中输入“M119 * C30/ $D $30”，拖动填充，可得 M 列、N 列数据。在 R118 中输入“ = SUM(N118:N138)”，在 S118 中输入“ = R118 * D30/(N30 - N50)”，可得新定期保险的年缴纯保费（7.31 元），凡是不随拖动变化的部分采用单元格的绝对引用。

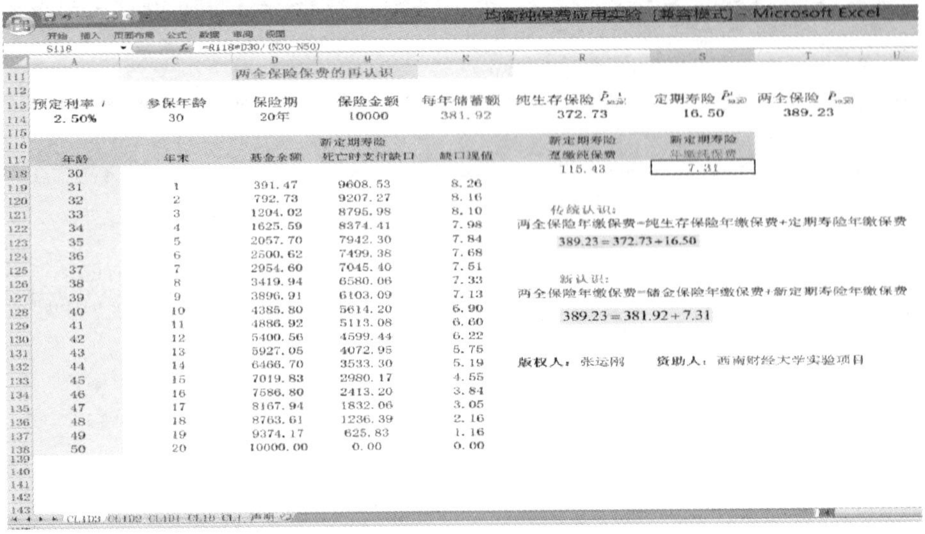

均衡纯保费应用实验 [兼容模式] - Microsoft Excel

S118 =R118*D30/(N30-N50)

两全保险保费的再认识

| 预定利率 i | 参保年龄 | 保险期 | 保险金额 | 每年储蓄额 | 纯生存保险 $P_{30:\overline{20}\|}^{\ \ 1}$ | 定期寿险 $P^1_{30:\overline{20}\|}$ | 两全保险 $P_{30:\overline{20}\|}$ |
|---|---|---|---|---|---|---|---|
| 2.50% | 30 | 20年 | 10000 | 381.92 | 372.73 | 16.50 | 389.23 |

| 年龄 | 年末 | 基金余额 | 新定期寿险 死亡时支付缺口 | 缺口现值 | 新定期寿险 趸缴纯保费 | 新定期寿险 年缴纯保费 |
|---|---|---|---|---|---|---|
| 30 | | | | | 115.43 | 7.31 |
| 31 | 1 | 391.47 | 9608.53 | 8.26 | | |
| 32 | 2 | 792.73 | 9207.27 | 8.16 | | |
| 33 | 3 | 1204.02 | 8795.98 | 8.10 | | |
| 34 | 4 | 1625.59 | 8374.41 | 7.98 | | |
| 35 | 5 | 2057.70 | 7942.30 | 7.84 | | |
| 36 | 6 | 2500.62 | 7499.38 | 7.68 | | |
| 37 | 7 | 2954.60 | 7045.40 | 7.51 | | |
| 38 | 8 | 3419.94 | 6580.06 | 7.33 | | |
| 39 | 9 | 3896.91 | 6103.09 | 7.13 | | |
| 40 | 10 | 4385.80 | 5614.20 | 6.90 | | |
| 41 | 11 | 4886.92 | 5113.08 | 6.60 | | |
| 42 | 12 | 5400.56 | 4599.44 | 6.22 | | |
| 43 | 13 | 5927.05 | 4072.95 | 5.75 | | |
| 44 | 14 | 6466.70 | 3533.30 | 5.19 | | |
| 45 | 15 | 7019.83 | 2980.17 | 4.55 | | |
| 46 | 16 | 7586.80 | 2413.20 | 3.84 | | |
| 47 | 17 | 8167.94 | 1832.06 | 3.05 | | |
| 48 | 18 | 8763.61 | 1236.39 | 2.16 | | |
| 49 | 19 | 9374.17 | 625.83 | 1.16 | | |
| 50 | 20 | 10000.00 | 0.00 | 0.00 | | |

传统认识：
两全保险年缴保费=纯生存保险年缴保费+定期寿险年缴保费
389.23=372.73+16.50

新认识：
两全保险年缴保费=储金保险年缴保费+新定期寿险年缴保费
389.23=381.92+7.31

版权人：张运刚　　资助人：西南财经大学实验项目

CL1D3 CL1D2 CL1D1 CL1D CL1 声明

图 12.14　对两全保险保费的再认识

# 第六节　均衡纯保费责任准备金实验



将本节所采用的工作簿命名为“均衡纯保费准备金实验”，将“CL1D”复制两次，并将复制的两张表重新命名为“CL1D1”和“CL1D2”。

## 一、责任准备金的基本计算方法

本实验主要介绍责任准备金的常见计算方法：未来法、过去法、倒递推公式法、顺递推公式法。对同一问题，其计算结果应该是一样的。

**例 12.6.1**　某 30 岁的人参加了 20 年期定期寿险，于死亡所在年年末领取保险金 1，保费均衡缴纳，以 CL1(2000—2003)2.5% 为计算基础，试用未来法、过去法、倒递推公式法、顺递推公式法计算各年年末的责任准备金。

**解**：本题所用公式为

$$\text{未来法：}{}_tV^1_{30:\overline{20}|} = A^1_{30+t:\overline{20-t}|} - P^1_{30:\overline{20}|}\ddot{a}_{30+t:\overline{20-t}|}$$

$$\text{过去法：}{}_tV^1_{30:\overline{20}|} = P^1_{30:\overline{20}|}\ddot{s}_{30:\overline{t}|} - \frac{A^1_{30:\overline{t}|}}{{}_tE_{30}}$$

$$\text{倒递推法：}{}_tV^1_{30:\overline{20}|} = -P^1_{30:\overline{20}|} + vq_{30+t} + vp_{30+t}\cdot{}_{t+1}V^1_{30:\overline{20}|}$$

$$\text{顺递推法：}{}_{t+1}V^1_{30:\overline{20}|} = \frac{D_{30+t}}{D_{30+t+1}}({}_tV^1_{30:\overline{20}|} + P^1_{30:\overline{20}|}) - \frac{C_{30+t}}{D_{30+t+1}}$$

操作步骤如下：

(1) 在“CL1D”上操作，在 C118 中输入“ = (M30 - M50)/(N30 - N50) ”。

(2) 输入第 0 年年末的责任准备金的递推公式，即在 D118、M118 中分别输入“ =

(M30 - $M $50)/D30 - $C $118 * (N30 - $N $50)/D30”“ = $C $118 * ( $N $30 - N30)/D30 - ( $M $30 - M30)/D30”。

(3) 在 N138 中输入初始值“0” 后,在 N137 中输入“ = - $C $118 + C49/D49 + (D50/D49) * N138”, 或者在 N118 中输入“ = - $ C $ 118 + C30/D30 + (D31/D30) * N119”。

(4) 在 R118 中输入初始值“0”,在 R119 中输入“ = (D30/D31) * (R118 + $C $ 118) - C30/D31”,然后向下或向上拖动填充,就可得各年年末的责任准备金。比如,第 5 年年末的责任准备金均为0. 003 680 39(见图 12. 15)。

说明:凡是与 $t$ 无关的部分均使用单元格的绝对引用,以后不再重复说明了。

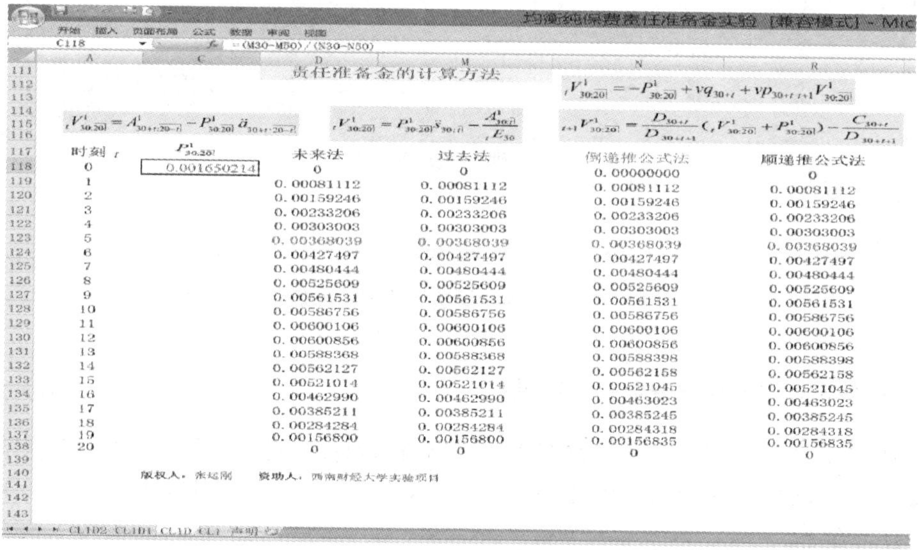


| 时刻 $t$ | $P^1_{30:\overline{20|}}$ | 未来法 | 过去法 | 倒递推公式法 | 顺递推公式法 |
|---|---|---|---|---|---|
| 0 | 0.001650214 | 0 | 0 | 0.00000000 | 0 |
| 1 | | 0.00081112 | 0.00081112 | 0.00081112 | 0.00081112 |
| 2 | | 0.00159246 | 0.00159246 | 0.00159246 | 0.00159246 |
| 3 | | 0.00233206 | 0.00233206 | 0.00233206 | 0.00233206 |
| 4 | | 0.00303003 | 0.00303003 | 0.00303003 | 0.00303003 |
| 5 | | 0.00368039 | 0.00368039 | 0.00368039 | 0.00368039 |
| 6 | | 0.00427497 | 0.00427497 | 0.00427497 | 0.00427497 |
| 7 | | 0.00480444 | 0.00480444 | 0.00480444 | 0.00480444 |
| 8 | | 0.00525609 | 0.00525609 | 0.00525609 | 0.00525609 |
| 9 | | 0.00561531 | 0.00561531 | 0.00561531 | 0.00561531 |
| 10 | | 0.00586756 | 0.00586756 | 0.00586756 | 0.00586756 |
| 11 | | 0.00600106 | 0.00600106 | 0.00600106 | 0.00600106 |
| 12 | | 0.00600856 | 0.00600856 | 0.00600856 | 0.00600856 |
| 13 | | 0.00588368 | 0.00588368 | 0.00588398 | 0.00588398 |
| 14 | | 0.00562127 | 0.00562127 | 0.00562158 | 0.00562158 |
| 15 | | 0.00521014 | 0.00521014 | 0.00521045 | 0.00521045 |
| 16 | | 0.00462990 | 0.00462990 | 0.00463023 | 0.00463023 |
| 17 | | 0.00385211 | 0.00385211 | 0.00385245 | 0.00385245 |
| 18 | | 0.00284284 | 0.00284284 | 0.00284318 | 0.00284318 |
| 19 | | 0.00156800 | 0.00156800 | 0.00156835 | 0.00156835 |
| 20 | | 0 | 0 | 0 | 0 |

图 12. 15　**责任准备金的计算方法**

## 二、亏损变量法计算责任准备金

**例 12. 6. 2**　某 30 岁的人参加了 20 年期定期寿险,于死亡所在年年末领取保险金 1,保费均衡缴纳,以 CL1(2000—2003)2. 5% 为计算基础,试用亏损变量法计算第 5 年年末的责任准备金。

**解**:在“CL1D1” 上操作,基本思路是

(1) 将“CL1” 中的 35 ~ 50 岁各年龄尚存人数与死亡人数转移到当前工作表上,如在 C120 中输入“ = CL1!D37”,在 D120 中输入“ = CL1!E37”。

(2) 将“CL1” 中的利率也转移过来,在 D115 中输入“ = CL1!B110”。

(3) 在 C115 中输入“ = (M30 - M50)/(N30 - N50)” 作为年缴纯保费。

(4) 在 N120、R120、S120、T120、U120 中分别输入“ = (1 + $D $115)^( - M120 - 1)” “ = $C $115 * (1 - N120)/( $D $115/(1 + $D $115))”“ = N120 - R120”“ = D120/ $C $120”“ = S120 * T120”。

(5) 拖动填充,可得各年年末的相应值,加总各亏损均值,可得到第 5 年年末的责任金为 0.003 680 45(见图 12.16)。这与例 12.6.1 的结果略有差异,主要原因是四舍五入。

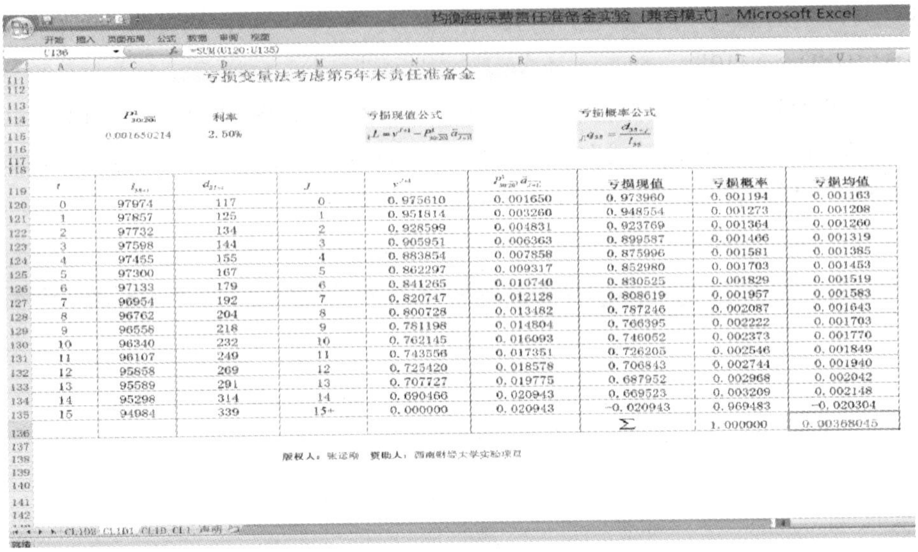

均衡纯保费责任准备金实验 [兼容模式] - Microsoft Excel

=SUM(U120:U135)

亏损变量法考虑第5年末责任准备金

| $P^1_{30:\overline{20}\rvert}$ | 利率 | 亏损现值公式 | 亏损概率公式 |
|---|---|---|---|
| 0.001650214 | 2.50% | ${}_JL = v^{J+1} - P^1_{30:\overline{20}\rvert}\ddot{a}_{\overline{J+1}\rvert}$ | ${}_{J\rvert}q_{35} = \dfrac{d_{35+J}}{l_{35}}$ |

| $t$ | $l_{35+t}$ | $d_{35+t}$ | $J$ | $v^{J+1}$ | $P^1_{30:\overline{20}\rvert}\ddot{a}_{\overline{J+1}\rvert}$ | 亏损现值 | 亏损概率 | 亏损均值 |
|---|---|---|---|---|---|---|---|---|
| 0 | 97974 | 117 | 0 | 0.975610 | 0.001650 | 0.973960 | 0.001194 | 0.001163 |
| 1 | 97857 | 125 | 1 | 0.951814 | 0.003260 | 0.948554 | 0.001273 | 0.001208 |
| 2 | 97732 | 134 | 2 | 0.928599 | 0.004831 | 0.923769 | 0.001364 | 0.001260 |
| 3 | 97598 | 144 | 3 | 0.905951 | 0.006363 | 0.899587 | 0.001466 | 0.001319 |
| 4 | 97455 | 155 | 4 | 0.883854 | 0.007858 | 0.875996 | 0.001581 | 0.001385 |
| 5 | 97300 | 167 | 5 | 0.862297 | 0.009317 | 0.852980 | 0.001703 | 0.001453 |
| 6 | 97133 | 179 | 6 | 0.841265 | 0.010740 | 0.830525 | 0.001829 | 0.001519 |
| 7 | 96954 | 192 | 7 | 0.820747 | 0.012128 | 0.808619 | 0.001957 | 0.001583 |
| 8 | 96762 | 204 | 8 | 0.800728 | 0.013482 | 0.787246 | 0.002087 | 0.001643 |
| 9 | 96558 | 218 | 9 | 0.781198 | 0.014804 | 0.766395 | 0.002222 | 0.001703 |
| 10 | 96340 | 232 | 10 | 0.762145 | 0.016093 | 0.746052 | 0.002373 | 0.001770 |
| 11 | 96107 | 249 | 11 | 0.743556 | 0.017351 | 0.726205 | 0.002546 | 0.001849 |
| 12 | 95858 | 269 | 12 | 0.725420 | 0.018578 | 0.706843 | 0.002744 | 0.001940 |
| 13 | 95589 | 291 | 13 | 0.707727 | 0.019775 | 0.687952 | 0.002968 | 0.002042 |
| 14 | 95298 | 314 | 14 | 0.690466 | 0.020943 | 0.669523 | 0.003209 | 0.002148 |
| 15 | 94984 | 339 | 15+ | 0.000000 | 0.020943 | -0.020943 | 0.969483 | -0.020304 |
| | | | | | | Σ | 1.000000 | 0.00368045 |

版权人：张运刚　资助人：西南财经大学实验项目

图 12.16　亏损变量法计算责任准备金



## 三、各年年末责任准备金的演变过程

例 12.6.3　某 30 岁的人参加了 20 年期定期寿险,于死亡所在年年末领取保险金 1,保费均衡缴纳,以 CL1(2000—2003)2.5% 为计算基础,试用团体法计算各年年末的责任准备金。

**解:**在“CL1D2”上操作。

(1) C115、D115 分别存放年缴纯保费及利率,将“CL1”中的 30 ~ 50 岁各年龄尚存人数与死亡人数转移到当前工作表上。

(2) 输入各年年初保费收入金额、年初余额、付前余额、预期给付、付后余额、人均余额的计算公式,即在 N118 中输入“= $C$115*D118”,在 U118 中输入初始值“0”,在 V118 中输入“= U118/D118”,在 R119、S119、T119 中分别输入“= N118 + U118”“= R119*(1 + $D$115)”“= M118*1”“= S119 - T119”。

(3) 拖动填充,可得各年年末的相应值,最后一列的各年年末人均余额即各年年末的责任准备金。本例采用了团体法(见图 12.17)。

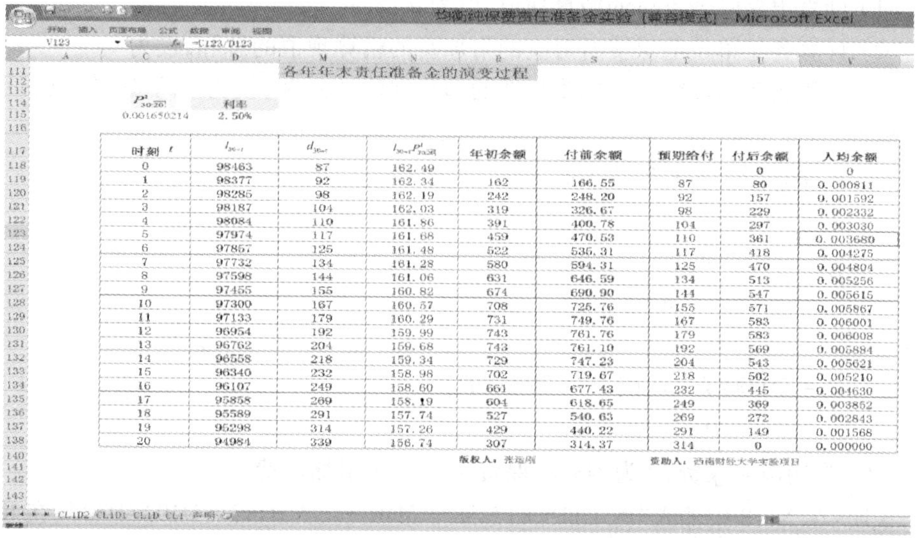


| 时刻 $t$ | $l_{30+t}$ | $d_{30+t}$ | $l_{30+t}P^1_{30:\overline{20}|}$ | 年初余额 | 付前余额 | 预期给付 | 付后余额 | 人均余额 |
|---|---|---|---|---|---|---|---|---|
| 0 | 98463 | 87 | 162.49 | | | | 0 | 0 |
| 1 | 98377 | 92 | 162.34 | 162 | 166.55 | 87 | 80 | 0.000811 |
| 2 | 98285 | 98 | 162.19 | 242 | 248.20 | 92 | 157 | 0.001592 |
| 3 | 98187 | 104 | 162.03 | 319 | 326.67 | 98 | 229 | 0.002332 |
| 4 | 98084 | 110 | 161.86 | 391 | 400.78 | 104 | 297 | 0.003030 |
| 5 | 97974 | 117 | 161.68 | 459 | 470.53 | 110 | 361 | 0.003680 |
| 6 | 97857 | 125 | 161.48 | 522 | 535.31 | 117 | 418 | 0.004275 |
| 7 | 97732 | 134 | 161.28 | 580 | 594.31 | 125 | 470 | 0.004804 |
| 8 | 97598 | 144 | 161.06 | 631 | 646.59 | 134 | 513 | 0.005256 |
| 9 | 97455 | 155 | 160.82 | 674 | 690.90 | 144 | 547 | 0.005615 |
| 10 | 97300 | 167 | 160.57 | 708 | 725.76 | 155 | 571 | 0.005867 |
| 11 | 97133 | 179 | 160.29 | 731 | 749.76 | 167 | 583 | 0.006001 |
| 12 | 96954 | 192 | 159.99 | 743 | 761.76 | 179 | 583 | 0.006008 |
| 13 | 96762 | 204 | 159.68 | 743 | 761.10 | 192 | 569 | 0.005884 |
| 14 | 96558 | 218 | 159.34 | 729 | 747.23 | 204 | 543 | 0.005621 |
| 15 | 96340 | 232 | 158.98 | 702 | 719.67 | 218 | 502 | 0.005210 |
| 16 | 96107 | 249 | 158.60 | 661 | 677.43 | 232 | 445 | 0.004630 |
| 17 | 95858 | 269 | 158.19 | 604 | 618.65 | 249 | 369 | 0.003852 |
| 18 | 95589 | 291 | 157.74 | 527 | 540.63 | 269 | 272 | 0.002843 |
| 19 | 95298 | 314 | 157.26 | 429 | 440.22 | 291 | 149 | 0.001568 |
| 20 | 94984 | 339 | 156.74 | 307 | 314.37 | 314 | 0 | 0.000000 |

图 12.17　各年年末责任准备金的演变过程

## 第七节　毛保费与修正责任准备金实验



### 一、毛保费及其责任准备金

毛保费及其准备金的计算将使用工作簿“毛保费及其准备金实验”，复制“CL1D”，并将复制的表格重新命名为“CL1D1”。在“CL1D”与“CL1D1”上设置“选项按钮”，以“两全保险”“定期寿险”作为其选项，均指向单元格 A112，即当选择定期寿险时，结果为1；当选择两全保险时，结果为2。在 A113 中输入“ = A112 - 1”，实验中这两个单元格被掩盖了。

（一）毛保费的计算

本实验主要以定期寿险、两全保险为例，演示毛保费的计算过程，也展示均衡毛保费与均衡纯保费、均衡附加保费之间的关系。其中的附加费用率、保险金额是可以调整的。当然保险期限也是可以调整的，这需要适当的手工操作。

**例** 12.7.1　10 年期两全保险（定期）的保单于 30 岁时签发，保险金额为 20 000 元，于死亡所在年年末或期满生存时给付，保险期限内每年缴纳相同的保费，费用发生在各年年初，第一年的附加费为毛保费的 30% 以及每千元保额支付 6 元，以后各年分别降为 6.5% 与 2.5 元。以 CL1（2000—2003）2.5% 为计算基础，求该保险的均衡年缴纯保费、均衡年缴附加费与均衡年缴毛保费。

**解**：首先对均衡年缴纯保费、均衡年缴附加费与均衡年缴毛保费依据收支平衡原则列出计算公式，其次用替换函数表达式反映出来，最后用 Excel 计算即可得到结果（见图 12.18）。具体计算方式可参阅本教材相关内容。

本实验的基本思路如下：

（1）计算出保险金支付的精算现值，设为 $a$。

（2）计算各年单位毛保费所对应的附加费的精算现值的总和，设为 $b$。

（3）计算各年与保额相关的附加费的精算现值的总和，设为 $c$。于是，依收支平衡原则可得

$$P^{*}\ddot{a}_{30:\overline{10|}} = a + P^{*}b + c$$

解得

$$P^{*} = \frac{a + c}{\ddot{a}_{30:\overline{10|}} - b}$$

并且

$$P = 20\,000P_{30:\overline{10|}} \text{ 或 } P = 20\,000P^{1}_{30:\overline{10|}}$$

$$e = P^{*} - P$$

其中，$P^{*}$ 为均衡毛保费、$P$ 为均衡纯保费、$e$ 为均衡附加保费。

说明：在 N118 中输入"= C115 * (M30 - M40 + $A $113 * D40)/D30"，在 R119 中输入"= D119 * D30/ $D $30"，在 S119 中输入"= $C $115 * M119 * D30/ $D $30"。在 R118、S118 中分别输入"= SUM(R119:R128)""= SUM(S119:S128)"。在 N115 中输入"= C115 * (M30 - M40 + $A $113 * D40)/(N30 - N40)"，在 S115 中输入"= (N118 + S118)/(R113 - R118)"，在 R115 中输入"= S115 - N115"。

当选择两全保险时，均衡年缴纯保费、均衡年缴附加费、均衡年缴毛保费分别为 1 751.63、239.67、1 991.30；当选择定期寿险时，结果为22.86、69.95、88.81（见图12.18）。

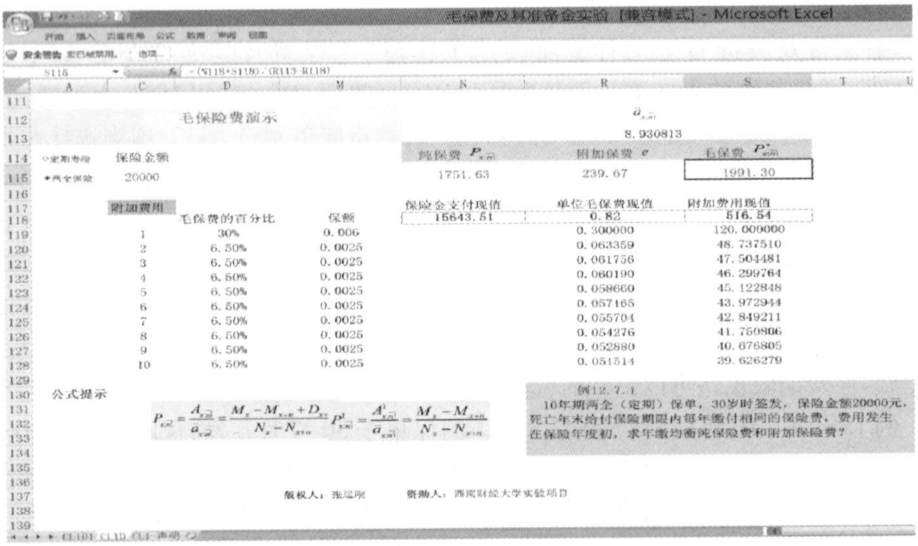


图 12.18　毛保费演示

（二）均衡毛保费责任准备金

例 12.7.2　10 年期两全保险（定期）的保单于 30 岁时签发，保险金额为 20 000 元，于死亡所在年年末或期满生存时给付，保险期内每年缴纳相同的保费，费用发生在各年年初，第一年的附加费为毛保费的 30% 以及每千元保额支付 6 元，以后各年分别

降为 6.5% 与 2.5 元。以 CL1(2000—2003)2.5% 为计算基础，求各年年末的均衡毛保费责任准备金。

**解**：均衡毛保费责任准备金的计算原理与均衡纯保费责任准备金的计算原理相同，既可用未来法，又可用过去法。这里考虑未来法，请读者思考过去法。未来法的思路是某保险年度末的责任准备金等于未来支付（包括保险金与附加费）的精算现值减去未来毛保费收入的精算现值。

在“CL1D1”上操作。通过本实验，不仅可以比较方便地求出均衡毛保费责任准备金，而且可以求出均衡纯保费责任准备金，并进行比较。除了保险期的期初与期末，各年年末的均衡纯保费责任准备金均小于均衡毛保费责任准备金，是否总是如此？均衡毛保费责任准备金演示如图 12.19 所示。需要说明的是在 D131 中输入“= $C $115 * (M30 - $M $40 + $A $113 * $D $40)/D30 - $N $115 * (N30 - $N $40)/D30”，而在 M131 中输入“= $C $115 * (M30 - $M$40 + $A$113 * $D $40)/D30 + (SUM(S119: $S$128) + $S$115 * SUM(R119: $R$128)) * $D$30/D30 - $S $115 * (N30 - $N$ 40)/D30”，然后拖动填充，就可得到结果。比如，两全保险在第五年年末的均衡毛保费责任准备金为 9 076.31 元，而均衡纯保费责任准备金为 9 362.44 元。

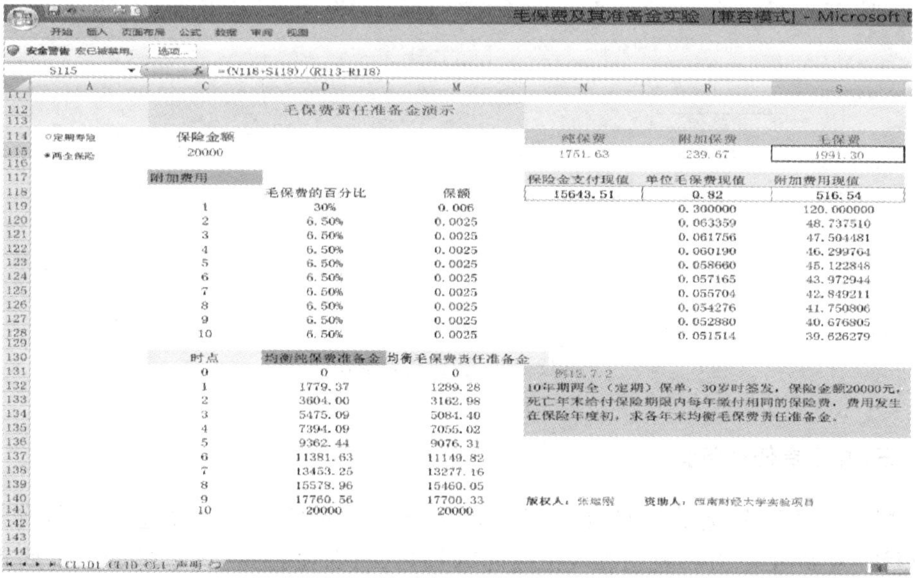


| 附加费用 | 毛保费的百分比 | 保额 | 单位毛保费现值 | 附加费用现值 |
|---|---|---|---|---|
| 1 | 30% | 0.006 | 0.300000 | 120.000000 |
| 2 | 6.50% | 0.0025 | 0.063359 | 48.737510 |
| 3 | 6.50% | 0.0025 | 0.061756 | 47.504481 |
| 4 | 6.50% | 0.0025 | 0.060190 | 46.299764 |
| 5 | 6.50% | 0.0025 | 0.058660 | 45.122848 |
| 6 | 6.50% | 0.0025 | 0.057165 | 43.972944 |
| 7 | 6.50% | 0.0025 | 0.055704 | 42.849211 |
| 8 | 6.50% | 0.0025 | 0.054276 | 41.750806 |
| 9 | 6.50% | 0.0025 | 0.052880 | 40.676805 |
| 10 | 6.50% | 0.0025 | 0.051514 | 39.626279 |

| 时点 | 均衡纯保费准备金 | 均衡毛保费责任准备金 |
|---|---|---|
| 0 | 0 | 0 |
| 1 | 1779.37 | 1289.28 |
| 2 | 3604.00 | 3162.98 |
| 3 | 5475.09 | 5084.40 |
| 4 | 7394.09 | 7055.02 |
| 5 | 9362.44 | 9076.31 |
| 6 | 11381.63 | 11149.82 |
| 7 | 13453.25 | 13277.16 |
| 8 | 15578.96 | 15460.05 |
| 9 | 17760.56 | 17700.33 |
| 10 | 20000 | 20000 |

图 12.19　均衡毛保费责任准备金演示

## 二、安全边际实验

**例 12.7.3**　假设年龄 25 岁的 100 000 人都参加了于死亡所在年年末领取保险金 20 000 元的终身寿险，在 95% 的置信水平下，以 CL1(2000—2003)2.5% 为计算基础，试求个人安全边际量以及每人应实缴的保费。

**解**：本例将使用“安全边际实验”工作簿，复制“CL1”，并将复制的工作簿重新命名为“CL11”；复制“CL1D”，并将复制的工作簿重新命名为“CL1DD”，修改“CL1NN”

中引用的工作表,使“CL11”与“CL1DD”关联。下面主要在“CL1D”上操作。

(1) 在 A112 中输入利率“2.5%”,在“CL1”中的 B110 输入“ = CL1D!A112”, 在 CL11 中的 B110 输入“ = (CL1D!A112) * 2 + (CL1D!A112)^2”。

(2) 在 C120、D120、M120、N120、R120、S120 中分别输入“ = M25/D25”“ = CL1DD!M25/CL1DD!D25”“ = D117 * C120”“ = D117^2 * (D120 - C120^2)”“ = M117 * M120”“ = M117 * N120”。

(3) 在 C123、D123、M123 中分别输入“ = R117 * (S120)^0.5/R120”“ = C123 * R120”“ = C123 * M120”,其中在 R117 中输入“ = NORMSINV(N117)”。

(4) 在 D127 中输入“ = M120 + M123”,于是得到本例题的结果为 11.42 元、5 723.92 元(见图 12.20)。

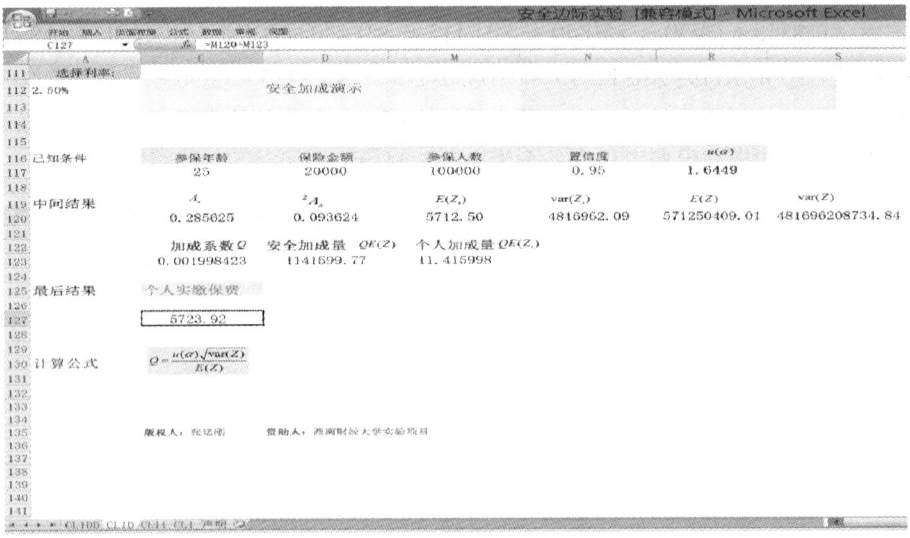


图 12.20　安全边际演示



## 三、修正责任准备金

修正责任准备金的计算在“修正责任准备金实验”工作簿上进行操作。将“CL1D”复制两次,并将复制的表格连同“CL1D”重新命名为“普通修正”“定期式修正”“保险监督官修正”。下面以两全保险为例进行实验。

(一) 普通修正法

这里以限期缴费的两全保险为例。

**例 12.7.4**　某 30 岁的人参加了保险期为 30 年、保额为 10 000 元的两全保险,保险金于死亡所在年年末支付或期满生存时支付,限期 20 年缴清保费,修正期为 10 年,修正幅度为 300 元,以 CL1(2000—2003)2.5%为计算基础,试计算:(1) 修正后初年和续年的年缴保费;(2) 修正前后的责任准备金。

**解:**在“普通修正”工作表上实验。

(1) 在 T115 中存放自然保费,需输入“ = $M $115 * C30/D30”,在 S115 中输入

"=(N30 - N40)/D30",在 D119 中输入"= M115 * (M30 - M60 + D60)/(N30 - N50)",得到年缴纯保费。

(2) 在 D121 中输入"= D119 - R115 * (1 - 1/S115)",在 D122 中输入"= D119 + R115/S115",得到修正期中第一年和续年的年缴纯保费为 42.80 元和 342.80 元。

(3) 在 R120 中输入"= $M $115 * (M30 - $M $60 + $D $60)/D30 - $D $119 * (N30 - $N $50)/D3"。

(4) 在 S120、S121 中输入"0""= R121 - ( $R $115/ $S $115) * ((N31 - $N $40)/D30)"。修正前后第一年年末的责任准备金分别为 3 048.40 元、41.99 元,即修正责任准备金小于均衡纯保费责任准备金,修正期内其余年度末的责任准备金也呈现这一规律,而修正期结束后,责任准备金就保持一致了。

(5) 拖动填充,可得各年年末修正前后的责任准备金(见图 12.21)。

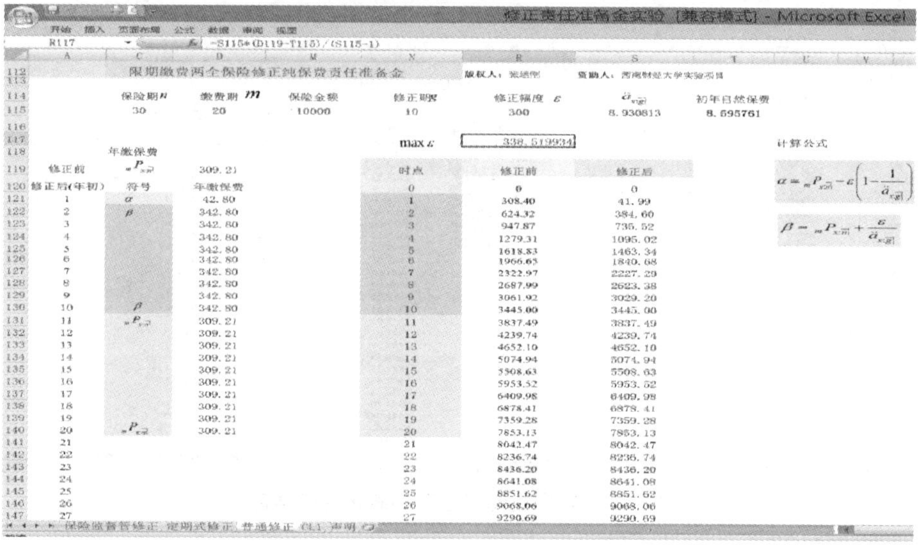


| 保险期 $n$ | 缴费期 $m$ | 保险金额 | 修正期 $g$ | 修正幅度 $\varepsilon$ | $\ddot{a}_{x:\overline{g}\|}$ | 初年自然保费 |
| --- | --- | --- | --- | --- | --- | --- |
| 30 | 20 | 10000 | 10 | 300 | 8.930813 | 8.695761 |

max $\varepsilon$：338.519934

| 修正前 | 年缴保费 ${}_mP_{x:\overline{n}\|}$ | 309.21 | | | |
| --- | --- | --- | --- | --- | --- |
| 修正后(年初) | 符号 | 年缴保费 | 时点 | 修正前 | 修正后 |
| | | | 0 | 0 | 0 |
| 1 | $\alpha$ | 42.80 | 1 | 308.40 | 41.99 |
| 2 | $\beta$ | 342.80 | 2 | 624.32 | 384.60 |
| 3 | | 342.80 | 3 | 947.87 | 735.52 |
| 4 | | 342.80 | 4 | 1279.31 | 1095.02 |
| 5 | | 342.80 | 5 | 1618.83 | 1463.34 |
| 6 | | 342.80 | 6 | 1966.65 | 1840.68 |
| 7 | | 342.80 | 7 | 2322.97 | 2227.29 |
| 8 | | 342.80 | 8 | 2687.99 | 2623.38 |
| 9 | | 342.80 | 9 | 3061.92 | 3029.20 |
| 10 | $\beta$ | 342.80 | 10 | 3445.00 | 3445.00 |
| 11 | ${}_mP_{x:\overline{n}\|}$ | 309.21 | 11 | 3837.49 | 3837.49 |
| 12 | | 309.21 | 12 | 4239.74 | 4239.74 |
| 13 | | 309.21 | 13 | 4652.10 | 4652.10 |
| 14 | | 309.21 | 14 | 5074.94 | 5074.94 |
| 15 | | 309.21 | 15 | 5508.63 | 5508.63 |
| 16 | | 309.21 | 16 | 5953.52 | 5953.52 |
| 17 | | 309.21 | 17 | 6409.98 | 6409.98 |
| 18 | | 309.21 | 18 | 6878.41 | 6878.41 |
| 19 | | 309.21 | 19 | 7359.28 | 7359.28 |
| 20 | ${}_mP_{x:\overline{n}\|}$ | 309.21 | 20 | 7853.13 | 7853.13 |
| 21 | | | 21 | 8042.47 | 8042.47 |
| 22 | | | 22 | 8236.74 | 8236.74 |
| 23 | | | 23 | 8436.20 | 8436.20 |
| 24 | | | 24 | 8641.08 | 8641.08 |
| 25 | | | 25 | 8851.62 | 8851.62 |
| 26 | | | 26 | 9068.06 | 9068.06 |
| 27 | | | 27 | 9290.69 | 9290.69 |

**图 12.21　普通修正法下的修正责任准备金**

本例题给出了修正幅度为 300 元。其实,我们可以计算最大修正幅度,它使修正后初年年度纯保费等于自然保费,即满足

$$\alpha = {}_mP_{x:\overline{n}|} - \varepsilon\left(1 - \frac{1}{\ddot{a}_{x:\overline{g}|}}\right) \quad 且 \quad \alpha = vq_x$$

解之得

$$\varepsilon = \frac{({}_mP_{x:\overline{n}|} - vq_x)\ddot{a}_{x:\overline{g}|}}{\ddot{a}_{x:\overline{g}|} - 1}$$

因此,在 R117 中输入"= S115 * (D119 - T115)/(S115 - 1)"可得到最大修正幅度为 338.52 元(见图 12.21)。

(二) 定期式修正法

本实验以全期缴费的两全保险为例,研究定期式修正责任准备金,并将其与普通修正责任准备金进行对比,当然也可将其与修正前责任准备金进行对比。

**例** 12.7.5　某30岁的人参保了保险期为30年、保额为10 000元的两全保险，保险金于死亡所在年年末支付或期满生存时支付，限期10年缴清保费，修正期为10年，以CL1(2000—2003)2.5%为计算基础，试求各年末初年度定期式修正法下的责任准备金。

**解**：在"定期式修正"工作表上操作。按例12.7.4中普通修正法思路进行修正，不过需要将缴费期缩短到10年，在"修正幅度"单元格中输入最大修正幅度"606.123 320"或输入"= R117"，即可得到定期式修正法下的结果。修正前年缴保费为546.85元，修正后的第一年缴纳保费8.60年，其余每年年初生存时缴纳614.72元，修正后第一年年末的责任准备金为0元，以后各年的责任准备金逐渐增加，并且定期式修正法下的修正责任准备金小于均衡纯保费责任准备金；修正期结束后，责任准备金保持不变(见图12.22)。

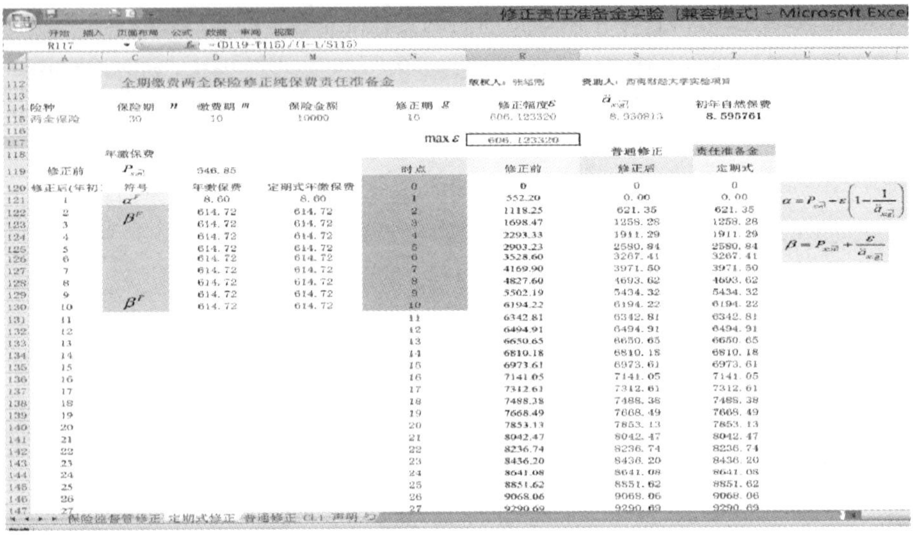


| 修正后(年初) | 符号 | 年缴保费 | 定期式年缴保费 | 时点 | 修正前 | 修正后 | 定期式 |
|---|---|---|---|---|---|---|---|
| | | | | 0 | 0 | 0 | 0 |
| 1 | $\alpha^F$ | 8.60 | 8.60 | 1 | 552.20 | 0.00 | 0.00 |
| 2 | $\beta^F$ | 614.72 | 614.72 | 2 | 1118.25 | 621.35 | 621.35 |
| 3 | | 614.72 | 614.72 | 3 | 1698.47 | 1258.28 | 1258.28 |
| 4 | | 614.72 | 614.72 | 4 | 2293.33 | 1911.29 | 1911.29 |
| 5 | | 614.72 | 614.72 | 5 | 2903.23 | 2580.84 | 2580.84 |
| 6 | | 614.72 | 614.72 | 6 | 3528.60 | 3267.41 | 3267.41 |
| 7 | | 614.72 | 614.72 | 7 | 4169.90 | 3971.50 | 3971.50 |
| 8 | | 614.72 | 614.72 | 8 | 4827.60 | 4693.62 | 4693.62 |
| 9 | | 614.72 | 614.72 | 9 | 5502.19 | 5434.32 | 5434.32 |
| 10 | $\beta^F$ | 614.72 | 614.72 | 10 | 6194.22 | 6194.22 | 6194.22 |
| 11 | | | | 11 | 6342.81 | 6342.81 | 6342.81 |
| 12 | | | | 12 | 6494.91 | 6494.91 | 6494.91 |
| 13 | | | | 13 | 6650.65 | 6650.65 | 6650.65 |
| 14 | | | | 14 | 6810.18 | 6810.18 | 6810.18 |
| 15 | | | | 15 | 6973.61 | 6973.61 | 6973.61 |
| 16 | | | | 16 | 7141.05 | 7141.05 | 7141.05 |
| 17 | | | | 17 | 7312.61 | 7312.61 | 7312.61 |
| 18 | | | | 18 | 7488.38 | 7488.38 | 7488.38 |
| 19 | | | | 19 | 7668.49 | 7668.49 | 7668.49 |
| 20 | | | | 20 | 7853.13 | 7853.13 | 7853.13 |
| 21 | | | | 21 | 8042.47 | 8042.47 | 8042.47 |
| 22 | | | | 22 | 8236.74 | 8236.74 | 8236.74 |
| 23 | | | | 23 | 8436.20 | 8436.20 | 8436.20 |
| 24 | | | | 24 | 8641.08 | 8641.08 | 8641.08 |
| 25 | | | | 25 | 8851.62 | 8851.62 | 8851.62 |
| 26 | | | | 26 | 9068.06 | 9068.06 | 9068.06 |
| 27 | | | | 27 | 9290.69 | 9290.69 | 9290.69 |

图12.22　定期式修正法下的修正责任准备金

也可在M121、M122中分别输入"= T115""= M115 * (M31 - M60 + D60)/(N31 - N40)"，就可得到修正后初年和续年的年缴纯保费。在T120中输入"0"，在T121中输入"= $M $115 * (M31 - $M $60 + $D $60)/D31 - $M $122 * (N31 - $N $40)/D31"，拖动填充，得到各年年末的责任准备金。

(三) 保险监督官修正法

仍以全期缴费的两全保险为例，对于高续年保费保单，需要采用保险监督官修正法来计算责任准备金。

**例** 12.7.6　在例12.7.5中，试问该保单是否为高续年保费保单？是否需要采用保险监督官修正法来进一步修正？若是，求其修正后的责任准备金。

**解**：在"保险监督官修正"工作表上操作。通过例12.7.5，可以看出续年保费为614.72元，它高于限期20年、缴费保额不变的终身寿险在定期式修正法下的续年保费215.89元[只需要在M135中输入"= M115 * M31/(N31 - N50)"]，这说明需要采用保险监督官修正法去修正，将两者之差207.29作为修正幅度，即只需要在R115中输入"＝M135－T115"，由此得到的普通修正法下的责任准备金就是保险监督官修正法下的修正责任准备金，第一年年末为363.35元，第二年年末为948.31元。不难看出，在修正期内，保险监督官修正法下的修正责任准备金大于初年度定期式修正法下的修正责任准备金，而小于均衡纯保费责任准备金，这实际上是对定期式修正法修正过猛的一种矫正。修正期结束后，三者的差异消失了（见图12.23）。

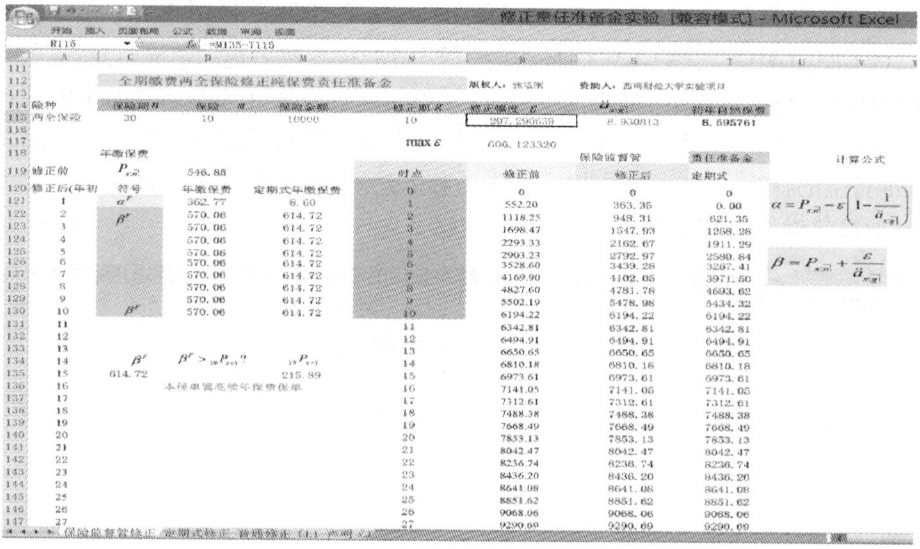


图12.23　保险监督官修正法下的修正责任准备金



## 第八节　多生命精算理论实验

本实验以中国人寿保险业经验生命养老金业务男表和女表，即"CL3"和"CL4"为基础，首先构建多生命函数与替换函数，然后进行有关保险费与责任准备金的计算。本实验的工作簿由"生命表与替换函数表实验"工作簿复制而成。删去工作表"homepage""CL1""CL1D""CL2""CL2N"，并将复制的工作簿重新命名为"多生命精算理论实验"。本实验考虑22岁丈夫与20岁妻子构成的条件状态与非条件状态。为了简便，"CL3""CL4"中的$l_0$都选为10 000。

### 一、多生命函数与替换函数

#### （一）基本表的构建

增加工作表"CL3CL4"，在第三行输入表头$x$、$y$、$l_x$、$l_y$、$l_{xy}$、$D_{xy}$、$C_{xy}$、$N_{xy}$、$M_{xy}$、$C_{xy}^1$、$C_{x\overset{1}{y}}$、$M_{xy}^1$、$M_{x\overset{1}{y}}$。

在A4、B4中分别输入"22""20"，以下各行年龄依次增加1岁。在C4、D4中分别输入"＝CL3!D24""＝CL4!D22"。在E4中输入"＝C4＊D4"，在F4中输入"＝E4－E5"。注意$l_{xy}=l_xl_y$，$d_{xy}=l_{xy}-l_{x+1,y+1}$。

在 $E2$ 中输入预定利率“2.5%”，运用公式(8.3.41) ~ 公式(8.3.44)、公式(8.4.7) 和公式(8.4.8) 就可完成替换函数表。

（二）整理替换函数表

(1) 插入工作表“CL3CL4N1”，在第22行的A列存放丈夫年龄数字22，在B列存放妻子年龄数字20。将 $C_{xy}$、$D_{xy}$、$M_{xy}$、$N_{xy}$ 的数值分别放在C列、D列、M列、N列，并将中间的其他列隐藏起来，方法如下：在 C22、D22、M22、N22 中分别输入“= CL3CL4!H4”“= CL3CL4!G4”“= CL3CL4!J4”“= CL3CL4!I4”，然后拖动填充。当然也可利用函数ROUND进行计算，保留两位小数，这样可使通过查表计算的结果与用电脑计算的结果保持一致，本节将这样操作。在此工作表上就可进行联合生存状态下保险费与责任准备金的计算，在单元格中输入替换函数表达式时，在形式上只需要关注丈夫年龄，从而简化操作（见图12.24）。

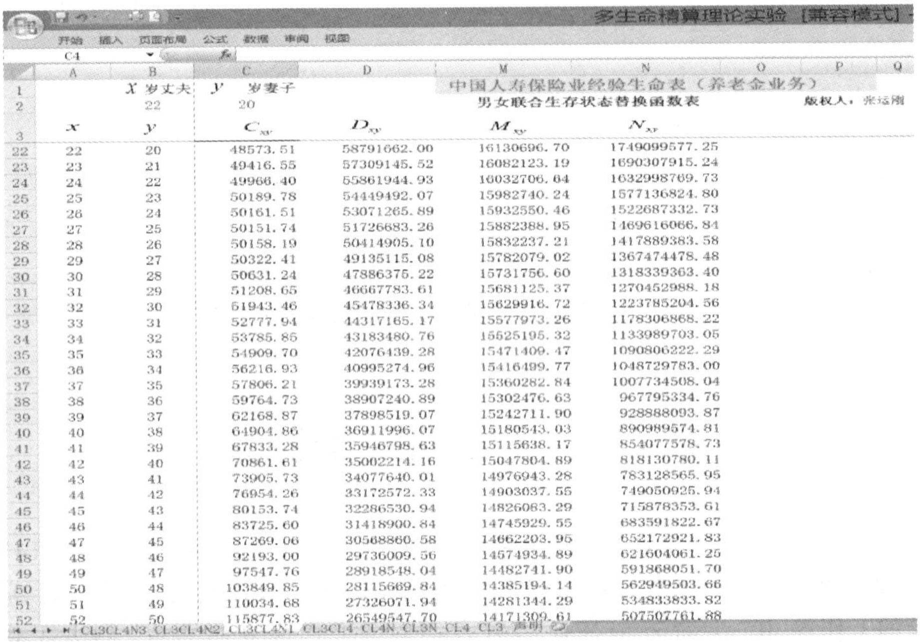


| | A | B | C | D | M | N |
|---|---|---|---|---|---|---|
| 1 | | $x$ 岁丈夫 | $y$ 岁妻子 | | | |
| 2 | | 22 | 20 | | | |
| 3 | $x$ | $y$ | $C_{xy}$ | $D_{xy}$ | $M_{xy}$ | $N_{xy}$ |
| 22 | 22 | 20 | 48573.51 | 58791662.00 | 16130696.70 | 1749099577.25 |
| 23 | 23 | 21 | 49416.55 | 57309145.52 | 16082123.19 | 1690307915.24 |
| 24 | 24 | 22 | 49966.40 | 55861944.93 | 16032706.64 | 1632998769.73 |
| 25 | 25 | 23 | 50189.78 | 54449492.07 | 15982740.24 | 1577136824.80 |
| 26 | 26 | 24 | 50161.51 | 53071265.89 | 15932550.46 | 1522687332.73 |
| 27 | 27 | 25 | 50151.74 | 51726683.26 | 15882388.95 | 1469616066.84 |
| 28 | 28 | 26 | 50158.19 | 50414905.10 | 15832237.21 | 1417889383.58 |
| 29 | 29 | 27 | 50322.41 | 49135115.08 | 15782079.02 | 1367474478.48 |
| 30 | 30 | 28 | 50631.24 | 47886375.22 | 15731756.60 | 1318339363.40 |
| 31 | 31 | 29 | 51208.65 | 46667783.61 | 15681125.37 | 1270452988.18 |
| 32 | 32 | 30 | 61943.46 | 45478336.34 | 15629916.72 | 1223785204.56 |
| 33 | 33 | 31 | 52777.94 | 44317165.17 | 15577973.26 | 1178306868.22 |
| 34 | 34 | 32 | 53785.85 | 43183480.76 | 15525195.32 | 1133989703.05 |
| 35 | 35 | 33 | 54909.70 | 42076439.28 | 15471409.47 | 1090806222.29 |
| 36 | 36 | 34 | 56216.93 | 40995274.96 | 15416499.77 | 1048729783.00 |
| 37 | 37 | 35 | 57806.21 | 39939173.28 | 15360282.84 | 1007734508.04 |
| 38 | 38 | 36 | 59764.73 | 38907240.89 | 15302476.63 | 967795334.76 |
| 39 | 39 | 37 | 62168.87 | 37898519.07 | 15242711.90 | 928888093.87 |
| 40 | 40 | 38 | 64904.86 | 36911996.07 | 15180543.03 | 890989574.81 |
| 41 | 41 | 39 | 67833.28 | 35946798.63 | 15115638.17 | 854077578.73 |
| 42 | 42 | 40 | 70861.61 | 35002214.16 | 15047804.89 | 818130780.11 |
| 43 | 43 | 41 | 73905.73 | 34077640.01 | 14976943.28 | 783128565.95 |
| 44 | 44 | 42 | 76954.26 | 33172572.33 | 14903037.55 | 749050925.94 |
| 45 | 45 | 43 | 80153.74 | 32286530.94 | 14826083.29 | 715878353.61 |
| 46 | 46 | 44 | 83725.60 | 31418900.84 | 14745929.55 | 683591822.67 |
| 47 | 47 | 45 | 87269.06 | 30568860.58 | 14662203.95 | 652172921.83 |
| 48 | 48 | 46 | 92193.00 | 29736009.56 | 14574934.89 | 621604061.25 |
| 49 | 49 | 47 | 97547.76 | 28918548.04 | 14482741.90 | 591868051.70 |
| 50 | 50 | 48 | 103849.85 | 28115669.84 | 14385194.14 | 562949503.66 |
| 51 | 51 | 49 | 110034.68 | 27326071.94 | 14281344.29 | 534833833.82 |
| 52 | 52 | 50 | 115877.83 | 26549547.70 | 14171309.61 | 507507761.88 |

图12.24　联合生存状态下的替换函数

(2) 复制工作表“CL3CL4N1”，并将复制的工作表重新命名为“CL3CL4N2”。在“CL3CL4N2”中，将C列、M列数据更换为 $C^{1}_{xy}$、$M^{1}_{xy}$，只需要在C22、M22中分别输入“= CL3CL4!K4”“= CL3CL4!M4”，再拖动填充。

(3) 复制工作表“CL3CL4N1”，并将复制的工作表重新命名为“CL3CL4N3”。在“CL3CL4N3”中，将C列、M列数据更换为 $C_{x\overset{1}{y}}$、$M_{x\overset{1}{y}}$，只需要在C22、M22中分别输入“= CL3CL4!L4”“= CL3CL4!N4”，再拖动填充。

## 二、联合生存状态下的年缴均衡纯保费及责任准备金

**例12.8.1**　22岁的丈夫与20岁的妻子投保了20年期的联合生存状态下的两全

保险，保额为 100 000 元，保险金于状态死亡年年末或期满生存时给付，求年缴均衡纯保费及各年年末的责任准备金。

**解**：本实验在"CL3CL4N1"上操作。在 A115 中输入保额"100 000"，在 B115 中输入"=(M22 - M42 + D42)/(N22 - N42)"，即可得到单位保额的年缴纯保费 0.038 761，在 C115 中输入"= A115 * B115"，就可得到本例题的年缴纯保费3 876.08 元。在 D118 中输入"= $A$115 *(M22 - $M$42 + $D$42)/D22 - $C$115 *(N22 - $N$42)/D22"，然后拖动填充，就可得到各年年末的责任准备金，如第一年年末的责任准备金为 3 891.59 元，第二年年末的责任准备金为 7 880.45 元，等等(见图 12.25)。

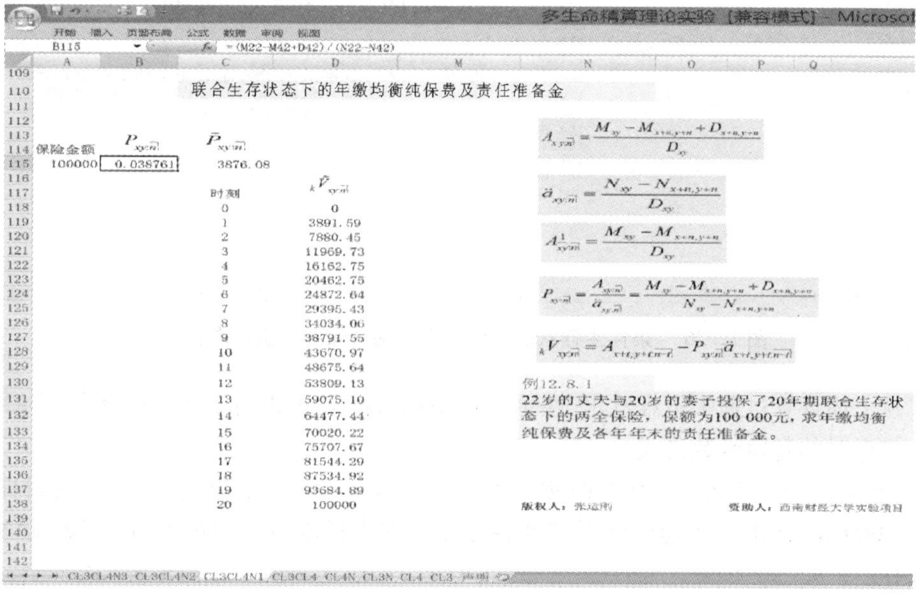


图 12.25　联合生存状态下的年缴均衡纯保费及责任准备金

## 三、条件生存状态下的年缴均衡纯保费及责任准备金

**例 12.8.2**　22 岁的丈夫与 20 岁的妻子投保了 20 年期条件生存状态下的定期寿险，保额为 100 000 元，求年缴均衡纯保费及各年年末的责任准备金。这里以丈夫死亡时妻子仍然生存作为条件，保险金于丈夫死亡所在年年末支付。

**解**：本实验在"CL3CL4N2"上操作。在 A115 中输入保额"100 000"，在 B115 中输入"=(M22 - M42)/(N22 - N42)"，即可得到单位保额的保费 0.000 817，在 C115 中输入"= A115 * B115"，就可得到本例题的年缴纯保费81.65 元。在 D118 中输入"= $A$115 *(M22 - $M$42)/D22 - $C$115 *(N22 - $N$42)/D22"，然后拖动填充，就可得到各年年末的责任准备金，如第一年年末的责任准备金为 23.62 元，第二年年末的责任准备金为 45.66 元，等等(见图 12.26)。

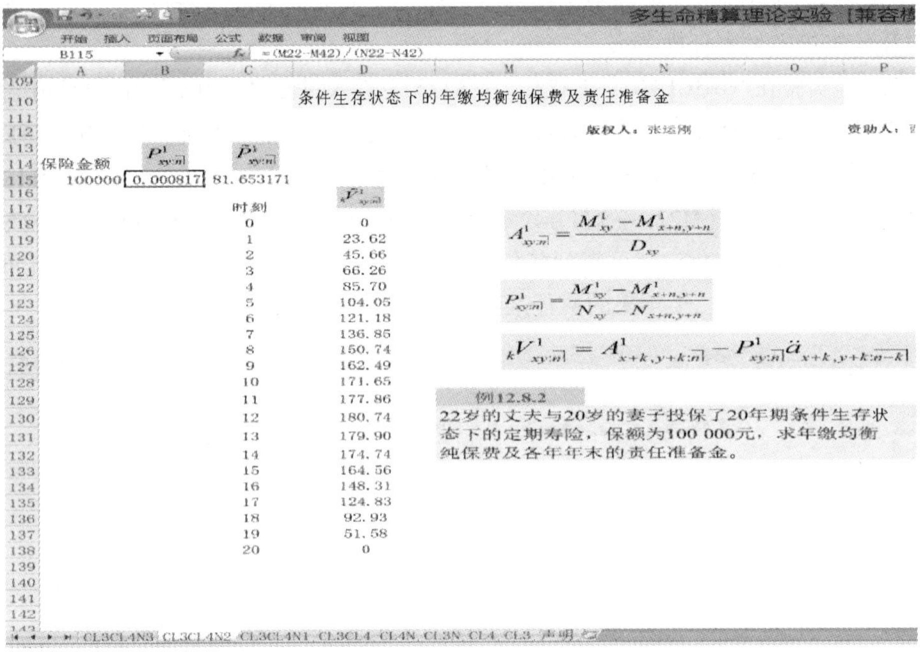


图 12.26　条件生存状态下的年缴均衡纯保费及责任准备金

从上述计算过程中不难看出，在单元格中输入的公式相当于单生命条件下 22 岁的人投保时的替换函数公式。

请读者思考：若在妻子死亡时丈夫仍然生存，则在妻子死亡所在年年末支付保险金100 000 元，试求年缴均衡纯保费及各年年末的责任准备金。提示：在“CL3CL4N3”上操作。

# 第九节　多减因模型实验

## 一、多减因表的构建

在工作簿“多减因模型实验”上操作，在 C18 上输入预定利率“2.5%”，在第 19 行分别输入表头 $x$、$l_x^{(\tau)}$、$d_x^{(1)}$、$d_x^{(2)}$、$d_x^{(\tau)}$、$q_x^{(1)}$、$q_x^{(2)}$、$q_x^{(\tau)}$、$D_x^{(\tau)}$、$N_x^{(\tau)}$、$C_x^{(1)}$、$C_x^{(2)}$、$C_x^{(\tau)}$、$M_x^{(1)}$、$M_x^{(2)}$、$M_x^{(\tau)}$。

将附表 3A 中的 $d_x^{(1)}$、$d_x^{(2)}$ 作为基准或精算假设，取 $l_{20}^{(\tau)}$ = 100 000，于是在 B20 中存放“100 000”，在 B21 中输入“ = B20 - E20”。在 E20、F20、G20、H20 中分别输入“ = C20 + D20”“ = C20/B20”“ = D20/B20”“ = E20/B20”，就可以完成附表 3A 的制作。

在单元格 I20、J20、K20、L20、M20、N20、O20、P20 中分别输入“ = (1 + $C$18)^( - A20) * B20”“ = SUM(I20: $I$60)”“ = (1 + $C$18)^( - A20 - 1) * C20”“ = (1 + $C $18)^( - A20 - 1) * D20”“ = K20 + L20”“ = SUM(K20: $K$60)”“ = SUM(L20: $L $60)”“ = N20 + O20”，这样就完成了替换函数表的制作(见

图 12.27)。将此工作表重新命名为"MD1"。

注意:本实验中的替换函数是用电脑进行计算的,形式上是两位小数参与运算,实际上是若干位小数参与运算并计算出例 12.9.1 与例 12.9.2 的结果。利用附表3B 计算的结果与计算器算出的结果相比,存在微小差异,读者可使用 ROUND 函数消除这一差异。

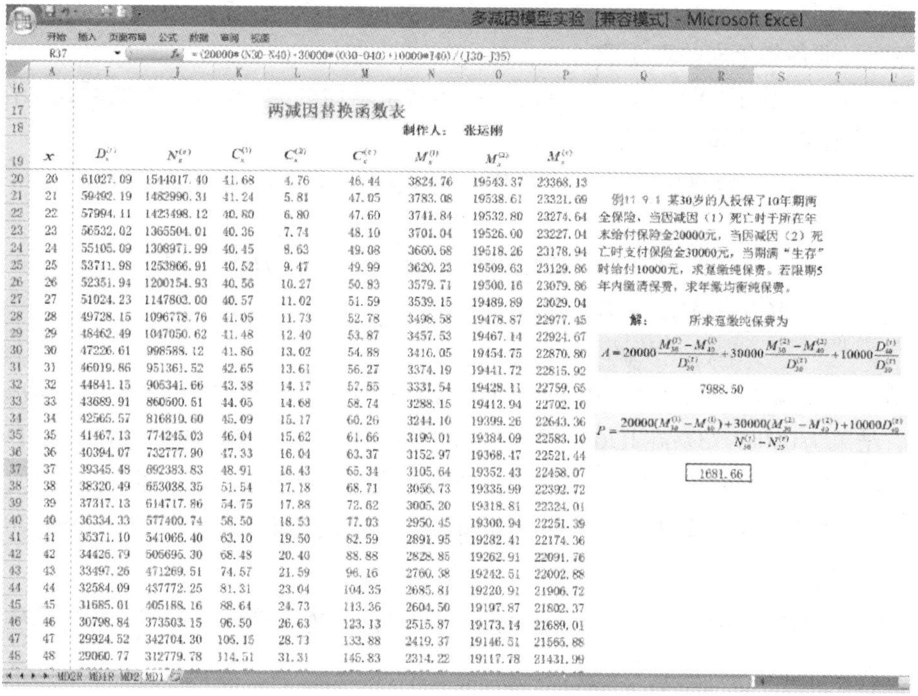


| $x$ | $D_x^{(\tau)}$ | $N_x^{(\tau)}$ | $C_x^{(1)}$ | $C_x^{(2)}$ | $C_x^{(\tau)}$ | $M_x^{(1)}$ | $M_x^{(2)}$ | $M_x^{(\tau)}$ |
|---|---|---|---|---|---|---|---|---|
| 20 | 61027.09 | 1544017.40 | 41.68 | 4.76 | 46.44 | 3824.76 | 19543.37 | 23368.13 |
| 21 | 59492.19 | 1482990.31 | 41.24 | 5.81 | 47.05 | 3783.08 | 19538.61 | 23321.69 |
| 22 | 57994.11 | 1423498.12 | 40.80 | 6.80 | 47.60 | 3741.84 | 19532.80 | 23274.64 |
| 23 | 56532.02 | 1365504.01 | 40.36 | 7.74 | 48.10 | 3701.04 | 19526.00 | 23227.04 |
| 24 | 55105.09 | 1308971.99 | 40.45 | 8.63 | 49.08 | 3660.68 | 19518.26 | 23178.94 |
| 25 | 53711.98 | 1253866.91 | 40.52 | 9.47 | 49.99 | 3620.23 | 19509.63 | 23129.86 |
| 26 | 52351.94 | 1200154.93 | 40.56 | 10.27 | 50.83 | 3579.71 | 19500.16 | 23079.86 |
| 27 | 51024.23 | 1147803.00 | 40.57 | 11.02 | 51.59 | 3539.15 | 19489.89 | 23029.04 |
| 28 | 49728.15 | 1096778.76 | 41.05 | 11.73 | 52.78 | 3498.58 | 19478.87 | 22977.45 |
| 29 | 48462.49 | 1047050.62 | 41.48 | 12.40 | 53.87 | 3457.53 | 19467.14 | 22924.67 |
| 30 | 47226.61 | 998588.12 | 41.86 | 13.02 | 54.88 | 3416.05 | 19454.75 | 22870.80 |
| 31 | 46019.86 | 951361.52 | 42.65 | 13.61 | 56.27 | 3374.19 | 19441.72 | 22815.92 |
| 32 | 44841.15 | 905341.66 | 43.38 | 14.17 | 57.55 | 3331.54 | 19428.11 | 22759.65 |
| 33 | 43689.91 | 860600.51 | 44.05 | 14.68 | 58.74 | 3288.15 | 19413.94 | 22702.10 |
| 34 | 42565.57 | 816810.60 | 45.09 | 15.17 | 60.26 | 3244.10 | 19399.26 | 22643.36 |
| 35 | 41467.13 | 774245.03 | 46.04 | 15.62 | 61.66 | 3199.01 | 19384.09 | 22583.10 |
| 36 | 40394.07 | 732777.90 | 47.33 | 16.04 | 63.37 | 3152.97 | 19368.47 | 22521.44 |
| 37 | 39345.48 | 692383.83 | 48.91 | 16.43 | 65.34 | 3105.64 | 19352.43 | 22458.07 |
| 38 | 38320.49 | 653038.35 | 51.54 | 17.18 | 68.71 | 3056.73 | 19335.99 | 22392.72 |
| 39 | 37317.13 | 614717.86 | 54.75 | 17.88 | 72.62 | 3005.20 | 19318.81 | 22324.01 |
| 40 | 36334.33 | 577400.74 | 58.50 | 18.53 | 77.03 | 2950.45 | 19300.94 | 22251.39 |
| 41 | 35371.10 | 541066.40 | 63.10 | 19.50 | 82.59 | 2891.95 | 19282.41 | 22174.36 |
| 42 | 34426.79 | 505695.30 | 68.48 | 20.40 | 88.88 | 2828.85 | 19262.91 | 22091.76 |
| 43 | 33497.26 | 471269.51 | 74.57 | 21.59 | 96.16 | 2760.38 | 19242.51 | 22002.88 |
| 44 | 32584.09 | 437772.25 | 81.31 | 23.04 | 104.35 | 2685.81 | 19220.91 | 21906.72 |
| 45 | 31685.01 | 405188.16 | 88.64 | 24.73 | 113.36 | 2604.50 | 19197.87 | 21802.37 |
| 46 | 30798.84 | 373503.15 | 96.50 | 26.63 | 123.13 | 2515.87 | 19173.14 | 21689.01 |
| 47 | 29924.52 | 342704.30 | 105.15 | 28.73 | 133.88 | 2419.37 | 19146.51 | 21565.88 |
| 48 | 29060.77 | 312779.78 | 114.51 | 31.31 | 145.83 | 2314.22 | 19117.78 | 21431.99 |

图 12.27 两减因替换函数表

## 二、保险费的计算

**例 12.9.1** 某 30 岁的人投保了 10 年期两全保险,当因减因(1) 死亡时于所在年年末领取保险金 20 000 元,当因减因(2) 死亡时领取保险金 30 000 元,当期满生存时领取 10 000 元,求趸缴纯保费。若限期 5 年内缴清保费,求年缴均衡纯保费。以附表 3B 为计算基础。

**解**:所求趸缴纯保费为

$$A = 20\,000A_{30:\overline{10|}}^{1(1)} + 30\,000A_{30:\overline{10|}}^{1(2)} + 10\,000A_{30:\overline{10|}}^{(\tau)\,1}$$

$$= 20\,000\frac{M_{30}^{(1)} - M_{40}^{(1)}}{D_{30}^{(\tau)}} + 30\,000\frac{M_{30}^{(2)} - M_{40}^{(2)}}{D_{30}^{(\tau)}} + 10\,000\frac{D_{40}^{(\tau)}}{D_{30}^{(\tau)}}$$

在 R32 中输入" = (20 000 * (N30 − N40) + 30 000 * (O30 − O40) + 10 000 * I40)/I30",可得结果为 7 988.50 元。

限期 5 年内缴清保费,则年缴纯保费为

$$P = \frac{A}{\ddot{a}_{30:\overline{5|}}^{(\tau)}} = \frac{20\,000(M_{30}^{(1)} - M_{40}^{(1)}) + 30\,000(M_{30}^{(2)} - M_{40}^{(2)}) + 10\,000D_{40}^{(\tau)}}{N_{30}^{(\tau)} - N_{35}^{(\tau)}}$$

在 R37 中输入“ = (20 000 * (N30 - N40) + 30 000 * (O30 - O40) + 10 000 * I40)/(J30 - J35)”,可得结果为 1 681.66 元(见图 12.27)。

### 三、责任准备金的计算

**例 12.9.2** 某 30 岁的人投保了 10 年期两全保险,无论因哪个减因死亡时均于所在年年末领取保险金 20 000 元,当期满生存时领取 20 000 元,全期缴费,以附表 3B 为计算基础,求各年年末的责任准备金。

**解:** 复制工作表“MD1”,并将复制的工作表重新命名为“MD2”,本例题在工作表“MD2”上操作。采用的公式为

$$
\begin{aligned}
{}_t\tilde{V}^{(\tau)}_{30:\overline{10}|} &= 20\,000\,{}_tV^{(\tau)}_{30:\overline{10}|} = 20\,000\left(A^{(\tau)}_{30+t:\overline{10-t}|} - P^{(\tau)}_{30:\overline{10}|}\ddot{a}^{(\tau)}_{30+t:\overline{10-t}|}\right) \\
&= 20\,000\left(\frac{M^{(\tau)}_{30+t} - M^{(\tau)}_{40} + D^{(\tau)}_{40}}{D^{(\tau)}_{30+t}} - P^{(\tau)}_{30:\overline{10}|}\frac{N^{(\tau)}_{30+t} - N^{(\tau)}_{40}}{D^{(\tau)}_{30+t}}\right)
\end{aligned}
$$

其中,$P^{(\tau)}_{30:\overline{10}|} = \dfrac{M^{(\tau)}_{30} - M^{(\tau)}_{40} + D^{(\tau)}_{40}}{N^{(\tau)}_{30} - N^{(\tau)}_{40}}$。

在 T24 中输入“ = (P30 - P40 + I40)/(J30 - J40)”,可得保额为 1 时的年缴保费 $P^{(\tau)}_{30:\overline{10}|}$,结果为 0.087 737;在 R26 中输入“ = 20 000 * ((P30 - $P$40 + $I $40)/I30 - $T$24 * (J30 - $J$40)/I30)”,然后拖动填充,可得各年年末的责任准备金。比如,第一年年末的责任准备金为 1 776.90 元,第二年年末的责任准备金为 3 599.38 元(见图 12.28)。





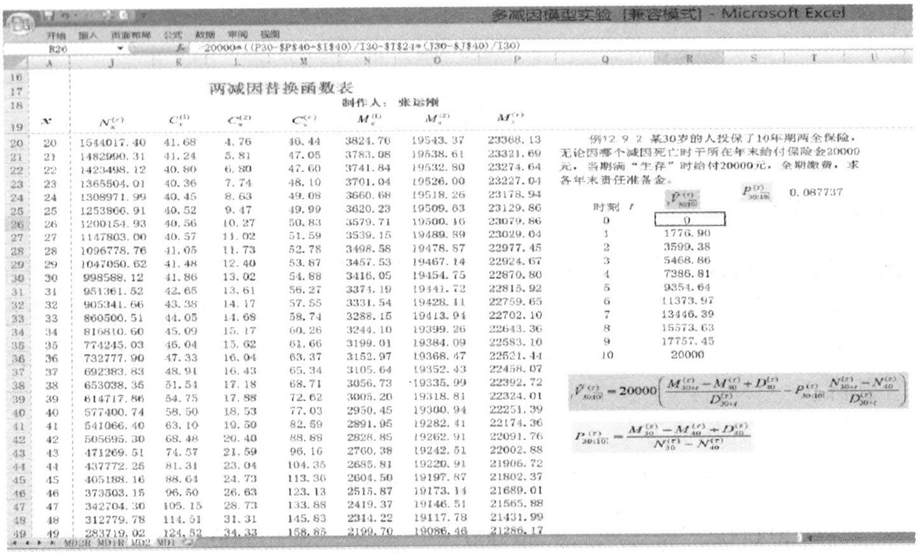

多减因模型实验 [兼容模式] - Microsoft Excel

R26 =20000*((P30-$P$40+$I$40)/I30-$T$24*(J30-$J$40)/I30)

两减因替换函数表

制作人: 张运刚

| $x$ | $N_x^{(\tau)}$ | $C_x^{(1)}$ | $C_x^{(2)}$ | $C_x^{(\tau)}$ | $M_x^{(1)}$ | $M_x^{(2)}$ | $M_x^{(\tau)}$ |
|---|---|---|---|---|---|---|---|
| 20 | 1544017.40 | 41.68 | 4.76 | 46.44 | 3824.76 | 19543.37 | 23368.13 |
| 21 | 1482990.31 | 41.24 | 5.81 | 47.05 | 3783.08 | 19538.61 | 23321.69 |
| 22 | 1423498.12 | 40.80 | 6.80 | 47.60 | 3741.84 | 19532.80 | 23274.64 |
| 23 | 1365504.01 | 40.36 | 7.74 | 48.10 | 3701.04 | 19526.00 | 23227.04 |
| 24 | 1308971.99 | 40.45 | 8.63 | 49.08 | 3660.68 | 19518.26 | 23178.94 |
| 25 | 1253866.91 | 40.52 | 9.47 | 49.99 | 3620.23 | 19509.63 | 23129.86 |
| 26 | 1200154.93 | 40.56 | 10.27 | 50.83 | 3579.71 | 19500.16 | 23079.86 |
| 27 | 1147803.00 | 40.57 | 11.02 | 51.59 | 3539.15 | 19489.89 | 23029.04 |
| 28 | 1096778.76 | 41.05 | 11.73 | 52.78 | 3498.58 | 19478.87 | 22977.45 |
| 29 | 1047050.62 | 41.48 | 12.40 | 53.87 | 3457.53 | 19467.14 | 22924.67 |
| 30 | 998588.12 | 41.86 | 13.02 | 54.88 | 3416.05 | 19454.75 | 22870.80 |
| 31 | 951361.52 | 42.65 | 13.61 | 56.27 | 3374.19 | 19441.72 | 22815.92 |
| 32 | 905341.66 | 43.38 | 14.17 | 57.55 | 3331.54 | 19428.11 | 22759.65 |
| 33 | 860500.51 | 44.05 | 14.68 | 58.74 | 3288.15 | 19413.94 | 22702.10 |
| 34 | 816810.60 | 45.09 | 15.17 | 60.26 | 3244.10 | 19399.26 | 22643.36 |
| 35 | 774245.03 | 46.04 | 15.62 | 61.66 | 3199.01 | 19384.09 | 22583.10 |
| 36 | 732777.90 | 47.33 | 16.04 | 63.37 | 3152.97 | 19368.47 | 22521.44 |
| 37 | 692383.83 | 48.91 | 16.43 | 65.34 | 3105.64 | 19352.43 | 22458.07 |
| 38 | 653038.35 | 51.54 | 17.18 | 68.71 | 3056.73 | 19335.99 | 22392.72 |
| 39 | 614717.86 | 54.75 | 17.88 | 72.62 | 3005.20 | 19318.81 | 22324.01 |
| 40 | 577400.74 | 58.50 | 18.53 | 77.03 | 2950.45 | 19300.94 | 22251.39 |
| 41 | 541066.40 | 63.10 | 19.50 | 82.59 | 2891.95 | 19282.41 | 22174.36 |
| 42 | 505695.30 | 68.48 | 20.40 | 88.88 | 2828.85 | 19262.91 | 22091.76 |
| 43 | 471269.51 | 74.57 | 21.59 | 96.16 | 2760.38 | 19242.51 | 22002.88 |
| 44 | 437772.25 | 81.31 | 23.04 | 104.35 | 2685.81 | 19220.91 | 21906.72 |
| 45 | 405188.16 | 88.64 | 24.73 | 113.36 | 2604.50 | 19197.87 | 21802.37 |
| 46 | 373503.15 | 96.50 | 26.63 | 123.13 | 2515.87 | 19173.14 | 21689.01 |
| 47 | 342704.30 | 105.15 | 28.73 | 133.88 | 2419.37 | 19146.51 | 21565.88 |
| 48 | 312779.78 | 114.51 | 31.31 | 145.83 | 2314.22 | 19117.78 | 21431.99 |
| 49 | 283719.02 | 124.52 | 34.33 | 158.85 | 2199.70 | 19086.46 | 21286.17 |

例12.9.2 某30岁的人投保了10年期两全保险,无论因哪个减因死亡时于所在年末给付保险金20000元,当期满“生存”时给付20000元,全期缴费,求各年末责任准备金。

$P^{(\tau)}_{30:\overline{10}|}$ 0.087737

| 时刻 $t$ | ${}_t\tilde{V}^{(\tau)}_{30:\overline{10}|}$ |
|---|---|
| 0 | 0 |
| 1 | 1776.90 |
| 2 | 3599.38 |
| 3 | 5468.86 |
| 4 | 7386.81 |
| 5 | 9354.64 |
| 6 | 11373.97 |
| 7 | 13446.39 |
| 8 | 15573.63 |
| 9 | 17757.45 |
| 10 | 20000 |

$${}_t\tilde{V}^{(\tau)}_{30:\overline{10}|} = 20000\left(\frac{M^{(\tau)}_{30+t} - M^{(\tau)}_{40} + D^{(\tau)}_{40}}{D^{(\tau)}_{30+t}} - P^{(\tau)}_{30:\overline{10}|}\frac{N^{(\tau)}_{30+t} - N^{(\tau)}_{40}}{D^{(\tau)}_{30+t}}\right)$$

$$P^{(\tau)}_{30:\overline{10}|} = \frac{M^{(\tau)}_{30} - M^{(\tau)}_{40} + D^{(\tau)}_{40}}{N^{(\tau)}_{30} - N^{(\tau)}_{40}}$$

图 12.28 两减因条件下两全保险的责任准备金

## 本章小结

本章的主要内容是研究 Excel 在寿险精算中的应用。关键点是根据需要制作替换函数，使单元格记号与替换函数值符号尽可能实现一一对应，这就是说精算结果的替换函数值符号怎么写，单元格中的记号就怎么输入。

在寿险精算实验过程中，我们可自行选择空白单元格进行演算，但应注意尽可能保持预定利率、预定死亡率、预定费用率等精算假设的参数选择具有可变性。

## 习题 12

12－1　你认为寿险精算实验的核心技术是什么？

12－2　能否在 Excel 中运用一些像“选项按钮”这样的控件？

12－3　能否使用 Excel 本身的一些函数来完成寿险精算的计算？

12－4　本章实验中的年龄是相对固定的，能否利用 OFFSET 函数使年龄可变？

12－5　能否在 Excel 中增加 VBA 语言的应用？

12－6　能否用 Visual FoxPro 完成寿险精算的计算？

12－7　能否将 Matlab、R 语言运用于寿险精算之中？

12－8　能否将本章实验方法运用于养老金业务之中？

12－9　你认为本章的寿险精算实验有哪些地方值得改进？如何改进？

12－10　你还能增加哪些实验内容？

12－11　以 CL3(2000—2003)，CL4(2000—2003) 为例，预定利率为 2.5%。假设现年 22 岁的丈夫和 20 岁的妻子投保了保额为 10 000 元的遗属年金保险，即从丈夫死亡所在年年末起，妻子在生存期间每年年末可领取 10 000 元。

(1) 求趸缴纯保费、年缴纯保费。

(2) 以第六次全国人口普查资料为依据，若妻子再婚时立即领取 5 000 元，求这时的遗属年金保险需趸缴与年缴多少纯保费。

(3) 对于更为复杂的情形：在丈夫死亡后，若妻子在 20 ～ 29 岁再婚，立即领取 5 000 元；若在 30 ～ 39 岁再婚，立即领取 6 000 元；若在 40 ～ 49 岁再婚，立即领取 7 000 元；若在 50 ～ 59 岁再婚，立即领取 8 000 元；若在 60 ～ 69 岁再婚，立即领取 9 000 元；若在 70 岁后再婚，立即领取 10 000 元，求购买此遗属年金保险需趸缴、年缴的纯保费。

12－12　某 30 岁的人向银行贷款 1 000 000 元，年计息 12 次的年名义利率为 6%，贷款 20 年，每月月末等额本利还款 1 次。假设借款人死亡后，未偿还的贷款余额由保险公司代为偿还，以 CL1(2000—2003)2.5% 为例，在 Excel 上求此人的趸缴纯保费、年缴纯保费及月缴纯保费。

12 - 13　某30岁的人投保了保额为50 000元的10年期两全保险，遭遇死亡、退保两种风险后仍生存的概率为CL1(2000—2003)中的生存概率，而先发生死亡的概率为此生命表中相应的死亡概率的85%，退保时现金价值由公式$_k(CV) = {}_kV - \frac{10-k}{10}\sigma$确定，这里$\sigma = 0.000\,5$，首年度的附加费用为毛保费的20%，同时每千元保额还要花费6元；后续年份的附加费用为毛保费的6%，同时每千元保额只花费2元，假设初始资产份额为0元，利用Excel求各年年末的资产份额。

12 - 14　某职工20岁参加工作，当年的工资为48 000元；假设60岁退休、80岁死亡；工资年增长率为8%，个人账户年积累利率为4%，退休后年利率为3%，费率为28%，假设退休后养老金保持不变，问每年可领取多少养老金？如果提前1年退休，那么养老金标准需降低百分之几？如果延迟1年退休，那么养老金标准可以提高百分之几？若退休以后领取的是生存年金，以CL3(2000—2003)为计算基础，60岁前仍使用年利率4%，60岁以后使用年利率3%，则结果如何？利用Excel计算。

12 - 15　利用Excel完成例11.3.1、例11.3.2及习题11 - 8。

# 第十三章
# 寿险产品定价与开发

寿险产品是保险公司主要交易的产品，通过产品营销，可以实现保险人、保单持有人、销售渠道各方的利益。寿险产品定价与开发处于极端重要的地位，如何开发出适销对路的寿险产品成为各方关注的焦点，也决定着保险公司与保险业的发展前景。

## 第一节　人寿保险与人身保险概述

### 一、人身保险及其分类

人身保险是以人的身体或寿命作为保险标的的保险。当人们遭受不幸或因疾病、年老而丧失工作能力、伤残、退休或死亡时，根据保险合同的约定，保险人对被保险人或受益人给付保险金，以解决其因病、残、老、死而带来的经济困难。



人身保险按承保方式可以分为个人保险、联合保险与团体保险。个人保险以一份保险合同承保单个被保险人。团体保险则以一份保险合同承保一个群体或一个团体的多个被保险人。团体保险的投保人通常为企业或单位，被保险人为其员工。团体保险具有保费便宜、健康告知宽松、报销范围广、可给家属购买等优点；团体保险的被保险人可以少至3人。联合保险是指将存在一定利害关系的两个或两个以上的人视为同一个被保险人，如将父母、夫妻、子女、兄弟姐妹或合作者等多人作为联合被保险人以同时投保。

人身保险按设计类型可以分为传统型人身保险与新型人身保险，新型人身保险包括分红型人身保险、万能型人身保险、投资连结型人身保险。分红型人身保险指保险公司将其实际经营成果产生的盈余按一定比例向保单持有人进行分配的人身保险产品，可以分为个人分红保险与团体分红保险。分红型人身保险可以采取终身寿险、两全保险或年金保险的形式。保险公司不得将其他产品形式设计为分红型人身保险。万能型人身保险指包含保险保障功能并设立有保底投资账户的人身保险，分为个人万能保险与团体万能保险。它具有以下特点：一是兼具投资和保障功能。保费的一部分用于提供身故等风险保障，扣除风险保险费及相关费用后，剩余保费在投资账户中进行储蓄增值。二是交费灵活、收费透明。投保人交纳首期保费后，可以不定期、不定额地交纳保费，但保险公司要向投保人明示所收取的各项费用。三是灵活性强，保额可调整。账户资金可在一定条件下灵活支取。投保人可以按合同约定提高或降低保险金额。四是通常设定最低保证利率，定期结算投资收益，可以与保险公司分享最低保证收益之外的投资回报。投资连结型人身保险指包含保险保障功能并至少在一个投资账户拥有一定资产价值的人身保险，其具备万能型人身保险的第一项、第二项特点，但两者也有不同。投资连结型人身保险具有灵活性强、资金可在账户间自由转换及可以随时支取投资账户资金等特点。投资连结型人身保险通常不设定最低保证利率，但投资账户应具有明确的投资策略、资产配置范围和比例限制、业绩比较基准。

人身保险按保险责任可以分为健康保险、意外伤害保险、年金保险、人寿保险。

健康保险指以健康原因导致损失为给付保险金条件的人身保险。健康保险分为疾病保险、医疗保险、失能收入损失保险、护理保险等。疾病保险指以保险合同约定的疾病发生为给付保险金条件的健康保险。医疗保险指以保险合同约定的医疗行为发生为给付保险金条件，按约定向被保险人在诊疗期间的医疗费用支出提供保障的健康保险。失能收入损失保险指以保险合同约定的疾病或意外伤害导致工作能力丧失为给付保险金条件，按约定向被保险人在一定时期内收入减少或中断提供保障的健康保险。护理保险指以向保险合同约定的日常生活能力障碍引发护理需要为给付保险金条件，按约定向被保险人的护理支出提供保障的健康保险。疾病保险和医疗保险不得包含生存保险责任。健康保险属于传统型产品。

意外伤害保险是指以被保险人因意外事故而导致身故、残疾或发生保险合同约定的其他事故为给付保险金条件的人身保险。这里的意外指的是外来的、突发的、非本意的。意外伤害保险可以包含由意外伤害导致的医疗保险责任。意外伤害保险属于传统型产品。



年金保险指以被保险人生存为给付保险金条件，并按约定时间，分期给付保险金的人身保险。养老年金保险指以养老保障为目的的年金保险。

人寿保险的概念及其分类则留在第二部分进行讨论。

## 二、人寿保险及寿险产品

人寿保险指以人的寿命作为保险标的的人身保险，主要针对早亡风险，换言之，人寿保险对那些预期死亡得比较早的人有吸引力。保险人并不希望将保单销售给这些人，希望能在更大范围内分散风险，营销则是一个成功的保险人最核心的运作手段，而设计一款能吸引足够多的投保人投保的产品则是营销成功的根本要件。

人寿保险有广义与狭义之分。狭义的人寿保险主要指以死亡为给付保险金条件的人身保险，分为定期寿险、终身寿险、两全保险、延期寿险等。定期寿险指以被保险人死亡为给付保险金条件，且保险期为固定年限的人寿保险。终身寿险指以被保险人死亡为给付保险金条件，且保险期为终身的人寿保险。两全保险指既包含以被保险人死亡为给付保险金条件，又包含以被保险人生存为给付保险金条件的人寿保险。延期寿险指在一定期限后才开始保障的人寿保险，只有在被保险人于保障期内死亡时才给付保险金。广义的人寿保险包括狭义的人寿保险与生存保险。生存保险指以被保险人生存为给付保险金条件的人身保险。人寿保险产品可以是传统型产品，也可以是新型产品。本章将采用广义的人寿保险的概念。

产品指作为商品提供给市场,被人们使用和消费,并能满足人们某些需求的某种东西,包括有形的物品,无形的服务、组织、观念或它们的组合。保险产品指保险公司为市场提供的有形产品和无形服务的综合体,实际上它是由保险公司创造的、可供客户选择的、能在保险市场进行交易的金融工具。寿险产品则指保险公司以人寿保险合同形式提供给投保人的服务类产品,以满足约定的保险风险发生时获得保险金的需要。寿险产品的构成要素一般包括投保人、被保险人、受益人、保险责任、保险费率、保费交付方式、保险期限、保险赔款或保险金给付方式、争议处理等。寿险产品为客户提供身故保障,形态非常简单,即保险公司在被保险人身故后给付保险金,属于最原始、最经典形态的保险产品。将寿险产品开发成附加险产品,借助黄金年龄段投保的寿险产品具有费率较低的优势,可显著提高产品组合整体的保障杠杆,为客户提供更好的身故保障。保险公司也可将寿险产品开发成一年期短险产品,进一步彰显其高倍保障特性,可通过团险渠道向企业法人进行销售。

寿险产品具有安全属性、收益属性与长期属性。所谓安全属性,指寿险产品在风险管理过程中的唯一性或不可替代性、价值确定性(固定收益与现金价值)、有条件的资产传承性与保全性等特性;收益属性体现在预定利率或最低保证利率、合约约定、收益(终身)锁定中;而长期属性指终身寿险产品、终身年金产品可以覆盖长寿风险、长期利率风险,弥补了短期理财产品无法锁定长期收益的缺陷,即存在重新定价风险、基差风险、收益率曲线风险和期权风险。



## 第二节　寿险产品的定价

寿险产品定价是寿险产品开发的重要环节。寿险产品定价应充分考虑客户、保险人、渠道等各方利益,也应符合保险监管要求。

### 一、寿险产品定价的基本原则

寿险产品定价要遵循如下一些基本原则:充足性原则、合理性原则、公平性原则、可行性原则、稳定灵活性原则。

充足性原则指保险费率应充足,以弥补未来发生的各项赔付与有关费用,并能带来合理的利润,这是审慎精算原理与法律的要求。换言之,当前和未来可能收取的保费和由此产生的可投资资产的投资收益应该足以支付当前及未来的保险利益和相关的运营成本;否则,保险人难以依赖收取的保险费履行赔付责任与支付合理费用,可能导致严重的财务问题,甚至导致偿付能力不足,最终影响被保险人的保障,有违保险的初心。该原则表明保险费率不能太低,如果实际赔付金额超过预期赔付成本,那么意味着保险费率中的纯保险费率偏低,除非保险人能够节省附加费用的开支。由于各保险公司的承保对象不同、管理水平有差异,因此对同一款产品确定相同费率,对某些保险公司而言可能是充足的,而对另外一些保险公司来说可能就不充足了。

合理性原则指寿险产品的平均费用应该为保险公司平均支付的保险金、附加费用与平均取得的合理利润之和，这也是精算中收支平衡原则的体现。换言之，合理性原则要求保费不应高于保险公司的成本加适度的利润，不能收取超额的保费。《中华人民共和国保险法》（简称《保险法》）第一百一十四条规定："保险公司应当按照国务院保险监督管理机构的规定，公平、合理拟订保险条款和保险费率，不得损害投保人、被保险人和受益人的合法权益。"如果保险人利用自己的垄断地位与信息优势，通过过高费率获得超出常规水平的利润，那么保险监管部门会及时介入而责令降低保费。在一个充分竞争的保险市场里，这种情况即使出现，也不会持续太久。市场竞争也会使保险费率趋于合理。合理性原则要求保险费率适度。如果说充足性原则规定了保险费率的底线，那么合理性原则设定了保险费率的上限。

公平性原则指保险人提供的保障与投保人缴纳的保费相称或对等，费率对每个被保险人应该都是公平的，必须与寿险产品提供的保障利益及每类被保险人的风险程度相匹配。《保险法》第十一条规定："订立保险合同，应当协商一致，遵循公平原则确定各方的权利和义务。"这体现在保险费率上面就是指保险费率要公平。保险费率的合理性原则讲的是平均情形，而不同个体由于生活习惯、职业等的差异，死亡概率也不相同。公平性原则要求对被保险人的风险进行细分，即对高风险被保险人采用较高保险费率，而对低风险被保险人采用较低保险费率。影响保险费率的因素包括保障利益，被保险人的年龄、性别、吸烟与否及健康状况等。大数据时代，制定的保险费率会更加公平。不过，绝对公平是不存在的，公平只能是相对的。



可行性原则指保险费率对目标客户要具有可行性。每开发一款寿险产品，保险公司都要确定目标客户群，保险费率的确定必须考虑目标客户群的特征与缴费能力，这样才能提高销售水平。对于收入较低人群或农村欠发达地区，保险公司则应多提供低保额、低费率的寿险产品；反之，保险公司则应多提供高保额、高费率的寿险产品。

稳定灵活性原则指保险费率在短期内应保持相对稳定，在长期内应根据实际情况的变化进行适当调整。这样既有利于保险人经营，也有利于投保人续保。如果在保险缴费期内降低保险费率，那么容易诱发投保人退保而重新购买一份新的保单以支付较低保费，也会引起老客户的不满。若保险费率呈现上涨趋势，则保险人可能会产生购买长期保单的倾向，出现超出其真实需求的投机行为，刺激购买欲望，增加产品销售。另外，保险费率经常波动会使投保人难以做好保费预算，也会影响保险公司的形象。



## 二、寿险产品定价假设及影响因素

新产品定价的三个核心假设是预定利率、预定发生率与预定附加费用率。当然，在给一般产品定价时，还会考虑预定失效率等假设。影响定价假设的因素主要有社会、经济、人口、监管等环境因素。此外，公司特点、市场特点、产品特点也是影响定价假设的重要因素。

### （一）预定利率

预定利率用于计算保险责任与保险费现金流的现值，预定利率越高，保险责任与保险费现金流的现值越小，反之则越大。预定利率可以看成投保人所交保费未来的投资收益率，也可看成保险人所收保险费的资金成本，如果实际投资收益率（实际利率）

超过预定利率，那么就形成利差益，否则就会形成利差损。精算师必须十分慎重地做出预定利率假设，预定利率较高，则保费较低，会吸引更多人投保，但容易形成利差损；反之，则保费较高，产品竞争力低，但容易形成利差益。精算师在做出预定利率假设前，要和投资部门协商，要分析过去的投资收益情况，对未来的投资收益率的变动趋势进行预测。

中国银保监会办公厅印发的《普通型人身保险精算规定》（简称《精算规定》）要求："保险期间一年以上的产品，保险公司在厘定保险费时，应根据公司历史投资回报率经验和对未来的合理预期及产品特性按照审慎原则确定预定利率。"

在实务中，精算师一般做出比较保守的预定利率假设：① 利率假设的基础或依据是公司的投资收益水平；② 保障范围与期限不同，则利率水平不同，如区分长期保障与短期保障、储蓄型产品与保障型产品；③ 风险分摊机制不同也会影响预定利率的确定，如分红型人身保险、万能型人身保险、投资连结型人身保险；④ 对利润与价格比较敏感的产品，预定利率设置应慎重一些，如年金保险；否则，可以灵活一些，如定期寿险；⑤ 预定利率一般在整个保险期内是均衡的，有时也可分段设置。

（二）预定发生率

预定发生率包括死亡率、重疾发生率等。一般而言，对于以身故和疾病作为保障责任的产品，发生率越高，保费就越高；反之，则越低。通俗地讲，客户获得保障或赔付的可能性与金额越大，则付出的代价（缴纳的保费）就越大；反之，就越小。

发生率假设是最有技术含量的定价假设，发生率的类型多种多样，影响发生率的因素也多种多样，各保险公司的实际发生率呈现显著差异。寿险产品定价一般以寿险行业经验生命表为基础，再结合保险公司特点、产品责任、目标客户、销售渠道、核保方式等进行调整。发生率变动对不同产品的影响是不同的，对年金险而言，如果实际死亡率低于预定死亡率，就会出现定价不足；对于寿险产品而言，如果实际死亡率高于预定死亡率，也会出现定价不足；对重疾险产品而言，如果实际疾病发生率高于预定发生率，那么会出现定价不足。简言之，如果实际发生率高于预定发生率，那么保险公司就会形成亏损，面临定价不足的风险。

人寿保险产品主要将死亡率作为发生率。寿险业的经验生命表或行业经验生命表是死亡率假设的基础。2017 年 1 月 1 日我国寿险业启用第三套生命表，即《中国人身保险业经验生命表（2010—2013）》。保险公司自身的经验死亡率对死亡率假设的做出有重要影响，因为不同保险公司的经验死亡率的差异比较大。

在实务中，死亡率假设因要区分实际情况而有所差异。① 不同险种的死亡率不同。由于逆选择影响，年金保险或生存保险的死亡率偏低，而以死亡作为支付条件的人寿保险的死亡率偏高。② 同一险种的不同客户群的死亡率也有差异，如区分吸烟、年龄、性别等。③ 对核保较严格的险种，初期死亡率比较低，后期险体效力逐步消失，也就是说前几年可以设置核保因子，如第 1 年为 60%、第 2 年为 70%、第 3 年为 80%、第 4 年为 90%、第 5 年及以后为 100%。④ 区分标准体与非标准体，对标准体使用标准生命表或行业生命表来定价，而对非标准体按使用标准体生命表的一定比例（如 110%、120%）定价。⑤ 对期限比较长的产品，如年金产品，要考虑长寿风险或死亡率降低所带来的影响。⑥ 其他情形。比如，死亡率有时也与保险金额有关：保险金额较大时，保险公司要求被保险人体检，从严核保，从而使初期死亡率偏低。对于对死亡率比较敏感的定期寿险，死亡率的确定应更加慎重；而两全保险对死亡率不敏感，因而死亡率的确定可以相对宽松。

《精算规定》要求："保险公司在厘定保险费时，应以公司实际经验数据和行业公开发布的经验发生率表等数据为基础，同时考虑未来的趋势和风险变化，按照审慎原则确定预定发生率。"

（三）预定附加费用率

预定附加费用率一般逐年设置。平均预定附加费用率越高，保费就越高；反之，则越低。用预定附加费用率的方式模拟附加费用的支出，每年按毛保费的一定比例支付费用。在监管规定的上限内，每款产品的预定附加费用率是不相同的，不同保险公司的预定附加费用率也有差异。在确定预定附加费用率时，先计算总费用，然后按一定程序将其分配到每张保单上。对于规模比较小或新成立的保险公司，通常将假设保险公司达到一定规模后持续经营时的单位费用率作为预定附加费用率假设。寿险产品定价中的单位费用率通常表现为每张保单一个固定金额、保险金额的一定比例、保险费的一定比例、管理费的一定比例、理赔金额的一定比例、每次退保或理赔时的一个固定金额等。

《精算规定》要求：保险公司在厘定保险费时，各保单年度的预定附加费用率由保险公司自主设定，但平均附加费用率不得超过表13.1和表13.2规定的上限。平均附加费用率是指保单各期预定附加费用精算现值之和占保单毛保费精算现值之和的比例。



**表 13.1　保险期间一年以上普通型人身保险平均附加费用率上限**

单位：%

| 业务类型 | 交费方式 | 年金保险 | 两全保险 | 定期寿险、终身寿险、健康保险、意外伤害保险 |
|---|---|---|---|---|
| 个人 | 期 交 | 16 | 18 | 35 |
| | 趸 交 | 8 | 10 | 18 |
| 团体 | 期交 | 10 | — | 15 |
| | 趸交 | 5 | — | 8 |

**表 13.2　保险期间一年及以内普通型人身保险平均附加费用率上限**

单位：%

| 业务类型 | 平均附加费用率上限 |
|---|---|
| 个人 | 35 |
| 团体 | 25 |



（四）预定失效率

寿险产品定价中考虑的预定失效率包括客户主动退保、客户未能正常缴费而导致保单终止，以及减额缴清保单、缴清保费保单未能正常持续下去等情形所发生的比率。一般而言，预定失效率假设依据保险公司过去所产生的经验数据，以及未来的发展趋势而做出。不同保险公司的经验数据不同，即使是同一保险公司，不同时期的经验数据也有很大差异。新成立的保险公司往往需要借鉴同类型保险公司的经验数据，对于新开发的产品，只能基于精算师的判断做出假设。影响保单失效率的因素如下：① 保单年度。一般情形是保单失效率随保单经过年数的增加而下降，而例外情形是保费递增的保险。② 投保人投保时的年龄。30 岁前，保单失效率比较高；30 岁后，保单失效率随年龄增加而降低。③ 保险金额。保险金额较大，则保单失效率较低。④ 保费缴纳频率。一般而言，保费缴纳频率高，则保单失效率比较高。⑤ 保费缴纳方式。银行自动扣款，则保单失效率比较低。⑥ 性别。一般情形下，女性的保单失效率比较低。⑦ 险种类型。不同险种的保单失效率也有差异。

保单失效率受社会经济环境变化的影响，社会经济环境恶化时，保单失效率增加；通货膨胀、财政赤字引起市场利率提高时，保单失效率会提高。此外，投保人的经济状况、被保险人的身体状况也会影响保单失效率，当投保人的经济状况趋于恶化，或者死亡保险的被保险人身体健康，那么保单失效率比较高。

在实务中，要求预定失效率合理、准确，同时也要考虑操作简便，一般而言，预定失效率仅和险种类别、保单年度相关。

## 三、寿险产品定价要考虑的要素

对于新产品定价，不能仅仅利用精算技术将保险费率计算出来，更为重要的是综合考虑各类因素后对寿险产品确定一个合理的价格。

### （一）定价目标

定价目标是寿险产品定价要考虑的首要因素，是保险公司通过定价策略要达到的目标。

产品定价要遵循市场规律，讲求定价策略，而定价策略又是以保险公司营销目标为转移的。不同的价格水平对保险公司利润、销售额与市场占有率有不同的影响。

寿险产品定价目标有利润导向型目标、销售导向型目标、竞争导向型目标等类型。利润导向型目标注重追求利润或以利润为中心，定价目标是给保险公司带来利润，否则停止销售，它可以细分为：① 追求最大利润目标，即产品通过所定价格获得最大限度的利润或投资收益；② 获得适当利润或满意利润目标；③ 获得预期收益目标，这里的预期收益指预期总销售额减去预期总成本。销售导向型目标注重更多更好地销售产品，从而扩大市场份额，提升影响力。竞争导向型目标建立在竞争对手与潜在竞争对手进行竞争的基础上，可以细分为应付竞争对手、阻止竞争对手与打击竞争对手。

### （二）产品成本

产品成本指保险利益支付、红利支出、产品开发成本、保单获取与维持成本等，可以分为直接成本与间接成本。前者是直接和产品相关的，或者由产品带来的成本，包括保险金、产品开发成本、签单成本、核保成本、维持成本、理赔成本，后者包括薪金、税收、管理人员成本等。产品成本也可分为固定成本与可变成本。产品价格应该涵盖产品成本。产品价格主要受产品成本的影响。

(三) 竞争状况

竞争状况指市场竞争结构、竞争对手的数量、竞争产品的数量、市场对价格变动的反应等。产品价格优势决定了市场份额。市场竞争状况是影响保险公司确定产品价格的重要因素。产品的最低价格取决于该产品的成本,最高价格取决于该产品的市场需求状况,而在上限和下限之间,保险公司能把某种产品的价格定多高,则取决于市场竞争状况。

(四) 预期销量

产品定价也要考虑未来的销售量,需要考虑该产品的需求状况,只有销售量上去了,保险公司才能弥补成本、获得足够盈利,才能占领市场并增加市场份额,也才有机会进一步降价。大数法则也要求提高保单销售量,这样保险公司才能平衡经营。预期销量一般随着价格上升而降低;反之,预期销量会提高。因此,保险公司应在产品价格与预期销量之间进行权衡。

预期销量要考虑客户的需求,考虑到寿险产品、健康保险的价格弹性比较大等。而影响价格弹性的因素有替代产品的数量、与产品相关的需求、购买产品的投入占消费者收入的比例;影响产品需求的因素有产品本身价格、相关产品价格、消费者对价格变动的预期、家庭收入、消费者偏好。

(五) 客户特点

分析客户特点,即分析客户需求偏好、客户购买力、客户对价格的敏感度、客户对价格灵活性的需求等。不同客户对价格的敏感度不一样。对于对价格敏感的客户,保险费率是否具有竞争力就成为产品能否被这类消费者接受的关键因素,否则保险公司在定价时就可以有更大的自由裁量权,如刚参加工作的年轻人,对价格比较敏感,倾向于购买保额高、价格低的短期意外保险产品;购买保费返还型中长期意外保险或重大疾病保险的消费者对价格的敏感度比较低;寻求高端医疗保障的客户最关心的是保障与服务的内容,价格并不是影响他们购买的因素。

(六) 法规影响

保险与精算方面的法律法规并不直接规定保险费率如何计算,但会通过限制定价假设来间接控制产品价格。《保险法》第一百三十五条规定:“关系社会公众利益的保险险种、依法实行强制保险的险种和新开发的人寿保险险种等的保险条款和保险费率,应当报国务院保险监督管理机构批准。国务院保险监督管理机构审批时,应当遵循保护社会公众利益和防止不正当竞争的原则。其他保险险种的保险条款和保险费率,应当报保险监督管理机构备案。”

## 四、寿险产品定价策略

保险公司在确定产品价格或费率的过程中,为了实现定价目标而应遵循的总体方针策略就称为产品定价策略。寿险产品定价策略通常有三种。

(一) 成本导向的定价策略

成本导向的定价策略指保险公司以产品单位成本为基础,加上预期利润来确定价格，简言之，产品价格主要由成本来决定。简单易用，由于不考虑市场竞争，因此产品价格往往不具备竞争力。

（二）竞争导向的定价策略

竞争导向的定价策略指保险公司根据竞争对手的价格来定价，以确保自己在市场中的地位。

保险公司以较低的价格打入市场，通过牺牲利润以获得较高的销量，在短期内迅速提高市场份额，产生显著成本经济效益。

（三）客户导向的定价策略

保险公司需要考虑产品价格是否可以为潜在的客户所接受。这里的客户既包括投保人，也包括销售人员。这意味着产品定价需要同时考虑投保人和销售人员的利益。

## 五、寿险产品定价方法

寿险产品定价方法指保险公司为实现定价目标而选择的厘定费率的方法，不同的定价策略对应不同的定价方法。定价方法通常可以分为三大类：成本导向定价方法、竞争导向定价方法和客户导向定价方法。

（一）成本导向定价方法

成本导向定价方法指保险公司确定的产品价格包含生产环节、销售环节及服务环节发生的所有成本，将成本作为确定价格的唯一基础。当市场中只有一家保险公司，或者利用该方法的保险公司是市场中的领导者时，该方法最有效。成本导向定价方法有如下几种类型：

1. 成本加成定价法

成本加成定价法指在产品成本的基础上，加上预期利润额，以此作为销售价格。具体而言，就是纯保费加成法。成本加成定价法有计算简便、稳定性强、避免竞争、公平合理等优点。缺点是与利润目标相关，由于定价假设比较保守，因而价格偏高。

2. 损益平衡定价法

损益平衡定价法或收支平衡定价法指保险公司为了确保投资于开发保单、销售和服务中的资金支出能够与收入相等的定价方法。这里的收入指的是毛保费收入，支出包括保险金、费用、利润。损益平衡定价法的优点是计算简便，能显示获得预期利润的最低价格。缺点表现在利率分段变化、给付复杂时计算量大。故损益平衡定价法对新型寿险不适用。

3. 资产份额定价法

资产份额定价法指选择一种试验性保费进行测试，检验所积累的资产份额是否超过现金价值、是否超过法定责任准备金、是否实现利润目标。每张保单扣除为保单提存的准备金后就是保单的累积盈余。当年年末的累积盈余减去上年年末的累积盈余就是该保单的当年利润。由于长期人寿保险在第一年的附加费用开支很大，通常第一年的利润为负，因此，利润目标定为在规定年数后累积利润现值非负。

利润指标下调使保险公司有机会制定更低的价格，使该寿险产品更具有竞争力，从而有望扩大销售量来增加其总体利润；但也可能因为潜在客户对价格不敏感、刺激效果不显著而出现恶性竞争。如果保险公司的业务过多集中在这种低利润产品上，那么保险公司将面临很大风险，长期下去，财务状况与偿付能力都将受到影响。

利润指标有如下几种形式：利润现值占保费现值的比例、利润现值占风险成本的比例、$n$ 年后资产份额达到现金价值或准备金的某个比例（如 120%）、$n$ 年内利润现值为正、内部回报率不低于某个数值（如 10%），或者为上述某些指标的组合。其中，风险成本指预期死亡成本的一个比例加上准备金的某个比例，内部回报率指各年利润现值之和为零的折现利率（包括首年的负利润），使 $n$ 年内利润现值非负的最小值 $n$ 称为盈亏平衡年（一般为 5 ~ 10 年）。

资产份额定价法的优点如下：① 适用于较复杂产品的测算，各年保费、给付额、利率、发生率等可以不相同；② 保费水平的确定直接与利润挂钩，有利于保险公司了解产品的整体盈利情况；③ 资产份额定价模型能用于利润测试，能分析利润来源及其影响因素，也可用于红利分配管理；④ 可用于预测未来现金流及其对资本的要求；⑤ 由于为每份保单模拟一个账户，因此资产份额定价法更能满足万能型保险、变额型寿险、投资连结型保险等新型险种的定价需要。

资产份额定价法的缺点如下：① 由于资产份额定价法从单位利润出发，采取将费用分摊到每张保单上的费用假设法，如果保单销售量很大，那么分摊的费用就变得不准确，因此影响产品的利润与定价；② 资产份额定价法只能反映投资收益率，而不能反映投资风险、投资决策等方面的信息。

4. 宏观定价法

20 世纪 90 年代初，沙恩（Shane）提出了宏观定价法，试图根据不同的销量确定不同的价格，以使保险公司获得最大利润。它的优点在于不是从单位利润出发，而是在充分考虑总利润的前提下，使产品价格达到最优，从而保证保险公司稳健运行，这在一定程度上缓解了精算部门与业务部门的矛盾，前者对单位利润目标负责，倾向于将产品价格定得高一些，而后者对销售负责，希望将价格定得低一些以便销售。具体操作如下：先由精算部门形成一系列价格、销售量及利润的组合，然后由业务部门根据销售实务确定可能达到的销售额，最后选择利润最高的组合。

宏观定价法在理论上很合理，但实际实施起来比较困难，业务部门往往同时销售多款产品，预测其中的单独一款产品的销售量比较困难，合理分摊费用也比较困难。但宏观定价法比传统定价法更容易为管理层提供决策参考。

（二）竞争导向定价方法

竞争导向定价方法以竞争对手确定的价格为基础，保险公司利用此价格来确立自己在该目标市场体系中的地位。竞争导向定价方法具体有以下几种类型。

1. 随行就市定价法

随行就市定价法指保险公司按照行业的平均现行价格来定价。平均现行价格是行业中众多保险公司在长时间内摸索出来的价格，比较符合成本和市场供求情况。随行就市定价法容易带来合理利润。

2. 渗透定价法

渗透定价法指保险公司利用相对较低的价格吸引大多数购买者，以此获得市场份额并使销售量迅速增加。

3. 弹性定价法

弹性定价法要求保险公司在产品价格问题上同客户进行协商，主要用于团体保险产品的销售。团体保险产品的销售常常以竞标的方式进行，最后客户与成功竞标的保险公司签订协议。

（三）客户导向定价方法

客户导向定价方法又称为需求导向定价方法，指保险公司制定分销商或保单所有人双方可以接受的价格，或者根据购买者的需求状况来制定价格。需求越大，则定价越高；需求越小，则定价越低。

### 六、寿险产品定价流程

寿险产品定价是寿险产品开发中的一个重要环节。在实务中，寿险产品费率不仅仅是根据一系列精算假设而计算的数据，它还必须满足多种多样、甚至相互矛盾的公司管理层、股东、销售人员、客户、监管等方面的要求，同时还要受整个公司财务状况、偿付能力的制约。因此，寿险产品定价是一个非常复杂的过程，寿险产品费率的最终确定则体现对诸多因素的综合考虑，包括对保险公司（内含价值、会计利润资本要求、行业地位）、渠道（销售费用、政策支持）、客户（享有的保障、获取的收益）三方利益的平衡，客户利益是影响产品销量的重要因素，而销量是一切目标实现的基础，因此，渠道定位是平衡三方利益的关键。

大多数精算师根据不同的精算假设组合（包括最有可能的假设）和（或）不同的利润目标，制定几种产品价格。开发阶段最重要的是收集与不同测试价格有关的竞争信息，因为产品开发出来是为了赢得市场竞争的，产品要么有绝对低的价格，要么在某一方面有价格竞争优势。有时，价格的吸引力还不如产品特征描述的吸引力。

寿险产品定价的一般流程包括了解产品形态、进行定价假设、编写定价公式、构建定价模型、交叉复核数据、沟通与反馈、调整产品形态、再沟通确认、跑出全量数据、确定初步费率、进行利润测试、调整并确定最终费用、撰写产品定价报告、总精算师审核签字。



## 第三节　寿险产品开发

寿险产品开发指保险公司基于自身发展和保险市场需求及其变化状况的需要而创造新产品或对现有产品进行改良、组合，以适应市场需要、提高自身竞争能力的过程或行为。精算师在产品开发过程中起关键性作用，因为所受的专业训练使其能理解产品决策的财务后果，能明确所建议的产品所具有的优势。

## 一、寿险产品开发考虑的主要因素①

保险公司开发新产品的主要原因在于：迫于竞争对手的压力、开辟新市场的需要、原有产品利润下降、法律法规改变带来新机遇、现有产品已接近生命周期尾声、行业结构发生改变（如企业并购或股份化）、人口结构的变化、科学技术的发展等。寿险产品开发应考虑的主要因素如下：

（一）经济、政策与监管环境

我国的社会环境、人口结构发生改变，因此保险公司应充分考虑我国的国情：老年人口规模巨大，人口老龄化加速，我国对社会保障制度进行了一系列的改革，以应对人口老龄化的挑战，这些给商业养老保险、商业健康保险提供了巨大的发展空间。新旧"国十条"极大地促进了我国保险业的发展，税收递延型养老保险、税优健康险的推出实际上就是适应政策变化的具体举措。

经济持续健康发展，收入增加，寿险市场就有广阔的发展空间。经济危机、金融危机期间，收入减少，寿险市场萎靡，产品开发就比较困难。法律法规与监管政策的变化对产品创新与开发带来影响。新修订的《中华人民共和国保险法》更加强调保护投保人与被保险人的利益。监管重点由"做大做强"向防范风险转变、"保险业姓保"②"偿二代"③的推出、放开前端与管住后端、鼓励业务结构调整、加强偿付能力监管、规范市场行为等都会对产品开发产生重要影响。

互联网、人工智能、大数据、机器学习等新技术在保险领域的应用，已经极大地改变了保险业的生态，产品开发必须充分运用这些新技术。

（二）消费者特征与偏好

我国已全部脱贫，全面建成小康社会，实现了第一个百年奋斗目标，正在乘势而上，开启全面建设社会主义现代化国家新征程，向第二个百年奋斗目标进军。我国的居民收入持续增加，保险业仍将继续高速发展。居民偏好储蓄，返还型产品较受欢迎。通过对客户特征的分析，保险公司可以开发出适销对路的寿险产品以满足目标客户的保障需求。

（三）公司经营要求

产品开发还应考虑公司的战略、资源与核心能力，不同类型的保险公司有各自的优劣势。传统型保险公司坚持规模、市场地位和价值并重的发展战略，产品体系较完善，使产品结构更加合理，兼顾保障与储蓄 。民营保险公司在成立初期注重规模扩张，在"偿二代"推出后逐渐开始转型，产品从短期储蓄型向保障型逐步转变。外资公司、合资公司的母公司多为国际上保险行业的百年老店，拥有丰富的市场经验，多注重价值，规模相对较小，产品以终身寿险、长期年金保险、长期健康险为主；部分公司着重发

---

① https://max.book118.com/html/2017/1115/140075742.shtm.

② 2016 年 12 月 13 日下午，中国保险监督管理委员会召开专题会议，指出必须全面落实"保险业姓保、保监会姓监"的要求。"保险业姓保"指要分清保障与投资属性的主次。保障是保险业根本功能，投资是辅助功能，是为了更好地保障，必须服务和服从于保障，不能本末倒置。

③ "偿二代"指中国第二代偿付能力监管制度体系。

展高端客户业务。互联网保险公司以“流量 + 转化”为路径，暂未形成成熟的盈利模式，多开发场景明确的碎片化产品。总体而言，保险公司关注的是价值、利润、偿付能力、持续经营等问题。保险公司追求价值的增长，也对规模快速扩张、盈利年限方面有要求。产品必须能为股东创造合理的利润，必须配合保险公司的整体战略与品牌建设。

（四）市场竞争

精算师不能凭空开发寿险产品，而必须深入了解市场。保险公司内部的市场营销部在产品开发中就起着关键作用。

产品开发必须考虑市场竞争，分析直接竞争者、间接竞争者，识别它们的目标与策略，评估竞争者的优势与劣势，估计竞争者的应对模式。产品开发要适应市场竞争需要，分析市场竞争格局、产品分布状况、各自优劣势及自己的资源配置情况等，选准突破口，充分分析目标客户的特征，制定产品开发与市场营销策略，争取获得较大的市场份额，实现经济效益与社会效益双丰收的目标。

（五）渠道与队伍

产品开发应考虑渠道的利益，因为产品是由渠道销售出去的。没有渠道，一切都无从谈起。面向个人的人身保险产品的销售渠道主要包括：营销（个人代理）、电销（电话销售）、银保（银行代理）、经代（经纪公司代理）、网销（互联网销售）。保险公司对营销、电销的掌控度比较高，对其他渠道的掌控度比较低，除非创建自己的网销平台与队伍。营销、经代渠道的产品种类丰富，形态相对复杂；电销渠道的产品卖点突出，形态简单；银保渠道的产品偏重储蓄，形态相对简单；互联网渠道的产品属于保障型，具有碎片化特征。保险公司对不同渠道有不同的定位，销售的产品也有各自的特色。



## 二、寿险产品开发的基本原则

寿险产品开发一般要遵循如下一些基本原则：

（一）市场性原则

在市场经济条件下，保险业发展的内在规律要求保险公司在产品设计、开发和销售等方面必须按市场规律来运作，市场需求是寿险产品开发的基础，否则不考虑市场需求，产品即使开发出来，也销售不出去。因此，保险公司必须坚持以市场需求为导向开发新产品。随着科学技术的发展，社会、经济、人口结构、保险监管、公司运作等方面发生了深刻变化，这些都为开发新的寿险产品、培育新的业务增长点提供了广阔的空间。在产品开发、条款设计、营销管理等方面应积极吸收国外的先进技术，借鉴国外的寿险产品开发经验。保险公司在开业初期一般基于市场上的主流产品进行适当改良，以满足主要客户的需求，以便快速、稳健地进入市场，为后续发展打下良好的基础。

（二）创新与差异化原则

创新是社会经济发展、人类文明进步的永恒动力与追求。同样，保险公司要发展也需要创新，做到人无我有、人有我新，将产品创新作为自身创新的核心要件，可以从产品形态、产品设计、核保、保全、理赔等方面创新，以更好地满足客户需求。保险公司应通过产品创新，实现差异化经营，获得先发优势，从而更好地占领市场，扩大市场份额。

（三）效益性原则

保险公司的经营必须讲效益，因此寿险产品的开发必须从追求效益出发，做到既能适应国民经济发展的需要，又能合理防范和化解风险，创造价值，保障各方利益，为保险公司带来合理的利润。要使开发的寿险产品取得可观的经济效益，保险公司必须注意处理好三方面的关系：第一，处理好社会效益和经济效益的关系，为国分忧，为国解愁，如开发保费低廉的寿险产品、养老保险产品；第二，处理好产品开发与销售推广的关系，积极创新，引领行业发展；第三，处理好眼前利益与长远利益的关系，往往一些新产品不容易被消费者接受，但具有长远价值，尤其具有一定的社会效益，这些产品也应被积极探索与改进。

（四）合法合规性原则

寿险产品的开发必须遵守国家有关法律法规，维护社会道德规范。寿险产品的开发，其合法性主要体现在产品的有关条款上。开发新产品与完善现有产品是保险公司业务管理的重要内容之一。建立有效的寿险产品开发机制，实行规范化管理，提高保险公司经营绩效，是保险市场竞争和发展的需要。寿险产品的开发要符合保险监管部门的要求。

《保险法》第一百三十五条规定："关系社会公众利益的保险险种、依法实行强制保险的险种和新开发的人寿保险险种等的保险条款和保险费率，应当报国务院保险监督管理机构批准。国务院保险监督管理机构审批时，应当遵循保护社会公众利益和防止不正当竞争的原则。其他保险险种的保险条款和保险费率，应当报保险监督管理机构备案。"



根据2015年修订的《人身保险公司保险条款和保险费率管理办法》的规定，保险公司应当建立科学、高效、符合市场需求的人身保险开发管理机制，定期跟踪和分析经营情况，及时发现保险条款、保险费率经营管理中存在的问题并采取相应解决措施。同时，保险公司应当充分发挥核心竞争优势，合理配置公司资源，围绕宏观经济政策、市场需求、公司战略目标开发保险险种。保险公司总公司对下列险种的保险条款和保险费率，应当在使用前报送中国保监会（现为中国银保监会，下同）审批：① 关系社会公众利益的保险险种；② 依法实行强制保险的险种；③ 中国保监会规定的新开发人寿保险险种；④ 中国保监会规定的其他险种。前款规定以外的其他险种，应当报送中国保监会备案。



## 三、寿险产品开发的基本策略

寿险产品开发的基本策略指保险产品开发的方法和途径，它集中体现保险公司的业务经营战略，是保险公司经营策略的重要构成部分。根据保险市场的具体情况与保险公司的现实条件采用不同的技术策略、组合策略、组织策略、时机策略。

（一）寿险产品开发的技术策略

寿险产品开发的技术策略主要包括创新策略、改进策略、引进策略和更新策略。创新策略即根据市场需求特点及趋势，开发出全新的寿险产品。该策略比较适合大型保险公司。改进策略即对现存保险公司的产品进行改进，扬长避短，以增加对客户的吸引力。该策略的运用可节省保险公司的人力、物力，但也容易被其他公司仿效。对于小型保险公司而言，开发全新产品比较困难，适合采用改进策略。引进策略即直接从其他保险公司那里原样引进产品。该策略的运用有助于保险公司进行管理，降低风险，但存在滞后性缺点。更新策略即保险公司对过去开发的老险种进行改进，使之能满足客户的现实需求。

（二）寿险产品开发的组合策略

寿险产品开发的组合策略指在对现有保险产品进行横向、纵向或交叉组合的基础上，开发出适合市场需求的寿险新产品，如人身保险产品的组合，以养老保险为主险、大病保险为附加险的组合。

（三）寿险产品开发的组织策略

寿险产品开发的组织策略指在开发产品的过程中保险公司根据实际情况对如何组织人力、财力、物力和技术所采取的策略，分为自主开发策略和联合开发策略。前者指保险公司通过自己的力量来开发保险产品，一般被实力雄厚的大中型保险公司所采用；后者指保险公司通过与其他保险公司合作，共同开发新产品，以实现优势互补，甚至直接使用另外一家保险公司的产品，优点是减少开发时间，缺点是可能对利润产生影响。

（四）寿险产品开发的时机策略

产品开发出来后，保险公司要找准适当的时机将其投入市场。保险的竞争、产品的投入市场需要保险公司选准时机、抓住机会。时机策略有抢先策略、跟随策略和延后策略三种策略。抢先策略指争取在保险市场上最先推出某款新产品，获得先发优势，但也存在一定的风险，适合在竞争中处于市场领先地位的公司。跟随策略指根据其他保险公司的某款新产品的经营情况，结合市场反应与本公司特点，采取跟进的方法；如果该产品没有多大市场影响，就放弃跟随。延后策略指先观察其他保险公司所推出的产品的经营效果，吸取经验教训并改良该产品，这样的产品往往更有吸引力，也能带来良好的营销效果。



## 四、寿险产品开发的基本流程

寿险产品开发一般有如下一些流程：

（一）产品创意设计

创意就是对能够满足现有客户和潜在客户某种保障需求的新产品所做的设想和构思。寿险产品开发时，首先应形成创意、构思产品形态。产品创意通常来自营销部、产品精算师；也可能来自监管规则的变化、客户需求、营销渠道的反馈、市场竞争与同业产品分析、已有产品的改进。当然，国家法律法规变化、政策导向、社会经济形势与人口结构的变动都可形成产品创意来源。

创意的实现应满足如下条件：遵守国家法律法规，契合公司发展战略，满足客户需求，满足价值要求，拥有先进技术、较强营销能力与较高管理水平等。

（二）产品立项评审

首先，进行可行性评估。这涉及：① 新产品形态及开发背景描述、新产品的市场空间、新产品技术先进性等；② 目标客户及潜在市场分析；③ 核保核赔、客服、IT、账务、续期等相关资源评估。

其次，撰写可行性报告。报告应包含如下一些内容：是否符合公司战略、满足客户需求、合法合规、匹配公司内部运营与系统支持能力、符合公司利润目标与价值要求，目标市场或目标客户是什么，产品的销售竞争状态如何，对现有产品有何影响，产品宣传资源如何获得，投入产出是否合理，需要提升哪种管理能力，产品开发的进度如何安排，对产品主要风险点的及时警示。

最后，报请公司管理层审批，主要针对新产品创意与形态，从可行性、关键财务指标、新产品潜在风险点角度进行讨论与判定。最为核心的问题是销售与利润潜能。如果产品涉及新领域，那么应考虑是否容易进入市场。

（三）开发备案

一旦产品可行性报告获公司管理层审批通过，接下来就要完成产品定价、利润测试、沟通协调、条款撰写与精算报告等审批或备案材料准备、审批或备案材料提交及回执获取、系统准备与上线（包括用户测试）、营销规划、培训安排、再保险安排等工作。

在沟通协调阶段，精算师需要将竞争性的定价与假设组合呈现给营销部门和管理层。精算师需要非常熟悉所有有关数据，能够回答潜在的假设变化所带来的影响，常常要进行敏感性测试与利润测试，很可能会基于一套新假设的另外一个定价进行测试，事实上这又回到前一阶段，目的是帮助营销部门达到预期销售目标。当然，管理层要做出判断以确定这种再开发是否富有成效。大多的反复测试会受制于开发成本与时间。

（四）上市销售

首先，做好上市销售准备工作，包括确定运营规则与费用政策、审核产品材料与销售工具、发文、宣传推动（特别是大型项目），如制定宣传和推广产品的计划、准备培训销售人员的资料等；其次，销售人员还要接受有关产品销售的培训，才能开始新产品的上市销售。



（五）产品售后管理

产品上市销售后，保险公司首先对该产品的销售量、管理成本、利润、定价假设等进行追踪，主要从业务结构与规模、财务指标、赔付支出、退保率等角度分析实际情况与定价假设的差异，搜集渠道和客户的反馈意见，考虑未来的发展趋势，结合竞争对手的反应，然后做出决定，如调整政策、升级产品、停售产品。上述追踪到的信息成为下一轮产品开发中创意形成、形态构思的参考。从这个意义上讲，产品开发就是一个不断循环的过程。

## 五、寿险产品开发的组织机构

产品开发管理委员会是保险公司的专业委员会之一，是保险公司在产品开发与管理方面的最高决策机构，其成员为分管产品部门的高级管理人员及部分业务部门、法律部门的总经理。产品开发管理委员会一般由保险公司总裁任主任、分管领导任委员、产品开发中心或产品开发工作小组负责人任秘书，通常设有产品开发办公室。

产品开发管理委员会的工作职责如下：① 制定公司的中长期产品发展战略或公司产品策略；② 根据公司发展需要与资源配置情况审批产品开发计划；③ 指导产品开发工作小组的运作，协调各部门在产品开发中分工协作，监督产品的设计、开发和上市;④ 审核产品开发工作小组提交的项目报告,审定产品类别指标及其界定标准;⑤ 核定产品开发优先权和资源的分配,核准产品的上市和停止销售;⑥ 在发生紧急或突发事件时有效处理产品相关问题。

产品开发中心或产品开发工作小组是为统筹协调产品开发、具体承办产品开发相关工作而建立起的团队,其成员为总公司各相关职能部门中负责产品支援工作的人员,一般由产品精算部牵头组建。其职责如下:① 拟订公司产品开发策略和开发计划;② 统筹开展市场调研;③ 评估拟开发产品的投入与产出;④ 统筹和协调产品的设计、定价、利润和风险评估、系统开发、流程规划、营销培训及上市准备;⑤ 定期汇报产品开发工作进展情况;⑥ 对产品销售情况分析、总结、反馈。

产品精算部牵头组建产品开发工作小组,根据公司产品战略、市场分析及渠道需求提出产品构想,进行产品定价与利润测试,以合理控制风险、创造价值为原则设计出符合市场需求的产品。业务渠道部门提交产品开发需求申请,协助对产品的市场适应性进行论证以明确产品形态。运营部对产品核保、理赔、保全要求进行评估,制订核保、理赔、保全规则,对新产品提供客服支持。信息技术部对新产品系统功能模块修改、完善,确保在产品上线后,系统平稳运行。财务部对产品财会处理要求进行评估,提供财务统计数据以协助定价,提供产品收付费方式及账户设置指引等。投资部就有关资金运用提供建议,计算产品投资收益率。法律合规部对产品是否符合有关法律法规和监管要求进行评估,评估产品洗钱风险,审核产品条款,出具法律声明。培训中心制作产品培训课件、宣传彩页、海报等。



## 本章小结

本章围绕寿险产品这一核心对象研究了寿险产品的分类、定价与开发等问题。

寿险产品是保险公司主要交易的产品,通过产品营销,可以实现保险人、保单持有人、销售渠道各方的利益。寿险产品具有安全属性、收益属性与长期属性,这就决定了寿险产品在保险产品体系中具有的重要地位与独特的保障功能。

寿险产品定价是寿险产品开发的重要环节,涉及定价的基本原则、定价假设及影响因素、定价要考虑的因素、定价策略、定价方法与定价流程等内容。寿险产品定价的基本原则有充足性原则、合理性原则、公平性原则、可行性原则、稳定灵活性原则。寿险产品定价的三个假设是预定利率、预定发生率、预定附加费用率,有时还会有预定失效率、预定利润率等。影响定价假设的因素主要有社会、经济、人口、监管等环境因素。此外,公司特点、市场特点、产品特点也是影响定价假设的重要因素。寿险产品定价要考虑的要素有定价目标、产品成本、竞争状况、预期销量、客户特点、法规影响。寿险产品定价策略通常有三种:成本导向的定价策略、竞争导向的定价策略、客户导向的定价策略。不同的定价策略对应不同的定价方法,因而有成本导向定价方法、竞争导向定价方法和客户导向定价方法。寿险产品定价的一般流程包括了解产品形态、进行定价假设、编写定价公式、构建定价模型、交叉复核数据、沟通与反馈、调整产品形态、沟通确认、跑出全量数据、确定初步费率、进行利润测试、调整并确定最终费用、撰写产品定价报告、总精算师审核签字。

寿险产品开发指保险公司基于自身发展和保险市场需求及其变化状况的需要而创造新产品或对现有产品进行改良、组合,以适应市场需要、提高自身竞争能力的过程或行为。寿险产品开发应考虑如下因素:① 经济、政策与监管环境;② 消费者特征与偏好;③ 公司经营要求;④ 市场竞争;⑤ 渠道与队伍。寿险产品开发应遵循如下基本原则:① 市场性原则;② 创新与差异化原则;③ 效益性原则;④ 合法合规性原则。寿险产品开发的基本策略指保险产品开发的方法和途径,是保险公司经营策略的重要构成部分,可以分为技术策略、组合策略、组织策略、时机策略。寿险产品开发的基本流程如下:① 产品创意设计;② 产品立项评审;③ 开发备案;④ 上市销售;⑤ 产品售后管理。产品开发管理委员会是保险公司的专业委员会之一,是保险公司在产品开发与管理方面的最高决策机构,其成员为分管产品部门的高级管理人员及部分业务部门、法律部门的总经理。产品开发管理委员会一般由保险公司总裁任主任、分管领导任委员、产品开发中心或产品开发工作小组负责人任秘书。

## 习题 13

13－1　简述寿险产品定价的基本原则。

13－2　分析寿险产品定价要考虑的要素与寿险产品定价的流程。

13－3　分析寿险产品开发要考虑的因素。

13－4　简述寿险产品开发的基本原则。

13－5　分析寿险产品开发的流程。

# 第十四章
# 寿险准备金评估

寿险准备金评估是保险公司负债评估的重要内容，关系到保险公司的偿付能力、盈余分配、税费缴纳等重大问题。本章主要介绍寿险准备金及其分类、评估假设、寿险准备金评估方法与寿险准备金评估实务，重点探讨会计责任准备金与法定责任准备金的评估实务。

## 第一节　寿险准备金及其分类

本节主要介绍寿险准备金的概念，重点区分会计责任准备金与法定责任准备金。

### 一、寿险准备金

寿险准备金也称责任准备金，指保险人为了履行未来的赔付责任，从收取的保费中提取的资金准备。各项寿险准备金代表未来的赔付责任，是寿险公司负债的最重要组成部分。寿险准备金与其他负债的总额决定了寿险公司需要持有的资产与盈余规模大小。合理评估寿险准备金对提高保险公司的偿付能力非常重要，也关系到盈余的分配，因此，各国保险公司都注重寿险准备金的评估与提留。

保险公司收取的保费中的大部分以寿险准备金的形式积存起来以履行将来的赔付责任与支出费用。寿险准备金是保险公司的主要负债，需要精算师根据特定的假设与模型去度量，主要原因是保险活动不同于其他商业活动，保险的权利与义务不是即时结清的，时间跨度往往可以长达数十年。换言之，保费的缴纳与待遇的获得时点与金额是不匹配的。在完成当前保险责任分摊与费用开支后，保费需要以寿险准备金的形式积存起来，以应对保险后期支付大于收入的情形。因而，寿险准备金的积存具有长期性，利率是重要的评估因素。由于保险事故发生的时间与严重程度事先不能确定，虽然可以通过建模去尽可能地估计，但差异总是客观存在的，因此寿险准备金的提取金额是不准确的。就人寿保险而言，寿险准备金的偿付方式存在多样性，可能是支付死亡保险金、生存金、现金价值，也可能是支付附加费。

### 二、寿险准备金的分类

（一）按用途划分

寿险准备金按用途的不同可以分为会计责任准备金、法定责任准备金与税收责任准备金。

会计责任准备金用于财务报告中以计算公司的收益。会计责任准备金又称盈余准备金，即按一般会计准则计算的寿险准备金，证券交易监管部门要求保险公司在提供给投资者的财务报告中对寿险准备金按一般会计准则进行计算。会计责任准备金呈中性或略为保守状态。在一些保险市场中，会计准备金与法定责任准备金的差异较大。会计责任准备金侧重盈余的真实性及与其他行业的可比性，以便投资者做出合理的决策。美国证券交易委员会规定，如果保险公司是上市公司或属于某上市公司，就需要提交按照美国会计准则（US - GAAP）中的评估方法评估寿险准备金的财务报告，有些公司尽管不要求使用此评估方法，但实际上也将其用于内部管理。我国在出台《保险合同相关会计处理规定》以前，将法定责任准备金作为会计责任准备金，在2009年出台该规定以后，使用新会计准则提取寿险准备金以作为会计责任准备金。

法定责任准备金指按照保险监管机构制定的规则所计算的准备金，用于监管报告，监控公司的偿付能力，是保险监管机构为确保保险公司财务状况良好而规定的最低数额。由于法定责任准备金事关保险公司的偿付能力，因此所选择的精算评估假设与评估方法都比较保守，也会产生较高的负债金额。我国在2015年及以前使用"偿一代"评估体系，将法定责任准备金作为偿付能力准备金，自2016年1月1日起，使用"偿二代"评估体系，以寿险合同负债作为偿付能力准备金，即最优估计准备金加上风险边际。

税收责任准备金指计算应税收入的寿险准备金，用于税收报告中以核算保险公司的税收，一般不允许过高以达到防止逃税的目的。很多国家将偿付能力准备金作为税收责任准备金以起到税收优惠的作用，因为应税收入比较低。美国在1958—1984年对税收责任准备金以法定责任准备金为基础，只在某些项目上做了一些修改，从1984年起使用税收责任准备金方法计算税收责任准备金。我国在2010年前以法定责任准备金作为税收责任准备金的基础，2010年后以会计责任准备金作为税收责任准备金的基础。



（二）按性质划分

寿险准备金按性质的不同可以分为未到期责任准备金与未决赔款责任准备金。前者又称赔付准备金或损失准备金，指为尚未终止的保险责任而提取的准备金；后者又称保单准备金，指为已发生但尚未结案的赔案提取的准备金，包括已发生已报案未决赔款准备金、已发生未报案未决赔款准备金、理赔费用准备金。显然，寿险合同责任准备金 = 未到期责任准备金 + 未决赔款责任准备金。

（三）按保险承保方式划分

寿险准备金按保险承保方式的不同可以分为原保险责任准备金与再保险摊回责任准备金。前者指对原保险业务所提取的责任准备金；后者又称应收分保责任准备金，它指核算企业（再保险分出人）从事再保险业务时应向再保险接受人摊回的保险责任准备金，包括未决赔款责任准备金、寿险责任准备金、长期健康险责任准备金。

## 第二节　寿险准备金评估假设

寿险准备金的评估方法又称评估基础，是关于寿险准备金计算的参数假设。对于人寿保险产品而言，一般只考虑评估利率、评估死亡率。评估基础的选择在一定程度上体现了评估者对评估结果使用目的的倾向性。会计责任准备金评估的主要目的是向投资者发布适当、及时、准确的财务数据。法定责任准备金评估的主要目的是服务监管，强调审慎原则，一是体现在评估假设上，二是体现在评估方法上。

### 一、评估利率

评估利率用于未来法中以计算未来保险金支付精算现值与未来保费收入精算现值之差，换言之，评估利率用于精算现值的计算。在其他条件不变的情况下，评估利率上升，则寿险准备金降低；反之，则提高。从保险监管的角度来看，评估利率采取比较保守的方式，即采用比较低的评估利率，这意味着需要提取较多的寿险准备金。评估利率对年金产品的影响比对寿险产品的影响更大一些。

在我国的寿险准备金评估中，评估利率方面的规定的变迁路径如下：总体上评估利率呈现下降趋势，评估利率的确定更加严格规范。1998 年，我国开始试行会计年度末责任准备金报告制度，1999 年正式实施。1999 年，中国保险监督管理委员会发布《关于下发有关精算规定的通知》，该文件规定评估利息率不得高于下面两项规定的最低值：① 中国保监会每年公布的未到期责任准备金评估利息率；② 该险种厘定保费时所使用的利息率。从 2000 年起，中国保监会于每年年末下发对各寿险公司人身保险业务准备金评估要求的通知，其中规定：一年期以上传统寿险和健康保险未到期责任准备金的评估利率不得高于保单预定利率，并不得超过年复利 7. 5% 。

2013 年，中国保监会发布了《中国保监会关于普通型人身保险费率政策改革有关事项的通知》，该通知对准备金评估利率做了如下规定：① 普通型人身保险保单的法定评估利率。2013 年 8 月 5 日以前签发的普通型人身保险保单法定评估利率继续执行原规定。2013 年 8 月 5 日及以后签发的普通型人身保险保单法定评估利率为 3. 5% 。中国保监会支持保险公司参与多层次养老保障体系建设，对国家政策鼓励发展的养老保险业务实施差别化的准备金评估利率。2013 年 8 月 5 日及以后签发的普通型养老年金或保险期间为 10 年及以上的其他普通型年金保单，保险公司采用的法定责任准备金评估利率可适当上浮，上限为法定评估利率的 1. 15 倍和预定利率的较小者。② 分红型人身保险保单法定评估利率为 2. 5% 。

2019 年，中国银保监会办公厅发布了《中国银保监会办公厅关于完善人身保险业责任准备金评估利率形成机制及调整责任准备金评估利率有关事项的通知》，该通知对评估利率的确定做出了详细规定。

（1）中国银保监会支持中国保险行业协会设立人身保险业责任准备金评估利率

专家咨询委员会，以强化人身保险业责任准备金评估利率形成机制的组织保障。中国保险行业协会定期组织人身保险业责任准备金评估利率专家咨询委员会成员召开会议，结合市场情况变化研究讨论人身保险业责任准备金评估利率调整的必要性及其影响，形成相关建议供监管部门决策参考。

（2）中国银保监会将在充分考虑负债特点的基础上，基于对市场利率未来走势、行业投资收益率等因素的判断确定评估利率参考值，并结合人身保险业责任准备金评估利率专家咨询委员会的意见，适时调整评估利率水平。评估利率参考公式为

$$i = \min\{r_t, \text{int}\} \tag{14.2.1}$$

其中，int 为保险业近三年风险调整后的平均财务投资收益率，即将保险业近三年平均财务投资收益率扣除对信用风险及再投资风险的补偿。$r_t$ 为市场利率决定部分，公式如下：

$$r_t = r^{\text{floor}} + w_1[\min(r, r^{\text{cap}}) - r^{\text{floor}}] + w_2[\max(r, r^{\text{cap}}) - r^{\text{cap}}] - c \tag{14.2.2}$$

在公式（14.2.2）中，$r$ 为基准市场利率，$r^{\text{cap}}$、$r^{\text{floor}}$ 分别为基准市场利率的上限和下限，$w_1$、$w_2$ 为不同的权重系数，$c$ 为红利隐性成本。

以10年期国债750天移动平均值为基准市场利率，通过对基准市场利率的历史经验以及未来走势的判断，动态设定基准市场利率上下限值。基准市场利率介于上下限之间及低于下限的部分认定为常规波动、超出上限的部分认定为非常规波动，分别按不同权重计入评估利率。对分红型人身保险，扣减红利隐性成本。



（3）自《中国银保监会办公厅关于完善人身保险业责任准备金评估利率形成机制及调整责任准备金评估利率有关事项的通知》发布之日起，人身保险业责任准备金评估利率执行以下规定：①2013 年 8 月 5 日及以后签发的普通型人身保险保单评估利率上限为年复利 3.5% 和预定利率的较小者；2013 年 8 月 5 日以前签发的普通型人身保险保单评估利率继续执行原规定。② 分红型人身保险责任准备金的评估利率上限为年复利3% 和预定利率的较小者。③ 万能型人身保险责任准备金的评估利率上限为年复利 3% 。

2020 年中国银保监会办公厅印发的《普通型人身保险精算规定》就人寿保险的责任准备金的评估利率做出了规定，即保险期间一年以上的产品评估利率不得高于下面两项的较低值：① 中国银保监会公布的未到期责任准备金评估利率；② 该险种厘定保险费所使用的预定利率。



## 二、评估死亡率

评估死亡率指在按照保险监管部门要求计算法定责任准备金时所采用的死亡率假设。在保险实务中，要判断两张不同生命表中哪一张表的死亡率会导致更高的法定责任准备金往往不是一件容易的事。死亡率在总体上呈现改善或下降趋势，对年金业务与寿险业务的定价有不同影响，前者的定价上升，后者的定价下跌，但对寿险准备金的影响就不能简单地得出结论。对不同险种，不同评估方法也有不一样的影响。

每个国家都在有关寿险准备金评估标准的法律法规中详细规定了划定寿险保单最低标准应使用的生命表。随着科学技术的进步与业务类型、规模的扩张，寿险准备金

评估对生命表的要求越来越严格和细致。

在我国的寿险准备金评估中,死亡率评估经历了如下变化过程:

1990 年 6 月 23 日,当时的保险业监管机关——中国人民银行发布《关于统一使用"中国人寿保险经验生命表(1990—1993)"的通知》,要求自该套生命表公布之日起,在我国境内新开发的人寿保险险种必须统一使用该套生命表计算费率、责任准备金及退保金,同时要求各保险公司要尽快对其现已开办的寿险险种进行一次全面的清理,做好生命表更换工作。从 1997 年 4 月 1 日起,这些险种的新签保单必须使用第一套新生命表,已签发的保单继续履行原保险合同的规定。

1999 年 6 月 8 日,中国保监会发布了《关于下发有关精算规定的通知》。该通知中的人寿保险精算规定部分对法定责任准备金的评估死亡率作出了规定,要求:① 终身年金以外的人寿保险采用险种报备时厘定保险费所使用的经验生命表;② 终身年金保险采用按下面规定调整后的中国寿险业经验生命表中的年金保险经验生命表分别计算未到期责任准备金:80% × 年金保险经验生命表、120% × 年金保险经验生命表。

1999 年 12 月 13 日,中国保监会发布了《关于继续使用〈中国人寿保险业经验生命表(1990—1993)〉的通知》,该通知要求在我国境内开展人寿保险业务的保险公司应当继续统一使用第一套生命表计算人寿保险费率、责任准备金及退保金。

2005 年 12 月 19 日,中国保监会发布了《关于修订精算规定中生命表使用有关事项的通知》,该通知要求在进行法定责任准备金评估时,评估死亡率应采用《中国人寿保险业经验生命表(2000—2003)》(第二套生命表)所提供的数据。保险公司应根据产品特征,对同一产品的全部保单整体考虑,按照审慎性原则在非养老金业务和养老金业务之间选择较为保守的评估死亡率。

2016 年 12 月 21 日,中国保监会发布了《关于使用〈中国人身保险业经验生命表(2010—2013)〉有关事项的通知》。该通知规定,自 2017 年 1 月 1 日起保险公司在计提责任准备金时,评估死亡率应采用《中国人身保险业经验生命表(2010—2013)》(第三套生命表)所提供的数据。

2020 年 1 月 21 日,中国银保监会办公厅发布了《普通型人身保险精算规定》,要求人身保险评估死亡率采用《中国人身保险业经验生命表(2010—2013)》所提供的数据。保险公司应根据产品特征,按照审慎性原则整体考虑同一产品或产品组合的全部保单,按照《关于使用〈中国人身保险业经验生命表(2010—2013)〉有关事项的通知》的具体规定选择生命表。

## 第三节　寿险准备金评估方法

寿险准备金的计提具有很强的主观性,容易受到人为操纵。由于法定责任准备金事关保险公司的偿付能力,因此各国保险监管当局有严格的评估方法与评估假设。由于寿险准备金可以分为未到期责任准备金与未决赔款责任准备金,因此对寿险公司而言,规模更大和相对复杂的是未到期责任准备金。长期业务的未到期责任准备金在财务报表中称寿险责任准备金，长期健康险业务的未到期责任准备金在财务报表中称长期健康险责任准备金，两者称为长期责任准备金。长期责任准备金评估的难处体现在未来责任的不确定性与长期性，因而将监管侧重放在长期责任准备金的评估上。未到期责任准备金的计算方法是未来法与过去法。

2020 年 1 月 21 日，中国银保监会办公厅发布的《普通型人身保险精算规定》分别对长期与短期未到期责任准备金的评估方法进行了规定。

## 一、保险期间一年以上产品未到期责任准备金的计算方法

保险期间一年以上产品会计年度末保单未到期责任准备金应当用“未来法”逐单计算。对确实不能用“未来法”逐单计算的，可以采用“过去法”逐单计算。

（一）平准保费

平准保费指缴费期内的各期保费相同。终身年金以外的人身保险采用一年期完全修正方法，终身年金保险采用修正均衡净保费方法。

1. 一年期完全修正方法

（1）首年评估净保费 $\alpha$ 取评估基础下首年责任精算现值。

（2）修正后续年净保费 $\beta$。

按下列公式和未到期责任准备金计算基础计算：

$$\alpha + \beta \text{ 在交费期初的精算现值} = P^{NL} \text{ 在交费期初的精算现值} \tag{14.3.1}$$

其中，$P^{NL}$ 为根据法定未到期责任准备金计算基础确定的交费期间均衡净保费。

2. 修正均衡净保费方法

按如下步骤计算修正后各年净保费。

（1）修正后首年净保费 $\alpha$。

$$\alpha = \{1 - \min(\text{首年预定费用率}, r)\} \times \text{首年毛保费}$$

其中，个人业务 $r = 0.35$，团体业务 $r = 0.15$。

（2）修正后续年均衡净保费 $\beta$。

按下面公式和法定未到期责任准备金计算基础计算：

$$\alpha + \beta \text{ 在交费期初的精算现值} = P^{NL} \text{ 在交费期初的精算现值}$$

其中，$P^{NL}$ 为根据法定未到期责任准备金计算基础确定的交费期间均衡净保费。

根据上述未到期责任准备金计算基础（评估基础）和修正方法计算修正准备金。如果按修正方法计算的续年净保费高于毛保费，还应计提保费不足准备金。保费不足准备金为未来各保单年度评估净保费与毛保费之差的精算现值。保单年度末保单未到期责任准备金为上述修正准备金及保费不足准备金之和，且未到期责任准备金不得低于保单年度末保单现金价值与保单年度末生存给付之和。会计年度末未到期责任准备金的计算，应当根据所对应的上一保单年度末的保单未到期责任准备金，扣除保单在上一保单年度末的生存给付金额后和该保单年度末保单未到期责任准备金进行插值计算，并加上未到期评估净保费（如果评估净保费大于毛保费，则为未到期毛保费）。

（二）非平准保费

非平准保费指缴费期内的各期保费不同。

（1）保单年度末未到期责任准备金为未来各年责任成本高于该年毛保费部分的精算现值。计算表达式如下：

$$\sum APV(\max(B_i - P_i, 0))$$

其中，APV 指按评估基础计算的精算现值，$B_i$ 指未来第 $i$ 年的赔付责任成本，$P_i$ 则指未来第 $i$ 年的毛保费。

（2）保单年度末未到期责任准备金不得低于保单年度末保单现金价值与保单年度末生存给付之和。

（3）会计年度末未到期责任准备金的计算，应根据所对应的上一保单年度末的保单未到期责任准备金，扣除保单在上一保单年度末的生存给付金额后和该保单年度末保单未到期责任准备金进行插值计算，并加上未到期毛保费。

（4）附加在投资连结型保险或万能型保险主险上的普通型附加险不适用于以上方法。

## 二、保险期间一年及以内产品未到期责任准备金的计算方法

保险期间一年及以内产品提取未到期责任准备金，应当采用下列方法之一：

（1）二十四分之一毛保费法（以月为基础计提）。

（2）三百六十五分之一毛保费法（以天为基础计提）。

（3）根据风险分布状况可以采用其他更为谨慎、合理的方法，提取的未到期责任准备金不得低于方法（1）和（2）所得结果的较小者。

未到期责任准备金的提取方法一经确定，不得随意更改。

保险期间为一年及以内产品未到期责任准备金的提取金额应当不低于下列两者中较大者：

（1）预期未来发生的赔款与费用扣除相关投资收入之后的余额。

（2）在责任准备金评估日假设所有保单退保时的退保金额。

未到期责任准备金不足的，应当提取保费不足准备金，用于弥补未到期责任准备金和前款两项中较大者之间的差额。

## 三、保证责任的额外责任准备金

### （一）含有保证续保条款及保证费率的产品

对这类产品应在当前保险期间结束后提供保证续保及保证费率的期间内计提额外责任准备金。保单年度末额外责任准备金等于，上述期间内各保单年度的预期赔款与费用之和高于保证费率部分的精算现值之和。贴现率（折现利率）不得高于中国银保监会公布的未到期责任准备金评估利率。

### （二）提供到期转换选择权的产品

提供到期转换选择权的产品，即前一保险期届满时，按照保险合同约定，投保人可以将其转换成另一个责任和费率均确定的产品，应在当前保险期间内计提额外责任准备金。保单年度末额外责任准备金等于，执行选择权时新承保产品未来各年责任成本现值高于毛保费现值部分的精算现值。贴现率（折现利率）等于责任准备金评估利率。

如果存在多个选择权，只能选择其中一个时，应按额外责任准备金最高的选择权计提；可同时选择多个时，应按所有选择权的额外责任准备金之和计提。

### 四、未决赔款准备金

保险公司应在会计年度末计提未决赔款准备金。

（1）对已经发生保险事故并已提出索赔、保险公司尚未结案的赔案，保险公司应当提取已发生已报案未决赔款准备金。保险公司应当采取逐案估计法、案均赔款法等合理的方法谨慎提取已发生已报案未决赔款准备金。

（2）对已经发生保险事故但尚未提出的赔偿或给付，保险公司应当提取已发生未报案未决赔款准备金。对已发生未报案未决赔款准备金，应当根据险种的风险性质和经验数据等因素，至少采用链梯法、案均赔款法、准备金进展法、B-F法、赔付率法中的两种方法评估已发生未报案未决赔款准备金，并选取评估结果的最大值确定为最佳估计值。

保险公司总精算师判断数据基础不能确保计算结果的可靠性，或者相关业务的经验数据不足3年的，应当按照不低于该会计年度实际赔款支出的10%提取已发生未报案未决赔款准备金。

### 五、责任准备金分组计算



计提前述各项责任准备金时，保险公司应将单个产品或更细维度的分组作为计量单元。如果具有相似特征的保单分组计算的结果与逐单计算的结果没有实质性差异或无法进行逐单计算，经保险公司总精算师判断后，也可以采用分组方法计算。

### 六、会计年度末保单责任准备金

上述各项准备金数额之和是会计年度末保单责任准备金计提的最低标准。保险公司可以采用其他合理的计算基础和评估方法计算会计年度末保单责任准备金，但要保证其数值不低于按《普通型人身保险精算规定》所确定的各项准备金数额之和。



## 第四节　寿险准备金评估实务

从我国的寿险准备金评估实务来看，寿险准备金实际上只有会计责任准备金与法定责任准备金，因而我们只探讨对这两种责任准备金的评估。不同种类的寿险准备金在会计处理上分别采用不同的会计准则与评估方法。

### 一、会计责任准备金与法定责任准备金的比较

会计责任准备金或财务报告准备金通常采用公认会计准则计算。

一般而言，采用公认会计准则的主要目的是向投资者发布适当、及时、准确的财务数据，包括报告公司的收入、费用和当期利润等，关注保险公司的盈利能力，以利于投

资者比较不同公司或同一公司在不同时期的财务数据，从而做出合理的投资决策。从计量假设上看，对于评估采用的市场利率、死亡率、退保率与费用率，保险公司应根据自己的经营状况与行业发展水平进行最优估计，对假设信息不锁定（根据当前信息重新调整）。公认会计准则采用显性边际单独计量，用于财务报告中，计算公司的收益。评估原则为原则导向，计算方法、评估假设均是原则性规定。在计量方法上，采用未来（净）现金流（出）法。在计量单元上，可以将同质风险的保单作为一组。总之，一般而言，采用公认会计准则、基于最优估计的现金流计算的责任准备金，比较客观地反映了保险公司的经营情况，但计算过程较为复杂，这增加了结果的不确定性。

法定责任准备金或偿付能力准备金通常采用法定会计准则计算。

法定会计准则从一个立法者的角度来看待寿险公司的财务状况，并提供保险人偿付能力的可靠证据，以证明保险人有足够的能力履行保单义务，从而保护保单持有人的权利。从计量假设上看，评估利率不得高于中国银保监会公布的评估利率和定价利率的较低者，死亡率采用原中国保监会发布的生命表，不考虑退保率（现金价值取大作为准备金），不考虑费用率（只考虑纯保费），对评估假设信息锁定（评估利率、评估死亡率不根据当前的实际经验变动，除非中国银保监会发布新的评估规定）。法定会计准则采用隐性边际，在评估假设基础之上加上标准差，用于监管报告中，以监控公司的偿付能力。评估原则为规则导向，对计算方法、评估假设均做出详细的规定。在计量方法上，不同险种有不同的评估方法：传统险和分红险采用修正净保费法，投连险采用单位准备金 + 非单位准备金方法，万能险采用账户准备金 + 最低保证利率准备金 + 其他保单利益准备金方法。在计量单元上，传统险和分红险实行逐单计量；投连险和万能险实行逐单计量，但经过中国银保监会批准后可以分组计量。总之，采用法定会计准则计算责任准备金基于的是公司偿付能力，评估结果较为保守，评估过程相对简单，结果的预测比较准确。



## 二、会计责任准备金的评估实务

### （一）未到期会计责任准备金的计算公式

未到期会计责任准备金采用如下公式进行计算：

$$\begin{aligned}\text{未到期会计责任准备金} &= \text{合理估计负债} + \text{显性边际}\\ &= \text{合理估计负债} + \text{风险边际} + \text{剩余边际} \quad (14.4.1)\end{aligned}$$

### （二）计量原则

与国际会计准则理事会（IASB）对计量方法的要求一致，保险合同准备金的计量基于以下三要素：对未来现金流采用明确的当前估计、反映现金流的时间价值、包含显性边际。

计量要素之一：对未来现金流采用明确的当前估计

从保险公司角度来看，未来现金流指未来的现金流出与流入，这里更侧重现金净流出，现金净流出在评估时间的精算现值实际就是理论上的责任准备金，在实务中为了应对现金流的随机波动性而设置风险边际（安全边际），在会计中为了不产生首日利得并在以后逐渐摊销而设置剩余边际。换言之，在理论上的责任准备金的基础上加上显性边际就是会计责任准备金。

未来现金流包括如下项目:

(1) 保险合同承诺的保证利益,包括死亡给付、残疾给付、疾病给付、生存给付、满期给付等。

(2) 构成推定义务的非保证利益,包括保单红利给付等。

(3) 必需的合理费用,即管理保险合同或处理相关赔付必需的合理费用,包括新单费用、保单维持费用、理赔费用等。

(4) 保险费和其他收入。

(5) 内嵌衍生工具产生的现金流。

合理估计负债就是对未来现金净流出的一种统计估计。该估计具有以下特征:

(1) 无偏估计,即将各种可能情形的概率加权平均,并考虑金额发生或现金流出的时点。

(2) 当前估计,以评估日可获取的当前信息为基础,应用最新估计,不能锁定。

(3) 与市场一致,即与可观察到的市场数据相一致,无法获取可观察到的市场数据时应参照保险人或行业经验数据。

计量要素之二:反映现金流的时间价值

未来现金流的货币时间价值影响重大的,应当对相关未来现金流进行精算折现。判断货币时间价值影响是否重大的主要标准是保险负债的久期,对负债久期超过一年的未来现金流应当考虑时间价值;对未来保险利益不受投资收益影响的保险合同,用于计算未到期责任准备金的折现率或折现因子,应当根据与负债现金流出期限和风险相当的市场利率确定;对未来保险利益随投资收益变化的保险合同,如分红保险(不分利差的分红保险除外),用于计算未到期责任准备金的折现率或折现因子,应当根据对应资产组合预期产生的未来投资收益率确定。

计量要素之三:包含显性边际

保险公司在确定保险合同准备金时应当考虑显性边际因素,并单独计量。在初始确认保险合同准备金时不应确认首日利得,但应确认首日损失,以遵循审慎性原则。显性边际包括风险边际和剩余边际。风险边际指保险公司为应对未来现金流的不确定性而计提的一笔额外负债。剩余边际则指为了不确认首日利得而设置的边际,有下述两种情形:

(1) 当(首期保费 - 获取成本) > (未来合理估计负债 + 风险边际)时,存在首日利得;此时的剩余边际为首日利得,即不等式左右端之差额,需要在后续保单年度内摊销。换言之,保险公司应该在保险期间内采用系统、合理的方法将剩余边际的摊销计入当期损益。

(2) 当(首期保费 - 获取成本) < (未来合理估计负债 + 风险边际)时,存在首日损失。此时的剩余边际为0。

(三) 计量方法

1. 计量单元

计量单元指相关资产或负债以单独或组合方式进行计量的最小单位。会计责任准备金的计算可以选择单项保险合同，或者具有同质保险风险的保险合同组合作为计量单元。计量单元的选取不影响合理估计负债，因为这并不改变保险人或保单持有人的权利和义务。计量单元越大，表明样本越多，个体围绕样本均值而波动，且波动性（或标准差）会降低，因而，现金流就越稳定，一组保单的风险边际应小于或等于组内单个保单风险边际的和。大的计量单元中会有更多的保单之间的首日利得和首日损失的相互抵消，因此也会影响剩余边际。确定标准后，各会计期间应当保持一致，不得随意变更。可以考虑在模型点层面进行保单分组并将其作为计量单元，如销售渠道、产品特征、保单的风险特征、保单生效年度、年龄、性别、交费方式、交费期间、保险期间等。

2. 评估假设的确定

评估假设以资产负债日可获取的当前信息为基础，基于保险公司历史经验分析的结果来确定。评估假设可分为经济假设与非经济假设，前者包括折现利率、投资收益率、分红产品分红率、维持费用固定成本增长率、万能利差等假设，后者包括退保率、死亡率、疾病发生率、费用率、佣金及手续费、续期佣金调节系数、万能险产品部分领取率、短险赔付率等假设。经济假设中，传统险采用基准利率（根据750交易日移动平均的国债到期收益率确定的即期利率）加上合理的风险溢价（在行业指导范围内，以 +150 bp[①] 为上限，溢价需要考虑流动性风险、税收效应等）来确定，分红险应当根据对应的资产组合预期产生的未来投资收益率并采用公司最优估计来确定。非经济假设所采用的合理假设要与公司实际经验和未来的发展趋势保持一致；死亡率依据保险公司当前经验、行业经验、再保险人的数据、产品定价时的假设来确定；退保率要考虑产品特征、销售渠道、缴费方式、金融市场条件等；费用率则基于费用分析，合理地将费用分配到不同的业务组合中，需要考虑的费用分为获取费用与维持费用，主要包括佣金手续费、保险保障基金、监管费、发单成本、营业费用及附加等。

3. 计量步骤

（1）计算合理估计负债。按如下公式计算合理估计负债：

$$\text{合理估计负债} = \text{未来现金净流出在评估时点的精算现值} \tag{14.4.2}$$

其中

$$\begin{aligned}\text{净现金流出} = &\ \text{预期未来保证利益支出} + \text{预期未来非保证利益支出}\\ &+ \text{未来费用支出} - \text{预期未来保险费和/或其他收费}\end{aligned} \tag{14.4.3}$$

（2）风险边际的计量。由于未来现金流在金额与发生的时点上都存在不确定性，因此除合理估计负债外，还需要将风险边际或安全边际作为负债的一部分，以应对随机波动性。计量方法采用情景对比法，即

$$\text{风险边际} = \text{不利情景下的负债} - \text{合理估计负债} \tag{14.4.4}$$

情景对比法下，不利情景的选择应考虑死亡率、疾病发生率、退保率、费用率等朝不利方向的变动。

（3）剩余边际的确定。剩余边际实际上并不是真正意义的边际，而是为了不确认

① bp 指基点（basis point），用于金融方面，指债券和票据利率改变量的度量单位。1bp = 0.01%。

首日利得而形成的边际,换言之,即从保守视角出发计提的资金准备或多提取的寿险准备金。剩余边际按如下公式确定:

$$剩余边际(0) = \max(0,(首期保费 - 获取成本) - (合理估计负债 + 风险边际)) \quad (14.4.5)$$

$$摊销比例 = 剩余边际(0) \div 利润驱动因素的精算现值(0) \quad (14.4.6)$$

$$剩余边际(t) = 摊销比例 \times 利润驱动因素的精算现值(t) \quad (14.4.7)$$

其中,0、$t$ 分别表示时刻 0 与时刻 $t$。

剩余边际的计算比较复杂,它需要选择合适的利润驱动因素将其释放到利润中。

在首日剩余边际大于 0 的情况下,剩余边际需要在后续保单年度内进行摊销,故摊销载体的选择决定了利润释放的时间和金额。常见的剩余边际的摊销载体包括有效保额、风险保额、现金价值、预期投资收益、红利支出等。保险公司的利润来源于承担风险和提供服务,故剩余边际的摊销应当与公司承担风险和提供服务的模式相匹配。这里,有效保额指保险合同中最大给付的金额,风险保额为有效保额减去期末责任准备金后再加上手续费后的金额,期末责任准备金为中国银保监会所规定的最低法定责任准备金。

例 14.4.1 假设有 2020 年 1 月 1 日生效的某 20 年期定期寿险,趸缴毛保费为1 000 元,获取费用为 400 元,评估时点分别为 2020 年 1 月 1 日、2020 年 12 月 31 日,试求评估时点的会计责任准备金(不考虑计量假设的变化)。

解:会计责任准备金评估过程如表 14.1、表 14.2 所示。



**表 14.1　会计责任准备金评估过程(评估时点为 2020 年 1 月 1 日)**

金额单位:元

| 步骤 | 项目 | 情景 1(首日亏损) | 情景 2(首日利得) |
|---|---|---|---|
| 第一步 | (1) 合理估计负债 = 基本情形下未来现金净流出在评估时点的精算现值 | 550 | 450 |
| 第二步 | (2) 风险边际 = 不利情景下的未来现金净流出在评估时点的现值 - (1) | 100 | 70 |
| 第三步 | (3) 首期保费 - 获取费用 | 1 000 - 400 = 600 | 1 000 - 400 = 600 |
| | (4) 剩余边际 = max(0,(3) - ((1) + (2))) | 600 - (550 + 100) = -50 | 600 - (450 + 70) = 80 |
| | 剩余边际的注释 | 剩余边际为 0,首日损失为 50 | 首日利得 80 作为剩余边际,待摊销 |
| | (5) 摊销比例 = (4) ÷ 利润驱动因素的精算现值(选取未来赔付现值) | 0 | 80 ÷ 500 × 100% = 16% |
| 第四步 | (6) 保险合同负债 = (1) + (2) + (4) | 550 + 100 + 0 = 650 | 450 + 70 + 80 = 600 |

表 14.2　会计责任准备金评估过程(评估时点为 2020 年 12 月 31 日)

金额单位:元

| 步骤 | 项目 | 情景 1(首日亏损) | 情景 2(首日利得) |
|---|---|---|---|
| 第一步 | (1) 合理估计负债 = 基本情形下未来现金净流出在评估时点的精算现值 | 500 | 400 |
| 第二步 | (2) 风险边际 = 不利情景下的未来现金净流出在评估时点的现值 -(1) | 80 | 50 |
| 第三步 | (3) 利润驱动因素的精算现值 = 未来赔付现值 | 400 | 350 |
| | (4) 剩余边际 =(3)× 摊销比例 | 0 | 350 × 16% = 56 |
| 第四步 | (5) 保险合同负债 =(1)+(2)+(4) | 550 + 100 + 0 = 650 | 400 + 50 + 56 = 506 |

因此,评估时点的会计责任准备金分别为 600 元和 506 元。

## 三、法定责任准备金的评估实务

### (一) 通常情形下法定责任准备金的评估

我国法定责任准备金的评估实务主要遵循上一节所阐述的基本规则与要求,也就是按照 2020 年中国银保监会办公厅印发的《普通型人身保险精算规定》进行处理,这里只做一些强调。法定责任准备金通常采用净保费法或纯保费法,在均衡纯保费准备金下,只考虑死亡率、疾病发生率等因素,而忽略费用、退保等其他因素。在保险合同生效时,纯保费收入的精算现值等于保险金支付的精算现值,而在保险合同终止时,纯保费收入的精算终值等于保险金支付的精算终值;在保险期内任意时点上,两者不相等,即过去保费收入的精算终值不等于过去保险金支付的精算终值,未来保险金支付的精算现值也不等于未来保费收入的精算现值,这两个不等式的左右之差就分别是用过去法与未来法计算出的责任准备金。实务中,除投资账户和投资连结类产品外,一般都采用未来法计算责任准备金。在均衡纯保费法下,通常按均衡毛保费方式缴费,这意味着附加保费也是均衡的,显然不能满足第一年附加费用开支过大这一现实需要;用均衡纯保费法计算出的第一年的责任准备金远高于用其他方法计算的责任准备金,导致公司的新业务在首年亏损巨大,从而限制了保险公司的业务增长。保险监管部门顺应市场需求,也使精算假设更符合实际经营情况,要求采用以修正均衡纯保费的方式提取责任准备金,即提取修正责任准备金。在这样的背景下,第一年少收的纯保费在后续年份补收回来。

### (二)"偿二代"监管体系下法定责任准备金的评估

下面将介绍原中国保监会的"偿二代"监管体系下的《保险公司偿付能力监管规则第 3 号:寿险合同负债评估》(简称《规则》)的主要精神。

《规则》所称的寿险合同,是指长期寿险(含年金保险)合同、长期健康险合同和长期意外险合同。人身保险公司经营的短期寿险合同、短期意外伤害险合同、短期健康险合同的负债以财务报表账面价值为认可价值。寿险合同负债由未到期责任准备金和未决赔款准备金组成。未到期责任准备金评估适用《规则》相关规定,未决赔款准备金以财务报表账面价值为认可价值。保险公司在评估未到期责任准备金时,应当将单个保险合同作为计量单元,也可以将具有同质保险风险的保险合同组合作为计量单元。计量单元的确定标准在各个评估期间应当保持一致,不得随意变更。

准备金评估假设主要涉及评估利率、评估事故发生率、评估费用率、评估退保率等。《规定》对这些假设的确认规则都做了严格而详细的规定。

未到期责任准备金(或法定未到期责任准备金)的计算公式为

$$\text{未到期责任准备金} = \text{最优估计准备金} + \text{风险边际} \tag{14.4.8}$$

$$\begin{aligned}\text{最优估计准备金} &= \text{PV[现金净流(出)精算现值]} \\ &\quad + \text{TVOG(选择权及保证利益的时间价值)}\end{aligned} \tag{14.4.9}$$

$$\text{TVOG} = \{\text{PV(保证利益)} + \text{PV(非保证利益)}\} \times \text{TVOG 因子} \tag{14.4.10}$$

这里,TVOG是Time Value of Options and Guarantees(选择权及保证利益的时间价值)的缩写,现金净流(出)指预期未来现金流出减去预期未来现金流入的差额。其中,预期未来现金流出指保险公司为履行保险合同相关义务所必需的、全部的、合理的现金流出,主要包括:

(1) 保险合同对保单持有人承诺的保证利益,包括死亡给付、残疾给付、疾病给付、生存给付、期满给付、退保给付等。

(2) 保险合同构成推定义务的非保证利益,包括分红保险红利给付、万能保险结算收益中超过保证利益的部分等。

(3) 管理保险合同或处理相关赔付的保单维持费用,包括续期佣金、保险保障基金、监管费、流转税(如有)以及其他维持费用等。

(4) 履行保险合同义务的其他现金流出。预期未来现金流入指保险公司履行保险合同相关义务而获得的现金流入,包括保费和其他收费。

对于分红保险、万能保险、变额年金保险而言,使用公式(14.4.10)进行计算。其中PV(保证利益)或PV(非保证利益)均为现金流出现值。分红保险、万能保险、变额年金保险TVOG因子如表14.3所示。

**表14.3 分红保险、万能保险、变额年金保险TVOG因子** 单位:%

| 保证利率水平 | 调整剩余期限/年 | | | | |
|---|---|---|---|---|---|
| | (0,5] | (5,10] | (10,15] | (15,20] | (20,+∞) |
| (0,2%] | 1.0 | 1.5 | 2.0 | 2.5 | 3.0 |
| (2%,2.5%] | 1.5 | 2.0 | 2.5 | 3.0 | 3.5 |
| (2.5%,3%] | 2.0 | 3.0 | 3.5 | 4.0 | 4.5 |
| (3%,3.5%] | 2.5 | 4.0 | 5.0 | 6.0 | 7.0 |
| (3.5%,+∞) | 3.0 | 5.5 | 7.0 | 8.5 | 10.0 |

表 14.3 中的调整剩余期限由下面公式计算：

$$\text{调整剩余期限} = \frac{PV_1 - PV_2}{PV_0} \times \frac{1}{0.02\%} \tag{14.4.11}$$

其中，$PV_1$ 等于折现率曲线平行下降 1bp 时，计算得到的 PV(保证利益）与 PV(非保证利益）之和；$PV_2$ 等于折现率曲线平行上升 1bp 时，计算得到的 PV(保证利益）与 PV(非保证利益）之和；$PV_0$ 等于折现率曲线下，计算得到的 PV(保证利益）与 PV(非保证利益）之和。非保证利益现金流在各折现率曲线下保持不变。

保险公司可采用情景对比法计算风险边际。

$$RM = \max(PV_{\text{对比}} - PV_{\text{基础}}, 0) \tag{14.4.12}$$

其中，RM 为风险边际，$PV_{\text{基础}}$ 指按前面要求所设定的假设而计算得到的现金流现值，$PV_{\text{对比}}$ 指基于对比假设而计算得到的现金流现值。

对比假设按以下方法确定：

（1）在保持其他假设不变的情况下，按下面的变动比例分别对各项假设进行调整：其他维持费用假设为 110%，退保率假设为 110% 或 90%，死亡率假设为 105% 或 95%，除死亡率外的其他保险事故发生率假设为 110% 或 90%。

（2）除其他维持费用假设外，以现金流现值较大为原则确定各假设变动方向，确定各项调整后假设。

（3）将全部调整后假设组合，得到对比假设。



## 本章小结

寿险准备金也称责任准备金，指保险人为了履行未来的赔付责任，从收取的保费中提取的资金准备。寿险准备金评估是保险公司负债评估的重要内容，关系到保险公司的偿付能力、盈余分配、税费缴纳等重大问题。本章主要介绍寿险准备金及其分类、寿险准备金评估假设、寿险准备金评估方法与寿险准备金评估实务，重点探讨会计责任准备金与法定责任准备金的评估实务。寿险准备金按用途的不同可以分为会计责任准备金、法定责任准备金与税收责任准备金；按性质的不同可以分为未到期责任准备金与未决赔款责任准备金；按保险承保方式的不同可以分为原保险责任准备金与再保险摊回责任准备金。本章主要讨论会计责任准备金、法定责任准备金。

寿险准备金的评估方法或评估基础是关于寿险准备金计算的参数假设。对于人寿保险产品而言，一般只考虑评估利率、评估死亡率。评估基础的选择在一定程度上体现了评估者对评估结果使用目的的倾向性。会计责任准备金评估的主要目的是向投资者发布适当、及时、准确的财务数据。法定责任准备金评估的主要目的是服务监管，强调审慎原则，一是体现在评估假设上，二是体现在评估方法上。

寿险准备金的计提具有很强的主观性，容易受到人为操纵。由于法定责任准备金事关保险公司的偿付能力，因此各国保险监管当局有严格的评估方法与评估假设。本章涉及长期与短期寿险产品的评价方法，前者一般用未来法，后者使用二十四分之一毛保费法与三百六十五分之一毛保费法。

从我国的寿险准备金评估实务来看，寿险准备金实际上只有会计责任准备金与法定责任准备金。不同种类的寿险准备金在会计处理上分别采用不同的会计准则与评估方法。计算公式为：未到期会计责任准备金 = 合理估计负债 + 显性边际 = 合理估计负债 + 风险边际 + 剩余边际；法定未到期责任准备金 = 最优估计准备金 + 风险边际。

## 习题 14

14 - 1　什么是责任准备金？有哪些分类方法？

14 - 2　简述保险期间一年以上产品未到期责任准备金的计算方法。

14 - 3　比较会计责任准备金与法定责任准备金。

14 - 4　简述会计责任准备金计量公式与计量要素。

14 - 5　简述“偿二代”监管体系下法定责任准备金的计量公式与计量要素。

# 第十五章
# 寿险精算课程思政及其要点

本章以习近平新时代中国特色社会主义思想为指导，以习近平总书记在全国高校思想政治工作会议上的重要讲话精神及教育部《高等学校课程思政建设指导纲要》为指引，结合编者讲授专业课程寿险精算的多年教学心得体会，探讨在专业课程教学中实施课程思政的一些做法，旨在推动课程思政工作向纵深发展。

## 第一节　寿险精算课程思政概述

在专业课程教学中实施课程思政是专业课程建设的内在要求，也是专业教师的职责所在。专业教师只有转变思想观念，熟悉党的教育方针政策，掌握思想教育方式方法，才能将专业教育与思想政治教育融会贯通，才能更好地为党育人、为国育才，培养社会主义事业的建设者和接班人。



### 一、思想政治教育与课程思政的关系

在新时代实施课程思政，必须首先认真领会习近平新时代中国特色社会主义思想，然后结合专业内容与学生实际，确保形式灵活、内容生动。

习近平新时代中国特色社会主义思想是新时代中国共产党的思想旗帜，是国家政治生活和社会生活的根本指针，是当代中国马克思主义、二十一世纪马克思主义。习近平新时代中国特色社会主义思想涵盖新时代坚持和发展中国特色社会主义的总目标、总任务、总体布局、战略布局和发展方向、发展方式、发展动力、战略步骤、外部条件、政治保证等基本问题，并根据新的实践对经济、政治、法治、科技、文化、教育、民生、民族、宗教、社会、生态文明、国家安全、国防和军队、“一国两制”和祖国统一、统一战线、外交、党的建设等各方面作出理论概括和战略指引。

习近平新时代中国特色社会主义思想的核心内容是“十个明确”和“十四个坚持”。“十个明确”是指：① 明确中国特色社会主义最本质的特征是中国共产党领导，中国特色社会主义制度的最大优势是中国共产党领导，中国共产党是最高政治领导力量，全党必须增强“四个意识”、坚定“四个自信”、做到“两个维护”；② 明确坚持和发展中国特色社会主义，总任务是实现社会主义现代化和中华民族伟大复兴，在全面建成小康社会的基础上，分两步走在本世纪中叶建成富强民主文明和谐美丽的社会主义

现代化强国，以中国式现代化推进中华民族伟大复兴；③ 明确新时代我国社会主要矛盾是人民日益增长的美好生活需要和不平衡不充分的发展之间的矛盾，必须坚持以人民为中心的发展思想，发展全过程人民民主，推动人的全面发展、全体人民共同富裕取得更为明显的实质性进展；④ 明确中国特色社会主义事业总体布局是经济建设、政治建设、文化建设、社会建设、生态文明建设五位一体，战略布局是全面建设社会主义现代化国家、全面深化改革、全面依法治国、全面从严治党四个全面；⑤ 明确全面深化改革总目标是完善和发展中国特色社会主义制度、推进国家治理体系和治理能力现代化；⑥ 明确全面推进依法治国总目标是建设中国特色社会主义法治体系、建设社会主义法治国家；⑦ 明确必须坚持和完善社会主义基本经济制度，使市场在资源配置中起决定性作用，更好发挥政府作用，把握新发展阶段，贯彻创新、协调、绿色、开放、共享的新发展理念，加快构建以国内大循环为主体、国内国际双循环相互促进的新发展格局，推动高质量发展，统筹发展和安全；⑧ 明确党在新时代的强军目标是建设一支听党指挥、能打胜仗、作风优良的人民军队，把人民军队建设成为世界一流军队；⑨ 明确中国特色大国外交要服务民族复兴、促进人类进步，推动建设新型国际关系，推动构建人类命运共同体；⑩ 明确全面从严治党的战略方针，提出新时代党的建设总要求，全面推进党的政治建设、思想建设、组织建设、作风建设、纪律建设，把制度建设贯穿其中，深入推进反腐败斗争，落实管党治党政治责任，以伟大自我革命引领伟大社会革命。“十四个坚持”，就是坚持党对一切工作的领导，坚持以人民为中心，坚持全面深化改革，坚持新发展理念，坚持人民当家作主，坚持全面依法治国，坚持社会主义核心价值体系，坚持在发展中保障和改善民生，坚持人与自然和谐共生，坚持总体国家安全观，坚持党对人民军队的绝对领导，坚持“一国两制”和推进祖国统一，坚持推动构建人类命运共同体，坚持全面从严治党。“十个明确”“十四个坚持”有机融合、有机统一，凝结着我们党坚持和发展中国特色社会主义的宝贵经验，反映了以习近平同志为核心的党中央对中国特色社会主义规律性认识的深化、拓展、升华，体现了理论与实际相结合、认识论和方法论相统一的鲜明特色。

2016 年 12 月，习近平总书记在全国高校思想政治工作会议上发表了重要讲话，指出“高校思想政治工作关系高校培养什么样的人、如何培养人以及为谁培养人这个根本问题。要坚持把立德树人作为中心环节，把思想政治工作贯穿教育教学全过程，实现全程育人、全方位育人，努力开创我国高等教育事业发展新局面”。办好中国的高校，“必须坚持以马克思主义为指导，全面贯彻党的教育方针。要坚持不懈传播马克思主义科学理论，抓好马克思主义理论教育，为学生一生成长奠定科学的思想基础。要坚持不懈培育和弘扬社会主义核心价值观，引导广大师生做社会主义核心价值观的坚定信仰者、积极传播者、模范践行者”。关于如何开展思想政治教育，习近平总书记指出：“思想政治工作从根本上说是做人的工作，必须围绕学生、关照学生、服务学生，不断提高学生思想水平、政治觉悟、道德品质、文化素养，让学生成为德才兼备、全面发展的人才。”

我们党历来重视对学生进行思想政治教育，从小学到中学，再到大学，都有一系列的思想政治课程。在取得巨大成就的同时，我们也发现学校教育中存在思想教育与专业教育脱节或“两张皮”的问题，不少教师误认为思政课行使思想政治教育职能而专业课注重传授知识就足够了。其实，任何专业课同样具有育人的功能与要求，任何专业课教师都有育人的职责，甚至起着不可替代的作用。

2004年以来，党中央、国务院先后出台《关于进一步加强和改进未成年人思想道德建设的若干意见》和《关于进一步加强和改进大学生思想政治教育的意见》等文件，上海市率先走上学校思想政治教育（德育）课程改革的探索之路。上海市的课程改革经历了三个阶段，改革重心由注重中小学德育课程建设转变为注重大中小学德育课程一体化建设，在这一进程中，构建全员、全课程育人格局的理念也越来越清晰。第一阶段：从2005年起，启动实施“两纲教育”①，推进以“学科德育”为核心理念的课程改革。第二阶段：从2010年起，承担国家教育体制改革试点项目“整体规划大中小学德育课程”，聚焦大中小学德育课程一体化建设。第三阶段：2014年起，将德育纳入教育综合改革重要项目，逐步探索从思政课程到课程思政的转变。

课程思政指以构建全员、全程、全课程育人格局的形式让各类课程与思想政治理论课同向同行，形成协同效应，把“立德树人”作为教育的根本任务的一种综合教育理念。课程思政实际上就是“课程承载思政”与“思政寓教于课程”的结合。

### 二、课程思政的目的、内容、方法与形式

课程思政的目的就是结合课程特点，实现各类课程与思想政治理论课的同向同行与协同育人，就是要解决“培养什么人、怎样培养人、为谁培养人”这一根本性问题。课程思政的本质是立德树人，思想政治教育解决的是“培养什么人、怎样培养人、为准培养人”的问题，是我们党和国家的优良传统和各项工作的生命线。它始终坚持以德立身、以德立学、以德施教，注重加强对学生的世界观、人生观和价值观的教育，传承和创新中华优秀传统文化，积极引导当代学生树立正确的国家观、民族观、历史观、文化观，从而为社会培养更多德智体美劳全面发展的人才，为中国特色社会主义事业培养建设者和接班人。

课程思政要让学生坚定理想信念，以爱党、爱国、爱社会主义、爱人民、爱集体为主线，围绕政治认同、家国情怀、文化素养、宪法法治意识、道德修养等重点优化内容供给，系统进行中国特色社会主义和实现中华民族伟大复兴的“中国梦”教育、社会主义核心价值观教育、法治教育、劳动教育、心理健康教育、中华优秀传统文化教育，包括：①推进习近平新时代中国特色社会主义思想进教材、进课堂、进头脑；②培育和践行社会主义核心价值观；③加强中华优秀传统文化教育；④深入开展宪法法治教育；⑤深化职业理想和职业道德教育。

习近平总书记指出：“传道者自己首先要明道、信道。高校教师要坚持教育者先受教育，努力成为先进思想文化的传播者、党执政的坚定支持者，更好担起学生健康成长指导者和引路人的责任。要加强师德师风建设，坚持教书和育人相统一，坚持言传和身教相统一，坚持潜心问道和关注社会相统一，坚持学术自由和学术规范相统一，引导广

① 即2005年上海市出台的《上海市学生民族精神教育指导纲要》和《上海市中小学生生命教育指导纲要》。

大教师以德立身、以德立学、以德施教。”习近平总书记的讲话给我们指出了实施课程思政的方法。落实立德树人根本任务，必须将价值塑造、知识传授和能力培养三者融为一体。全面推进课程思政建设，就是要寓价值观引导于知识传授与能力培养之中，帮助学生塑造正确的世界观、人生观、价值观。虽然可以借鉴国外经验，但必须扎根中国大地办教育，坚持社会主义办学方向。人才培养体系涉及教学体系、教材体系、学科体系、管理体系等，贯通其中的是思想政治工作体系。通过对其改革，把政治认同、国家意识、文化自信、人格养成等思想政治教育导向与各类课程的知识技能传授有机地融合，采用显性与隐性的教育手段相结合的方式，充分发挥教师的教书育人作用，以促进学生全面发展。

课程思政的主要形式是将思想政治教育元素，包括思想政治教育的理论知识、价值理念及精神追求等融入各门课程的教学之中，潜移默化地对学生的思想意识、行为举止产生影响。作为专业课教师，首先应熟悉专业课程的内在逻辑体系，深入挖掘课程与教材的思想性；其次应结合具体内容与具体场景，将思想追求、价值理念融入进去，切忌生搬硬套。

### 三、寿险精算课程思政的特点与要求

寿险精算的课程思政以马克思列宁主义、毛泽东思想、邓小平理论、“三个代表”重要思想、科学发展观、习近平新时代中国特色社会主义思想为指导，充分发挥思政课教学的主渠道作用，深入推动习近平新时代中国特色社会主义思想进教材、进课堂、进头脑；围绕价值塑造、知识传授、能力培养“三位一体”的人才培养目标，注意挖掘专业课程中思想政治教育元素，充分发挥专业课程的价值引领作用，在课程教学目标、教学内容、教学方法、教材选用、课程评价等方面突出育人理念，并与社会主义核心价值观相结合，贯彻为党育人、为国育才的教育理念。寿险精算是保险学、精算学等专业的核心课程，是各类精算师资格考试中的重要内容，是深刻理解保险学、人身保险等专业课程基本原理的钥匙。“三全育人”已深入人心，立德树人不仅是思想政治课的任务，也是专业课的重要职责。从寿险精算中挖掘出思政元素，不仅能加深学生对专业知识的理解，而且能强化育人效果，通过价值引领激励学生努力拼搏。教师通过系统地对寿险精算课程的思政元素进行挖掘，可以从一些小小案例中梳理出育人的大道理。寿险精算是难度极大的专业课程之一，虽然以理论推导为主，但也与保险实务、精算实务联系紧密，教师通过深入思考与归纳，完全可以挖掘出更多的思政元素。经过不断的探索实践，系统的专业课育人的新模式必将形成。作为西南财经大学中央高校教育教学改革专项“寿险精算课程思政”项目的主持人，编者有机会比较系统地思考课程思政的有关问题，探索出一些课程思政要点。由于寿险精算的课程思政属于开创性工作，因此思政要点存在不够完善与不够妥当之处，旨在起一个抛砖引玉的作用。编者期待更多同行投入课程思政的建设，群策群力，集思广益，共同提高育人的效果与质量。

## 第二节　寿险精算课程思政要点

传统的寿险精算包括寿险精算概论、寿险精算基础(利息与确定年金)、寿险精算理论、寿险精算实务,因此本章将寿险精算课程思政的要点分为四个部分。

### 一、寿险精算概论部分课程思政要点

(1) 我国精算发展历程 —— 彰显我国精算事业的发展成就,创建中国特色精算教育与发展体系,从而增强道路自信、文化自信。

① 精算事业发展迅猛。与发达国家几百年的精算教育发展历史相比,我国的精算教育开展得较晚。1987 年,南开大学开启了现代意义上的精算教育,一开始就高标准地按北美精算体系(SOA) 开展教育培训。从发展历程来看,我国精算学科、精算理论乃至精算职业的发展在很大程度上都起步于高等院校的精算教育。由于起步时间晚、历史积淀不足,我国精算学科和精算教育能够在短短的三十余年内迅猛发展,得益于高等院校主动与北美精算师协会、英国精算师协会、日本精算学会等组织的合作与设立精算师资格考试中心,得益于中国精算师协会卓有成效的工作,得益于保险监管部门、保险公司与业界精算师的积极推动。

中国精算师协会(包括其前身 —— 中国精算工作委员会) 积极推动我国精算教育发展,组织中国精算师资格考试,参与国际交往,促进会员交流,指导精算实务。同时,原中国保险监督管理委员会、中国银行保险监督管理委员会积极引导中国精算事业发展,制定相关精算规则与实务标准。2007 年 11 月,经民政部批准,中国精算师协会正式成立。2010 年 12 月,中国精算师协会成为国际精算师协会的会员单位,中国精算事业的发展迎来了光明的前景。



2016 年,对外经贸大学率先获批开设精算学本科专业。目前,全国已有南开大学、西南财经大学、中央财经大学、湖南大学等 14 所大学开设了精算学专业,为系统培养精算专业人才打下了坚实基础。

总之,中国精算教育虽然起步较晚,但发展较快,与国外差异日益缩小。我们坚信中国人也能办好精算事业。

② 精算职业发展前景广阔。1995 年 10 月,中华人民共和国的第一部保险法的颁布实施,明确了保险业是现代金融业的重要支柱,对保险专业的建设和发展具有极大的促进作用,特别是其中有关精算方向的规定,更是促进了中国精算技术的发展。

2006 年 6 月,国务院颁布了《国务院关于保险业改革发展的若干意见》;2014 年 8 月,国务院颁布了《国务院关于加快发展现代保险服务业的若干意见》。这些法律法规的颁布极大地促进了保险业的发展,当然也为精算学专业开设、精算人才培养提供了法律支撑。2016 年,“偿二代” 体系开始运行。2017 年 4 月,财政部、国家税务总局、中国保监会发布《关于将商业健康保险个人所得税试点政策推广到全国范围实施的通知》。2017 年 7 月,国务院办公厅发布《国务院办公厅关于加快发展商业养老保险的若

干意见》。同时，考虑到我国人口众多，人口老龄化速度加快，未来养老保险与医疗保险行业将迎来巨大的发展前景，这也为精算技术可持续发展提供了支撑。

纵观精算技术与保险业在中国的发展历程，有一个共同而又鲜明的特点，就是较快的速度和较高的效率。在速度和效率的背后，是中国保险业与精算技术相互促进的互动历程：保险业的巨大增长潜力给作为保险核心技术的精算发展提供了广阔空间，同时保险市场的发展与成熟也有赖于精算技术的运用。

我国的保险公司，在学习和效仿国外的寿险经营的同时，注重精算技术在产品设计与开发过程中的应用，并结合我国的经济、社会、文化、习俗等现实情况，努力提高产品创新能力。

总之，我国的精算事业虽然发展晚，但发展快，解决中国问题的能力日益增强。

(2) 精算师 —— 讲授精算师的职业道德，将其与社会主义的核心价值观结合起来，贯彻立德树人的理念。

精算师协会具有代替政府对保险公司实行监管的部分职能。精算师要站在公正立场，审慎地评估保险公司的负债和资产匹配的风险，客观公平地维护投保人和保险人的利益。要成为精算师，必须通过一系列课程的考试，同时还要接受职业道德教育与培训，无论是英国精算师、美国精算师，还是中国精算师，概莫能外。

精算师在工作中应本着客观公正、严谨务实、相互尊重、善于沟通合作的态度，共同维护本行业的职业道德和职业声誉，履行精算行业对公众所负的责任。精算师在了解到其专业服务可能违背法律、可能被用于误导第三方时，应拒绝提供精算服务。精算师尽管受聘于保险公司，但应当以维护公众利益为基本要求，即使面对利益诱惑、上司压力，也要坚守职业道德底线，要有法治思维、底线思维。只有这样，才能为保险行业与精算行业建立良好生态文化，促进保险业长期可持续发展，否则精算技术将成为无源之水、无本之木。

爱岗敬业是中华民族的传统美德。《礼记·学记》讲：人在成长时要"一年视离经辨志，三年视敬业乐群"，认为青年在学习时要达到的第二个境界就是要学会敬业。时至今日，在当代社会，热爱与敬重自己的工作和事业，已经成为职业道德的灵魂。

社会主义核心价值观概括为"富强、民主、文明、和谐；自由、平等、公正、法治；爱国、敬业、诚信、友善"。精算师应有勤勉努力、尽职尽责的道德操守，对自己提出诚信友善的高标准要求。在实现中华民族伟大复兴的千秋伟业中，加强职业道德建设，践行社会主义核心价值观，提升文化软实力，对保险业的可持续发展和社会文化素质的提高具有重要而深远的意义。

## 二、寿险精算基础部分课程思政要点

(1) 本金与终值的关系 —— 体现投入与产出的关系。学生刻苦学习，投入更多的资源，将来才有更多的回报。通过对利息本质与利息来源的认识与剖析，我们应坚持马克思的劳动价值论观点。

现在投入一定数量的货币，在利息的作用下，未来某一时点连本带利回收的金额就称为积累值或终值。回收的金额与投入的本金之差就是投资期间产生的利息。决定未来积累值或终值大小的因素有本金、时间与利息度量方式。本大利大，利率高回报高，投资效率高回报高，投资时间长回报多。学生时代就是储备知识的良好时期，投入的时间、精力、资金多，投入早，投入效率高，那么未来的回报就高。因此，珍惜时间，改进学习方法，提高产出与效率，是学生应坚守的信念；否则，就印证了“少壮不努力，老大徒伤悲”的道理。

西方经济学对利息来源的解释很多。例如，节欲论认为利息是资本所有者不将资本用于当前生活消费而得到的报酬，或者是因等待将来消费而得到的报酬。时差利息论认为，利息产生于人们对现有财货价值大于对未来财货价值的评价，现在的一元比未来的一元更值钱，利息是价值时差的贴水，或者是一种补偿。流动偏好论认为，利息是放弃流动偏好而得到的报酬。马克思的劳动价值论认为，一切价值都是劳动创造的，忍欲、等待、对财货时间价值的主观评价，以及资本本身，都不会使价值增大。贷款人之所以愿意支付利息，是因为他（她）能将借来的货币投入生产，能取得一定的利润，利息只不过是利润的一部分。利息是剩余产品的价值形态，因而利息来源于剩余产品。

不同社会制度下的利息体现着不同的生产关系。在前资本主义社会，高利贷者以利息的形式不仅榨取生产者的剩余劳动，而且榨取一部分必要劳动。在资本主义社会，利息是职能资本家为取得借贷资本家或银行资本家的货币资本，而付给借贷资本家或银行资本家的一部分利润，利润只不过是剩余价值的转化形式，因此，从本质上讲，资本主义利息是工人在生产过程中创造的一部分剩余价值，它体现着资产阶级剥削无产阶级的生产关系，也体现着借贷资本家、银行资本家同职能资本家共同瓜分剩余价值的关系。



在社会主义社会，利息仍然产生于生产过程，是劳动者创造的价值，各种利息最终都来源于企业的纯收入。我国企业创造的纯收入，一部分上缴财政，一部分形成生产者的积累，还有一部分以利息的形式付给借贷资金的所有者。社会主义的利息体现的是一种按资分配纯收入的关系。利率是合理配置资源、提高资源利用效率、调节国民经济活动的重要杠杆。

利息不是凭空产生的，而是劳动创造的。同样，我们所得到的东西，无论是物质方面的还是知识方面的，都来源于不断奋斗。习近平总书记在纪念五四运动100周年大会上的讲话中指出：“中国人民和中华民族从斗争实践中懂得，中国社会发展，中华民族振兴，中国人民幸福，必须依靠自己的英勇奋斗来实现，没有人会恩赐给我们一个光明的中国。”幸福不会从天而降，成就不会凭空获得。一切成就都是全国各族人民撸起袖子干出来的，是挥洒汗水拼出来的。

（2）存款翻倍问题——对党的十八大报告进行解读，明确到2020年时，实现国内生产总值和城乡居民人均收入比2010年翻一番，计算出年平均增长率，并解读“中国梦”及其实现条件。

根据利息理论、精算学原理，要实现国内生产总值或城乡居民人均收入经过10年翻一番，那么国内生产总值和城乡居民人均收入年均增长率应该达到7.18%。

根据国家统计局资料，2010年和2020年我国国内生产总值（GDP）分别为41.21万亿元和101.60万亿元，后者为前者的2.47倍，年均增长9.44%。2010年和2020年我城乡居民人均可支配收入分别为18 779元和43 834元，后者为前者的2. 33倍，年均增长8. 85%。

从2011年开始，国内生产总值实际增长率保持在6%以上。在2016年之前，我国经济保持7%以上的增速，即使我国经济进入高质量发展阶段，2016—2019年也保持6%以上的增速。2020年，全世界受到新冠肺炎疫情的影响，中国是唯一正增长的主要经济体，年增长率为2. 99%，这得益于中国共产党的坚强领导、社会主义制度的优越性及全国人民的团结一心、众志成城。中国共产党始终坚持“以人民为中心”的发展理念，坚定不移地保证人民群众的身心健康，使国民经济和社会生活能够在短时间内恢复活力，确保居民收入增长，最终实现党的十八大提出的国民生产总值和居民人均收入翻番的宏伟目标。

2012年11月29日，习近平总书记在国家博物馆参观《复兴之路》展览时，第一次阐释了“中国梦”的概念。他说：“大家都在讨论中国梦，我认为，实现中华民族伟大复兴，就是中华民族近代以来最伟大的梦想”。习近平总书记还说：“到中国共产党成立100年时全面建成小康社会的目标一定能实现，到新中国成立100年时建成富强民主文明和谐的社会主义现代化国家的目标一定能实现，中华民族伟大复兴的梦想一定能实现。”只要有中国共产党的坚强领导，广大人民群众不忘初心、牢记使命，一步一个脚印地奋力向前，“中国梦”就一定会实现。

（3）分期还款表——贷款偿还，坚持诚实守信，偿还既有债务，树立社会主义核心价值观。



分期还款是现代经济发展的重要工具，可以提升即期消费能力，但也隐含未来不能足额还款的风险。分期还款将偿还的本金和利息分摊到每期的还款中，事先约定还款期限。在规定的期限内按时足额还款是借款人最基本的诚信与道德品质。诚实守信既是一种道德品质和信念，也是每个公民的道德责任，更是一种崇高的人格力量。

分期还款的初衷是减轻贷款人一次性支付的财务压力，我们应本着初心，不逾期、不违约，弘扬诚实守信的传统美德，履约守信，积极响应党有关“增强全社会的信用意识，政府、企事业单位和个人都要把诚实守信作为基本行为准则”的号召。同时，以诚实守信为重点也是社会主义市场经济对道德建设的一个重要要求，是提高人们的思想素质、改善社会风尚、保障经济秩序良性运行的支撑。



党的十八大报告首次将诚信纳入社会主义核心价值观体系，党的十八届三中全会强调要建立健全社会征信体系，党的十八届五中全会提出要加强社会诚信建设。我们应加强诚信建设，坚持诚实守信从我做起，积极践行社会主义核心价值观。无论小到个人、单位，还是大到国家，诚信是行走天下的名片，诚信也是靠一点一滴积累起来的。采用分期还款、信用卡付款等方式消费时，我们一定要充分衡量自己的收入情况与还款能力，坚持量力而行的原则，切忌“打肿脸充胖子”式的超前消费、不切实际的奢侈消费、攀比消费。

（4）确定年金终值——零存整取，坚持平时积存小额余钱，在一定期限后可以获得一笔大额整钱，从而可以办一件大事，发扬中国人民注重储蓄以备不时之需的传统，体现长期坚持必能取得巨大成就的久久为功的思想精神。

年金终值指一定时期内各次定期支付款项所形成的终值之和。确定年金与人的生死无关，每次给付金额、给付时点、给付期限事先确定，该年金纯粹以利率作为积累或计算的基础。零存整取是确定年金的一种方式，平时积存小额余钱，在一定期限后可以获得一笔大额整钱以办大事，这体现了中国人民崇尚勤俭节约的消费观，也增强了人们的风险管控意识与应对风险的能力。

储蓄也是在为未来做规划，以备将来不时之需，古有“耕三余一”，今有保险需求旺盛，表现出人们具有忧患意识，常将有日思无日，居安思危、勤勉工作、积极存储、乐观向上。

从一笔笔小钱开始积累，坚持下去，最后汇聚成可观的一笔大钱，正如“不积跬步，无以至千里；不积小流，无以成江海”。无论是面对学习、工作，还是生活，我们都要脚踏实地、长期坚持，最后必能取得巨大的成就。今天的学习、工作为明天的进步与成功打下基础，人生就是一步一个脚印，只有脚踏实地，才能顶天立地。

（5）抵押贷款风险控制——提高首付比例或金额，缩短分期还款时间，从而降低抵押不足的风险。这体现了人们的更早努力或更多投入，会产生更大收益，减小未来的不利风险。

贷款存在信用风险，采用抵押方式可以在一定程度上降低到期不能偿还的风险。但是，抵押贷款随着时间的推移也可能带来抵押不足等诸多风险。为防范到期无法收回全部贷款的风险，可采取提高首付比例或金额、缩短分期还款时间等方法。一方面，提高首付比例或金额可以降低抵押不足的风险；另一方面，缩短还款时间可以在一定程度上减小借款人陷入财务困境的不确定性风险，以便提早收回贷款。这不仅体现了增强风险防范意识，对未来做规划，积极响应党“打好防范化解重大金融风险攻坚战”的号召；也体现了早投入、多投入就能早产出、多回报的道理及“先苦后甜”“只争朝夕”的精神。



## 三、寿险精算理论部分课程思政要点

（1）死亡率分析——对国民死亡率、婴幼儿死亡率分析，了解我国在医疗卫生事业与科技进步等方面所取得的巨大成就。

人口死亡率的影响因素主要有生理（性别、年龄）、地理环境、社会经济、瘟疫、战争等因素。世界人口死亡水平的变动主要取决于生物特性、自然环境、卫生医疗水平和社会经济因素的综合作用。我国的人口死亡率也符合这个规律。

在中华人民共和国成立前，我国的人口死亡率在25 ~ 33‰。由于战争、饥荒和瘟疫的影响，我国经济落后，医疗卫生条件差，各种传染病频繁出现，每年夺走大量生命，死亡率很高，婴儿死亡率更高。据统计，在中华人民共和国成立前，孕产妇死亡率高达15‰，婴儿死亡率高达200‰。

中华人民共和国成立后至20世纪末期我国的人口死亡率的总体趋势是下降的，人口死亡率从20‰降至7‰左右，这是因为社会稳定、战乱消除、生产力恢复和发展、医疗卫生事业进步。进入21世纪，我国的人口死亡率保持在较低水平。2019年，全国的孕产妇死亡率进一步下降至0.178‰，婴儿死亡率下降至5.6‰。由此可见，我国在医疗卫生事业、社会保障事业的发展与科技进步等方面所取得的巨大成就，体现了中国共产党处处“以人民为中心”，一切从群众利益出发，一切为了群众。

（2）人年数分析——$L_x$、$T_x$ 显示一天一天地活、一年一年地活的意义，说明多学一天就会有多一天的收获，个人的奋斗会增加总体效用，进而延伸为珍惜当前每一天的学习时光。

$L_x$ 表示活过 $x$ 岁的人 $l_x$ 在未来一年生存的人年数总和，也可表示未来一年内平均生存的人数。$T_x$ 表示 $x$ 岁的人在未来生存的人年数总和。$L_x$、$T_x$ 的定积分表达式通俗来讲就是活一秒就做一秒的贡献、活一天就做一天的贡献，体现了局部与全局的关系。一个人多活一天，就增加一天的积累或人年数，就是对 $L_x$、$T_x$ 的贡献。在有限的生命里，我们应珍惜当前每一天的学习时光，多学习一天就会有多一天的收获，就会有多一份的积累，日积月累、积少成多，必然取得丰硕的成果。正如党的十九大报告中指出的“保障和改善民生要抓住人民最关心最直接最现实的利益问题，既尽力而为，又量力而行，一件事情接着一件事情办，一年接着一年干”。

（3）平均预期寿命——中华人民共和国成立以来，我国的平均预期寿命显著提高，综合反映了我国在医疗、科技、社会、人民健康方面所取得的巨大成就。60 岁时的平均预期余命可以综合反映未来的养老压力。

平均预期寿命反映同时出生的一批人预期能生存的平均年数。它综合反映了一个国家或地区的疾病防治和卫生服务水平，也综合反映了经济发展状况、科技实力与人民生活水平，是国际上用来评价一个国家或地区人口生存质量和健康水平的重要指标。中华人民共和国成立以来，随着经济的迅速发展，医疗水平的显著提高，人民物质生活条件的改善，新生人口的平均预期寿命得到显著提高，由中华人民共和国成立前的 35 岁提高到 2019 年的 77.3 岁，这是我们所取得的骄人成绩。

随着我国平均预期寿命的提高，60 岁时的平均预期余命也在延长，这意味着人们在退休后有更长的生存时间，这是我们追求的目标，但这也意味着养老压力、医疗压力的增大，毕竟老年人生病的概率增大，这要求我们有忧患意识，未雨绸缪，以应对我国人口老龄化问题日益严重所带来的巨大养老压力和医疗压力，也就是说我们应立足中国国情，解决中国问题。其实，我国自改革开放以来，就不断探索养老、医疗等社会保险制度的改革与完善。2019 年 11 月，中共中央、国务院印发《国家积极应对人口老龄化中长期规划》（简称《规划》），指出人口老龄化是社会发展的重要趋势，是人类文明进步的体现，也是今后较长一段时期我国的基本国情。人口老龄化对经济运行全领域、社会建设各环节、社会文化多方面乃至国家综合实力和国际竞争力，都具有深远影响，挑战与机遇并存。《规划》强调，积极应对人口老龄化，是贯彻以人民为中心的发展思想的内在要求，是实现经济高质量发展的必要保障，是维护国家安全和社会和谐稳定的重要举措。

为了应对这些压力，大力发展养老保险、医疗保险或商业健康保险便具有重大意义。作为精算人才，要充分发挥专业优势，促进我国多层次养老、医疗保险体系的建立与完善，以解除人们的后顾之忧。

（4）人寿保险——人寿保险通过提供保险金来解决遗属的生活困难问题，这实际上是生存者帮助死亡者，体现了互助互济的精神。

人寿保险指以被保险人的身体或寿命作为保险标的，以被保险人的死亡作为给付条件的人身保险。这实际上是生存者通过缴纳保费的方式提供保险金以帮助死亡者，可以为死亡者的遗属提供一笔保险金以保障其基本生活需要，体现保险“一人为众，众为一人”的互助互济功能与防范风险于未然的作用。互助互济是中华民族的传统美德，通过人寿保险这种现代化的制度安排，使保障更可靠、更有力、更主动。

在一个明智的家庭中，夫妻对家庭的责任是：使家眷免于饥饿，不至于无家可归；使子女完成必要的教育，不至于失学；使父母安享晚年，不至于老无所养；使家庭财产完整，不至于受损。人寿保险可以将“只要我活着，就可以照顾家庭”的承诺变成无条件履行照顾家庭的责任。换言之，不管是否活着，我们都可以照顾好家人。

（5）定期寿险保费低廉——通过对两全保险的保费进行分析，发现在黄金年龄段投保定期寿险所缴纳的保费比较低廉。投保定期寿险可解除低收入者的后顾之忧，同时可作为防止返贫的重要手段，起到“雪中送炭”的作用。

定期寿险指在合同约定期内死亡或全残就能获得保险金的保险，保险金可以用于债务偿还和未来家庭开支。通过对两全保险的保费进行分析，发现在黄金年龄段投保定期寿险所缴纳的保费比较低廉。定期寿险具有低保费、高保障的优点，保险金的领取也可以免交个人所得税和遗产税，因此定期寿险能防止低收入家庭中黄金年龄段的家庭成员的死亡给家庭带来的收入损失或灭顶之灾。因为黄金年龄段的死亡率低，所以保费低。但黄金年龄段的家庭成员一旦死亡，危害与影响则是巨大的。人们可将定期寿险作为防止返贫的重要手段，花少量的资金，为家人提供有力的风险保障。



同时，定期寿险是纯粹意义上的死亡保险，具有很强的保障功能，最能彰显保险业的初心与使命，是“保险业姓保”最贴切的体现。

作为家庭支柱的年轻人，在拼搏奋斗的征程中，在经济实力还不雄厚之时，可以购买一份保费低廉的定期寿险以解除后顾之忧，履行对家庭的责任。

（6）年金保险（或养老保险）的缺陷——早亡者帮助长寿者，早亡者似乎遭受双重损失。我们应扬长避短，弥补其缺陷，彰显公平正义，体现人文关怀。

年金保险（或养老保险）指投保人或被保险人一次性或按期交纳保险费，保险人以被保险人生存为条件，按年、半年、季或月给付保险金，直至被保险人死亡或保险合同期满的保险。养老保险的被保险人在年老或丧失劳动能力并退出劳动岗位后能获得经济收益。年金保险按给付保险金的限期不同，分为以下两种：

① 终身年金保险，亦称养老年金保险。按保险合同规定，在被保险人达到规定退休年龄时，保险人对已退休的被保险人按期或一次性给付保险金，当被保险人死亡或保险人已一次性向被保险人给付全部保险金时，保险合同终止。其缺点在于投保人在达到规定的领取年金的年龄前死亡就不能获得保险金，那么早亡者生前所缴保费将支付给长寿者，这体现了早亡者对长寿者的帮助，同时给养老保险基金减轻了压力，有助于“老有所依”的实现。但对早亡者来说，则是双重损失，这显然有失公平。

② 定期年金保险。按保险合同的规定，投保人或被保险人在合同期内缴纳保险费，保险人以被保险人在合同规定的期限内生存为条件，承担给付保险金的责任，规定

的期限到期或被保险人死亡时,保险合同终止。其缺点同终身年金保险一样,但也体现了早亡者对长寿者的帮助。

尽管年金保险(养老)保险存在缺点,但我们可以附加在被保险人死亡时返还已缴保费,甚至对已缴保费按一定利率计息后返还的条款,也可以设置一定的最低保障(如有10年保证期的终身年金保险),以彰显公平正义,体现人文关怀,保护投保人的权益。每个投保人事先不确定自己属于哪一类,但都希望长寿,因此可能面临保障不足的风险。年金保险可以传递正能量,降低长寿时保障不足的风险,防止长寿者面临老年贫困,以便安享晚年。

年金保险是个人为保障未来生活所做的一种财务安排。为未来做规划,体现了人们的风险防范意识。年金保险的重要功能是降低长寿时保障不足的风险,强调人们应对未来的人生负责,有助于人们在年老后为子女减轻压力。我国老年人口众多,人口老龄化速度加快,第三支柱养老保险模式尚未真正建立起来,退休生活主要依靠国家的基本养老保险金。为了减轻国家财政负担,积极投保年金保险或商业养老保险将具有重大意义,也体现出个人的风险意识与担当精神。

(7)年缴保费——活着时或健康时就为死亡时、生病时或退休时进行定期储蓄,以满足风险发生后之所需。换言之,平时缴纳少量保费,在风险发生时可获得大额的保障资金。

年缴保费指分期缴纳保险费,可以一年缴纳一次,也可以一年缴纳多次。很多长期的人身保险产品可以按10年、15年、20年、30年收取保费,通常不超过30年。寿险精算原理告诉我们:缴费年限越长,缴费频率越高,每次缴纳的保费就越少,这样可以减轻投保人的缴费压力,降低投保人因财务问题而导致保单失效的风险,不仅有利于被保险人权益的保护,也有利于保险公司续保率的稳定和持续经营的改善。

年缴保费体现了活着时或健康时就为死亡时、生病时或退休时进行定期储蓄,以备风险发生后之所需,防范和化解人身风险。平时缴纳少量保费,降低未来早亡或长寿时保障不足的风险,从而解除人们的后顾之忧,提高生活质量与幸福感。

(8)两全保险——自助与他助的结合。精准扶贫的成功得益于自助与他助的结合,同样,在人生前进的征途上,我们需要自助与他助的结合。

人们在一生中遇到的风险是不确定的,为了应对意外发生导致的收入下降,减小对家人生活的影响,就需要购买一份人寿保险;若应对早逝导致的储蓄不足的风险就需要购买一份定期寿险;在黄金年龄段投保的定期寿险就体现了高保额的特性,也体现了保险期间内生存者对早逝者的帮助。

两全保险,又称生死两全保险,是对被保险人的生存和早亡风险都进行保障的保险。它将定期寿险与纯生存保险组合起来,从而实现保障目标。两全保险也可这样理解:按计划存至规定期限,可以获得期满生存金(体现自助);如果中途死亡,那么储蓄余额往往不足以支付死亡保险金,这时就需要一个保额递减的定期寿险来填补支付缺口(体现他助),从而达到保障的目的。换言之,两全保险体现了自助与他助相结合的理念。

改革开放的春风使得一部分人先富裕起来,先富带后富的互帮互助精神体现了社会主义的本质要求,即共同富裕;脱贫攻坚战取得全面胜利的部分经验在于:扶贫干部到基层对贫困户进行帮扶,点对点的扶贫正体现了他助的精神;同时,扶贫对象勤劳拼搏,积极配合,发挥自己的主观能动性,增强自身的“造血”功能,展现了自助的效果。

在人生的十字路口,每个人都会遇到迷茫与挫折,我们要积极调整自己的心态,以跑步、听音乐、看电影等活动缓解内心焦虑,开阔心胸,正确地认识自己,改进自己的处事方式,既不狂妄自大,也不妄自菲薄,积极寻求外界帮助,摆脱困境。这实际上就是通过自助与他助的结合来摆脱困境。

(9) 比例保费 —— 完全按被保险人的生存时间收取保费,弥补了传统期初缴费方式的缺陷,既坚持了公平定价的原则,又增强了产品包装的效果,还增强了保险产品的吸引力。

比例保费指以比例期初付生存年金的方式每年缴纳一次或多次的年缴保费。换言之,保费缴纳完全依赖于被保险人的生存时间,缴费直至被保险人死亡。在实际操作时,被保险人在期初活着时缴纳保费,然后保险公司根据被保险人的死亡时点与下一次预定缴费时点之间的时间长短退还部分保费。显然,这弥补了传统期初缴费方式下,被保险人在死亡后还对应保费缴纳的这一缺陷,体现了社会主义核心价值观中“民主”“公正”的内涵。市场经济崇尚身份平等和规则公平。比例保费促进了社会公平正义,不仅是对公平定价的体现,而且是对消费者权益的保护。保费退还更是增强了产品吸引力,改善了保险公司的形象,从而增强了产品包装的效果。

(10) 毛保费 —— 在大数据、人工智能时代,我们可以降费增保,形成以最低成本获得最大收益的价值理念。



大数据、区块链、人工智能等新兴技术的蓬勃发展加速了保险业的变革,保险科技可运用的手段有互联网、生物科技、图像识别、人工智能、大数据等。新技术的使用可以降低保险公司在经营中的费用开支,附加保费随之降低,从而降低毛保费或总保费。保费的降低一方面可以减轻投保人的保费缴纳负担,提升保障效果;另一方面可以提高保险公司的管理效率,增强保险公司的核心竞争力,实现保险双方双赢的目标。

如何充分利用大数据技术推动自身的成长和公司的业务发展是值得每位保险从业人员仔细思考和认真研究的问题。保险产品定价是保险公司经营过程中的关键环节,对保险产品的销售和公司的利润有重大影响。因此,在保险产品定价时,精算人员要运用大数据技术,优化保险产品定价策略,提高保险产品定价的科学性与合理性。

大数据能及时掌握客户信息,筛选优质客户,降低赔付率,提高盈利水平。保险从业人员可以利用大数据分析客户信息,对客户风险进行细分,对风险级别高的客户收取较高保费,对风险级别低的客户收取较低保费,从而对客户精准定价,体现“公正”的社会主义核心价值观。保险科技给保险业务的发展和技术创新带来了新机遇,保险业应积极应对,大胆创新,才能增强自身的核心竞争力。新技术带来的保费降低,体现了中国经济工作去产能、去库存、去杠杆、降成本、补短板的改革思路。降低成本意味着提升效益,有利于保险从业人员树立成本效益观念,形成以最低成本获得最大收益的价值理念。

(11) 现金价值 —— 投保人在退保、无力或不愿续缴保费时,可以用现金价值购买减额保险或展期保险，从而继续获得保障。同时，保险人应明确权益的归属，现金价值属于保单持有人的资产而属于自身的负债，从而体现诚信为本的经营理念。

现金价值又称解约退还金、退保价值、解约金等。它指投保人在缴纳了一定年数的保险费后终止合同时，保险人或保险公司应支付给保单持有人的金额。保单持有人的权利受有关保险法律或法规的保护，在保单中一般由不丧失价值条款体现出来。换言之，保单不会因为投保人停止缴纳保费就丧失现金价值的这部分收益。现金价值不仅可以以现金方式直接支付给保单持有人，也可以用于购买缴清保险和展期保险。同时，保险公司以现金价值为担保可以开展保单自动垫缴保费业务。现金价值的处理或选择权有：① 退给现金。② 作为趸缴保费去购买缴清保险。③ 作为趸缴保费，可以购买展期保险。④ 自动垫缴保费。如果投保人暂时未缴纳保费，又不想退保，若条款中规定了自动垫交，保费可以从该保单的现金价值中扣除，直至保单现金价值为 0。⑤ 保单贷款。当遇到资金周转困难的时候，投保人还可以向保险公司申请保单贷款。保单贷款的最高限额以现金价值为计算基础，通常为不超过保单现金价值的 80%。

现金价值体现了不丧失价值条款的精神，保险公司不侵占保单持有人的权利。现金价值虽然由保险人管理，但仍属保单持有人的资产，因为它源于责任准备金。保险合同解除时，保险人应当向保单持有人退还保单现金价值。这有助于保障保险双方的合法权益，规范市场经济行为，维护市场公平秩序，坚守诚信经营底线，体现法治精神。

(12) 安全加成 —— 运用概率论中的大数法则，扩大承保规模，一方面可以减轻随机波动带来的负面影响，另一方面可以以较少保费实现更平稳的经营。这表明扩大承保规模的意义。现实生活中，我们在处理问题时应留有一定的余地。

保险公司在经营保险业务时不仅要考虑经营各项业务时的费用开支，而且要考虑保费具有的货币时间价值。由于未来的不确定性、市场的波动性，在计算保费时只能用预定利率、预定死亡率、预定费用率等假设，这与实际的运行情况相比，存在一定的偏差。生命表中的死亡率是将过去同类人群的死亡统计资料加工得到的，尽管能在一定程度上反映未来同类人群的预期死亡规律，但与实际死亡率相比，会有一定的差异。这些因素造成的偏差可能对保险公司造成不利影响。所收取的保险费很可能不够用于实际支付，造成经营亏损。为避免这一现象的发生，精算师应在保险产品设计和确定保费时将死亡率、利息率、费用率等的变动考虑进去，或者对理论保费进行安全加成，以减少随机风险所带来的不利影响。

安全加成给我们的启示如下：在日常生活中，客观环境复杂多变，往往超过预期，使我们的计划难以完全实现，因而我们必须留有一定的余地，或者说应留有一定的提前量以便调整我们的行动。在课程学习中，我们应对自己高标准、严要求，学广泛一些，学深入一些。在考试问题上，准备充分一些，那么我们就能取得好成绩，避免平时不烧香、临时抱佛脚的尴尬局面出现。

(13) 精算学中收支平衡原则 —— 多缴纳保费可以获得更多保障，或者要获得更多保障必须缴纳较多保费，这体现了权利与义务关系的对等性，也体现了量入为出、收支匹配等消费理念。我们应反对超出自己与家庭能力范围的超前消费，抵制“校园贷”“套路贷”。

精算学中最重要的原则就是收支平衡原则——多缴纳保费可以获得更多保障，少缴纳保费只能获得较少保障，体现了权利与义务之间的对等关系。它是精算中的核心准则，也是产品开发、保险经营必须坚持的基本原则。在保险经营中，从平均意义上讲，要想获得更多保障，就需要付出更大代价（缴纳更多保费）。这也说明了要想在未来获得更多回报，现在就必须有更多投入，没有付出就没有回报。

收支平衡原则体现了量入为出、收支匹配的消费理念。我们应反对超出自己与家庭能力范围的超前消费、过度消费，抵制"校园贷""套路贷"。"校园贷"指在校学生向各类借贷平台借钱的行为。2015年，中国人民大学财政金融学院信用管理研究中心调查了全国252所高校的近5万名大学生，并撰写了《火种计划——全国大学生信用认知调研报告》。调研报告显示，在弥补资金短缺时，有8.77%的大学生会通过贷款获得资金，其中网络贷款几乎占一半。在校学生只要在网上提交资料、通过审核、支付一定手续费，就能轻松申请到信用贷款。如果家庭无力满足孩子在消费、学习、创业方面的资金需求，急速膨胀的消费欲望就会促使他们通过各种途径寻找贷款，甚至民间高利贷。"校园贷"已造成了一系列恶性影响，如2016年3月，河南某高校的一名大学生，用自己的身份证及盗用同学的身份证，从不同的贷款平台获得无抵押信用贷款高达数十万元，在无力偿还时跳楼自杀。2016年6月12日，"裸条"借贷出现在大学生群体中，大学生不还钱就被威胁公布裸照。2016年8月10日，"校园贷"再爆乱象，大学生因刷单而负债数百万元。

上述一系列令人心痛的事件都有一个共同点：一方面借款人缺乏自控能力，恶性超前消费，"拆东墙补西墙"；另一方面，涉事机构或组织在发放贷款时，未进行严格的审核把关，甚至用威胁、连坐、"套路贷"等非常规手段来搞"风控"，从而使贷款金额在短期内如滚雪球般越滚越大。

国家规定，只有经过银监部门批准设立的从事贷款业务的金融机构及其分支机构有权发放贷款，其他任何机构和个人都不得以任何名义发放贷款。"校园贷"一般不属于金融贷款，属于普通经济行为，按民间借贷纠纷处理。法律规定，民间借贷约定的年利率为24%～36%，民间借贷属于自然债务，法律既不支持也不反对；借贷双方约定的年利率如果超过36%，则超过部分被认定为无效利息，借款人可以要求出借人返还已支付的超过年利率36%部分的利息。大学生要理性消费，抵制不良诱惑，杜绝攀比，明确超前消费的危害。近年来，国家有关部门已着手治理整顿，学校要加大对大学生消费观念的教育力度，从源头上遏制"校园贷"乱象。贫困学生完全可以依靠国家助学贷款、奖学金、助学金、勤工俭学收入等解决学习、生活上的困难，要充分估计自己及其家庭的还款能力。

（14）上机实验——一一对应的替换函数表的设计，体现了编者的自主创新能力，其应用能解决繁琐的计算问题，提高学习效率，加强理论与实际的紧密联系。

寿险精算中存在大量而复杂的计算问题，内容枯燥乏味，如何将学生从繁琐的计算中解脱出来，激发其学习精算理论的兴趣和积极性，成为摆在编者面前的难题。经过多年的研究，编者运用Excel创新性地设计出一一对应的替换函数表，不仅使古老的替换函数焕发了生机，而且操作简便，表述直观清晰。简言之，替换函数怎么写，在

Excel 中就怎么输入。该程序适用于大规模的计算，能将学生从寿险精算的繁琐计算中解放出来。实验体系的建立有利于寿险精算理论与保险实务紧密结合，促进寿险精算学科体系的建设与完善，培养师生的创新精神与动手能力，促使精算的教与学更加务实，能提高学生的软件开发与运用能力，从而使寿险精算实验课程的教学与保险精算专业实验室的建设相互促进。该实验体系有如下特色：一是系统性。以往的教学仅仅涉及部分开发与运用，如生命表的编制、确定年金的计算，现在几乎涵盖寿险精算的各个方面。二是软件与程序的开发体现了自主性与独创性，即以前没有类似的实验建设项目。三是完备性，教材《寿险精算理论与实验》可使理论学习与实验教学紧密结合。四是学习的主动性。该实验体系将激发学生学习精算、运用精算的兴趣，也有助于学生积极主动地学习，并探索出新东西。总之，我们所探索出的实验体系解决了寿险精算中复杂的计算问题，使得计算既准确又高效，提高了学生的学习效率，也减轻了日常工作压力。

2020 年 10 月，习近平总书记在党的十九届五中全会上发表了重要讲话，并对《中共中央关于制定国民经济和社会发展第十四个五年规划和二 〇 三五年远景目标的建议》做了说明。全会提出“关键核心技术实现重大突破，进入创新型国家前列”；强调要贯彻创新、协调、绿色、开放、共享的新发展理念，“以改革创新为根本动力”；强调“十四五”时期的发展路径中要把“创新”放在首位；强调深入实施人才强国战略、创新驱动发展战略，完善国家创新体系，加快建设科技强国。创新，是一个民族进步的灵魂，是一个国家兴旺发达的不竭源泉，也是中华民族最深沉的民族禀赋。



近年来，金融科技、保险科技逐渐成为业内人士、投资者、创业者、监管者口中的“高频词”。“大数据、人工智能正成为保险科技的主要驱动力，云计算、区块链等技术通过对保险业务流程的全面渗入，提升了保险业务经营管理效率，改变了产品的形态与服务的交互方式，新的商业模式和保险生态随之产生。保险 + 科技的服务模式日趋成熟，实现了保险科技从 1.0 阶段的电子化、到 2.0 阶段的信息化、再到 3.0 阶段智能化的跨越，将来到 4.0 阶段是数字保险。”原中国保监会副主席周延礼如是表示。

《2019 保险科技新势力洞察报告》披露，客服机器人已能替代 40% ~ 50% 的人工客服工作，到 2020 年，85% 的客服工作将依靠人工智能完成。2019 年，大地财险将客服机器人运用于新承保回访、续保通知、查勘回访、满意度调查等业务场景，做到每天超过 30 万外呼，外呼座席人数节省约 80%。2019 年 1 月中国太平洋保险集团创新孵化中心总经理林砺表示，在“战略转型 2.0”的战略布局中，保险在新技术应用领域持续发力，基于移动互联成熟技术，以大数据、人工智能等技术为核心驱动，围绕客户足迹开展系列科技赋能重点项目。亿级客户保险账户体系“太平洋保险”手机软件(App)、智慧理赔“太慧赔”、科技减损“太好保”、反欺诈“听风者”等最新数字化成果被广泛应用于各流程触点。中国太平洋人寿保险股份有限公司打造“灵犀”系列智能机器人。该系列机器人以视觉识别、语言交互、知识图谱等人工智能(AI)技术为核心支撑，对内改善客户服务流程，对外进一步拓展服务供应链。

总之，创新是个人、单位、行业，乃至国家发展的源泉与动力，是形成核心竞争力的力量所在。这要求我们努力学习，增长才干，与中国实际问题相结合，与党和人民的需求相结合,创新性地寻找解决问题的途径。

(15)遗属年金——解决遗属生活困难问题,传承了扶危济困的中华优秀传统文化。从制度层面给予事先的分摊,从而将保障落实在规则上。

遗属年金(或津贴)指参加养老保险的职工死亡后其遗属(主要指配偶)享有保险金的一种保险形式。家庭分工、劳动力市场中的性别差异导致老年女性处于经济弱势地位,而丧偶事件使依靠丈夫经济支持的女性遗属在年老时被推向贫困。因此,遗属年金的推行具有必要性,不仅为丧偶老人和家庭提供经济保障,促进经济平等和性别平等,而且传承了尊老爱幼、扶危济困的中华优秀传统文化。

女性的平均预期寿命高于男性,丈夫的年龄一般大于妻子,死亡率也相对较高。女性中从事非正规工作的比较多,收入偏低,从而使处于经济从属地位的女性容易陷入老年贫困。丧偶不仅让她们失去了互相照料的老伴,也让她们失去了赖以生存的物质资源。遗属年金以"家庭捆绑收益"为设计理念,保护弱势群体。遗属年金一般保障的是丧偶的妻子,当然也可以保障丧偶的丈夫。遗属年金还可以保障死亡者的未成年子女在成年之前的生活、学习。

遗属年金的完善已经成为现代社会进步的主要标志,可以丰富和完善养老保险体系。总之,遗属年金从制度层面通过事前缴纳保费、事后获得保障,将保障落实在规则上、制度上,比单纯的事后救助效果更好,更能维护遗属的尊严。年轻夫妇投保遗属年金,既体现夫妻双方对责任的担当,又有助于夫妻双方稳定家庭生活,降低离婚率,提高生育率。



(16)多元风险模型——展示人们可能面临的多重风险。不同风险有不同特征,我们必须全面考虑、合理评估,综合应对各种风险带来的消极影响。

人在一生中会遇到的风险主要有生、老、病、死、伤、残、失业、自然灾害、意外事故等,可以通过购买社会保险、商业保险来应对。风险无处不在,无时不有。应对风险的手段如下:一是风险自留;二是风险转嫁;三是损失控制,风险回避。显然,保险是风险转嫁的一种财务安排,本质是互助互济。除了国家、单位提供的相应保险,个人也要有担当精神与风险意识,积极投保,促进保险业健康发展,保持社会和谐稳定。

(17)多元风险模型——展示在校大学生可能面临的多种出局风险,如退学、开除、死亡、伤残等,要求学生必须树立风险识别与风险防控意识。

在校大学生可能面临多种出局风险,如退学、开除、死亡、伤残等,也可能面临留级、休学、疾病等风险,因此需要学会识别风险、控制风险。在处理问题时,我们要抓住主要矛盾与矛盾的主要方面;在遇到困难时,我们要积极应对、乐观向上,要一分为二地看问题,要看到光明的一面,要打有准备之仗。

大学生的主要任务仍是学习,学习离不开竞争,评优、评奖、选专业、保研等都会以学习成绩为主要考察指标。经历了激烈的学业竞争后,优秀学生能够脱颖而出,而后进学生会面临考试挂科、拿不到学位、考研失败、就业困难等后果,不可避免地承受巨大的学业风险。学业障碍主要归因于不善于自主学习、自控力比较弱、易受外界干扰诱惑、容易放纵自我。

①学业风险管控。大学生要做好学业与职业规划,扬长避短,刻苦学习,积极拼

搏，面对诸多的诱惑力要不断增强自制力，加强锻炼，劳逸结合，认真准备每一次的考试。教师与辅导员应当密切关注学生的学业情况，及时发现学业风险大的学生。学习有困难的学生应主动寻求教师与同学的帮助，学习优良的学生也要多沟通，优化自己的发展路径，帮助困难同学。

② 心理健康风险管控。大多数大学生从小在父母的呵护下成长，离开父母后初次尝试独立生活，将面临很多问题，如适应学校的新环境、与同学激烈竞争、选择未来的职业、谈恋爱等，沉重的压力容易使大学生不堪重负，从而引发心理危机。学校应当重视心理保障方面的工作，设立心理咨询室，指导大学生解决心理方面的问题，聘请专业的心理专家定期为大学生进行心理健康教育，辅导员要多关注大学生的现状，给予合理引导与帮助。大学生应当提高心理素质，提升应对失败和挫折的能力，保持乐观向上的心态，也要善于寻求外界的帮助。

③ 人际关系风险管控。大学作为迈入社会的过渡期，大学生每天都要与形形色色的人打交道，如班上的同学、教师，社团的社友，甚至社会人士等，在人际交往的过程中难免会因为处理不当而产生矛盾。预防方式是多学习、多观察，在待人接物中吸取经验教训，提高自身的人际交往能力，扩大自身的交友圈，保持平和心态，包容他人，多换位思考，将心比心。

总之，就在校学习的大学生而言，可能因面临多元风险而影响正常毕业：死亡、退学、开除等，我们可以主动控制很多风险。比如，加强自身修养、提高思想政治觉悟、做好规划、刻苦学习、遵章守纪、积极锻炼身体、加强心理疏导、注意人身安全（包括交通安全）、提高风险管控能力，从而顺利完成学业，走上工作岗位，成为对国家与社会有用的人才。



（18）利源分析 —— 分析利润的来源渠道与增加利润的方法。人们也可以通过多种渠道获得收益，因此，大学生应多渠道获取知识、多方面培养能力，协调好投入与产出的关系，以获得更大的收益。

寿险精算中，我们讲到的利源分析实际上就是指分析利润的来源渠道与增加利润的方法。利润的来源渠道主要有利差损益、费差损益、死差损益、退差损益，增加利润的方法就是增收节支。人们可以通过多种渠道获取收益，如从修身养性、提升专业技能、提高身体素质等方面增强自身能力。



一是修身养性，进一步健全完善人格。大学生应不断学习马克思列宁主义、毛泽东思想、邓小平理论、“三个代表”重要思想、科学发展观、习近平新时代中国特色社会主义思想，不断加强自身修养，提高思想政治觉悟，学习党和国家的方针政策，与党中央保持高度一致，堂堂正正做人，走好人生之路，树立良好的自我形象。正确认识自我，培养高尚的人格，始终保持谦虚谨慎、戒骄戒躁的良好作风，热爱祖国，热爱中国共产党，热爱社会主义，爱岗敬业，具有强烈的社会责任感和历史使命感。

二是多渠道学习专业知识，提升专业技能。大学生在学习中要有目的、有方向，系统思考、统筹安排，把学习当作一种追求，牢固树立终身学习的观念，不断提高理论水平，提高业务能力，尤其要有自学精神，认真培养理论联系实际、守正创新的能力，要进行全方位思考，多角度解决问题，提高学习和工作的效率，紧密结合中国实际，力求解决中国实际问题，服务中国特色社会主义建设，为实现中华民族伟大复兴的中国梦而努力奋斗。

三是加强身体锻炼，提高身体素质。大学生只有强壮体魄，才有机会实现自己的梦想，才有为党拼搏、为祖国和人民奉献的基础。总之，大学生要努力将自己锻造成为德智体美劳全面发展的社会主义建设者和接班人。

(19) 红利分配 —— 坚持对盈余贡献大的保单分配更多红利，体现多劳多得，贡献越大、分配越多的思想。

红利分配中，对盈余贡献较大的保单将分配较多的红利，这组含了多劳多得、少劳少得、不劳不得的按劳分配原则。按劳分配原则是社会主义公有制经济中个人消费品分配的基本原则。它的基本内容与要求是：在公有制经济中，在对社会总产品作了各项必要扣除之后，以劳动者向社会提供的劳动为尺度来分配个人消费品。

对盈余贡献越大的保单应分配越多的红利，贡献越大，分配就越多，即投入的资本要素(货币) 越多，产生的利润就越多，在分配利润时应多分配一部分。这种多劳多得，贡献越多、分配越多的分配方式坚持了公平与效率相结合、激励与约束相协调的原则，符合社会主义的分配原则。

这也带给我们有益的启示：在学习阶段，应多投入时间、精力，提高自己的能力；在工作阶段，同样需要勤奋工作、开拓创新，争取为国家、为社会多做贡献，将来才能获得更多的利益。

**四、寿险精算实务部分课程思政要点**



(1) 产品开发 —— 借鉴国外产品开发经验，但必须立足中国国情，这样才能办好中国自己的事。换言之，要立足中国大地，解决中国实际问题，推动中国的全面发展与进步，从而实现中华民族伟大复兴的中国梦。

我国的保险事业起步较晚，精算事业的发展则更显滞后。产品定价在很大程度上依赖过去的经验数据以预测未来的损失率，因此在国内方法与数据缺乏的情况下，大多数研究者采用国外的经验数据与方法。在中国保险业多元化发展的今天，我国的保险规模、保费收入、有效保单逐年增加，人口死亡率显著改善，原有的产品定价依据已难以满足产品需求，适时修订和编制一套适应客观环境变化的生命表是非常重要的，从而为人身保险产品定价、现金价值计算、准备金评估、内含价值计算、风险管理提供基本依据。第三套经验生命表的编制更加客观、准确地反映了中国人口死亡率的变动趋势，为人身保险产品的定价，尤其是长期寿险产品的定价提供了可靠的支持，也为保险业供给侧结构性改革和行业健康发展提供了可靠的数据和技术支撑，更为我国人身保险业实现可持续发展打下了坚实的基础。

产品开发在保险公司经营管理中处于十分重要的地位。只有开发出适销对路的产品，保险公司才能满足广大人民群众的保障需求，才能实现自身的经营目标。客观环境、承保理赔方式、科学技术、监管方式、供需结构等的改变都为产品开发创造了条件。产品开发既要借鉴国外先进经验，又要充分考虑中国国情，考虑中国的实际需要，以人民为中心，为中国共产党治国理政服务，充分满足广大人民群众的保险需求，这样才能为实现两个“一百年奋斗目标”、实现中华民族伟大复兴中国梦保驾护航。

(2) 准备金评估 —— 保险公司的诚信,以及充足的偿付能力,也影响盈余的分配,因此,我们应权衡各方的利益。法定责任准备金的提取体现社会主义核心价值观中的“法治”精神。

责任准备金指保险人为履行未来的赔付责任从收取的保费中提取的资金准备,分为法定责任准备金、盈余责任准备金和税收责任准备金。

法定责任准备金指按照保险监管当局要求从保费中提取的准备金,以保证保险公司的偿付能力,更好地保护消费者的合法权益。

盈余责任准备金与法定责任准备金的不同之处在于提取目的和提取比例。盈余责任准备金的提取目的不再只是保证保险公司正常运营,而是获得一定的盈利。盈余责任准备金按一般会计准则计算,出现在提供给投资者的财务报告之中。它注重盈余的真实性以及与其他行业的可比性。

税收责任准备金适用于税收部门确定保险公司的税收,一般不允许过高,防止一些保险公司提取过多责任准备金而减少当前的利润以逃避税收,造成税收的流失。

责任准备金可用来预估判断保险公司未来的收益及风险。这一功能是由责任准备金的未知性、预估性决定的,正常情况下,提取责任准备金在签订保险合同之后及被保险人出险理赔之前,如果提取的责任准备金得到了较为准确的预估,那么保险公司就可以判断未来一段时间内的盈利与负债情况。责任准备金的提取保证了保险公司的经营及偿付能力,也是保单持有人权益得到保障的重要保证。责任准备金的提取必须依法依规办理,以切实保护保险双方的合法权益,也体现了社会主义核心价值观中的“法治”精神与依法治国的思想。

(3) 偿付能力管理 —— 学生了解中国的“偿二代”,这是具有中国特色的自主创新的保险监管体系,可以坚定文化自信,坚信我们中国人有能力创新,能向世界贡献中国智慧。

保险公司的偿付能力监管是现代保险监管治理中的核心问题。2003 年,中国保监会启动了偿付能力监管制度体系建设工作,到 2007 年年底已基本搭建起具有中国特色的第一代偿付能力监管制度体系(简称“偿一代”),其实质是控制保险的发展规模。在国际金融保险监管改革不断深化和我国保险市场快速发展的背景下,为了进一步加强偿付能力监管,更加有效地提高行业防范风险的能力,原中国保监会决定启动具有中国特色的第二代偿付能力监管制度体系(简称“偿二代”)的建设工作。通过分析美国的风险基础资本(RBC)偿付能力监管体系、以欧盟偿二代为代表的国际偿付能力监管体系,中国保险业的专家学者立足中国实际,研究出一套适合中国国情的保险业偿付能力监管制度体系。2015 年 2 月,中国保监会正式发布“偿二代”17 项监管规则,自此保险业进入“偿二代”过渡期。2016 年起,“偿二代”正式运行。2017 年 9 月,“偿二代”二期工程建设方案正式启动,2021 年 12 月 30 日,中国银保监会发布《保险公司偿付能力监管规则(Ⅱ)》,标志着“偿二代”二期工程建设顺利完成。二期工程做了一项重大改革:实行资产全面穿透。保险公司需按照“全面穿透、穿透到底”的原则,识别保险资金的最终投向,基于实际投资的底层计量最低资本,准确反映其风险实质。

"偿二代" 是一套坚持风险导向、兼顾价值原则，以第一支柱定量资本要求、第二支柱定性监管要求与第三支柱市场约束机制为监管要素的保险监管体系。"偿二代" 是符合中国实际、具有国际可比性的偿付能力监管制度体系，全面涵盖了保险公司的风险，对主要风险给出了精细的、科学的计量和评价标准，并将风险和风险管理能力与资本金直接关联，为市场化改革提供了保障，为放开前端、管住后端创造了条件，大大提高了对保险公司风险管理和精算管理的要求。"偿二代" 的实施督促和引导保险公司在追求规模、速度和收益等发展指标的同时，统筹考虑风险和资本的配置，转变粗放的发展方式。

中国的"偿二代" 自运行以来，受到了国际社会的高度关注和广泛赞誉，为我国保险业"走出去""请进来" 提供了更为广阔的空间。展现了中国智慧、立足中国实际国情的"偿二代" 对中国的保险业资本管理进行了有效的风险管控，为世界的保险业偿付能力监管制度体系建设提供了良好的范本。由此可见，起步较晚的中国保险业在偿付能力监管制度体系建设方面走在了世界前列，形成了自己的特色，因此，我们完全有理由坚信，未来的中国保险业将会越来越专业化、越来越国际化，也将会赢得更大的话语权，进而坚定"四个自信"，走出一条自主创新的道路，避免陷入被西方国家牵着鼻子走的被动局面。

（4）介绍著名精算师与精算教育专家 —— 帮助学生增强拼搏意识，鼓励学生坚持不懈，为发展中国特色精算事业而努力奋斗。

在我国精算事业的发展过程中，涌现了一大批精算教育工作者与业界精算师，正是他们的无私奉献，推动了我国精算事业的蓬勃发展。任何一个行业的发展都需要许多仁人志士的无私奉献与拼搏奋斗。同样，中国精算事业的发展、中国精算品牌的创建，离不开对我国精算教育与精算事业做出巨大贡献的专家学者与业界精算师的辛勤付出。如：主持国家精品资源共享课"寿险精算" 的西南财经大学卓志教授，创办《精算通讯》的上海财经大学谢志刚教授，中国第一位女精算师 —— 南开大学李秀芳教授，推动精算与统计融合的中国人民大学王晓军教授，创建中央财经大学中国精算研究院的李晓林教授，以及来自业界的中国精算师协会前会长魏迎宁、创建"慕再杯精算数学竞赛" 品牌与提供精算实习机会的慕尼黑再保险北京分公司的张路群总经理。再如：促成北美精算师协会与南开大学精算合作的美国天普大学的段开龄教授，供职于美国友邦公司中国香港分公司且不断推动中国内地精算教育发展的李达安先生，南开大学教授滕维藻，北美精算师协会前会长英格汉姆，湖南大学周江雄教授与张琳教授，西南财经大学陈滔教授，复旦大学尚汉冀教授，中国人民大学孟生旺教授，北京大学吴岚教授，中国人寿保险原总经理万峰；推动中国"偿二代" 监管体系创建的中国银保监会的赵宇龙博士等；推动精算学专业设置的对外经贸大学王玲教授、施建军教授、谢远涛教授；等等。综上所述，我们不难发现精算事业与保险业的发展是相互促进、相得益彰的。中国特色精算事业的发展必须立足中国大地，着眼于社会保障事业，满足广大人民群众的需求。中国特色精算事业的发展还得益于热心精算教育与热爱精算职业的广大专家学者、业界精英的无私奉献与拼搏奋斗。

## 本章小结

在专业课程教学中实施课程思政是专业课程建设的内在要求，也是专业教师的职责所在。专业教师只有转变思想观念，熟悉党的教育方针政策，掌握思想教育的方式方法，才能将专业教育与思想政治教育融会贯通，才能更好地为党育人、为国育才，培养社会主义事业的建设者和接班人。

习近平总书记在全国高校思想政治工作会议上指出："高校思想政治工作关系高校培养什么样的人、如何培养人以及为谁培养人这个根本问题。要坚持把立德树人作为中心环节，把思想政治工作贯穿教育教学全过程，实现全程育人、全方位育人，努力开创我国高等教育事业发展新局面。"

我们党历来重视对学生进行思想政治教育，一直在探索如何使专业教育与思想政治教育完美结合，让两者相得益彰。当前在全国高校中倡导的课程思政，无疑是一个伟大创举。

课程思政指以构建全员、全程、全课程育人格局的形式让各类课程与思想政治理论课同向同行，形成协同效应，把"立德树人"作为教育的根本任务的一种综合教育理念。课程思政实际上就是"课程承载思政"与"思政寓教于课程"的结合。

寿险精算是保险学、精算学等专业的核心课程，也是难度极大的专业课程之一，虽然以理论推导为主，但总体是一门偏应用的课程。我们在寿险精算教学中完全可以实施课程思政，以提升专业课学习的效率。



## 习题 15

15－1　精算师的职业道德素养有哪些?精算师如何践行社会主义核心价值观?

15－2　"偿二代"的构建是如何体现中国智慧的?

15－3　寿险产品开发应如何满足广大人民群众的需要?

15－4　责任准备金评估如何体现法治精神?

15－5　展望中国保险业与精算事业的发展前景，并分析精算师的发展空间。

# 参考文献

[1]张运刚. 利息理论与应用[M]. 3 版. 成都:西南财经大学出版社,2016.
[2]张运刚. 寿险精算理论与实验[M]. 成都:西南财经大学出版,2010.
[3]张运刚. Excel 在寿险精算中应用研究[J]. 计算机工程与应用,2004(18):11-13.
[4]张运刚. 再论 Excel 在寿险精算中的应用[J]. 计算机工程与应用,2005(35):17.
[5]鲍尔斯. 精算数学[M]. 余跃年,译. 上海:上海科学技术出版社,1996.
[6]二见隆. 生命保险数学[M]. 东京:日本生命文化研究所,1992.
[7]卓志. 寿险精算[M]. 成都:西南财经大学出版社,2003.
[8]卓志,李恒琦,陈滔,等. 保险精算通论[M]. 成都:西南财经大学出版社,2006.
[9]李恒琦,张运刚. 社会保险精算教程[M]. 成都:西南财经大学出版社,2009.
[10]卢仿先,张琳. 寿险精算数学[M]. 北京:中国财政经济出版社,2006.
[11]李永胜. 人口统计学[M]. 成都:西南财经大学出版社,2002.
[12]李秀芳,傅安平,李静. 寿险精算[M]. 北京:中国人民大学出版社,2004.
[13]王晓军. 保险精算学[M]. 北京:中国人民大学出版社,1995.
[14]李秀芳,曾庆五. 保险精算[M]. 北京:中国金融出版社,1999.
[15]ROBIN CUNNINGHAM, THOMAS HERZOG, RICHARD L. Models for quantifying risk[M]. 2nd ed. London: ACTEX Publications,2006.
[16]NEWTON L BOWERS, HANS U GERBER. Actuarial mathematics[M]. Illinois:The Society of Actuaries,1997.
[17]ZHANG Y G. A rebirth of commutation functions in excel[M]. Southampton: WIT Press,2015.
[18]中国保险监督管理委员会. 中国人身保险业第三套经验生命表通过审定[EB/OL]. (2016-08-02)[2017-12-31]. http://www.circ.gov.cn/web/site0/tab5207/info4038016.htm.
[19]张洪涛,时国庆. 保险营销管理[M]. 北京:中国人民大学出版社,2005.
[20]裘红霞. 保险学[M]. 北京:清华大学出版社,2011.
[21]王凯全. 风险管理与保险[M]. 北京:机械工业出版社,2008.
[22]徐昆. 保险市场营销学[M]. 北京:清华大学出版社,2006.
[23]姚海明,段昆. 保险学[M]. 2 版. 上海:复旦大学出版社,2005.
[24]贝利斯,谢泼德,莱. 精算管理控制系统[M]. 王晓军,吴岚,赵桂芹,译.

北京:中国人民大学出版社,2006.

[25]张连增. 寿险精算[M]. 北京:中国财政经济出版社,2010.

[26]高滨. 寿险精算:原理、方法与实务[M]. 北京:北京理工大学出版社,2012.

[27]ALBERT E EASTON,TIMOTHY F HARRIS. Actuarial aspects of individual life insurance and annuity contracts[M]. Greenland:Actex Publications,1999.

[28]牛群. 精算学发展浅史[J]. 理财(学术版),2014(6):49－52.

[29]谭英平. 精算学发展国际新趋势及启示[J] 中国保险, 2016(10):13－16.

[30]孙立娟,汪哲侃. 精算思想的演进与精算理论发展综述[J]. 统计与信息论坛,2013(1):95－103.

[31]姚海波. 精算学理论发展综述[J]. 上海保险,2006(2):53－56.

[32]田玥怡,王婷. 中国保险业的发展概况探究[J]. 中国市场,2021(17):44－45.

[33]王绪瑾,王浩帆. 改革开放以来中国保险业发展的回顾与展望[J]. 北京工商大学学报(社会科学版),2020(2):91－104.

[34]梁丹丹,李春华. 新时代中华传统美德创造性转化的三重维度[J]. 学术论坛,2020(4):126－132.

[35]王学金,戴泽兴.《利息理论》教学中关于累积值求解的探析[J]. 滁州学院学报,2015(5) :95－96.

[36]樊弘,张雪琴,王丹. 凯恩斯和马克思关于资本积累、货币和利息理论的比较[J]. 政治经济学报,2018(2):91－105.

[37]孙蓉. 保险学原理[M]. 4 版. 成都:西南财经大学出版社,2015.

[38]汪伟,刘玉飞,王文鹏. 长寿的宏观经济效应研究进展[J]. 经济学动态, 2018(9):128－143.

# 附录 A
# 利息与确定年金

本附录主要讲述：① 与利息度量有关的概念、利息的三种度量方式以及利率问题的简单应用，主要包括现值、终值、投资年数、利率等的基本计算。② 确定年金的有关概念、确定年金现值与终值的计算。利息与确定年金的计算是寿险精算的重要基础，同时对学习寿险精算也有启发与借鉴意义。

## 第一节　利息的度量

### 一、现值函数与终值函数

（一）本金、利息与积累值的关系

任何一项普通金融业务都可视为投入一定数量的资金以产生一定的利息。每项业务开始时投入的金额，即初始投资的金额称为本金，而经过一段时间后，连本带利回收的总金额称为在该时刻的积累值；特别地，投资终了时刻的积累值称为终值。积累值与本金的差额就是这个时期产生的利息或人们得到的利息报酬。显然，本金 + 利息 = 积累值。换言之，积累值就是建立在本金基础之上的利息积累。

决定积累值或终值大小的三个因素：① 本金；② 投资期限（投资的时间长度，度量时间长度的单位为时期，简称“期”，可以以 1 年、半年、1 季、1 月等为 1 期）；③ 利息度量方式。

（二）终值函数与总量函数

1. 终值函数

1 单位本金从投资之时起经过 $t$ 期后的积累值或终值记为 $a(t)$。在利息度量方式一定的条件下，$a(t)$ 是所经历的时期 $t$ 的函数，称为终值函数或积累值函数，后文将不特意区分终值函数与积累值函数的差异。积累过程如图 A.1 所示。

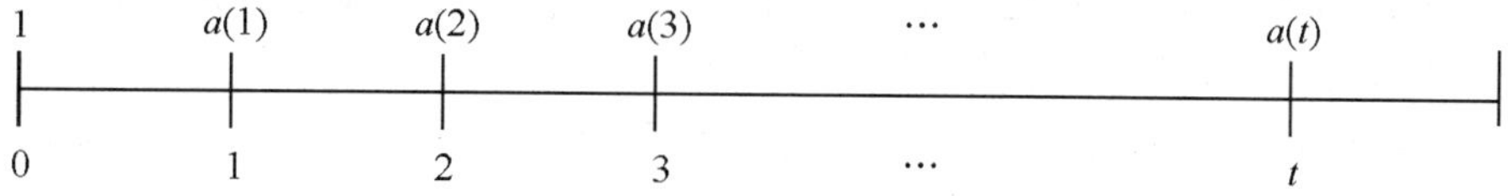


图 A.1　积累过程

终值函数具有如下性质:①$a(0)=1$;② 一般地,$a(t)$ 为 $t$ 的增函数(未必是严格的);③ 当利息连续产生时,$a(t)$ 为 $t$ 的连续函数。

2. 总量函数

$K(K>0)$ 个单位本金经历 $t$ 期后的积累值或终值记为 $A(t)$。在利息度量方式一定的条件下,$A(t)$ 是所经历的时期 $t$ 的函数,称为总量函数。$A(t)$ 具有与 $a(t)$ 类似的性质:①$A(0)=K$;② 一般地,$A(t)$ 为 $t$ 的增函数;③ 当利息连续产生时,$A(t)$ 为 $t$ 的连续函数。

总量函数与终值函数的关系为 $A(t)=Ka(t)$ 或 $A(t)=A(0)a(t)$。

即 $K \xrightarrow{\times a(t)} Ka(t)$,因此 $a(t)$ 称为积累因子。这种由本金到终值的过程称为积累过程。

(三) 现值函数

为了获得未来一定数量的货币,现在必须投入的金额或本金就称为未来这一定数量的货币在现在时刻的现值。简而言之,将未来一定数量的货币按一定方式折算为的现在价值称为现值。

为了获得 $t$ 期后的 1 个单位货币,现在必须投入的本金,即现值记为 $a^{-1}(t)$,显然 $a^{-1}(t)$ 经过 $t$ 期的积累可以达到终值 1,即 $a^{-1}(t)\cdot a(t)=1$,从而 $a^{-1}(t)=\dfrac{1}{a(t)}$。一般地,为了获得 $t$ 期后的 $B$ 个单位货币,现在应投入的本金,即现值记为 $Ba^{-1}(t)$,则有 $Ba^{-1}(t) \xleftarrow{\times a^{-1}(t)} B$,称 $a^{-1}(t)$ 为折现因子。这种将未来金额换算到现在的价值的过程称为折现过程。



综上所述,积累值与过去有关,现值与未来相联系,既与过去相联系又与现在相联系的值称为当前值。

在利息理论、寿险精算、保险精算等课程中,由于货币在不同时点具有不同的价值,不同时点发生的金额不能直接比较,也不能直接相加减,因此,我们首先必须明确站在哪个时点来考虑问题,为简便起见,以后把这样的时点称为观察点。于是,不同时点发生的金额,要么通过积累,要么通过折现,换算为在观察点的值,然后,我们就可以比较或运算了。



## 二、利息度量方式

利息可以用三种方式来度量:一是用利息率来直接度量利息,二是用贴现率来间接度量利息,三是用利息力来度量利息产生的强弱程度。

(一) 利息率

利息率,简称"利率",它是一定时期内产生的利息与投入或贷出的本金之比率。它反映了单位本金在单位时期内产生利息的多少。

在利息理论、寿险精算等课程中,将利息率区分为实际利率与名义利率,从而可使许多公式(如年金现值与终值公式)的表现形式简明且统一。

1. 实际利率

所谓实际利率,是指一期内实际产生的利息与期初投入的本金之比,它直接反映了单位本金在单位时期内产生利息的水平高低。通常把一年结息一次的年利率称为年实际利率。

假设在时刻 0 投入的本金 $A(0)$ 在时刻 $n$ 的积累值为 $A(n)$，如图 A.2 所示。

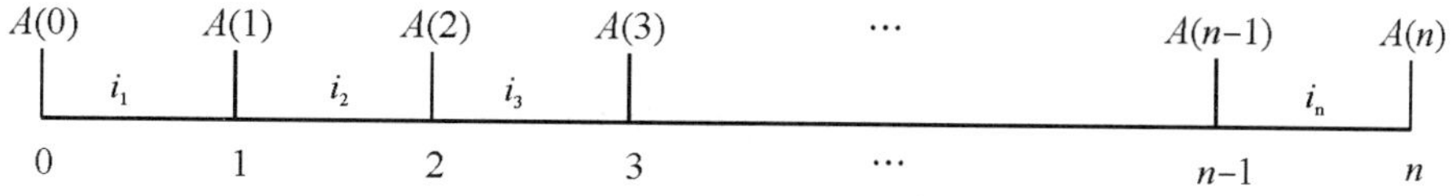


**图 A.2　投资回收过程**

假设某投资在第 $t$ 期末的积累值为 $A(t)$ 或 $a(t)$，第 $t$ 期的实际利率为 $i_t$，则

$$i_t=\frac{A(t)-A(t-1)}{A(t-1)}=\frac{a(t)-a(t-1)}{a(t-1)},t\in N \tag{A.1.1}$$

显然，下列关系式成立：

$$A(n)=A(0)(1+i_1)(1+i_2)\cdots(1+i_n) \tag{A.1.2}$$

$$a(n)=(1+i_1)(1+i_2)\cdots(1+i_n) \tag{A.1.3}$$

在实务中，还涉及单利和复利问题。

（1）单利。所谓单利，指的是每期产生的利息不加入到本金当中而在下一期产生新的利息，或者说利息与经历的时间长度成正比，即利息 = 本金 × 利率 × 时间。假设每期利率为 $i$，在时刻 $t$ 按单利计算的终值 $a(t)$ 为

$$a(t)=1+it,t\geqslant 0 \tag{A.1.4}$$

显然，对非整数的非负实数 $t$ 也成立。

单利条件下的现值函数为

$$a^{-1}(t)=(1+it)^{-1} \tag{A.1.5}$$

（2）复利。所谓复利，指的是按本金计算出的利息加入到本金之中并在下一期产生新的利息，即利上有利或“利滚利”。假设每期利率为 $i$，在时刻 $t$ 按复利计算的终值 $a(t)$ 为

$$a(t)=(1+i)^t,t\geqslant 0 \tag{A.1.6}$$

复利条件下的现值函数为

$$a^{-1}(t)=(1+i)^{-t} \tag{A.1.7}$$

2. 名义利率

假设年利率为 6%，每年结转利息 4 次，那么每一季的利率为 $\frac{6\%}{4}=1.5\%$。若现在投入本金 1，在 1 年后的终值则为 $(1+1.5\%)^4\approx 1.0614=1+6.14\%$，即年初的本金 1 按照 1 年结息 4 次的方式在年末将增值 6.14%，这 6.14% 就称为年实际利率，而计算所采用的初始年利率 6% 则称为年计息 4 次的年名义利率，1.5% 称为季实际利率，显然年名义利率是季实际利率的 4 倍。名义利率与实际利率的关系如图 A.3 所示。

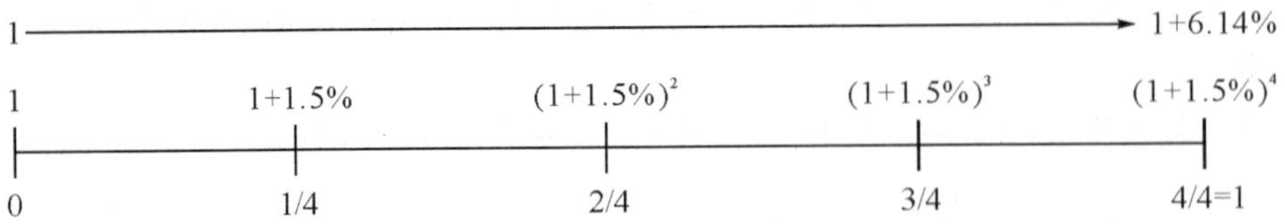


图 A.3　名义利率与实际利率的关系

一般地，如果一期结息 $m$ 次，那么称 $\frac{1}{m}$ 期的实际利率的 $m$ 倍为该期的名义利率，记为 $i^{(m)}$。由此可得 $\frac{1}{m}$ 期的实际利率为 $\frac{i^{(m)}}{m}$。按每期计息 $m$ 次的名义利率计算，期初投入的本金 1 在期末的终值为 $\left(1+\frac{i^{(m)}}{m}\right)^m$，将其写成 $1+i$ 的形式，$i$ 即实际利率。因此

$$\left(1+\frac{i^{(m)}}{m}\right)^m = 1+i \tag{A.1.8}$$

满足上述公式的 $i^{(m)}$ 与 $i$ 具有等价关系，即相同的本金经历相同的时间将达到相同的终值。显然

$$i = \left(1+\frac{i^{(m)}}{m}\right)^m - 1 \tag{A.1.9}$$

或者

$$i^{(m)} = m[(1+i)^{\frac{1}{m}} - 1] \tag{A.1.10}$$

另外，也可将 $\frac{1}{m}$ 期作为新的一期，简称"新期"，每"新期"的实际利率为 $\frac{i^{(m)}}{m}$，期初的本金 1 积累到期末意味着本金 1 经过 $m$ 个"新期"的积累，于是，由复利公式可得终值为 $\left(1+\frac{i^{(m)}}{m}\right)^m$。

（二）贴现率

1. 实际贴现率

某人用一张面额10 000元还有一年才到期的票据向银行申请贴现，银行确定该票据的年贴现率为 4.50%，银行扣除贴息 10 000 × 4.50% = 450 元后，将票面的余额 10 000 − 450 = 9 550 元支付给票据持有人，银行在票据到期之日就可得到资金 10 000 元。在这个过程中，原票据持有人由于提前 1 年获得现金，在到期日应得款项 10 000 元的基础上损失了利息或支付了贴息 450 元，因此年贴现率为 $\frac{450}{10\ 000} = 4.50\%$，且在贴现之时（或贴现期之初）支付了贴息 450 元。从银行的角度来看，投资 9 550 元，1 年期满得到 10 000 元，获得利息 450 元，因此年实际利率为 $\frac{450}{9\ 550} \approx 4.71\%$。贴现过程如图 A.4 所示。

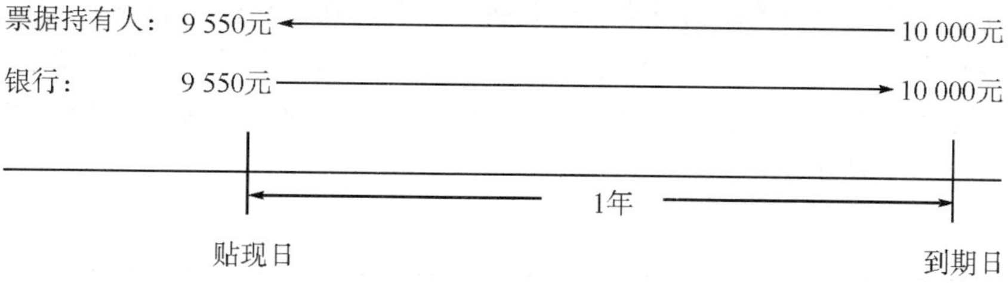


**图 A.4　贴现过程**

票据持有人的年贴现率：$\dfrac{450}{10\ 000} = 4.50\%$

银行的年实际利率：$\dfrac{450}{9\ 550} \approx 4.71\%$

因此，贴现率是贴息与票据到期日应得金额之比率。实际贴现率是在一期内贴息的金额（或损失的利息金额）与期末的应得金额之比率，它反映了单位到期值每提前一期而损失的利息。换言之，实际贴现率就是一期内贴现一次的贴现率。本章将实际贴现率记为 $d$。

实际贴现率有单贴现与复贴现之分。在单贴现情形下，假设每期贴现率为 $d$，最后一期的终值为 1，于是 $a^{-1}(t) = 1 - dt$，其中 $0 \leqslant t \leqslant \dfrac{1}{d}$。在复贴现情形下，假设每期贴现率为 $d$，则 $a^{-1}(t) = (1 - d)^{t}$。前者每期扣除的贴息的绝对数相同，以到期值为基准计算贴息；后者每期扣除的比例相同，每期的贴息都从该期到期值中扣除后作为新的到期值以计算新的贴息，即“折上有折”。

利息率与贴现率的关系如下：

$1 \xrightarrow{\text{在利率 } i \text{ 作用下}} 1 + i$，即 1 单位本金在期末的终值为 $1 + i$；反过来，可计算出实际贴现率：

$$d = \frac{i}{1 + i} \tag{A.1.11}$$

$1 - d \xleftarrow{\text{在贴现率 } d \text{ 作用下}} 1$，即期末 1 单位到期值在期初的现值为 $1 - d$；反过来，可计算出实际利率：

$$i = \frac{d}{1 - d} \tag{A.1.12}$$

按照利率方式，期末的终值 1 对应期初的现值 $v = \dfrac{1}{1 + i}$，由此可得

$$1 - d = v \tag{A.1.13}$$

根据本金 1 先积累再贴现又还原为 1，可得 $(1 + i)(1 - d) = 1$，从而也可说明公式（A.1.13）成立。由此也可看出，贴息只不过是利息的现值，即 $d = iv$。相应地，利息就是贴息的终值，即 $i = d(1 + i)$，还可得到 $i - d = id$。

解释：考虑两种投资方式。投资方式 1：期初投资单位 1，期末回收 $1 + i$，获得利息

$i$。投资方式 2：按贴现方式期初投资 $1-d$，期末回收 1，获得利息 $d$。投资方式 1 比投资方式 2 多获得利息 $i-d$，这是由于投资方式 1 比投资方式 2 多投入了本金 $d$。因为 1 单位投资经过 1 期可产生利息 $i$，所以可以多获得利息 $id$，从而等式成立。两种投资方式的比较如图 A. 5 所示。

**图 A. 5　两种投资方式的比较**

假设在时刻 0 投入的本金 $A(0)$ 在时刻 $n$ 的积累值为 $A(n)$，见图 A. 2。这个过程也可反过来理解：在时刻 $n$ 可获得到期值 $A(n)$，若要提前 1 期，则只能获得 $A(n-1)$；若要提前 2 期，则只能获得 $A(n-2)$…… 若要提前 $n$ 期，则只能获得 $A(0)$。

由于实际贴现率是一个时期内贴息额（或利息额）与到期日应得金额之比，因此我们可用积累函数或总量函数来表示第 $n$ 期的实际贴现率 $d_n$，则

$$d_n=\frac{A(n)-A(n-1)}{A(n)}=\frac{a(n)-a(n-1)}{a(n)} \tag{A.1.14}$$

于是

$$a^{-1}(n)=(1-d_1)(1-d_2)\cdots(1-d_n) \tag{A.1.15}$$

特别地，当 $d_1=d_2=\cdots=d_n$ 时，$a^{-1}(t)=(1-d)^t$。

2. 名义贴现率

假设有一笔贴现业务，年贴现率为 6%，每季初计算一次贴息，求年末到期且票面金额为 1 的票据在年初的现值。

在 1 年计算 4 次贴息后，每季贴现率为 $6\% \div 4=1.5\%$，因而在年初所能获得的款项为 $\left(1-\frac{6\%}{4}\right)^4\approx 1-5.87\%$，这相当于支付了 5.87% 的贴息，所以 5.87% 称为年实际贴现率。即

$$\left(1-\frac{6\%}{4}\right)^4\approx 0.9413=1-5.87\%$$

如果每一期内计算 $m$ 次贴息，那么将 $\frac{1}{m}$ 期的实际贴现率的 $m$ 倍称为该期的名义贴现率，记为 $d^{(m)}$。由此可得 $\frac{1}{m}$ 期的实际贴现率为 $\frac{d^{(m)}}{m}$。

一般地，假设一期内计算 $m$ 次贴息的名义贴现率为 $d^{(m)}$，期末 1 单位终值在期初

的现值为$\left(1-\frac{d^{(m)}}{m}\right)^m$，将其写成$1-d$的形式，则$d$就是该期的实际贴现率。因此

$$\left(1-\frac{d^{(m)}}{m}\right)^m=1-d \tag{A.1.16}$$

显然

$$d=1-\left(1-\frac{d^{(m)}}{m}\right)^m \tag{A.1.17}$$

或者

$$d^{(m)}=m[1-(1-d)^{\frac{1}{m}}]=m(1-v^{\frac{1}{m}}) \tag{A.1.18}$$

名义贴现率与实际贴现率的关系如图 A.6 所示。

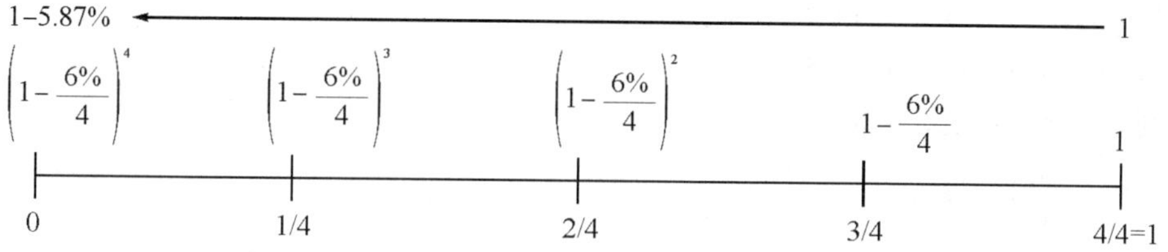


图 A.6　名义贴现率与实际贴现率的关系

（三）利息力或贴息力

1. 利息力

设一笔投资在时刻$t$的积累值为$A(t)$，定义该投资在时刻$t$的利息力为

$$\delta_t=\frac{\frac{\mathrm{d}}{\mathrm{d}t}A(t)}{A(t)}=\frac{A'(t)}{A(t)} \tag{A.1.19}$$

或用积累值函数$a(t)$来定义在时刻$t$的利息力，则为

$$\delta_t=\frac{\frac{\mathrm{d}}{\mathrm{d}t}a(t)}{a(t)}=\frac{a'(t)}{a(t)} \tag{A.1.20}$$

由于$A(t)=A(0)a(t)$，因此两者是等价的定义。

依利息力定义，可得

$$\delta_t^+=\lim_{\Delta t\to 0+}\frac{\frac{A(t+\Delta t)-A(t)}{A(t)}}{\Delta t}=\lim_{\Delta t\to 0+}\frac{A(t+\Delta t)-A(t)}{\Delta t\,A(t)} \tag{A.1.21}$$

公式(A.1.21)反映了单位本金每期产生利息的多少或强弱程度，即利息强度，其本质就是名义利率。对利息力的理解如图 A.7 所示。

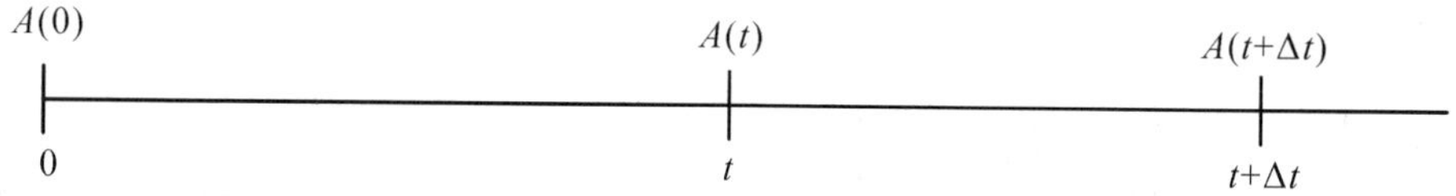


图 A.7　对利息力的理解

类似于(A.1.21)的分析，$\delta_t^- = \lim\limits_{\Delta t \to 0-} \dfrac{A(t) - A(t+\Delta t)}{-\Delta t A(t)}$在本质上为名义贴现率，它反映了单位到期值每提前一期所损失利息的多少，即贴息强度。依据极限定义，当 $\delta_t$ 存在时，$\delta_t^+$ 与 $\delta_t^-$ 均存在且相等，即 $\delta_t^+ = \delta_t^- = \delta_t$。换言之，当 $\Delta t \to 0$ 时，名义利率、名义贴现率都统一到了利息力这一概念上。

2. 贴息力(贴息强度)

设 $t$ 期后 1 单位终值的现值为 $a^{-1}(t)$，定义

$$\tilde{\delta}_t = -\frac{\frac{d}{dt}a^{-1}(t)}{a^{-1}(t)} \tag{A.1.22}$$

为在时刻 $t$ 的贴息力或贴息强度，它显然等于 $\delta_t$。

3. 用利息力 $\delta_t$ 表示 $a(t)$ 或 $A(t)$

由利息力 $\delta_t$ 的定义可得

$$\delta_t = \frac{d}{dt}\ln a(t)$$

或者

$$d\ln a(t) = \delta_t dt \tag{A.1.23}$$

两边从 0 到 $t$ 积分，并改变积分变量记号，可得

$$\int_0^t d\ln a(s) = \int_0^t \delta_s ds$$

$$\therefore a(t) = \exp\left(\int_0^t \delta_s ds\right)$$

$$\therefore A(t) = A(0)\exp\left(\int_0^t \delta_s ds\right) \tag{A.1.24}$$

(A.1.23)式两边从 $t_1$ 到 $t_2$ 积分，可得更一般的关系式

$$A(t_2) = A(t_1)\exp\left(\int_{t_1}^{t_2} \delta_s ds\right) \tag{A.1.25}$$

特例：当 $\delta_t = \delta$($\delta$ 为常数)时，$a(t) = e^{\delta t}$。

$$\because \delta \geqslant 0, \therefore e^{\delta} \geqslant 1$$

若记 $i = e^{\delta} - 1$，则

$$e^{\delta} = 1 + i \text{ 或 } \delta = \ln(1+i) \tag{A.1.26}$$

显然，这里的 $i \geqslant 0$。这也说明 $a(t) = (1+i)^t$ 成立，从而 $i$ 为实际利率。

由 $\delta_t$ 的定义可得

$$dA(t) = A(t)\delta_t dt$$

两边从 0 到 $n$ 积分，可得

$$A(n) - A(0) = \int_0^n A(t)\delta_t dt \tag{A.1.27}$$

显然，在长度为 $dt$ 的微元上产生的利息为 $A(t)\delta_t dt$，因此，公式(A.1.27)表示 $n$ 期内产生的利息就是该段时间里每时每刻产生的利息的累加，如图 A.8 所示。

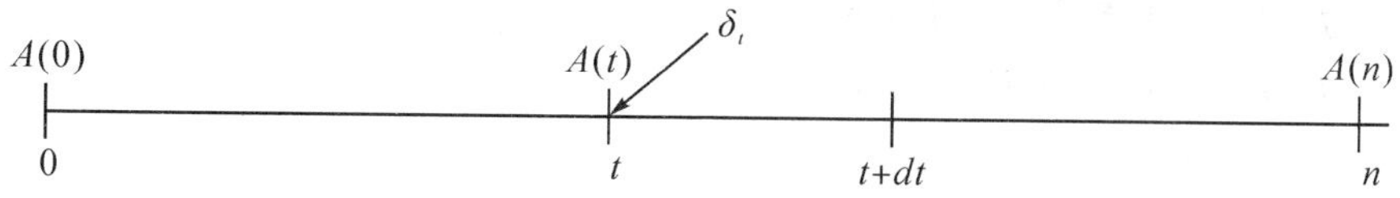


**图 A.8 利息的形成过程**

综上所述,实际利率、名义利率、实际贴现率、名义贴现率、利息力之间的关系为

$$\left(1+\frac{i^{(m)}}{m}\right)^{m}=1+i=(1-d)^{-1}=\left(1-\frac{d^{(n)}}{n}\right)^{-n}=e^{\delta} \tag{A.1.28}$$

或者

$$\left(1+\frac{i^{(m)}}{m}\right)^{-m}=(1+i)^{-1}=1-d=\left(1-\frac{d^{(n)}}{n}\right)^{n}=e^{-\delta} \tag{A.1.29}$$

说明:判断一个利率是否是实际利率,标准是一期是否计息一次。同理,这一标准也可用于区分实际贴现率与名义贴现率。当一个利率或贴现率没有指明计息或贴息次数时,就默认为一次,因而就是实际利率或贴现率。

**例 A.1.1** 某人现在在银行存入 1 000 元,第 1 年年末、第 2 年年末的账户余额分别为 1 100 元、1 265 元,求第 1 年和第 2 年的实际利率和实际贴现率。

**解**:由题意可知 $A(0)=1\,000, A(1)=1\,100, A(2)=1\,265$,因此有

$$I_1=A(1)-A(0)=100, I_2=A(2)-A(1)=165$$

$$i_1=\frac{I_1}{A(0)}=\frac{100}{1\,000}=10\%, i_2=\frac{I_2}{A(1)}=\frac{165}{1\,100}=15\%$$

$$d_1=\frac{I_1}{A(1)}=\frac{100}{1\,100}\approx 9.09\%, d_2=\frac{I_2}{A(2)}=\frac{165}{1\,265}\approx 13.04\%$$

**例 A.1.2** 已知 $a(t)=\alpha t^2+\beta(t\geqslant 0)$,并且在时刻 0 投资 1 000 元能在时刻 5 积累到 1 800 元。(1) 求 $\alpha$ 与 $\beta$ 的值;(2) 如果在时刻 4 投资 4 000 元,那么在时刻 8 能积累到多少元?

**解**:由已知条件可得

$$\begin{cases}\alpha\times 0^2+\beta=1\\ 1\,000(\alpha\times 5^2+\beta)=1\,800\end{cases}$$

解之,得

$$\begin{cases}\alpha=0.032\\ \beta=1\end{cases}$$

在时刻 4 投资 4 000 元相当于在时刻 0 投资 $A(0)=\dfrac{4\,000}{a(4)}$ 元,因而,所求的积累值或终值为

$$A(0)a(8)=\frac{4\,000}{a(4)}\cdot a(8)=4000\cdot\frac{0.032\times 8^2+1}{0.032\times 4^2+1}\approx 8\,063.49(\text{元})$$

**例 A.1.3** 当 $1<i\neq 0$ 时,证明:(1) $(1+i)^n>1+ni \quad (n>1)$;(2) $(1+i)^n<1+ni \quad (0<n<1)$。

**证明**:(1) 考虑函数

$$f(i) = (1+i)^n - (1+ni)$$
$$f'(i) = n[(1+i)^{n-1} - 1]$$
$$\because n > 1$$
$$\therefore f'(i) < 0\ (-1 < i < 0) \text{ 且 } f'(i) > 0\ (i > 0)$$

因此$f(i)$在$i=0$时取得最小值,即$f(i) > f(0) = 0\ (-1 < i \neq 0)$,从而所证不等式得证。

(2) 考虑函数

$$f(i) = (1+i)^n - (1+ni)$$
$$f'(i) = n[(1+i)^{n-1} - 1]$$
$$\because 0 < n < 1$$
$$\therefore f'(i) > 0\ (-1 < i < 0) \text{ 且 } f'(i) < 0\ (i > 0)$$

因此$f(i)$在$i=0$时取得最大值,即$f(i) < f(0) = 0\ (-1 < i \neq 0)$,从而所证不等式成立。

**例 A.1.4** 存款翻番问题。(1) 若要使一笔存款在10年内翻一番,则年利率应为多少?(2) 已知年利率为5%,求一笔存款翻一番所需要的时间。

**解:**(1) 设年利率为$i$且本金为1个单位,则

$$(1+i)^{10} = 2$$
$$\therefore i = 2^{0.1} - 1 \approx 7.18\%$$

(2) 设所求的时间为$n$年且本金为1个单位,则

$$(1+5\%)^n = 2$$
$$\therefore n = \frac{\ln 2}{\ln 1.05} \approx 14.21(\text{年})$$

**例 A.1.5** 某5年期投资项目的本金为10万元,第1年年结转利息2次的年名义利率为5%,第2年年实际利率为5%,第3年年计算贴息4次的年名义贴现率为5%,第4年的年实际贴现率为5%,第5年连续计息的利息力为5%。求第5年年末该项投资的余额。

**解:**第五年年末该项投资的余额为

$$10\left(1+\frac{5\%}{2}\right)^2(1+5\%)\left(1-\frac{5\%}{4}\right)^{-4}(1-5\%)^{-1}e^{5\%} \approx 12.837\ 479(\text{万元})$$

**例 A.1.6** 某人现在投资20 000元,5年后再投资10 000元,已知在时刻$t$的利息力为$\delta_t = (5+t)^{-1} (0 \leqslant t \leqslant 10)$,求在第10年年末可以获得的金额。

**解:**在第10年年末可以获得的金额为

$$20\ 000\exp\left(\int_0^{10}\delta_t \mathrm{d}t\right) + 10\ 000\exp\left(\int_5^{10}\delta_t \mathrm{d}t\right)$$
$$= 20\ 000\exp\left(\int_0^{10}\frac{1}{5+t}\mathrm{d}t\right) + 10\ 000\exp\left(\int_5^{10}\frac{1}{5+t}\mathrm{d}t\right)$$
$$= 20\ 000\exp[\ln(5+t)\mid_0^{10}] + 10\ 000\exp[\ln(5+t)\mid_5^{10}]$$
$$= 20\ 000 \times \frac{15}{5} + 10\ 000 \times \frac{15}{10} = 75\ 000(\text{元})$$

**例 A.1.7**　已知每期实际利率为 $i$，求 $\lim\limits_{m\to+\infty} i^{(m)}$。

**解：**
$$\lim_{m\to+\infty} i^{(m)} = \lim_{m\to+\infty} m[(1+i)^{\frac{1}{m}}-1]$$
$$=\lim_{t\to0+}\frac{(1+i)^t-1}{t}=\lim_{t\to0+}\frac{(1+i)^t\ln(1+i)}{1}$$
$$=\ln(1+i)=\delta$$

其中，$t=\dfrac{1}{m}$。

**例 A.1.8**　证明：当 $m>1$ 且 $-1<i\neq0$ 时，$\delta<i^{(m)}<i$。

**证明：**$\because m>1 \therefore 0<\dfrac{1}{m}<1$

（1）考虑函数
$$f(i)=i-i^{(m)}=i-m[(1+i)^{\frac{1}{m}}-1]$$
$$\therefore f'(i)=1-(1+i)^{\frac{1}{m}-1}$$
$$\therefore f'(i)<0\ (-1<i<0)\ \text{且}\ f'(i)>0\ (i>0)$$

因此，当 $-1<i\neq0$ 时，$f(i)>f(0)=0$，即 $i>i^{(m)}$。

（2）考虑函数
$$g(i)=i^{(m)}-\delta=m[(1+i)^{\frac{1}{m}}-1]-\ln(1+i)$$
$$\therefore g'(i)=(1+i)^{\frac{1}{m}-1}-(1+i)^{-1}$$
$$\therefore g'(i)<0\ (-1<i<0)\ \text{且}\ g'(i)>0\ (i>0)$$

因此，当 $-1<i\neq0$ 时，$g(i)>g(0)=0$，即 $i^{(m)}>\delta$。

于是，所证不等式成立。

## 第二节　确定年金

所谓年金，是指一系列款项的收入或支出。年金按是否与约定的人的生死发生关联分为生存年金和确定年金。生存年金又称为风险年金，它在被保险人或约定人生存期间且在规定的时间范围内生存才给付，当其死亡或约定期满时，给付结束。生存年金的实际给付次数事先无法确定，因而支付的总量事先也无法确定。按月领取养老金、年缴保险费，就是生存年金的例子。在生存年金的计算中，除了要考虑利率因素外，还要考虑年金受领人的生存概率，也就是说要依据生命表，因而计算就比较复杂。所谓确定年金，就是指与人的生死无关的年金，其每次给付金额、给付时点、给付期限事先确定。确定年金纯粹以利率作为积累或计算的基础。这里，我们只研究确定年金。

确定年金有如下几种分类方法：

（1）按是期初还是期末给付，可以分为期初付年金和期末付年金。在每期期初给付的年金称为期初付年金，在每期期末给付的年金则称为期末付年金。

（2）按签约后是否立即开始给付期，可以分为即期年金和延期年金。立即开始给付期的年金称为即期年金,等待一段时间后才开始支付期的年金称为延期年金。

(3) 按给付期限是否有限,可以分为定期年金和永久年金。给付期限为有限的年金称为定期年金;否则,为永久年金。

(4) 按各次给付金额是否相等,可以分为等额年金和非等额年金。各次给付金额相等的年金称为等额年金;否则,称为非等额年金。

(5) 按每期支付频率高低(以一个利息结算期为一期),可以分为多期给付 1 次的年金、每期给付 1 次的年金、每期给付多次的年金、每期连续给付的年金。前三种称为离散型年金,第四种则称为连续型年金。

本节将按此分类方法划分内容结构,但重点研究等额确定年金,而对于非等额确定年金,将侧重研究按等差数列与等比数列变化的年金。本节的主要内容为求年金的现值或年金的终值。年金的现值就是各次给付的现值之和,而年金的终值就是各次给付的终值之和,此定义法将是求年金的现值或终值的万能方法。

## 一、每期给付一次的等额确定年金

(一) 期末付年金

1. 现值与终值

假设每期利率为 $i$,每期末给付1,给付 $n$ 期的年金在0点的现值记为 $a_{\overline{n}|}$ 或 $a_{\overline{n}|i}$,在 $n$ 点的终值记为 $s_{\overline{n}|}$ 或 $s_{\overline{n}|i}$,它们分别被称为该期末付年金的现值或终值。



$$a_{\overline{n}|} = v + v^2 + \cdots + v^n = \frac{1 - v^n}{i} \quad (A.2.1)$$

$$s_{\overline{n}|} = (1+i)^{n-1} + (1+i)^{n-2} + \cdots + (1+i) + 1 = \frac{(1+i)^n - 1}{i} \quad (A.2.2)$$

公式(A.2.1) 可变形为

$$1 = ia_{\overline{n}|} + v^n \quad (A.2.3)$$

解释:该式可理解为在0 点的一个收支平衡等式。具体而言,现在投资 1,投资 $n$ 期,每期利率为 $i$,其现值为 1;那么在每期期末可回收当期利息 $i$,并在投资期满时可回收本金 1,回收的现值为 $ia_{\overline{n}|} + v^n$,由收支平衡原则可得公式(A.2.3)。

公式(A.2.2) 可变形为

$$(1+i)^n = is_{\overline{n}|} + 1 \quad (A.2.4)$$

解释:该式可理解为在 $n$ 点的一个收支平衡等式。具体而言,现在投资 1,投资 $n$ 期,每期利率为 $i$,投资的终值为$(1+i)^n$;那么在每期期末可回收当期利息 $i$,并在投资期满时可回收本金 1,回收的终值为 $is_{\overline{n}|} + 1$,因而公式(A.2.4) 成立。

不难发现,公式(A.2.3) 和公式(A.2.4) 都反映了同样一个投资回收过程,只不过观察点不同。

2. $a_{\overline{n}|}$ 与 $s_{\overline{n}|}$ 的关系

(1) 等价关系。

$$a_{\overline{n}|} = v^n s_{\overline{n}|} \quad (A.2.5)$$

$$s_{\overline{n}|} = (1+i)^n a_{\overline{n}|} \tag{A.2.6}$$

（2）倒数关系。

$$\frac{1}{a_{\overline{n}|}} = i + \frac{1}{s_{\overline{n}|}} \tag{A.2.7}$$

解释：现在投资1，投资 $n$ 期，每期利率为 $i$，可按两种方法回收。方法1：每期期末等额回收 $\frac{1}{a_{\overline{n}|}}$。方法2：每期期末先回收当期利息 $i$，期满时回收本金1。由于期满时回收本金1相当于每期期末回收 $\frac{1}{s_{\overline{n}|}}$，因此每期期末实际上可等额回收 $i+\frac{1}{s_{\overline{n}|}}$，故等式（A.2.7）成立。

说明：也可用"先借贷后偿还"的原理来解释公式（A.2.7）。

（二）期初付年金

1. 现值与终值

假设每期利率为 $i$、每期期初给付1、给付 $n$ 期的年金在0点的现值记为 $\ddot{a}_{\overline{n}|}$ 或 $\ddot{a}_{\overline{n}|i}$，在 $n$ 点的终值记为 $\ddot{s}_{\overline{n}|}$ 或 $\ddot{s}_{\overline{n}|i}$。依年金的现值和终值的定义有

$$\ddot{a}_{\overline{n}|} = 1 + v + \cdots + v^{n-1} = \frac{1-v^n}{d} \tag{A.2.8}$$

$$\begin{aligned}\ddot{s}_{\overline{n}|} &= (1+i)^n + (1+i)^{n-1} + \cdots + (1+i) \\ &= \frac{(1+i)^n - 1}{d}\end{aligned} \tag{A.2.9}$$

公式（A.2.8）可变形为

$$1 = d\ddot{a}_{\overline{n}|} + v^n \tag{A.2.10}$$

解释：该式可理解为在0点的一个收支平衡等式。具体而言，现在投资1，投资 $n$ 期，每期利率为 $i$，投资的现值为1；那么在每期期初可预收当期利息 $d$，并在期满时回收本金1，回收的现值为 $d\ddot{a}_{\overline{n}|}+v^n$，由收支平衡原则可得公式（A.2.10）。

2. $\ddot{a}_{\overline{n}|}$ 与 $\ddot{s}_{\overline{n}|}$ 的关系

（1）等价关系。

$$\ddot{a}_{\overline{n}|} = v^n \ddot{s}_{\overline{n}|} \tag{A.2.11}$$

$$\ddot{s}_{\overline{n}|} = (1+i)^n \ddot{a}_{\overline{n}|} \tag{A.2.12}$$

（2）倒数关系。

$$\frac{1}{\ddot{a}_{\overline{n}|}} = d + \frac{1}{\ddot{s}_{\overline{n}|}} \tag{A.2.13}$$

解释：现在投资1，投资 $n$ 期，可按两种方法回收。方法1：每期期初可等额回收 $\frac{1}{\ddot{a}_{\overline{n}|}}$。方法2：每期期初先预收当期利息 $d$，然后在期满时回收本金1。由于期满时回收本金1相当于每期期初可回收 $\frac{1}{\ddot{s}_{\overline{n}|}}$，因此每期期初实际上可等额回收 $d+\frac{1}{\ddot{s}_{\overline{n}|}}$，故等式（A.2.13）成立。

3. 期初付年金与期末付年金的关系

（1）$\ddot{a}_{\overline{n}|} = a_{\overline{n}|}(1+i)$　　　（A.2.14）

$$\ddot{s}_{\overline{n}|} = s_{\overline{n}|}(1+i) \tag{A.2.15}$$

(2) $\ddot{a}_{\overline{n}|} = a_{\overline{n-1}|} + 1$ (A.2.16)

$$a_{\overline{n}|} = \ddot{a}_{\overline{n+1}|} - 1 \tag{A.2.17}$$

$$\ddot{s}_{\overline{n}|} = s_{\overline{n+1}|} - 1 \tag{A.2.18}$$

$$s_{\overline{n}|} = \ddot{s}_{\overline{n-1}|} + 1 \tag{A.2.19}$$

（三）延期年金

1. 延期期末付年金

令 ${}_{f|}a_{\overline{n}|}$ 表示延期 $f$ 期、给付 $n$ 期、每期期末给付 1 的年金现值，则

$${}_{f|}a_{\overline{n}|} = v^{f+1} + v^{f+2} + \cdots + v^{f+n} = v^f a_{\overline{n}|} = a_{\overline{f+n}|} - a_{\overline{f}|} \tag{A.2.20}$$

2. 延期期初付年金

令 ${}_{f|}\ddot{a}_{\overline{n}|}$ 表示延期 $f$ 期、给付 $n$ 期、每期期初给付 1 的年金现值，则

$${}_{f|}\ddot{a}_{\overline{n}|} = v^f + v^{f+1} + \cdots + v^{f+n-1} = v^f \ddot{a}_{\overline{n}|} = \ddot{a}_{\overline{f+n}|} - \ddot{a}_{\overline{f}|} \tag{A.2.21}$$

（四）永久年金

每期给付额为 1 的期末付永久年金的现值记为 $a_{\overline{\infty}|}$，即

$$a_{\overline{\infty}|} = v + v^2 + v^3 + \cdots = \frac{v}{1-v} = \frac{1}{i} \quad （假设\ i > 0） \tag{A.2.22}$$

或者

$$a_{\overline{\infty}|} = \lim_{n\to\infty} a_{\overline{n}|} = \lim_{n\to\infty} \frac{1-v^n}{i} = \frac{1}{i} \quad （假设\ i > 0）$$

公式(A.2.22)可以这样理解：现在投入本金$\frac{1}{i}$，在每期利率$i$的作用下，每期期末可获得当期利息 1，可以永远地投资下去。

同样地，每期给付额为 1 的期初付永久年金的现值记为 $\ddot{a}_{\overline{\infty}|}$，即

$$\ddot{a}_{\overline{\infty}|} = 1 + v + v^2 + \cdots = \frac{1}{1-v} = \frac{1}{d} \quad （假设\ i > 0） \tag{A.2.23}$$

或者

$$\ddot{a}_{\overline{\infty}|} = \lim_{n\to\infty} \ddot{a}_{\overline{n}|} = \lim_{n\to\infty} \frac{1-v^n}{d} = \frac{1}{d} \quad （假设\ i > 0）$$

容易求得延期永久年金的现值：

$${}_{f|}a_{\overline{\infty}|} = v^{f+1} + v^{f+2} + v^{f+3} + \cdots = v^f a_{\overline{\infty}|} = \frac{v^f}{i} \quad （假设\ i > 0） \tag{A.2.24}$$

$${}_{f|}\ddot{a}_{\overline{\infty}|} = v^f + v^{f+1} + v^{f+2} + \cdots = v^f \ddot{a}_{\overline{\infty}|} = \frac{v^f}{d} \quad （假设\ i > 0） \tag{A.2.25}$$

## 二、每期给付多次的等额确定年金

（一）期末付年金

1. 现值与终值

假设每期利率为 $i$、每 $\frac{1}{m}$ 期末给付 $\frac{1}{m}$、给付 $n$ 期的年金的现值与终值分别记为

$a_{\overline{n}|}^{(m)}$、$s_{\overline{n}|}^{(m)}$，或者 $a_{\overline{n}|i}^{(m)}$、$s_{\overline{n}|i}^{(m)}$。于是：

$$a_{\overline{n}|}^{(m)} = \frac{1}{m}(v^{\frac{1}{m}} + v^{\frac{2}{m}} + \cdots + v^{\frac{mn}{m}})$$

$$= \frac{1}{m} \cdot \frac{v^{\frac{1}{m}}(1 - (v^{\frac{1}{m}})^{mn})}{1 - v^{\frac{1}{m}}} = \frac{1 - v^n}{i^{(m)}} \tag{A.2.26}$$

$$s_{\overline{n}|}^{(m)} = \frac{1}{m}[(1 + i)^{\frac{mn-1}{m}} + (1 + i)^{\frac{mn-2}{m}} + \cdots + (1 + i)^{\frac{1}{m}} + 1]$$

$$= \frac{(1 + i)^n - 1}{i^{(m)}} \tag{A.2.27}$$

上述公式中的 $n$ 不必为整数，只需要为$\frac{1}{m}$的整数倍数。这些公式的推证实际上依据了年金的现值与终值的定义。下面将其转化为每期给付一次的年金问题去处理。这里有两种处理方法：一是期限分解法，二是给付额合并法。

（1）期限分解法。以$\frac{1}{m}$期作为新的一期，设其实际利率为 $j$，显然 $j = \frac{i^{(m)}}{m}$，这样，原来的年金就转化为每期给付 1 次、每期期末给付$\frac{1}{m}$、给付 $mn$ 期的年金问题，即

$$a_{\overline{n}|}^{(m)} = \frac{1}{m}a_{\overline{mn}|j} = \frac{1}{m} \cdot \frac{1 - (1 + j)^{-mn}}{j}$$

$$= \frac{1}{m} \cdot \frac{1 - (1 + \frac{i^{(m)}}{m})^{-mn}}{\frac{i^{(m)}}{m}} = \frac{1 - v^n}{i^{(m)}}$$

$$s_{n}^{(m)} = \frac{1}{m}s_{\overline{mn}|j} = \frac{1}{m} \cdot \frac{(1 + j)^{mn} - 1}{j}$$

$$= \frac{1}{m} \cdot \frac{(1 + \frac{i^{(m)}}{m})^{mn} - 1}{\frac{i^{(m)}}{m}} = \frac{(1 + i)^n - 1}{i^{(m)}}$$

（2）给付额合并法。假设每$\frac{1}{m}$期分期末给付$\frac{1}{m}$，给付 1 期相当于期末给付 $x$，则

$$x = \frac{1}{m}(1 + i)^{\frac{m-1}{m}} + \frac{1}{m}(1 + i)^{\frac{m-2}{m}} + \cdots + (1 + i)^{\frac{1}{m}} + \frac{1}{m}$$

$$= \frac{1}{m} \cdot \frac{1 - [(1 + i)^{\frac{1}{m}}]^m}{1 - (1 + i)^{\frac{1}{m}}} = \frac{i}{m[(1 + i)^{\frac{1}{m}} - 1]} = \frac{i}{i^{(m)}}$$

因此

$$a_{\overline{n}|}^{(m)} = xa_{\overline{n}|} = \frac{i}{i^{(m)}} \cdot \frac{1 - v^n}{i} = \frac{1 - v^n}{i^{(m)}}$$

$$s_{\overline{n}|}^{(m)} = xs_{\overline{n}|} = \frac{i}{i^{(m)}} \cdot \frac{(1 + i)^n - 1}{i} = \frac{(1 + i)^n - 1}{i^{(m)}}$$

2. $a_{\overline{n}|}^{(m)}$ 与 $s_{\overline{n}|}^{(m)}$ 的关系

（1）等价关系。

$$a_{\overline{n}|}^{(m)} = v^n s_{\overline{n}|}^{(m)} \tag{A.2.28}$$

$$s_{\overline{n}|}^{(m)} = (1+i)^n a_{\overline{n}|}^{(m)} \tag{A.2.29}$$

（2）倒数关系。

$$\frac{1}{a_{\overline{n}|}^{(m)}} = i^{(m)} + \frac{1}{s_{\overline{n}|}^{(m)}} \tag{A.2.30}$$

（二）期初付年金

1. 现值与终值

假设每期利率为 $i$、每$\frac{1}{m}$期初给付$\frac{1}{m}$、给付 $n$ 期的年金的现值与终值分别记为 $\ddot{a}_{\overline{n}|}^{(m)}$、$\ddot{s}_{\overline{n}|}^{(m)}$，或者 $\ddot{a}_{\overline{n}|i}^{(m)}$、$\ddot{s}_{\overline{n}|i}^{(m)}$。于是有

$$\ddot{a}_{\overline{n}|}^{(m)} = \frac{1}{m}(1 + v^{\frac{1}{m}} + v^{\frac{2}{m}} + \cdots + v^{\frac{mn-1}{m}}) = \frac{1-v^n}{d^{(m)}} \tag{A.2.31}$$

$$\ddot{s}_{\overline{n}|}^{(m)} = \frac{1}{m}[(1+i)^{\frac{mn}{m}} + (1+i)^{\frac{mn-1}{m}} + \cdots + (1+i)^{\frac{1}{m}}]$$

$$= \frac{(1+i)^n - 1}{d^{(m)}} \tag{A.2.32}$$

上述公式中的 $n$ 不必为整数，只需要为$\frac{1}{m}$的整数倍数。



2. $\ddot{a}_{\overline{n}|}^{(m)}$ 与 $\ddot{s}_{\overline{n}|}^{(m)}$ 的关系

（1）等价关系。

$$\ddot{a}_{\overline{n}|}^{(m)} = v^n \ddot{s}_{\overline{n}|}^{(m)} \tag{A.2.33}$$

$$\ddot{s}_{\overline{n}|}^{(m)} = (1+i)^n \ddot{a}_{\overline{n}|}^{(m)} \tag{A.2.34}$$

（2）倒数关系。

$$\frac{1}{\ddot{a}_{\overline{n}|}^{(m)}} = d^{(m)} + \frac{1}{\ddot{s}_{\overline{n}|}^{(m)}} \tag{A.2.35}$$

（三）期初付年金与期末付年金的关系

$$\ddot{a}_{\overline{n}|}^{(m)} = (1+i)^{\frac{1}{m}} a_{\overline{n}|}^{(m)} \tag{A.2.36}$$

$$a_{\overline{n}|}^{(m)} = v^{\frac{1}{m}} \ddot{a}_{\overline{n}|}^{(m)} \tag{A.2.37}$$

$$\ddot{s}_{\overline{n}|}^{(m)} = (1+i)^{\frac{1}{m}} s_{\overline{n}|}^{(m)} \tag{A.2.38}$$

$$s_{\overline{n}|}^{(m)} = v^{\frac{1}{m}} \ddot{s}_{\overline{n}|}^{(m)} \tag{A.2.39}$$

$$\ddot{a}_{\overline{n}|}^{(m)} = a_{\overline{n-\frac{1}{m}}|}^{(m)} + \frac{1}{m} \tag{A.2.40}$$

$$a_{\overline{n}|}^{(m)} = \ddot{a}_{\overline{n+\frac{1}{m}}|}^{(m)} - \frac{1}{m} \tag{A.2.41}$$

$$\ddot{s}_{\overline{n}|}^{(m)} = s_{\overline{n+\frac{1}{m}}|}^{(m)} - \frac{1}{m} \tag{A.2.42}$$

$$s_{\overline{n}|}^{(m)} = \ddot{s}_{\overline{n-\frac{1}{m}}|}^{(m)} + \frac{1}{m} \tag{A.2.43}$$

(四) 延期年金

${}_{f|}a_{\overline{n}|}^{(m)}$ 表示延期 $f$ 期、给付 $n$ 期、每 $\frac{1}{m}$ 期分期末给付 $\frac{1}{m}$ 的年金现值。因此

$$\begin{aligned} {}_{f|}a_{\overline{n}|}^{(m)} &= \frac{1}{m}(v^{f+\frac{1}{m}} + v^{f+\frac{2}{m}} + \cdots + v^{f+\frac{mn}{m}}) \\ &= v^f a_{\overline{n}|}^{(m)} = a_{\overline{f+n}|}^{(m)} - a_{\overline{f}|}^{(m)} \end{aligned} \tag{A.2.44}$$

${}_{f|}\ddot{a}_{\overline{n}|}^{(m)}$ 表示延期 $f$ 期、给付 $n$ 期、每 $\frac{1}{m}$ 期分期初给付 $\frac{1}{m}$ 的年金现值。因此

$$\begin{aligned} {}_{f|}\ddot{a}_{\overline{n}|}^{(m)} &= \frac{1}{m}(v^f + v^{f+\frac{1}{m}} + v^{f+\frac{2}{m}} + \cdots + v^{f+\frac{mn-1}{m}}) \\ &= v^f \ddot{a}_{n}^{(m)} = \ddot{a}_{\overline{f+n}|}^{(m)} - \ddot{a}_{\overline{f}|}^{(m)} \end{aligned} \tag{A.2.45}$$

(五) 永久年金

期末付永久年金的现值为

$$a_{\overline{\infty}|}^{(m)} = \lim_{n\to+\infty} a_{\overline{n}|}^{(m)} = \frac{1}{i^{(m)}} \tag{A.2.46}$$

期初付永久年金的现值为

$$\ddot{a}_{\overline{\infty}|}^{(m)} = \lim_{n\to+\infty} \ddot{a}_{\overline{n}|}^{(m)} = \frac{1}{d^{(m)}} \tag{A.2.47}$$



## 三、连续给付的等额确定年金

(一) 现值与终值

用 $\bar{a}_{\overline{n}|}$、$\bar{s}_{\overline{n}|}$ 分别表示每期连续给付 1、给付 $n$ 期的连续年金的现值与终值。显然，它是每期给付 $m(m>1)$ 次的等额确定年金在 $m\to+\infty$ 时的极限。因而，有如下结论：

$$\begin{aligned} \bar{a}_{\overline{n}|} &= \lim_{m\to+\infty} a_{\overline{n}|}^{(m)} = \lim_{m\to+\infty} \frac{1}{m}\sum_{k=1}^{mn} v^{\frac{k}{m}} \\ &= \int_0^n v^t \mathrm{d}t = \frac{1-v^n}{\delta} \end{aligned} \tag{A.2.48}$$

$$\begin{aligned} \bar{s}_{\overline{n}|} &= \lim_{m\to+\infty} s_{\overline{n}|}^{(m)} = \lim_{m\to+\infty} \frac{1}{m}\sum_{k=0}^{mn-1} (1+i)^{\frac{k}{m}} \\ &= \int_0^n (1+i)^t \mathrm{d}t = \frac{(1+i)^n - 1}{\delta} \end{aligned} \tag{A.2.49}$$

同理，可由每期给付 $m$ 次的期初付年金的现值与终值的极限来定义 $\bar{a}_{\overline{n}|}$、$\bar{s}_{\overline{n}|}$，即 $\bar{a}_{\overline{n}|} = \lim\limits_{m\to+\infty} \ddot{a}_{\overline{n}|}^{(m)}$，$\bar{s}_{\overline{n}|} = \lim\limits_{m\to+\infty} \ddot{s}_{\overline{n}|}^{(m)}$，上述公式仍能成立，其中定积分表达式可用数学中的微元法思想去理解。

(二)$\bar{a}_{\overline{n}|}$与$\bar{s}_{\overline{n}|}$的关系

1. 等价关系

$$\bar{a}_{\overline{n}|} = v^n \bar{s}_{\overline{n}|} \tag{A.2.50}$$

$$\bar{s}_{\overline{n}|} = (1+i)^n \bar{a}_{\overline{n}|} \tag{A.2.51}$$

2. 倒数关系

$$\frac{1}{\bar{a}_{\overline{n}|}} = \delta + \frac{1}{\bar{s}_{\overline{n}|}} \tag{A.2.52}$$

(三)连续年金与每期给付一次的年金的关系

$$\bar{a}_{\overline{n}|} = \bar{s}_{\overline{1}|} a_{\overline{n}|} = \bar{a}_{\overline{1}|} \ddot{a}_{\overline{n}|} \tag{A.2.53}$$

$$\bar{s}_{\overline{n}|} = \bar{s}_{\overline{1}|} s_{\overline{n}|} = \bar{a}_{\overline{1}|} \ddot{s}_{\overline{n}|} \tag{A.2.54}$$

其中,$\bar{a}_{\overline{1}|} = \dfrac{d}{\delta}$,$\bar{s}_{\overline{n}|} = \dfrac{i}{\delta}$。

(四)其他连续年金

${}_{f|}\bar{a}_{\overline{n}|}$表示延期$f$期、给付$n$期、每期连续给付1的延期年金的现值。$\bar{a}_{\overline{\infty}|}$表示每期连续给付1的永久年金的现值。

$$ {}_{f|}\bar{a}_{\overline{n}|} = v^f \bar{a}_{\overline{n}|} = \bar{a}_{\overline{f+n}|} - \bar{a}_{\overline{f}|} \tag{A.2.55}$$

$$\bar{a}_{\overline{\infty}|} = \frac{1}{\delta} \tag{A.2.56}$$



## 四、多期给付一次的等额确定年金

每$k$期给付一次的等额确定年金指的是每$k$个利息结算期才给付一次的年金,如每季结转一次利息、每年支付一次款项的年金,又如每月结转一次利息、每季支付一次款项的年金。它们都是每$k$期给付一次的年金的实例。对于这种年金,有三种方法求其现值与终值:一是定义法,二是期限合并法,三是给付额分解法。需要说明的是,为了方便起见,本节现值与终值记号是笔者自行编制的。

(一)定义法

所谓定义法,指的是直接依据年金的现值与终值的定义来求现值与终值,这也是求年金的现值与终值的普遍而常用的方法。

1. 期末付年金

假设每期利率为$i$、每$k$期期末给付1、给付$n$期($n$为$k$的整数倍)的年金的现值、终值分别记为$(ka)_{\overline{n}|}$、$(ks)_{\overline{n}|}$,或者$(ka)_{\overline{n}|i}$、$(ks)_{\overline{n}|i}$。

$$(ka)_{\overline{n}|} = v^k + v^{2k} + \cdots + v^{\frac{n}{k}\cdot k} = \frac{1-v^n}{(1+i)^k - 1} \tag{A.2.57}$$

$$= \frac{a_{\overline{n}|}}{s_{\overline{k}|}} = \frac{\ddot{a}_{\overline{n}|}}{\ddot{s}_{\overline{k}|}} \tag{A.2.58}$$

$$(ks)_{\overline{n}|} = (1+i)^{(\frac{n}{k}-1)k} + (1+i)^{(\frac{n}{k}-2)k} + \cdots + (1+i)^k + 1$$

$$= \frac{(1+i)^n - 1}{(1+i)^k - 1} \tag{A.2.59}$$

$$= \frac{s_{\overline{n|}}}{s_{\overline{k|}}} = \frac{\ddot{s}_{\overline{n|}}}{\ddot{s}_{\overline{k|}}} \tag{A.2.60}$$

$(ka)_{\overline{n|}}$与$(ks)_{\overline{n|}}$的关系如下：

$$(ka)_{\overline{n|}} = v^n (ks)_{\overline{n|}} \tag{A.2.61}$$

$$(ks)_{\overline{n|}} = (1+i)^n (ka)_{\overline{n|}} \tag{A.2.62}$$

2. 期初付年金

假设每期利率为$i$、每$k$期期初给付1、给付$n$期($n$为$k$的整数倍)的年金的现值、终值分别记为$(k\ddot{a})_{\overline{n|}}$、$(k\ddot{s})_{\overline{n|}}$，或者$(k\ddot{a})_{\overline{n|}i}$、$(k\ddot{s})_{\overline{n|}i}$。

$$(k\ddot{a})_{\overline{n|}} = 1 + v^k + v^{2k} + \cdots + v^{(\frac{n}{k}-1)\cdot k} = \frac{1-v^n}{1-v^k} = \frac{a_{\overline{n|}}}{a_{\overline{k|}}} = \frac{\ddot{a}_{\overline{n|}}}{\ddot{a}_{\overline{k|}}} \tag{A.2.63}$$

$$(k\ddot{s})_{\overline{n|}} = (1+i)^{\frac{n}{k}\cdot k} + (1+i)^{(\frac{n}{k}-1)k} + \cdots + (1+i)^k$$

$$= \frac{(1+i)^n - 1}{1-v^k} = \frac{s_{\overline{n|}}}{a_{\overline{k|}}} = \frac{\ddot{s}_{\overline{n|}}}{\ddot{a}_{\overline{k|}}} \tag{A.2.64}$$

$(k\ddot{a})_{\overline{n|}}$与$(k\ddot{s})_{\overline{n|}}$的关系如下：

$$(k\ddot{a})_{\overline{n|}} = v^n (k\ddot{s})_{\overline{n|}} \tag{A.2.65}$$

$$(k\ddot{s})_{\overline{n|}} = (1+i)^n (k\ddot{a})_{\overline{n|}} \tag{A.2.66}$$

（二）期限合并法

所谓期限合并法，是指将$k$期合并成新的一期，于是每$k$期给付一次的年金就转化为每期给付一次的年金，从而求出其现值与终值的方法。以$k$期作为新的一期，设新的一期的利率为$j$，显然$j = (1+i)^k - 1$，于是

$$(ka)_{\overline{n|}} = a_{\overline{\frac{n}{k}|}j} = \frac{1-(1+j)^{-\frac{n}{k}}}{j} = \frac{1-v^n}{(1+i)^k - 1}$$

同理

$$(ks)_{\overline{n|}} = s_{\overline{\frac{n}{k}|}j} = \frac{(1+i)^n - 1}{(1+i)^k - 1}$$

$$(k\ddot{a})_{\overline{n|}} = \ddot{a}_{\overline{\frac{n}{k}|}j} = \frac{1-v^n}{1-v^k}$$

$$(k\ddot{s})_{\overline{n|}} = \ddot{s}_{\overline{\frac{n}{k}|}j} = \frac{(1+i)^n - 1}{1-v^k}$$

（三）给付额分解法

所谓给付额分解法，是指将$k$期给付一次分解为每期给付一次，从而将每$k$期给付一次的年金问题转化为每期给付一次的年金问题来求解的方法。

1. 期末付年金

假设每$k$期末给付1等价于($k$期中的)每期期末给付$x$，那么$1 = xs_{\overline{k|}}$，即$x = \frac{1}{s_{\overline{k|}}}$，从而每$k$期末给付一次、给付$n$期的年金相当于每期期末给付$x$、给付$n$期的年金。因而

$$(ka)_{\overline{n|}} = xa_{\overline{n|}} = \frac{a_{\overline{n|}}}{s_{\overline{k|}}},\ (ks)_{\overline{n|}} = xs_{\overline{n|}} = \frac{s_{\overline{n|}}}{s_{\overline{k|}}}$$

上面的给付额还可这样分解：设每 $k$ 期末给付 1 等价于（$k$ 期中）每期期初给付 $y$，那么 $1=y\ddot{s}_{\overline{k}|}$，即 $y=\dfrac{1}{\ddot{s}_{\overline{k}|}}$，从而每 $k$ 期末给付一次、给付 $n$ 期的年金相当于每期期初给付 $y$、给付 $n$ 期的年金。因而

$$(ka)_{\overline{n}|}=y\ddot{a}_{\overline{n}|}=\frac{\ddot{a}_{\overline{n}|}}{\ddot{s}_{\overline{k}|}},(ks)_{\overline{n}|}=y\ddot{s}_{\overline{n}|}=\frac{\ddot{s}_{\overline{n}|}}{\ddot{s}_{\overline{k}|}}$$

2. 期初付年金

运用给付额分解法，可以得到

$$(k\ddot{a})_{\overline{n}|}=\frac{a_{\overline{n}|}}{a_{\overline{k}|}}=\frac{\ddot{a}_{\overline{n}|}}{\ddot{a}_{\overline{k}|}},\ (k\ddot{s})_{\overline{n}|}=\frac{s_{\overline{n}|}}{a_{\overline{k}|}}=\frac{\ddot{s}_{\overline{n}|}}{\ddot{a}_{\overline{k}|}}$$

### 五、非等额确定年金

这里主要讨论两类特殊的非等额确定年金：一类是给付额按等差数列变化的非等额确定年金，另一类是给付额按等比数列变化的非等额确定年金。对于其他情形的一般年金，只能按定义来求其现值与终值。

（一）给付额按等差数列变化的非等额确定年金

1. 每期支付一次的变额确定年金

（1）递增年金。第 1 期期末给付 1，第 2 期期末给付 2，……，第 $n$ 期期末给付 $n$ 的年金的现值与终值分别记为 $(Ia)_{\overline{n}|}$、$(Is)_{\overline{n}|}$ 或 $(Ia)_{\overline{n}|i}$、$(Is)_{\overline{n}|i}$；第 1 期期初给付 1，第 2 期期初给付 2，…… 第 $n$ 期期初给付 $n$ 的年金的现值与终值分别记为 $(I\ddot{a})_{\overline{n}|}$、$(I\ddot{s})_{\overline{n}|}$ 或 $(I\ddot{a})_{\overline{n}|i}$、$(I\ddot{s})_{\overline{n}|i}$。因此

$$(Ia)_{\overline{n}|}=v+2v^2+3v^3+\cdots+(n-1)v^{n-1}+nv^n \tag{A.2.67}$$

公式（A.2.67）×（1 + $i$）得

$$(1+i)(Ia)_{\overline{n}|}=1+2v+3v^2+4v^3+\cdots+nv^{n-1} \tag{A.2.68}$$

公式（A.2.68）－公式（A.2.67）得

$$i(Ia)_{\overline{n}|}=(1+v+v^2+\cdots+v^{n-1})-nv^n=\ddot{a}_{\overline{n}|}-nv^n$$

$$\therefore\ (Ia)_{\overline{n}|}=\frac{\ddot{a}_{\overline{n}|}-nv^n}{i} \tag{A.2.69}$$

也可按如下方法将非等额年金转化为等额年金来处理：

$$\begin{aligned}(Ia)_{\overline{n}|}&=a_{\overline{n}|}+{}_{1|}a_{\overline{n-1}|}+{}_{2|}a_{\overline{n-2}|}+\cdots++{}_{n-1|}a_{\overline{1}|}\\&=a_{\overline{n}|}+va_{\overline{n-1}|}+v^2a_{\overline{n-2}|}+\cdots++v^{n-1}a_{\overline{1}|}\\&=\frac{1+v+v^2+\cdots+v^{n-1}-nv^n}{i}=\frac{\ddot{a}_{\overline{n}|}-nv^n}{i}\end{aligned}$$

$$(Is)_{\overline{n}|}=(1+i)^n(Ia)_{\overline{n}|}=\frac{\ddot{s}_{\overline{n}|}-n}{i} \tag{A.2.70}$$

$$(I\ddot{a})_{\overline{n}|}=1+2v+3v^2+\cdots+nv^{n-1}=\frac{\ddot{a}_{\overline{n}|}-nv^n}{d} \tag{A.2.71}$$

$$(I\ddot{s})_{\overline{n}|}=(1+i)^n(I\ddot{a})_{\overline{n}|}=\frac{\ddot{s}_{\overline{n}|}-n}{d} \tag{A.2.72}$$

（2）递减年金。第 1 期期末给付 $n$，第 2 期期末给付 $n-1$，……，第 $n$ 期期末给付 1 的年金的现值与终值分别记为 $(Da)_{\overline{n}|}$、$(Ds)_{\overline{n}|}$ 或 $(Da)_{\overline{n}|i}$、$(Ds)_{\overline{n}|i}$；第 1 期期初给付 $n$，第 2 期期初给付 $n-1$，……，第 $n$ 期期初给付 1 的年金的现值与终值分别记为 $(D\ddot{a})_{\overline{n}|}$、$(D\ddot{s})_{\overline{n}|}$ 或 $(D\ddot{a})_{\overline{n}|i}$、$(D\ddot{s})_{\overline{n}|i}$。因此

$$(D\ddot{a})_{\overline{n}|} = n + (n-1)v + (n-2)v^2 + \cdots + 2v^{n-2} + v^{n-1} \tag{A.2.73}$$

公式（A.2.73）$\times v$ 得

$$v(D\ddot{a})_{\overline{n}|} = nv + (n-1)v^2 + (n-2)v^3 + \cdots + 2v^{n-1} + v^n \tag{A.2.74}$$

公式（A.2.73）－公式（A.2.74）得

$$(1-v)(D\ddot{a})_{\overline{n}|} = n - (v + v^2 + \cdots + v^{n-1} + v^n) = n - a_{\overline{n}|}$$

$$\therefore (D\ddot{a})_{\overline{n}|} = \frac{n - a_{\overline{n}|}}{d} \tag{A.2.75}$$

$$(D\ddot{s})_{\overline{n}|} = (1+i)^n (D\ddot{a})_{\overline{n}|} = \frac{n(1+i)^n - s_{\overline{n}|}}{d} \tag{A.2.76}$$

$$(Da)_{\overline{n}|} = v(D\ddot{a})_{\overline{n}|} = \frac{n - a_{\overline{n}|}}{i} \tag{A.2.77}$$

$$(Ds)_{\overline{n}|} = v(Ds)_{\overline{n}|} = \frac{n(1+i)^n - s_{\overline{n}|}}{i} \tag{A.2.78}$$

2. 每期给付 $m$ 次的变额确定年金

（1）各期内的 $m$ 次给付额保持不变。第 1 期内每次给付 $\frac{1}{m}$，第 2 期内每次给付 $\frac{2}{m}$，……，第 $n$ 期内每次给付 $\frac{n}{m}$ 的 $n$ 期期末付、期初付递增年金的现值分别记为 $(Ia)_{\overline{n}|}^{(m)}$、$(I\ddot{a})_{\overline{n}|}^{(m)}$，相应的终值分别记为 $(Is)_{\overline{n}|}^{(m)}$、$(I\ddot{s})_{\overline{n}|}^{(m)}$。于是

$$\begin{aligned}(Ia)_{\overline{n}|}^{(m)} &= \frac{1}{m}(v^{\frac{1}{m}} + v^{\frac{2}{m}} + \cdots + v^{\frac{m}{m}}) + \frac{2}{m}(v^{1+\frac{1}{m}} + v^{1+\frac{2}{m}} + \cdots + v^{1+\frac{m}{m}}) + \cdots \\ &\quad + \frac{n}{m}(v^{n-1+\frac{1}{m}} + v^{n-1+\frac{2}{m}} + \cdots + v^{n-1+\frac{m}{m}})\end{aligned} \tag{A.2.79}$$

$$\begin{aligned}&= a_{\overline{1}|}^{(m)} + 2va_{\overline{1}|}^{(m)} + 3v^2a_{\overline{1}|}^{(m)} + \cdots + nv^{n-1}a_{\overline{1}|}^{(m)} \\ &= a_{\overline{1}|}^{(m)}(1 + 2v + 3v^2 + \cdots + nv^{n-1}) \\ &= a_{\overline{1}|}^{(m)}(I\ddot{a})_{\overline{n}|} = \frac{\ddot{a}_{\overline{n}|} - nv^n}{i^{(m)}}\end{aligned} \tag{A.2.80}$$

同理可得

$$(I\ddot{a})_{\overline{n}|}^{(m)} = \ddot{a}_{\overline{1}|}^{(m)}(I\ddot{a})_{\overline{n}|} = \frac{\ddot{a}_{\overline{n}|} - nv^n}{d^{(m)}} \tag{A.2.81}$$

$$(Is)_{\overline{n}|}^{(m)} = (1+i)^n (Ia)_{\overline{n}|}^{(m)} = \frac{\ddot{s}_{\overline{n}|} - n}{i^{(m)}} \tag{A.2.82}$$

$$(I\ddot{s})_{\overline{n}|}^{(m)} = (1+i)^n (I\ddot{a})_{\overline{n}|}^{(m)} = \frac{\ddot{s}_{\overline{n}|} - n}{d^{(m)}} \tag{A.2.83}$$

第 1 期内每次给付 $\frac{n}{m}$，第 2 期内每次给付 $\frac{n-1}{m}$，……，第 $n$ 期内每次给付 $\frac{1}{m}$ 的 $n$ 期

期末付、期初付递减年金的现值分别记为 $(Da)_{\overline{n}|}^{(m)}$、$(D\ddot{a})_{\overline{n}|}^{(m)}$，相应的终值分别记为 $(Ds)_{\overline{n}|}^{(m)}$、$(D\ddot{s})_{\overline{n}|}^{(m)}$。可按递增年金的现值与终值的推导方法进行推导，结果如下：

$$(Da)_{\overline{n}|}^{(m)} = \frac{n - a_{\overline{n}|}}{i^{(m)}} \tag{A.2.84}$$

$$(D\ddot{a})_{\overline{n}|}^{(m)} = \frac{n - a_{\overline{n}|}}{d^{(m)}} \tag{A.2.85}$$

$$(Ds)_{\overline{n}|}^{(m)} = \frac{n(1+i)^n - s_{\overline{n}|}}{i^{(m)}} \tag{A.2.86}$$

$$(D\ddot{s})_{\overline{n}|}^{(m)} = \frac{n(1+i)^n - s_{\overline{n}|}}{d^{(m)}} \tag{A.2.87}$$

（2）各期内给付额保持递增。每期给付 $m$ 次，给付 $n$ 期，第1次给付 $\frac{1}{m^2}$，第2次给付 $\frac{2}{m^2}$，第3次给付 $\frac{3}{m^2}$，……，第 $mn$ 次给付 $\frac{mn}{m^2}$ 的期末付、期初付年金的现值分别记为 $(I^{(m)}a)_{\overline{n}|}^{(m)}$、$(I^{(m)}\ddot{a})_{\overline{n}|}^{(m)}$，终值分别记为 $(I^{(m)}s)_{\overline{n}|}^{(m)}$、$(I^{(m)}\ddot{s})_{\overline{n}|}^{(m)}$。于是

$$(I^{(m)}a)_{\overline{n}|}^{(m)} = \frac{1}{m^2}v^{\frac{1}{m}} + \frac{2}{m^2}v^{\frac{2}{m}} + \cdots + \frac{mn-1}{m^2}v^{\frac{mn-1}{m}} + \frac{mn}{m^2}v^{\frac{mn}{m}} \tag{A.2.88}$$

公式（A.2.88）$\times (1+i)^{\frac{1}{m}}$ 得

$$(1+i)^{\frac{1}{m}}(I^{(m)}a)_{\overline{n}|}^{(m)} = \frac{1}{m^2} + \frac{2}{m^2}v^{\frac{1}{m}} + \frac{3}{m^2}v^{\frac{2}{m}} + \cdots + \frac{mn}{m^2}v^{\frac{mn-1}{m}} \tag{A.2.89}$$

公式（A.2.89）－公式（A.2.88）得

$$\begin{aligned}[(1+i)^{\frac{1}{m}} - 1](I^{(m)}a)_{\overline{n}|}^{(m)} &= \frac{1}{m}\cdot\frac{1}{m}(1 + v^{\frac{1}{m}} + v^{\frac{2}{m}} + \cdots + v^{\frac{mn-1}{m}}) - \frac{mn}{m^2}v^{\frac{mn}{m}} \\ &= \frac{1}{m}\ddot{a}_{\overline{n}|}^{(m)} - \frac{n}{m}v^n\end{aligned}$$

$$(I^{(m)}a)_{\overline{n}|}^{(m)} = \frac{\ddot{a}_{\overline{n}|}^{(m)} - nv^n}{i^{(m)}} \tag{A.2.90}$$

同理可得

$$(I^{(m)}\ddot{a})_{\overline{n}|}^{(m)} = \frac{\ddot{a}_{\overline{n}|}^{(m)} - nv^n}{d^{(m)}} \tag{A.2.91}$$

容易得出

$$(I^{(m)}s)_{\overline{n}|}^{(m)} = (1+i)^n(I^{(m)}a)_{\overline{n}|}^{(m)} = \frac{\ddot{s}_{\overline{n}|}^{(m)} - n}{i^{(m)}} \tag{A.2.92}$$

$$(I^{(m)}\ddot{s})_{\overline{n}|}^{(m)} = (1+i)^n(I^{(m)}\ddot{a})_{\overline{n}|}^{(m)} = \frac{\ddot{s}_{\overline{n}|}^{(m)} - n}{d^{(m)}} \tag{A.2.93}$$

3. 连续给付的变额确定年金

在时刻 $t$ 每期给付总额（或年率）为 $t$、给付 $n$ 期的递增连续年金的现值记为 $(\bar{I}\bar{a})_{\overline{n}|}$，根据微元法思想求解定积分，可得

$$(\bar{I}\bar{a})_{\overline{n}|} = \int_0^n tv^t \mathrm{d}t = \frac{\bar{a}_{\overline{n}|} - nv^n}{\delta} \tag{A.2.94}$$

根据公式(A.2.90)，可得：

$$(\bar{I}\bar{a})_{\overline{n}|} = \lim_{m\to+\infty} (I^{(m)}a)_{\overline{n}|}^{(m)} = \lim_{m\to+\infty} \frac{\ddot{a}_{\overline{n}|}^{(m)} - nv^n}{i^{(m)}} = \frac{\bar{a}_{\overline{n}|} - nv^n}{\delta}$$

同样

$$(\bar{I}\bar{a})_{\overline{n}|} = \lim_{m\to+\infty} (I^{(m)}\ddot{a})_{\overline{n}|}^{(m)} = \frac{\bar{a}_{\overline{n}|} - nv^n}{\delta}$$

更一般地，在时刻 $a$ 与 $b$ 之间的时刻 $t$ 以每期给付总额(或年率) $f(t)$ 进行给付，且在时刻 $t$ 的利息力为 $\delta_t$，则该连续年金的现值为 $\int_a^b f(t)\exp\left(-\int_0^t \delta_s \mathrm{d}s\right)\mathrm{d}t$。

(二) 给付额按等比数列变化的非等额确定年金

1. 期末付年金

假设第 1 期期末给付 1，第 2 期期末给付 $1+r$，第 3 期期末给付 $(1+r)^2$，……，第 $n$ 期期末给付 $(1+r)^{n-1}$ 的年金的现值与终值分别为 $(Ga)_{\overline{n}|}$、$(Gs)_{\overline{n}|}$。依定义有

$$(Ga)_{\overline{n}|} = v + (1+r)v^2 + (1+r)^2v^3 + \cdots + (1+r)^{n-1}v^n \tag{A.2.95}$$

当 $r = i$ 时

$$(Ga)_{\overline{n}|} = nv = \frac{n}{1+i} \tag{A.2.96}$$

当 $r \neq i$ 时

$$(Ga)_{\overline{n}|} = v \cdot \frac{1 - [(1+r)v]^n}{1-(1+r)v} = \frac{1 - \left(\frac{1+r}{1+i}\right)^n}{i - r} \tag{A.2.97}$$

利用 $(Gs)_{\overline{n}|} = (1+i)^n(Ga)_{\overline{n}|}$ 可以得到 $(Gs)_{\overline{n}|}$ 的具体表达式。

2. 期初付年金

假设第 1 期期初给付 1，第 2 期期初给付 $1+r$，第 3 期期初给付 $(1+r)^2$，……，第 $n$ 期期初给付 $(1+r)^{n-1}$ 的年金的现值与终值分别为 $(G\ddot{a})_{\overline{n}|}$、$(G\ddot{s})_{\overline{n}|}$。同样，可按照期末付年金的现值与终值的处理方法来计算。

**例 A.2.1**　已知某人向银行贷款 10 万元，每月月末等额还款 1 次，计划 5 年还清，每年计息 12 次的年名义利率为 5.04%，第 4 年银行利率已上调为年计息 12 次的年名义利率 5.52%。利率调整后，求每月还款额增加多少元？

**解：**假设利率调整前每月月末还款 $R_1$ 元，利率调整后每月月末还款 $R_2$ 元，第 3 年年末的贷款余额为 $L$ 元。由于调整前每月利率为 5.04% ÷ 12 = 0.42%，调整后每月利率为 5.52% ÷ 12 = 0.46%，因此可得

$$100\,000 = R_1 a_{\overline{60}|0.42\%}$$

$$\therefore R_1 \approx 1\,888.956\,489 \approx 1\,888.96(\text{元})$$

$$L = R_1 a_{\overline{24}|0.42\%} = 1\,888.956\,489 a_{\overline{24}|0.42\%} = 43\,039.11(\text{元})$$

$$\because 43\,039.11 = R_2 a_{\overline{24}|0.46\%} \quad \therefore R_2 = 1\,898.22(\text{元})$$

利率调整后每月月末的还款额将增加

$$R_2 - R_1 = 1\,898.22 - 1\,888.96 = 9.26(\text{元})$$

**例 A.2.2** （1）某人现在应存入一笔多大金额的款项，以便从第 3 年年末开始直至第 9 年年末为止，每年年末可从银行领取 20 000 元？（2）假设从第 3 年年末开始直至第 9 年年末为止，每年年末投入 20 000 元，求当最后一笔投入结束后再经过 5 年全部投入款项的终值。假设年利率为 4%。

**解：**（1）需要存入的款项为

$$20\,000 \cdot {}_{2|}a_{\overline{7}|} = 20\,000 \cdot v^2 a_{\overline{7}|} \approx 110\,984.74(\text{元})$$

或者

$$20\,000 \cdot {}_{3|}\ddot{a}_{\overline{7}|} = 20\,000 \cdot v^3 \ddot{a}_{\overline{7}|} \approx 110\,984.74(\text{元})$$

（2）所求的终值为

$$20\,000 \cdot s_{\overline{7}|}(1+4\%)^5 = 20\,000(s_{\overline{12}|} - s_{\overline{5}|}) \approx 192\,189.66(\text{元})$$

**例 A.2.3** 已知 $i>0, n\geqslant 2$，证明：$s_{\overline{n}|}\ddot{a}_{\overline{n}|} > n^2$。

**证明：**$\because i>0, n\geqslant 2$

$$\begin{aligned}
\therefore s_{\overline{n}|}\ddot{a}_{\overline{n}|} &= [(1+i)^{n-1} + (1+i)^{n-2} + \cdots + (1+i) + 1] \\
&\quad \cdot (1 + v + v^2 + \cdots + v^{n-2} + v^{n-1}) \\
&= (1+i)^{n-1} + (1+i)^{n-2} + \cdots + (1+i) + 1 \\
&\qquad + (1+i)^{n-2} + \cdots + (1+i) + 1 + v \\
&\qquad\qquad + \cdots \\
&\qquad\qquad + (1+i) + 1 + v + v^2 + \cdots + v^{n-2} \\
&\qquad\qquad\qquad + 1 + v + v^2 + \cdots + v^{n-2} + v^{n-1} \\
&= [(1+i)^{n-1} + v^{n-1}] + 2[(1+i)^{n-2} + v^{n-2}] + \cdots \\
&\quad + (n-1)[(1+i) + v] + n \\
&> 1\times 2 + 2\times 2 + 3\times 2 + \cdots + (n-1)\times 2 + n \\
&= n^2 \quad (\because i>0, n\geqslant 2)
\end{aligned}$$

**例 A.2.4** 每年年末付款 1 万元的 10 年期确定年金，前 3 年年利率为 $i=0.03$，后 7 年年计息 4 次的年名义利率为 $i^{(4)}=0.04$，计算该年金的现值。

**解：**假设后 7 年的年实际利率为 $j$，则

$$j = \left(1+\frac{i^{(4)}}{4}\right)^4 - 1 = \left(1+\frac{0.04}{4}\right)^4 - 1 = 1.01^4 - 1$$

于是所求年金的现值为

$$a_{\overline{3}|i} + v_{(i)}^3 a_{\overline{7}|j} \approx 2.828\,611\,4 + 5.480\,490\,8 \approx 8.309\,102(\text{万元})$$

**例 A.2.5** 已知某种年支付额为 12 000 元的确定年金，分期于每月月末支付相等的金额，给付期为 10 年。分别在下列两种情况下求该年金的现值：（1）年利率为 6%；（2）年计息 4 次的年名义利率为 6%。

**解：**（1）以一年为一期，则每期实际利率为 6%，于是所求现值为

$$12\,000 a_{\overline{10}|6\%}^{(12)} \approx 90\,724.32(\text{元})$$

(2) 以一季为一期,则每期实际利率为 6%/4 = 1.5%,于是所求现值为

$$3\ 000 a_{\overline{40}|1.5\%}^{(3)} \approx 90\ 194.79(\text{元})$$

**例** A.2.6 某10年期的确定年金在前4年每年年初可领取20 000元,在后6年的每月月初可领取2 000元。已知前4年年利率为4%,后6年年计息4次的年名义利率为6%,求该年金的现值。

**解法**1:后6年每季的实际利率为 $\frac{6\%}{4} = 1.5\%$,于是该年金的现值为

$$\begin{aligned}&20\ 000\ddot{a}_{\overline{4}|4\%} + 6\ 000\ddot{a}_{\overline{24}|1.5\%}^{(3)} v_{(4\%)}^{4}\\ &= 20\ 000 \times 3.775\ 091\ 033 + 6\ 000 \times 20.230\ 378\ 06 \times 0.854\ 804\ 19\\ &\approx 179\ 259.89(\text{元})\end{aligned}$$

**解法**2:依题意知后6年 $i^{(4)} = 6\%$,则后6年的月实际利率为

$$j = \left(1 + \frac{i^{(4)}}{4}\right)^{\frac{1}{3}} - 1 \approx 0.004\ 975\ 206\ 3$$

$$\therefore \text{PV} = 20\ 000\ddot{a}_{\overline{4}|4\%} + 1.04^{-4} \times 2\ 000 \times \ddot{a}_{\overline{72}|j} \approx 179\ 259.89(\text{元})$$

**解法**3:假设后6年的年实际利率为 $i$,则

$$\left(1 + \frac{6\%}{4}\right)^{4} = 1 + i$$

$$\therefore i \approx 0.061\ 363\ 55$$

所求现值为

$$\begin{aligned}\text{PV} &= 20\ 000\ddot{a}_{\overline{4}|4\%} + 24\ 000\ddot{a}_{\overline{6}|i}^{(12)}(1+4\%)^{-4}\\ &= 20\ 000 \cdot \frac{1-(1.04)^{-4}}{\frac{0.04}{1.04}} + 24\ 000 \cdot \frac{1-(1+i)^{-6}}{12\left[1-(1+i)^{-\frac{1}{12}}\right]}(1+4\%)^{-4}\\ &\approx 179\ 259.89(\text{元})\end{aligned}$$

**例** A.2.7 已知某投资者欲购买这样一种年金:3年延期,20年给付期,每季季初给付1 800元,年结转12次利息的年名义利率为12%。投资者的购买价格是多少元?

**解**:由题意知,月利率为 12% ÷ 12 = 1%,记 $v = (1+1\%)^{-1}$,假设年金的购买价格为 $P$ 元。下面分别用定义法、期限合并法、给付额分解法来求 $P$ 的值。

(1) 定义法。

$$\begin{aligned}P &= 1\ 800(v^{36} + v^{39} + v^{42} + \cdots + v^{270} + v^{273})\\ &= 1\ 800\frac{v^{36}(1-(v^{3})^{80})}{1-v^{3}} = 18\ 000\frac{v^{36}-v^{276}}{1-v^{3}} \approx 38\ 849.81(\text{元})\end{aligned}$$

(2) 期限合并法。以3月为一期,假设每期利率为 $j$,显然 $j = (1+1\%)^{3} - 1 = 0.030\ 301$,于是本题涉及的年金就是延期12期、支付80期、每期给付1 800元的期初付年金,因此

$$\begin{aligned}P &= 1\ 800\ {}_{12|}\ddot{a}_{\overline{80}|j} = 1\ 800\ddot{a}_{\overline{92}|j} - 1\ 800\ddot{a}_{\overline{12}|j} \approx 57\ 276.80 - 18\ 426.99\\ &\approx 38\ 849.81(\text{元})\end{aligned}$$

(3) 给付额分解法。假设每3月初给付1 800元相当于每月月初给付 $x$ 元,则

$$1\,800 = x\ddot{a}_{\overline{3}|1\%}$$

$$\therefore x \approx 605.98(\text{元})$$

$$\therefore P = x_{36|}\ddot{a}_{\overline{240}|1\%} = x\ddot{a}_{\overline{276}|1\%} - x\ddot{a}_{\overline{36}|1\%}$$

$$\approx 57\,276.80 - 18\,426.99 \approx 38\,849.81(\text{元})$$

**例** A.2.8　某年金第1年年初支付10 000元,以后每两年付款1次,每一次比上一次增加1 000元,直至20 000元;然后,每年付款1次,每一次比上一次减少1 000元,直至10 000元。已知年利率为4%,求该年金的现值。

**解:**在前20年,以两年为一期,则每期实际利率为

$$(1+4\%)^2 - 1 = 8.16\%$$

在后10年,以每年为一期,于是所求年金的现值为

$$10\,000\ddot{a}_{\overline{10}|8.16\%} + 1\,000\,(Ia)_{\overline{9}|8.16\%} + v_{4\%}^{20}(10\,000\ddot{a}_{\overline{11}|4\%} + 1\,000\,(D\ddot{a})_{\overline{10}|4\%})$$

$$= 1\,000\left[10\ddot{a}_{\overline{10}|8.16\%} + \frac{\ddot{a}_{\overline{9}|8.16\%} - 9v_{8.16\%}^{9}}{8.16\%} + v_{4\%}^{20}\left(10\ddot{a}_{\overline{11}|4\%} + \frac{10 - a_{\overline{10}|4\%}}{4\%/(1+4\%)}\right)\right]$$

$$= 1\,000[72.055\,377 + 27.809\,516 + 0.456\,387(91.108\,958 + 49.116\,710)]$$

$$= 163\,862.06(\text{元})$$

**例** A.2.9　假设有某30年期末付年金,第$3t+1$年年末支付1万元,第$3t+2$年年末支付3万元,第$3t+3$年年末支付5万元。这里$t=0,1,2,\cdots,9$。已知年利率为6%,每半年计息一次,求该年金的理论价格。



**解:**以半年为一期,则每期实际利率为$6\% \div 2 = 3\%$,于是该年金的理论价格为

$$P = (v^2 + v^8 + v^{14} + \cdots + v^{56}) + 3((v^4 + v^{10} + v^{16} + \cdots + v^{58})$$

$$+ 5((v^6 + v^{12} + v^{18} + \cdots + v^{60})$$

$$= (v^2 + 3v^4 + 5v^6)\frac{1 - v^{60}}{1 - v^6} = 39.825\,851(\text{万元})$$

**例** A.2.10　延期5年且连续变化的年金共付款6年,在时刻$t$时的年付款率为$(t+1)^2$,在时刻$t$的利息力为$(1+t)^{-1}$,计算该年金的现值。

**解:**所求年金的现值为

$$\text{PV} = \int_5^{11}(t+1)^2\exp\left(-\int_0^t \frac{1}{1+s}\mathrm{d}s\right)\mathrm{d}t$$

$$= \int_5^{11}(t+1)^2 \cdot \frac{1}{1+t}\mathrm{d}t = \int_5^{11}(t+1)\,\mathrm{d}t$$

$$= \frac{1}{2}(t+1)^2\Big|_5^{11} = 54(\text{元})$$

**例** A.2.11　某人欲购买一种年金,该年金在第1年年末给付6 000元,以后每一次比上一次多给付500元,年金给付期为40年。如果年利率为6%,那么这项年金的现价是多少元?

**解:**将本题的年金分解为两种年金。年金1:每年年末给付5 500元,给付40年,其现值为$5\,500a_{\overline{40}|}$。年金2:第1年年末给付1个单位(本题1个单位为500元),第2年年末给付2个单位,……,第40年年末给付40个单位,其现值为$500\,(Ia)_{\overline{40}|}$。因此,该项年

金的现价为

$$5\,500a_{\overline{40|}} + 500\,(Ia)_{\overline{40|}} \approx 183\,256.19(\text{元})$$

**例** A. 2. 12 一项年金在每半年初支付一次，一共支付 5 年。第一次付款1 000 元，以后每一次付款为前一次的 95%。如果每个季度结转一次利息的年名义利率为 10%，试计算该项年金的现值。

**解：** 本题属于给付额按等比数列变化的非等额年金。以一季为一期，则每期的实际利率为 $10\%/4 = 2.5\%$，记 $v = (1 + 2.5\%)^{-1}$，因此，所求年金的现值为

$$1\,000 + 1\,000 \times 95\% v^2 + 1\,000 \times (95\%)^2 v^4 + \cdots + 1\,000 \times (95\%)^9 v^{18}$$

$$= 1\,000 \cdot \frac{1 - (95\% v^2)^{10}}{1 - 95\% v^2} \approx 6\,625.94(\text{元})$$

# 习题 A

A - 1 已知 $A(t) = t + 2\sqrt{t} + 4$，求 $i_3$、$d_3$、$\delta_3$。

A - 2 假设每年年初存入 10 000 元，在单利条件下在第 20 年年末的积累值为 284 000 元，那么在复利条件下的终值为多少？

A - 3 设 $0 < d < 1$，证明：(1) $(1 - d)^n > 1 - dn\ (n > 1)$；(2) $(1 - d)^n < 1 - dn(0 < n < 1)$。



A - 4 已知每期实际利率为 $i$，求 $\lim\limits_{m \to +\infty} d^{(m)}$。

A - 5 证明：当 $m > 1$ 且 $-1 < i \neq 0$ 时，$d < d^{(m)} < \delta$。

A - 6 已知 $i = 3.25\%$，求 $i^{(12)}$、$d$、$d^{(4)}$ 与 $\delta$。

A - 7 已知 $d^{(2)} = 6\%$，求 $i$、$i^{(4)}$、$d$、$d^{(6)}$ 与 $\delta$。

A - 8 已知利息力

$$\delta_t = \begin{cases} 0.05, & 0 \leqslant t \leqslant 3 \\ 0.09 - 0.01\,t, & 3 < t \leqslant 8 \\ 0.01\,t - 0.03, & t > 8 \end{cases}$$

在时刻 2 投资 500 元，在时刻 9 投资 800 元，求在时刻 10 的积累值。

A - 9 某人向银行贷款 80 万元，年计息 12 次的年名义利率为 6%，贷款 20 年，求每月月末的还款额。如果要将每月的还款额精确到百元，那么应首付多少元？

A - 10 已知 $a_{\overline{n+1|}} = 12.863$，$s_{\overline{n+2|}} = 53.345$，求 $i$ 与 $d$。

A - 11 每年年初存入 2 万元，共存 10 次，前 6 年年利率为 6%，后 4 年年计息 4 次的年名义利率为 4%，求第 10 年年末能提取的款项。若要达到同样的效果（获得相同的终值），在年利率为 5% 的条件下，每年年初应存入多少元？

A - 12 已知 $n$ 使 $\bar{a}_{\overline{n|}} = n - 2$ 成立，$\delta = 0.04$，求 $\int_0^n \bar{a}_{\overline{t|}}\mathrm{d}t$。

A - 13 已知某种年金于第 1 年年末支付 800 元，第 2 年年末支付 900 元，……，

第 9 年年末支付 1 600 元, $i = 4\%$,求该年金的现值。

A－14　已知 $n > 1$ 且 $-1 < i \neq 0$,证明:$(I\ddot{a})_{\overline{n}|} < (\ddot{a}_{\overline{n}|})^2$。

A－15　已知 $a_{\overline{20}|} = 11.196$, $(Ia)_{\overline{20}|} = 95.360$,求利率 $i$。

A－16　一项投资基金在时刻0投入启动资金1,在以后的 $n$ 年中,新的储蓄在时刻 $t$ 以年率 $1+t$ 连续投入,利息力为 $\delta_t = (1+t)^{-1}(0 \leqslant t \leqslant n)$,求该基金在第 $n$ 年年末的积累值。

A－17　延期1年连续支付的年金共付款13年,在时刻 $t$ 时的年付款率为 $t^2-1$,在时刻 $t$ 的利息力为 $(1+t)^{-1}(0 \leqslant t \leqslant 14)$,求该年金的现值。

A－18　一项每月第1日支付1次的10年期年金:1月份付款1 000元,2月份付款2 000元,……,12月份付款12 000元,每年皆这样循环。已知年利率为5%,求该年金的现值与终值。

A－19　假设一项每年年末支付1次的60年期年金,在第 $3t+1$ 年年末付款2万元,在第 $3t+2$ 年年末付款4万元,在第 $3t+3$ 年年末付款6万元,其中 $t = 0,1,2,\cdots,19$。已知年计息2次的年名义利率为5%,求该年金的现值。

A－20　一项年金提供20笔年末付款,一年以后的第一次付款额为1 200元,以后每年的付款额比上一年多5%,已知年实际利率为7%,求该年金的现值。

# 附录 B
# 利息力翻倍有关问题的探讨

利息力翻倍常见于求方差等问题中，主要用于求保险金支付现值或亏损变量等这些随机变量的方差。符号上，在左上角用“2”表示，主要以 ${}^2A$、${}^2\bar{A}$、${}^2\ddot{a}$、${}^2\bar{a}$ 等形式出现。

## 第一节　利息力翻倍条件下的利息度量

利息力翻倍后的实际利率、实际贴现率、利息力分别记为 ${}^2i$、${}^2d$、${}^2\delta$，而翻倍前的实际利率、实际贴现率、利息力分别记为 $i$、$d$、$\delta$。显然，它们有如下基本关系：

翻倍前：

$$d = \frac{i}{1+i}, 1+i = \exp(\delta), 1-d = \exp(-\delta)$$

翻倍后：

$${}^2d = \frac{{}^2i}{1+{}^2i}, 1+{}^2i = \exp({}^2\delta), 1-{}^2d = \exp(-{}^2\delta)$$

前后联系：

$${}^2\delta = 2\delta$$

$$1+{}^2i = \exp({}^2\delta) = \exp(2\delta) = (\exp(\delta))^2 = (1+i)^2$$

即

$${}^2i = 2i + i^2$$

同理可得

$$1-{}^2d = \exp(-{}^2\delta) = (1-d)^2$$

即

$${}^2d = 2d - d^2$$

$${}^2i^{(m)} = m[(1+{}^2i)^{\frac{1}{m}} - 1] = m[(1+i)^{\frac{2}{m}} - 1]$$

$${}^2d^{(m)} = m[1-(1-{}^2d)^{\frac{1}{m}}] = m[1-(1-d)^{\frac{2}{m}}] = m(1-v^{\frac{2}{m}})$$

## 第二节　保险费的应用

$$^2A_x=\sum_{k=0}^{+\infty}v^{2(k+1)}{}_{k|}q_x=\sum_{k=0}^{+\infty}(1+{}^2i)^{-(k+1)}{}_{k|}q_x=\sum_{k=0}^{+\infty}\exp(-2\delta(k+1))_{k|}q_x$$

$$^2\bar{A}_x=\int_0^{+\infty}\exp(-2\delta t)_tp_x\mu_{x+t}\mathrm{d}t=\frac{^2i}{^2\delta}\cdot{}^2A_x=\frac{2i+i^2}{2\delta}\cdot{}^2A_x$$

$$^2\bar{A}^1_{x:\overline{n}|}=\int_0^n\exp(-2\delta t)_tp_x\mu_{x+t}\mathrm{d}t=\frac{^2i}{^2\delta}\cdot{}^2A^1_{x:\overline{n}|}=\frac{2i+i^2}{2\delta}\cdot{}^2A^1_{x\overline{n}|}$$

$$^2\ddot{a}_x=\sum_{k=0}^{+\infty}v^{2k}{}_kp_x=\sum_{k=0}^{+\infty}(1+{}^2i)^k{}_kp_x=\sum_{k=0}^{+\infty}\exp(-2\delta(k))_kp_x$$

$$^2\bar{a}_x=\int_0^{+\infty}\exp(-2\delta t)_tp_x\mathrm{d}t=E(\bar{a}_{\overline{T}|^2i})$$

$$^2A_x^{(m)}=\frac{^2i}{^2i^{(m)}}\cdot{}^2A_x=\frac{2i+i^2}{m[(1+i)^{\frac{2}{m}}-1]}\cdot{}^2A_x$$

$$^2A^{(m)}{}^1_{x:\overline{n}|}=\frac{^2i}{^2i^{(m)}}\cdot{}^2A^1_{x:\overline{n}|}=\frac{2i+i^2}{m[(1+i)^{\frac{2}{m}}-1]}\cdot{}^2A^1_{x:\overline{n}|}$$

由于 $A_x=1-d\ddot{a}_x,\bar{A}_x=1-\delta\bar{a}_x$,因此

$$^2A_x=1-{}^2d\cdot{}^2\ddot{a}_x=1-(2d-d^2)\cdot{}^2\ddot{a}_x$$

$$^2\bar{A}_x=1-{}^2\delta\cdot{}^2\bar{a}_x=1-2\delta\cdot{}^2\bar{a}_x$$

同理可得

$$^2A_{x:\overline{n}|}=1-{}^2d\cdot{}^2\ddot{a}_{x:\overline{n}|}=1-(2d-d^2)\cdot{}^2\ddot{a}_{x:\overline{n}|}$$

$$^2P_{x:\overline{n}|}=\frac{1}{^2\ddot{a}_{x:\overline{n}|}}-{}^2d=\frac{1}{^2\ddot{a}_{x:\overline{n}|}}-(2d-d^2)$$

这里 $^2P_{x:\overline{n}|}$ 表示利息力翻倍条件下保额为 1 的两全保险的年缴均衡纯保费。

## 第三节　方差的应用

在方差应用方面,基本要点为

$$\mathrm{var}(v^{K+1})={}^2A_x-A_x^2$$

$$\mathrm{var}(v^{K+\frac{J+1}{m}})={}^2A_x^{(m)}-(A_x^{(m)})^2$$

$$\mathrm{var}(v^T)={}^2\bar{A}_x-\bar{A}_x^2$$

因此

$$\mathrm{var}(\ddot{a}_{\overline{K+1}|})=\mathrm{var}\left(\frac{1-v^{K+1}}{d}\right)=\frac{1}{d^2}\mathrm{var}(v^{K+1})=\frac{1}{d^2}({}^2A_x-A_x^2)$$

$$= \frac{1}{d^2}[(1 - {}^2d \cdot {}^2\ddot{a}_x) - (1 - d\ddot{a}_x)^2]$$

$$= ({}^2\ddot{a}_x - \ddot{a}_x^2) - \frac{2}{d}({}^2\ddot{a}_x - \ddot{a}_x)$$

**例 B. 3. 1**　已知有$(x)$投保的期初付生存年金，每次支付额为 1，$Y$ 表示该年金的支付现值，$\ddot{a}_x = 10, {}^2\ddot{a}_x = 6, i = \frac{1}{24}$，试计算 $\text{var}(Y)$。

**解：**显然，$Y = \ddot{a}_{\overline{K+1|}}$，于是

$$\text{var}(Y) = ({}^2\ddot{a}_x - \ddot{a}_x^2) - \frac{2}{d}({}^2\ddot{a}_x - \ddot{a}_x)$$

$$= (6 - 10^2) - \frac{2(1 + 1/24)}{1/24}(6 - 10) = 106$$

**例 B. 3. 2**　计算 $\text{var}(\ddot{a}^{(12)}_{\overline{K+\frac{J+1}{12}|}})$，$\text{var}(\ddot{a}^{(12)}_{\overline{K+1|}})$。

**解：**$\text{var}(\ddot{a}^{(12)}_{\overline{K+\frac{J+1}{12}|}}) = \text{var}\left(\frac{1 - v^{K+\frac{J+1}{12}}}{d^{(12)}}\right) = \frac{{}^2A_x^{(12)} - (A_x^{(12)})^2}{(d^{(12)})^2}$

$$\text{var}(\ddot{a}^{(12)}_{\overline{K+1|}}) = \text{var}\left(\frac{1 - v^{K+1}}{d^{(12)}}\right) = \frac{{}^2A_x - A_x^2}{(d^{(12)})^2}$$

**例 B. 3. 3**　已知 $E(\bar{a}_{\overline{T|}}) = 10, {}^2\bar{a}_x = 7.375, \text{var}(\bar{a}_{\overline{T|}}) = 50$，试求 $\bar{A}_x$。

**解：**由题意知

$$\bar{a}_x = 10, {}^2\bar{a}_x = 7.375$$

$$\therefore\ 50 = \text{var}(\bar{a}_{\overline{T|}}) = \text{var}\left(\frac{1 - v^T}{\delta}\right) = \frac{{}^2\bar{A}_x - \bar{A}_x^2}{\delta^2}$$

$$\therefore\ {}^2\bar{A}_x - \bar{A}_x^2 = 50\delta^2$$

$$\because\ \bar{A}_x = 1 - \delta\bar{a}_x = 1 - 10\delta$$

$${}^2\bar{A}_x = 1 - {}^2\delta \cdot {}^2\bar{a}_x = 1 - 2\delta \cdot {}^2\bar{a}_x = 1 - 2\delta \times 7.375 = 1 - 14.75\delta$$

$$\therefore\ (1 - 14.75\delta) - (1 - 10\delta)^2 = 50\delta^2$$

$$\therefore\ \delta = 0.035$$

$$\therefore\ \bar{A}_x = 1 - 10\delta = 1 - 10 \times 0.035 = 0.65$$

# 附录 C
# 附表

附表 1　中国人寿保险业经验生命表(2000—2003)

| 年龄/岁 | 非养老金业务表 | | 养老金业务表 | |
|---|---|---|---|---|
| | 男(CL1) | 女(CL2) | 男(CL3) | 女(CL4) |
| 0 | 0.000 722 | 0.000 661 | 0.000 627 | 0.000 575 |
| 1 | 0.000 603 | 0.000 536 | 0.000 525 | 0.000 466 |
| 2 | 0.000 499 | 0.000 424 | 0.000 434 | 0.000 369 |
| 3 | 0.000 416 | 0.000 333 | 0.000 362 | 0.000 290 |
| 4 | 0.000 358 | 0.000 267 | 0.000 311 | 0.000 232 |
| 5 | 0.000 323 | 0.000 224 | 0.000 281 | 0.000 195 |
| 6 | 0.000 309 | 0.000 201 | 0.000 269 | 0.000 175 |
| 7 | 0.000 308 | 0.000 189 | 0.000 268 | 0.000 164 |
| 8 | 0.000 311 | 0.000 181 | 0.000 270 | 0.000 158 |
| 9 | 0.000 312 | 0.000 175 | 0.000 271 | 0.000 152 |
| 10 | 0.000 312 | 0.000 169 | 0.000 272 | 0.000 147 |
| 11 | 0.000 312 | 0.000 165 | 0.000 271 | 0.000 143 |
| 12 | 0.000 313 | 0.000 165 | 0.000 272 | 0.000 143 |
| 13 | 0.000 320 | 0.000 169 | 0.000 278 | 0.000 147 |
| 14 | 0.000 336 | 0.000 179 | 0.000 292 | 0.000 156 |
| 15 | 0.000 364 | 0.000 192 | 0.000 316 | 0.000 167 |
| 16 | 0.000 404 | 0.000 208 | 0.000 351 | 0.000 181 |
| 17 | 0.000 455 | 0.000 226 | 0.000 396 | 0.000 196 |
| 18 | 0.000 513 | 0.000 245 | 0.000 446 | 0.000 213 |
| 19 | 0.000 572 | 0.000 264 | 0.000 497 | 0.000 230 |
| 20 | 0.000 621 | 0.000 283 | 0.000 540 | 0.000 246 |
| 21 | 0.000 661 | 0.000 300 | 0.000 575 | 0.000 261 |

附表1(续)

| 年龄/岁 | 非养老金业务表 | | 养老金业务表 | |
|---|---|---|---|---|
| | 男(CL1) | 女(CL2) | 男(CL3) | 女(CL4) |
| 22 | 0. 000 692 | 0. 000 315 | 0. 000 601 | 0. 000 274 |
| 23 | 0. 000 716 | 0. 000 328 | 0. 000 623 | 0. 000 285 |
| 24 | 0. 000 738 | 0. 000 338 | 0. 000 643 | 0. 000 293 |
| 25 | 0. 000 759 | 0. 000 347 | 0. 000 660 | 0. 000 301 |
| 26 | 0. 000 779 | 0. 000 355 | 0. 000 676 | 0. 000 308 |
| 27 | 0. 000 795 | 0. 000 362 | 0. 000 693 | 0. 000 316 |
| 28 | 0. 000 815 | 0. 000 372 | 0. 000 712 | 0. 000 325 |
| 29 | 0. 000 842 | 0. 000 386 | 0. 000 734 | 0. 000 337 |
| 30 | 0. 000 881 | 0. 000 406 | 0. 000 759 | 0. 000 351 |
| 31 | 0. 000 932 | 0. 000 432 | 0. 000 788 | 0. 000 366 |
| 32 | 0. 000 994 | 0. 000 465 | 0. 000 820 | 0. 000 384 |
| 33 | 0. 001 055 | 0. 000 496 | 0. 000 855 | 0. 000 402 |
| 34 | 0. 001 121 | 0. 000 528 | 0. 000 893 | 0. 000 421 |
| 35 | 0. 001 194 | 0. 000 563 | 0. 000 936 | 0. 000 441 |
| 36 | 0. 001 275 | 0. 000 601 | 0. 000 985 | 0. 000 464 |
| 37 | 0. 001 367 | 0. 000 646 | 0. 001 043 | 0. 000 493 |
| 38 | 0. 001 472 | 0. 000 699 | 0. 001 111 | 0. 000 528 |
| 39 | 0. 001 589 | 0. 000 761 | 0. 001 189 | 0. 000 569 |
| 40 | 0. 001 715 | 0. 000 828 | 0. 001 275 | 0. 000 615 |
| 41 | 0. 001 845 | 0. 000 897 | 0. 001 366 | 0. 000 664 |
| 42 | 0. 001 978 | 0. 000 966 | 0. 001 461 | 0. 000 714 |
| 43 | 0. 002 113 | 0. 001 033 | 0. 001 560 | 0. 000 763 |
| 44 | 0. 002 255 | 0. 001 103 | 0. 001 665 | 0. 000 815 |
| 45 | 0. 002 413 | 0. 001 181 | 0. 001 783 | 0. 000 873 |
| 46 | 0. 002 595 | 0. 001 274 | 0. 001 918 | 0. 000 942 |
| 47 | 0. 002 805 | 0. 001 389 | 0. 002 055 | 0. 001 014 |
| 48 | 0. 003 042 | 0. 001 527 | 0. 002 238 | 0. 001 123 |
| 49 | 0. 003 299 | 0. 001 690 | 0. 002 446 | 0. 001 251 |
| 50 | 0. 003 570 | 0. 001 873 | 0. 002 666 | 0. 001 393 |
| 51 | 0. 003 847 | 0. 002 074 | 0. 002 880 | 0. 001 548 |

附表1(续)

| 年龄/岁 | 非养老金业务表 | | 养老金业务表 | |
|---|---|---|---|---|
| | 男(CL1) | 女(CL2) | 男(CL3) | 女(CL4) |
| 52 | 0. 004 132 | 0. 002 295 | 0. 003 085 | 0. 001 714 |
| 53 | 0. 004 434 | 0. 002 546 | 0. 003 300 | 0. 001 893 |
| 54 | 0. 004 778 | 0. 002 836 | 0. 003 545 | 0. 002 093 |
| 55 | 0. 005 203 | 0. 003 178 | 0. 003 838 | 0. 002 318 |
| 56 | 0. 005 744 | 0. 003 577 | 0. 004 207 | 0. 002 607 |
| 57 | 0. 006 427 | 0. 004 036 | 0. 004 676 | 0. 002 979 |
| 58 | 0. 007 260 | 0. 004 556 | 0. 005 275 | 0. 003 410 |
| 59 | 0. 008 229 | 0. 005 133 | 0. 006 039 | 0. 003 816 |
| 60 | 0. 009 313 | 0. 005 768 | 0. 006 989 | 0. 004 272 |
| 61 | 0. 010 490 | 0. 006 465 | 0. 007 867 | 0. 004 781 |
| 62 | 0. 011 747 | 0. 007 235 | 0. 008 725 | 0. 005 351 |
| 63 | 0. 013 091 | 0. 008 094 | 0. 009 677 | 0. 005 988 |
| 64 | 0. 014 542 | 0. 009 059 | 0. 010 731 | 0. 006 701 |
| 65 | 0. 016 134 | 0. 010 148 | 0. 011 900 | 0. 007 499 |
| 66 | 0. 017 905 | 0. 011 376 | 0. 013 229 | 0. 008 408 |
| 67 | 0. 019 886 | 0. 012 760 | 0. 014 705 | 0. 009 438 |
| 68 | 0. 022 103 | 0. 014 316 | 0. 016 344 | 0. 010 592 |
| 69 | 0. 024 571 | 0. 016 066 | 0. 018 164 | 0. 011 886 |
| 70 | 0. 027 309 | 0. 018 033 | 0. 020 184 | 0. 013 337 |
| 71 | 0. 030 340 | 0. 020 241 | 0. 022 425 | 0. 014 964 |
| 72 | 0. 033 684 | 0. 022 715 | 0. 024 911 | 0. 016 787 |
| 73 | 0. 037 371 | 0. 025 479 | 0. 027 668 | 0. 018 829 |
| 74 | 0. 041 430 | 0. 028 561 | 0. 030 647 | 0. 021 117 |
| 75 | 0. 045 902 | 0. 031 989 | 0. 033 939 | 0. 023 702 |
| 76 | 0. 050 829 | 0. 035 796 | 0. 037 577 | 0. 026 491 |
| 77 | 0. 056 262 | 0. 040 026 | 0. 041 594 | 0. 029 602 |
| 78 | 0. 062 257 | 0. 044 726 | 0. 046 028 | 0. 033 070 |
| 79 | 0. 068 871 | 0. 049 954 | 0. 050 920 | 0. 036 935 |
| 80 | 0. 076 187 | 0. 055 774 | 0. 056 312 | 0. 041 241 |
| 81 | 0. 084 224 | 0. 062 253 | 0. 062 253 | 0. 046 033 |

附表1(续)

| 年龄/岁 | 非养老金业务表 | | 养老金业务表 | |
|---|---|---|---|---|
| | 男(CL1) | 女(CL2) | 男(CL3) | 女(CL4) |
| 82 | 0. 093 071 | 0. 069 494 | 0. 068 791 | 0. 051 365 |
| 83 | 0. 102 800 | 0. 077 511 | 0. 075 983 | 0. 057 291 |
| 84 | 0. 113 489 | 0. 086 415 | 0. 083 883 | 0. 063 872 |
| 85 | 0. 125 221 | 0. 096 294 | 0. 092 554 | 0. 071 174 |
| 86 | 0. 138 080 | 0. 107 243 | 0. 102 059 | 0. 079 267 |
| 87 | 0. 152 157 | 0. 119 364 | 0. 112 464 | 0. 088 225 |
| 88 | 0. 167 543 | 0. 132 763 | 0. 123 836 | 0. 098 129 |
| 89 | 0. 184 333 | 0. 147 553 | 0. 136 246 | 0. 109 061 |
| 90 | 0. 202 621 | 0. 163 850 | 0. 149 763 | 0. 121 107 |
| 91 | 0. 222 500 | 0. 181 775 | 0. 164 456 | 0. 134 355 |
| 92 | 0. 244 059 | 0. 201 447 | 0. 180 392 | 0. 148 896 |
| 93 | 0. 267 383 | 0. 222 987 | 0. 197 631 | 0. 164 816 |
| 94 | 0. 292 544 | 0. 246 507 | 0. 216 228 | 0. 182 201 |
| 95 | 0. 319 604 | 0. 272 115 | 0. 236 229 | 0. 201 129 |
| 96 | 0. 348 606 | 0. 299 903 | 0. 257 666 | 0. 221 667 |
| 97 | 0. 379 572 | 0. 329 942 | 0. 280 553 | 0. 243 870 |
| 98 | 0. 412 495 | 0. 362 281 | 0. 304 887 | 0. 267 773 |
| 99 | 0. 447 334 | 0. 396 933 | 0. 330 638 | 0. 293 385 |
| 100 | 0. 484 010 | 0. 433 869 | 0. 357 746 | 0. 320 685 |
| 101 | 0. 522 397 | 0. 473 008 | 0. 386 119 | 0. 349 615 |
| 102 | 0. 562 317 | 0. 514 211 | 0. 415 626 | 0. 380 069 |
| 103 | 0. 603 539 | 0. 557 269 | 0. 446 094 | 0. 411 894 |
| 104 | 0. 645 770 | 0. 601 896 | 0. 477 308 | 0. 444 879 |
| 105 | 1 | 1 | 1 | 1 |

附表 2A　中国人寿保险业经验生命表(2000—2003)
非养老金业务(男表)(CL1)

| $x$ | $q_x$ | $p_x$ | $l_x$ | $d_x$ | $L_x$ | $T_x$ | $\mathring{e}_x$ | $e_x$ |
|---|---|---|---|---|---|---|---|---|
| 0 | 0.000 722 | 0.999 278 | 100 000 | 72 | 99 963.90 | 7 671 270.36 | 76.71 | 76.21 |
| 1 | 0.000 603 | 0.999 397 | 99 928 | 60 | 99 897.67 | 7 571 306.46 | 75.77 | 75.27 |
| 2 | 0.000 499 | 0.999 501 | 99 868 | 50 | 99 842.63 | 7 471 408.79 | 74.81 | 74.31 |
| 3 | 0.000 416 | 0.999 584 | 99 818 | 42 | 99 796.95 | 7 371 566.16 | 73.85 | 73.35 |
| 4 | 0.000 358 | 0.999 642 | 99 776 | 36 | 99 758.33 | 7 271 769.22 | 72.88 | 72.38 |
| 5 | 0.000 323 | 0.999 677 | 99 740 | 32 | 99 724.36 | 7 172 010.89 | 71.91 | 71.41 |
| 6 | 0.000 309 | 0.999 691 | 99 708 | 31 | 99 692.84 | 7 072 286.53 | 70.93 | 70.43 |
| 7 | 0.000 308 | 0.999 692 | 99 677 | 31 | 99 662.09 | 6 972 593.69 | 69.95 | 69.45 |
| 8 | 0.000 311 | 0.999 689 | 99 647 | 31 | 99 631.24 | 6 872 931.60 | 68.97 | 68.47 |
| 9 | 0.000 312 | 0.999 688 | 99 616 | 31 | 99 600.21 | 6 773 300.35 | 67.99 | 67.49 |
| 10 | 0.000 312 | 0.999 688 | 99 585 | 31 | 99 569.13 | 6 673 700.15 | 67.02 | 66.52 |
| 11 | 0.000 312 | 0.999 688 | 99 554 | 31 | 99 538.07 | 6 574 131.01 | 66.04 | 65.54 |
| 12 | 0.000 313 | 0.999 687 | 99 523 | 31 | 99 506.96 | 6 474 592.94 | 65.06 | 64.56 |
| 13 | 0.000 320 | 0.999 680 | 99 491 | 32 | 99 475.47 | 6 375 085.98 | 64.08 | 63.58 |
| 14 | 0.000 336 | 0.999 664 | 99 460 | 33 | 99 442.84 | 6 275 610.51 | 63.10 | 62.60 |
| 15 | 0.000 364 | 0.999 636 | 99 426 | 36 | 99 408.04 | 6 176 167.67 | 62.12 | 61.62 |
| 16 | 0.000 404 | 0.999 596 | 99 390 | 40 | 99 369.86 | 6 076 759.64 | 61.14 | 60.64 |
| 17 | 0.000 455 | 0.999 545 | 99 350 | 45 | 99 327.18 | 5 977 389.77 | 60.17 | 59.67 |
| 18 | 0.000 513 | 0.999 487 | 99 305 | 51 | 99 279.11 | 5 878 062.59 | 59.19 | 58.69 |
| 19 | 0.000 572 | 0.999 428 | 99 254 | 57 | 99 225.25 | 5 778 783.48 | 58.22 | 57.72 |
| 20 | 0.000 621 | 0.999 379 | 99 197 | 62 | 99 166.07 | 5 679 558.23 | 57.26 | 56.76 |
| 21 | 0.000 661 | 0.999 339 | 99 135 | 66 | 99 102.50 | 5 580 392.16 | 56.29 | 55.79 |
| 22 | 0.000 692 | 0.999 308 | 99 070 | 69 | 99 035.46 | 5 481 289.66 | 55.33 | 54.83 |
| 23 | 0.000 716 | 0.999 284 | 99 001 | 71 | 98 965.74 | 5 382 254.20 | 54.37 | 53.87 |
| 24 | 0.000 738 | 0.999 262 | 98 930 | 73 | 98 893.79 | 5 283 288.46 | 53.40 | 52.90 |
| 25 | 0.000 759 | 0.999 241 | 98 857 | 75 | 98 819.77 | 5 184 394.67 | 52.44 | 51.94 |
| 26 | 0.000 779 | 0.999 221 | 98 782 | 77 | 98 743.78 | 5 085 574.91 | 51.48 | 50.98 |
| 27 | 0.000 795 | 0.999 205 | 98 705 | 78 | 98 666.07 | 4 986 831.13 | 50.52 | 50.02 |
| 28 | 0.000 815 | 0.999 185 | 98 627 | 80 | 98 586.64 | 4 888 165.06 | 49.56 | 49.06 |
| 29 | 0.000 842 | 0.999 158 | 98 546 | 83 | 98 504.96 | 4 789 578.42 | 48.60 | 48.10 |

附表2A(续)

| $x$ | $q_x$ | $p_x$ | $l_x$ | $d_x$ | $L_x$ | $T_x$ | $\mathring{e}_x$ | $e_x$ |
|---|---|---|---|---|---|---|---|---|
| 30 | 0. 000 881 | 0. 999 119 | 98 463 | 87 | 98 420. 10 | 4 691 073. 46 | 47. 64 | 47. 14 |
| 31 | 0. 000 932 | 0. 999 068 | 98 377 | 92 | 98 330. 88 | 4 592 653. 36 | 46. 68 | 46. 18 |
| 32 | 0. 000 994 | 0. 999 006 | 98 285 | 98 | 98 236. 19 | 4 494 322. 48 | 45. 73 | 45. 23 |
| 33 | 0. 001 055 | 0. 998 945 | 98 187 | 104 | 98 135. 55 | 4 396 086. 29 | 44. 77 | 44. 27 |
| 34 | 0. 001 121 | 0. 998 879 | 98 084 | 110 | 98 028. 78 | 4 297 950. 74 | 43. 82 | 43. 32 |
| 35 | 0. 001 194 | 0. 998 806 | 97 974 | 117 | 97 915. 31 | 4 199 921. 96 | 42. 87 | 42. 37 |
| 36 | 0. 001 275 | 0. 998 725 | 97 857 | 125 | 97 794. 44 | 4 102 006. 64 | 41. 92 | 41. 42 |
| 37 | 0. 001 367 | 0. 998 633 | 97 732 | 134 | 97 665. 26 | 4 004 212. 20 | 40. 97 | 40. 47 |
| 38 | 0. 001 472 | 0. 998 528 | 97 598 | 144 | 97 526. 62 | 3 906 546. 94 | 40. 03 | 39. 53 |
| 39 | 0. 001 589 | 0. 998 411 | 97 455 | 155 | 97 377. 36 | 3 809 020. 32 | 39. 08 | 38. 58 |
| 40 | 0. 001 715 | 0. 998 285 | 97 300 | 167 | 97 216. 50 | 3 711 642. 96 | 38. 15 | 37. 65 |
| 41 | 0. 001 845 | 0. 998 155 | 97 133 | 179 | 97 043. 46 | 3 614 426. 45 | 37. 21 | 36. 71 |
| 42 | 0. 001 978 | 0. 998 022 | 96 954 | 192 | 96 857. 97 | 3 517 382. 99 | 36. 28 | 35. 78 |
| 43 | 0. 002 113 | 0. 997 887 | 96 762 | 204 | 96 659. 85 | 3 420 525. 02 | 35. 35 | 34. 85 |
| 44 | 0. 002 255 | 0. 997 745 | 96 558 | 218 | 96 448. 75 | 3 323 865. 17 | 34. 42 | 33. 92 |
| 45 | 0. 002 413 | 0. 997 587 | 96 340 | 232 | 96 223. 65 | 3 227 416. 42 | 33. 50 | 33. 00 |
| 46 | 0. 002 595 | 0. 997 405 | 96 107 | 249 | 95 982. 72 | 3 131 192. 76 | 32. 58 | 32. 08 |
| 47 | 0. 002 805 | 0. 997 195 | 95 858 | 269 | 95 723. 58 | 3 035 210. 05 | 31. 66 | 31. 16 |
| 48 | 0. 003 042 | 0. 996 958 | 95 589 | 291 | 95 443. 75 | 2 939 486. 47 | 30. 75 | 30. 25 |
| 49 | 0. 003 299 | 0. 996 701 | 95 298 | 314 | 95 141. 16 | 2 844 042. 72 | 29. 84 | 29. 34 |
| 50 | 0. 003 570 | 0. 996 430 | 94 984 | 339 | 94 814. 42 | 2 748 901. 56 | 28. 94 | 28. 44 |
| 51 | 0. 003 847 | 0. 996 153 | 94 645 | 364 | 94 462. 82 | 2 654 087. 14 | 28. 04 | 27. 54 |
| 52 | 0. 004 132 | 0. 995 868 | 94 281 | 390 | 94 085. 99 | 2 559 624. 32 | 27. 15 | 26. 65 |
| 53 | 0. 004 434 | 0. 995 566 | 93 891 | 416 | 93 683. 05 | 2 465 538. 33 | 26. 26 | 25. 76 |
| 54 | 0. 004 778 | 0. 995 222 | 93 475 | 447 | 93 251. 58 | 2 371 855. 28 | 25. 37 | 24. 87 |
| 55 | 0. 005 203 | 0. 994 797 | 93 028 | 484 | 92 786. 26 | 2 278 603. 70 | 24. 49 | 23. 99 |
| 56 | 0. 005 744 | 0. 994 256 | 92 544 | 532 | 92 278. 46 | 2 185 817. 44 | 23. 62 | 23. 12 |
| 57 | 0. 006 427 | 0. 993 573 | 92 013 | 591 | 91 716. 99 | 2 093 538. 98 | 22. 75 | 22. 25 |
| 58 | 0. 007 260 | 0. 992 740 | 91 421 | 664 | 91 089. 44 | 2 001 822. 00 | 21. 90 | 21. 40 |
| 59 | 0. 008 229 | 0. 991 771 | 90 758 | 747 | 90 384. 16 | 1 910 732. 55 | 21. 05 | 20. 55 |
| 60 | 0. 009 313 | 0. 990 687 | 90 011 | 838 | 89 591. 61 | 1 820 348. 39 | 20. 22 | 19. 72 |

附表2A(续)

| $x$ | $q_x$ | $p_x$ | $l_x$ | $d_x$ | $L_x$ | $T_x$ | $\mathring{e}_x$ | $e_x$ |
|---|---|---|---|---|---|---|---|---|
| 61 | 0.010 490 | 0.989 510 | 89 172 | 935 | 88 704.76 | 1 730 756.78 | 19.41 | 18.91 |
| 62 | 0.011 747 | 0.988 253 | 88 237 | 1 037 | 87 718.79 | 1 642 052.02 | 18.61 | 18.11 |
| 63 | 0.013 091 | 0.986 909 | 87 201 | 1 142 | 86 629.76 | 1 554 333.23 | 17.82 | 17.32 |
| 64 | 0.014 542 | 0.985 458 | 86 059 | 1 251 | 85 433.25 | 1 467 703.47 | 17.05 | 16.55 |
| 65 | 0.016 134 | 0.983 866 | 84 808 | 1 368 | 84 123.38 | 1 382 270.22 | 16.30 | 15.80 |
| 66 | 0.017 905 | 0.982 095 | 83 439 | 1 494 | 82 692.24 | 1 298 146.84 | 15.56 | 15.06 |
| 67 | 0.019 886 | 0.980 114 | 81 945 | 1 630 | 81 130.47 | 1 215 454.59 | 14.83 | 14.33 |
| 68 | 0.022 103 | 0.977 897 | 80 316 | 1 775 | 79 428.08 | 1 134 324.12 | 14.12 | 13.62 |
| 69 | 0.024 571 | 0.975 429 | 78 540 | 1 930 | 77 575.57 | 1 054 896.04 | 13.43 | 12.93 |
| 70 | 0.027 309 | 0.972 691 | 76 611 | 2 092 | 75 564.58 | 977 320.47 | 12.76 | 12.26 |
| 71 | 0.030 340 | 0.969 660 | 74 518 | 2 261 | 73 388.05 | 901 755.90 | 12.10 | 11.60 |
| 72 | 0.033 684 | 0.966 316 | 72 258 | 2 434 | 71 040.64 | 828 367.85 | 11.46 | 10.96 |
| 73 | 0.037 371 | 0.962 629 | 69 824 | 2 609 | 68 518.99 | 757 327.20 | 10.85 | 10.35 |
| 74 | 0.041 430 | 0.958 570 | 67 214 | 2 785 | 65 821.95 | 688 808.22 | 10.25 | 9.75 |
| 75 | 0.045 902 | 0.954 098 | 64 430 | 2 957 | 62 950.89 | 622 986.26 | 9.67 | 9.17 |
| 76 | 0.050 829 | 0.949 171 | 61 472 | 3 125 | 59 909.88 | 560 035.38 | 9.11 | 8.61 |
| 77 | 0.056 262 | 0.943 738 | 58 348 | 3 283 | 56 706.22 | 500 125.50 | 8.57 | 8.07 |
| 78 | 0.062 257 | 0.937 743 | 55 065 | 3 428 | 53 350.76 | 443 419.28 | 8.05 | 7.55 |
| 79 | 0.068 871 | 0.931 129 | 51 637 | 3 556 | 49 858.54 | 390 068.52 | 7.55 | 7.05 |
| 80 | 0.076 187 | 0.923 813 | 48 080 | 3 663 | 46 248.85 | 340 209.99 | 7.08 | 6.58 |
| 81 | 0.084 224 | 0.915 776 | 44 417 | 3 741 | 42 546.80 | 293 961.14 | 6.62 | 6.12 |
| 82 | 0.093 071 | 0.906 929 | 40 676 | 3 786 | 38 783.40 | 251 414.34 | 6.18 | 5.68 |
| 83 | 0.102 800 | 0.897 200 | 36 891 | 3 792 | 34 994.34 | 212 630.94 | 5.76 | 5.26 |
| 84 | 0.113 489 | 0.886 511 | 33 098 | 3 756 | 31 220.03 | 177 636.60 | 5.37 | 4.87 |
| 85 | 0.125 221 | 0.874 779 | 29 342 | 3 674 | 27 504.78 | 146 416.57 | 4.99 | 4.49 |
| 86 | 0.138 080 | 0.861 920 | 25 668 | 3 544 | 23 895.57 | 118 911.79 | 4.63 | 4.13 |
| 87 | 0.152 157 | 0.847 843 | 22 123 | 3 366 | 20 440.36 | 95 016.21 | 4.29 | 3.79 |
| 88 | 0.167 543 | 0.832 457 | 18 757 | 3 143 | 17 185.91 | 74 575.86 | 3.98 | 3.48 |
| 89 | 0.184 333 | 0.815 667 | 15 615 | 2 878 | 14 175.45 | 57 389.94 | 3.68 | 3.18 |
| 90 | 0.202 621 | 0.797 379 | 12 736 | 2 581 | 11 445.99 | 43 214.49 | 3.39 | 2.89 |
| 91 | 0.222 500 | 0.777 500 | 10 156 | 2 260 | 9 025.85 | 31 768.51 | 3.13 | 2.63 |

附表2A(续)

| $x$ | $q_x$ | $p_x$ | $l_x$ | $d_x$ | $L_x$ | $T_x$ | $\mathring{e}_x$ | $e_x$ |
|---|---|---|---|---|---|---|---|---|
| 92 | 0. 244 059 | 0. 755 941 | 7 896 | 1 927 | 6 932. 48 | 22 742. 66 | 2. 88 | 2. 38 |
| 93 | 0. 267 383 | 0. 732 617 | 5 969 | 1 596 | 5 170. 94 | 15 810. 18 | 2. 65 | 2. 15 |
| 94 | 0. 292 544 | 0. 707 456 | 4 373 | 1 279 | 3 733. 30 | 10 639. 24 | 2. 43 | 1. 93 |
| 95 | 0. 319 604 | 0. 680 396 | 3 094 | 989 | 2 599. 29 | 6 905. 94 | 2. 23 | 1. 73 |
| 96 | 0. 348 606 | 0. 651 394 | 2 105 | 734 | 1 738. 02 | 4 306. 65 | 2. 05 | 1. 55 |
| 97 | 0. 379 572 | 0. 620 428 | 1 371 | 520 | 1 110. 91 | 2 568. 63 | 1. 87 | 1. 37 |
| 98 | 0. 412 495 | 0. 587 505 | 851 | 351 | 675. 24 | 1 457. 72 | 1. 71 | 1. 21 |
| 99 | 0. 447 334 | 0. 552 666 | 500 | 224 | 388. 00 | 782. 49 | 1. 57 | 1. 07 |
| 100 | 0. 484 010 | 0. 515 990 | 276 | 134 | 209. 37 | 394. 49 | 1. 43 | 0. 93 |
| 101 | 0. 522 397 | 0. 477 603 | 143 | 74 | 105. 30 | 185. 12 | 1. 30 | 0. 80 |
| 102 | 0. 562 317 | 0. 437 683 | 68 | 38 | 48. 93 | 79. 82 | 1. 17 | 0. 67 |
| 103 | 0. 603 539 | 0. 396 461 | 30 | 18 | 20. 80 | 30. 89 | 1. 04 | 0. 54 |
| 104 | 0. 645 770 | 0. 354 230 | 12 | 8 | 8. 00 | 10. 09 | 0. 85 | 0. 35 |
| 105 | 1. 000 000 | 0. 000 000 | 4 | 4 | 2. 09 | 2. 09 | 0. 50 | 0. 00 |

附表 2B　中国人寿保险业经验生命表 CL1(2000—2003)2.5%替换函数表

非养老金业务表(男表)

| $x$ | $D_x$ | $N_x$ | $S_x$ | $C_x$ | $M_x$ | $R_x$ |
|---|---|---|---|---|---|---|
| 0 | 100 000.00 | 3 441 746.70 | 94 935 802.73 | 70.44 | 16 054.96 | 1 126 239.31 |
| 1 | 97 490.54 | 3 341 746.70 | 91 494 056.03 | 57.35 | 15 984.52 | 1 110 184.36 |
| 2 | 95 055.37 | 3 244 256.16 | 88 152 309.33 | 46.28 | 15 927.17 | 1 094 199.84 |
| 3 | 92 690.67 | 3 149 200.80 | 84 908 053.17 | 37.62 | 15 880.89 | 1 078 272.67 |
| 4 | 90 392.30 | 3 056 510.13 | 81 758 852.37 | 31.57 | 15 843.27 | 1 062 391.78 |
| 5 | 88 156.04 | 2 966 117.83 | 78 702 342.24 | 27.78 | 15 811.70 | 1 046 548.51 |
| 6 | 85 978.11 | 2 877 961.79 | 75 736 224.41 | 25.92 | 15 783.92 | 1 030 736.81 |
| 7 | 83 855.16 | 2 791 983.68 | 72 858 262.62 | 25.20 | 15 758.00 | 1 014 952.89 |
| 8 | 81 784.72 | 2 708 128.52 | 70 066 278.94 | 24.81 | 15 732.80 | 999 194.88 |
| 9 | 79 765.16 | 2 626 343.80 | 67 358 150.42 | 24.28 | 15 707.99 | 983 462.08 |
| 10 | 77 795.38 | 2 546 578.64 | 64 731 806.63 | 23.68 | 15 683.71 | 967 754.09 |
| 11 | 75 874.26 | 2 468 783.26 | 62 185 227.99 | 23.10 | 15 660.03 | 952 070.38 |
| 12 | 74 000.57 | 2 392 909.00 | 59 716 444.73 | 22.60 | 15 636.93 | 936 410.35 |
| 13 | 72 173.08 | 2 318 908.43 | 57 323 535.73 | 22.53 | 15 614.34 | 920 773.42 |
| 14 | 70 390.23 | 2 246 735.35 | 55 004 627.29 | 23.07 | 15 591.80 | 905 159.08 |
| 15 | 68 650.32 | 2 176 345.13 | 52 757 891.94 | 24.38 | 15 568.73 | 889 567.27 |
| 16 | 66 951.54 | 2 107 694.81 | 50 581 546.81 | 26.39 | 15 544.35 | 873 998.54 |
| 17 | 65 292.19 | 2 040 743.27 | 48 473 852.00 | 28.98 | 15 517.96 | 858 454.19 |
| 18 | 63 670.71 | 1 975 451.08 | 46 433 108.74 | 31.87 | 15 488.98 | 842 936.23 |
| 19 | 62 085.90 | 1 911 780.36 | 44 457 657.66 | 34.65 | 15 457.11 | 827 447.25 |
| 20 | 60 536.97 | 1 849 694.46 | 42 545 877.30 | 36.68 | 15 422.47 | 811 990.14 |
| 21 | 59 023.78 | 1 789 157.50 | 40 696 182.84 | 38.06 | 15 385.79 | 796 567.67 |
| 22 | 57 546.11 | 1 730 133.72 | 38 907 025.34 | 38.85 | 15 347.73 | 781 181.88 |
| 23 | 56 103.70 | 1 672 587.61 | 37 176 891.62 | 39.19 | 15 308.88 | 765 834.15 |
| 24 | 54 696.12 | 1 616 483.91 | 35 504 304.01 | 39.38 | 15 269.69 | 750 525.28 |
| 25 | 53 322.69 | 1 561 787.79 | 33 887 820.10 | 39.48 | 15 230.30 | 735 255.59 |
| 26 | 51 982.65 | 1 508 465.10 | 32 326 032.31 | 39.51 | 15 190.82 | 720 025.29 |
| 27 | 50 675.27 | 1 456 482.45 | 30 817 567.21 | 39.30 | 15 151.31 | 704 834.47 |
| 28 | 49 399.99 | 1 405 807.18 | 29 361 084.76 | 39.28 | 15 112.01 | 689 683.16 |
| 29 | 48 155.83 | 1 356 407.19 | 27 955 277.58 | 39.56 | 15 072.73 | 674 571.15 |

附表2B(续)

| $x$ | $D_x$ | $N_x$ | $S_x$ | $C_x$ | $M_x$ | $R_x$ |
|---|---|---|---|---|---|---|
| 30 | 46 941. 74 | 1 308 251. 36 | 26 598 870. 39 | 40. 35 | 15 033. 17 | 659 498. 42 |
| 31 | 45 756. 47 | 1 261 309. 62 | 25 290 619. 03 | 41. 60 | 14 992. 82 | 644 465. 25 |
| 32 | 44 598. 86 | 1 215 553. 14 | 24 029 309. 42 | 43. 25 | 14 951. 22 | 629 472. 43 |
| 33 | 43 467. 83 | 1 170 954. 29 | 22 813 756. 27 | 44. 74 | 14 907. 97 | 614 521. 21 |
| 34 | 42 362. 90 | 1 127 486. 46 | 21 642 801. 98 | 46. 33 | 14 863. 23 | 599 613. 24 |
| 35 | 41 283. 33 | 1 085 123. 56 | 20 515 315. 53 | 48. 09 | 14 816. 90 | 584 750. 01 |
| 36 | 40 228. 33 | 1 043 840. 23 | 19 430 191. 97 | 50. 04 | 14 768. 81 | 569 933. 11 |
| 37 | 39 197. 11 | 1 003 611. 91 | 18 386 351. 74 | 52. 28 | 14 718. 77 | 555 164. 30 |
| 38 | 38 188. 80 | 964 414. 80 | 17 382 739. 83 | 54. 84 | 14 666. 49 | 540 445. 53 |
| 39 | 37 202. 53 | 926 225. 99 | 16 418 325. 03 | 57. 67 | 14 611. 65 | 525 779. 04 |
| 40 | 36 237. 48 | 889 023. 47 | 15 492 099. 04 | 60. 63 | 14 553. 98 | 511 167. 39 |
| 41 | 35 293. 00 | 852 785. 99 | 14 603 075. 57 | 63. 53 | 14 493. 35 | 496 613. 42 |
| 42 | 34 368. 67 | 817 492. 99 | 13 750 289. 58 | 66. 32 | 14 429. 82 | 482 120. 07 |
| 43 | 33 464. 09 | 783 124. 32 | 12 932 796. 59 | 68. 98 | 14 363. 49 | 467 690. 25 |
| 44 | 32 578. 91 | 749 660. 23 | 12 149 672. 28 | 71. 67 | 14 294. 51 | 453 326. 76 |
| 45 | 31 712. 62 | 717 081. 32 | 11 400 012. 05 | 74. 66 | 14 222. 84 | 439 032. 25 |
| 46 | 30 864. 49 | 685 368. 70 | 10 682 930. 73 | 78. 14 | 14 148. 18 | 424 809. 41 |
| 47 | 30 033. 56 | 654 504. 21 | 9 997 562. 03 | 82. 19 | 14 070. 04 | 410 661. 23 |
| 48 | 29 218. 84 | 624 470. 65 | 9 343 057. 82 | 86. 72 | 13 987. 85 | 396 591. 19 |
| 49 | 28 419. 47 | 595 251. 81 | 8 718 587. 17 | 91. 47 | 13 901. 13 | 382 603. 34 |
| 50 | 27 634. 84 | 566 832. 34 | 8 123 335. 36 | 96. 25 | 13 809. 67 | 368 702. 21 |
| 51 | 26 864. 57 | 539 197. 49 | 7 556 503. 03 | 100. 83 | 13 713. 42 | 354 892. 54 |
| 52 | 26 108. 51 | 512 332. 92 | 7 017 305. 53 | 105. 25 | 13 612. 59 | 341 179. 12 |
| 53 | 25 366. 47 | 486 224. 40 | 6 504 972. 62 | 109. 73 | 13 507. 34 | 327 566. 54 |
| 54 | 24 638. 04 | 460 857. 93 | 6 018 748. 21 | 114. 85 | 13 397. 61 | 314 059. 20 |
| 55 | 23 922. 27 | 436 219. 89 | 5 557 890. 28 | 121. 43 | 13 282. 76 | 300 661. 59 |
| 56 | 23 217. 37 | 412 297. 62 | 5 121 670. 39 | 130. 11 | 13 161. 33 | 287 378. 83 |
| 57 | 22 520. 98 | 389 080. 25 | 4 709 372. 77 | 141. 21 | 13 031. 22 | 274 217. 50 |
| 58 | 21 830. 48 | 366 559. 27 | 4 320 292. 51 | 154. 62 | 12 890. 01 | 261 186. 29 |
| 59 | 21 143. 40 | 344 728. 80 | 3 953 733. 24 | 169. 75 | 12 735. 38 | 248 296. 28 |
| 60 | 20 457. 96 | 323 585. 40 | 3 609 004. 44 | 185. 88 | 12 565. 64 | 235 560. 90 |

附表2B(续)

| $x$ | $D_x$ | $N_x$ | $S_x$ | $C_x$ | $M_x$ | $R_x$ |
|---|---|---|---|---|---|---|
| 61 | 19 773. 11 | 303 127. 43 | 3 285 419. 05 | 202. 36 | 12 379. 76 | 222 995. 26 |
| 62 | 19 088. 48 | 283 354. 32 | 2 982 291. 62 | 218. 76 | 12 177. 40 | 210 615. 50 |
| 63 | 18 404. 14 | 264 265. 84 | 2 698 937. 30 | 235. 05 | 11 958. 64 | 198 438. 10 |
| 64 | 17 720. 21 | 245 861. 70 | 2 434 671. 46 | 251. 40 | 11 723. 58 | 186 479. 47 |
| 65 | 17 036. 61 | 228 141. 49 | 2 188 809. 76 | 268. 16 | 11 472. 18 | 174 755. 88 |
| 66 | 16 352. 92 | 211 104. 88 | 1 960 668. 27 | 285. 66 | 11 204. 02 | 163 283. 70 |
| 67 | 15 668. 41 | 194 751. 96 | 1 749 563. 39 | 303. 98 | 10 918. 36 | 152 079. 69 |
| 68 | 14 982. 27 | 179 083. 56 | 1 554 811. 43 | 323. 08 | 10 614. 38 | 141 161. 33 |
| 69 | 14 293. 77 | 164 101. 29 | 1 375 727. 87 | 342. 65 | 10 291. 30 | 130 546. 95 |
| 70 | 13 602. 50 | 149 807. 52 | 1 211 626. 58 | 362. 41 | 9 948. 65 | 120 255. 65 |
| 71 | 12 908. 32 | 136 205. 02 | 1 061 819. 06 | 382. 09 | 9 586. 24 | 110 307. 00 |
| 72 | 12 211. 39 | 123 296. 71 | 925 614. 04 | 401. 30 | 9 204. 16 | 100 720. 75 |
| 73 | 11 512. 26 | 111 085. 31 | 802 317. 33 | 419. 73 | 8 802. 86 | 91 516. 60 |
| 74 | 10 811. 74 | 99 573. 05 | 691 232. 02 | 437. 01 | 8 383. 13 | 82 713. 73 |
| 75 | 10 111. 03 | 88 761. 31 | 591 658. 97 | 452. 80 | 7 946. 12 | 74 330. 61 |
| 76 | 9 411. 63 | 78 650. 28 | 502 897. 66 | 466. 72 | 7 493. 33 | 66 384. 48 |
| 77 | 8 715. 36 | 69 238. 65 | 424 247. 38 | 478. 38 | 7 026. 61 | 58 891. 15 |
| 78 | 8 024. 41 | 60 523. 29 | 355 008. 73 | 487. 39 | 6 548. 23 | 51 864. 54 |
| 79 | 7 341. 30 | 52 498. 88 | 294 485. 44 | 493. 27 | 6 060. 84 | 45 316. 31 |
| 80 | 6 668. 97 | 45 157. 59 | 241 986. 56 | 495. 70 | 5 567. 57 | 39 255. 47 |
| 81 | 6 010. 62 | 38 488. 61 | 196 828. 97 | 493. 89 | 5 071. 87 | 33 687. 91 |
| 82 | 5 370. 13 | 32 478. 00 | 158 340. 36 | 487. 61 | 4 577. 98 | 28 616. 04 |
| 83 | 4 751. 53 | 27 107. 87 | 125 862. 36 | 476. 54 | 4 090. 37 | 24 038. 06 |
| 84 | 4 159. 10 | 22 356. 34 | 98 754. 49 | 460. 50 | 3 613. 82 | 19 947. 69 |
| 85 | 3 597. 16 | 18 197. 24 | 76 398. 15 | 439. 45 | 3 153. 32 | 16 333. 87 |
| 86 | 3 069. 97 | 14 600. 08 | 58 200. 91 | 413. 56 | 2 713. 87 | 13 180. 55 |
| 87 | 2 581. 53 | 11 530. 11 | 43 600. 83 | 383. 22 | 2 300. 31 | 10 466. 68 |
| 88 | 2 135. 35 | 8 948. 58 | 32 070. 72 | 349. 04 | 1 917. 09 | 8 166. 37 |
| 89 | 1 734. 23 | 6 813. 23 | 23 122. 14 | 311. 88 | 1 568. 05 | 6 249. 28 |
| 90 | 1 380. 05 | 5 079. 00 | 16 308. 90 | 272. 81 | 1 256. 17 | 4 681. 23 |
| 91 | 1 073. 59 | 3 698. 95 | 11 229. 90 | 233. 05 | 983. 37 | 3 425. 05 |

附表2B(续)

| $x$ | $D_x$ | $N_x$ | $S_x$ | $C_x$ | $M_x$ | $R_x$ |
|---|---|---|---|---|---|---|
| 92 | 814.35 | 2 625.37 | 7 530.95 | 193.90 | 750.32 | 2 441.68 |
| 93 | 600.59 | 1 811.01 | 4 905.58 | 156.67 | 556.42 | 1 691.36 |
| 94 | 429.27 | 1 210.42 | 3 094.57 | 122.52 | 399.75 | 1 134.95 |
| 95 | 296.28 | 781.15 | 1 884.14 | 92.38 | 277.23 | 735.20 |
| 96 | 196.67 | 484.87 | 1 102.99 | 66.89 | 184.85 | 457.97 |
| 97 | 124.99 | 288.20 | 618.12 | 46.28 | 117.96 | 273.12 |
| 98 | 75.65 | 163.21 | 329.92 | 30.45 | 71.67 | 155.17 |
| 99 | 43.36 | 87.56 | 166.71 | 18.92 | 41.23 | 83.49 |
| 100 | 23.38 | 44.20 | 79.15 | 11.04 | 22.30 | 42.27 |
| 101 | 11.77 | 20.81 | 34.95 | 6.00 | 11.26 | 19.96 |
| 102 | 5.48 | 9.04 | 14.14 | 3.01 | 5.26 | 8.70 |
| 103 | 2.34 | 3.56 | 5.09 | 1.38 | 2.25 | 3.44 |
| 104 | 0.91 | 1.22 | 1.53 | 0.57 | 0.88 | 1.18 |
| 105 | 0.31 | 0.31 | 0.31 | 0.31 | 0.31 | 0.31 |

附表 3A　两减因表(示例)

| $x$ | $l_x^{(\tau)}$ | $d_x^{(1)}$ | $d_x^{(2)}$ | $d_x^{(\tau)}$ | $q_x^{(1)}$ | $q_x^{(2)}$ | $q_x^{(\tau)}$ |
|---|---|---|---|---|---|---|---|
| 20 | 100 000 | 70 | 8 | 78 | 0.000 700 | 0.000 080 | 0.000 780 |
| 21 | 99 922 | 71 | 10 | 81 | 0.000 711 | 0.000 100 | 0.000 811 |
| 22 | 99 841 | 72 | 12 | 84 | 0.000 721 | 0.000 120 | 0.000 841 |
| 23 | 99 757 | 73 | 14 | 87 | 0.000 732 | 0.000 140 | 0.000 872 |
| 24 | 99 670 | 75 | 16 | 91 | 0.000 752 | 0.000 161 | 0.000 913 |
| 25 | 99 579 | 77 | 18 | 95 | 0.000 773 | 0.000 181 | 0.000 954 |
| 26 | 99 484 | 79 | 20 | 99 | 0.000 794 | 0.000 201 | 0.000 995 |
| 27 | 99 385 | 81 | 22 | 103 | 0.000 815 | 0.000 221 | 0.001 036 |
| 28 | 99 282 | 84 | 24 | 108 | 0.000 846 | 0.000 242 | 0.001 088 |
| 29 | 99 174 | 87 | 26 | 113 | 0.000 877 | 0.000 262 | 0.001 139 |
| 30 | 99 061 | 90 | 28 | 118 | 0.000 909 | 0.000 283 | 0.001 191 |
| 31 | 98 943 | 94 | 30 | 124 | 0.000 950 | 0.000 303 | 0.001 253 |
| 32 | 98 819 | 98 | 32 | 130 | 0.000 992 | 0.000 324 | 0.001 316 |
| 33 | 98 689 | 102 | 34 | 136 | 0.001 034 | 0.000 345 | 0.001 378 |
| 34 | 98 553 | 107 | 36 | 143 | 0.001 086 | 0.000 365 | 0.001 451 |
| 35 | 98 410 | 112 | 38 | 150 | 0.001 138 | 0.000 386 | 0.001 524 |
| 36 | 98 260 | 118 | 40 | 158 | 0.001 201 | 0.000 407 | 0.001 608 |
| 37 | 98 102 | 125 | 42 | 167 | 0.001 274 | 0.000 428 | 0.001 702 |
| 38 | 97 935 | 135 | 45 | 180 | 0.001 378 | 0.000 459 | 0.001 838 |
| 39 | 97 755 | 147 | 48 | 195 | 0.001 504 | 0.000 491 | 0.001 995 |
| 40 | 97 560 | 161 | 51 | 212 | 0.001 650 | 0.000 523 | 0.002 173 |
| 41 | 97 348 | 178 | 55 | 233 | 0.001 828 | 0.000 565 | 0.002 393 |
| 42 | 97 115 | 198 | 59 | 257 | 0.002 039 | 0.000 608 | 0.002 646 |
| 43 | 96 858 | 221 | 64 | 285 | 0.002 282 | 0.000 661 | 0.002 942 |
| 44 | 96 573 | 247 | 70 | 317 | 0.002 558 | 0.000 725 | 0.003 282 |
| 45 | 96 256 | 276 | 77 | 353 | 0.002 867 | 0.000 800 | 0.003 667 |
| 46 | 95 903 | 308 | 85 | 393 | 0.003 212 | 0.000 886 | 0.004 098 |
| 47 | 95 510 | 344 | 94 | 438 | 0.003 602 | 0.000 984 | 0.004 586 |
| 48 | 95 072 | 384 | 105 | 489 | 0.004 039 | 0.001 104 | 0.005 143 |
| 49 | 94 583 | 428 | 118 | 546 | 0.004 525 | 0.001 248 | 0.005 773 |
| 50 | 94 037 | 475 | 133 | 608 | 0.005 051 | 0.001 414 | 0.006 466 |

附表3A(续)

| $x$ | $l_x^{(\tau)}$ | $d_x^{(1)}$ | $d_x^{(2)}$ | $d_x^{(\tau)}$ | $q_x^{(1)}$ | $q_x^{(2)}$ | $q_x^{(\tau)}$ |
|---|---|---|---|---|---|---|---|
| 51 | 93 429 | 525 | 150 | 675 | 0. 005 619 | 0. 001 605 | 0. 007 225 |
| 52 | 92 754 | 578 | 170 | 748 | 0. 006 232 | 0. 001 833 | 0. 008 064 |
| 53 | 92 006 | 634 | 193 | 827 | 0. 006 891 | 0. 002 098 | 0. 008 989 |
| 54 | 91 179 | 692 | 219 | 911 | 0. 007 589 | 0. 002 402 | 0. 009 991 |
| 55 | 90 268 | 752 | 249 | 1 001 | 0. 008 331 | 0. 002 758 | 0. 011 089 |
| 56 | 89 267 | 814 | 283 | 1 097 | 0. 009 119 | 0. 003 170 | 0. 012 289 |
| 57 | 88 170 | 877 | 322 | 1 199 | 0. 009 947 | 0. 003 652 | 0. 013 599 |
| 58 | 86 971 | 941 | 367 | 1 308 | 0. 010 820 | 0. 004 220 | 0. 015 039 |
| 59 | 85 663 | 1 006 | 419 | 1 425 | 0. 011 744 | 0. 004 891 | 0. 016 635 |
| 60 | 84 238 | 1 121 | 83 117 | 84 238 | 0. 013 308 | 0. 986 692 | 1. 000 000 |

附表 3B　两减因替换函数表

| $x$ | $D_x^{(\tau)}$ | $N_x^{(\tau)}$ | $C_x^{(1)}$ | $C_x^{(2)}$ | $M_x^{(1)}$ | $M_x^{(2)}$ |
|---|---|---|---|---|---|---|
| 20 | 61 027.09 | 1 544 017.40 | 41.68 | 4.76 | 3 824.76 | 19 543.37 |
| 21 | 59 492.19 | 1 482 990.31 | 41.24 | 5.81 | 3 783.08 | 19 538.61 |
| 22 | 57 994.11 | 1 423 498.12 | 40.80 | 6.80 | 3 741.84 | 19 532.80 |
| 23 | 56 532.02 | 1 365 504.01 | 40.36 | 7.74 | 3 701.04 | 19 526.00 |
| 24 | 55 105.09 | 1 308 971.99 | 40.45 | 8.63 | 3 660.68 | 19 518.26 |
| 25 | 53 711.98 | 1 253 866.91 | 40.52 | 9.47 | 3 620.23 | 19 509.63 |
| 26 | 52 351.94 | 1 200 154.93 | 40.56 | 10.27 | 3 579.71 | 19 500.16 |
| 27 | 51 024.23 | 1 147 803.00 | 40.57 | 11.02 | 3 539.15 | 19 489.89 |
| 28 | 49 728.15 | 1 096 778.76 | 41.05 | 11.73 | 3 498.58 | 19 478.87 |
| 29 | 48 462.49 | 1 047 050.62 | 41.48 | 12.40 | 3 457.53 | 19 467.14 |
| 30 | 47 226.61 | 998 588.12 | 41.86 | 13.02 | 3 416.05 | 19 454.75 |
| 31 | 46 019.86 | 951 361.52 | 42.65 | 13.61 | 3 374.19 | 19 441.72 |
| 32 | 44 841.15 | 905 341.66 | 43.38 | 14.17 | 3 331.54 | 19 428.11 |
| 33 | 43 689.91 | 860 500.51 | 44.05 | 14.68 | 3 288.15 | 19 413.94 |
| 34 | 42 565.57 | 816 810.60 | 45.09 | 15.17 | 3 244.10 | 19 399.26 |
| 35 | 41 467.13 | 774 245.03 | 46.04 | 15.62 | 3 199.01 | 19 384.09 |
| 36 | 40 394.07 | 732 777.90 | 47.33 | 16.04 | 3 152.97 | 19 368.47 |
| 37 | 39 345.48 | 692 383.83 | 48.91 | 16.43 | 3 105.64 | 19 352.43 |
| 38 | 38 320.49 | 653 038.35 | 51.54 | 17.18 | 3 056.73 | 19 335.99 |
| 39 | 37 317.13 | 614 717.86 | 54.75 | 17.88 | 3 005.20 | 19 318.81 |
| 40 | 36 334.33 | 577 400.74 | 58.50 | 18.53 | 2 950.45 | 19 300.94 |
| 41 | 35 371.10 | 541 066.40 | 63.10 | 19.50 | 2 891.95 | 19 282.41 |
| 42 | 34 425.79 | 505 695.30 | 68.48 | 20.40 | 2 828.85 | 19 262.91 |
| 43 | 33 497.26 | 471 269.51 | 74.57 | 21.59 | 2 760.38 | 19 242.51 |
| 44 | 32 584.09 | 437 772.25 | 81.31 | 23.04 | 2 685.81 | 19 220.91 |
| 45 | 31 685.01 | 405 188.16 | 88.64 | 24.73 | 2 604.50 | 19 197.87 |
| 46 | 30 798.84 | 373 503.15 | 96.50 | 26.63 | 2 515.87 | 19 173.14 |
| 47 | 29 924.52 | 342 704.30 | 105.15 | 28.73 | 2 419.37 | 19 146.51 |
| 48 | 29 060.77 | 312 779.78 | 114.51 | 31.31 | 2 314.22 | 19 117.78 |
| 49 | 28 206.14 | 283 719.02 | 124.52 | 34.33 | 2 199.70 | 19 086.46 |
| 50 | 27 359.33 | 255 512.88 | 134.83 | 37.75 | 2 075.18 | 19 052.13 |

附表3B(续)

| $x$ | $D_x^{(\tau)}$ | $N_x^{(\tau)}$ | $C_x^{(1)}$ | $C_x^{(2)}$ | $M_x^{(1)}$ | $M_x^{(2)}$ |
|---|---|---|---|---|---|---|
| 51 | 26 519.45 | 228 153.54 | 145.38 | 41.54 | 1 940.35 | 19 014.38 |
| 52 | 25 685.71 | 201 634.09 | 156.16 | 45.93 | 1 794.97 | 18 972.84 |
| 53 | 24 857.15 | 175 948.38 | 167.11 | 50.87 | 1 638.81 | 18 926.91 |
| 54 | 24 032.90 | 151 091.23 | 177.95 | 56.32 | 1 471.70 | 18 876.04 |
| 55 | 23 212.46 | 127 058.33 | 188.66 | 62.47 | 1 293.75 | 18 819.73 |
| 56 | 22 395.18 | 103 845.87 | 199.23 | 69.27 | 1 105.09 | 18 757.26 |
| 57 | 21 580.45 | 81 450.69 | 209.42 | 76.89 | 905.86 | 18 687.99 |
| 58 | 20 767.79 | 59 870.24 | 219.22 | 85.50 | 696.44 | 18 611.10 |
| 59 | 19 956.54 | 39 102.45 | 228.65 | 95.23 | 477.22 | 18 525.60 |
| 60 | 19 145.91 | 19 145.91 | 248.57 | 18 430.37 | 248.57 | 18 430.37 |

注:本表根据附表3A及利率 $i=2.5\%$ 计算而得。

附表 4A　在职人员多减因表(示例)

| $x$ | $l_x^{(\tau)}$ | $d_x^{(d)}$ | $d_x^{(w)}$ | $d_x^{(i)}$ | $d_x^{(r)}$ | $q_x^{(d)}$ | $q_x^{(w)}$ | $q_x^{(i)}$ | $q_x^{(r)}$ | $q_x^{(\tau)}$ |
|---|---|---|---|---|---|---|---|---|---|---|
| 18 | 100 000 | 85 | 9 286 | 5 | 0 | 0. 000 850 | 0. 092 860 | 0. 000 050 | 0. 000 000 | 0. 093 760 |
| 19 | 90 624 | 77 | 8 145 | 6 | 0 | 0. 000 850 | 0. 089 877 | 0. 000 066 | 0. 000 000 | 0. 090 793 |
| 20 | 82 396 | 70 | 7 355 | 6 | 0 | 0. 000 850 | 0. 089 264 | 0. 000 073 | 0. 000 000 | 0. 090 186 |
| 21 | 74 965 | 62 | 6 418 | 6 | 0 | 0. 000 827 | 0. 085 613 | 0. 000 080 | 0. 000 000 | 0. 086 520 |
| 22 | 68 479 | 56 | 5 627 | 7 | 0 | 0. 000 818 | 0. 082 171 | 0. 000 102 | 0. 000 000 | 0. 083 091 |
| 23 | 62 789 | 52 | 4 735 | 7 | 0 | 0. 000 828 | 0. 075 411 | 0. 000 111 | 0. 000 000 | 0. 076 351 |
| 24 | 57 995 | 46 | 4 185 | 8 | 0 | 0. 000 793 | 0. 072 161 | 0. 000 138 | 0. 000 000 | 0. 073 093 |
| 25 | 53 756 | 42 | 3 418 | 8 | 0 | 0. 000 781 | 0. 063 584 | 0. 000 149 | 0. 000 000 | 0. 064 514 |
| 26 | 50 288 | 40 | 2 950 | 8 | 0 | 0. 000 795 | 0. 058 662 | 0. 000 159 | 0. 000 000 | 0. 059 617 |
| 27 | 47 290 | 37 | 2 497 | 9 | 0 | 0. 000 782 | 0. 052 802 | 0. 000 190 | 0. 000 000 | 0. 053 775 |
| 28 | 44 747 | 33 | 2 063 | 9 | 0 | 0. 000 737 | 0. 046 104 | 0. 000 201 | 0. 000 000 | 0. 047 042 |
| 29 | 42 642 | 31 | 1 548 | 9 | 0 | 0. 000 727 | 0. 036 302 | 0. 000 211 | 0. 000 000 | 0. 037 240 |
| 30 | 41 054 | 30 | 1 432 | 10 | 0 | 0. 000 731 | 0. 034 881 | 0. 000 244 | 0. 000 000 | 0. 035 855 |
| 31 | 39 582 | 30 | 1 189 | 10 | 0 | 0. 000 758 | 0. 030 039 | 0. 000 253 | 0. 000 000 | 0. 031 049 |
| 32 | 38 353 | 29 | 978 | 10 | 0 | 0. 000 756 | 0. 025 500 | 0. 000 261 | 0. 000 000 | 0. 026 517 |
| 33 | 37 336 | 30 | 822 | 11 | 0 | 0. 000 804 | 0. 022 016 | 0. 000 295 | 0. 000 000 | 0. 023 114 |
| 34 | 36 473 | 32 | 735 | 12 | 0 | 0. 000 877 | 0. 020 152 | 0. 000 329 | 0. 000 000 | 0. 021 358 |
| 35 | 35 694 | 34 | 626 | 13 | 0 | 0. 000 953 | 0. 017 538 | 0. 000 364 | 0. 000 000 | 0. 018 855 |
| 36 | 35 021 | 36 | 519 | 14 | 0 | 0. 001 028 | 0. 014 820 | 0. 000 400 | 0. 000 000 | 0. 016 247 |
| 37 | 34 452 | 39 | 446 | 15 | 0 | 0. 001 132 | 0. 012 946 | 0. 000 435 | 0. 000 000 | 0. 014 513 |
| 38 | 33 952 | 42 | 373 | 17 | 0 | 0. 001 237 | 0. 010 986 | 0. 000 501 | 0. 000 000 | 0. 012 724 |
| 39 | 33 520 | 45 | 338 | 19 | 0 | 0. 001 342 | 0. 010 084 | 0. 000 567 | 0. 000 000 | 0. 011 993 |
| 40 | 33 118 | 48 | 315 | 20 | 0 | 0. 001 449 | 0. 009 511 | 0. 000 604 | 0. 000 000 | 0. 011 565 |
| 41 | 32 735 | 52 | 272 | 24 | 0 | 0. 001 589 | 0. 008 309 | 0. 000 733 | 0. 000 000 | 0. 010 631 |
| 42 | 32 387 | 57 | 235 | 28 | 0 | 0. 001 760 | 0. 007 256 | 0. 000 865 | 0. 000 000 | 0. 009 881 |
| 43 | 32 067 | 63 | 201 | 32 | 0 | 0. 001 965 | 0. 006 268 | 0. 000 998 | 0. 000 000 | 0. 009 231 |
| 44 | 31 771 | 69 | 193 | 35 | 0 | 0. 002 172 | 0. 006 075 | 0. 001 102 | 0. 000 000 | 0. 009 348 |
| 45 | 31 474 | 75 | 173 | 37 | 0 | 0. 002 383 | 0. 005 497 | 0. 001 176 | 0. 000 000 | 0. 009 055 |
| 46 | 31 189 | 81 | 155 | 42 | 0 | 0. 002 597 | 0. 004 970 | 0. 001 347 | 0. 000 000 | 0. 008 913 |
| 47 | 30 911 | 88 | 138 | 46 | 0 | 0. 002 847 | 0. 004 464 | 0. 001 488 | 0. 000 000 | 0. 008 799 |
| 48 | 30 639 | 92 | 112 | 51 | 0 | 0. 003 003 | 0. 003 655 | 0. 001 665 | 0. 000 000 | 0. 008 323 |
| 49 | 30 384 | 100 | 81 | 55 | 0 | 0. 003 291 | 0. 002 666 | 0. 001 810 | 0. 000 000 | 0. 007 767 |
| 50 | 30 148 | 110 | 36 | 61 | 0 | 0. 003 649 | 0. 001 194 | 0. 002 023 | 0. 000 000 | 0. 006 866 |
| 51 | 29 941 | 118 | 15 | 65 | 0 | 0. 003 941 | 0. 000 501 | 0. 002 171 | 0. 000 000 | 0. 006 613 |
| 52 | 29 743 | 128 | 0 | 70 | 0 | 0. 004 304 | 0. 000 000 | 0. 002 353 | 0. 000 000 | 0. 006 657 |
| 53 | 29 545 | 141 | 0 | 75 | 0 | 0. 004 772 | 0. 000 000 | 0. 002 539 | 0. 000 000 | 0. 007 311 |
| 54 | 29 329 | 154 | 0 | 81 | 0 | 0. 005 251 | 0. 000 000 | 0. 002 762 | 0. 000 000 | 0. 008 013 |
| 55 | 29 094 | 171 | 0 | 87 | 2 158 | 0. 005 878 | 0. 000 000 | 0. 002 990 | 0. 074 173 | 0. 083 041 |

附表4A(续)

| $x$ | $l_x^{(\tau)}$ | $d_x^{(d)}$ | $d_x^{(w)}$ | $d_x^{(i)}$ | $d_x^{(r)}$ | $q_x^{(d)}$ | $q_x^{(w)}$ | $q_x^{(i)}$ | $q_x^{(r)}$ | $q_x^{(\tau)}$ |
|---|---|---|---|---|---|---|---|---|---|---|
| 56 | 26 678 | 189 | 0 | 93 | 1 774 | 0. 007 084 | 0. 000 000 | 0. 003 486 | 0. 066 497 | 0. 077 067 |
| 57 | 24 622 | 209 | 0 | 99 | 1 369 | 0. 008 488 | 0. 000 000 | 0. 004 021 | 0. 055 601 | 0. 068 110 |
| 58 | 22 945 | 225 | 0 | 108 | 832 | 0. 009 806 | 0. 000 000 | 0. 004 707 | 0. 036 261 | 0. 050 774 |
| 59 | 21 780 | 240 | 0 | 117 | 427 | 0. 011 019 | 0. 000 000 | 0. 005 372 | 0. 019 605 | 0. 035 996 |
| 60 | 20 996 | 0 | 0 | 0 | 20 996 | 0 | 0 | 0 | 1 | 1 |

## 附表 4B　在职人员多减因替换函数表

| $x$ | $D_x^{(\tau)}$ | $N_x^{(\tau)}$ | $D_{x+\frac{1}{2}}^{(\tau)}$ | $N_{x+\frac{1}{2}}^{(\tau)}$ |
|---|---|---|---|---|
| 18 | 64 116. 59 | 785 887. 54 | 60 360. 95 | 753 490. 88 |
| 19 | 56 687. 82 | 721 770. 94 | 53 450. 40 | 693 129. 93 |
| 20 | 50 283. 88 | 665 083. 12 | 47 427. 24 | 639 679. 53 |
| 21 | 44 633. 13 | 614 799. 24 | 42 178. 32 | 592 252. 29 |
| 22 | 39 777. 03 | 570 166. 10 | 37 656. 67 | 550 073. 97 |
| 23 | 35 582. 35 | 530 389. 07 | 33 804. 04 | 512 417. 30 |
| 24 | 32 064. 01 | 494 806. 72 | 30 513. 13 | 478 613. 27 |
| 25 | 28 995. 48 | 462 742. 71 | 27 715. 87 | 448 100. 14 |
| 26 | 26 463. 29 | 433 747. 23 | 25 359. 43 | 420 384. 27 |
| 27 | 24 278. 67 | 407 283. 94 | 23 335. 99 | 395 024. 84 |
| 28 | 22 412. 78 | 383 005. 27 | 21 617. 06 | 371 688. 85 |
| 29 | 20 837. 49 | 360 592. 49 | 20 198. 57 | 350 071. 80 |
| 30 | 19 572. 19 | 339 755. 00 | 18 985. 46 | 329 873. 22 |
| 31 | 18 410. 17 | 320 182. 80 | 17 901. 97 | 310 887. 76 |
| 32 | 17 403. 46 | 301 772. 63 | 16 962. 00 | 292 985. 80 |
| 33 | 16 528. 76 | 284 369. 17 | 16 137. 26 | 276 023. 79 |
| 34 | 15 752. 88 | 267 840. 41 | 15 393. 43 | 259 886. 53 |
| 35 | 15 040. 42 | 252 087. 52 | 14 715. 82 | 244 493. 10 |
| 36 | 14 396. 91 | 237 047. 10 | 14 104. 74 | 229 777. 29 |
| 37 | 13 817. 56 | 222 650. 19 | 13 548. 98 | 215 672. 55 |
| 38 | 13 284. 91 | 208 832. 63 | 13 038. 41 | 202 123. 57 |
| 39 | 12 795. 97 | 195 547. 72 | 12 563. 17 | 189 085. 16 |
| 40 | 12 334. 16 | 182 751. 75 | 12 112. 37 | 176 521. 99 |
| 41 | 11 894. 16 | 170 417. 59 | 11 685. 77 | 164 409. 62 |
| 42 | 11 480. 70 | 158 523. 43 | 11 283. 81 | 152 723. 85 |
| 43 | 11 090. 01 | 147 042. 73 | 10 903. 38 | 141 440. 05 |
| 44 | 10 719. 65 | 135 952. 72 | 10 538. 63 | 130 536. 67 |
| 45 | 10 360. 44 | 125 233. 06 | 10 186. 98 | 119 998. 04 |
| 46 | 10 016. 22 | 114 872. 63 | 9 849. 22 | 109 811. 06 |
| 47 | 9 684. 82 | 104 856. 41 | 9 523. 89 | 99 961. 84 |
| 48 | 9 365. 46 | 95 171. 60 | 9 212. 05 | 90 437. 95 |

附表4B(续)

| $x$ | $D_x^{(\tau)}$ | $N_x^{(\tau)}$ | $D_{x+\frac{1}{2}}^{(\tau)}$ | $N_{x+\frac{1}{2}}^{(\tau)}$ |
|---|---|---|---|---|
| 49 | 9 060.99 | 85 806.14 | 8 915.05 | 81 225.90 |
| 50 | 8 771.33 | 76 745.15 | 8 633.95 | 72 310.85 |
| 51 | 8 498.63 | 67 973.82 | 8 366.60 | 63 676.90 |
| 52 | 8 236.52 | 59 475.19 | 8 108.38 | 55 310.30 |
| 53 | 7 982.14 | 51 238.67 | 7 855.37 | 47 201.93 |
| 54 | 7 730.52 | 43 256.53 | 7 605.07 | 39 346.55 |
| 55 | 7 481.54 | 35 526.02 | 7 082.91 | 31 741.48 |
| 56 | 6 692.94 | 28 044.48 | 6 356.07 | 24 658.57 |
| 57 | 6 026.47 | 21 351.54 | 5 749.81 | 18 302.50 |
| 58 | 5 479.03 | 15 325.07 | 5 274.41 | 12 552.69 |
| 59 | 5 073.99 | 9 846.04 | 4 921.53 | 7 278.28 |
| 60 | 4 772.05 | 4 772.05 | 2 356.75 | 2 356.75 |

注:(1) 本表根据附表 4A 在职人员多减因表(示例) 及利率 $i = 2.5\%$ 计算而得。

(2) $D_{x+\frac{1}{2}}^{(\tau)} = v^{x+\frac{1}{2}} l_{x+\frac{1}{2}}^{(\tau)} \approx v^{x+\frac{1}{2}} \cdot \frac{l_x^{(\tau)} + l_{x+1}^{(\tau)}}{2}, N_{x+\frac{1}{2}}^{(\tau)} = \sum_{y=x}^{60} D_{y+\frac{1}{2}}^{(\tau)}$。

附表 5　多生命替换函数表

| $x$ | $y$ | $C_{xy}$ | $D_{xy}$ | $M_{xy}$ | $N_{xy}$ |
|---|---|---|---|---|---|
| 22 | 20 | 485.74 | 587 916.62 | 161 306.97 | 17 490 995.77 |
| 23 | 21 | 494.17 | 573 091.46 | 160 821.23 | 16 903 079.15 |
| 24 | 22 | 499.66 | 558 619.45 | 160 327.07 | 16 329 987.70 |
| 25 | 23 | 501.90 | 544 494.92 | 159 827.40 | 15 771 368.25 |
| 26 | 24 | 501.62 | 530 712.66 | 159 325.50 | 15 226 873.33 |
| 27 | 25 | 501.52 | 517 266.83 | 158 823.89 | 14 696 160.67 |
| 28 | 26 | 501.58 | 504 149.05 | 158 322.37 | 14 178 893.84 |
| 29 | 27 | 503.22 | 491 351.15 | 157 820.79 | 13 674 744.78 |
| 30 | 28 | 506.31 | 478 863.75 | 157 317.57 | 13 183 393.63 |
| 31 | 29 | 512.09 | 466 677.84 | 156 811.25 | 12 704 529.88 |
| 32 | 30 | 519.43 | 454 783.36 | 156 299.17 | 12 237 852.05 |
| 33 | 31 | 527.78 | 443 171.65 | 155 779.73 | 11 783 068.68 |
| 34 | 32 | 537.86 | 431 834.81 | 155 251.95 | 11 339 897.03 |
| 35 | 33 | 549.10 | 420 764.39 | 154 714.09 | 10 908 062.22 |
| 36 | 34 | 562.17 | 409 952.75 | 154 165.00 | 10 487 297.83 |
| 37 | 35 | 578.06 | 399 391.73 | 153 602.83 | 10 077 345.08 |
| 38 | 36 | 597.65 | 389 072.41 | 153 024.77 | 9 677 953.35 |
| 39 | 37 | 621.69 | 378 985.19 | 152 427.12 | 9 288 880.94 |
| 40 | 38 | 649.05 | 369 119.96 | 151 805.43 | 8 909 895.75 |
| 41 | 39 | 678.33 | 359 467.99 | 151 156.38 | 8 540 775.79 |
| 42 | 40 | 708.62 | 350 022.14 | 150 478.05 | 8 181 307.80 |
| 43 | 41 | 739.06 | 340 776.40 | 149 769.43 | 7 831 285.66 |
| 44 | 42 | 769.54 | 331 725.72 | 149 030.38 | 7 490 509.26 |
| 45 | 43 | 801.54 | 322 865.31 | 148 260.83 | 7 158 783.54 |
| 46 | 44 | 837.26 | 314 189.01 | 147 459.30 | 6 835 918.23 |
| 47 | 45 | 872.69 | 305 688.61 | 146 622.04 | 6 521 729.22 |
| 48 | 46 | 921.93 | 297 360.10 | 145 749.35 | 6 216 040.61 |
| 49 | 47 | 975.48 | 289 185.48 | 144 827.42 | 5 918 680.52 |
| 50 | 48 | 1 038.50 | 281 156.70 | 143 851.94 | 5 629 495.04 |
| 51 | 49 | 1 100.35 | 273 260.72 | 142 813.44 | 5 348 338.34 |
| 52 | 50 | 1 158.78 | 265 495.48 | 141 713.10 | 5 075 077.62 |

附表5(续)

| $x$ | $y$ | $C_{xy}$ | $D_{xy}$ | $M_{xy}$ | $N_{xy}$ |
|---|---|---|---|---|---|
| 53 | 51 | 1 218. 34 | 257 861. 20 | 140 554. 32 | 4 809 582. 14 |
| 54 | 52 | 1 283. 01 | 250 353. 57 | 139 335. 98 | 4 551 720. 94 |
| 55 | 53 | 1 356. 74 | 242 964. 37 | 138 052. 97 | 4 301 367. 38 |
| 56 | 54 | 1 446. 56 | 235 681. 66 | 136 696. 22 | 4 058 403. 01 |
| 57 | 55 | 1 556. 64 | 228 486. 77 | 135 249. 67 | 3 822 721. 34 |
| 58 | 56 | 1 699. 21 | 221 357. 28 | 133 693. 03 | 3 594 234. 57 |
| 59 | 57 | 1 881. 30 | 214 259. 11 | 131 993. 81 | 3 372 877. 29 |
| 60 | 58 | 2 096. 82 | 207 151. 98 | 130 112. 51 | 3 158 618. 17 |
| 61 | 59 | 2 273. 78 | 200 002. 67 | 128 015. 69 | 2 951 466. 20 |
| 62 | 60 | 2 438. 34 | 192 850. 78 | 125 741. 91 | 2 751 463. 52 |
| 63 | 61 | 2 611. 11 | 185 708. 77 | 123 303. 58 | 2 558 612. 75 |
| 64 | 62 | 2 791. 69 | 178 568. 18 | 120 692. 47 | 2 372 903. 98 |
| 65 | 63 | 2 979. 67 | 171 421. 17 | 117 900. 78 | 2 194 335. 80 |
| 66 | 64 | 3 179. 66 | 164 260. 49 | 114 921. 11 | 2 022 914. 64 |
| 67 | 65 | 3 385. 72 | 157 074. 48 | 111 741. 45 | 1 858 654. 15 |
| 68 | 66 | 3 598. 72 | 149 857. 67 | 108 355. 73 | 1 701 579. 67 |
| 69 | 67 | 3 816. 30 | 142 603. 89 | 104 757. 01 | 1 551 722. 00 |
| 70 | 68 | 4 034. 49 | 135 309. 45 | 100 940. 72 | 1 409 118. 11 |
| 71 | 69 | 4 250. 57 | 127 974. 73 | 96 906. 22 | 1 273 808. 66 |
| 72 | 70 | 4 461. 22 | 120 602. 83 | 92 655. 66 | 1 145 833. 93 |
| 73 | 71 | 4 662. 52 | 113 200. 08 | 88 194. 44 | 1 025 231. 11 |
| 74 | 72 | 4 841. 94 | 105 776. 58 | 83 531. 92 | 912 031. 03 |
| 75 | 73 | 5 002. 08 | 98 354. 73 | 78 689. 98 | 806 254. 45 |
| 76 | 74 | 5 137. 82 | 90 953. 75 | 73 687. 91 | 707 899. 72 |
| 77 | 75 | 5 245. 04 | 83 597. 55 | 68 550. 09 | 616 945. 97 |
| 78 | 76 | 5 308. 42 | 76 313. 54 | 63 305. 04 | 533 348. 42 |
| 79 | 77 | 5 330. 12 | 69 143. 81 | 57 996. 62 | 457 034. 88 |
| 80 | 78 | 5 304. 74 | 62 127. 26 | 52 666. 50 | 387 891. 07 |
| 81 | 79 | 5 227. 94 | 55 307. 21 | 47 361. 76 | 325 763. 81 |
| 82 | 80 | 5 096. 24 | 48 730. 31 | 42 133. 81 | 270 456. 60 |
| 83 | 81 | 4 907. 87 | 42 445. 53 | 37 037. 57 | 221 726. 28 |

附表5(续)

| $x$ | $y$ | $C_{xy}$ | $D_{xy}$ | $M_{xy}$ | $N_{xy}$ |
|---|---|---|---|---|---|
| 84 | 82 | 4 663.02 | 36 502.40 | 32 129.70 | 179 280.75 |
| 85 | 83 | 4 364.35 | 30 949.07 | 27 466.67 | 142 778.36 |
| 86 | 84 | 4 017.17 | 25 829.87 | 23 102.33 | 111 829.28 |
| 87 | 85 | 3 629.65 | 21 182.70 | 19 085.16 | 85 999.42 |
| 88 | 86 | 3 212.60 | 17 036.40 | 15 455.51 | 64 816.71 |
| 89 | 87 | 2 779.12 | 13 408.28 | 12 242.91 | 47 780.31 |
| 90 | 88 | 2 343.82 | 10 302.13 | 9 463.79 | 34 372.03 |
| 91 | 89 | 1 921.73 | 7 707.04 | 7 119.97 | 24 069.90 |
| 92 | 90 | 1 527.13 | 5 597.33 | 5 198.24 | 16 362.86 |
| 93 | 91 | 1 172.17 | 3 933.68 | 3 671.11 | 10 765.53 |
| 94 | 92 | 865.80 | 2 665.57 | 2 498.94 | 6 831.85 |
| 95 | 93 | 612.85 | 1 734.75 | 1 633.14 | 4 166.28 |
| 96 | 94 | 413.85 | 1 079.59 | 1 020.29 | 2 431.53 |
| 97 | 95 | 265.28 | 639.41 | 606.44 | 1 351.94 |
| 98 | 96 | 160.54 | 358.54 | 341.16 | 712.53 |
| 99 | 97 | 91.19 | 189.25 | 180.61 | 353.99 |
| 100 | 98 | 48.29 | 93.45 | 89.43 | 164.74 |
| 101 | 99 | 23.68 | 42.87 | 41.13 | 71.30 |
| 102 | 100 | 10.67 | 18.14 | 17.45 | 28.42 |
| 103 | 101 | 4.39 | 7.03 | 6.78 | 10.28 |
| 104 | 102 | 1.63 | 2.47 | 2.39 | 3.25 |
| 105 | 103 | 0.76 | 0.78 | 0.76 | 0.78 |

说明：此表由 CL3(2000—2003) 与 CL4(2000—2003) 合成，其中各生命表的基数均为 1 000，预定利率为 2.5%。

# 附录 D
# 附件

附件 1　中国人寿保险业
经验生命表(1990—1993)

附件 2　中国人寿保险业经验生命表 CL3
(2000—2003)2.5%替换函数表
养老金业务(男表)

附件 3　中国人寿保险业经验生命表 CL4
(2000—2003)2.5%替换函数表
养老金业务(女表)

附件 4　中国人身保险业
经验生命表(2010—2013)

附件5　中国人身保险业经验生命表(2010—2013)
非养老金一类业务(男表)

附件6　中国人身保险业经验生命表CL1
(2010—2013)2.5%替换函数表
非养老金一类业务(男表)

附件7　寿险精算英汉词汇

附件8　部分习题答案